Haller/Conzen · Das Strafverfahren

# Das Strafverfahren

Eine systematische Darstellung
mit Originalakte und Fallbeispielen

Von
## Dr. Klaus Haller
Vorsitzender Richter am Landgericht Bonn
und
## Klaus Conzen
Richter am Oberlandesgericht Köln

5., neu bearbeitete Auflage

CFM

C.F. Müller Verlag
Heidelberg

Bibliografische Information der Deutschen Bibliothek
Die Deutsche Bibliothek verzeichnet diese Publikation in der Deutschen Nationalbibliografie;
detaillierte bibliografische Daten sind im Internet über <http://dnb.d-nb.de> abrufbar.

ISBN: 978-3-8114-3622-0

© 2008  C.F. Müller, Verlagsgruppe Hüthig Jehle Rehm GmbH,
Heidelberg, München, Landsberg, Berlin

www.cfmueller-verlag.de

Satz: Textservice Zink, Schwarzach
Druck und Bindung: Gulde-Druck, Tübingen
Printed in Germany

# Vorwort

Sie wollen (oder müssen) sich mit dem Strafverfahren beschäftigen. Gut so, denn wie Sie sehen werden, ist die Materie vielschichtiger und interessanter, als man auf den ersten Blick vermuten könnte. Vor allen Dingen erscheint sie lebensnaher und greifbarer als die ebenso wichtige, aber zuweilen nüchtern und theoretisch anmutende Ziviljustiz. Strafverfahren beschäftigen sich eben oftmals mit extremen Situationen menschlichen Handelns, dem „wahren Leben". Sie sind in ihrer äußeren Gestaltung gelegentlich konfliktbeladen und unterliegen in Einzelfällen großer öffentlicher Beachtung.

Strafverfahren sind auch Gegenstand des rechtspolitischen Interesses, was allerdings nicht zwingend bedeutet, dass diesem immer weitsichtige Reaktionen folgen. Es hinterlässt jedoch seine Spuren auch in den maßgeblichen Gesetzen, deren zahlreiche und zuweilen kurzatmige Veränderungen in den letzten Jahren vom Rechtsanwender kaum mehr zu überblicken sind. So hat sich der nicht stets verfassungskonforme gesetzgeberische Reformeifer angesichts der Terrorismusdebatte etwa in den Regelungen zur sog. Onlinedurchsuchung oder zur Vorratsdatenspeicherung niedergeschlagen. Aber auch das Bundesverfassungsgericht, das sich in der selbst gewählten Rolle einer „Superrevisionsinstanz" offenbar wohlfühlt, hat die Bemühungen fortgesetzt, die Fachgerichtsbarkeit um eine Ebene zu ergänzen. Das schlägt sich neben grundsätzlichen Entscheidungen zum Revisionsrecht vor allem in Fragen der Untersuchungshaft, des gesetzlichen Richters und der Öffentlichkeit von Strafverfahren nieder. Die fehlende Anrufung des Bundesverfassungsgerichts nach der Verhängung erheblicher Sanktionen dürfte mittlerweile einen anwaltlichen Kunstfehler bedeuten. Unabhängig davon bietet auch die politisch forcierte, rechtsethisch indes äußerst problematische Ökonomisierung des Strafverfahrens – etwa in Gestalt des „Deals" – hinreichenden Diskussionsstoff und generiert eine Fülle von Rechtsproblemen. Die Gestaltung des Strafverfahrens bleibt also in vielerlei Hinsicht spannend.

Dieses Buch vermittelt Ihnen hoffentlich etwas von dieser Spannung. Es soll bei der Einarbeitung, Vertiefung oder bei der Aktualisierung Ihres Wissens helfen. Dabei wenden wir uns an

– Studenten,
– Referendare,
– Strafverteidiger und Nebenklagevertreter,
– Staatsanwälte oder Richter, die von Seiten der Justiz in der Regel unvorbereitet in das kalte Wasser des ersten Strafverfahrens (schlimmstenfalls als Strafrichter am Amtsgericht) geworfen werden.

Bei der Art der Darstellung versuchen wir dem Umstand Rechnung zu tragen, dass dem Juristen während des Studiums zwar eine Fülle materiell-rechtlicher Kenntnisse vermittelt werden, die spezifischen Klippen des Verfahrensrechts aber allenfalls am

Rande gestreift werden. Dieses Defizit setzt sich oftmals in der Referendarausbildung fort, bei welcher ein Schwerpunkt auf die Fertigung einer Anklageschrift bzw. die Abfassung staatsanwaltschaftlicher Verfügungen gelegt wird.

Um die vorhandenen Lücken zu füllen, beginnt dieses Buch mit einer Darstellung der für das gesamte Strafverfahren grundlegenden Prinzipien und führt dann – wie die reale Chronologie – über das Ermittlungsverfahren und die Hauptverhandlung der Tatsacheninstanz zum Rechtsmittelverfahren. In besonderen Kapiteln sind zudem praktische Probleme der Tenorierung und Abfassung strafrichterlicher Urteile, der Kostenentscheidung sowie die strafprozessualen Zwangsmittel abgehandelt.

Selbstverständlich können und wollen wir Ihnen bei konkreten Problemen nicht den Blick in die einschlägige Kommentierung ersparen. Dieses Buch soll Ihnen aber den erforderlichen Überblick und das nötige Fundament vermitteln, welches Sie benötigen, um im strafprozessualen Alltag zu bestehen. Zur Veranschaulichung dienen optisch hervorgehoben die Wiedergabe einer Originalakte bis zum Urteil erster Instanz sowie zahlreiche Beispielsfälle und Entscheidungsmuster.

Aus den genannten Gründen orientieren sich unsere Ausführungen an den **praktischen** Problemen bzw. Rechtsfragen eines Strafverfahrens und den Lösungsmodellen der Rechtsprechung. Natürlich gibt es zu fast jedem juristischen Problem verschiedene Auffassungen. Der Rahmen dieses Buches würde aber gesprengt – und Sie orientierungslos zurückgelassen – wollte man alle Meinungen darstellen. So haben wir dies auf wichtige Punkte beschränkt. Ohnehin finden sich in den zitierten Entscheidungen des Bundesgerichtshofs zu umstrittenen Rechtsfragen auch die maßgeblichen Literaturstimmen wieder. Der um wissenschaftliche Vertiefung Bemühte wird hier also schnell fündig.

Was die in Fußnoten zitierte Rechtsprechung und Literatur angeht, so haben wir uns weiterhin um einen sparsamen Umgang bemüht. Denn Fußnoten dienen oftmals vornehmlich der Berufung auf eine höhere Instanz, um damit die eigenen Ausführungen um so glaubhafter erscheinen zu lassen. Verfallen Sie nicht in diesen Autoritätsglauben und lassen Sie sich nicht davon abhalten, selbst nachzudenken und sich eine eigene Meinung zu den oftmals auch rechtspolitisch interessanten Interessenkonflikten zu bilden. In diesem Buch haben Fundstellennachweise allein den Zweck, dass Sie sich in einen bestimmten Problemkreis noch näher vertiefen und die jeweilige Argumentation nachlesen können. Wenn es gleichwohl an die 1200 Fußnoten geworden sind, so trösten Sie sich also mit dem Gedanken, dass Sie nicht alle Fundstellen nachschlagen müssen. Der Praktiker wird sich hoffentlich über diesen Fundus an Argumentationshilfen freuen. Soweit unter Angabe des Aktenzeichens auf unveröffentlichte Entscheidungen des BGH Bezug genommen wird, finden Sie diese über die Suchmaske der Homepage des Bundesgerichtshofs, die auch ansonsten sehr zu empfehlen ist (www.bundesgerichtshof.de).

Selbstverständlich wurde die Auflage angesichts der Vielzahl an Neuerungen überarbeitet und auf den aktuellen Stand (Oktober 2008) gebracht.

Und nun wünschen wir Ihnen wieder viel Vergnügen.

Bonn, im Oktober 2008
*Dr. Klaus Haller*<br>*Klaus Conzen*

# Inhaltsverzeichnis

**Kapitel 5**
**Das Urteil im ersten Rechtszug**

## Kapitel 6
## Besondere erstinstanzliche Verfahrensarten

## Kapitel 7
## Die Rechtsmittel im Strafverfahren

Kapitel 8
**Maßnahmen zur Verfahrenssicherung und Aufklärung sowie Zwangsmittel**

# Abkürzungs- und Literaturverzeichnis

| | |
|---|---|
| a.a.O. | am angegebenen Ort |
| ABMG | Gesetz über die Erhebung von streckenbezogenen Gebühren für die Benutzung von Bundesautobahnen mit schweren Nutzfahrzeugen vom 05.04.2002, BGBl I 2002, 1234 |
| a.E. | am Ende |
| AG | Amtsgericht |
| AO | Abgabenordnung |
| Arntzen | Friedrich Arntzen, Psychologie der Zeugenaussage – System der Glaubwürdigkeitsmerkmale, 4. Auflage 2007 |
| Art. | Artikel |
| | |
| BAK | Blutalkoholkonzentration |
| BayObLG | Bayerisches Oberstes Landesgericht |
| BBG | Bundesbeamtengesetz |
| Bender/Nack/Treuer | Rolf Bender/Armin Nack/Wolf-Dieter Treuer, Tatsachenfeststellung vor Gericht, 3. Auflage 2007 |
| BFH | Bundesfinanzhof |
| BGB | Bürgerliches Gesetzbuch |
| BGBl. | Bundesgesetzblatt |
| BGH | Bundesgerichtshof |
| BGHR-StPO | BGH-Rechtsprechung Strafsachen (Loseblattsammlung) |
| BGHSt | Bundesgerichtshof, Entscheidungen in Strafsachen (amtliche Sammlung) |
| BJ | Betrifft Justiz (Zeitschrift) |
| BKAG | Gesetz über die Einrichtung eines Bundeskriminalpolizeiamtes |
| B/L/A/H | Baumbach/Lauterbach/Albers/Hartmann: Zvilprozessordnung mit Gerichtsverfassungsgesetz und anderen Nebengesetzen, 66. Auflage 2008, zitiert: B/L/A/H-*Bearbeiter* |
| Bode | Karl-Christoph Bode, Das Wahlrechtsmittel im Strafverfahren, Frankfurt/Main 2000 |
| BRAO | Bundesrechtsanwaltsordnung |
| BtMG | Betäubungsmittelgesetz |
| BVerfG | Bundesverfassungsgericht |
| BVerfGG | Gesetz über das Bundesverfassungsgericht |
| BVerwG | Bundesverwaltungsgericht |
| BZRG | Bundeszentralregistergesetz |
| | |
| Dahs/Dahs | Hans Dahs/Hans Dahs, Die Revision im Strafprozess, 7. Auflage 2008 |
| Dahs | Hans Dahs, Handbuch des Strafverteidigers, 7. Auflage 2005 |
| DAR | Deutsches Autorecht (Zeitschrift) |
| DNA-IFG | DNA-Identitätsfeststellungsgesetz vom 07.09.1998 (BGBl. 1998, Teil I, S. 2646) |

| | |
|---|---|
| DRiG | Deutsches Richtergesetz |
| DRiZ | Deutsche Richterzeitung |
| D/S/S | Diemer/Schoreit/Sonnen, Jugendgerichtsgesetz, 5. Auflage 2008 |
| | |
| EGGVG | Einführungsgesetz zum Gerichtsverfassungsgesetz |
| EGMR | Europäischer Gerichtshof für Menschenrechte |
| EGStGB | Einführungsgesetz zum Strafgesetzbuch |
| EMA | Einwohnermeldeamt |
| EMRK | Europäische Konvention zum Schutz der Menschenrechte und Grundfreiheiten |
| EuRHÜbk | Europäisches Übereinkommen über die Rechtshilfe in Strafsachen vom 20.04.1959 (BGBl. 1964 II, 1369, 1386; 1976 II, 1799) |
| evtl. | eventuell |
| | |
| FeV | Verordnung über die Zulassung von Personen zum Straßenverkehr vom 18.08.1998 (BGBl. I 2214) |
| f. | folgende |
| ff. | fortfolgende |
| Fischer | Strafgesetzbuch und Nebengesetze, 55. Auflage 2008 |
| | |
| G 10 | Gesetz zur Beschränkung des Brief-, Post- und Fernmeldegeheimnisses vom 26.06.2001 |
| GBA | Generalbundesanwalt |
| GG | Grundgesetz |
| ggf. | gegebenenfalls |
| GKG | Gerichtskostengesetz |
| GStA | Generalstaatsanwaltschaft |
| GSSt | Großer Senat für Strafsachen des Bundesgerichtshofs |
| GVG | Gerichtsverfassungsgesetz |
| GWBekErgG | Gesetz zur Ergänzung der Bekämpfung der Geldwäsche und der Terrorismusfinanzierung vom 13.08.2008 (BGBl. I 1690) |
| GewSchG | Gesetz zum zivilrechtlichen Schutz vor Gewalttaten und Nachstellungen (Gewaltschutzgesetz) vom 11.12.2001 (BGBl. I 2001, 3513) |
| | |
| Haller | Klaus Haller; Der Eid im Strafverfahren, 1998 |
| Hartmann, | Peter Hartmann, Kostengesetze, 37. Auflage 2007 |
| HK | Heidelberger Kommentar zur Strafprozessordnung, 3. Auflage 2001, zitiert: HK-*Bearbeiter* |
| Hentschel | Peter Hentschel, Straßenverkehrsrecht, 39. Auflg. 2007 |
| h.M. | herrschende Meinung |
| HS | Heghmanns/Scheffler: Handbuch zum Strafverfahren, 2008, zitiert: HS-*Bearbeiter* |
| | |
| i.d.F. | in der Fassung |
| inkl. | Inklusive |
| InsO | Insolvenzordnung vom 05.10.1994 (BGBl. I S. 2866) |
| inbes. | insbesondere |
| IRG | Gesetz über die internationale Rechtshilfe in Strafsachen vom 22.07.1994 |
| i.S.d. | im Sinne des/der |
| i.V.m. | in Verbindung mit |

**XXII**

| | |
|---|---|
| JGG | Jugendgerichtsgesetz |
| JuS | Juristische Schulung |
| JR | Juristische Rundschau |
| JVA | Justizvollzugsanstalt |
| JVEG | Justizvergütungs- und -entschädigungsgesetz (Schönfelder Nr. 116) |
| JZ | Juristenzeitung |
| | |
| KK | Karlsruher Kommentar zur Strafprozessordnung und zum Gerichtsverfassungsgesetz, 6. Auflage 2008, zitiert: KK-*Bearbeiter* |
| | |
| Lamprecht, Rolf | Vom Mythos der Unabhängigkeit, 2. Auflage 1996 |
| LG | Landgericht |
| LOStA | Leitender Oberstaatsanwalt |
| LR | Löwe-Rosenberg: Die Strafprozeßordnung und das Gerichtsverfassungsgesetz, Großkommentar, 26. Auflage 2008, zitiert: LR-*Bearbeiter* |
| | |
| MDR | Monatsschrift für Deutsches Recht |
| Meyer-Goßner | Strafprozessordnung, Gerichtsverfassungsgesetz, Nebengesetze und ergänzende Bestimmungen, 51. Auflage 2008 |
| Meyer-Goßner/Appl | Die Urteile in Strafsachen, 28. Auflage 2008 |
| MfS | Ministerium für Staatssicherheit der DDR |
| MiStra | Mitteilungen in Strafsachen i.d.F. vom 15.03.1985 |
| MRK | Konvention zum Schutze der Menschenrechte und Grundfreiheiten |
| MK-ZPO | Münchener Kommentar zur Zivilprozessordnung mit Gerichtsverfassungsgesetz und Nebengesetzen, 3. Auflage 2008, zitiert: MK-ZPO-*Bearbeiter* |
| m.w.N. | mit weiteren Nachweisen |
| | |
| NJW | Neue Juristische Wochenschrift |
| NStZ | Neue Zeitschrift für Strafrecht |
| NStZ-RR | NStZ-Rechtsprechungsreport |
| | |
| o.ä. | oder ähnliches |
| OAG | Gesetz zur Sicherung der zivilrechtlichen Ansprüche der Opfer von Straftaten (Opferanspruchssicherungsgesetz) vom 08.05.1998 (BGBl I 1998, 905) |
| OEG | Gesetz über die Entschädigung für Opfer von Gewalttaten in der Fassung vom 07.01.1985 (BGBl I 1985, 1) |
| OLG | Oberlandesgericht |
| OpferRRG | Gesetz zur Verbesserung der Rechte von Verletzten im Strafverfahren (Opferrechtsreformgesetz) vom 24.06.2004, BGBl 2004 Teil I, S. 1355 |
| OrgStA | Anordnungen über Organisation und Dienstbetrieb der Staatsanwaltschaft |
| OStA | Oberstaatsanwalt |
| OWiG | Gesetz über Ordnungswidrigkeiten |
| | |
| Peters, Karl | Strafprozeß, 4. Auflage 1985 |
| PolGNW | Polizeigesetz des Landes Nordrhein-Westfalen |
| | |
| RdNr. | Randnummer |
| RGSt | Reichsgericht in Strafsachen (amtliche Sammlung) |

| | |
|---|---|
| RiStBV | Richtlinien über das Straf- und Bußgeldverfahren |
| RiVASt | Richtlinien für den Verkehr mit dem Ausland in strafrechtlichen Angelegenheiten vom 18.09.1984; Stand: 31.12.2002 |
| Roxin, Claus | Strafverfahrensrecht, 25. Auflage 1998 |
| Rpfl. | Der Deutsche Rechtspfleger |
| RPflG | Rechtspflegergesetz |
| RVG | Gesetz über die Vergütung der Rechtsanwältinnen und Rechtsanwälte (Rechtsanwaltsvergütungsgesetz) vom 05.05.2004, BGBl. I S. 718 |
| | |
| S. | Satz oder Seite |
| Schlothauer, Reinhold | Vorbereitung der Hauptverhandlung; 2. Auflage 1998 |
| Schaefer/Schroers | Mustertexte zum Strafprozess, 7. Auflage 2003 |
| Schönke/Schröder | Strafgesetzbuch, Kommentar, 27. Auflage 2006, zitiert: Sch/Sch-*Bearbeiter* |
| SGB X | Zehntes Buch Sozialgesetzbuch – Sozialverwaltungsverfahren und Sozialdatenschutz, neugefasst durch Bekanntmachung vom 18.01.2001, BGBl I 2001, 130 |
| SK-StPO | Systematischer Loseblatt-Kommentar zur Strafprozessordnung und zum Gerichtsverfassungsgesetz, herausgegeben von *Rudolphi u.a.*, Stand Februar 2008; zitiert: SK-StPO-*Bearbeiter* |
| Schomburg | Schomburg, Lagodny, Gleß, Hackner: Kommentar zum IRG, 4. Auflage 2006, zitiert: Schomburg-*Bearbeiter* |
| s.o. | siehe oben |
| sog. | sogenannt |
| StA | Staatsanwaltschaft |
| StGB | Strafgesetzbuch |
| StPO | Strafprozessordnung |
| str. | streitig |
| StraFo | Strafverteidiger Forum (Zeitschrift) |
| StrEG | Gesetz über die Entschädigung für Strafverfolgungsmaßnahmen (abgedruckt bei Meyer-Goßner, Anhang A 5) |
| StVG | Straßenverkehrsgesetz |
| StVO | Straßenverkehrsordnung |
| StVollzG | Strafvollzugsgesetz |
| StVZO | Straßenverkehrszulassungsordnung |
| StV | Der Strafverteidiger |
| | |
| TKG | Telekommunikationsgesetz |
| Trankell | Arne Trankell, Der Realitätsgehalt von Zeugenaussagen, 1971 |
| | |
| UdG | Urkundsbeamter der Geschäftsstelle |
| u.a. | und andere/unter anderem |
| u.U. | unter Umständen |
| | |
| VersammlG | Versammlungsgesetz |
| VerkMitt | Verkehrsrechtliche Mitteilungen, zitiert nach Jahrgang und Entscheidungsnummer |
| VRS | Verkehrsrechts-Sammlung, zitiert nach Band und Seite |
| | |
| WaffG | Waffengesetz |
| wistra | Zeitschrift für Wirtschafts- und Steuerstrafrecht |

| | |
|---|---|
| WÜK | Wiener Übereinkommen über konsularische Beziehungen vom 24.04.1963 (BGBl. II 1969 S. 1585) |
| z.B. | zum Beispiel |
| Zöller | Zivilprozessordnung mit Gerichtsverfassungsgesetz und den Einführungsgesetzen, 26. Auflage 2007 |
| ZPO | Zivilprozessordnung |
| ZRP | Zeitschrift für Rechtspolitik |
| z.Zt. | zur Zeit |

Kapitel 1

# Grundlagen des Strafverfahrens

## A. Strafjustiz und Gesellschaft

Im Strafrecht spiegelt sich der Zustand einer Gesellschaft. Denn die Frage nach dem **1** „Recht zu Strafen" wirft auch das Problem auf, wer aus welchen Gründen Straftaten begeht und wie wir dieses Phänomen behandeln. Kriminalität (und ihre Veränderung, insbesondere ihr Wachstum) muss als soziale Erscheinung begriffen werden. Mit ihren Ursachen und Erscheinungsformen befasst sich die Kriminologie.

An dieser Stelle kann nur auf die Komplexität des Problems Kriminalität hingewiesen werden. Die Entstehung von „Normlosigkeit" aufgrund ungleichen Zugangs zu dem als alleinigem Heilsbringer propagierten materiellen Wohlstand, zu Bildung und beruflichen Perspektiven, spielt eine ebenso bedeutende Rolle, wie der Verlust „sozialer Kontrolle" (in einem positiven Sinn) durch Anonymisierung in der Großstadt oder durch das Auseinanderbrechen sozialer Strukturen.

So tragen abgesehen von psychischen Faktoren des Individuums **2**
– die Politik (insbesondere die Sozialpolitik),
– das wirtschaftliche System mit seinen Verteilungsmodellen,
– die Chancen auf Bildung und Beruf,
– die gesellschaftliche Wertorientierung (vermittelt durch Religion und Politik), aber auch die
– „Mediensozialisation" (Stichwort: öffentlicher Umgang mit Gewalt)

sicherlich entscheidend zu Ausmaß und Erscheinungsformen von Kriminalität bei. Die im politischen Raum immer wieder zu vernehmende Reaktion – der Ruf nach schärferen Gesetzen – ist also einfach und populistisch, wird aber dem Problem nicht gerecht. Noch immer sind eine gute Sozialpolitik und eine gute Erziehung die besten Präventionsmittel gegen Kriminalität. Gute (folglich auch teure) Schulen und die Vermittlung individueller Perspektiven sind letztlich preiswerter als Kriminalitätsbekämpfung.

Die besondere Problematik des Strafverfahrensrechts liegt in dem klaren Interessen- **3** konflikt zwischen dem Staat, dem es obliegt, Straftaten unnachgiebig aufzuklären und zu verfolgen, und den Interessen des Bürgers, nicht zu Unrecht mit einem belastenden, in der Regel mit Eingriffen in seine Privatsphäre verbundenen Verfahren überzogen zu werden.

Die Lösung dieses Interessenkonflikts, welche Eingriffsrechte also der Staat sich selbst zugesteht, kann als deutlicher Parameter für das grundsätzliche Verhältnis zwischen Staat und Bürger betrachtet werden. Gleiches gilt für den Umgang des Staates (und damit im Rahmen einer Demokratie letztlich der Gesellschaft) mit Strafgefangenen. Je freiheitlicher die Rechtsordnung ist, um so stärker sind die Individualrechte ausgestaltet. Je größer das Interesse des Staates an einer im Sinne der materiellen Gerechtigkeit (und nicht nur der möglichst raschen „Erledigung" von Verfahren) funktionierenden unabhängigen Justiz ist, um so mehr personelle und finanzielle Investitionen tätigt er in diesem Bereich.

Während man über die Ausgestaltung unseres Strafvollzuges, der – jedenfalls im Erwachsenenvollzug – von Vielen als bloße Verwahrung empfunden wird, und über die Ausstattung – und damit die gesellschaftliche Wertschätzung – der Justiz durchaus streiten kann, sind die prozessualen Rechte des Angeklagten bei uns anders als in den zahlreichen autoritären Staaten dieser Welt stark ausgeprägt, und das mit Recht. Schließlich ist die Kriminalstrafe die stärkste staatliche Sanktion[1]. Strafprozessrecht muss also den Anforderungen an ein „angewandtes Verfassungsrecht" genügen.

**4**  Allerdings ist der Bewusstseinsstand in der Bevölkerung was Aufgaben und Struktur der Justiz anbelangt recht dürftig. So wird mit „Gericht" im Wesentlichen die Strafjustiz assoziiert, was an der überwiegenden Berichterstattung der Medien aus diesem Bereich liegen dürfte. Strafverfahren geben eben mehr „sensationelle" Dinge her als die eher nüchternen Zivilverfahren, in denen es meist „nur" ums Geld geht.

Unklar ist den meisten auch, wie sich die „Klientel" von Polizei und Justiz zusammensetzt. So wird vielfach „die Jugend" als potentielle Straftäter ausgemacht. Tatsächlich ist zwischen 1992 und 2001 die Anzahl der Tatverdächtigen in der Altersgruppe bis zu 21 Jahren dramatisch angestiegen und bewegt sich seitdem – bei Verschiebungen zugunsten von Gewaltdelikten – auf etwa gleichbleibend hohem Niveau. Zu nennenswerten öffentlichen Investitionen in präventive Maßnahmen hat dies freilich nicht geführt. Gleichwohl werden ganz überwiegend Erwachsene, also Personen in einem Alter von mindestens 21 Jahren, delinquent (72%). In allen Altersstufen stellen männliche Tatverdächtige mit rund 75 % den Hauptanteil [2].

## B.  Gesetzliche Grundlagen des Strafverfahrens

**5**  Wer sich mit dem Strafverfahren befassen will, muss die Rechtsquellen kennen, welche das Verfahren betreffende Vorschriften enthalten. Das sind insbesondere:

– das **Gerichtsverfassungsgesetz (GVG)**, in welchem der Aufbau und die Zusammensetzung sowie die sachliche und funktionelle Zuständigkeit der einzelnen Gerichte geregelt ist.

---

1 Aus diesem Grund ist die Verfassungsbeschwerde gegen eine strafrechtliche Verurteilung unter erleichterten Voraussetzungen möglich, vgl. BVerfG NJW 1998, 443 f.
2 Quelle der statistischen Angaben: Polizeiliche Kriminalstatistik 2007, herausgegeben vom Bundeskriminalamt – Kriminalistisches Institut – Wiesbaden. Ein Blick in diese Statistik ist auch im Übrigen – etwa hinsichtlich der einzelnen Deliktsgruppen – sehr zu empfehlen (www.bka.de).

– die **Strafprozessordnung (StPO)**, in der das eigentliche „Verfahrensrecht" geregelt ist, also die rechtlichen Normen enthalten sind, welche den konkreten Ablauf des Strafverfahrens (vor dem zuständigen Gericht) betreffen.

– das **Jugendgerichtsgesetz (JGG)**, welches die Besonderheiten im Verfahren gegen Jugendliche und Heranwachsende regelt.

– das **Grundgesetz (GG)**. Hier verdient zunächst **Art. 101 GG** Erwähnung, der   6
Ausnahmegerichte verbietet und einen Anspruch auf den **gesetzlichen Richter** normiert. Durch die Garantie des gesetzlichen Richters soll der Gefahr vorgebeugt werden, dass die Justiz durch Manipulation sachfremden Einflüssen ausgesetzt wird. Entscheidungen dürfen nicht durch die gezielte Auswahl des Richters beeinflusst werden können. Es muss daher in abstrakt-genereller und klarer Form bestimmt sein, welcher Richter an welchem Verfahren und welcher Entscheidung mitwirkt[3]. Für die Aufgabenverteilung innerhalb eines Gerichts geschieht dies durch den sog. Geschäftsverteilungsplan.

Daneben gewährt **Art. 103 GG** folgende Grundrechte:

a)  den Anspruch auf **rechtliches Gehör** (Abs. 1)[4],
b)  die Beachtung des Rechtsgrundsatzes **„nulla poena sine lege"** (Abs. 2), wonach verboten sind:
    –  die analoge Anwendung von Straftatbeständen (zuweilen schwer abzugrenzen von der zulässigen Auslegung der Vorschriften),
    –  strafrechtliches Gewohnheitsrecht,
    –  rückwirkende Strafvorschriften,
    –  unbestimmte Strafgesetze,
    –  die missbräuchliche Heranziehung nicht passender Gesetze, die sog. „Überdehnung" von Straftatbeständen[5].
c)  das Verbot der Mehrfachverfolgung (**„ne bis in idem"**) – sog. „Strafklageverbrauch" (Abs. 3)[6].

– das **Strafgesetzbuch (StGB)** bzgl. Verfolgungsvoraussetzungen und Verfolgungs-   7
hindernissen, namentlich

– Strafantrag, §§ 77 bis 77d StGB;

– Verfolgungsverjährung, §§ 78 ff. StGB.

– die **Zivilprozessordnung (ZPO)** hinsichtlich der Zustellungsvorschriften. Denn über § 37 Abs. 1 StPO gelten für die Zustellung auch im Strafverfahren die Vorschriften der ZPO, also insbesondere die §§ 166 ff. ZPO. Auf die Einzelheiten dieses Problemkreises wird noch einzugehen sein.

---

3  BVerfG NStZ 1998, 418.
4  Näheres hierzu siehe Rn. 38.
5  Vgl. zur Problematik, die dieser Grundsatz im Zusammenhang mit dem Beitritt der DDR aufgeworfen hat: *Schroeder* in NJW 1999, 89 ff.
6  Näheres hierzu siehe Rn. 27.

– die **Menschenrechtskonvention (MRK)**, in der neben der sog. Unschuldsvermutung (Art. 6 Abs. 2 MRK[7]) strafprozessuale Garantien festgeschrieben sind, vgl. Art. 6 Abs. 1 und 3 sowie Art. 7 MRK.

– Die **Richtlinien über das Straf- und Bußgeldverfahren (RiStBV)**, bei denen es sich um einheitliche Regelungen des Bundes und der Landesjustizverwaltungen[8] handelt, die im Wesentlichen als Anleitungen für das Verfahren bei der Staatsanwaltschaft zu verstehen sind. Die Staatsanwaltschaft ist hieran gebunden, weil die Richtlinien Ausfluss des allgemeinen Weisungsrechts aus § 147 Nr. 2 GVG sind.

## C. Tragende Verfahrensprinzipien/Unterschiede zum Zivilverfahren

**8**  Um den oben bereits erwähnten Interessenkonflikt zwischen der Durchsetzung des staatlichen Strafanspruchs und der Abwehr als ungerecht empfundener Eingriffe akzeptabel zu lösen, sind für den Bereich des Strafverfahrens eine Reihe von Verfahrensprinzipien von entscheidender Bedeutung. Diese sollen im Folgenden kurz dargestellt werden.

### I. Offizialmaxime, § 152 Abs. 1 StPO

### 1. Grundsatz

**9**  **Beispiel:** Die Geschädigte wollte sich von ihrem Freund trennen. Da dieser hiermit nicht einverstanden war, kam es zwischen beiden zu Tätlichkeiten, die letztlich in einer Vergewaltigung gipfelten. Auf Anraten ihrer Freundinnen und Eltern zeigte die Geschädigte ihren Ex-Freund daraufhin an. Später reute sie dieser Entschluss, da sie sich zwischenzeitlich mit ihrem Freund wieder ausgesöhnt und sogar verlobt hatte. Aus diesem Grunde schrieb sie an die Staatsanwaltschaft, sie „nehme die Anzeige zurück".

Hat diese Erklärung Auswirkungen auf das Verfahren?

Nach § 152 Abs. 1 StPO ist zur Erhebung der öffentlichen Klage die Staatsanwaltschaft berufen. Dieser Formulierung wird das sog. **Offizialprinzip** entnommen, welches besagt, dass für die Strafverfolgung grundsätzlich der Staat (und für diesen handelnd die Staatsanwaltschaft) zuständig ist. Da es um den staatlichen (also gesellschaftlichen) Strafanspruch geht, muss grundsätzlich von Amts wegen ohne Rücksicht auf den Willen der Beteiligten ermittelt und verfahren werden.

Dies unterscheidet das Strafverfahren vom Zivilprozess, wo entsprechend der sog. **Dispositionsmaxime** allein die Parteien Herren des Verfahrens sind. Sie können es z.B. durch Klagerücknahme, Vergleich oder Anerkenntnis in jedem Stadium beenden.

---

7  Abgedruckt in *Meyer-Goßner*, Anhang 4.
8  Abgedruckt in *Meyer-Goßner*; Anhang 12 sowie Schönfelder (Ergänzungsband).

## 2. Durchbrechungen

Das für das Strafverfahren geltende Offizialprinzip erfährt drei wesentliche Ein-  **10**
schränkungen, nämlich durch:

a) **Antragsdelikte** (z.B. folgende §§ des StGB: 123, 185 i.V.m. 194, 223 und 229
i.V.m 230, 238 Abs. 1, 247, 248b, 248c, 242, 246, 263 Abs. 4 jeweils i.V.m. 248a,
288, 289, 303 bis 303b jeweils i.V.m. 303c. Auf diese Normen wird unten im Rahmen
der sog. Verfahrenshindernisse[9] noch einzugehen sein. Gemeinsam ist all diesen
Delikten, dass ein Zwang der Staatsanwaltschaft zum Einschreiten nicht besteht.

b) **Ermächtigungsdelikte**, wie  **11**
– § 90 Abs. 4 StGB (Verunglimpfung des Bundespräsidenten);
– § 90b Abs. 2 StGB (verfassungsfeindliche Verunglimpfung von Verfassungsor-
ganen);
– § 97 Abs. 3 StGB (Preisgabe von Staatsgeheimnissen);
– § 104a StGB (Straftaten gegen ausländische Staaten);
– § 194 Abs. 4 StGB (Beleidigung eines Gesetzgebungsorgans des Bundes oder
Landes);
– § 353a Abs. 2 StGB (Vertrauensbruch im Auswärtigen Dienst) und
– § 353b Abs. 4 StGB (Verletzung des Dienstgeheimnisses oder einer besonderen
Geheimhaltungspflicht).

Hier kann die Staatsanwaltschaft zwar zunächst Ermittlungen aufnehmen, zur Erhebung der Anklage wird sie jedoch erst durch den jeweils Berechtigten – z.B. den Bundespräsidenten im Falle des § 90 Abs. 4 StGB – „ermächtigt".

– **Privatklagedelikte**, §§ 374 ff. StPO. Die Verfolgung der in § 374 StPO (lesen!)  **12**
aufgeführten Straftaten liegt nach der Wertung des Gesetzgebers in der Regel
nicht im öffentlichen Interesse, vgl. §§ 374, 376 StPO.

> Im Beispiel hätte die „Rücknahme der Anzeige" also keinerlei Auswirkungen auf das
> Verfahren, zumal es sich bei dem angezeigten Delikt um einen Verbrechenstatbestand
> (vgl. § 12 Abs. 1 StGB) und nicht um ein Antragsdelikt handelt.

## II. Legalitätsprinzip, § 152 Abs. 2 StPO

Nach diesem Grundsatz ist die Staatsanwaltschaft als Vertreterin des Staates nicht nur  **13**
berechtigt, sondern bei Vorliegen entsprechender tatsächlicher Anhaltspunkte **verpflichtet**, gegen jeden Verdächtigen mit dem Ziel zu ermitteln, belastende wie entlastende Umstände zu erforschen (vgl. § 160 Abs. 2 StPO). Nach § 163 Abs. 1 StPO
trifft die Polizei als Hilfsorgan der Staatsanwaltschaft dieselbe Pflicht. Dieser für das
Strafverfahren wesentliche Grundsatz ist in zweifacher Hinsicht abgesichert, und
zwar:

---

9 Vgl. unten Rn. 786 ff.

- **materiellrechtlich** durch § 258a StGB (die Androhung von Strafe für die Strafvereitelung im Amt),
- **prozessual** durch die §§ 172 ff. StPO (das sog. Klageerzwingungsverfahren, mit welchem der Verletzte einer Straftat notfalls die Staatsanwaltschaft gerichtlich zur Anklageerhebung zwingen kann[10]).

Die Pflicht zur Verfolgung von Straftaten besteht allein im öffentlichen Interesse und stellt im zivilrechtlichen Sinne keine drittbezogene Amtspflicht i.S.d. § 839 BGB dar. Das Unterlassen der Einleitung eines Ermittlungsverfahrens durch die Staatsanwaltschaft kann daher nicht unter dem Gesichtspunkt der Amtspflichtverletzung zu Schadensersatzansprüchen des Verletzten führen[11].

**14**   Trotz seiner herausragenden Bedeutung ist das Legalitätsprinzip in nicht unerheblichem Umfang durchbrochen.

Alltägliche Auswirkungen haben die §§ 153, 153a bis e, 154, 154a StPO. Nach diesen Vorschriften ist der Staatsanwaltschaft im Wesentlichen bei Straftaten von geringerem Gewicht ein gewisser Ermessensspielraum eröffnet, ob eine weitere Verfolgung stattfinden soll oder nicht (sog. **Opportunitätsprinzip**). Die §§ 153, 153a StPO haben nicht zuletzt für die Entlastung der Justiz in der Praxis bei der Bagatellkriminalität eine herausragende Bedeutung.

Als weitere Durchbrechung des Legalitätsprinzips kann § 31a BtMG angesehen werden, der bei der Verfolgung von Drogenkriminalität einen gewissen Spielraum lässt.

**15**   Die wohl wesentlichste Durchbrechung lag in der zum 31.12.1999 ausgelaufenen „Kronzeugenregelung" für den Bereich terroristischer oder organisiert begangener Straftaten. Danach konnte der Generalbundesanwalt mit Zustimmung eines Strafsenats des BGH von der Verfolgung absehen, wenn ein Tatbeteiligter sein Wissen über Tatsachen offenbare, deren Kenntnis geeignet war, die Begehung einer solchen Straftat zu verhindern, die Aufklärung der Straftat über seinen Tatbeitrag hinaus zu fördern oder zur Ergreifung anderer Täter zu führen[12]. Abgesehen von rechtsstaatlichen Bedenken und der Beeinträchtigung des Gleichbehandlungsgrundsatzes hat diese Regelung nicht zu der gewünschten Erleichterung bei der Bekämpfung von Straftaten aus dem terroristischen oder organisierten Umfeld geführt[13]. Das hindert die gelegentlich aufkommende politische Forderung nach Wiedereinführung der Kronzeugenregelung indes nicht[14]. Der Koalitionsvertrag zwischen SPD und CDU/CSU sah ihre – bislang indes nicht vollzogene – Wiederbelebung ausdrücklich vor.

Eine besondere Art der Kronzeugenregelung enthält auch § 31 BtMG.

---

10  Näheres zu dieser Verfahrensart werden Sie unter Rn. 928 ff. erfahren.
11  BGH NJW 1996, 2373 (Fall „Balsam AG"); *Vogel* in NJW 1996, 3401.
12  Den Text der Kronzeugenregelung finden Sie im BGBl. 1989 I, S. 1059, BGBl. 1993 I, S. 238, BGBl. 1994 I, S. 3186.
13  Vgl. zu diesem Problemfeld *Mühlhoff/Pfeiffer* ZRP 2000, 121 ff. sowie *Schlüchter* ZRP 1997, 65 ff.
14  Vgl. die Gesetzesentwürfe zweier Bundesländer und der CDU/CSU-Fraktion vom 18.12.2003 bzw. 13.01.2004 (BR-Drucks. 958/03; BT-Drucks. 15/2333) sowie *Kintzi*, DRiZ 2004, 100 ff.

## III. Ermittlungs- oder Untersuchungsgrundsatz, §§ 155 Abs. 2, 160 Abs. 2, 244 Abs. 2 StPO

Dieses Prinzip steht mit dem Legalitätsprinzip in engem Zusammenhang. Es besagt, **16** dass alle relevanten Beweismittel von Amts wegen heranzuziehen und zu verwerten sind.

Ziel des Strafverfahrens ist nämlich die Erforschung des wahren Sachverhalts, also der **materiellen Wahrheit**, um zur Findung eines gerechten Urteils das Bestehen oder Nichtbestehen des staatlichen Strafanspruchs festzustellen[15]. Auch hierin liegt wieder ein Unterschied zum Zivilprozess, bei welchem eine Bindung des Gerichts an das Parteivorbringen besteht und im Wesentlichen nur die von den Parteien benannten Beweismittel herangezogen werden. Aus diesem Grunde kann man für das Zivilverfahren auch von **„prozessualer" Wahrheit** sprechen, wenngleich dies nicht zu der irrigen Annahme verleiten sollte, in einem Strafverfahren käme stets das wirkliche Tatgeschehen ans Licht. Auch hier kann sich schließlich das Gericht aufgrund von Beweismitteln i.d.R. nur ein mehr oder weniger eingeschränktes Bild vom Geschehen machen.

## IV. Anklagegrundsatz, § 151 StPO

Nach §§ 151, 152 StPO ist die Eröffnung einer gerichtlichen Untersuchung von der **17** Erhebung einer Anklage durch die Staatsanwaltschaft abhängig; dies bezeichnet man als Anklagegrundsatz, Akkusationsprinzip oder Anklagemonopol der Staatsanwaltschaft. Umgekehrt bedeutet dies, dass das Gericht nicht von sich aus tätig werden darf, wenn es Kenntnis von einer Straftat erlangt hat. Dies beruht auf der gewollten strikten Trennung zwischen Staatsanwaltschaft und Gericht, um ein unvoreingenommenes und faires gerichtliches Verfahren zu garantieren.

An dieser Stelle sei wegen der grundlegenden Bedeutung für das Strafverfahren ein **18** kurzer historischer Rückblick erlaubt: Etwa seit dem 13. Jhd. hatte sich das sog. **Inquisitionsverfahren** herausgebildet. Dieses setzte nicht mehr – wie im germanischen Recht mit seinen Reinigungseiden und Gottesurteilen – die „Klage" eines Verletzten voraus[16]; die Tatsachenergründung wurde vielmehr zum Ziel richterlicher Beweiswürdigung. Allerdings lagen Ermittlungen, Anklage und Urteilsfindung in einer Hand. Untrennbar verbunden war der Inquisitionsprozess mit starren Beweisregeln, Heimlichkeit, Schriftlichkeit und – vor allem – der Folter zur Erzwingung eines Geständnisses, das man als „Königin" der Beweismittel ansah. Kodifiziert wurde der Inquisitionsprozess u.a. in verschiedenen „Halsgerichtsordnungen" und der „Peinlichen Gerichtsordnung" Kaiser Karls V. von 1532 (constitutio criminalis carolina). Zwar schaffte Friedrich der Große im Jahre 1740 die Folter ab, doch hatte auch noch die bereits von aufklärerischem Gedankengut geprägte „Preußische Criminal-Ordnung" von 1805 den gemeinen Inquisitionsprozess zum Vorbild. Erst Napoleon I

---

15  BGH NJW 2005, 1442.
16  Daher der heute nur noch für das Zivilrecht gültige Spruch „wo kein Kläger, da kein Richter".

führte mit dem „code d'instruction criminelle" von 1808 die Trennung von Staatsanwaltschaft und Gericht sowie die Prinzipien der Öffentlichkeit und Mündlichkeit der Beweisaufnahme im seinerzeit besetzten Rheinland ein. Bis Mitte des 19. Jahrhunderts wurden diese Verfahrensprinzipien in den meisten deutschen Staaten und durch die Reichs-Strafprozessordnung von 1877 i.V.m. dem GVG aus demselben Jahr im gesamten Deutschen Reich eingeführt.

**19**   Die Einrichtung der Staatsanwaltschaft als eigenständige Anklagebehörde muss angesichts der gleichzeitigen Gründung unabhängiger Gerichte also – wie das Aufklärungsprinzip und die freie richterliche Beweiswürdigung – als herausragende gesellschaftliche Errungenschaft verstanden werden. Sie sichert eine an rationaler Erkenntnis und am Gerechtigkeitsgedanken orientierte Rechtspflege.

Eine Einschränkung erfährt das Anklagemonopol der Staatsanwaltschaft allein durch das Privatklageverfahren nach §§ 374 ff. StPO[17].

## V. Beschleunigungsgrundsatz (Konzentrationsmaxime)

**20**   Eine rasche Durchführung des Strafverfahrens liegt jedenfalls in der Regel im Interesse aller Beteiligten. Für Staatsanwaltschaft und Gericht beruht dieses Interesse neben der Arbeitsbelastung auch auf dem Bestreben, die Umstände eines Falles möglichst umfassend gedanklich präsent zu haben. Betrachtet man die psychische und soziale Belastung des Beschuldigten durch ein sich hinschleppendes Strafverfahren, so wird auch sein Interesse an einer zügigen Durchführung des Verfahrens deutlich. Eine von den Strafverfolgungsorganen zu verantwortende, erhebliche und vermeidbare Verzögerung des Strafverfahrens verletzt daher das Recht des Beschuldigten auf ein rechtsstaatliches Verfahren.

**21**   Besondere Bedeutung gewinnt das Beschleunigungsgebot immer dann, wenn es aufgrund vorläufiger Bewertungen bereits zu erheblichen Eingriffen in die Rechte des Beschuldigten kommt. Dies kann etwa bei der vorläufigen Entziehung der Fahrerlaubnis nach § 111a StPO der Fall sein[18], gilt naturgemäß aber in besonderem Maße dann, wenn es zu einem **Freiheitsentzug** kommt. Bei einstweiliger Unterbringung des Beschuldigten nach § 126a StPO oder der Anordnung von **Haft** ist das Verfahren daher vorrangig zu bearbeiten und zu terminieren[19]. Der inhaftierte Beschuldigte hat gem. Art. 5 Abs. 3 S. 2 MRK Anspruch auf ein „Urteil innerhalb angemessener Frist oder auf Entlassung während des Verfahrens", so dass – jedenfalls nach Auffassung des Bundesverfassungsgerichts – im Einzelfall an zumindest vier Werktagen je Woche und ggf. auch am Wochenende zu verhandeln ist[20].

Aber auch der auf freiem Fuß befindliche Beschuldigte kann nach **Art. 6 Abs. 1 S. 1 MRK** die Verhandlung seiner Sache innerhalb „angemessener Frist" verlangen.

---

17  Mehr hierzu unten unter Rn. 174.
18  Siehe hierzu OLG Hamm NStZ-RR 2007, 351; BVerfG NStZ-RR 2005, 276.
19  Vgl. BVerfG NJW 2006, 668 ff.; 2005, 3485 ff.; OLG Koblenz NStZ-RR 2007, 207 f.
20  Vgl. BVerfG NJW 2006, 668 ff., 672 ff.; .

Diese beginnt, wenn er – spätestens mit der Anklage – von den gegen ihn gerichteten Ermittlungen in Kenntnis gesetzt wird und endet mit der Rechtskraft der abschließenden Entscheidung[21]. Ob diese Zeitspanne sich als angemessen darstellt, ist im Einzelfall zu beurteilen. Maßgeblich sind insoweit – neben dem eigenen Verhalten des Beschuldigten – Art und Schwere des Tatvorwurfs, Umfang und Schwierigkeit der Ermittlungen bzw. des Verfahrens und die damit verbundenen Belastungen für den Beschuldigten[22]. Das Beschleunigungsgebot ist also relativ. Nicht nur kurzfristige Defizite der gerichtlichen Organisation (z.B. dauernde Überlastung des Spruchkörpers) rechtfertigen eine lange Verfahrensdauer jedoch nicht[23].

Ein von den Justizorganen verursachter Verstoß gegen den Beschleunigungsgrundsatz, also eine **überlange Verfahrensdauer**, muss jedenfalls im Bereich des Erwachsenenstrafrechts[24] im Falle einer Verurteilung bei der Strafzumessung zugunsten des Angeklagten berücksichtigt werden[25]. Dies kann dazu führen, dass ein Teil der verhängten Strafe für bereits vollstreckt erklärt wird[26]. Denn es ist stets sicherzustellen, dass die strafrechtliche Sanktion zu dem erreichbaren und bezweckten Rechtsgüterschutz in einem angemessenen Verhältnis steht[27]. Daher ist eine rechtsstaatswidrige Verfahrensverzögerung – wofür jedenfalls das Nichtbetreiben der Sache über einen Zeitraum von vier Monaten genügt[28] – nach den Vorgaben des Bundesverfassungsgerichts[29] auch dann noch zu berücksichtigen, wenn sie erst nach dem Erlass des tatrichterlichen Urteils eingetreten ist. Dies kann dazu führen, dass ordnungsgemäß zustande gekommene Entscheidungen im Revisionsverfahren aufgehoben bzw. abgeändert werden, etwa weil es bei der Aktenvorlage an das Revisionsgericht zu unvertretbaren Verzögerungen gekommen ist[30].

**22**

Streitig ist, ob die Dauer eines Rechtsmittelverfahrens oder eines – oft Jahre währenden – Verfahrens vor dem Bundesverfassungsgericht bei der individuellen Prüfung

---

21  BGH 5 StR 540/03 S. 6. Eine große Zeitspanne zwischen Tatbegehung und Urteil kann daneben einen eigenständigen Strafmilderungsgrund darstellen.
22  BGH NStZ-RR 2007, 57; NStZ 2003, 384. Zu den Besonderheiten komplexer **Wirtschaftsstrafverfahren** siehe BGH NJW 2008, 2451 ff.
23  BVerfG NJW 2006, 668 ff.; 677 ff.; BGH StraFo 2005, 24 für eine Verfahrensverzögerung von einem Jahr und drei Monaten.
24  Da sich die Jugendstrafe jedenfalls beim Vorliegen sog. „schädlicher Neigungen" (§ 17 Abs. 2 JGG) maßgeblich an erzieherischen Aspekten orientiert, kann bei Anwendung von **Jugendrecht** etwas anderes gelten, vgl. BGH NJW 2008, 860 ff.; NStZ 2003, 364.
25  BVerfG NJW 2003, 2897 und BVerfG NJW 1993, 3254 (3255) für ein über 10 Jahre andauerndes Ermittlungsverfahren; das war mehr als das Doppelte der gesetzlichen Verfolgungsverjährung in dem entschiedenen Fall; vgl. auch BVerfG NStZ 1997, 591; BGH NStZ 2002, 589. Zur **Darstellung im Urteil** siehe BGH NJW 2008, 860 ff. sowie unten Rn. 629.
26  BGH NJW 2008, 860 ff.
27  Dabei ist streitig, ob das **Revisionsgericht** nur auf eine ordnungsgemäße Verfahrensrüge oder bereits auf die allgemeine Sachrüge hin die Angemessenheit der Verfahrensdauer überprüfen darf; vgl. zu den Einzelheiten BGH NStZ 2008, 118; NJW 2007, 2647 f.; NStZ 2007, 53; NStZ-RR 2007, 71; NStZ-RR 2006, 177 f.
28  BGH 5 StR 357/07; NStZ 2007, 479.
29  BVerfG NJW 2006, 677 ff.
30  Vgl. hierzu und zur Strafzumessung durch den neuen Tatrichter BGH NJW 2007, 2647 f.; NStZ 2007, 479.

eines Konventionsverstoßes zu berücksichtigen ist[31]. Dieser Diskussion liegt sicher auch zu Grunde, dass Mitglieder der zuständigen Kammer des zweiten Senats des Bundesverfassungsgerichts ihre Tätigkeit – wohl zwecks rechtspolitischer Gestaltung[32] und teils ohne die wünschenswerte eigene tatrichterliche Erfahrung[33] – immer weiter in den Kernbereich der Fachgerichte ausdehnen.

Da die strafmindernde Wirkung des Zeitablaufs infolge justizieller Mängel insbesondere im Bereich schwerer und/oder sozialschädlicher Straftaten dem ebenfalls rechtsstaatlichen Ziel einer effektiven Verteidigung der Rechtsordnung zuwiderläuft, ist der jeweilige Strafabschlag mit Augenmaß vorzunehmen[34]. Allerdings kann bei einer überlangen Verfahrensdauer im Einzelfall **ausnahmsweise** auch die endgültige Einstellung des Verfahrens (etwa nach §§ 153, 153a StPO) geboten sein, weil das öffentliche Interesse an einer Strafverfolgung entfallen ist[35]. In ganz außergewöhnlichen Sonderfällen kann eine Verfahrensverzögerung sogar zu einem von Amts wegen zu berücksichtigenden Verfahrenshindernis führen und damit zur Einstellung des Verfahrens zwingen[36].

Allerdings kann der Angeklagte diese Rechtspositionen auch verwirken, etwa indem er durch prozessverschleppendes Verhalten die Verfahrensverzögerung mutwillig herbeiführt. Zu denken ist etwa an den exzessiven Missbrauch des Beweisantragsrechts[37]. Ohnehin scheidet ein Strafnachlass immer dann aus, wenn die Verzögerung – und sei es durch zulässiges Prozessverhalten – von dem Angeklagten selbst verursacht wurde[38].

**23**  Eine gesetzliche Ausgestaltung hat der Beschleunigungsgrundsatz in § 121 StPO, erfahren, welcher eine über 6 Monate hinausgehende Untersuchungshaft an bestimmte Voraussetzungen knüpft[39]. Zu erwähnen ist auch § 229 Abs. 1 StPO, wonach eine Hauptverhandlung grundsätzlich nur bis zu drei Wochen unterbrochen werden darf[40] (vgl. zu den Ausnahmen § 229 Abs. 2 und 3 StPO). Danach muss weiter „verhandelt"[41] werden. Zudem dürfen zwischen dem letzten Wort des Angeklagten und der

---

31  Siehe hierzu – gut begründet – BGH NStZ-RR 2006, 177 f.; NStZ 2006, 346 ff. einerseits, BVerfG NJW 2006, 672 ff. andererseits.
32  Vgl. BVerfG NJW 2006, 671; BGH NStZ 2006, 346 f.
33  Siehe zutreffend die Momentaufnahme von *Schmidt* NStZ 2006, 313 ff.
34  BGH StV 2007, 461 f.
35  BGH NJW 1996, 2739.
36  BVerfG NJW 2003, 2897; siehe auch BGH 5 StR 354/07; NStZ-RR 2004, 230 ff.; NJW 2001, 1146 ff. (letztere Entscheidung zu einem sich bis zur Revisionsentscheidung über 13 1/2 Jahre hinschleppenden Verfahren).
37  BGH NStZ 2005, 579 f.
38  BVerfG NStZ-RR 2005, 347.
39  Siehe dazu unten Rn. 970 ff.
40  Erkrankt der Angeklagte während einer angeordneten Unterbrechung, so ist der Fristablauf allerdings gehemmt, BGH NStZ 1998, 633. Nach der Neufassung des § 229 Abs. 3 S. 1 StPO durch das am 01.09.2004 in Kraft getretene Justizmodernisierungsgesetz gilt dies auch für die Erkrankung eines Richters.
41  In diesem Zusammenhang bedeutet „verhandeln" die sachliche Förderung des Verfahrens. Vgl. zu den inhaltlichen Anforderungen und dem Verbot von sog. „Schiebeterminen" BGH NStZ 2008, 115; 2006, 710 ff.

Urteilsverkündung nicht mehr als zehn Tage liegen, § 268 Abs. 3 StPO. Hierdurch soll der lebendige Eindruck und ein zusammenhängendes Bild des gesamten Verhandlungsstoffes bei den Beteiligten sichergestellt werden. Auch muss das Urteil innerhalb bestimmter Fristen (vgl. § 275 Abs. 1 StPO) fertiggestellt werden.

Der Grundsatz der Verfahrensbeschleunigung gilt aber nicht nur für das Ermittlungsverfahren und die Tatsacheninstanz. Er ist auch im Rechtsmittelverfahren einschließlich des Revisionsrechtszuges zu beachten[42]. Insbesondere im Falle einer Aufhebung des Urteils und Zurückverweisung der Sache an das Tatgericht ist daher besonders zu prüfen, ob ein bestehender Haftbefehl aufrecht zu erhalten ist. Kommt es zu einer neuen Hauptverhandlung, wird die im Rechtsmittelzug eingetretene Verfahrensverzögerung angemessen zu berücksichtigen sein. Denn sie ist angesichts der Fehlerhaftigkeit des ursprünglichen Urteils allein der Justiz und nicht dem Beschuldigten zuzurechnen.

## VI. Grundsatz der Öffentlichkeit, §§ 169 bis 175 GVG

Nach **§ 169 GVG** ist die Verhandlung vor einem erkennenden Gericht einschl. der **24** Verkündung von Urteilen und Beschlüssen grundsätzlich öffentlich. „Öffentliche" Verhandlung bedeutet, dass jedermann die Möglichkeit hat, sich ohne größere Schwierigkeiten über Ort und Zeit einer Hauptverhandlung zu informieren und dass ihm jederzeit der Zutritt zu der Verhandlung im Rahmen der tatsächlichen Möglichkeiten eröffnet ist[43]. Durch die Anwesenheit unbeteiligter Dritter soll das Vertrauen der Bevölkerung in die Justiz gefördert und eine unvoreingenommene Verhandlung sichergestellt werden.

Allerdings gilt der Grundsatz der Öffentlichkeit nur mit gewissen **Einschränkungen**: **25**

Eine Grenze zieht zunächst die vorhandene **räumliche Kapazität** des Gerichts. Wäre eine geordnete Verhandlung wegen der zu großen Zahl von Zuschauern nicht mehr durchführbar, so kann die Öffentlichkeit (teilweise) ausgeschlossen werden[44]. In solchen Fällen kann auch nicht verlangt werden, dass zur Befriedigung des öffentlichen Interesses die Gerichtsverhandlung z.B. in eine Stadthalle verlegt wird. Denn dies würde dem Sinn des Öffentlichkeitsgrundsatzes zuwider laufen und den Angeklagten letztlich zu einem bloßen Objekt des Verfahrens degradieren.

Zudem steht dem Öffentlichkeitsgrundsatz die Notwendigkeit einer **ungestörten Verhandlung** gegenüber. Auch das kann zu Einschränkungen führen. Sind in besonderen (Ausnahme-) Situationen nicht hinnehmbare Störungen zu befürchten, so kann auch die Anordnung des insoweit zuständigen Vorsitzenden statthaft sein, die Tür zum Sitzungssaal während einer Urteilsverkündung möglichst geschlossen zu halten, den Zutritt auf Sitzungspausen zu beschränken oder Personen unter 16 Jahren den

---

42  BVerfG StraFo 2005, 152 ff.
43  Vgl. BVerfG NJW 2002, 814.
44  Das gilt selbst für Mitarbeiter der Presse, vgl. BVerfG NJW 2003, 500 zum „El-Kaida"-Verfahren.

Zutritt generell zu versagen[45]. Entsprechende Maßnahmen bedürfen jedoch stets einer eingehenden Abwägung der widerstreitenden Rechtsgüter[46].

**26** Eine weitere Begrenzung ist im Rahmen von **Ortsterminen** hinzunehmen, etwa wenn der Inhaber des Hausrechts Zuschauern bzw. der Presse den Zutritt zu seinem – im Rahmen einer Ortsbesichtigung zu betretenden – Anwesen verweigert. Denn das durch Art. 13 GG geschützte Hausrecht geht in einem solchen Fall (mangels einer gesetzlichen Ermächtigungsgrundlage für das Gericht, sich über die Weigerung hinwegzusetzen) dem Öffentlichkeitsgrundsatz vor[47]. Zudem können sich aus den räumlichen Verhältnissen faktische Begrenzungen ergeben[48].

**27** Darüber hinaus gibt es **gesetzliche Ausschließungsgründe**, nämlich:

– **§ 171a GVG** sofern sich das Verfahren mit der **Unterbringung** des Beschuldigten in einem psychiatrischen Krankenhaus oder einer Entziehungsanstalt befasst;
– **§ 171b GVG** zum Schutze der **Intimsphäre** von Prozessbeteiligten, Zeugen oder Verletzten (z.B. in Sexualstrafverfahren), soweit nicht das Interesse an der öffentlichen Erörterung überwiegt;
– **§ 172 GVG** bei Gefährdung der **Staatssicherheit,** von **Privatgeheimnissen** etc. sowie bei Vernehmung einer Person unter 16 Jahren;
– **§ 175 GVG** bzgl. einzelner Personen, welche „unerwachsen" sind oder die **Würde des Gerichts** nicht wahren;
– **§ 177 GVG** für „ungehorsame", **störende Personen**, gegen die neben einer Entfernung aus dem Sitzungszimmer auch sonstige Ordnungsmittel (vgl. § 178 GVG) angewandt werden können;
– **§ 48 Abs. 1 JGG** zwingend für das gesamte **Jugendstrafverfahren** (einschließlich der Verkündung der Entscheidung), da hier der Gedanke der Erziehung und des Schutzes Vorrang vor dem Prinzip der Öffentlichkeit genießt. Im Verfahren gegen Heranwachsende kann in demselben Umfang die Öffentlichkeit ausgeschlossen werden, wenn dies in deren Interesse geboten ist, § 109 Abs. 1 S. 4 JGG[49].

Nach § 175 Abs. 2 GVG kann trotz des erfolgten Ausschlusses der Öffentlichkeit einzelnen Personen – insbesondere dem Verletzten – der Zutritt gewährt werden.

**28** Anders als insbesondere in manchen Staaten des anglo-amerikanischen Raumes sind **Ton- und Filmaufnahmen** von der (mit dem Aufruf der Sache beginnenden) Verhandlung zum Zwecke der öffentlichen Vorführung oder Veröffentlichung unzulässig, § 169 S. 2 GVG. Dies findet seine Rechtfertigung zum einen im Schutz der Verfahrensbeteiligten, zum anderen darin, dass die Entstehung eines öffentlichen Drucks auf das Verfahren nach Möglichkeit vermieden werden muss, um die Unbefangenheit

---

45 Vgl. BGH NStZ 2006, 652 f.
46 Vgl. hierzu den Beschluss des BGH vom 30.03.2004, 4 StR 42/02 m.w.N.
47 BGH I NJW 1994, 2773.
48 Siehe zur Augenscheinseinnahme in einem Treppenhaus etwa BGH NJW 2006, 1220 f.
49 BGH NStZ 1998, 53 f.; wird wegen Taten verhandelt, die der Angeklagte teils als Heranwachsender, teils als Jugendlicher begangen hat, so ist der Ausschluss der Öffentlichkeit obligatorisch, BGH NJW 1998, 2066.

der Beteiligten und damit die Wahrheits- und Rechtsfindung nicht zu gefährden. Die zum Rechtsstaats- und Demokratieprinzip gehörende Kontrolle der Justiz findet also regelmäßig durch die sog. Saalöffentlichkeit und die Berichterstattung von Gerichtsverhandlungen statt.

Allerdings war der durch § 169 S. 2 GVG zum Schutz der Verfahrensbeteiligten errichtete Damm eine Zeitlang in bedenklicher Weise gefährdet. Da die Vorschrift vor allem im Interesse der Medien kontrovers diskutiert wird, hat das Bundesverfassungsgericht eine auf die Zulassung von Ton- und Fernsehaufnahmen während einer Gerichtsverhandlung gerichtete Verfassungsbeschwerde nicht für offensichtlich unbegründet erachtet[50]. Allerdings hat es schließlich die Regelung im Hinblick auf
– die Persönlichkeitsrechte der Verfahrensbeteiligten,
– den Anspruch des Betroffenen auf ein faires Verfahren,
– sowie eine ungestörte Wahrheits- und Rechtsfindung

für verfassungsgemäß erklärt[51].

Vor Beginn und nach dem Schluss der mündlichen Verhandlung sowie in den Sitzungspausen sind Ton- und Filmaufnahmen dagegen prinzipiell zulässig. Beschränkungen können hier durch – im pflichtgemäßen Ermessen stehende – **sitzungspolizeiliche Anordnungen des Vorsitzenden** nach § 176 GVG vorgenommen werden. Dabei sind die jeweils gegenläufigen Interessen abzuwägen. Maßgeblich sind insbesondere der Gegenstand des Verfahrens (Schwere der Tatvorwürfe, öffentliches Interesse) einerseits sowie der Anspruch von Beteiligten auf den Schutz ihrer Persönlichkeits- und Verfahrensrechte andererseits. Überwiegt das Interesse an der grundgesetzlich geschützten Berichterstattung mit Ton und bewegten Bildern, so ist der Vorsitzende verpflichtet, diese – ggf. mit den nötigen Einschränkungen – sicherzustellen [52]. Die Persönlichkeitsrechte (u.a. Recht am eigenen Bild) von Angeklagten, Richtern, Schöffen, Anwälten, Zeugen und Zuschauern werden folglich jedenfalls nach dem Willen des Bundesverfassungsgerichts für das Umfeld der eigentlichen Verhandlung einer öffentlichen Bildberichterstattung untergeordnet[53]. Für sich selbst lässt es ohnehin eine großzügigere „Medienöffentlichkeit" bei mündlichen Verhandlungen und Urteilsverkündungen zu[54]. **29**

**Wichtig:** Die Öffentlichkeit muss auch bei **Ortsterminen** gewahrt werden, die außerhalb des Gerichtsgebäudes stattfinden. Insoweit ist in der Regel erforderlich, dass am Sitzungssaal ein Aushang angebracht wird, dem jedermann entnehmen kann, **30**

---

50 BVerfG NJW 1996, 581 ff. Vgl. zum Problemkreis auch BVerfG NJW 1995, 184 ff., *Lehr* NStZ 2001, 63 ff.; *Gehring* ZRP 2000, 197; *Weiler* ZRP 1995, 131 ff., *Hofmann* ZRP 1996, 399 ff.
51 Siehe BVerfG NJW 2008, 977 ff.sowie NJW 2001, 1633 ff. (lesenswert auch wegen der abweichenden Meinungen dreier Verfassungsrichter).
52 BVerfG NJW 2008, 977 ff. sowie NStZ 2004, 161.
53 Das BVerfG begründet dies u.a. mit den „Erwartungen der Fernsehzuschauer", eine dogmatisch wie rechtspolitisch fragwürdige Argumentation. Um diese Erwartungen nicht zu enttäuschen, soll das Gericht sogar verpflichtet sein, sich beim Betreten des Sitzungssaales filmen zu lassen und erst dann die Sache i.S.d. § 243 Abs. 1 S. 1 StPO aufzurufen. Vgl. zu alldem BVerfG NJW 2008, 977 ff.
54 Das ist angesichts der mit einem sonstigen Gerichtsverfahren nicht vergleichbaren Situation auch nicht zu beanstanden, vgl. *Eberle* NJW 1994, 1637 ff.

wann und wo verhandelt wird. Jedoch kann je nach örtlicher Gegebenheit (z.B. Ortstermin in einem Krankenhaus, am Tatort oder in einer JVA) aus Gründen einer sachgerechten Verhandlungsführung die Zahl der Zuhörer durch den Vorsitzenden beschränkt werden[55]. Auch Ausweiskontrollen und Durchsuchungen der Zuhörer können dann zulässig und notwendig sein.

### VII. Grundsätze der Unmittelbarkeit und der Mündlichkeit

**31** Unmittelbarkeit und Mündlichkeit sind wesentliche Merkmale der **Hauptverhandlung**. Grundlagen des Mündlichkeitsgrundsatzes sind die §§ 261, 264 Abs. 1 StPO, wonach die gerichtliche Entscheidung – also das Urteil – „aus dem Inbegriff der Verhandlung" bzw. aus dem „Ergebnis der Verhandlung" zu schöpfen ist.

Hieraus folgt, dass nur der mündlich vorgetragene und erörterte Prozessstoff Berücksichtigung finden darf, was mit dem unten näher dargestellten Grundsatz des rechtlichen Gehörs und demjenigen der Öffentlichkeit korrespondiert. Tatrichterliche Sachentscheidungen im schriftlichen Verfahren, wie sie etwa die ZPO in §§ 128 Abs. 2 und 3, 331 Abs. 3 kennt, gibt es im Strafprozess also nicht.

**32** Nach dem Unmittelbarkeitsgrundsatz hat das Gericht sich einen möglichst direkten und unverfälschten Eindruck vom Tatgeschehen zu verschaffen. Die aufzuklärenden Tatsachen hat es daher selbst festzustellen und grundsätzlich nur originäre Beweismittel zu verwenden, vgl. §§ 244 Abs. 2, 250 StPO. Auf die Besonderheiten dieses Grundsatzes und die vorgesehenen Durchbrechungen wird im Zusammenhang mit den Einzelheiten der Beweisaufnahme unten näher eingegangen werden[56].

### VIII. „In dubio pro reo"

**33** Dieser Grundsatz besagt, dass sich nach Ausschöpfung sämtlicher Beweismittel nicht auszuräumende Zweifel im Hinblick auf die **Tat- und Schuldfrage** zugunsten des Angeklagten auswirken müssen. Er ergibt sich aus der Unschuldsvermutung des Art. 6 Abs. 2 MRK[57] und greift erst nach Abschluss der freien Beweiswürdigung (§ 261 StPO) ein, falls diese entsprechenden Zweifeln Raum lässt[58].

Der Zweifelssatz gilt für die Frage der Täterschaft und Schuld des Angeklagten, insbesondere also dann, wenn ungewiss bleibt, ob
– die Tat durch die in der Hauptverhandlung ausgeschöpften Beweismittel nachgewiesen ist,
– ein Tatbestandsirrtum i.S.d. § 16 StGB vorlag,
– von Schuldfähigkeit des Angeklagten i.S.d. §§ 20, 21 StGB ausgegangen werden kann.

55  Vgl. BGH NJW 2006, 1220 f.
56  Vgl. Rn. 464 ff.; 484 ff.
57  Unabhängig von Art. 6 Abs. 2 MRK folgt die Unschuldsvermutung auch aus dem Rechtsstaatsprinzip, vgl. BVerfG NJW 1990, 2741.
58  Vgl. BGH NStZ 2000, 86 f.; BVerfG NJW 2002, 3015. Mehr dazu unten bei den Ausführungen zum Urteil, Rn. 615 ff.

Auf Verfahrensfragen (etwa ob dem Gericht ein Verfahrensfehler unterlaufen ist oder Verfahrenshindernisse vorliegen) kann die Regel „im Zweifel für den Angeklagten" jedoch nicht ohne Weiteres angewandt werden[59].

### IX. Grundsatz des fairen Verfahrens („fair trial")

Bereits aus der Garantie eines an Gerechtigkeit orientierten rechtsstaatlichen Verfahrens[60] ergibt sich die Pflicht zu einem gegenüber allen Verfahrensbeteiligten fairen Vorgehen. Dies gilt naturgemäß in besonderem Maße für den Beschuldigten, dessen durch Art. 2 Abs. 1 GG geschütztes Freiheitsrecht bedroht ist. Diese – in Anlehnung an das anglo-amerikanische Recht auch als „fair-trial-Grundsatz" bezeichnete – Selbstverständlichkeit genießt Verfassungsrang; ein Verstoß kann mit der Revision gerügt werden[61].  **34**

Die inhaltlichen Anforderungen an ein faires Verfahren sind im Wesentlichen bereits in **Art. 6 MRK** (lesen!) aufgeführt. Danach besteht – neben der Unschuldsvermutung – vor allem ein Anspruch des Beschuldigten auf  **35**
- die öffentliche Anhörung in angemessener Frist durch ein unabhängiges und unparteiisches Gericht (vgl. auch § 33 StPO);
- die kostenlose Stellung eines Dolmetschers[62];
- die freie Wahl und ggf. unentgeltliche Stellung eines Verteidigers;
- rechtliches Gehör.

Da der Angeklagte nicht zum bloßen Objekt des Verfahrens degradiert werden darf, muss ihm die Möglichkeit eröffnet werden, auf den Gang und das Ergebnis des Verfahrens Einfluss zu nehmen. Daraus resultieren neben den genannten Rechten insbesondere  **36**
- die Befugnis, durch **Anträge** auf den Gang des Verfahrens Einfluss zu nehmen (z.B. durch Beweisanträge);
- der Anspruch, dass Beweiserhebungen in seiner **Anwesenheit** stattfinden, so dass darüber streitig verhandelt werden kann. Dieses sog. **Konfrontationsrecht** ist in Art. 6 Abs. 3 lit. d) MRK garantiert. Es gilt natürlich nicht uneingeschränkt, wie etwa die §§ 168c Abs. 3, 247 StPO zeigen. Insbesondere bei Zeugenvernehmungen muss der Beschuldigte aber im Verlaufe des Verfahrens die Möglichkeit haben, Fragen zu stellen oder durch seinen Verteidiger stellen zu lassen[63]. Demzufolge sind Zeugen grundsätzlich – aber nicht zwingend (vgl. § 247 StPO) – in der Hauptverhandlung in Anwesenheit des Angeklagten zu vernehmen.

---

59 Vgl. im Einzelnen zu diesem Problemkreis *Meyer-Goßner*, § 261 Rn. 34 f. m.w.N.
60 Dies verlangt das Bundesverfassungsgericht, vgl. BVerfG NJW 1987, 2662 f. Lesenswert ist diese Entscheidung auch zur Problematik der Absprachen im Strafprozess.
61 BGH NJW 1994, 1293, 2905. Auch das Bundesverfassungsgericht erkennt diesen Grundsatz – allerdings auf deutsch: „faires Verfahren" – an und misst ihm gestützt auf Art. 2 Abs. 1 i.V.m. Art. 20 Abs. 3 GG Verfassungsrang zu, vgl. BVerfG NJW 2007, 499 ff.; 2004, 211; NJW 2003, 882.
62 Vgl. zum – auch kostenmäßigen – Umfang dieses Anspruchs BVerfG NStZ 2004, 161; BGH NJW 2001, 309 ff. Ein Anspruch auf schriftliche Übersetzung des Urteils besteht allerdings nicht, BVerfG NStZ-RR 2005, 273.
63 Siehe hierzu EGMR NStZ 2007, 103 ff.; NJW 2003, 2297, 2893 f.

Eine Verletzung des Konfrontationsrechts kann ihren Ausgang bereits im Ermittlungsverfahren haben, wenn etwa ein Zeuge bei der Polizei (also in Abwesenheit anderer Verfahrensbeteiligter) umfangreiche Angaben macht, sich später aber auf ein Zeugnisverweigerungsrecht beruft oder nicht mehr erreichbar ist. Dies zwingt indes nicht zur Einstellung eines Verfahrens und begründet auch kein Verwertungsverbot hinsichtlich der erhobenen Beweise. Denn maßgeblich ist auch im Sinne des Art. 6 MRK, ob das Verfahren in seiner Gesamtheit fair ist. Verstöße gegen Art. 6 Abs. 3 lit. d) MRK können daher durch eine entsprechend „vorsichtige" Beweiswürdigung im Rahmen der Urteilsfindung kompensiert werden[64].

**37**   Aus dem Anspruch des Beschuldigten auf ein faires Verfahren resultieren zudem **Hinweispflichten** des Gerichts. Neben den gesetzlich geregelten Fällen des § 265 StPO[65] bestehen diese insbesondere dann, wenn das Gericht einen Vertrauenstatbestand geschaffen, etwa Zusagen gemacht hat, die es später nicht erfüllen kann oder will. Hinweise kommen also in Betracht bei:

– zugesagter Wahrunterstellung (d.h. wenn das Gericht eine bestimmte vom Angeklagten behauptete und ihm günstige Tatsache seiner Entscheidung zugrunde legen will, ohne hierüber Beweis zu erheben);
– Verwertung von nach §§ 154, 154a StPO ausgeschiedenen Verfahrensteilen im Rahmen der Beweiswürdigung oder der Strafzumessung[66];
– zugesagtem Strafmaß[67].

**Beispiel:** Der Verteidiger bespricht den bisherigen Verfahrensablauf mit dem Kammervorsitzenden. Dieser stellt für den Fall eines Geständnisses eine Freiheitsstrafe von nicht mehr als drei Jahren in Aussicht. Nach Beratung wird aber – zur Überraschung des Verteidigers und des Angeklagten – trotz des Geständnisses eine solche von 5 Jahren verhängt.

Unabhängig von der grundsätzlichen Problematik einer solchen Absprache[68] ist hier der „fair-trial-Grundsatz" verletzt. Eine erfolgreiche Revision des Angeklagten kann nur dadurch abgewendet werden, dass vor Schluss der Beweisaufnahme (oder nach Wiedereintritt in dieselbe) ein Hinweis erteilt wird, man werde möglicherweise von der Zusage abweichen. Nur so kann sich die Verteidigung auf die mögliche Nichterfüllung einstellen und entsprechend – z.B. mit neuen Anträgen – reagieren.

## X.  Rechtliches Gehör

**38**   Nach Art. 103 Abs. 1 GG hat vor Gericht jedermann Anspruch auf rechtliches Gehör, wobei die konkrete Ausgestaltung in den jeweiligen Verfahrensordnungen unterschiedlich geregelt sein kann[69]. Hierdurch soll – wie auch durch den Grundsatz des

---

64 EGMR NStZ 2007, 103 ff.; BGH NJW 2007, 237 ff.; BVerfG NJW 2007, 206 .
65 Näheres hierzu siehe Rn. 532 ff.
66 BGH NStZ 1998, 51; BGH NJW 1996, 2585 f.; BGH NStZ 1996, 611 f.
67 Vgl. BGH NJW 1998, 3654; BGH NJW 1996, 3018; BGH NJW 1992, 519 (520).
68 Siehe hierzu unten Rn. 575 ff.
69 BVerfG NJW 1987, 2067.

fairen Verfahrens – verhindert werden, dass der Betroffene unter Verletzung seiner Menschenwürde zum bloßen Objekt eines staatlichen Verfahrens degradiert wird[70]. Daher muss das Gericht als Mindeststandard dem Beschuldigten Gelegenheit geben:

- im Verfahren zu Wort zu kommen, insbesondere sich zu dem maßgeblichen Sachverhalt und zur Rechtslage zu äußern[71];
- Anträge zu stellen und Ausführungen zu machen.

Hiermit korrespondiert die Pflicht des Gerichts, Ausführungen der Prozessbeteiligten zur Kenntnis zu nehmen und in Erwägung zu ziehen[72].

Die StPO enthält eine Fülle von Vorschriften, welche die Gewährung rechtlichen **39** Gehörs im Strafverfahren sicherstellen sollen. Dies sind beispielsweise folgende Regelungen:

- Recht des Verteidigers auf umfassende Akteneinsicht, § 147 StPO;
- Anspruch des Beschuldigten auf ungehinderte Kommunikation mit dem Verteidiger, § 148 StPO (in Verbindung mit dem Anspruch auf unentgeltliche Stellung eines Dolmetschers, Art. 6 Abs. 3 lit. e EMRK, §§ 185, 187 GVG[73]);
- Belehrung des Beschuldigten bzw. Angeklagten über seine Rechte, §§ 136, 163a Abs. 4, 243 Abs. 4 StPO;
- Mitteilung der Anklageschrift, § 201 StPO;
- Anhörung des Beteiligten vor einer „Entscheidung", insbesondere vor einem Urteil oder Beschluss, §§ 33, 33a, 311a StPO[74]. Auch sonst ist eine Anhörung geboten, wenn durch die gerichtliche Maßnahme eine Beschwer – also eine Beeinträchtigung von Rechten oder schutzwürdigen Interessen – möglich ist. Allerdings muss die Anhörung nicht stets der Maßnahme vorangehen, vgl. § 33 Abs. 4 StPO.

- Durchführung einer Hauptverhandlung nur gegen den erschienenen Angeklagten, **40** § 230 StPO[75]. An dieser Vorschrift ist erkennbar, wie die unterschiedlichen Verfahrensgarantien sinnvoll ineinander greifen. So steht § 230 StPO in innerem Zusammenhang mit dem Grundsatz der Mündlichkeit.
- Hinweispflicht des Gerichts gemäß § 265 StPO, wodurch – unzulässige – Überraschungsentscheidungen verhindert werden sollen;
- Erklärungsrecht im Rahmen der Beweisaufnahme und beim letzten Wort, §§ 257, 258 StPO.

---

70 Vgl. hierzu BVerfG NJW 2006, 3131; 2004, 1308; NJW 2000, 3197; NJW 1983, 2762 f.

71 BVerfG NJW 2006, 3131;BGHSt 30, 131 (140); BGH NJW 1998, 3788 f.

72 BGHSt 28, 44 (46).

73 Den Anspruch auf einen Dolmetscher leitet das BVerfG dogmatisch allerdings aus dem Rechtsstaatsprinzip und dem Diskriminierungsverbot des Art. 3 Abs. 3 GG ab, BVerfG NStZ 2004, 161; NJW 1983, 2762 f. Zu den **Kosten** für die Brief- und Besuchskontrolle eines in Untersuchungshaft befindlichen Beschuldigten (die in angemessenem Umfang der Staat zu tragen hat) bzw. denjenigen einer Telefonüberwachung (die im Falle einer Verurteilung der Angeklagte trägt) siehe BVerfG NJW 2004, 1095.

74 Keine Entscheidungen sind dagegen prozessleitende Verfügungen oder bloße Mitteilungen; vgl. zu diesem Problemkreis: HK-*Lemke*, § 33 Rn. 2 ff. Zur Nachholung rechtlichen Gehörs siehe BGH NStZ 1999, 362 und 414 f.

75 Von diesem Grundsatz gibt es Ausnahmen, vgl. hierzu Rn. 211 ff.

**41**  Sanktioniert werden Verstöße gegen Art. 103 Abs. 1 GG im Strafverfahren vor allem durch ein Verwertungsverbot eigener Art (nicht zu verwechseln also mit den sog. Beweisverwertungsverboten[76]). Das Gericht darf – dem Betroffenen nachteilige – Tatsachen und Beweisergebnisse nur dann verwerten, wenn insoweit rechtliches Gehör gewährt wurde. Das ergibt sich im Übrigen bereits aus § 261 StPO, wonach der dem Urteil zugrundegelegte Prozessstoff in der Hauptverhandlung erörtert worden sein muss. Folglich ist dem Beschuldigten auch Zugang zu den Ergebnissen von Ermittlungen zu gewähren, welche das Gericht ohne sein Wissen während der Hauptverhandlung veranlasst hat[77].

## XI. „ne bis in idem" – Verbot der Mehrfachverfolgung

**42**  **Beispiel:** Der Angeklagte hat in der Silvesternacht 2004 zwei Feuerwerkskörper (sog. Kanonenschläge) in den Briefkasten seines Nachbarn eingelegt und gezündet. Wegen Sachbeschädigung ist er angeklagt, dann aber rechtskräftig freigesprochen worden, da man ihm eine Täterschaft nicht nachweisen konnte. Später stellt sich heraus, dass die Ehefrau des Nachbarn infolge des Explosionsknalls einen Herzinfarkt erlitten hat und daran verstorben ist. Zudem hat man an dem Briefkasten nachträglich einen verräterischen Fingerabdruck des Angeklagten gefunden. Kann er für den Tod der Nachbarin noch nachträglich strafrechtlich belangt werden?

Nach Art. 103 Abs. 3 GG darf niemand „wegen derselben Tat auf Grund der allgemeinen Strafgesetze mehrmals bestraft werden". Nach dem Wortlaut dieser Vorschrift wäre also in unserem Beispielsfall eine Bestrafung nicht ausdrücklich ausgeschlossen, da der Angeklagte in dem ersten Verfahren freigesprochen, also nicht „bestraft" wurde. Der grundgesetzlichen Regelung wird jedoch das allgemeine Verbot entnommen, denselben Täter wegen derselben Tat erneut strafrechtlich zu verfolgen oder zu belangen. Ist durch eine **Sachentscheidung** rechtskräftig über den strafrechtlichen Vorwurf entschieden, so ist der Strafanspruch des Staates „verbraucht", weshalb man auch vom **„Strafklageverbrauch"** spricht. Ein rechtskräftiges Strafurteil begründet also bezüglich der dort abgeurteilten Tat[78] – gleichgültig ob der Angeklagte verurteilt oder freigesprochen wurde – ein Verfahrenshindernis. Durchbrochen wird dieses Prinzip allein durch die Möglichkeiten einer Wiederaufnahme des Verfahrens, die aber nur unter den engen Voraussetzungen des § 362 StPO **zu Ungunsten** des Angeklagten möglich ist[79].

**43**  Seine Rechtfertigung findet dieses umfassende Verbot der Mehrfachverfolgung des Täters im Gedanken der materiellen Gerechtigkeit und der Verhältnismäßigkeit. Es gehört zum historischer Bestand unseres Rechtssystems, dass die individuelle Schuld

---

76  Siehe hierzu unten Rn. 548 ff.

77  BGH NJW 2006, 3296.

78  Das Grundgesetz enthält keinen eigenständigen Begriff der „Tat". Vielmehr gilt auch im Rahmen des Art. 103 Abs. 3 GG der prozessuale Tatbegriff; siehe insoweit unten Rn. 49 ff.

79  Näheres hierzu finden Sie unten unter Rn. 921 ff.

durch die Strafe getilgt wird[80]. Im Übrigen wäre auch die erneute Verfolgung eines rechtskräftig Freigesprochenen oder der „Nachschlag" für eine bereits abgeurteilte Tat mit dem Gebot der Rechtssicherheit nicht vereinbar.

> Da ein Wiederaufnahmegrund i.S.d. § 362 StPO nicht gegeben ist, käme in dem Beispielsfall eine neuerliche Verfolgung also nicht in Betracht.

Der Grundsatz des „ne bis in idem" gehört zwar zu den allgemeinen Regeln des Völkerrechts[81], verhindert aber nur die erneute Verfolgung eines Angeklagten wegen desselben Lebenssachverhaltes **im selben Staat**. Angesichts der zunehmenden Bedeutung des sog. „Internationalen Strafrechts" – also der Anwendung nationalen Strafrechts auf bestimmte Delikte, etwa aufgrund des Weltrechtsprinzips (vgl. z.B. § 6 StGB) – besteht jedoch auch das Risiko, in verschiedenen Staaten wegen derselben Tat mehrfach verfolgt und abgeurteilt zu werden.                                     **44**

Dem trägt als transnationale Regelung das **Schengener Durchführungsübereinkommen** (SDÜ) vom 14.06.1985[82] Rechnung. Danach gilt das Verbot der Mehrfachverfolgung nicht mehr allein für Aburteilungen durch deutsche Gerichte. Gemäß Art. 54 SDÜ darf durch eine Vertragspartei – dies sind neben Deutschland derzeit vor allem Belgien, Frankreich, Griechenland, Luxemburg, die Niederlande, Österreich, Spanien, Portugal, Schweden, Dänemark, Norwegen, Island sowie die zum 01.05.2004 beigetretenen neuen Mitgliedsstaaten wie Polen und die Slowakische Republik – nicht wegen **derselben Tat**[83] verfolgt werden, wer in einem anderen Vertragsstaat insoweit bereits rechtskräftig „abgeurteilt" wurde. Im Falle einer Verurteilung gilt „ne bis in idem" nach Art. 54 SDÜ allerdings nur dann, wenn die Sanktion bereits vollstreckt ist, gerade vollstreckt wird[84] oder nach dem Recht des Urteilsstaates nicht mehr vollstreckt werden kann[85].

Der Begriff der „Aburteilung" erfasst neben der Verurteilung oder einem (selbst auf Verjährungsvorschriften beruhenden) Freispruch[86] aber auch andere verfahrensbeendende Sachentscheidungen. So kann unter gewissen Voraussetzungen auch eine allein von der Staatsanwaltschaft – also ohne Beteiligung eines Gerichts – angeord-                                     **45**

---

80  BVerfGE 3, 251 m.w.N.
81  BVerfGE 75, 23.
82  Die maßgeblichen Texte finden Sie in BGBl 1993, 1010 ff.; BGBl. 1994, 631; BGBl. 1996, 242 ff.; BGBl. 1997, 966 ff.
83  Nach der Rspr. des EuGH setzt Tatidentität „das Vorhandensein eines Komplexes konkreter, unlösbar miteinander verbundener Umstände" voraus. Die Beurteilung anhand dieser (wenig eindeutigen) Definition ist Sache der nationalen Gerichte. Siehe hierzu BGH NJW 2008, 2931 ff.; EuGH NJW 2007, 3416 ff.; 2006, 1781 ff. Der Tatbegriff der StPO wird unter Rn. 55 ff. näher erläutert.
84  Insoweit genügt die Strafaussetzung zur Bewährung, vgl. BGH NJW 2001, 692 f.
85  Zu den Einzelheiten und Problemen des SDÜ vgl. OLG Köln NStZ 2001, 558; *Radtke/Busch* in NStZ 2003, 281 ff.; *Schomburg* in NJW 1995, 1931 ff. Zur (Nicht-) Anwendbarkeit des Art. 54 SDÜ auf
    – Entscheidungen einer Verwaltungsbehörde (Finanzverwaltung) siehe BGH NJW 1999, 1270 f.;
    – die Einstellung des Verfahrens aus tatsächlichen Gründen nach französischem Recht („ordonnance de non-lieu") vgl. BGH NJW 1999, 3134 f. sowie *Bohnert/Lagodny* NStZ 2000, 636 ff.
86  Vgl. BGH NStZ-RR 2007, 179; EuGH NJW 2006, 3403 f.; BGH NStZ 2001, 557 f.

nete Verfahrenseinstellung gegen Zahlung einer Geldbuße zu einem Verfahrenshindernis im Bereich der Partnerstaaten führen[87]. Dasselbe gilt für Verfahrenseinstellungen i.S.d. §§ 153, 153a StPO[88]. Erforderlich ist aber immer eine Entscheidung nach inhaltlicher Prüfung des Tatvorwurfs[89], so dass die „Verbüßung" von Untersuchungshaft nicht genügt[90]. Angesichts einer bislang fehlenden Harmonisierung der nationalen Strafvorschriften kann die mangelnde Verfolgbarkeit zuweilen als durchaus schmerzlich und dem „nationalen Rechtsempfinden" zuwiderlaufend empfunden werden.

---

87 Vgl. das auf Vorlage des OLG Köln (NStZ 2001, 558 ff.) ergangene Urteil des EuGH NStZ 2003, 332 f. für § 153a StPO und die niederländische „transactie".
88 Näheres insoweit siehe unten Rn. 158, 160.
89 EuGH NJW 2005, 1337 f.
90 EuGH NJW 2007, 3412 ff.

Kapitel 2

# Das Ermittlungsverfahren

## A. Die Stellung des Ermittlungsverfahrens im Gesamtablauf

Das Strafverfahren kann in zwei große Abschnitte unterteilt werden, nämlich: **46**

**Das Erkenntnisverfahren**, geregelt im Wesentlichen in der StPO.

**Das Vollstreckungsverfahren**, welches in den §§ 449 ff StPO sowie im Strafvollzugsgesetz bzw der Justizbeitreibungsordnung geregelt ist (vgl. § 459 StPO)[1].

## Das Erkenntnisverfahren gliedert sich wie folgt: **47**

> **Verdacht der Straftat**. Die Voraussetzungen regeln sich nach materiellem Strafrecht, also nach dem StGB, aber auch nach strafrechtlichen Nebengesetzen, die nach ihrem Inhalt eigentlich andere Materien regeln, jedoch auch wichtige Strafbestimmungen enthalten (z.B. BtMG, WaffG).
>
> Für die Bezeichnung „Tat" gibt es im Rahmen der StPO allerdings einen eigenen, „prozessualen" Begriff, vgl. §§ 155, 264 StPO.

> **Ermittlungsverfahren** (auch als **Vorverfahren** bezeichnet), §§ 160 bis 177 StPO. In der Regel wird es eingeleitet durch Strafanzeige oder Strafantrag, § 158 StPO.
>
> **Ziel:** Die Staatsanwaltschaft hat zu ermitteln, ob ein „genügender Anlass zur Erhebung der öffentlichen Klage" (§ 170 Abs. 1 StPO) gegen den Beschuldigten gegeben ist. Dies ist der Fall, wenn nach Auffassung der Staatsanwaltschaft seine Verurteilung mit Wahrscheinlichkeit zu erwarten ist.
>
> Andernfalls erfolgt die Einstellung nach § 170 Abs. 2 StPO mangels Tatverdachts. Zu beachten sind allerdings auch – in der Praxis wichtig – die Möglichkeiten, das Verfahren aus anderen Gründen einzustellen, etwa nach den §§ 153, 153a StPO. Erfolgt keine Einstellung, so kommt es zu der

---

1 Bei Verfahren gegen **Jugendliche oder Heranwachsende** gelten sowohl für das Erkenntnis- wie auch für das Vollstreckungsverfahren die im JGG geregelten Besonderheiten.

> **Anklageerhebung** durch die Staatsanwaltschaft, § 170 Abs. 1 StPO, bei dem erstinstanzlich zuständigen Gericht. Der zuvor „Beschuldigte" wird hierdurch zum „Angeschuldigten", § 157 StPO.

**48**

> **Zwischenverfahren**, §§ 199 bis 211 StPO. Dem Angeschuldigten wird die Anklageschrift zugestellt, um ihm rechtliches Gehör zu gewähren. Das Gericht hat unter Berücksichtigung möglicher Einwendungen zu prüfen, ob der von der Staatsanwaltschaft angenommene hinreichende Verdacht tatsächlich gegeben ist; kommt es zu einem negativen Ergebnis, so wird die Eröffnung des Hauptverfahrens abgelehnt (§ 204 StPO); andernfalls kommt es zum

> **Eröffnungsbeschluss des Gerichts,** § 207 StPO, der „hinreichenden Tatverdacht" voraussetzt (§ 203 StPO); auch dies bedeutet hinreichende Wahrscheinlichkeit der späteren Verurteilung. Aus dem „Angeschuldigten" wird der „Angeklagte", § 157 StPO.

> **Hauptverhandlung,** §§ 213 bis 295 StPO. Die Hauptverhandlung ist das „Kernstück" des Strafverfahrens; das Gericht hat in der Beweisaufnahme zu prüfen, ob der Angeklagte einer Straftat tatsächlich schuldig ist. Soweit keine Einstellung des Verfahrens erfolgt, kommt es immer (ob Freispruch oder Verurteilung) zu einem

> **Urteil,** § 260 StPO, welches Gegenstand eines Rechtsmittelverfahrens (Berufung/Revision) sein kann und im Falle der Rechtskraft – wenn es also nicht mehr anfechtbar ist – Grundlage ist für die sich anschließende Vollstreckung[2].

## B. Die „Tat" als Grundlage der Strafverfolgung

**49**   Der Rechtsbegriff der „Tat" spielt in der täglichen Praxis von Staatsanwälten und Richtern eine bedeutende Rolle. Er ist auch beliebtes Prüfungsthema. Mit ihm umgehen zu können, gehört daher zum Rüstzeug eines jeden Strafjuristen.

Ob ein Vorgang zur „Tat" im strafprozessualen Sinn gehört, ist für die Beurteilung entscheidend, mit welchem **tatsächlichen Prozessstoff** sich das Gericht aufgrund der staatsanwaltschaftlichen Anklage zu befassen hat, vgl. §§ 155, 264 StPO. Damit korrespondierend beurteilt sich nach dem prozessualen Tatbegriff,
– ob in der Hauptverhandlung sich neu herausstellende Gesichtspunkte im Wege der **Nachtragsanklage** (§ 266 StPO) oder durch den – wesentlich einfacheren – recht-

---

2  Eine Einstellung erfolgt nur dann durch Urteil, wenn sie auf einem Verfahrenshindernis beruht, § 260 Abs. 3 StPO.

lichen Hinweis nach § 265 StPO in das laufende Verfahren einbezogen werden können[3];
– ob bei Nichterweislichkeit bestimmter Vorwürfe ein **Teilfreispruch** zu erfolgen hat[4];
– auf welches Geschehen sich die Rechtskraft eines (verurteilenden oder freisprechenden) Urteils bezieht und inwieweit damit ggf. **Strafklageverbrauch** eingetreten ist;
– ob die Staatsanwaltschaft oder das Gericht im Wege der **Teileinstellung** gem. § 154 Abs. 1 bzw. Abs. 2 StPO von der Verfolgung einer einzelnen Tat absehen können oder lediglich eine Beschränkung der Strafverfolgung gem. § 154a StPO in Betracht kommt[5].

Zur Einstimmung in die Problematik folgender Beispielsfall:  **50**

> Der Angeklagte ist wegen Fahrens ohne Fahrerlaubnis (§§ 2, 21 StVG) rechtskräftig zu einer Geldstrafe verurteilt worden. Später stellt sich heraus, dass er bei dieser Fahrt mit mehr als 1,1‰ alkoholisiert war (§ 316 Abs. 1 StGB).
>
> Darf die Staatsanwaltschaft im Hinblick auf den Verstoß gegen § 316 StGB ein neues Verfahren einleiten?

Wie bereits dargestellt[6], verbietet Art. 103 Abs. 3 GG die Mehrfachverfolgung. Niemand darf wegen „derselben Tat" mehrmals zur Verantwortung gezogen werden (sog. „Strafklageverbrauch"). Ist mit dem Begriff der „Tat" lediglich die Verwirklichung des materiell-rechtlichen Delikts – hier: Verstoß gegen § 316 StGB – gemeint, so stünde der Einleitung eines neuen Strafverfahrens nichts im Wege. Denn der Angeklagte ist ja nur wegen der Straftat i.S.d. §§ 2, 21 StVG verurteilt worden. Ist dagegen das gesamte historische Geschehen, nämlich die Fahrt mit dem Pkw, von der Verurteilung erfasst, so dürfte der Angeklagte nicht erneut belangt werden.

Das materielle Strafrecht und das Strafverfahrensrecht verwenden den Begriff der Tat  **51** nicht einheitlich. Insoweit ist wie folgt zu unterscheiden:

**materiell-rechtlicher** Tat- oder Handlungsbegriff im Sinne der §§ 52 ff StGB.

**prozessualer** Tatbegriff im Sinne des § 264 StPO.

**Tateinheit** (sog. **Idealkonkurrenz**) i.S.d. § 52 StGB, der von „Handlung" spricht.

**Tatmehrheit** (sog. **Realkonkurrenz**) i.S.d. § 53 StGB, der an „Straftaten" anknüpft.

---

3 Siehe hierzu Rn. 543 ff.
4 Siehe hierzu Rn. 675 ff.
5 Siehe hierzu Rn. 161 ff.
6 Oben Rn. 42 f.

Der Grund für die fehlende Gleichsetzung der Begriffe liegt in den **unterschiedlichen Funktionen**. Mit dem prozessualen Tatbegriff soll der **Lebenssachverhalt** umrissen werden, mit dem sich das Gericht auf der Grundlage der Anklage auseinanderzusetzen hat und der Gegenstand eines Urteils wird (§§ 155, 264 StPO). Erst in zweiter Linie stellt sich im Verfahren die weitere Frage, wie das ermittelte tatsächliche Geschehen rechtlich zu bewerten ist (vgl. auch § 264 Abs. 2 StPO).

Im Rahmen der rechtlichen Bewertung ist dann ggf. auch zu bestimmen, in welchem Verhältnis verwirklichte Straftatbestände zueinander stehen. So kann ermittelt werden, welchem Straftatbestand der konkrete gesetzliche **Strafrahmen** für die Strafzumessung zu entnehmen ist. Diese **Konkurrenz** verschiedener Straftatbestände zueinander ist in den §§ 52, 53 StGB geregelt[7]. Verletzt „dieselbe Handlung" mehrere Strafgesetze, so bestimmt sich die Strafe nach dem Gesetz, das die schwerste Sanktion androht, § 52 Abs. 2 StGB. Im Falle der Tatmehrheit ist gem. § 53 StGB auf eine Gesamtstrafe unter Beachtung der in § 54 StGB normierten Regeln (lesen!) zu erkennen.

### I. Der materiell-rechtliche Tat- bzw. Handlungsbegriff

**52** Für die Beurteilung der Konkurrenzen kommt es darauf an, ob eine einheitliche „Handlung" vorliegt. Das ist immer dann einfach zu beurteilen, wenn der Beschuldigte sich nur einmal „betätigt" hat, etwa indem er einen anderen geschlagen oder ihm eine Sache in Zueignungsabsicht weggenommen hat.

Häufig besteht strafrechtlich relevantes Tun aber aus mehraktigen Verhaltensweisen. Entsprechend dem Begriff der sog. „natürlichen Handlungseinheit" ist auch dann von einer „einheitlichen Handlung" auszugehen, wenn zwischen mehreren im Wesentlichen gleichartigen strafrechtlich relevanten Handlungen ein derart **unmittelbarer räumlicher und zeitlicher Zusammenhang** gegeben ist, dass das gesamte Handeln des Täters sich bei objektiver Betrachtung auch einem Dritten als einheitliches Geschehen darstellt und die einzelnen Handlungsakte auf einem einheitlichen Willensentschluss beruhen. Die historischen Vorgänge müssen also hinsichtlich Tatzeit, Tatort und Zielrichtung so eng beieinander liegen, dass eine Aufspaltung in Einzeltaten „willkürlich und gekünstelt" erschiene[8].

**53** Ist ein solcher unmittelbarer Zusammenhang gegeben, dann liegt Tateinheit (= Idealkonkurrenz) i.S.d. § 52 StGB vor. Fehlt es bei einem mehraktigen Geschehen daran, so stehen die Delikte im Verhältnis der Tatmehrheit, § 53 StGB.

Zur Verdeutlichung folgende Beispielsfälle:

> **Beispiel 1:** Der Beschuldigte begehrt Einlass in eine Diskothek. Als die beiden Türsteher dies verwehren, zückt er ein Messer und sticht auf beide ein. Sie erleiden hierdurch Schnittwunden.

---

7 Neben Real- und Idealkonkurrenz gibt es auch noch andere Formen, etwa die der Gesetzeskonkurrenz.
8 Vgl. BGH NStZ 2005, 263, 264; 2003, 265; NJW 2001, 839.

Angesichts des unmittelbaren zeitlichen und räumlichen Zusammenhangs ist von nur einer einzigen „Handlung" auszugehen[9]. Dasselbe Strafgesetz (§ 224 Abs. 1 Nr. 2 StGB) wurde dadurch „mehrmals" i.S.d. § 52 Abs. 1 StGB verletzt. Es liegt ein Fall sog. gleichartiger Idealkonkurrenz vor.

**Beispiel 2:** Der Beschuldigte fährt nachts mit einer flüchtigen Bekannten an einen einsam gelegenen Ort. Nachdem er sich zunächst mit ihr unterhalten hat, vergewaltigt er die sich heftig wehrende Frau. Anschließend lässt er von ihr ab. Sie kleidet sich wieder an und kann zunächst fliehen. Der Beschuldigte folgt ihr und fasst den Entschluss, sein Opfer ein weiteres Mal zu vergewaltigen, was er auch tut.

Auch hier hat der Beschuldigte denselben Straftatbestand (§ 177 Abs. 2 Nr. 1 StGB) mehrfach verwirklicht. Allerdings liegt zwischen beiden Handlungsabschnitten eine Zäsur. Der Beschuldigte hat vor dem zweiten Übergriff von seinem Opfer abgelassen und dann in einem gewissen zeitlichen Abstand einen neuen Tatentschluss gefasst. Trotz derselben Angriffsrichtung und derselben geschädigten Person ist daher von tatmehrheitlicher Begehung auszugehen[10].

Ob im konkreten Fall Tateinheit oder Tatmehrheit anzunehmen ist, hängt neben der begrifflichen Definition der „Handlungseinheit" auch von den Besonderheiten des einzelnen Tatbestandes ab und kann daher im Einzelfall sehr schwierig zu beurteilen sein[11]. So kann beispielsweise der Zusammenhang im Sinne des Handlungsbegriffs auch zur Annahme einer (tateinheitlichen) „Dauerstraftat" führen. Hier hält der Täter über die Tatvollendung hinaus den geschaffenen rechtswidrigen Zustand willentlich aufrecht oder setzt seine deliktische Handlung ununterbrochen fort, so dass der strafrechtliche Vorwurf auch die Aufrechterhaltung des rechtswidrigen Zustands mit umfasst[12]. **54**

## II. Der prozessuale Tatbegriff

Der – rechtlich selbstständige – prozessuale Tatbegriff wird aus der Vorschrift des § 264 StPO abgeleitet, wonach Gegenstand der Urteilsfindung die „in der Anklage bezeichnete Tat" ist, wie sie sich nach dem Ergebnis der Verhandlung – also den tatsächlichen Erkenntnissen – darstellt. Im strafprozessualen Sinn ist die Tat der von der Anklage und dem Eröffnungsbeschluss umrissene, „nach der Auffassung des Lebens **55**

---

9  Vgl. BGH NStZ 2003, 366 f.; NJW 2001, 839.
10  BGH NStZ 1999, 505.
11  Vgl. beispielsweise zu mehreren Mordversuchen BGH NJW 1998, 619 f.; zu Steuerhinterziehungsdelikten BGH NJW 1998, 1572 ff., zur Zuwiderhandlung gegen ein vereinsrechtliches Betätigungsverbot („Bewertungseinheit") BGH NStZ 2000, 322 ff., zu §§ 129, 129a StGB BGH NStZ 2001, 436 ff., zum Submissionsbetrug BGH NJW 2004, 1539 ff. und zum gewerbsmäßigen Bandenbetrug BGH NJW 2004, 2840 ff.
12  Vgl. BGH NStZ 2008, 209 f.; 1997, 79 f. Solche „Dauerdelikte" sind beispielsweise die Freiheitsberaubung (§ 239 StGB), die Zuhälterei (§ 181a StGB) oder die Trunkenheit im Verkehr (§ 316 StGB).

eine Einheit bildende **geschichtliche Vorgang**", innerhalb dessen der Angeklagte als Täter oder Teilnehmer einen Straftatbestand verwirklicht haben soll[13].

**56** Entscheidend insoweit ist allein, welches Verhalten des Täters – unter Berücksichtigung des jeweiligen Einzelfalls – nach „natürlicher Auffassung" mit dem in der Anklage bezeichneten geschichtlichen Geschehen einen **einheitlichen Lebensvorgang** darstellt. Dies wird jedenfalls bezüglich der Geschehnisse als gegeben angesehen, die in einem solch **engen sachlichen, räumlichen und zeitlichen Zusammenhang** stehen, dass die getrennte Würdigung der Geschehnisse als „unnatürliche Aufspaltung eines einheitlichen Lebensvorgangs empfunden würde"[14].

**57** Damit geht der prozessuale Tatbegriff zwar **weiter als derjenige der „Handlung"**, im Regelfall gelangt man jedoch nicht zu unterschiedlichen Ergebnissen. Dies zeigt ein Blick auf unseren Ausgangsfall (Rn. 50):

Der Angeklagte war bei derselben Fahrt ohne Fahrerlaubnis unterwegs (§§ 2, 21 StVG) und mit mehr als 1,1‰ alkoholisiert (§ 316 Abs. 1 StGB).

Materiell-rechtlich handelt es sich eine tateinheitliche Begehung beider Delikte i.S.d. § 52 StGB, da sie in „unmittelbarem" zeitlichen und räumlichen Zusammenhang begangen wurden. Es handelt sich ferner um ein und denselben historischen Vorgang, so dass auch nur eine Tat i.S.d. § 264 StPO vorliegt.

Die rechtskräftige Verurteilung allein wegen des Fahrens ohne Fahrerlaubnis schließt damit eine erneute Verfolgung wegen Trunkenheit im Straßenverkehr aus.

An diesem Beispiel wird deutlich, dass die in Tateinheit stehenden Delikte immer auch eine „Tat" i.S.d. § 264 StPO darstellen[15].

**58** Liegt materiell-rechtlich Tatmehrheit i.S.d. § 53 StGB vor, so ist regelmäßig auch von verschiedenen geschichtlichen Vorgängen im Sinne des prozessualen Tatbegriffs auszugehen[16].

> **Beispiel:** Der Beschuldigte fährt ohne Fahrerlaubnis auf der Suche nach geeigneten Einbruchsobjekten umher. Unterwegs kommt er an einem Geschäftslokal vorbei, in welches er einbricht und Beute macht. Er setzt seine Fahrt fort und stößt nach 1/2 Stunde auf ein weiteres lohnendes Objekt. Dort begeht er einen weiteren Einbruchsdiebstahl.
>
> Hier stellt sich zunächst die Frage, ob die – durch die Diebstahlstaten unterbrochene – Fahrt ohne Fahrerlaubnis (§§ 2, 21 StVG) das ganze Geschehen zu einem einheitlichen Vorgang im materiell-rechtlichen Sinn verbindet. Dies ist zu verneinen. Zwischen den jeweiligen Fahrten und den Einbruchstaten besteht kein „unmittelbarer" Zusammenhang und damit keine Tateinheit. Aber auch an einer Tatidentität i.S.d. § 264 StPO fehlt es, da die Fahrten und die Einbrüche ohne Weiteres getrennt beurteilt werden können[17].

---

13 Vgl. BVerfG NStZ 2004, 687 f.; BGH NJW 2003, 2996; NStZ 2001, 437.
14 So BGH in ständiger Rspr., vgl. BGH NStZ 2006, 350; NJW 2000, 227.
15 BGH NJW 2004, 1540; BGH NStZ 1997, 508 f.
16 Vgl. BGH 4 StR 200/08; BGH NJW 2004, 1540; NStZ 1999, 26.
17 Vgl. BGH NStZ 2001, 89; NStZ 1997, 508; NJW 1981, 997.

Mehrere Handlungen i.S.d. § 53 StGB bilden – im Ausnahmefall – aber dann eine 59 einheitliche Tat i.S.d. § 264 StPO, wenn sie unmittelbar und innerlich – etwa wegen deliktsimmanenter Verbindung der Handlungen oder Überschneidungen im äußeren Ablauf – so miteinander verknüpft sind, dass der Unrechts- und Schuldgehalt der einen Handlung nicht ohne die Umstände, die zu der anderen Handlung geführt haben, richtig bewertet werden kann und die getrennte Würdigung und Aburteilung folglich als „unnatürliche Aufspaltung eines einheitlichen Lebensvorganges" anzusehen wäre.

> **Beispiel:** Der Beschuldigte entschließt sich, seine desolate finanzielle Situation dadurch zu verbessern, dass er ein ihm gehörendes und entsprechend versichertes Wohngebäude in Brand setzt. Nachdem er die Versicherungssumme erhöht hat, zündet er das Haus nachts an, so dass es völlig ausbrennt (Brandstiftung). Anderntags meldet er den Schaden seiner Versicherung, um diese zur Auszahlung der Versicherungssumme zu veranlassen (versuchter Betrug).
>
> Trotz der zeitlichen Zäsur und der materiellrechtlichen Tatmehrheit hat der BGH angesichts des inneren Zusammenhangs zwischen den Handlungen hier eine einheitliche prozessuale Tat angenommen[18].

Die prozessuale Bewertung mehrerer strafbarer Handlungen kann im Einzelfall also durchaus schwierig sein. Besondere Probleme tauchen insbesondere im Zusammenhang mit den Delikten im **Straßenverkehr** auf, wie die beiden nachfolgenden – abschließenden – Beispielsfälle[19] zeigen:

> **Beispiel 1:** Der mit 2,3‰ alkoholisierte Beschuldigte verursacht in Bonn fahrlässig einen Verkehrsunfall mit erheblichem Sachschaden. Er setzt gleichwohl seine Fahrt fort, ohne sich um den Schaden zu kümmern.
>
> Materiell-rechtlich sind folgende Straftatbestände verwirklicht:
> – § 315c Abs. 1 Nr. 1a, Abs. 3 StGB durch die alkoholbedingte Herbeiführung des Unfalls (der zugleich vorliegende Tatbestand des § 316 StGB wird verdrängt);
> – § 142 Abs. 1 Nr. 1 StGB durch das unerlaubte Entfernen vom Unfallort;
> – § 316 StGB durch die alkoholisierte Weiterfahrt.
>
> Für die Konkurrenzen gilt folgendes: Mit dem Unfallgeschehen tritt in dem geschilderten Handlungsablauf eine Zäsur ein. Damit liegen zwei selbstständige Handlungen im materiell-rechtlichen Sinne (§ 53 StGB) vor, nämlich Straßenverkehrsgefährdung (§ 315c StGB) und unerlaubtes Entfernen vom Unfallort (§ 142 StGB) bei gleichzeitiger Trunkenheitsfahrt (§ 316 StGB). Damit steht nur das unerlaubte Entfernen vom Unfallort in Tateinheit (§ 52 StGB) zu § 316 StGB.

---

18  BGH NStZ 2006, 350 f.
19  Nachgebildet den Entscheidungen BGHSt 24, 185 ff. und 23, 141 ff.

Das gesamte historische Geschehen ist jedoch nach Auffassung des BGH ein einheitlicher Lebensvorgang und damit verfahrensrechtlich eine Tat i.S.d. § 264 StPO, welche alle drei Delikte umfasst[20].

60    **Beispiel 2:** Es ist nicht nur – wie oben geschildert – zu einem Unfall mit anschließendem unerlaubten Entfernen vom Unfallort gekommen. In dem 4 Kilometer entfernten Stadtteil Röttgen verursacht der Beschuldigte einen weiteren alkoholbedingten Zusammenstoß mit einem geparkten Pkw.

Hier tritt in Abweichung von Beispiel 1 eine weitere Straßenverkehrsgefährdung (§ 315c StGB) hinzu. Materiell-rechtlich sind also folgende Straftatbestände verwirklicht:

  –  § 315c Abs. 1 Nr. 1a, Abs. 3 StGB durch die alkoholbedingte Herbeiführung des Unfalls in Bonn;
  –  § 142 Abs. 1 Nr. 1 StGB durch das unerlaubte Entfernen vom Unfallort;
  –  § 316 StGB durch die alkoholisierte Weiterfahrt;
  –  § 315c Abs. 1 Nr. 1a, Abs. 3 StGB durch den neuerlichen Unfall in Röttgen.

Tateinheit (§ 52 StGB) zwischen dem unerlaubten Entfernen vom Unfallort und dem zweiten Verkehrsunfall in Röttgen ist nach Auffassung des BGH[21] mit der Begründung abzulehnen, dass die Verwirklichung der § 142 StGB nach einigen Kilometern unbemerkten Fahrens bereits beendet gewesen ist und in keinem Zusammenhang mit dem zweiten Unfallgeschehen stand. Auch das verwirkte Dauerdelikt des § 316 Abs. 2 StGB vermag mangels „Gewichtigkeit" nicht als Bindeglied zwischen dem § 142 StGB (in Bonn) und § 315c StGB (in Röttgen) zu fungieren und so über eine „Klammerwirkung" Idealkonkurrenz zu begründen.

Diese materiell-rechtliche Situation kann verfahrensrechtlich „bei gerechter Gesetzesauslegung" nicht anders beurteilt werden, obwohl man denken könnte, das gesamte Geschehen sei – als historischer Vorgang – insgesamt eine Autofahrt und damit eine „Tat". Nach dem BGH ist jedoch das zweite Unfallgeschehen in Röttgen als eigene „Tat" i.S.d. § 264 StPO zu werten, während die Unfallflucht – insoweit in Einklang mit Beispiel 1 – zum ersten Tatgeschehen zu rechnen ist[22].

61    Beide Fälle belegen, dass die verfahrensrechtliche Eingrenzung des Tatgeschehens gelegentlich schwierig zu vollziehen ist und bei der häufig ergebnisorientierten Begründung auch **Wertungsgesichtspunkte** (vgl. die Formulierung des BGH „unannehmbares Ergebnis") oder die Besonderheiten des einzelnen Straftatbestandes eine

---

20  Zur Begründung führt der BGH (BGHSt 24, a.a.O.) Folgendes an: Die einzelnen Handlungen „gingen nicht nur äußerlich ineinander über", sondern seien auch „innerlich – strafrechtlich – derart miteinander verknüpft, dass der Unrechts- und Schuldgehalt der Unfallflucht nicht ohne Berücksichtigung der Umstände, unter denen es zum Unfall gekommen ist, gewürdigt werden" könne. Siehe zu einer „Fluchtfahrt" auch BGH NJW 2003, 1614 f.

21  In BGHSt 23, 141 ff.

22  Der BGH erklärt zur Begründung, es handele sich um zwei „voneinander unabhängige Unfallgeschehen", die bei „natürlicher Betrachtung" auch unabhängig voneinander zu beurteilen seien. Eine andere Auffassung führe zu „unannehmbaren Ergebnissen".

erhebliche Rolle spielen[23]. Eine befriedigende Lösung ist daher – und insoweit herrscht Einigkeit[24] – nur bei Anwendung einer „natürlichen Betrachtungsweise im Einzelfall" möglich[25]. Wichtig ist also in erster Linie ein geschärftes Problembewusstsein.

Im Zusammenhang mit dem Tatbegriff bedarf abschließend die „fortgesetzte Handlung" der Erwähnung, bei welcher ein „Gesamtvorsatz" bei Vorliegen weiterer Voraussetzungen mehrere Einzelakte zu einer Handlung im Rechtssinne verknüpfen konnte. Diese Rechtsfigur hatte auch auf den prozessualen Tatbegriff Auswirkung, da die rechtskräftige Verurteilung wegen einer fortgesetzten Tat alle vor der Verkündung des letzten Tatsachenurteils begangenen Einzelakte verbrauchte (d.h., dass sie nicht mehr Gegenstand eines neuen Verfahrens sein konnten), selbst wenn sie dem Gericht nicht bekannt waren. **62**

Die Rechtsprechung zur „fortgesetzten Handlung" ist jedoch durch eine „Jahrhundertentscheidung"[26] des Gemeinsamen Großen Senats des BGH im Jahre 1994 aufgegeben worden[27]. Vor dem Hintergrund, dass die Instanzgerichte es mit dieser Konstruktion offenbar „zu toll getrieben" hatten, hat der BGH den „Fortsetzungszusammenhang" abgeschafft, weil er zumindest in der ausweitend praktizierten Form keine Stütze mehr in § 52 StGB fand. Ließ der Leitsatz der BGH-Entscheidung theoretisch noch Ausnahmen zu, so hat der über hundert Jahre gebräuchliche Begriff der fortgesetzten Handlung heute nur noch historische Bedeutung. Diese Rechtsfigur wird von der Rechtsprechung nicht mehr anerkannt[28]. Zumindest teilweise wird sie jedoch von der Rechtsprechung zur sog. **„Bewertungseinheit"** abgelöst[29].

## C. Die Einleitung des Ermittlungsverfahrens

Bevor wir im Einzelnen auf Beginn, Inhalt, Ziel und Ablauf des Ermittlungsverfahrens eingehen, wollen wir einen Blick in den diesbezüglichen Teil einer (natürlich hinsichtlich der personenbezogenen Daten veränderten und auszugsweise wiedergegebenen) Original-Strafakte werfen. Bitte richten Sie ihr Augenmerk besonders auf die Art der Einleitung und den chronologischen Ablauf. **63**

Auf den dort geschilderten Fall und seinen verfahrensmäßigen Fortgang werden wir an verschiedenen Stellen wieder zurückkommen.

## I. Originalakte

---

23 Vgl. beispielsweise zur Umsatzsteuerhinterziehung BGH NJW 2005, 836 ff.; zum mehraktigen Handeltreiben mit Betäubungsmitteln BGH NJW 1998, 170, zur geheimdienstlichen Tätigkeit BGH NStZ 1997, 79; zum Verhältnis zwischen Brandstiftung und versuchtem Betrug zum Nachteil der Versicherung BGH NJW 2000, 227.
24 Lesen Sie zur umfangreichen Rechtsprechung und zum Stand der Diskussion: KK-*Engelhardt*, § 264 Rn. 7 ff.
25 BGH NJW 2003, 1750 sowie NJW 1980, 2718 ff. (auch zur „Klammerwirkung" des § 129 StGB).
26 So die Bewertung durch *Hamm* NJW 1994, 1636 ff.
27 NJW 1994, 1663 ff. (Lesen!).
28 BGH NStZ 1995, S. 141 für den Bereich des Betäubungsmittelgesetzes; BGH NJW 1995, 2872 für Steuerhinterziehung; BGH NJW 1998, 1652 für alle Delikte.
29 Vgl. beispielsweise BGH NStZ 2006, 228 f. (zu Kartellabsprachen); BGH NJW 2003, 301; NJW 2002, 1810 (zum BtMG); BGH NStZ 2000, 322 ff. und 540 f.

| Termine: | Landesjustizprüfungsamt<br>☐ Ja  -  ☒ Nein | Mitteilungen nach Nrn. _____ MiStra | | Zählkarte Nr. | Ausgefüllt am | Unterschrift |
|---|---|---|---|---|---|---|
| *06.03.06* | Staatsarchiv<br>☐ Ja  -  ☒ Nein | | AG | *95* | *17.1.06* | |
| | Benötigt werden _____ Mehrfertigungen von | | LG | | | |
| | Unterschrift der Richterin /<br>des Richters<br>der Staatsanwältin / des Staatsanwalts | _____ | OLG | | | |

# Staatsanwaltschaft

*Bonn*

## Strafsache/Bußgeldsache

bei  *dem AG Bonn*

Verteidiger/in:                           Vollmacht:                 zur Pflichtverteidigerin/<br>zum Pflichtverteidiger bestellt:

RA. _____  Bl. _____  Bl. _____

RA. _____  Bl. _____  Bl. _____

RA. _____  Bl. _____  Bl. _____

Nebenkläger/in: _____  zugelassen Bl. _____

Vertreter/in: _____  Vollmacht Bl. _____  beigeordnet Bl. _____

Haftbefehl Bl. _____ aufgehoben Bl. _____

Bußgeldbescheid Bl. _____ Einspruch Bl. _____          Fristen:

Anklage / ~~Strafbefehl~~ Bl. *45 11.*

Eröffnungsbeschluss / ~~Einspruch~~ Bl. *52*

Hauptverhandlung Bl. *61 11.*

Verfahren eingestellt / wieder aufgenommen Bl. _____

Entscheidung I. Instanz Bl. *69*

Berufung Bl. _____

Entscheidung über die Berufung Bl. _____

Revision Bl. _____ Rechtsbeschwerde Bl. _____          *75 Gs 327/05*

Entscheidung über die Revision / Rechtsbeschwerde Bl. _____

Vollstreckungsheft(e) angelegt: ja / nein

*Lehmann, Hans*
*geb. 06.05.1959*          **Weggelegt**

                                        **Aufzubewahren bis**          -dauernd-

        ~~vor~~ *17 Js 539/05*
        *118 Ds 38/06*          AU 151 - Strafsache / Bußgeldsache  -  gen. 01. 2002<br>Justizvollzugsanstalt Bochum · Preisklasse 36

Recycling-Papier aus 100% Altpapier

```
Polizeipräsidium Bonn                          Datum: 02.11.2005
                                          ┌─────────────────────┐
                                          │ 311011-06130        │
                                          │ ( interne Anz.-Nummer ) │
                                          └─────────────────────┘
                                               Eingangsstempel
```

# Strafanzeige

| VAB | Absender | | | |
|---|---|---|---|---|
| | aufgenommen | am | 02.11.2005, 23:20 | Uhr |
| | | durch | POM Müller | |
| VNR | Vorgangs-Nr. | | | |
| VSD | Dienststelle | | | |
| | Sachbearbeiter | | | |
| PKS | Schlüsselzahl | | | |

*TAE*

§§ 316, 113, 185, 303 StGB

*TQU* **Versuch** Nein

*TTZ* **Tatzeit** MI, 22:00      **Uhr**
     **bis** MI, 22:10      **Uhr**
*TTO* **Tatort**
Kennedybrücke/Bertha-von-Suttner-Platz

**Erlangtes Gut**
entfällt

*TSE* **Schadenssumme** (erlangtes Gut)      **EUR**
     (Sachschaden)    1.500,00 **EUR**

**Versicherung**
Keine

**Beweismittel**
POM Müller, PHM Meimeier, PM`in Rossel, Zeuge Schmitz

**Spurensicherung**
am Keine      **Uhr durch**

# Personalien

| | | |
|---|---|---|
| *PAR* | Anlaß: | **Tatverdächtiger** |
| *PFN* | Name/ Firma: | Lellmann |
| *PGB* | Geburtsname: | Lellmann |
| *PVN* | Vorname: | Hans |
| *PGD* | Geburtsdatum: | 06.05.1959 |
| *PGO* | Geburtsort: | Bonn |
| *PNA* | Nationalität: | deutsch |
| *PAT* | Beruf: | Bauarbeiter |
| | | |
| *PLA* | Letzter Aufenthalt | |
| | PLZ: | 53119 |
| | Ort: | Bonn |
| | Str., Haus-Nr.: | Wagnerstr. 187 |
| | Telefon: | |

| | | |
|---|---|---|
| *PAR* | Anlaß: | **Zeuge** |
| *PFN* | Name/ Firma: | Schmitz |
| *PGB* | Geburtsname: | Schmitz |
| *PVN* | Vorname: | Heinz |
| *PGD* | Geburtsdatum: | 31.03.1957 |
| *PGO* | Geburtsort: | Neuwied / Rh. |
| *PNA* | Nationalität: | deutsch |
| *PAT* | Beruf: | |
| | | |
| *PLA* | Letzter Aufenthalt | |
| | PLZ: | 53177 |
| | Ort: | Bonn |
| | Str., Haus-Nr.: | Tulpenweg 8 |
| | Telefon: | 0176/400500600 |

| | | |
|---|---|---|
| *PAR* | Anlaß: | |
| *PFN* | Name/ Firma: | |
| *PGB* | Geburtsname: | |
| *PVN* | Vorname: | |
| *PGD* | Geburtsdatum: | |
| *PGO* | Geburtsort: | |
| *PNA* | Nationalität: | |
| *PAT* | Beruf: | |
| | | |
| *PLA* | Letzter Aufenthalt | |
| | PLZ: | |
| | Ort: | |
| | Str., Haus-Nr.: | |
| | Telefon: | |

- 3 -

**Beiblatt zur Strafanzeige vom 02.11.2005**

Am 02.11.2005 gegen 22:00h bemerkten die auf Streifenfahrt befindlichen POM Müller und PHM Meimeier den Beschuldigten, der mit seinem Fahrzeug VW Golf II, amtliches Kennzeichen BN-DX 316, über die Kennedybrücke aus Fahrtrichtung Beuel in
Richtung Stadthaus fuhr. Er fuhr in Schlangenlinien über die volle Fahrbahnbreite,
teils über die gesonderte Busspur. Es bestand der Verdacht der Trunkenheitsfahrt,
deswegen überholte POM Müller das Fahrzeug des Beschuldigten und hielt diesen
unter Einsatz von Sonder- und Wegerechten an. Der Beschuldigte leistete der Anhalteaufforderung erst nach weiteren 500m Folge, indem er das Fahrzeug unkontrolliert
gegen den rechten Bordsteinrand steuerte, wo es in Höhe des Taxistandes (Bertha-
von-Suttner-Platz) zum Stehen kam. Zur Verhinderung einer Weiterfahrt wurde das
Dienstfahrzeug unmittelbar vor dem PKW des Beschuldigten abgestellt.

Der Beschuldigte entstieg seinem Fahrzeug und zeigte sich sofort äußerst aggressiv
und aufgebracht. Die beiden eingesetzten Beamten beschimpfte er – ohne ersichtlichen Grund – als „Bullenschweine". Noch bevor die Beamten eingreifen konnten,
begab er sich zu dem dort wartenden Taxi des Taxiunternehmens Buchmann (Fahrer: Zeuge Schmitz) und trat mehrfach gegen die Fahrertür, wodurch diese beschädigt wurde (Eindellung). Nur mit Mühe konnte der Beschuldigte zunächst auf der Motorhaube des Streifenwagens fixiert werden, bis in Gestalt der PM´in Rossel und
PHK Pillmann die angeforderte Verstärkung eintraf. Während dessen trat der Beschuldigte nach den Polizeibeamten und biss der Beamtin Rossel in die Hand. Unter
Anwendung einfacher körperlicher Gewalt wurde er in Gewahrsam genommen und
dem PGD Bonn zugeführt. Hier wurde ihm gegen 23:50h eine Blutprobe entnommen.
Der Führerschein des Beschuldigten Nr. 456789/79 Stadt Bonn wurde sichergestellt.
Sein Fahrzeug wurde vom Abschleppdienst Fischer übernommen.

Müller, POM

| Kreispolizeibehörde (Telefon / Nebenstelle) | Zutreffendes bitte ankreuzen [X] | Int. Registriernummer (BKZ, TTMMJJ, Uhrzeit) 40105  2200 |
|---|---|---|

- Polizeiinspektion Mitte -

Tagebuchnummer / VNR-Nummer
**311011-06130**

Raum

№ 351873

Lellmann, Hans
*Namen, Vornamen*
06/05/59  Bonn
*Geb.-Datum  Wohnort*
Datum 02/11/05
Entnahmezeit 23.50 h
Auf Untersuchungsbogen kleben !

Telefon **0228/150167**

# Protokoll und Antrag
## zur Feststellung von

| | | |
|---|---|---|
| X Alkohol | Drogen | |
| X im Blut | im Urin | |

**Nur für Zeugen:** Belehrung nach § 81 c StPO ist erfolgt.

Maßnahmen angeordnet durch:   Name, Amtsbezeichnung  **POM Müller**

| **A** | **Polizeibericht** | Ergebnis Alco-Test | mg/l | X abgelehnt | nicht möglich |
|---|---|---|---|---|---|

| **1** | Name **Lellmann** | Vorname **Hans** | Geburtsjahr (JJJJ) **1959** | **1** 1 = männlich  2 = weiblich |
|---|---|---|---|---|

**2** Anlaß der Untersuchung

| X Verkehrsstraftat/ -ordnungswidrigkeit | Verkehrsunfall | mit Sachschaden | mit Personen- schaden | mit Getöteten | mit Unfallflucht |
|---|---|---|---|---|---|

| beteiligt als | Fußgängerin Fußgänger | X Fahrerin Fahrer | Beifahrerin Beifahrer | Fahrzeugart: **Pkw** |
|---|---|---|---|---|

| X andere Straftat/ Ordnungswidrigkeit | Bezeichnung **Sachbeschädigung/Widerstand/Beleidigung** |
|---|---|

Zeitpunkt des Vorfalls (Wochentag / Datum / Uhrzeit)
**Mi     02.11.2005 22:00**

**3 a** Belehrung

| X als Beschuldigte(r) nach § 163a Abs. 4, § 136 Abs. 1 S. 2-4 StPO | als Betroffene(r) nach § 55 OwiG |
|---|---|
| als Zeugin / Zeuge nach § 52 Abs. 3, § 55 Abs. 2 StPO | nicht erfolgt, weil |

**b** Angaben über die Aufnahme von Alkohol, Drogen, Medikamenten usw. in den letzten 24 Stunden vor dem Vorfall

| von (Datum, Uhrzeit) **02.11.2005 17:00** | bis (Datum, Uhrzeit) **02.11.2005 21:30** | Art und Menge **Bier, 3 Gläser Kölsch** |
|---|---|---|

**c** Angaben über letzte Nahrungsaufnahme

| von (Datum, Uhrzeit) **02.11.2005 13:00** | bis (Datum, Uhrzeit) | Art und Menge **Bratwurst und Pommes** |
|---|---|---|

69

**d** Angaben über die Aufnahme von Alkohol, Drogen, Medikamenten usw. nach dem Vorfall | Ist d. zu Untersuchende eindringlich über einen Genuß von Alkohol, Drogen, Medikamenten usw. nach dem Vorfall befragt worden?

| ja | X nein | X ja | nein, weil |
|---|---|---|---|

| von (Datum, Uhrzeit) | bis (Datum, Uhrzeit) | Art und Menge |
|---|---|---|

Bemerkungen

**4** Urinprobe     Belehrung über die Freiwilligkeit ist erfolgt.

| abgegeben an: | Name, Amtsbezeichnung **POM Müller** | Datum, Uhrzeit |
|---|---|---|

| abgelehnt | nicht durchgeführt, weil |
|---|---|

**5** Das Untersuchungsergebnis und die Rechnung senden an:
**oben links angeführte Dienststelle**

Protokoll und Antrag zur Blutentnahme/ Urinabgabe ...

**Bonn,  02.11.2005**
*Ort, Datum*

Müller POM
*Unterschrift, Name, Amtsbez. d. protokollführenden Beamtin / Beamten*

| | | Int. Registriernummer (BKZ, TTMMJJ, Uhrzeit) |
|---|---|---|
| Zutreffendes bitte ankreuzen [X] oder ausfüllen | | 40105  2200 |

**Nicht mit Alkohol, Äther, Karbolsäure, Lysol, Sagrotan, Jodtinktur oder anderen organischen Flüssigkeiten desinfizieren.**

**B  Ärztlicher Bericht**

**1** 
| Name Lellmann | Vorname Hans | Geburtsjahr (JJJJ) 1959 | 1 | 1=männlich 2=weiblich |
|---|---|---|---|---|

**a  Blutprobe**

Blutröhrchen für: Alkohol [X] / Drogen [ ]

**Bei Leichen:**  Todeszeit (Datum, Uhrzeit)

| | Datum, Uhrzeit | Kontroll-Nr. |
|---|---|---|
| 1. Entnahme | 02.11.05 2350 | |
| 2. Entnahme | | |

Fäulniserscheinung: keine [ ] leicht [ ] stark [ ]

Blutentnahme (ca. 8 ccm) mit Venüle R oder Venülrörhrchen aus der freigelegten Oberschenkelvene (nicht aus dem Herzen, aus Wunden oder Blutlachen)

**b  Urinprobe**  ja [ ]  Datum, Uhrzeit

Datum, Uhrzeit der Leichenblutentnahme, Art der Vene

**c  Haarprobe**  ja [ ]  Datum, Uhrzeit, Entnahmestelle

**2  Befragung** (a bis e bezogen auf die letzten 24 Stunden)

**a  Blutverlust**  ja [ ]  Menge ___ ccm  Schock [ ]  Erbrechen [ ]  Datum, Uhrzeit

**b  Hat vor der Blutentnahme Narkose stattgefunden ?**  ja [ ]  Datum, Uhrzeit  Narkosemittel

**c  Transfusion**  ja [ ]  Datum, Uhrzeit  Menge

**d  Infusion**  ja [ ]  Datum, Uhrzeit  Art und Menge

**e  Sind Medikamente oder Drogen verabfolgt oder eingenommen worden ?**  ja [ ]  Datum, Uhrzeit  Art und Menge

**f  Von dem jetzigen Vorfall unabhängige Krankheiten oder Leiden**  Diabetes [ ]  Epilepsie [ ]  Geisteskrankheit [ ]  frühere Schädel-/ Hirntraumen [ ]

**3  Untersuchungsbefund**

Körpergewicht: **83** kg  Körperlänge: **176** cm  gewogen [ ]  gemessen [ ]  geschätzt [X]

Konstitution:  hager [ ]  mittel [X]  fettleibig [ ]

Bestehende Verletzungen (auch Verdacht auf Schädel-/Hirntrauma)  ja [ ]  Art

Gang (geradeaus)  sicher [ ]  schwankend [X]  torkelnd [ ]  schleppend [ ]

plötzliche Kehrtwendung nach vorherigem Gehen)  sicher [ ]  unsicher [X]

Drehnystagmus (zu Untersuchende(n) mit offenen Augen 5mal in 10 Sek. um die Vertikalachse drehen, anhalten -Dauer des Augenzuckens bei Fixieren des vorgehaltenen Zeigefingers in Sekunden):  feinschlägig [ ]  grobschlägig [ ]  Auslenkung schnell [ ]  Auslenkung langsam [X]  Dauer: **14** Sekunden

Finger-Finger-Prüfung  sicher [X]  unsicher [ ]  Nasen-Finger-Prüfung  sicher [ ]  unsicher [ ]

Sprache  deutlich [X]  verwaschen [ ]  lallend [ ]

Pupillen  unauffällig [X]  stark erweitert [ ]  stark verengt [ ]  Pupillenlichtreaktion  prompt [ ]  verzögert [ ]  fehlend [ ]

Bewußtsein  klar [X]  benommen [ ]  somnolent [ ]  bewußtlos [ ]  verwirrt [ ]

Störung der Orientierung  ja [ ]  Störung der Erinnerung an den Vorfall  ja [ ]  Art

Denkablauf  geordnet [ ]  sprunghaft [X]  perseverierend [ ]  verworren [ ]

Verhalten  beherrscht [ ]  redselig [ ]  distanzlos [ ]  abweisend [X]  aggressiv [ ]  verlangsamt [ ]  lethargisch [ ]

Stimmung  unauffällig [ ]  depressiv [ ]  euphorisch [ ]  stumpf [ ]  gereizt [X]

Die / der Untersuchte scheint äußerlich  nicht merkbar [ ]  leicht [ ]  deutlich [X]  stark [ ]  sehr stark [ ]

unter  Alkoholeinfluß [X]  Drogeneinfluß [ ]  Medikamenteneinfluß [ ]  zu stehen.

Gesamteindruck (z.B. Vortäuschung/ Übertreibung, sonstige Auffälligkeiten)  *abweisend und aggressiv*

**4  Versicherung der Ärztin / des Arztes**

Die Desinfektion der Haut erfolgte mit  Oxicyanid-Tupfer [X]  [ ]

Röhrchen und Protokoll sind in meiner Gegenwart mit gleichlautend numerierten Klebezetteln versehen worden.

Ärztlicher Bericht zum Antrag zur Blutentnahme/ Urinabgabe ...

Ort, Datum  *Bonn, den 02.11.05*

Unterschrift und Name der Ärztin / des Arztes  *Dr. S. Hofmann*

71

72

35

Kreispolizeilbehörde    (K/S. Fernruf/Nebenstelle)

**Polizeipräsidium Bonn/PI Mitte**

    [X] **INGEWAHRSAMNAHME**

    [ ] **FESTHALTEN**

Aufnahmedatum  **03.11.2005**    **00:05**  Uhr          (Eingangsstempel)

| Feld | Beschreibung | Wert |
|---|---|---|
| PHW | Personengebundene Hinweise (z.B. Ausbrecher, gewalttätig) | **gewalttätig** |
| PFN | Familienname / Ehename und Namensbestandteile | **Lellmann** |
| PSN | Sonstige Namen | |
| PGD | Geburtsdatum (TTMMJJJJ) | **06.05.1959** |
| PMW | Geschlecht | [X] m  [ ] w |
| PAT | Akademische Grade | |
| ZLA | Wohnort (ggf. Aufenthaltsort) | **Wagnerstr. 187, 53111 Bonn** |

| Feld | Beschreibung | Wert |
|---|---|---|
| PGB | Geburtsname | **Lellmann** |
| PVN | Vorname(n) | **Hans** |
| PGO | Geburtsort (Kreis/Land) | **Bonn** |
| PNA | Staatsangehörigkeit | **Deutsch** |
| PSP | Spitzname | |
| ZVL | Familienstand | **ledig** |
| ZAT | Beruf | **Bauarbeiter** |

Personensorgeberechtigte(r) mit Geburtsnamen / Vormund /Betreuer mit Anschrift u. telefonischer Erreichbarkeit

BPA-/Pass-Nr., Ausstellungsdatum, Behörde
**6264693165-D/Stadt Bonn vom 23.04.2002**

Ingewahrsamnahme/Festhalten (Datum, Uhrzeit, Ort)        durch
**02.11.2005, 23.15 Uhr, Bonn, Bertha-v.-Suttner-Platz    POM Müller/PHM Heimeier**

**Grund**                       **§§  316, 113, 303 StGB**

Belehrung erfolgte nach  [ ] § 37 PolG NW    Belehrung konnte nicht erfolgen, weil
            [ ] § 163 b Abs. I oder II StPO  **renitent und aggressiv**

**Fahndungsabfrage**  [X] Ja  [ ] konnte nicht erfolgen, weil

                                **von**

**Person wird gesucht wegen**

**Az.**  [ ] **zur Ingewahrsamnahme**    [ ] **zur Aufenthaltsermittlung**

**Nach Gesamteindruck ärztliche Untersuchung erforderlich**  [ ] Ja  [X] Nein

Hinweis:  Bei Ingewahrsamnahme wegen Hilflosigkeit ist eine ärztliche Untersuchung zwingend vorgeschrieben (VVPolG NW -Nr. 3511-).

**Anlass**
**Der Tatverdächtige befuhr in erkennbar alkoholisiertem Zustand unter anderm die Kennedybrücke in Bonn. Nach dem Anhalten beschimpfte er die eingesetzten Beamten und trat nach ihnen. Er beschädigte mutwillig ein fremdes Fahrzeug. Insoweit wird auf die gesonderte Anzeige Bezug genommen. Er wurde ins PGD verbracht, wo ihm von Dr. med. Hofmann ein Blutprobe entnommen wurde. Von dort aus kann er nach Ausnüchterung entlassen werden.**

*Müller POM*

(Unterschrift, Name, Amtsbezeichnung, der aufnehmenden Beamtin/ des aufnehmenden Beamten)

NW Pol 2 I
(6/97)

**Einlieferung des / der .......**      Lellmann, Hans

Am: **03.11.2005**    um: **00:05**    Uhr in:        durch:    *Müller*    **POM Müller**

Zellen-Nr.: **13**                          (Unterschrift der übernehmenden Beamtin/ des übernehmenden Beamten)

Am: **03.11.2005**    um: **00:05**    Uhr in:        durch:    *Humpert*    **PHM Humpert**

Zellen-Nr. :                          (Unterschrift der übernehmenden Beamtin/ des übernehmenden Beamten)

**Durchsuchung**

Körperlich durchsucht am: **03.11.05**    um: **00.05**    durch: **POM Wache**

Verzeichnis der abgenommenen Gegenstände

| Persönliche | Beweiswichtige |
|---|---|
| 1 Uhr, Zigaretten im Anbruch 1 Feuerzeug, 1 Geldbörse mit div. Papieren ohne Bargeld 1 Brille | |

*Humpert PHM*          *verweigert*

(Unterschrift der übernehmenden Beamtin/ des übernehmenden Beamten)    (Unterschrift der Betroffenen/ des Betroffenen)    (Unterschrift der übernehmenden Beamtin/ des übernehmenden Beamten)

Zurückerhalten:                 Verbleib:

*Lellmann*

(Unterschrift der Empfängerin/ des Empfängers)

**Angehörige**     (ggf. Erziehungsberechtigte/Erziehungsberechtigter/Vormund)

Name/Anschrift:

Benachrichtigt am:        um:        durch:

Nicht benachrichtigt, weil    nicht ermittelbar

**Verbleib**

Entlassen am: **03.11.2005**    um: **10.45**    durch: **PHM Humpert**

Vorgeführt am:        um:        durch:        Haftbefehl:

Anderweitiger Verbleib:

**Sonstige Vermerke**     (z.B. Einzelzelle erforderlich, Besuche, Zellenkontrolle, ggf. Gesundheitszustand, kurzfristige Überstellungen, Benachrichtigung konsularischer Vertretung, Haftkosten; bei Festhalten: Vernichtung der Unterlagen gem. § 163 c Absatz IV StPO)

**Raum für Kontrollaufkleber**

NW Pol 2 a
(IX/95)

| | |
|---|---|
| Kreispolizeibehörde (Fernruf / Nebenstelle) | ☒ Beschuldigtenvernehmung |
| **Polizeipräsidium Bonn** | ☐ Personalbogen ☒ Erwachsener |
| **PI Mitte** | Heranwachsender |
| | ☐ Bericht Jugendlicher |
| | Ausländer |
| | Ausländerbehörde |
| Ort / Datum / Uhrzeit | Jugendamt |
| **Bonn, den 03.11.2005** 10:00 Uhr | |

| | personengebundene Hinweise (z.B. Ausbrecher, gewalttätig) *) | | |
|---|---|---|---|
| **PHW** | **gewalttätig** | | |
| **PFN** | Familienname / Ehename u. Namensbestandteile **Lellmann** | **PGB** | Geburtsname **Lellmann** |
| **PSN** | sonstige Namen | **PVN** | Vorname(n) **Hans** |
| **PGD** | Geburtsdatum (TTMMJJJJ) **06.05.1959** | **PNA** | Geburtsort (Kreis / Land) **Bonn** |
| **PMW** | Geschlecht ☒ m ☐ w | **PGO** | Staatsangehörigkeit **Deutsch** |
| **PAT** | Akademische Grade | **PSP** | Spitzname |
| **ZLA** | Wohnort (ggf. Aufenthaltsort) **Wagnerstr. 187, 53111 Bonn** | **ZVL** | Familienstand **ledig** |
| | | **ZAT** | Beruf **Bauarbeiter** |
| | | | Beide Elternteile / Vormund mit Geburtsnamen und Anschrift **verstorben** |

BPA-/Pass-Nr., Ausstellungsdatum, Behörde
**6264693165-D/Stadt Bonn vom 23.04.2002**

**)

Arbeitgeber (bei Angehörigen des öffentlichen Dienstes auch Anschrift der Dienststelle)
**Abbruchunternehmen Schmitz, Bonn-Beuel; seit 1983**

| Einkommensverhältnisse a) z.Zt. der Tat b) gegenwärtig | Erwerbslos seit |
|---|---|
| **1.400 € monatlich** | |

Ehrenämter

Vor- u. Familienname des Ehegatten (auch Geburtsname) / Wohnung des Ehegatten bei versch. Wohnung / Beruf

Kinder (Anzahl und Alter)
**zwei (14 und 19 Jahre alt/leben bei der Mutter)**

Pfleger / Bewährungshelfer (Vor- und Zuname, Beruf, Wohnung)

Schule (bei Studierenden auch Anschrift der Hochschule)
**Hauptschule 9. Klasse**

Familienverhältnisse (Anzahl der Geschwister - Alter - Eltern geschieden)
**zwei ältere Brüder, 49 und 51 Jahre alt; Eltern beide 1999 bei Unfall verstorben**

Noch zur Person: (u.a. Vorstrafen nach eigenen Angaben; nicht einberufener Wehrpflichtiger oder Zivildienstpflichtiger; Angehöriger der Streitkräfte, Dienstgrad, Zivildienstpflichtiger, Dienststelle mit Anschrift; Ausländer: Aufenthaltserlaubnis / Ausstellungsbehörde; Festnahme / Verbleib; zuständige STA / AZ.)
**nach eigenen Angaben einmal wegen Widerstands gegen Vollstreckungsbeamte verurteilt, im September 2004; Geldstrafe**

(Unterschrift bei Personalbogen)

*) polizeiinterner Hinweis / kein Bestandteil der Vernehmung
**) Bei Beschuldigtenvernehmung hier Belehrung (Vordruck NW Pol 11a) vornehmen
NW POL 11
(V/1995)

- 2 -

Zu Beginn meiner Vernehmung zur Sache ist mir eröffnet worden, welche Tat mit zur Last gelegt wird.

Ich bin darauf hingewiesen worden, dass es mir nach dem Gesetz freisteht, mich zu der Beschuldigung zu äußern oder nicht zur Sache auszusagen und jederzeit, auch schon vor meiner Vernehmung, einen von mir zu wählenden Verteidiger zu befragen.

Ich bin ferner darüber belehrt worden, dass ich zu meiner Entlastung einzelne Beweiserhebungen beantragen kann.

Ich habe mich wie folgt entschieden:

Ich will aussagen !

*Lellmann*

(Unterschrift)

Gestern Nachmittag hatte ich mal wieder mit meiner Lebensgefährtin Streit. Schließlich hat sie mich aus der Wohnung geworfen. Ich bin dann in die Stadt gefahren. Am Friedensplatz habe ich meinen Freund Hans Peters getroffen. Gemeinsam sind wir etwa um 17:00 Uhr in die Gaststätte „Zum Krug" in der Sternstraße gegangen. Dort haben wir bis gegen 21:30 Uhr Dart gespielt. Ich habe meist verloren, und meine Stimmung wurde immer mieser.

Im Verlauf des Abends habe ich maximal drei Gläser Kölsch getrunken. Wenn mir hier vorgehalten wird, ich hätte einen stark betrunkenen Eindruck gemacht, so kann das nicht stimmen. Ich habe wirklich fast nur Cola getrunken. Ab 19:00 Uhr habe ich gar nichts mehr getrunken, weil ich kein Geld mehr hatte.

Ich bin dann gegen 21:30 Uhr zum Parkhaus gegangen und habe mein Auto geholt. Mein Freund Peters hat mir extra noch Geld geliehen, damit ich das Parkhaus bezahlen konnte. Ich wollte nach Hause fahren und fühlte mich absolut fahrtüchtig. Ich weiß nicht, warum die Polizei mich angehalten hat. Deswegen war ich dann auch so wütend. Wenn ich die Polizeibeamten beleidigt haben sollte, so tut mir das leid. Es stimmt aber nicht, dass ich nach den Beamten getreten oder jemanden gebissen hätte. So etwas ist mir wesensfremd. Wenn mir hier vorgehalten wird, dass ich letztes Jahr schon einmal in dieser Weise auffällig geworden bin, so war das damals eine ganz andere Situation.

Das mit dem Taxi war auch nicht so. Die Beamten haben mich mit Absicht dagegen geschubst. Ich glaube, die wollen mir hier was anhängen. Die haben mir auch den Führerschein weggenommen. Den will ich so schnell wie möglich wiederhaben, mit der Sicherstellung bin ich nicht einverstanden. Mehr habe ich jetzt zu dem Ganzen nicht zu sagen.

*Luck*

(KHK Luck)

*Lellmann*

(Lellmann)

Dr. med. Hiob Prätorius
Arzt für Allgemeinmedizin

Horionstraße 43 a
53177 Bonn
Tel.: 0228/5378920
Fax: 0228/5378921
e-mail: prätorius@gmx.de

Bonn, den 04.11.2005

## Ärztliches Attest

Frau Inge Rossel, geboren am 12.12.1976, hat sich heute in meiner Sprechstunde vorgestellt. Sie gab an, ihr sei am 02.11.2005 bei einem dienstlichen Einsatz von einer Person in die Hand gebissen worden.

Bei der Untersuchung konnten blutunterlaufene, teils bläulich verfärbte Bissmarken an der linken Hand festgestellt werden. Ich habe Kühlung der Hand und Salbenverbände empfohlen.

Dr. med Prätorius

**Polizeipräsidium Bonn**

Bonn, den 04.11.2005

| | Dienststelle | Sachbearbeiter |
|---|---|---|
| VSD | SB IV | PHM Bülles |
| | | |
| ZVV | ZKB | 311011-06130 |
| ZVV | ZKB | |
| ZVV | ZKB | |

Bei Antwort Angabe obiger ZVV-Nummer erbeten !
☐ Weitere Vorgänge s. Rückseite bzw. Beiblatt.

[X] Urschriftlich

☐ Durchschriftlich

☐ gegen Rückgabe

☐ Mit Beiakten

☐ Mit Beweisordnern

☐ mit Asservat (en) Bl. _____

BTA ☐
BTB ☐

Vereinfachtes Verfahren: ☐
A oder B

[X] der Staatsanwaltschaft
    53225 Bonn

☐
PLZ/Ort

☐ der Kriminalpolizei
PLZ/Ort

☐ der Polizeiinspektion
PLZ/Ort

☐ unter Zuführung des / der Beschuldigten

☐ mit der Bitte um Vernehmung des / der

☐ Beschuldigten

☐ Zeugen / in

☐ unter Hinweis auf Vermerk Bl.

☐ zum dortigen Vorgang / AZ.

☐ nach Erledigung     ☐ zur Erledigung

[X] zuständigkeitshalber

☐ zum dortigen Verbleib

[X] übersandt    ☐ nachgesandt    ☐ zurückgesandt

☐ Abgabebericht erteilt an

☐ Austragen zur Ablage

Zusatz:
**Der Beschuldigte hat der Sicherstellung seines Führerscheins widersprochen. Es müsste daher eine Entscheidung des Amtsgerichts herbeigeführt werden.**

Im Auftrag: *Bülles PHM*

41

**79**

Staatsanwaltschaft Bonn
17 Js 539/05

**Vfg.**

1.    <u>Vermerk:</u>

Telefonische Nachfrage beim Institut für Rechtsmedizin ergab einen Mittelwert von 1,05 Promille BAK beim Beschuldigten. Das Gutachten wird heute losgeschickt. Das Aktenzeichen der StA wurde mitgeteilt.

2.    Führerschein asservieren.

3.    <u>U.m.A.</u> und mit Führerschein
dem Amtsgericht  - Ermittlungsrichter –
**in Bonn**

mit dem Antrag übersandt, dem Beschuldigten Lellmann gem. § 111 a StPO die Fahrerlaubnis vorläufig zu entziehen.

Der Beschuldigte ist dringend verdächtig, in alkoholbedingt fahruntüchtigem Zustand im Verkehr ein Kraftfahrzeug geführt zu haben (§§ 316, 69 StGB). Die alkoholbedingte Fahruntüchtigkeit ergibt sich aus dem Blutalkoholgehalt von 1,05 Promille in Verbindung mit dem Fahrverhalten. Insoweit wird auf die Strafanzeige Bezug genommen. Das Gutachten des Instituts für Rechtsmedizin wird unverzüglich nachgereicht.

Es sind daher dringende Gründe für die Annahme vorhanden, dass der Beschuldigte sich als ungeeignet zum Führen von Kraftfahrzeugen erwiesen hat und ihm in der demnächst stattfindenden Hauptverhandlung die Fahrerlaubnis entzogen werden wird.

4.    Frist: 1 Monat

Bonn, den 07.11.2005

*Schatz*
(Schatz)
Staatsanwältin

UNIVERSITÄTSKLINIKUM BONN
Anstalt des öffentlichen Rechts
**Institut für Rechtsmedizin**
Direktor: Prof. Dr. med. B. Madea

Institut für Rechtsmedizin des Universitätsklinikums Bonn, Stiftsplatz 12, 53111 Bonn

An
die Staatsanwaltschaft in Bonn
Herbert Rabius Str. 3
53225 Bonn

53111 Bonn       07.11.2005
Stiftsplatz 12
Tel.: 0228/738325
Fax.: 0228/738339

Eingang:           04.11.2005

**Fall:**

| Name | Vorname | Tagebuchnummer | Klebezettel-Nr. |
|------|---------|----------------|-----------------|
| **Lellmann** | **Hans** | **73 /05** | **351873** |

# Alkoholuntersuchungsbefund  Blut/Urin

1,05      1,06                      1,04      1,05

Gaschromatographie                      ADH

**Mittelwert**          **1,05**          **Promille**

Der ermittelte Wert gilt für den Zeitpunkt der Probennahme.

Die Untersuchung erfolgte unter Berücksichtigung der Arbeitsanweisungen und
Richtlinien zur Alkoholbestimmung für forensische Zwecke.
Die Blutalkoholuntersuchungsstelle nimmt seit Jahren regelmäßig mit Erfolg an den
Ringversuchen der Deutschen Gesellschaft für Klinische Chemie und der Gesellschaft
für Toxikologische und Forensische Chemie teil.

Bemerkungen zum Analysenergebnis:

Eine weiterführende Begutachtung (Beurteilung der Tatzeitblutalkoholkonzentration,
der Verkehrstüchtigkeit, der Schuldfähigkeit) kann erst nach Vorliegen der
erforderlichen Ermittlungsergebnisse erfolgen.

N° 351873
Lellmann, Hans
Namen, Vornamen
06/05/59 Bonn
Geb.-Datum / Wohnort
Datum 02/11/05
Entnahmezeit 23.50h
Auf BEFUND kleben!

**Prof. Dr. med. B. Madea**

43

75 Gs 327/05 AG Bonn
17 Js 539/05 StA Bonn

### AMTSGERICHT BONN

### BESCHLUSS

In dem Ermittlungsverfahren

g e g e n          Hans **L e l l m a n n**,
                   geboren 06.05.1959 in Bonn,
                   wohnhaft: Wagnerstr. 187,
                   53111 Bonn

w e g e n          Trunkenheit im Straßenverkehr pp.

wird dem Beschuldigten die Fahrerlaubnis vorläufig entzogen.

### G r ü n d e :

Nach dem gegenwärtigen Ermittlungsstand sind dringende Gründe für die Annahme vorhanden, dass dem Beschuldigten die Erlaubnis zum Führen von Kraftfahrzeugen gemäß §§ 69, 69 a StGB entzogen werden wird.

Dies hat gemäß § 69 Abs. 2 StGB in der Regel bei Trunkenheit im Straßenverkehr (§ 316 StGB) zu geschehen. Ein entsprechender Tatvorwurf wird sich im Rahmen einer Hauptverhandlung aller Voraussicht nach beweisen lassen. Nach Aktenlage hat der Beschuldigte am 02.11.2005 gegen 22:00 Uhr in Bonn unter anderem die Kennedybrücke mit seinem Pkw VW Golf in Richtung Bertha-von-Suttner-Platz in fahruntüchtigem Zustand unter Alkoholeinfluss befahren.

2

Die Blutalkoholkonzentration betrug bei dem Beschuldigten am Tattag gegen 23:50 Uhr noch 1,05 ‰. Damit ist der Grenzwert zur absoluten Fahruntauglichkeit (1,1 ‰) - vorbehaltlich einer Rückrechnung auf den Tatzeitpunkt - zwar noch nicht erreicht. Sehr wahrscheinlich ist aber eine relative Fahruntauglichkeit nachweisbar: Die ermittelnden Polizeibeamten, die Zeugen Müller und Meimeier, haben ausweislich der Strafanzeige vom 02.11.2005 beobachtet, wie der Beschuldigte über die volle Fahrbahnbreite in Schlangenlinien fuhr. Der blutentnehmende Arzt hat bei ihm einen deutlichen Alkoholeinfluss festgestellt. Dies ergibt sich auch daraus, dass der Beschuldigte nach dem Anhalten durch die Polizeibeamten sich deren Anordnungen widersetzt und das Fahrzeug des Zeugen Schmitz beschädigt hat.

**82**

Das geschilderte Gesamtverhalten rechtfertigt die Annahme, dass der Beschuldigte infolge des Genusses alkoholischer Getränke nicht mehr in der Lage war, sein Fahrzeug sicher zu führen. Bereits ab einer Blutalkoholkonzentration von 0,5 ‰ ist nach rechtsmedizinischer Erkenntnis regelmäßig mit einer signifikanten Erhöhung der Ausfallerscheinung bei einem Kraftfahrer zu rechnen (vgl. Heifer/Pluisch in ZRP 1991, 421 ff.). Bei dem fehlerhaften Fahrverhalten des Beschuldigten handelt es sich daher offensichtlich um eine alkoholtypische Folgeerscheinung, so dass der Beweis einer relativen Fahruntüchtigkeit als gesichert angesehen werden kann. Dies gilt um so mehr, als die Anforderungen an den Nachweis alkoholbedingter Fahrfehler um so geringer sind, je näher der Alkoholwert - wie im vorliegenden Fall - an die Grenze zur absoluten Fahruntüchtigkeit heranreicht.

Wenn die Entziehung der Fahrerlaubnis den Beschuldigten auch beruflich treffen sollte, so wäre dies im Rahmen der Verhältnismäßigkeit von ihm hinzunehmen (vgl. BVerfG in NJW 2001, 357).

Bonn, den 14.11.2005
Amtsgericht Bonn

(Kolwenbach)

Richter am Amtsgericht

**83**

Polizeipräsidium Bonn                                        Bonn, den    16.12.2005
PI Mitte

                                                Tel.:   0228/150-1234
                                                NA:

Tgb.-Nr.:  311011-06130
                                                Beginn:     10:30    Uhr


                        ZEUGENSCHAFTLICHE VERNEHMUNG


[X]  Auf      telefonische    Vorladung
[ ]  Auf eigene Veranlassung


erscheint   der


| | | | | |
|---|---|---|---|---|
| Beruf | : **Taxifahrer** | | Staatsangeh. | : **Deutsch** |
| Name | : **Schmitz** | | | |
| Vorname | : **Heinz** | | | |
| Geburtstag | : **31.03.1957** | | Geburtsort | : **Neuwied** |
| wohnhaft in | : **53177 Bonn, Tulpenweg 8** | | | |
| Tel. priv. | : **0176/400500600** | | Tel. berufl. | : **0176/300400500** |

und erklärt auf Befragen folgendes:

Der Grund meiner Vernehmung wurde mir mitgeteilt. Gegenstand der Vernehmung ist

**der Vorfall vom 02.11.2005**

Ich wurde darüber belehrt,

[X] daß ich als Zeuge die Wahrheit sagen muß. Auf die §§ 257 StGB (Begünstigung) und 258 StGB
(Strafvereitelung) wurde hingewiesen. Die Bedeutung der Vorschriften habe ich verstanden.


[ ] daß ich als
   [ ] Ehegatte(in)                                  [ ] Stief-Bruder/Schwester
   [ ] Verlobte(r)                                    [ ] Neffe/Nichte
   [ ] Stief-Vater/Mutter                             [ ] Schwiegervater/-mutter
   [ ] Ur-Großvater/-mutter

   [ ] aus beruflichen Gründen als     _____

   ein Zeugnisverweigerungsrecht habe.

[X] daß ich die Auskunft auf solche Fragen verweigern darf, deren Beantwortung mir oder einem nahen Angehörigen
die Gefahr zuziehen würde, wegen einer Straftat oder Ordnungswidrigkeit verfolgt zu werden.


[X] daß ich, sollte ich bei der Polizei keine Aussage machen, damit rechnen muß, von Staatsanwaltschaft oder
Gericht vorgeladen zu werden. Die Vorladung würde dann zum Erscheinen verpflichten und dort könnte die
Aussage mit rechtlichen Mitteln ggf. erzwungen werden.


[ ] Auf die §§ 145 d StGB (Vortäuschen einer Straftat) und 164 StGB (Falsche Verdächtigung) wurde ich
eindringlich hingewiesen. Ich habe die Bedeutung der Vorschriften verstanden.


Durch meine Unterschrift bestätige ich, daß ich die Belehrung verstanden habe und nachfolgend wahrheitsgemäße
Angaben machen werde.

                                        _____
                                                                            - 2 -

46

- 2 -

**Zeugenvernehmung Schmitz vom 16.12.2005**

Ich bin seit 1991 bei dem Taxiunternehmen Buchmann angestellt. Am 02.11.2005 habe ich abends an dem Taxistand am Bertha-von-Suttner-Platz vor McDonalds auf Kundschaft gewartet. Ich stand neben meinem Fahrzeug, als ich aus Richtung Beuel Martinshorn hörte. Als ich die Richtung schaute, sah ich einen Golf ankommen, der Schlangenlinien fuhr. Um mich selbst in Sicherheit zu bringen, bin ich ein Stück zur Seite gegangen. Der Golf wurde offenbar von einem Streifenwagen verfolgt. Direkt neben meinem Taxi ist der Golf dann gegen den Bordstein gefahren. Der Fahrer stieg aus und wurde gleich fuchsteufelswild. Er trat gegen die Türe meines Taxis. Warum, weiß ich nicht, er ist völlig ausgeflippt. Die Polizeibeamten haben sich ihn dann geschnappt, zum Streifenwagen geschleppt und dort auf die Motorhaube gedrückt. Der Mann hat wild um sich geschlagen, ob er jemanden verletzt hat, weiß ich nicht. Kurz darauf kam noch ein zweiter Streifenwagen; die Polizei hat ihn dann mitgenommen. Mein Chef hat das Taxi inzwischen reparieren lassen. Das Ausbeulen und teilweise Neulackieren hat ca. 1.500 € gekostet.

Ich stelle insoweit Strafantrag.

POM Linden                    Schmitz

**85**

**Polizeipräsidium Bonn**                           Bonn, den    16.12.2005
**PI Mitte**

Tel.:  0228/150-1234
NA:

Tgb.-Nr.:  311011-06130

Beginn:    11:00    Uhr

### ZEUGENSCHAFTLICHE VERNEHMUNG

[X]  Auf      telefonische   Vorladung
[ ]  Auf eigene Veranlassung

erscheint   **der**

| | | | |
|---|---|---|---|
| Beruf | : **Schreinermeister** | Staatsangeh. | : **Deutsch** |
| Name | : **Peters** | | |
| Vorname | : **Alfred** | | |
| Geburtstag | : **12.12.1960** | Geburtsort | : **Münster** |
| wohnhaft in | : **53127 Bonn, Zipperstr 135** | | |
| Tel. priv. | : **0228/123456** | Tel. berufl. | : **0228/464789** |

und erklärt auf Befragen folgendes:

Der Grund meiner Vernehmung wurde mir mitgeteilt. Gegenstand der Vernehmung ist

**Der Vorfall vom 02.11.2005**

Ich wurde darüber belehrt,

[X]  daß ich als Zeuge die Wahrheit sagen muß. Auf die §§ 257 StGB (Begünstigung) und 258 StGB
(Strafvereitelung) wurde hingewiesen. Die Bedeutung der Vorschriften habe ich verstanden.

[ ]  daß ich als
[ ]  Ehegatte(in)                              [ ]  Stief-Bruder/Schwester
[ ]  Verlobte(r)                               [ ]  Neffe/Nichte
[ ]  Stief-Vater/Mutter                        [ ]  Schwiegervater/-mutter
[ ]  Ur-Großvater/-mutter

[ ]  aus beruflichen Gründen als        _____

ein Zeugnisverweigerungsrecht habe.

[X]  daß ich die Auskunft auf solche Fragen verweigern darf, deren Beantwortung mir oder einem nahen Angehörigen
die Gefahr zuziehen würde, wegen einer Straftat oder Ordnungswidrigkeit verfolgt zu werden.

[X]  daß ich, sollte ich bei der Polizei keine Aussage machen, damit rechnen muß, von Staatsanwaltschaft oder
Gericht vorgeladen zu werden. Die Vorladung würde dann zum Erscheinen verpflichten und dort könnte die
Aussage mit rechtlichen Mitteln ggf. erzwungen werden.

[ ]  Auf die §§ 145 d StGB (Vortäuschen einer Straftat) und 164 StGB (Falsche Verdächtigung) wurde ich
eindringlich hingewiesen. Ich habe die Bedeutung der Vorschriften verstanden.

Durch meine Unterschrift bestätige ich, daß ich die Belehrung verstanden habe und nachfolgend wahrheitsgemäße
Angaben machen werde.

_____

                                                                 - 2 -

48

– 2 –

**Zeugenvernehmung Peters vom 16.12.2005**

Ich bin mit dem Hans Lellmann ganz gut befreundet. Wir kennen uns schon seit der Schule. Etwa Mitte November hat er mich angerufen und mir berichtet, dass er von der Polizei festgenommen worden sei. Ich kann zu dem Vorfall eigentlich nur wenig sagen.

Am 02.11.2005 habe ich den Lellmann zufällig in der Stadt getroffen. Da hatte er Stress mit seiner Freundin gehabt. Wir sind zusammen „Zum Krug" in die Sternstraße gegangen und haben Dart gespielt. Der Hans war ziemlich abgebrannt und ich habe ihn eingeladen. Am Schluss habe ich ihm sogar noch Geld für das Parkhaus gegeben. Während wir zusammen waren, war er eigentlich ziemlich friedlich. Was er getrunken hat, kann ich nicht so genau sagen. Ich meine, es wären ein paar Bier und zwei oder drei Kurze gewesen. Gegen 21:30h sind wir dann gegangen. Vor dem Parkhaus haben wir uns verabschiedet; er wollte noch nach Beuel fahren, sich einen Döner holen. Ich fand es eigentlich nicht gut, dass er nach dem Biertrinken noch Auto fahren wollte. Er hatte eine leichte Fahne.

POM Linden

Peters

49

Polizeipräsidium Bonn                                    Bonn, den   20.12.2005

| | Dienststelle | | Sachbearbeiter |
|---|---|---|---|
| **VSD** | **SB IV** | **PHM Bülles** | |
| | | | |
| **ZVV** | **ZKB** | 311011-06130 | |
| **ZVV** | **ZKB** | | |
| **ZVV** | **ZKB** | | |

Bei Antwort Angabe obiger ZVV-Nummer erbeten !
☐ Weitere Vorgänge s. Rückseite bzw. Beiblatt.

☒ Urschriftlich

☐ Durchschriftlich                                      BTA  ☐

☐ gegen Rückgabe                                        BTB  ☐

☐ Mit Beiakten

☐ Mit Beweisordnern                      ——————   **Vereinfachtes Verfahren:** ☐

☐ mit Asservat (en) Bl.                  ——————                          A oder B

☒ der Staatsanwaltschaft          ☐
  53225 Bonn                           PLZ/Ort

☐ der Kriminalpolizei             ☐ der Polizeiinspektion
  PLZ/Ort                            PLZ/Ort

☐ unter Zuführung des / der Beschuldigten

☐ mit der Bitte um Vernehmung des / der      ☐ Beschuldigten

                                             ☐ Zeugen / in

☐ unter Hinweis auf Vermerk Bl.

☐ zum dortigen Vorgang / AZ.

☐ nach Erledigung            ☐ zur Erledigung

☒ zuständigkeitshalber

☐ zum dortigen Verbleib

☒ übersandt          ☐ nachgesandt                    ☐ zurückgesandt

☐ Abgabebericht erteilt an

☐ Austragen zur Ablage

Zusatz:
**Die Sache ist hier ausermittelt.**

Im Auftrag:   *Bülles* PHM

## II. Die Strafanzeige

Die StPO sieht eine Reihe von Möglichkeiten vor, wie ein Ermittlungsverfahren in **87** Gang gesetzt werden kann. So kommen in Betracht:

– Strafanzeige,
– Strafantrag,
– Einschreiten von Amts wegen,
– Einschreiten auf Grund einer Weisung.

Die Strafanzeige stellt einen praktisch sehr bedeutsamen Fall dar und ist in § 158 Abs. 1 StPO erwähnt. Die Vorschrift enthält eine Regelung allerdings nur bezüglich der Form und des Adressaten einer solchen Erklärung sowie hinsichtlich der Art und Weise ihrer Abgabe. Sie muss nämlich gegenüber der Polizei, der Staatsanwaltschaft oder den Amtsgerichten schriftlich oder mündlich (d.h. auch telefonisch oder per Telefax) erfolgen.

**Inhaltlich** wird die Strafanzeige einhellig definiert als die Mitteilung des Verdachts einer Straftat mit der Anregung zur Prüfung, ob aufgrund des dargelegten Sachverhalts Anlass zur Strafverfolgung besteht.

Aus dem Gesagten ergeben sich mehrere Konsequenzen: Die Strafanzeige muss nicht **88** in einem zivilrechtlichen Sinne schlüssig sein, sie muss lediglich greifbare Anhaltspunkte dafür enthalten, dass eine verfolgbare Straftat begangen wurde. Daraus wiederum folgt, dass es auf die Geschäftsfähigkeit oder prozessuale Handlungsfähigkeit des Anzeigenden nicht ankommt, sondern allein auf den mitgeteilten Sachverhalt. Vertrauliche, ja selbst pseudonyme bzw. anonyme Anzeigen lösen grundsätzlich eine Prüfungspflicht der Ermittlungsbehörden aus[30]. In letzterem Fall soll gemäß Nr. 8 RiStBV der Beschuldigte allerdings erst dann vernommen werden, wenn der Verdacht durch andere Ermittlungen eine gewisse Bestätigung gefunden hat.

Sollte sich der mitgeteilte Verdacht nicht bestätigen, so kann der Anzeigenerstatter – von bewusst unwahren oder leichtfertigen Behauptungen abgesehen – nicht nach § 186 StGB belangt werden, da die Erstattung von Anzeigen im allgemeinen Interesse an der Aufklärung von Straftaten liegt und damit die Ausübung berechtigter Interessen i.S.d. § 193 StGB darstellt[31].

**Anzeigepflichten** sieht das Gesetz nur in Ausnahmefällen vor, nämlich in § 159 **89** StPO (unnatürlicher Leichenfund) und § 183 GVG (Straftaten während einer Gerichtsverhandlung). Beide Vorschriften richten sich an Amtsträger. Eine jedermann treffende, strafbewehrte Anzeigepflicht normiert § 138 StGB, wobei klarzustellen ist, dass diese Vorschrift **geplante**, d.h. noch nicht begangene Taten auf dem Gebiet der Schwerkriminalität zum Gegenstand und somit einen präventiven Charakter hat.

---

30 Vgl. KK-*Griesbaum*, § 158 Rn. 16.
31 OLG Köln NJW 1997, 1247 f. mit zahlreichen Nachweisen.

## III. Der Strafantrag

**90** Die gleiche Folge wie eine Strafanzeige, nämlich die Prüfung, ob ein Ermittlungsverfahren einzuleiten ist, hat der Strafantrag. Insoweit besteht in der Sache kein Unterschied. Abweichungen bestehen jedoch im Hinblick auf den Erklärungsinhalt. Der Strafantrag ist nicht lediglich die Anregung zur Einleitung eines Ermittlungsverfahrens, sondern das **gezielte Verlangen**, einen bestimmten, nicht notwendigerweise bekannten Täter wegen einer bestimmten Straftat der Strafverfolgung zu unterwerfen. Häufig kommt dieser Wille schon in einer Strafanzeige zum Ausdruck. Nicht selten ergeben sich jedoch insoweit Zweifel. In diesen Fällen muss die Erklärung ausgelegt werden[32].

Dies ist schon deshalb erforderlich, weil der Strafantrag nicht nur zur Einleitung eines Ermittlungsverfahrens führt, sondern darüber hinaus in einigen **Vergehens**tatbeständen des StGB als Prozessvoraussetzung enthalten ist, § 77b Abs. 1 S. 1 StGB.

### 1. Deliktstypen/Antragserfordernis

**91** Hinsichtlich der Folgen eines Strafantrages (bzw. dessen Rücknahme) muss zunächst zwischen zwei Deliktstypen grundsätzlich unterschieden werden, nämlich zwischen

**Offizialdelikten**  **Antragsdelikten.**

**Offizialdelikte** sind solche, die von Amts wegen zu verfolgen sind. Hierunter fallen alle Verbrechen i.S.d. § 12 Abs. 1 StGB, aber auch die meisten Vergehenstatbestände. Hier muss das Verfahren auch unabhängig von einem Strafantrag betrieben werden.

**92** **Antragsdelikte** sind demgegenüber solche, die grundsätzlich nur auf Antrag verfolgt werden können. Insoweit ist aber eine **weitere Unterscheidung** vorzunehmen, nämlich in

**absolute** Antragsdelikte, bei denen sich die Ermittlungsbehörde über einen fehlenden Strafantrag nicht hinwegsetzen kann. **Beispiele:**

– § 123 StGB (Hausfriedensbruch);
– § 185 StGB (Beleidigung) mit den in § 194 StGB genannten Einschränkungen;

**relative** Antragsdelikte, bei denen zwar grundsätzlich ein Strafantrag erforderlich ist, die Staatsanwaltschaft aber wegen besonderen öffentlichen Interesses gleichwohl an einer Strafverfolgung und einem Einschreiten von Amts wegen nicht gehindert ist.

---

32 OLG Düsseldorf MDR 1986, 165.

- §§ 201 bis 204 StGB (Verletzung bestimmter Geheimnisse) mit den in § 205 Abs. 1 StGB genannten Einschränkungen;
- § 247 StGB (Haus- und Familiendiebstahl);
- § 248b StGB (unbefugter Gebrauch eines Fahrzeugs);
- § 288 StGB (Vereitelung der Zwangsvollstreckung);
- § 289 StGB (Pfandkehr).

Die wichtigsten relativen Antragsdelikte sind:
- § 238 Abs. 1 StGB „einfaches" Stalking
- § 242 StGB (Diebstahl), § 246 StGB (Unterschlagung), § 257 Abs. 4 S. 1 StGB (Begünstigung), § 259 Abs. 2 StGB (Hehlerei), § 263 Abs. 4 StGB (Betrug), § 266 Abs. 2 StGB (Untreue) jeweils iVm **§ 248 a StGB**;
- § 303 StGB (Sachbeschädigung, vgl § 303c StGB);
- § 223 und § 229 StGB (einfache und fahrlässige Körperverletzung), jeweils iVm **§ 230 StGB**.
- § 238 Abs. 1 StGB („einfaches" Stalking)

Der Grund für das Antragserfordernis liegt darin, dass es sich in der Regel um Fälle der untergeordneten Kriminalität handelt, bei denen kein öffentliches Interesse an einer Strafverfolgung besteht. Dies wird auch aus dem in **§ 77b Abs. 1 S. 1 StGB** niedergelegten Grundsatz deutlich, wonach es keine Verfolgung ohne Antrag (innerhalb der 3-Monats-Frist) geben soll. **93**

Will die Staatsanwaltschaft – bei relativen Antragsdelikten – trotz fehlenden oder unwirksamen Strafantrages einschreiten und ein besonderes öffentliches Interesse an der Strafverfolgung bejahen, so sollte sie dies aus Gründen der Klarheit ausdrücklich in der Anklageschrift erwähnen. Allerdings wird auch allein die Tatsache der Anklageerhebung hinsichtlich des Antragsdelikts als (konkludente, vgl. § 133 BGB) Erklärung in diesem Sinne verstanden[33]. **94**

Eine Stütze findet diese Rechtsprechung in dem gesetzgeberischen Leitbild des § 376 StPO, wonach die Staatsanwaltschaft in Fällen der „Bagatellkriminalität" (vgl. den Katalog des § 374 Abs. 1 StPO) nur bei entsprechendem öffentlichen Interesse Anklage erheben soll. In der Praxis wird insbesondere bei Körperverletzungen im Zusammenhang mit dem Straßenverkehr in der Regel ein solches Interesse bejaht und von Amts wegen ermittelt.

Bei den absoluten Antragsdelikten genügt demgegenüber – um auf den Ausgang unserer Überlegungen zurückzukommen – eine Strafanzeige nicht, um die Ermittlungen der Staatsanwaltschaft auszulösen. Vielmehr bedarf es hierzu eines ordnungsgemäßen Strafantrages. **95**

---

33 BGHSt 6, 282 (284).

## 2. Wirksamkeitsvoraussetzungen

**96** Bei der Prüfung, ob ein wirksamer Strafantrag vorliegt, sind folgende Punkte zu berücksichtigen:

Der Antrag muss von einem **Antragsberechtigten** gestellt sein. Wer dies ist, regelt § 77 StGB. Danach sind insbesondere zu nennen:

- Der **Verletzte**, § 77 Abs. 1 StGB, der die Erhebung der öffentlichen Klage ggf. auch im Wege des Klageerzwingungsverfahrens (§§ 172 bis 177 StPO) herbei führen kann (hierzu unten mehr[34]);
- nach dem Tod des Verletzten dessen **Ehegatte und Kinder, soweit das Gesetz dies bestimmt.** Eine solche gesetzliche Bestimmung findet sich nur in wenigen Vorschriften, namentlich in
  - § 165 Abs. 1 S. 2 StGB für den Fall der falschen Verdächtigung;
  - § 194 Abs. 1 S. 5 und Abs. 2 StGB für den Fall der Verunglimpfung des Andenkens Verstorbener sowie Beleidigungen gegenüber insbesondere natio- nalsozialistisch Verfolgten;
  - § 205 Abs. 2 StGB für den Fall der Verletzung insbesondere der Vertraulichkeit des Wortes;
  - § 230 Abs. 1 S. 2 StGB für den Fall der einfachen vorsätzlichen Körperverlet- zung.

**97**
- Bei fehlenden Ehegatten und Kindern die **Eltern, Geschwister und Enkel des Verletzten** unter der genannten Voraussetzung, nämlich des gesetzlichen Über- gangs des Antragsrechts im Falle des Todes des Verletzten;
- in den Fällen der Geschäftsunfähigkeit oder der beschränkten Geschäftsfähigkeit des Verletzten: der **gesetzliche Vertreter** in persönlichen Angelegenheiten, § 77 Abs. 3 StGB. Eltern müssen ihr Antragsrecht gemeinsam ausüben (vgl. §§ 1626, 1629 Abs. 1 S. 2 BGB). Dies gilt jedenfalls für den Fall der bestehenden Ehe. Der Strafantrag des Minderjährigen selbst ist unwirksam. Dieser Mangel kann aber geheilt werden, wenn der Betroffene noch innerhalb der Antragsfrist volljährig wird und (ebenfalls innerhalb der Frist) den – unwirksamen – Antrag billigt[35].
- Unter Umständen sind auch **Dritte** antragsberechtigt, vgl. z.B. § 77a StGB oder § 194 Abs. 3 StGB[36].

**98** Das Problem der Berechtigung soll anhand unseres **Originalfalles** verdeutlicht wer- den:

> Wie Sie der Strafanzeige entnehmen können, war durch die Sachbeschädigung an dem Taxi dessen Eigentümer, der Zeuge Buchmann, geschädigt worden. Dieser war folglich auch „Verletzter" i.S.d. § 77 Abs. 1 StGB und allein zur Stellung des Strafantrages berechtigt. Tatsächlich hat jedoch der Fahrer, der Zeuge Schmitz, das entsprechende For-

---

34 Vgl. unten Rn. 928 ff.
35 BGH NJW 1994, 1165. Vgl. zu Strafanträgen bei minderjährigen Verletzten auch *Schwarz/Seng- busch*, NStZ 2006, 673 ff.
36 **Beispiel:** Der Gerichtsvollzieher wird bei einer Amtshandlung von dem Schuldner beleidigt. Der zuständige Direktor des AG stellt Strafantrag.

mular unterzeichnet. Es handelt sich hierbei zwar um eine Prozesshandlung, eine Stellvertretung ist jedoch zulässig[37].

Der Strafantrag des Zeugen Schmitz wäre demnach nur dann wirksam gestellt, wenn eine entsprechende Vollmacht im Innenverhältnis zum Geschädigten bestanden oder dieser den Antrag – innerhalb der Frist des § 77b Abs. 1 S. 1 StGB – gegenüber der Ermittlungsbehörde genehmigt hätte. Bitte achten Sie insoweit auf die Erklärungen des Zeugen Buchmann in der Hauptverhandlung. Eine ausführliche Lösung finden Sie unten unter Rn. 795.

**Inhaltlich** genügt für einen Strafantrag jede Erklärung, die den Willen zur Strafverfolgung eindeutig erkennen lässt. Insoweit geht der Strafantrag über die Strafanzeige hinaus. Angaben zu der Person des Täters sind grundsätzlich nicht erforderlich.　　**99**

Hinsichtlich der **Form** bestimmt § 158 Abs. 2 StPO, dass der Strafantrag bei einem Gericht oder der Staatsanwaltschaft schriftlich oder zu Protokoll erklärt werden kann. Bei anderen Behörden kann er schriftlich angebracht werden. Dem gemäß ist eine telefonische Antragstellung als unwirksam anzusehen[38], sie kann jedoch als Strafanzeige behandelt werden.

Zu beachten ist ferner die **Antragsfrist** von **drei Monaten** (§ 77b Abs. 1 StGB).　　**100**

Sie beginnt, sobald der Berechtigte Kenntnis von der Tat **und** der Person des Täters erlangt, ohne dass der Tag der Kenntniserlangung mitgerechnet wird, § 77b Abs. 2 StGB. Dabei müssen weder der Name noch die Lebensumstände oder der Aufenthaltsort der Täters bekannt sein. Es genügt, wenn der Verletzte die Individualisierungskennzeichen kennt, so dass er sich überlegen kann, ob er diese Person belangt sehen möchte oder nicht[39]. Zu der „Kenntnis" gehört im Übrigen auch das Wissen um die Umstände, welche die Tat zum Antragsdelikt machen (etwa die Geringwertigkeit i.S.d. § 248a StGB)[40].

Gem. § 77b Abs. 3 StGB läuft bei mehreren Antragsberechtigten die Frist für jeden gesondert.

### 3. Rücknahme des Strafantrags

Nach § 77d StGB kann der Strafantrag in jeder Lage des Verfahrens **zurückgenommen**　　**101**
**men** werden. Dies hat zur Folge, dass jedenfalls bei absoluten Antragsdelikten ein unüberwindbares Verfahrenshindernis eintritt. Demgegenüber kann bei den relativen Antragsdelikten unter Bejahung des besonderen öffentlichen Interesses an einer Strafverfolgung das Verfahren fortgesetzt werden.

Allerdings hat eine Rücknahme für den Antragsteller unter Umständen gewichtige Konsequenzen. Nach § 470 StPO können ihm nämlich die Kosten des Verfahrens auferlegt werden. Da die Rücknahme noch bis zum rechtskräftigen Abschluss des

---

37　Vgl. *Meyer-Goßner*, Einl. Rn. 127; § 158 Rn. 15.
38　BGH NJW 1971, 903.
39　BGH NJW 1999, 509.
40　BGH NJW 2003, 226 ff.

Verfahrens möglich ist, stellt es in der Praxis (insbesondere der Amtsgerichte) keine Seltenheit dar, dass bei Antragsdelikten dem Verletzten seitens der Verteidigung Freistellung von der aus § 470 StPO resultierenden Kostenlast gegen Rücknahme des Strafantrages versprochen wird.

## IV. Einschreiten von Amts wegen

**102**  Eine weitere praktisch bedeutsame Möglichkeit der Einleitung eines Ermittlungsverfahrens stellt die **amtliche Wahrnehmung** durch die Strafverfolgungsorgane dar, die sodann zur Vornahme von Ermittlungshandlungen verpflichtet sind. Die StPO sieht folgende Adressaten vor:

- Staatsanwaltschaft (vgl. § 160 Abs. 1 StPO „auf anderem Wege");
- Polizei (§ 163 Abs. 1 StPO);
- Richter (als Notstaatsanwalt in den praktisch nicht bedeutsamen und daher hier zu vernachlässigenden Fällen des § 165 StPO).

**103**  „Auf anderem Wege" im Sinne des § 160 Abs. 1 StPO kann die Staatsanwaltschaft in vielfältiger Weise Kenntnis vom Verdacht einer strafbaren Handlung erlangen, etwa durch Berichte in Presse, Rundfunk, Fernsehen oder anderen Medien, durch Übersendung eines Vorgangs oder Hinzuziehung durch die Polizei, Leichenfund etc.

Eine beliebte, wenn auch im umgekehrten Verhältnis zu ihrer praktischen Bedeutung stehende Prüfungsfrage ist, ob auch die **private Kenntnisnahme** eines Staatsanwalts, etwa in geselliger abendlicher Runde, ihn nach § 160 Abs. 1 StPO i.V.m. dem Legalitätsprinzip (§§ 152 Abs. 2 StPO, 258a StGB) zur Aufnahme von Ermittlungshandlungen zwingt[41]. Das ist deshalb problematisch, weil auch dem Amtsträger als Ausfluss seines allgemeinen Persönlichkeitsrechts aus Art. 1, 2 GG ein geschützter Kernbereich menschlicher Beziehungen zusteht, welcher trotz der in das Privatleben hinein reichenden Dienstpflichten nicht unbegrenzt eingeschränkt werden darf.

**104**  Der BGH hat zu dieser Problematik in einigen älteren Entscheidungen Stellung genommen[42]. Danach soll – jedenfalls bei sachlicher und örtlicher Zuständigkeit des Amtsträgers – eine Pflicht zum Einschreiten bei solchen Straftaten bestehen, die nach Art oder Umfang die Belange der Öffentlichkeit oder des Einzelnen in einem solchen Maße berühren, dass bei der vorzunehmenden Abwägung die privaten Interessen zurückzustehen haben. Diese nicht klar umrissenen Anforderungen[43] werden jedenfalls bei den in den Katalogen der §§ 138 StGB, 100a StPO aufgezählten schwerwiegenden Straftaten als erfüllt angesehen[44]. Aber auch die private Kenntniserlangung

---

41  Vgl. dazu auch *Roxin*, § 37 Rn. 3.
42  Siehe BGHSt 5, 225 (229); 12, 277 (281); BGH NStZ 1993, 383 f.
43  Im Falle BGHSt 12, 277 ff. soll ein Gemeindevorsteher schon bei der körperlichen Misshandlung eines Dritten durch – offenbar – seine Parteifreunde zum Tätigwerden verpflichtet gewesen sein.
44  So besteht eine Pflicht zum Einschreiten z.B. bei schwerwiegenden, auf Dauer angelegten BtM- oder Waffendelikten, Schutzgelderpressung oder Taten aus dem Bereich der organisierten Kriminalität, vgl. BGH NStZ 1993, 383 f.; OLG Köln NJW 1981, 1794 f. Siehe zum Meinungsstand ausführlich auch SK-StPO-*Wohlers*, § 158 Rn. 12 f.

von einer erheblichen Betrugstat kann die Verpflichtung zu dienstlichem Einschreiten begründen[45]. Eine Stütze findet diese auf eine Güterabwägung im Einzelfall abstellende Ansicht in den §§ 152 Abs. 2, 160 Abs. 1 StPO – die nur ein „Alles oder Nichts" kennen – allerdings nicht.

## V. Tätigwerden aufgrund einer Weisung/Aufbau der Staatsanwaltschaft

Ermittlungen können auch auf **Weisung** eines vorgesetzten Beamten, einer übergeordneten Behörde (etwa der Generalstaatsanwaltschaft oder des jeweiligen Justizministers) in Gang gesetzt werden.     **105**

Nach den grundlegenden Vorschriften der §§ 141 bis 152 GVG, welche die Organisation und die Zuständigkeiten der einzelnen Staatsanwaltschaften auf Bundes- und Landesebene regeln[46], ist die Staatsanwaltschaft zwar nach außen hin ein der Rechtsprechung zugeordnetes, selbstständiges Organ der Rechtspflege, wobei der einzelne Beamte den Behördenleiter vertritt und verkörpert (§ 144 GVG: sog. monokratisches Prinzip).

Die einzelnen Behörden sind aber intern nach hierarchischen Grundsätzen aufgebaut. Die Staatsanwälte unterliegen sowohl der Dienstaufsicht, als auch dem Weisungsrecht der übergeordneten Beamten (§§ 146, 147 Nr. 3 GVG). Eine Staatsanwaltschaft beim Landgericht hat folgenden **Aufbau**:

Behördenleiter     **106**
(Leitender Oberstaatsanwalt – LOStA)

Vertreter des Behördenleiters
(zugleich Leiter der Verwaltung, Oberstaatsanwalt – OStA)

Abteilungen
(Abteilungsleiter – OStA)

Dezernenten
(Staatsanwälte, Amtsanwälte)

Auch die Staatsanwaltschaften selbst unterliegen wiederum im Verhältnis zu den ihnen übergeordneten Behörden der Dienstaufsicht und der Weisungsbefugnis (sogenanntes externes Weisungsrecht, § 147 Nr. 1 u. 2 GVG). Auf der – jeweils getrennten – Bundes- und Länderebene ergeben sich danach folgende Weisungszüge:     **107**

---

45 BVerfG NJW 2003, 1030 m.w.N.
46 Diese werden in den Bundesländern ergänzt durch die einheitlichen „Anordnungen über Organisation und Dienstbetrieb der Staatsanwaltschaft – OrgStA – (für Nordrhein-Westfalen vom 15. April 1975). Gemäß Ziff. 1 Abs. 1 OrgStA bestehen Staatsanwaltschaften am Sitz der Oberlandesgerichte und der Landgerichte.

Bundesminister der Justiz    Landesjustizminister

↓    ↓

Generalbundesanwalt    Staatsanwaltschaft bei den Oberlandesgerichten (Generalstaatsanwaltschaft)

↓

Staatsanwaltschaft

Diese doppelte Abhängigkeit des Staatsanwalts – extern an Weisungen des Ministers und intern an diejenigen des Behördenleiters – wird zu Recht als anachronistisches Relikt des immerhin aus dem Jahre 1877 stammenden GVG angesehen. Politische Einflussnahme auf Ermittlungen ist keinesfalls eine rein theoretische Gefahr – sie findet tatsächlich statt und dient der Sache nicht. Die Forderung nach umfassender Unabhängigkeit der Staatsanwälte ist daher berechtigt[47].

## VI. Tätigkeit der Polizei/Verhältnis zur Staatsanwaltschaft

**108**  § 163 StPO weist auch den Beamten des Polizeidienstes strafprozessuale Aufgaben zu („Straftaten erforschen"). Tatsächlich hat diese Tätigkeit eine ganz erhebliche Bedeutung. Da die Zielrichtung des § 163 StPO („Erster Zugriff") in der Praxis eine weite Auslegung findet, werden die Sachverhalte in Fällen kleinerer bis mittlerer Kriminalität von den Polizeibehörden in eigener Zuständigkeit „ausermittelt" und die Vorgänge erst dann an die Staatsanwaltschaft übersandt. Diese entscheidet häufig nur noch darüber, ob Anklage zu erheben oder ggf. weitere Aufklärung erforderlich ist[48].

In bedeutsamen oder rechtlich bzw. tatsächlich schwierigen Fällen (z.B. Kapitalverbrechen) soll der Staatsanwalt allerdings vom ersten Zugriff an selbst aufklären, Nr. 3 Abs. 1 RiStBV.

Vom Inhalt her unterscheidet sich die Ermittlungstätigkeit der Polizeibehörde nicht von derjenigen der Staatsanwaltschaft, deren „verlängerter Arm"[49] sie ist. Gleichwohl ist festzuhalten, dass ein „polizeiliches Vorverfahren" in der StPO nicht vorgesehen ist. Die Staatsanwaltschaft bleibt die „Herrin des Ermittlungsverfahrens" und muss daher die Möglichkeit des jederzeitigen Eingriffs haben, Nr. 3 Abs. 2 RiStBV. Nur sie hat auch das Recht, das Verfahren zum Abschluss zu bringen[50].

---

47  Siehe hierzu das Lehrbeispiel für Missbrauch durch politische Mandatsträger (Verurteilung einer Justizministerin), BGH NJW 2008, 2057 sowie *Maier*, ZRP 2003, 387 ff.

48  Zu den Gründen für diese Praxis (bessere kriminalistische Ausbildung, technische und personelle Ausrüstung des Polizeiapparats) lesen Sie im Einzelnen: *Peters*, § 24 III.

49  So das BVerwG NJW 1975, 893 ff. (894); eine lesenswerte Entscheidung auch im Hinblick auf die Rechtswegabgrenzung zwischen § 40 Abs. 1 VwGO und § 23 Abs. 1 EGGVG.

50  Zum Verhältnis Staatsanwaltschaft – Polizei während des Ermittlungsverfahrens im Einzelnen: *Peters* a.a.O.

## D. Zweck, Ziel und Ablauf des Ermittlungsverfahrens

Das Ermittlungsverfahren, das in den §§ 158 bis 177 StPO geregelt ist, findet seine **109** Rechtfertigung in den Vorschriften über die „Öffentliche Klage", §§ 151 ff. StPO. So ist gemäß § 151 StPO die Eröffnung einer **gerichtlichen** Untersuchung durch die öffentliche Klage bedingt (Akkusationsprinzip), für deren Erhebung die Staatsanwaltschaft nicht nur zuständig, sondern zu der sie grundsätzlich auch verpflichtet ist (Offizial- und Legalitätsprinzip). Das Ermittlungsverfahren dient daher dem Zweck, den Verdacht des Vorliegens einer Straftat abzuklären, um entscheiden zu können, ob Anklage zu erheben ist oder ob ggf. eine andere Art der Erledigung des Verfahrens in Betracht kommt.

Der zeitliche Ablauf kommt in der Abfolge der entsprechenden gesetzlichen Vor- **110** schriften deutlich zum Vorschein:

§ 152 Abs. 2 StPO
(Prüfung, ob zureichende tatsächliche Anhaltspunkte
für das Vorliegen einer verfolgbaren Straftat gegeben sind)

↓

§ 160 Abs. 1 StPO
(Sachverhaltserforschung hinsichtlich der Fragestellung,
ob öffentliche Klage zu erheben ist)

↓

§ 170 Abs. 1 StPO
(Anklageerhebung, wenn „die Ermittlungen genügenden Anlass" bieten)

### Der Anfangsverdacht: **111**

Anlass für die Einleitung der Ermittlungen bietet der sogenannte „Anfangsverdacht" (§ 152 Abs. 2 StPO). Wird dem Staatsanwalt ein Sachverhalt unterbreitet, so hat er zunächst drei Punkte abzuklären[51]:

– Fällt der angezeigte Sachverhalt überhaupt unter einen Straftatbestand (rechtliche Prüfung)?
– Bestehen nicht behebbare Verfolgungshindernisse (z.B. §§ 78 ff. StGB, Strafklageverbrauch, persönliche Strafausschließungsgründe etc.)[52]?
– Gibt es hinreichende tatsächliche Anhaltspunkte für das Vorliegen der angezeigten Tat? Das ist angesichts der niedrigen Schwelle dieser Verdachtsstufe schon dann der Fall, wenn nach kriminalistischer Erfahrung eine Straftat möglich erscheint[53]. Bei offensichtlich unrichtigen, querulatorischen oder auf

---

51 Nach denselben Maßstäben hat natürlich auch die Polizei das Vorliegen eines Anfangsverdachts eigenständig zu beurteilen, § 163 StPO.
52 Zu Beispielen für ein sog. behebbares Verfahrenshindernis lesen Sie Nr. 6 RiStBV.
53 Vgl. BVerfG NJW 2002, 1411 f.; BGH NJW 1989, 36 (37); vgl. zur Kritik an dieser Verdachtsstufe und zur – praxisfernen – Forderung, die Bejahung des Anfangsverdachts einer gerichtlichen Kontrolle zu unterwerfen *Eisenberg/Conen* NJW 1998, 2241 ff.

bloßen Vermutungen basierenden Anzeigen kann der Anfangsverdacht verneint werden[54].

Wird der Anfangsverdacht nach Prüfung der genannten Punkte angenommen, so ist das Ermittlungsverfahren einzuleiten und entweder durch die Staatsanwaltschaft selbst oder unter Einschaltung der Polizei (§ 161 StPO) durchzuführen.

## E. Umfang der Ermittlungen

**112**  Der Umfang der Ermittlungen wird in erster Linie durch Zweck und Ziel des Verfahrens eingegrenzt, nämlich die Abklärung der Frage, ob Anklage zu erheben ist oder nicht. Ergibt sich der hinreichende Tatverdacht nicht, so entfallen weitere Nachforschungen. Der Beschuldigte ist so schnell wie möglich von der Belastung des Verfahrens freizustellen.

Einen Anspruch des Beschuldigten auf Nachweis der Unschuld oder gar gerichtliche Rehabilitierung nach Einstellung der Ermittlungen kennt die Strafprozessordnung andererseits nicht. Es besteht auch kein Anspruch auf Mitteilung der Verdachtsmomente.

**113**  Das Gesetz stellt den Umfang der Ermittlungen weitgehend in das Ermessen der Staatsanwaltschaft und begnügt sich in § 160 Abs. 2 und 3 StPO mit der Aufstellung von Mindestanforderungen, die zu einem großen Teil verfahrensrechtliche Selbstverständlichkeiten darstellen, nämlich:

– Ermittlungen auch zugunsten des Beschuldigten (die Staatsanwaltschaft ist danach die „objektivste Behörde der Welt");
– Sicherung der Beweise, z.B. mittels Durchsuchung (§§ 102 ff. StPO) oder Beschlagnahme (§§ 94 ff. StPO) zur Sicherung sog. „sachlicher" Beweismittel. In geeigneten Fällen sollen Zeugen, sog. „persönliche" Beweismittel, schon im Vorverfahren richterlich vernommen werden, um dadurch die Voraussetzungen einer eventuellen späteren Verlesung und Verwertung der Aussage nach § 251 Abs. 2 StPO bzw. die Möglichkeit einer späteren Vernehmung des Ermittlungsrichters als Zeuge in der Hauptverhandlung im Falle des § 252 StPO zu schaffen. Mehr hierzu später[55];

**114**  – Ermittlung auch solcher Umstände, die als Strafzumessungskriterien i.S.d. § 46 StGB für die möglichen Rechtsfolgen der Tat von Bedeutung sind, wie etwa Täterpersönlichkeit, Werdegang u.ä., aber auch die **Tatfolgen** für das jeweilige Opfer. Es wird jedoch insoweit keine lückenlose Aufklärung verlangt. In der Mehrzahl der Fälle kann diese ohnehin erst im Rahmen der Hauptverhandlung erfolgen.

**115**  Nach § 160 Abs. 4 StPO sind die Ermittlungsmaßnahmen neben den Beweiserhebungs- und Beweisverwertungsverboten der StPO (etwa § 136a StPO) allerdings

---

54  OLG Hamburg NJW 1984, 1635 f.
55  Vgl. unten Rn. 510 ff.

auch durch spezielle bundes- oder landesrechtliche Regelungen eingeschränkt. Zu nennen sind hier beispielsweise das Steuer- oder das Sozialgeheimnis (§ 30 AO, §§ 67 ff. SGB X). Umstritten und bislang noch nicht geklärt ist die Frage, ob auch die – unter ermittlungstaktischen Gesichtpunkten durchaus interessanten – Daten aus der Mauterhebung für strafprozessuale Zwecke verwendet werden dürfen (vgl. §§ 4 Abs. 2, 7 Abs. 2 ABMG).

## F. Der Beschuldigte im Ermittlungsverfahren

### I. Der Beschuldigte als Beweismittel

**116** Der Beschuldigte ist nicht nur Verfahrensbeteiligter, er kommt auch selbst als Erkenntnisquelle in Betracht. So kann er als **„Augenscheinsobjekt"** fungieren, wie die §§ 81, 81a, 81b und 81g StPO zeigen, wonach auch gegen seinen Willen körperliche Untersuchungen oder erkennungsdienstliche Maßnahmen vorgenommen werden können. Die so gewonnenen Erkenntnisse – etwa der aus einer Blutprobe festgestellte Blutalkoholgehalt zur Tatzeit, die Erkenntnisse aus einer DNA-Analyse oder aus der Gegenüberstellung mit Tatzeugen – können ohne Weiteres zur Beurteilung der Tat- und Schuldfrage herangezogen werden. Auch die **Angaben** des Beschuldigten können ein Beweismittel darstellen. So kann ein (glaubhaftes) Geständnis zur Grundlage einer Anklage und späteren Verurteilung werden.

### II. Der „nemo-tenetur-Grundsatz"

**117** Die Möglichkeit, den Beschuldigten in dem gegen ihn selbst gerichteten Verfahren als Beweismittel zu „nutzen", unterliegt jedoch einer gravierenden Einschränkung. Nach dem „nemo-tenetur-Prinzip"[56] ist er nicht verpflichtet, sich selbst zu belasten. Muss er auch bestimmte – gesetzlich klar umrissene – Maßnahmen an sich dulden (etwa die Entnahme einer Speichelprobe nach §§ 81a, 81e StPO), so kann er nicht gezwungen werden, **aktiv** an Ermittlungen mitzuwirken. Er darf gegen seinen Willen folglich nicht zu Tests, einer Tatrekonstruktion, der Abgabe von Schrift- oder Sprechproben oder ähnlichen Maßnahmen herangezogen werden, die seine aktive Teilnahme voraussetzen[57]. Die Verweigerung einer aktiven Mitwirkung darf dem Beschuldigten folglich auch nicht als belastendes Beweisanzeichen entgegengehalten werden. Er ist in seiner Verteidigungsstrategie frei; seine Unschuld muss er nicht beweisen.

**118** Auch unterliegt der Beschuldigte nicht dem durch §§ 153, 154, 258 StGB sanktionierten Wahrheitszwang des Zeugen. Sein Recht, ohne nachteilige Konsequenzen zu

---

56 Diese Bezeichnung kommt aus dem Lateinischen: „nemo tenetur se ipsum accusare" = niemand muss sich selbst anklagen und „nemo tenetur se ipsum prodere" = man muss nicht gegen sich selbst als Zeuge auftreten. Zur verfassungsmäßigen Absicherung und der **Kollision mit gesetzlichen Auskunftspflichten** insbesondere im Steuerrecht siehe BVerfG NJW 2005, 352; BGH NJW 2005, 763 ff.
57 Vgl. BGH NJW 2000, 1962 f.; 1426; NJW 1986, 2263; NJW 1981, 1431.

dem Tatvorwurf zu **schweigen**, ist ein elementarer Bestandteil unseres strafprozessualen Selbstverständnisses und Ausfluss der Achtung vor dem Persönlichkeitsrecht des Beschuldigten[58].

In den letzten Jahren ist um die Wahrung dieses Grundsatzes allerdings eine Diskussion entbrannt. Anlass waren insbesondere Entscheidungen des BGH zur „Telefonfalle", bei der ohne dessen Wissen mit dem Verdächtigen ein von der Polizei veranlasstes und mitgehörtes Gespräch durch eine Privatperson geführt wird. Auch die Frage der Verwertung sogenannter „Spontanäußerungen" (vor der Belehrung über das Schweigerecht) gaben Anlass zur Auseinandersetzung. Die Einzelheiten hierzu werden unten bei dem Themenkreis „Beweisverbote" abgehandelt[59].

**119**  Wichtig ist in diesem Zusammenhang auch die **Abgrenzung zum Zeugen**, der – anders als der Beschuldigte – nach § 70 StPO zu einer Aussage gezwungen werden kann, wenn ihm nicht ein Zeugnis- oder Auskunftsverweigerungsrecht (§§ 52 ff., 55 StPO) zur Seite steht. Dementsprechend sind auch die Belehrungen unterschiedlich zu gestalten, je nachdem, ob sich der zu Vernehmende in der Rolle des Beschuldigten oder des Zeugen befindet[60].

Der Tatverdächtige erlangt (auch wenn er zuvor Zeuge war) zunächst dadurch die Rechtsstellung eines Beschuldigten, dass die Verfolgungsbehörde faktische Maßnahmen gegen ihn ergreift, die erkennbar darauf abzielen, ihn wegen einer Straftat zu belangen. Voraussetzung ist also ein **pflichtgemäßer** – mithin an der Stärke des Tatverdachts auszurichtender – **Willensakt der Staatsanwaltschaft**, wie er etwa in der förmlichen Einleitung eines Ermittlungsverfahrens oder dem Ersuchen um einen Durchsuchungsbeschluss gesehen werden kann[61]. Beschuldigter ist aber auch derjenige, gegen den die Polizei als sog. „verlängerter Arm" der Staatsanwaltschaft strafprozessuale Maßnahmen mit Außenwirkung ergreift[62] oder der – etwa im Rahmen einer Vernehmung – faktisch wie ein Beschuldigter behandelt wird.

**120**  Im Übrigen ist aber auch der vormalige Zeuge ab dem Zeitpunkt als Beschuldigter zu behandeln, in dem sich nach pflichtgemäßer Beurteilung der Strafverfolgungsbehörde der Tatverdacht so verdichtet hat, dass er ernstlich als Täter der untersuchten Straftat in Betracht kommt. Das kann naturgemäß auch im Rahmen ein und derselben Vernehmung geschehen. In diesem Fall muss dann – mit den entsprechenden Belehrungen – von der Zeugen- in die Beschuldigtenvernehmung übergegangen werden. Werden die Grenzen des Beurteilungsspielraums willkürlich überschritten und hierdurch die an die Beschuldigteneigenschaft anknüpfenden Belehrungspflichten verletzt, so kann dies ein Verwertungsverbot hinsichtlich der Vernehmungsinhalte begründen[63].

---

58 Vgl. BVerfG NStZ 2002, 378; NJW 1999, 779.
59 Siehe unten Rn. 550 ff.; 565 ff.
60 Siehe hierzu Rn. 123, 127 ff., 140.
61 Vgl. BGH NStZ 2008, 48 f.; 1997, 398 f. mit Anmerkungen von *Rogall*.
62 BGH NJW 2003, 3143.
63 BGH NStZ 2008, 48 f.; 2007, 653 f.

## III. Die Pflicht zur Beschuldigtenvernehmung

Nach § 163a Abs. 1 StPO ist dem Beschuldigten vor Abschluss der Ermittlungen **121** rechtliches Gehör zu gewähren. Er muss also – soweit er sich hierzu bereit erklärt – noch im Ermittlungsverfahren vernommen werden, sofern nicht eine Einstellung des Verfahrens – gleich nach welcher Vorschrift – beabsichtigt ist. In einfachen Sachen genügt auch eine schriftliche Anhörung. Üblicherweise erfolgt die Vernehmung im Rahmen des ersten Zugriffs durch die Polizei (§ 163 StPO). Geht das Ermittlungsverfahren von der Staatsanwaltschaft aus, so kann diese den Beschuldigten selbst vernehmen oder hiermit – was den Regelfall bildet – nach § 161 StPO die Polizei beauftragen.

In seltenen Fällen wird auch der Ermittlungsrichter[64] nach § 162 StPO die Vernehmung durchführen. Das ist insbesondere dann sinnvoll, wenn mit einem Geständnis **122** des Beschuldigten zu rechnen ist. Das entsprechende Protokoll kann dann – etwa wenn später von dem Aussageverweigerungsrecht Gebrauch gemacht wird – in der Hauptverhandlung verlesen und für die Entscheidungsfindung verwertet[65] werden, § 254 StPO.

Während der Beschuldigte nicht verpflichtet ist, zu einer polizeilichen Vernehmung zu erscheinen, hat er einer Ladung durch die Staatsanwaltschaft Folge zu leisten, § 163a Abs. 3 S. 1 StPO. Nach Androhung in der Ladung kann er daher zur staatsanwaltschaftlichen Vernehmung auch zwangsweise vorgeführt werden, §§ 163a Abs. 3 S. 2, 133 Abs. 2, 134 Abs. 2 StPO. Er hat natürlich gleichwohl das Recht zu schweigen.

## IV. Vernehmung durch die Polizei

Der Ablauf einer Beschuldigtenvernehmung ist in § 136 StPO geregelt (lesen!). **123** Diese für richterliche Vernehmungen geltende Vorschrift ist auch auf Vernehmungen durch andere Organe anzuwenden, vgl. § 163a Abs. 3 S. 2, Abs. 4 S. 2 StPO. Der Ablauf der polizeilichen Vernehmung, hat sich danach wie folgt zu gestalten:

– Dem Beschuldigten ist zu eröffnen, **welche Tat ihm zur Last gelegt wird**. So wird ihm klar, dass und warum ein Verfahren gegen ihn eingeleitet wurde. Einer Aufklärung über die in Betracht kommenden Strafvorschriften bedarf es in diesem Zusammenhang – anders als bei einer Vernehmung durch den Richter oder die Staatsanwaltschaft – nicht, wie ein Vergleich zwischen § 136 Abs. 1 S. 1 und § 163a Abs. 4 S. 1 StPO zeigt.

– Er ist **vor jeder Vernehmung über sein Aussageverweigerungsrecht zu belehren**, § 136 Abs. 1 S. 2 StPO. Dies ist besonders wichtig, da von der ordnungsgemäßen Aufklärung des Beschuldigten über seine verfahrensmäßigen Rechte

---

64 Der „Ermittlungsrichter" ist – von den Besonderheiten des § 169 StPO abgesehen – ein nach § 21e GVG mit den Aufgaben des § 162 StPO betrauter Richter am Amtsgericht.

65 „Verwertbarkeit" bedeutet generell, dass das jeweilige Beweismittel zur Grundlage der Entscheidung – insbesondere eines Urteils – gemacht werden darf.

die spätere Verwertbarkeit seiner im Ermittlungsverfahren gemachten Angaben abhängen kann.

– Nach § 137 Abs. 1 StPO darf sich der Beschuldigte in jeder Lage des Verfahrens des Beistands eines Verteidigers bedienen. Er ist folglich darauf hinzuweisen, dass er **jederzeit**, insbesondere schon vor seiner Vernehmung einen **Verteidiger** hinzuziehen[66] und einzelne Beweiserhebungen (etwa die Vernehmung eines Entlastungszeugen) beantragen kann, § 136 Abs. 1 S. 2 und 3 StPO. Aus Gründen der Fairness sollte er auch darauf hingewiesen werden, dass ihm im Falle der Mittellosigkeit ein Pflichtverteidiger beigeordnet werden kann[67].

– Sodann folgt die **Vernehmung zur Person und zur Sache**, wobei insbesondere auch Gelegenheit gegeben werden soll, Verdachtsmomente zu beseitigen und entlastende Umstände geltend zu machen, § 136 Abs. 2 StPO.

## V. Verbotene Vernehmungsmethoden, § 136a StPO

**124** Da der Beschuldigte nicht bloßes Objekt des Verfahrens sein darf, hat er auch im Rahmen staatlicher Ermittlungstätigkeit Anspruch auf Wahrung seiner durch Art. 1 Abs. 1 GG geschützten Menschenwürde. Das Interesse an der Aufklärung und Ahndung von Straftaten rechtfertigt nicht die Wahl jeden Mittels, vielmehr dürfen die Erkenntnisse nur in einem „justizförmigen" – also rechtsstaatlichen Ansprüchen genügenden – Verfahren gewonnen werden[68]. Dem trägt die zentrale Vorschrift des § 136a StPO Rechnung, der eine Beeinträchtigung der Willensfreiheit durch die dort – nicht abschließend – genannten Mittel verbietet. Die Entscheidung über das „Ob" und das „Wie" einer Aussage muss der Beschuldigte also frei treffen können. Verstöße hiergegen werden durch ein absolutes **Verwertungsverbot** sanktioniert, § 136a Abs. 3 StPO.

**125** Praktische Probleme bereitet in diesem Zusammenhang neben der Frage einer **Vernehmungsfähigkeit** etwa des alkoholisierten oder betäubungsmittelabhängigen Beschuldigten gelegentlich die verbotene „Täuschung", da die Grenzziehung zu der erlaubten „kriminalistischen List" Schwierigkeiten bereiten kann. So ist es durchaus gestattet, Fangfragen zu stellen oder den Beschuldigten **ohne eigenes Einwirken** in dem falschen Glauben zu lassen, man habe bereits Kenntnis von bestimmten Beweismitteln oder belastenden Tatsachen. Umgekehrt darf ihm aber nicht aktiv vorgegaukelt werden, man verfüge über maßgebliche Ermittlungsergebnisse, z.B. das Geständnis eines Mittäters. Denn § 136a StPO verbietet solche aktiven Irreführungen, die **bewusst darauf abzielen**, die geschützte Aussagefreiheit des Beschuldigten zu umgehen[69].

---

66 Eine Pflicht zu weitergehenden Hinweisen – etwa auf einen anwaltlichen Notdienst – besteht nur in Ausnahmefällen, vgl. BGH NJW 2002, 1279 f.
67 Vgl. BGH 1 StR 117/05; ein Verstoß hiergegen begründet indes i.d.R. kein Verwertungsverbot.
68 BVerfG NJW 1984, 428 f.
69 BGH NStZ 2004, 631; 1997, 251 f.

Folglich setzt das Verwertungsverbot des § 136a Abs. 3 S. 2 StPO voraus, dass **126**
– die Willensfreiheit **gezielt** beeinträchtigt wurde **und**
– zwischen der Aussage und dem Verstoß gegen § 136a Abs. 1, Abs. 2 StPO ein **ursächlicher Zusammenhang** besteht. Hieran fehlt es beispielsweise, wenn der Beschuldigte die Täuschung erkennt und gleichwohl eine Aussage macht.

> **Beispiel** für zulässige „List“: Der Beschuldigte befindet sich in Untersuchungshaft. In der JVA wird er von einem Kriminalbeamten aufgesucht, der ihn zu weiteren Tatbeteiligten befragen will. Bei dem sich entwickelnden Gespräch geht der Beschuldigte irrtümlich davon aus, nur eine schriftlich fixierte Vernehmung habe später rechtliche Bedeutung. Wunschgemäß macht der Polizeibeamte, der diesen Irrtum erkennt, während des Gesprächs keine Notizen. Der Beschuldigte räumt daraufhin die Beteiligung eines weiteren Täters ein und macht diesen namhaft. Der Polizeibeamte fertigt später einen Aktenvermerk über den Inhalt der Aussage und bestätigt als Zeuge dessen Richtigkeit in der Hauptverhandlung.
>
> Die Erkenntnisse aus dieser Beschuldigtenvernehmung können als Beweismittel Verwendung finden, da eine gezielte Einflussnahme auf die Entschließungsfreiheit des Beschuldigten nicht stattgefunden hat[70].

## VI. Relevante Fehler bei der Beschuldigtenvernehmung

### 1. Unterbliebene Belehrung über das Aussageverweigerungsrecht

Unterbleibt die Belehrung des Beschuldigten über sein **umfassendes** Schweigerecht, **127** obwohl er in dieser Eigenschaft[71] vernommen wird oder bei pflichtgemäßer Beurteilung der Verfolgungsbehörde von einem Beschuldigtenstatus auszugehen wäre, so hat dies unter Umständen weitreichende Konsequenzen für das weitere Verfahren. Denn die unter Verstoß gegen § 136 Abs. 1 S. 2 StPO zustande gekommene Aussage unterliegt regelmäßig einem – in der späteren Hauptverhandlung allerdings ausdrücklich geltend zu machenden – **Verwertungsverbot**[72]. Wegen der herausragenden Bedeutung der Belehrung ist sie gem. Nr. 45 Abs. 1 RiStBV **aktenkundig** zu machen. Fehlt es hieran, so hat das Tatgericht – allerdings nur auf entsprechenden Einwand des Angeklagten – im Freibeweis zu klären, ob die Belehrung erfolgt ist oder nicht[73].

Ein Verstoß gegen die Belehrungspflicht ist nur dann unschädlich, wenn
– davon ausgegangen werden kann, dass der Beschuldigte sein Recht (etwa aus vorangegangenen Strafverfahren oder Belehrungen) kannte[74],

---

70 So BGH NStZ 1997, 251 f.
71 Etwas anderes kann gelten, wenn er als Zeuge vernommen wurde und erst später die Beschuldigteneigenschaft erlangt hat. Siehe herzu oben Rn. 119 .
72 BGH NStZ 2007, 653 ff.; Näheres zu Verwertungsverboten erfahren Sie unter Rn. 548 ff.
73 Bleibt dabei offen, ob die Belehrung erfolgte, so darf die entsprechende Aussage jedenfalls dann verwertet werden, wenn es konkrete Anhaltspunkte für ein ordnungsgemäßes Vorgehen der Vernehmungsbeamten gibt, vgl. BGH NStZ-RR 2007, 80 f.
74 Vgl. BGH NJW 2002, 975; HK-*Lemke*, § 136 Rn. 33 m.w.N.

- wenn er in der Hauptverhandlung der Verwertung einer fehlerhaft zustande gekommenen Aussage ausdrücklich zustimmt oder ihr (beispielsweise bei der Zeugenaussage eines Vernehmungsbeamten) nicht bis zum Zeitpunkt des § 257 StPO – also unmittelbar nach der Beweiserhebung – widerspricht[75],
- wenn zwischen dem Belehrungsmangel und der Aussage keine ursächliche Verknüpfung besteht. Dies ist etwa bei einer „Spontanäußerung" der Fall, bei welcher der Beschuldigte ohne Zutun der Verhörsperson noch vor der beabsichtigten Belehrung von sich aus Erklärungen abgibt[76].

---

**Beispiel** für eine „Spontanäußerung": Der Beschuldigte ruft über Notruf bei der Polizei an und teilt mit, er habe soeben seine Frau erstochen. Dieses Gespräch wird auf Band aufgezeichnet. Später leugnet der Beschuldigte die Tat.

Diese aufgezeichnete Äußerung des Beschuldigten kann als Beweismittel verwertet werden, da sie nicht auf einen Belehrungsmangel zurückzuführen ist.

---

**128** Ist die Belehrung über das Schweigerecht **versehentlich** unterblieben, so kann dieser Mangel dadurch geheilt werden, dass der Beschuldigte nachträglich belehrt und anschließend erneut vernommen wird. Eine solche Heilung durch erneute – nun ordnungsgemäße – Vernehmung ist selbst bei einem Verstoß gegen § 136a StPO möglich[77]. Denn dem Beschuldigten, der sich nunmehr aus freien Stücken zu Angaben entschließt, geschieht kein Unrecht.

Problematisch ist allerdings, ob die spätere Verwertung der (neuerlichen) Aussage von der Erteilung einer sog. **„qualifizierten Belehrung"** abhängt. Hierunter versteht man den ausdrücklichen Hinweis auf den Umstand, dass die Angaben aus der vorangegangenen Vernehmung aufgrund des Belehrungsmangels einem Verwertungsverbot unterliegen, der Beschuldigte also so zu behandeln ist, als habe er dort keine Angaben gemacht.

**129** Für die Notwendigkeit eines solchen Hinweises spricht, dass der Beschuldigte möglicherweise annimmt, Schweigen nutze ihm ohnehin nichts mehr, nachdem er sich bereits zum Tatvorwurf geäußert hat. Ob eine solche subjektive Einschränkung der Entschließungsfreiheit tatsächlich vorliegt, hängt allerdings von der konkreten Situation im Einzelfall, insbesondere der Persönlichkeit des Betroffenen, ab. Unterbleibt die „qualifizierte Belehrung", so würde die generalisierende Annahme eines Verwertungsverbotes über das Ziel hinausschießen, die berechtigten Belange des Beschuldigten zu schützen. Vielmehr wird man die Frage der Verwertbarkeit von Fall zu Fall prüfen müssen[78].

---

75 BGH NStZ 1996, 293; OLG Stuttgart NStZ 1997, 405; BayObLG NJW 1997, 404 f.
76 BGH NJW 1990, 461.
77 BGHSt 27, 355 (359).
78 Vgl. zum Problemkreis auch LG Dortmund NStZ 1997, 356 ff.; *Neuhaus* NStZ 1997, 312 ff.; *Meyer-Goßner*, § 136 Rn. 9 – jeweils m.w.N.

## 2. Fehlende Belehrung über das Recht zur Verteidigerkonsultation

Das Recht zur Beiziehung eines frei gewählten Verteidigers ist neben § 137 Abs. 1 StPO auch durch Art. 6 Abs. III c MRK verbrieft und genießt Verfassungsrang[79]. Rechtskundig beraten wird der Beschuldigte möglicherweise manche unüberlegte Äußerung unterlassen, aus der später ihm nachteilige Schlüsse gezogen werden könnten. Ob das Unterlassen der gem. § 136 Abs. 1 S. 2 StPO vorgeschriebenen Belehrung über dieses Recht bereits für sich gesehen ein Verwertungsverbot begründen kann, ist umstritten. Der Bundesgerichtshof hat diese Frage verneint[80]. Für die Annahme eines Verwertungsverbotes im Falle des Verstoßes gegen § 136 Abs. 1 S. 2 StPO haben sich Teile der Literatur ausgesprochen[81]. **130**

Unbestritten kommt – mit den oben unter Rn. 127 genannten Einschränkungen! – ein Verwertungsverbot dann in Betracht, wenn
- dem Beschuldigten bewusst verschwiegen worden ist, dass sich bereits ein Verteidiger für ihn bestellt hat[82],
- wenn ihm die vor der ersten Vernehmung gewünschte Hinzuziehung des Verteidigers verwehrt worden ist[83] oder
- wenn der Beschuldigte **trotz eines geäußerten Wunsches** bei seiner Suche nach einem Verteidiger nicht in effektiver Weise (z.B. durch den Hinweis auf einen anwaltlichen Notdienst und die Zurverfügungstellung eines Telefons) unterstützt worden ist, es sei denn, er hat sich nach erfolgloser Suche freiwillig doch zu einer Aussage bereit erklärt[84].

## 3. Fehlende Belehrung über konsularische Hilfe

Jeder **ausländische** Beschuldigte ist zudem nach Art. 36 Abs. 1 lit. b S. 3 des WÜK dahingehend zu belehren, dass – sein Einverständnis vorausgesetzt – die jeweilige konsularische Vertretung über die Inhaftierung informiert wird und dass er von dort ggf. Hilfestellung erfahren kann. Dies hat bereits durch die Polizeibeamten nach der Festnahme zu geschehen. Da sich hieran üblicherweise die polizeiliche Vernehmung (auch zur Person) anschließt, ist der Beschuldigte in diesem Rahmen entsprechend zu belehren. **131**

Wird gegen die Belehrungspflicht verstoßen, so begründet dies angesichts der sonstigen Verfahrensgarantien – anders als bei § 136 StPO – indes **kein Verwertungsverbot** hinsichtlich der Angaben, welche der Beschuldigte im Rahmen der polizeilichen Vernehmung macht[85]. Allerdings darf der entsprechende Verstoß gegen internatio-

---

79 BVerfG NJW 2004, 1308; NJW 2001, 2532.
80 Vielmehr bedarf es auch hier einer einzelfallbezogenen Abwägung, vgl. BGH NStZ 2006, 236 f.; 2004, 450 f.; NJW 2002, 975 f.; NStZ 1997, 609 f. mit zahlreichen Nachweisen.
81 Vgl. *Roxin*, § 24 Rn. 29.
82 BGH NStZ 1997, 502.
83 BGH NJW 2002, 975 f.; BGHSt 38, 372 ff.
84 Vgl. BGH NStZ 2006, 115; NJW 2002, 1277 f. Siehe zu dem gesamten Themenkreis auch: *Herrmann* NStZ 1997, 209 ff.; *Hamm* NJW 1996, 2185 ff.; *Beulke* NStZ 1996, 257 ff.
85 BGH NJW 2008, 1090 ff.

nale Vereinbarungen nicht folgenlos bleiben und muss – jedenfalls im Falle eines in der Hauptverhandlung im Rahmen der Erklärung nach § 257 StPO rechtzeitig und qualifiziert erhobenen Widerspruchs gegen eine Verwertung – auch revisibel sein[86]. Zu prüfen ist damit auf jeden Fall, ob und ggf. in welchem Umfang der Angeklagte in seinen Verteidigungsmöglichkeiten eingeschränkt wurde.

Welcher darüber hinausgehende Nutzen dem Angeklagten letztlich hieraus erwächst, ist jedoch bislang ungeklärt. So hält es der 3. Strafsenat des BGH generell nicht für angezeigt, einen Konventionsverstoß mit einer Reduktion der Strafe auszugleichen[87]. Anders der 5. Strafsenat: Bei der Verhängung erheblicher Sanktionen soll – entsprechend den Regelungen zur überlangen Verfahrensdauer – eine Kompensation in Gestalt einer Reduktion der eigentlich verwirkten Strafe stattfinden. In Fällen von allenfalls geringem Gewicht, wenn also die Belehrung alsbald nachgeholt wurde oder nur eine geringe Bestrafung erfolgt, soll allerdings auch nach Meinung des 5. Senats eine Kompensation im Rahmen der Strafzumessung entbehrlich sein[88]. Die weitere Entwicklung (insbesondere bei Anrufung des Bundesverfassungsgerichts) bleibt also abzuwarten.

## VII. Sonstige Rechte des Beschuldigten

**132**   Als weitere Rechtspositionen des Beschuldigten im Rahmen des Ermittlungsverfahrens sind vor allem folgende Rechte zu nennen:

## 1. Akteneinsicht

Die Einsicht in die Verfahrensakten dient der Durchsetzung der verfassungsrechtlich geschützten Ansprüche auf die Gewährung rechtlichen Gehörs und auf ein rechtsstaatliches faires Verfahren[89]. Ohne Aktenkenntnis ist – abgesehen von bloßem Schweigen – eine effiziente Verteidigung zumindest erschwert, im Einzelfall vielleicht sogar unmöglich. Gleichwohl normiert die insoweit maßgebliche Vorschrift des § 147 StPO lediglich das Recht des **Verteidigers** auf Akteneinsicht. Hat der Beschuldigte also einen Verteidiger oder wird ihm ein solcher nach §§ 140, 141 StPO beigeordnet, so kann er sich durch diesen über den Verfahrensstand informieren.

Anders liegen die Dinge bei dem **unverteidigten** Beschuldigten. Hintergrund des § 147 StPO ist die – zuweilen sicher begründete – Sorge, die Akten könnten in falsche Hände gelangen, bei der Einsicht von interessierter Seite beschädigt, verfälscht oder vernichtet werden bzw. Anlass zu sonstigen Beweisvereitelungen bieten. Da dem Beschuldigten insoweit ein besonderes Interesse zugeschrieben wird, hat er gemäß § 147 Abs. 7 StPO nur einen eingeschränkten Anspruch auf Auskünfte und

---

86  So BVerfG NJW 2007, 503.
87  BGH NJW 2008, 307 ff., 1090 ff.
88  Vgl. BGH NJW 2008, 307 ff.; 2007, 3587 ff.
89  BVerfG NJW 1983, 1043.

Ablichtungen aus den Akten, soweit nicht der Untersuchungszweck gefährdet wird oder schutzwürdige Interessen Dritter (z.B. des Tatopfers) entgegenstehen.

Diese eher pauschale Beschränkung der Verteidigungsmöglichkeiten erscheint nicht gerechtfertigt. Auch der sich selbst verteidigende Beschuldigte hat aus Art. 6 MRK einen Anspruch auf Akteneinsicht jedenfalls immer dann, „wenn der Ermittlungszweck dadurch nicht gefährdet wird"[90]. In diesen Fällen ist dem Beschuldigten also Akteneinsicht zu gewähren, wobei Manipulationen dadurch ausgeschlossen werden können, dass man ihm Ablichtungen zur Verfügung stellt oder Einsicht auf der Geschäftsstelle des Gerichts zulässt.

### 2. Anwesenheit bei Ermittlungshandlungen

Der Beschuldigte oder sein Verteidiger haben bei der Vornahme **polizeilicher** Ermitt- **133** lungen (etwa Zeugenvernehmungen) kein Anwesenheitsrecht. Ihnen ist nur bei bestimmten **richterlichen Vernehmungen und Augenscheinseinnahmen** die Anwesenheit gestattet, §§ 168c und 168d StPO. Wird auf Antrag der Staatsanwaltschaft ein Zeuge oder Sachverständiger durch den Ermittlungsrichter vernommen[91] (§ 162 Abs. 1 StPO), so ist dem Beschuldigten (und seinem Verteidiger) die Teilnahme erlaubt, § 168c Abs. 2 StPO, **sofern** er nicht wegen Gefährdung des Untersuchungszwecks – etwa bei der Gefahr von Verdunkelungsmaßnahmen oder der Einflussnahme auf den Zeugen – ausgeschlossen wird, § 168c Abs. 3 StPO.

In diesem Fall ist für die richterliche Vernehmung eines zentralen Belastungszeugen dem – von der Anwesenheit ausgeschlossenen – Beschuldigten gem. § 141 Abs. 3 StPO ein Verteidiger zu bestellen, der für ihn das Fragerecht ausüben kann[92].

Demgegenüber besteht ein Anwesenheitsrecht bei der Vernehmung eines **Mitbe-** **134** **schuldigten** nicht, da es in § 168c Abs. 2 StPO nicht vorgesehen ist und mangels einer Regelungslücke auch eine analoge Anwendung dieser Vorschrift auf die Vernehmung eines Mitbeschuldigten ausscheidet[93].

Besteht die dringende Gefahr eines schwerwiegenden Nachteils für das Wohl des Zeugen, wenn er in Anwesenheit der hierzu Berechtigten vernommen wird – etwa im Fall der Vernehmung eines missbrauchten Kindes – so ist zudem § 168e StPO zu beachten. Danach „soll" – also muss – die Vernehmung ohne unmittelbare Konfrontation den – in einem anderen Raum befindlichen – Anwesenheitsberechtigten in Bild und Ton übertragen werden. Unter den weiteren Voraussetzungen des § 247a StPO kann auch später in der Hauptverhandlung so verfahren werden. Die weiteren Mitwirkungsrechte bleiben hierdurch unberührt.

Wichtig ist in diesem Zusammenhang die in § 168c Abs. 5 S. 1 StPO geregelte **135** **Pflicht** des Gerichts, die zur Anwesenheit Berechtigten von dem bevorstehenden

---

90 EGMR NStZ 1998, 429; zur Bedeutung dieser Entscheidung siehe *Haass* NStZ 1999, 442 ff.
91 Siehe hierzu auch Rn. 141.
92 BGH NJW 2000, 3505 ff.
93 Vgl. hierzu BVerfG NJW 2007, 204; BGH NStZ 1997, 351 ff. m.w.N.

Vernehmungstermin zu **benachrichtigen**. Hierdurch soll verhindert werden, dass ein für das weitere Verfahren möglicherweise erhebliches Beweisergebnis erzielt wird, ohne dass der Beschuldigte und sein Verteidiger die Möglichkeit hatten, hierauf Einfluss zu nehmen. § 168c Abs. 5 S. 1 StPO ist also letztlich Ausfluss des Anspruchs auf rechtliches Gehör.

Von der Benachrichtigung des Beschuldigten und/oder seines Verteidigers darf – was für beide Personen getrennt zu prüfen ist – nur abgesehen werden, wenn auch die Mitteilung über die beabsichtigte Vernehmung den Zweck der Untersuchung – also die Gewinnung einer wahrheitsgemäßen Aussage – vereiteln könnte, § 168c Abs. 5 S. 2 StPO[94]. Ein Verstoß gegen die Benachrichtigungspflicht hat zwar kein umfassendes Verwertungsverbot hinsichtlich der (in Abwesenheit des Beschuldigten zustande gekommenen) Zeugenaussage zur Folge. Die Vernehmungsniederschrift darf jedoch nicht mehr nach § 251 Abs. 2 StPO ohne das Einverständnis des Angeklagten und seines Verteidigers in der Hauptverhandlung verlesen werden. Eine Verlesung ist nur noch in den (engen) Grenzen des § 251 Abs. 1 StPO möglich[95]. Denn die erhöhte Beweiskraft richterlicher Vernehmungen beruht zumindest auch auf den in § 168c StPO vorgesehenen Beteiligungsrechten.

**136** Mit den vorgenannten Entscheidungen hat der BGH also das – mangels notwendiger Benachrichtigung – fehlerhaft zustande gekommene richterliche Protokoll zu einem nichtrichterlichen „herabgestuft". Ob damit an dem Verbot festzuhalten ist, den Richter – wie dies beim vernehmenden Polizeibeamten möglich ist – als Zeugen über den Inhalt der Vernehmung zu hören[96], ist fraglich, zumal sich die Rechtsprechung des BGH zu diesem Problemkreis in Bewegung befindet[97].

Angesichts dieser prozessualen Folgen einer unterlassenen Benachrichtigung des Beschuldigten und/oder seines Verteidigers empfiehlt es sich für den Ermittlungsrichter, die Gründe seiner Entscheidung in den Akten niederzulegen, wenn er von § 168c Abs. 5 S. 2 StPO Gebrauch macht. Allerdings kommt es für die Frage einer späteren Verwertbarkeit allein darauf an, ob die Benachrichtigung objektiv zu Recht unterblieben ist. Dies hat das erkennende Gericht im Hauptverfahren in eigener Verantwortung zu prüfen[98]. Da hierbei auf den Zeitpunkt der Entscheidung des Ermittlungsrichters abzustellen ist, können dessen Ausführungen hilfreich sein.

---

94 Zur Benachrichtigung bei Rechtshilfehandlungen im Ausland vgl. BGH NJW 1996, 2239 ff. sowie die Anmerkungen von *Nagel* NStZ 1998, 148 ff.
95 BGH NStZ 1999, 417; NStZ 1998, 312 f.
96 So noch BGH NStZ 1986, 207; BGHSt 26, 335.
97 Vgl. BGH NJW 2000, 3505 ff. – der zwar kein Verwertungsverbot annimmt, den Beweiswert einer Vernehmung des Ermittlungsrichters im Falle eines Verstoßes gegen § 168c StPO aber als so gering ansieht, das dessen Bekundungen durch wichtige Gesichtspunkte außerhalb der Aussage gestützt werden müssen – sowie die lesenswerten Anmerkungen von *Wönne* NStZ 1998, 313 f. Der 3. Strafsenat des BGH nimmt neuerdings bei einem Verstoß gegen § 168c Abs. 5 S. 1 StPO sogar ein generelles Verwertungsverbot an, BGH NJW 2003, 3142 ff.
98 Vgl. BGH NStZ 2003, 672, auch zum Prüfungsumfang in der Revision.

# G. Der Zeuge im Ermittlungsverfahren

Zeugen sind – wegen der Subjektivität von Wahrnehmung und Erinnerung – in der **137** Regel zwar wenig zuverlässige Beweismittel, zur Erforschung der Wahrheit jedoch unverzichtbar. Ermittlungs- und Strafverfahren ohne die Einvernahme von Zeugen bilden die Ausnahme. Oftmals kommt das Verfahren durch die Anzeige eines Betroffenen überhaupt in Gang, beginnt also bereits mit den Angaben eines Zeugen. Nicht selten ist auch der Zeugenbeweis der einzig zur Verfügung stehende. Dabei liegt die prozessuale Funktion des Zeugen in der Bekundung **eigener** sinnlicher **Wahrnehmungen**, die zuweilen nur schwer von persönlichen Schlussfolgerungen zu trennen sind.

## I. Pflichten des Zeugen

Als Zeuge bei der Aufklärung von Straftaten zur Verfügung zu stehen, gehört zu den **138** allgemeinen staatsbürgerlichen Pflichten, deren Unannehmlichkeiten jedermann zuzumuten sind. Der Zeuge braucht zwar polizeilichen Vorladungen nicht Folge zu leisten, auf Ladung der Staatsanwaltschaft hat er dort jedoch zu **erscheinen** und – anders als der Beschuldigte – eine (natürlich wahrheitsgemäße) **Aussage zu machen.** Diese Pflicht kann notfalls mit Zwangsmitteln durchgesetzt werden, §§ 161a Abs. 1 und 2 StPO. Selbstverständlich muss der Zeuge auch einer gerichtlichen Ladung Folge leisten, §§ 48, 51, 70 StPO.

Angaben können nur dann verweigert werden, wenn ihm ein Zeugnis- oder Auskunftsverweigerungsrecht nach den §§ 52 ff., 55 StPO zusteht[99].

## II. Ablauf der Zeugenvernehmung

Wie der Beschuldigte wird auch der Zeuge von der Polizei oder der Staatsanwalt- **139** schaft vernommen, wobei eine Vernehmungsniederschrift zu fertigen ist, § 168b StPO. In jedem Fall sind Zeugen **vor jeder Vernehmung** über eventuelle Zeugnis- bzw. Auskunftsverweigerungsrechte zu **belehren**, was aktenkundig zu machen ist (Nr. 65 RiStBV). Für die polizeiliche Vernehmung ist dies in § 163a Abs. 5 StPO geregelt, für die Staatsanwaltschaft folgt es aus der allgemeinen Verweisung in § 161a Abs. 1 S. 2 StPO.

Die Vernehmung selbst gliedert sich in diejenige zur Person (§ 68 StPO) und die zur Sache (§ 69 StPO). Selbstverständlich sind auch gegenüber Zeugen die in § 136a StPO erwähnten Vernehmungsmethoden verboten.

## III. Mögliche Rechtsfehler bei der Zeugenvernehmung

Denkbarer Kardinalfehler bei der Vernehmung von Zeugen ist die Unterlassung der **140** in **§ 52 Abs. 3 StPO** zwingend vorgeschriebenen Belehrung über das **Zeugnisver-**

---

99 Näheres hierzu siehe unten, Rn. 268 ff.

**weigerungsrecht**. Steht dem Zeugen ein solches Recht zu und macht er mangels Belehrung eine Aussage, so begründet dies ein **Verwertungsverbot** in demselben (weiten) Umfang wie bei § 252 StPO[100]. Der Inhalt seiner Vernehmung darf also auch nicht auf dem Umweg über eine Anhörung der Verhörsperson in die spätere Hauptverhandlung eingeführt werden.

Eine Verwertung ist nur dann zulässig,
– wenn der Zeuge seine Rechte kannte und auch nach entsprechender Belehrung ausgesagt hätte,
– wenn er in der Hauptverhandlung nach Belehrung ausdrücklich oder konkludent auf sein Zeugnisverweigerungsrecht verzichtet[101].

Demgegenüber führt ein Verstoß gegen **§ 55 Abs. 2 StPO** (Belehrung über das Auskunftsverweigerungsrecht) nicht zu einer Einschränkung der Verwertbarkeit in dem gegen den Beschuldigten geführten Verfahren, da Letzterer durch diese Vorschrift nicht geschützt werden soll. Wird wegen selbstbelastender Angaben jedoch ein Verfahren auch gegen den Zeugen eröffnet, so kann die fehlerhafte Vernehmung dort nicht eingeführt werden. Hinsichtlich der Ausnahmen gilt das oben Gesagte.

## IV. Richterliche Zeugenvernehmung

**141** Auch jenseits der unten noch näher erörterten Fälle des § 58a StPO kann in besonderen Situationen die richterliche Vernehmung des Zeugen bereits im Ermittlungsverfahren erforderlich sein. Nahezu unumgänglich ist sie bei einem Belastungszeugen, dem ein Zeugnisverweigerungsrecht zusteht. Macht dieser nämlich zunächst eine Aussage, beruft sich jedoch in der Hauptverhandlung auf sein Zeugnisverweigerungsrecht, so besteht hinsichtlich seiner früheren Angaben ein Verwertungsverbot, § 252 StPO. Verwertbar bleibt aber die Aussage in einer richterlichen Vernehmung[102]. In all den Fällen, in denen mit der späteren Geltendmachung eines Zeugnisverweigerungsrechts zu rechnen ist – z.B. in Fällen sexuellen Missbrauchs innerhalb der Verwandtschaft – stellt das Unterlassen eines Antrags auf richterliche Vernehmung (§ 162 Abs. 1 StPO) einen möglicherweise schwerwiegenden Kunstfehler der Staatsanwaltschaft dar. Denn dadurch kann das Gericht in der Hauptverhandlung in „Beweisnot" geraten.

Gleiches gilt, wenn aus anderen Gründen, etwa den besonderen Lebensumständen des Zeugen, hinsichtlich der späteren Aussagebereitschaft oder Aussagefähigkeit Bedenken angebracht sind. Insbesondere bei Tatvorwürfen des Menschenhandels oder der Zuhälterei ist daher eine richterliche Zeugenvernehmung i.d.R. zwingend (vgl. auch Nr. 248 Abs. 1 RiStBV).

---

100  BGH NStZ 1990, 25. Mehr zu § 252 StPO unten unter Rn. 499 ff.
101  Vgl. BGH NStZ 1999, 91.
102  Siehe hierzu unten Rn. 510 ff.

## V. Schutz des Zeugen, insbesondere des Opfers

Den Pflichten des Zeugen entspricht ein Anspruch auf Schutz seiner körperlichen **142** Unversehrtheit, auf Achtung seiner Persönlichkeit und informationellen Selbstbestimmung. Dieser Aspekt ist vom Gesetzgeber lange vernachlässigt worden. Dabei enthielt bereits die „Declaration on Victims of Crime and Abuse of Power" der Vereinten Nationen aus dem Jahre 1985 Forderungen nach einer – auch prozessualen – Besserstellung der Opfer von Straftaten. Auf europäischer Ebene ist der **Rahmenbeschluss** des Rates vom 15.03.2001[103] hervorzuheben. Er enthält zwingende Vorgaben an die nationalen Gesetzgeber zur Verbesserung der Lage von Tatopfern[104] im Strafverfahren. Die dort aufgestellten Standards sind heute im Rahmen der gemeinschaftskonformen Auslegung einzelstaatlicher Regelungen zu beachten[105]. Die „Internationalisierung" des Strafrechts ist auch daran abzulesen, dass mittlerweile aus Art. 2 MRK ein Anspruch auf effektive Strafverfolgung abgeleitet wird[106].

In Deutschland wurde die Besserstellung der Zeugen insbesondere dadurch vorangetrieben, dass die Medien über die missliche Situation der Opfer von sexuellen Übergriffen in den sog. „Kinderschänderprozessen"[107] und der Opfer organisierter Kriminalität, die sich einer besonderen Gefährdung ausgesetzt sehen, berichteten. Die Komplexität des Themas hat gesetzliche Regelungen erschwert. So kann eine „Schonung" des Zeugen die prozessualen Rechte des Beschuldigten und auch die Möglichkeiten der Wahrheitsfindung beschränken. Einen Meilenstein stellt daher das „Gesetz zum Schutz von Zeugen bei Vernehmungen im Strafverfahren und zur Verbesserung des Opferschutzes" vom 30.04.1998 dar, welches am 01.12.1998 in Kraft getreten ist[108]. Zuletzt wurde die Stellung des Tatopfers durch das Opferrechtsreformgesetz vom 24.06.2004[109] weiter verbessert.

Zusammenfassend existieren neben den Zeugnisverweigerungsrechten derzeit im **143** Wesentlichen folgende Regelungen zum Schutz von Zeugen:

Nach § 58a Abs. 1 S. 1 StPO kann **jede** Zeugenvernehmung im Ermittlungsverfahren insgesamt unter **Videoaufzeichnung** erfolgen. Ausdrücklich gilt diese Regelung zwar nur für Vernehmungen durch den Richter[110] oder die Staatsanwaltschaft (vgl. § 161a Abs. 1 S. 2 StPO, Nr. 19 Abs. 2 und 3 RiStBV). Selbst wenn es in § 163a

---

103 Veröffentlicht im Amtsblatt der Europäischen Gemeinschaften vom 22.03.2001, L 82/1 ff.
104 Der europarechtliche Opferbegriff erfasst allerdings **nur natürliche Personen**, EuGH NJW 2007, 2835 ff.
105 EuGH NJW 2005, 2839 ff. **(lesenswert)**.
106 Siehe nur EGMR NJW 2005, 3405 ff.
107 Vgl. hierzu die mutige und im wahren Wortsinn bahnbrechende Entscheidung des LG Mainz NJW 1996, 208 f., weshalb man bei der Videovernehmung zunächst auch von dem „Mainzer Modell" sprach.
108 BGBl. 1998, 820 ff.; zum Werdegang dieses Gesetzes und zur auch rechtspolitisch interessanten Entwicklung des Zeugen- und Opferschutzes vgl. *Caesar* NJW 1998, 2313 ff.; *Rieß* NJW 1998, 3240; *Griesbaum* NStZ 1998, 433 ff.; *Kintzi* DRiZ 1998, 65 ff.
109 BGBl 2004, Teil I, S. 1354 ff.
110 Zuständig ist gem. § 162 Abs. 1 S. 1 StPO das für den Wohnort des Zeugen zuständige Amtsgericht, vgl. OLG München NStZ 2004, 642 f.

Abs. 5 StPO an einem ausdrücklichen Verweis auf § 58a StPO fehlt, so ist doch im Ergebnis allgemein anerkannt, dass auch polizeiliche Zeugenvernehmungen aufgezeichnet werden dürfen[111].

**Zwingend** ist die Videovernehmung bei Verletzten unter 16 Jahren (insbesondere Missbrauchsopfern), wenn mit mehrfachen Vernehmungen zu rechnen ist[112], und ferner dann, wenn zu besorgen ist, dass der Zeuge in der Hauptverhandlung nicht vernommen werden kann – etwa weil er gebrechlich oder mit seinem Untertauchen zu rechnen ist, § 58a Abs. 1 S. 2 StPO. Bei kindlichen Zeugen bietet es sich an, zeitnah zur Tatbegehung bzw. Anzeigenerstattung eine ausführliche Videovernehmung unter Beteiligung eines aussagepsychologischen Sachverständigen durchzuführen (vgl. auch Nr. 222 RiStBV).

**144**  Die Videoaufzeichnung kann später regelmäßig (soweit nicht die Voraussetzungen des § 252 StPO vorliegen) neben der Zeugenaussage als **Augenscheinsobjekt** durch Abspielen als Beweismittel in die Hauptverhandlung eingeführt werden[113] Sie ist daher ein wirksames Instrument des Opferschutzes. Unter den Voraussetzungen des **§ 255a** StPO kann sie – in Durchbrechung des Unmittelbarkeitsgrundsatzes – eine Zeugenaussage auch ersetzen. In den Fällen des § 255a Abs. 2 StPO setzt dies aber voraus, dass der Angeklagte und sein Verteidiger Gelegenheit hatten, an der richterlichen Vernehmung mitzuwirken. Angesichts dieser ausdrücklichen Bestimmung in § 255a Abs. 2 StPO scheidet eine Ersetzung der persönlichen Zeugenvernehmung in der späteren Hauptverhandlung also aus, wenn der Beschuldigte nach § 168c StPO von der Vernehmung im Ermittlungsverfahren ausgeschlossen war[114]. Dies gilt es also bereits bei Durchführung der Vernehmung zu beachten.

**145**  Ob diese insbesondere auf den Schutz kindlicher Opfer abzielende Regelung, die qualvolle und erneut traumatisierende Mehrfachvernehmungen verhindern will, letztlich ihr Ziel erreicht, muss die Praxis zeigen. Bedenken sind insoweit berechtigt, als § 255a Abs. 2 StPO die Beteiligung des Angeklagten und seines Verteidigers bei der früheren richterlichen Vernehmung zwingend voraussetzt. Hier können sich beispielsweise schon bei einem flüchtigen Täter Schwierigkeiten einstellen.

**146**  Nach § 68b Satz 1 StPO kann das zuständige Gericht – freilich nur mit Zustimmung der Staatsanwaltschaft – solchen Zeugen, die ihre Interessen nicht selbst wahrnehmen können – also vor allem Kindern oder Jugendlichen – (nur) für die Dauer ihrer Vernehmung[115] einen anwaltlichen **Zeugenbeistand** bestellen, wenn ihre schutzwürdigen Interessen nicht anders gewahrt werden können. Unter den Voraussetzungen des Satzes 2 – also vor allem bei Verbrechen gegen die sexuelle Selbstbestimmung –

---

111  Vgl. KK-*Senge*, § 58a Rn. 3 m.w.N.
112  Siehe auch BGH, Beschluss vom 08.07.2004, 1 StR 273/04.
113  Vgl. BGH 1 StR 350/07. Siehe zu den Einzelheiten – insbes. Beachtung des **Unmittelbarkeitsgrundsatzes** – unten Rn. 484 ff. sowie 519 ff.
114  In der Literatur str., vgl. aber BGH NStZ 2004, 390 ff. m.w.N.
115  Dieser Begriff ist im Sinne des Zeugenschutzes weit auszulegen. Er umfasst daher auch die Vor- und Nachbereitung der Aussage. Zum (eingeschränkten) Akteneinsichtsrecht des Beistands siehe BGH NJW 2002, 1590 f.

ist die Bestellung auf Antrag durch unanfechtbaren Beschluss zwingend vorzunehmen. Die Kosten trägt der Staat. Die §§ 397a, 406g StPO erweitern diese Möglichkeit für nebenklageberechtigte Verletzte – wer das ist, steht in § 395 StPO – auch über die Dauer der Vernehmung hinaus. Ohnehin kann sich der Verletzte im gesamten Verfahren des Beistands eines Rechtsanwalts bedienen.

Die Rechtsstellung des Beistands entspricht prinzipiell derjenigen des Zeugen; er hat   **147** keine eigenen Rechte als Verfahrensbeteiligter und damit auch insbesondere keinen Anspruch auf Akteneinsicht[116]. Anders verhält es sich allerdings bei dem Beistand des **Verletzten**, der insbesondere

– gem. § 406e StPO unter den dort geregelten Voraussetzungen Akteneinsicht nehmen kann[117],
– bei Vernehmungen seines Mandanten durch Staatsanwaltschaft oder Gericht zugegen sein (§ 406f Abs. 2 StPO) und
– an der Hauptverhandlung teilnehmen darf (vgl. im Einzelnen §§ 406f Abs. 2, 406g Abs. 2 StPO).

Stets ist das Tatopfer auf Antrag auch über den Ausgang des Verfahrens zu unterrichten, § 406d StPO.

Ist der Verletzte i.S.d. § 395 StPO nebenklagebefugt, so hat er – in dem erforderlichen Umfang[118] – auch Anspruch auf die unentgeltliche Stellung eines **Dolmetschers**, wenn dies zur Ausübung seiner prozessualen Rechte erforderlich ist, § 187 GVG. Bedeutung erlangt dies insbesondere für Gespräche mit dem anwaltlichen Beistand.

Zu erwähnen sind auch die Regelungen zum Schutz gefährdeter Zeugen, insbesondere   **148** dere bestimmter V-Leute, verdeckter Ermittler oder Überläufer bzw. Zeugen aus dem Bereich organisierter Kriminalität. So ermöglicht es § 68 Abs. 2 und 3 StPO dem Zeugen, unter den dort genannten Voraussetzungen nur eingeschränkte oder gar keine Angaben zu seinem Wohnort und seiner Person zu machen. Unterlagen über seine Identität werden in diesem Fall gesondert geführt. Sie werden, solange die Gefährdung andauert, nicht zur Akte genommen und unterliegen daher auch nicht der Akteneinsicht.

Daneben existieren bereits seit 1990 (unter Verschluss gehaltene) Richtlinien der Justizminister der Länder, welche die Grundlage für sog. **polizeiliche Zeugenschutzprogramme** bilden und so u.a. die Möglichkeiten zur Verschleierung der Identität (z.B. durch Ausstellung von Tarnpapieren oder Identitätsänderung[119]) oder der Geheimhaltung des Wohnortes bieten. Derartige Schutzmaßnahmen können auch Auswirkungen auf die örtliche Zuständigkeit des Ermittlungsrichters haben[120]. Eine Vereinheitlichung dieser Möglichkeiten strebt das Zeugenschutzharmonisierungsge-

---

116  OLG Düsseldorf NJW 2002, 2806.
117  Zum Beurteilungsspielraum hinsichtlich der Versagung wegen Gefährdung des Untersuchungszwecks siehe BGH NJW 2005, 1520.
118  OLG Hamburg NJW 2005, 1135 ff.
119  Das ist bei verdeckten Ermittlern sogar gesetzlich erlaubt, vgl. § 110a Abs. 2 StPO.
120  Vgl. LG Karlsruhe NJW 1997, 3184.

setz (ZSHG) vom 11.12.2001 an[121], das u.a. die Einrichtung von Zeugenschutzdienststellen vorsieht[122].

**149** Der Gesetzgeber hat aber auch im Wesentlichen zivilrechtlich orientierte Verbesserungen für die Opfer von Straftaten auf den Weg gebracht. Zu erwähnen sind in ihrer historischen Reihenfolge vor allem

- das Gesetz über die Entschädigung für Opfer von Gewalttaten (OEG), welches die finanzielle Versorgung der Geschädigten eines – dort näher definierten – „tätlichen Angriffs" regelt (Kosten der Heilbehandlung, Rente, Hinterbliebenenversorgung etc.);
- das Gesetz zur Sicherung der zivilrechtlichen Ansprüche der Opfer von Straftaten, sog. Opferanspruchssicherungsgesetz (OAG). Dieses normiert insbesondere ein Pfandrecht an Forderungen, die der Täter oder Teilnehmer im Hinblick auf die öffentliche Darstellung der Tat erlangt, also etwa an Honoraransprüchen aus Veröffentlichungen oder Auftritten in den Medien;
- das Gesetz zum zivilrechtlichen Schutz vor Gewalttaten und Nachstellungen, sog. Gewaltschutzgesetz (GewSchG). Es gewährt einstweiligen gerichtlichen Rechtsschutz gegen gewalttätige Dritte, etwa indem dem Täter verboten wird, die Wohnung des Verletzten (z.B. die Ehewohnung) zu betreten oder mit diesem Kontakt aufzunehmen. Eng verzahnt sind diese Regelungen insbesondere im Bereich häuslicher Gewalt mit der polizeirechtlichen Möglichkeit, eine Person zur Gefahrenabwehr – also präventiv – aus einer Wohnung zu verweisen und ein Rückkehrverbot auszusprechen. Bei Zuwiderhandlung kann auch eine Ingewahrsamnahme erfolgen[123].

Auch über diese Möglichkeiten sind die betroffenen Zeugen bereits im Ermittlungsverfahren zu informieren.

## H. Abschlussmöglichkeiten des Ermittlungsverfahrens

### I. Die Verfahrenseinstellung gemäß § 170 Abs. 2 StPO

**150** Bieten die Ermittlungen keinen genügenden Anlass zur Anklageerhebung, so hat die Staatsanwaltschaft das Verfahren einzustellen (§ 170 Abs. 2 S. 1 StPO). Dies kann schon in einem frühen Stadium der Ermittlungen der Fall sein, etwa dann, wenn es aus bestimmten Gründen bereits am Anfangsverdacht i.S.d. § 152 Abs. 2 StPO fehlt.

Häufiger sind jedoch die Fälle, in denen die Ermittlungen in tatsächlicher Hinsicht nicht zu einem ausreichenden Ergebnis führen, sei es dass der Täter überhaupt nicht zu ermitteln ist, oder dass die zur Verfügung stehenden Beweismittel für eine Verurteilung nicht mit der erforderlichen hinreichenden Wahrscheinlichkeit genügen.

---

121 BGBl. I, S. 3510.
122 Soweit es für das Verfahren bedeutsam ist, muss der geschützte Zeuge allerdings in der Hauptverhandlung Auskunft über Art und Umfang der polizeilichen Maßnahmen geben, vgl. BGH NJW 2006, 785 ff.
123 Vgl. etwa §§ 34a, 35 PolGNW.

Nicht selten ergeben sich im Laufe der Ermittlungen – ggf. auch nach Einholung eines Sachverständigengutachtens – so starke Zweifel an der Schuldfähigkeit des Beschuldigten, dass schon aus diesem Grunde einzustellen ist, sofern nicht ausnahmsweise die Voraussetzungen des Sicherungsverfahrens gem. §§ 413 ff. StPO vorliegen.

Klarzustellen ist allerdings, dass die Einstellung nach § 170 Abs. 2 StPO keine endgültige Beendigung des Ermittlungsverfahrens bedeuten muss. Ergeben sich neue Erkenntnisse oder zusätzliche Beweismittel, so können die Ermittlungen jederzeit wieder aufgenommen werden, sofern nicht zwischenzeitlich Verfolgungsverjährung eingetreten ist.

Die Einstellung der Ermittlungen erfolgt durch **Verfügung**. Der Beschuldigte ist hiervon nur dann in Kenntnis zu setzen, wenn er als solcher vernommen worden ist oder eine der sonstigen Voraussetzungen des § 170 Abs. 2 S. 2 StPO vorliegt. **151**

Gemäß § 171 S. 1 StPO ist der „Antragsteller", d.h. auch der Anzeigenerstatter, der erkennbar die Strafverfolgung wünschte[124], unter Angabe der Gründe zu bescheiden. Der Inhalt der Begründung richtet sich jeweils nach Stadium, Umfang und Ergebnis der Ermittlungen.

Die Bandbreite reicht von der einfachen Mitteilung, etwa an den Geschädigten eines Fahrraddiebstahles, dass ein Täter nicht ermittelt werden konnte, bis hin zur Darlegung einer vorläufigen Beweiswürdigung, ggf. auch differenzierten rechtlichen Erwägungen. Jedenfalls muss der Bescheid aber nachvollziehbar und verständlich sein. Ist der Antragsteller zugleich der **Verletzte** der Straftat, so ist er wegen der Möglichkeit des fristgebundenen **Klageerzwingungsverfahrens** förmlich und zweckmäßigerweise unter Zustellung der Einstellungsverfügung zu bescheiden.

Denn da das Anklagemonopol bei der Staatsanwaltschaft liegt, räumt der Gesetzgeber zur Einhaltung des Legalitätsprinzips dem Verletzten unter den Voraussetzungen des § 172 Abs. 2 StPO die Möglichkeit ein, die Ermittlungsbehörden unter bestimmten Voraussetzungen durch dieses gerichtliche Verfahren zur Aufnahme und Durchführung entsprechender Ermittlungen bzw. zur Erhebung der Anklage zu veranlassen. Näheres zu diesem Rechtsbehelf werden Sie unten unter der Rubrik „Sonstige Rechtsbehelfe" finden[125]. **152**

Wer im Einzelfall als Verletzter anzusehen ist, ist im Gesetz nicht näher definiert. Im Sinne einer effektiven Wahrung des Legalitätsprinzips besteht aber Einigkeit darüber, dass der Begriff weit auszulegen ist. Voraussetzung ist, dass der Betreffende durch die behauptete Straftat unmittelbar in seinen Rechtsgütern verletzt oder doch zumindest in seiner Rechtssphäre beeinträchtigt wurde. Letzteres kann zum Beispiel schon dann gegeben sein, wenn eine Person durch eine Falschaussage in ihrer Prozessstellung beeinträchtigt worden ist[126]. Keine Verletzten im Sinne des § 171 StPO **153**

---

124 LR-*Rieß*, § 171 Rn. 2; KK-*Schmidt*, § 171 Rn. 1 und 7.
125 Unten Rn. 928 ff.
126 OLG Celle NJW 2008, 1463; Hans.OLG Bremen NStZ 1988, 39 (40). Dies gilt etwa für den Kläger eines Zivilverfahrens, wenn er infolge der Falschaussage den Prozess verloren hat.

sind auf der anderen Seite diejenigen, die wie jeder andere Staatsbürger durch die Straftat „betroffen" sind[127] (etwa bei Verbreitung pornographischer Schriften durch den Beschuldigten).

## II. Die Verfahrenseinstellungen nach §§ 153, 153a StPO

**154**  Beide Einstellungsarten stellen eine **Durchbrechung des Legalitätsprinzips** (§ 152 Abs. 2 StPO) dar und geben den Ermittlungsbehörden die Möglichkeit, in bestimmten Fällen von der Verfolgung abzusehen (sogenanntes **Opportunitätsprinzip**), wobei die Einstellung auch noch nach Erhebung der öffentlichen Klage durch das Gericht erfolgen kann (§§ 153 Abs. 2, 153a Abs. 2 StPO)[128].

Beide Vorschriften dienen in erster Linie der Entlastung der Justizbehörden in Bagatellsachen, um die Effektivität der Strafverfolgung in Fällen mittlerer und schwerer Kriminalität zu erhöhen. Sie haben aber auch (vgl. § 153 StPO) den Zweck, zur Entkriminalisierung bei geringfügigen Vergehenstatbeständen beizutragen bzw. formelle Schuldsprüche und den damit verbundenen Strafmakel in Fällen zu vermeiden, in denen eine geringfügige Sanktion genügt (so § 153a StPO)[129].

**155**  Trotz der Durchbrechung des Legalitätsprinzips und des damit verbundenen Gebots der Gleichbehandlung ist die Weigerung der Staatsanwaltschaft, einer Verfahrenseinstellung zuzustimmen – also das Ausüben des Ermessens –, ebenso einer gerichtlichen Nachprüfung entzogen, wie entsprechende Entscheidungen der Gerichte, vgl. bezgl. Letzterem § 153 Abs. 2 S. 4 StPO[130]. Umgekehrt hat auch der Verletzte einer Straftat im Falle einer Verfahrenseinstellung nach § 153a StPO keine beschwerdefähige Rechtsposition[131]. Gerichtliche Entscheidungen sind allerdings trotz § 153 Abs. 2 S. 4 StPO dann beschwerdefähig, wenn eine **prozessuale** Voraussetzung (etwa eine erforderliche Zustimmung) fehlte[132].

## 1. Voraussetzungen einer Einstellung nach § 153 StPO

**156**  Es muss zumindest ein **Anfangsverdacht** bzgl. einer Straftat gegeben sein, denn die Verfahrensbeendigung nach § 170 Abs. 2 StPO (kein hinreichender Tatverdacht) ist im Interesse des Beschuldigten vorrangig. Statthaft ist die Einstellung nur bei **Vergehenstatbeständen** im Sinne des § 12 Abs. 2 StGB, so dass schon beim Verdacht

---

127  Beispiele für die Annahme von Verletzteneigenschaft in der Rechtsprechung bei *Meyer-Goßner*, § 172 Rn. 9 bis 12.

128  Die Einstellung nach § 153 Abs. 2 StPO ist sogar noch im Revisionsrechtszug möglich, nicht hingegen diejenige nach § 153a Abs. 2 StPO, welche ausdrücklich dem Tatrichter vorbehalten ist, § 153a Abs. 2 S. 1 StPO.

129  Vgl. zur Entwicklung der Einstellungspraxis: *Hoffmann* DRiZ 1998, 209 ff.; *Dahs* NJW 1996, 1192.

130  Zur Kritik daran vgl. *Terbach* NStZ 1998, 172 ff.

131  Vgl. BVerfG NJW 2002, 815.

132  Vgl. BGH NJW 2002, 2401; OLG Hamm NStZ-RR 2004, 144 f. m.w.N.

einer geringfügigen Beihilfe zu einem Verbrechen die Anwendung des Opportunitätsgrundsatzes unzulässig ist.

Das Absehen von der Verfolgung setzt ferner die Feststellung voraus, dass die **Schuld** des Täters **„gering wäre"**. Aus dieser Formulierung folgt, dass die Schuld nicht nachgewiesen sein, sondern diesbezüglich lediglich eine gewisse Wahrscheinlichkeit bestehen muss. Ausgangspunkt für die Beurteilung sind die Strafzumessungserwägungen des § 46 StGB. Dabei muss die Staatsanwaltschaft im Ergebnis zu dem Schluss kommen, dass die Schuld des Täters deutlich unter der Durchschnittsverfehlung liegen würde.

Es darf schließlich unter Beachtung spezialpräventiver[133] oder generalpräventiver[134] **157** Gesichtspunkte **kein öffentliches Interesse an der Strafverfolgung** vorliegen. Anhaltspunkte für die Beurteilung bietet insoweit die für Privatklagedelikte geltende Vorschrift der Nr. 86 Abs. 2 RiStBV. Danach liegt in der Regel kein öffentliches Interesse vor, wenn der Rechtsfriede nicht über den Lebenskreis des Verletzten hinaus gestört und die Strafverfolgung kein gegenwärtiges Anliegen der Allgemeinheit ist.

Die Einstellung darf in der Regel erst nach **Zustimmung des für die Eröffnung des Hauptverfahrens zuständigen Gerichts** erfolgen, die als Prozesserklärung nicht mit der Beschwerde angefochten werden kann, andererseits aber auch für die Staatsanwaltschaft keine Bindungswirkung dahingehend entfaltet, dass diese nun an einer Anklage gehindert wäre. Ausnahmen von der Zustimmungspflicht bestehen bei Vergehen, die nicht mit einer im Mindestmaß erhöhten Strafe bedroht sind[135], oder wenn die Folgen der Tat „gering" sind, § 153 Abs. 1 S. 2 StPO. Erfasst werden hiervon Vermögensbagatelldelikte (Bsp.: §§ 242, 246, 259 Abs. 2, 263 Abs. 4 StGB jeweils in Verbindung mit § 248a StGB), aber auch weniger gewichtige Fälle der §§ 229, 240, 267 StGB.

Die Einstellung gemäß § 153 Abs. 1 StPO im Ermittlungsverfahren lässt die Möglichkeit offen, die Untersuchungen jederzeit wieder aufzunehmen. Inwieweit eine **158** **gerichtliche** Einstellung nach Eröffnung des Hauptverfahrens (§ 153 Abs. 2 StPO) zu einem Verbot neuerlicher Verfolgung führt, ist umstritten. Insoweit wird in Anlehnung an § 47 Abs. 3 JGG vertreten, bereits das Auftauchen neuer Tatsachen oder Beweismittel könne die Wiederaufnahme der Ermittlungen rechtfertigen. Der Bundesgerichtshof misst demgegenüber (in Anlehnung an § 153a Abs. 1 S. 5 StPO) der Einstellung nach § 153 Abs. 2 StPO einen **beschränkten Strafklageverbrauch** in dem Sinne zu, dass ein erneutes Aufgreifen des Verfahrens nur dann in Betracht kommt, wenn sich die Tat aus tatsächlichen oder rechtlichen Gründen nachträglich als Verbrechen darstellt[136].

---

133  Das bedeutet „zur Einwirkung auf den Beschuldigten".
134  Generalprävention bedeutet „Abschreckung".
135  Im Falle eines Diebstahls mit Waffen (§ 244 Abs. 1 Nr. 1 StGB) bedarf es also – obwohl es sich um ein Diebstahlsdelikt handelt – der Zustimmung des Gerichts. Demgegenüber wird § 243 StGB, der bloße Strafzumessungsregeln enthält, von der Befreiung nach § 153 Abs. 1 S. 2 StPO erfasst, vgl. *Meyer-Goßner*, § 153 Rn. 15.
136  Siehe – auch zum Meinungsstand in der Literatur – BGH NJW 2004, 375 ff.

## 2. Voraussetzungen einer Einstellung nach § 153a StPO

**159** Der Anfangsverdacht genügt hier nicht. Angesichts des Umstandes, dass es – anders als bei § 153 StPO – zu einer wenn auch geringfügigen Sanktion kommt, müssen die Ermittlungen zumindest bis zu einem **„hinreichenden" Verdacht** gediehen sein. Wie bei § 153 StPO setzt eine Einstellung nach § 153a StPO zudem das Vorliegen eines **Vergehenstatbestandes** voraus.

In Abweichung von § 153 StPO muss jedoch ein **öffentliches Interesse** an der Strafverfolgung festgestellt werden, welches allerdings durch die Erfüllung der in § 153a Abs. 1 StPO abschließend aufgezählten[137] Auflagen und Weisungen beseitigt werden kann. Diese Voraussetzung kann selbst bei gewichtigeren Straftaten erfüllt sein, etwa im Falle einer überlangen Verfahrensdauer[138].

§ 153a StPO setzt **geringe Schuld** des Täters voraus. Die Formulierung „wenn die Schwere der Schuld nicht entgegensteht" lässt allerdings auch einen geringfügig höheren Grad an Vorwerfbarkeit zu. Diese Beurteilung steht im Ermessen der Staatsanwaltschaft[139].

Auch im Rahmen des § 153a StPO ist in der Regel die **Zustimmung** des für die Eröffnung des Hauptverfahrens zuständigen Gerichts erforderlich, das andere Auflagen und Weisungen anregen kann. Ausnahmen bestehen wie bei § 153 Abs. 1 S. 2 StPO, vgl. § 153a Abs. 1 S. 7 StPO. Erforderlich ist weiterhin die **Einwilligung des Beschuldigten**, da ihm Sanktionen ohne formellen Schuldspruch auferlegt werden sollen.

**160** Wenn die erforderlichen Zustimmungen vorliegen, wird das Verfahren zunächst **vorläufig** unter Bestimmung einer Frist zur Erbringung der Auflagen bzw. Befolgung der Weisungen eingestellt. Erfüllt der Beschuldigte sie innerhalb des vorgesehenen Zeitrahmens **vollständig**, so steht der Fortführung der Ermittlungen bereits ab diesem Zeitpunkt ein Prozesshindernis entgegen. Dies gilt allerdings nur mit der Einschränkung, dass die Tat als Verbrechen weiterverfolgt werden kann, wenn sich entsprechende Erkenntnisse ergeben (§ 153a Abs. 1 S. 5 StPO). Das Verfahren ist nach Erfüllung der Auflagen und Weisungen von der Staatsanwaltschaft **endgültig** einzustellen[140].

Kommt der Beschuldigte den Sanktionen nicht nach, so ist dem Verfahren – gleich ob die Einstellung durch die Staatsanwaltschaft oder das Gericht erfolgt ist – Fortgang zu geben.

---

137 Der Staatsanwalt darf sich also z.B. nicht das Auto waschen oder den Rasen mähen lassen.
138 Vgl. LG Frankfurt/Main im sog. „Holzschutzmittelprozess", NJW 1997, 1994 f.
139 BVerfG NJW 2002, 815 f.
140 Erfolgt die vorläufige Einstellung des Verfahrens erst durch das Gericht nach § 153a Abs. 2 StPO, so ist dieses auch für die endgültige Einstellung – durch Beschluss – zuständig (vgl. auch § 467 Abs. 5 StPO).

## III. Die Verfahrenseinstellungen nach §§ 154, 154a StPO

### 1. Allgemeines

Beide Vorschriften dienen der Vereinfachung und Beschleunigung, sprich „Ökonomisierung" des Strafverfahrens, indem sie es Ermittlungsbehörden und Gerichten erlauben, die Strafverfolgung auf die bedeutsamen Aspekte zu beschränken. Sie spielen daher in der Praxis eine herausgehobene Rolle, wie auch die Vorschriften der Nrn. 101, 101a RiStBV belegen. Danach soll in weitem Umfang und möglichst zeitig von diesen Instrumentarien Gebrauch gemacht werden. Ob dies tatsächlich geschieht, unterliegt freilich dem Beurteilungsspielraum der Ermittlungsbehörden[141]. Nach Eröffnung des Hauptverfahrens kann demgegenüber nur noch mit Zustimmung des Gerichts nach §§ 154, 154a StPO eingestellt werden (vgl. §§ 154 Abs. 2, 154a Abs. 2 StPO). Ein Anspruch des Beschuldigten auf eine (Teil-)Verfahrenserledigung in dieser Weise existiert allerdings nicht. **161**

Beiden Vorschriften ist gemeinsam, dass sie die Ausklammerung strafbaren Handelns aus der Verfolgung im Hinblick auf eine bereits verhängte oder in demselben oder einem anderen Verfahren noch zu erwartende Strafe oder Maßregel (sog. Bezugssanktion) ermöglichen.

### 2. Abgrenzung zwischen § 154 und § 154a StPO

Der wesentliche Unterschied zwischen den beiden Vorschriften besteht darin, dass § 154 StPO wenigstens zwei selbstständige Taten im verfahrensrechtlichen Sinne (§ 264 StPO) voraussetzt, während § 154a StPO abtrennbare Teile einer „Tat" (Teilakte einer Dauerstraftat oder einer natürlichen Handlungseinheit) bzw. darin enthaltene einzelne Gesetzesverletzungen betrifft. **162**

Von einer Verfahrenseinstellung im eigentlichen Sinne kann aus diesem Grund nur im Fall des § 154 StPO gesprochen werden, während im Rahmen von § 154a StPO die Tat als solche weiterhin Gegenstand der Ermittlungen/des Verfahrens bleibt. Korrekterweise heißt es in der Gesetzesüberschrift zu § 154a StPO daher auch „Beschränkung der Strafverfolgung".

Ist wegen einer **anderen** – verfahrensrechtlich selbstständigen – Tat eine Strafe oder Maßregel bereits rechtskräftig verhängt worden oder ist dies zu erwarten, so erlaubt § 154a Abs. 1 Nr. 2 StPO auch mit Rücksicht darauf die Beschränkung der Verfolgung. Dies ist deswegen konsequent, weil § 154 Abs. 1 StPO – wie dargelegt – sogar die Einstellung bzgl. einer gesamten Tat ermöglicht.

Die erneute Einbeziehung der ausgeschiedenen Tatteile ist unter den Voraussetzungen des § 154a Abs. 3 StPO jederzeit möglich, und zwar auch dann, wenn die **163**

---

141 In diesem Stadium bedarf es im Gegensatz zu §§ 153, 153a StPO **nicht** der Zustimmung des Gerichts.

Beschränkung bereits im Ermittlungsverfahren erfolgt ist[142]. Sie kann sogar zwingend sein, wenn hinsichtlich des Tatvorwurfs, auf den die Verfolgung beschränkt wurde, ein Freispruch zu erwarten ist[143].

### 3. Beispiele

**164** Angesichts der großen praktischen Relevanz wollen wir im Folgenden zwei kleine Beispielsfälle vorstellen (davon erscheint Fall 1 in drei Varianten):

> **Beispiel 1** (§ 154 StPO): A begeht nach dem Genuss von ca. 20 Gläsern Kölsch mittags in einem Bonner Kaufhaus einen Ladendiebstahl, bei dem er 100 € erbeutet. Als er gegen Abend wieder einigermaßen nüchtern ist, beschließt er, seine Vermögensverhältnisse nunmehr grundlegend zu verbessern. Er begibt sich in eine Imbissstube, hält dem Inhaber ein mitgeführtes Messer vor und entwendet so die Tageseinnahmen aus der Kasse.
>
> Während die Beweislage im Hinblick auf die erste Tat schlecht ist (A streitet ab, Zeugen haben ihn nicht mit Sicherheit wiedererkannt), ist er bei dem Raub auf frischer Tat ertappt und festgenommen worden.
>
> Es liegen hier nicht nur zwei materiell-rechtlich selbstständige Straftaten vor (§ 242 StGB einerseits, §§ 249, 250 Abs. 2 Nr. 1 StGB andererseits), sondern auch selbstständige Taten im verfahrensrechtlichen Sinne, da sich zwei unterschiedliche Lebenssachverhalte zugetragen haben. Begehen Sie nicht den Fehler anzunehmen, die Untersuchung beider Vorfälle in einem Ermittlungsverfahren[144] führe auch dazu, dass eine prozessual einheitliche Tat anzunehmen sei. Auch die gemeinsame Anklage beider Straftaten und Aburteilung in einer Hauptverhandlung würde nicht zu diesem Ergebnis führen.
>
> Im Beispiel käme daher eine Verfahrenseinstellung gemäß § 154 Abs. 1 StPO in Betracht. Der Staatsanwalt wird überlegen, ob er den Ladendiebstahl von der Verfolgung ausnimmt.
>
> Insoweit besteht zwar ein Anfangsverdacht[145], im Hinblick auf die Beweissituation ist eine Verurteilung aber nicht unbedingt wahrscheinlich. Wegen des nicht unerheblichen Alkoholgenusses des Beschuldigten vor der Tat wären zusätzlich zumindest die Voraussetzungen einer verminderten Schuldfähigkeit gemäß § 21 StGB zu prüfen. Ob diese vorliegen, wäre gegebenenfalls erst nach – kostspieliger – Befragung eines Sachverständigen festzustellen.

**165** Kernstück der Überlegungen bei § 154 Abs. 1 Nr. 1 StPO ist ein Rechtsfolgenvergleich[146]. Die Staatsanwaltschaft hat den Verfahrensausgang zum einen bei Berücksichtigung der auszuscheidenden Tat und zum anderen bei deren Wegfall zu prognostizieren. In letzterem Fall darf das Ergebnis des Verfahrens, was die Rechtsfolgen

---

142 Die Verfolgungsbeschränkung muss sich allerdings aus der Anklageschrift ergeben, vgl. BGH NStZ 1985, 515.

143 BGH NStZ-RR 2006, 311; NStZ 2002, 489.

144 Vgl. zur Verbindung mehrerer Strafverfahren gegen eine Person §§ 2, 3 StPO.

145 Dieser ist auch für § 154 Abs. 1 StPO erforderlich, da ansonsten schon nach § 170 Abs. 2 StPO einzustellen wäre. Bei Zweifeln im Hinblick auf den **hinreichenden** Tatverdacht hat § 170 Abs. 2 StPO dagegen keinen Vorrang.

146 § 154 Abs. 1 Nr. 2 StPO, der dies nicht voraussetzt, spielt in der Praxis eine untergeordnete Rolle und kann daher hier vernachlässigt werden.

betrifft, nicht wesentlich von dem Verfahrensausgang bei Aburteilung **beider** Taten abweichen (sogenanntes „Rechtsfolgenminus"). Dabei ist auf die Umstände des jeweiligen Einzelfalles abzustellen.

> Im Beispiel lassen sich bereits folgende abstrakte Überlegungen anstellen: Ein Vergleich der jeweiligen gesetzlichen Strafrahmen (§ 242 StGB sieht die Verhängung von Freiheitsstrafe bis zu fünf Jahren oder Geldstrafe vor, während Taten nach §§ 249, 250 Abs. 2 Nr. 1 StGB mit Freiheitsstrafe zwischen fünf und fünfzehn Jahren, in minder schweren Fällen zwischen einem und zehn Jahren zu ahnden sind), aber auch die unterschiedlichen Unrechts- und Schuldgehalte ergeben ein deutliches Übergewicht der Raubtat.
>
> Konkret mag sich der Staatsanwalt folgendes überlegen:
>
> Für den Raub kann eine Einzelstrafe von 3 Jahren, für den Diebstahl eine solche von 60 Tagessätzen prognostiziert werden. Hieraus könnte nach § 54 StGB eine Gesamtfreiheitsstrafe von 3 Jahren und 1 Monat gebildet werden. Der Diebstahl fällt also bei der Rechtsfolge nicht beträchtlich ins Gewicht („Rechtsfolgenminus").
>
> Die Staatsanwaltschaft wird daher zweckmäßigerweise von der Möglichkeit der Verfahrenseinstellung Gebrauch machen.

Die Staatsanwaltschaft kann die Ermittlungen im Übrigen jederzeit wieder aufnehmen, etwa indem sie Anklage erhebt[147]. Stellt das **Gericht** ein Verfahren nach § 154 Abs. 2 StPO ein, so entsteht dagegen ein von Amts wegen zu beachtendes **Verfahrenshindernis**, welches nur durch den in § 154 Abs. 5 StPO geregelten Wiederaufnahmebeschluss beseitigt werden kann[148]. Auch die in § 154 Abs. 3, 4 StPO vorgesehenen Beschränkungen hinsichtlich der Wiederaufnahme gelten nur für die Fälle der gerichtlichen Einstellung[149]. Sie beinhalten indes keine abschließende Regelung[150].    **166**

> **1. Abwandlung:** A ist wegen des Raubes bereits rechtskräftig zu einer Freiheitsstrafe von drei Jahren verurteilt worden, die er zur Zeit verbüßt. Erst im Nachhinein werden die Ermittlungen wegen des zeitlich vor dieser Verurteilung begangenen Ladendiebstahls aufgenommen.    **167**
>
> Im Unterschied zum Ausgangsfall wäre bei dieser Fallvariante vom Gericht eine **nachträgliche** Gesamtstrafe gemäß § 55 StGB zu bilden. Auf die Möglichkeit der Verfahrenseinstellung gem. § 154 Abs. 1 StPO hat dies keinen Einfluss. Die Staatsanwaltschaft hat es sogar insofern leichter, als die „Bezugssanktion" bereits feststeht und nur deren Erhöhung gemäß §§ 55, 54 Abs. 1 S. 2 StGB im Wege der Gesamtstrafenbildung zu prognostizieren wäre, falls der Diebstahl abgeurteilt würde.

> **2. Abwandlung:** Wie 1. Abwandlung, A hat jedoch den Ladendiebstahl erst **nach rechtskräftiger** Verurteilung wegen Raubes während einer eigenmächtigen Abwesenheit aus der Vollzugsanstalt begangen.

---

147  BGH NStZ 2007, 20.
148  Vgl. BGH NStZ 2007, 476.
149  BGHSt 30, 165.
150  Lesen Sie dazu BGH NStZ-RR 2006, 43 f. und *Rieß* NStZ 1986, 36 f.

Auch in diesem Fall ist eine Einstellung gemäß § 154 Abs. 1 StPO möglich. Die Bezugssanktion ist jedoch nicht mehr abänderbar, da eine Gesamtstrafe auch nachträglich nicht mehr gebildet werden kann[151]. Die wegen des Ladendiebstahls zu erwartende Strafe oder Maßregel ist daher ohne den sich aus § 54 Abs. 2 S. 1 StGB ergebenden „Rabatt" allein mit der Verurteilung zu der Freiheitsstrafe von drei Jahren ins Verhältnis zu setzen und danach die Entscheidung über eine Einstellung zu treffen.

**168**  **Beispiel 2** (§ 154a StPO): A dringt in die Wohnung der Zeugin F ein und zwingt sie unter Vorhalt eines Messers, mit ihm den Beischlaf zu vollziehen. Obwohl sich die völlig verängstigte Zeugin nicht wehrt, schlägt er ihr während des Verkehrs mit der flachen Hand ins Gesicht. Bei seiner polizeilichen Vernehmung leugnet er, gegen sein Opfer handgreiflich geworden zu sein. F selbst kann hierzu keine genauen Angaben machen.

Materiell-rechtlich ist zunächst der Tatbestand des § 177 Abs. 2 Nr. 1 StGB (sexuelle Nötigung im besonders schweren Fall, Vergewaltigung) erfüllt, der in Verbindung mit § 177 Abs. 3 Nr. 1 und § 38 Abs. 2 StGB die Verhängung einer Freiheitsstrafe zwischen 3 und 15 Jahren vorsieht. Daneben hat A eine vorsätzliche Körperverletzung i.S.d. § 223 StGB begangen. Beide Delikte stehen nicht ohne Weiteres in Tateinheit (§ 52 StGB), denn die einfache Körperverletzung kann im Wege der Gesetzeskonkurrenz verdrängt werden[152].

Etwas anders gilt aber, wenn der Täter über die im Rahmen der Vergewaltigung „erforderliche" Gewaltanwendung hinausgeht und damit der Körperverletzung ein eigenständiger Unrechtsgehalt zukommt. Hiervon ist in unserem Beispielsfall auszugehen, da A mit seiner Drohung bereits die Vollziehung des Beischlafs erzwungen hatte. Folglich liegt hier zwischen § 177 StGB und § 223 StGB Tateinheit i.S.d. § 52 StGB vor.

Im Hinblick auf die unsichere Beweislage erscheint jedoch eine Verurteilung des A in diesem Umfang nicht gewiss. Die Ermittlungsbehörde wird daher gem. § 154a Abs. 1 StPO eine Beschränkung des Verfahrens auf den Vorwurf der Vergewaltigung erwägen. Die von der Staatsanwaltschaft anzustellende Abwägung im Hinblick auf das zu erwartende Rechtsfolgenminus stellt sich im Prinzip nicht anders dar, als bei der im Rahmen von § 154 Abs. 1 StPO zu prognostizierenden Gesamtstrafe.

Der Unterschied besteht allein darin, dass gem. § 52 Abs. 2 StGB die Freiheitsstrafe in jedem Fall aus dem Strafrahmen des § 177 StGB zu entnehmen ist und bei Berücksichtigung der Körperverletzung höher ausfallen müsste. „Rechtsfolgenminus" ist also der Verlust dieses strafschärfenden Aspektes.

Die Verfolgungsbeschränkung dürfte im Beispielsfall sachgerecht und zweckmäßig sein.

---

151  Auch § 460 StPO greift nicht ein, da diese Norm **zwei rechtskräftige Verurteilungen** in unterschiedlichen Verfahren verlangt **und** die Voraussetzungen der nachträglichen Gesamtstrafenbildung (§ 55 StGB) nicht gegeben sind.
152  Vgl. *Tröndle/Fischer*, § 177 Rn. 104 m.w.N.

## IV. Die Verfahrenseinstellung nach § 205 StPO (analog)

Eine Möglichkeit der **vorläufigen** Einstellung des Verfahrens beinhaltet die analoge[153] Anwendung des § 205 StPO in den Fällen, in denen der **Beschuldigte** für das Verfahren aus tatsächlichen Gründen nicht zur Verfügung steht. So kann er beispielsweise unbekannten Aufenthaltes sein oder sich an einem Ort befinden, wo er für die Ermittlungsbehörden nicht greifbar ist. Die Staatsanwaltschaft hat in diesem Fall zu prüfen, ob die Sicherung von Beweismitteln erforderlich oder der Antrag auf Erlass eines Haftbefehls zu stellen ist[154].

**169**

Als weitere mögliche Maßnahmen der Fahndung kommen in Betracht:

- die Niederlegung eines sogenannten Suchvermerks beim Bundeszentralregister;
- Anfragen bei Einwohnermeldeämtern, zentralen Haftkarteien;
- die in §§ 131 ff. StPO geregelte Ausschreibung zur Festnahme oder zur Aufenthaltsermittlung bei den einzelnen Landeskriminalämtern;
- Nutzung des Schengener Informationssystems (SIS);
- bei Straftaten von erheblicher Bedeutung die Öffentlichkeitsfahndung, § 131 Abs. 3 StPO.

Die Unauffindbarkeit eines **Zeugen** rechtfertigt demgegenüber angesichts der Verpflichtung zu einer möglichst umfassenden Wahrheitsfindung und zur Beschleunigung des Verfahrens eine Einstellung nach § 205 StPO (analog) nicht[155].

Auch eine **vorübergehende** d.h. behebbare **Verhandlungsunfähigkeit** des Beschuldigten fällt unter § 205 StPO. Hierunter ist zu verstehen, dass (befristet)

**170**

- die Durchführung einer Hauptverhandlung Leben oder körperliche Unversehrtheit des Beschuldigten gefährden würde oder
- dass ihm die Möglichkeit fehlt, in und außerhalb der Verhandlung seine Interessen vernünftig wahrzunehmen, die Verteidigung in verständiger und verständlicher Weise zu führen, Prozesserklärungen abzugeben oder entgegenzunehmen[156].

Die Vorschrift richtet sich ihrem Wortlaut nach nur an das Gericht. Wie sich u.a. aus Nr. 104 RiStBV ergibt, gilt sie analog jedoch für das gesamte Strafverfahren.

Die **endgültige** Verhandlungsunfähigkeit ist demgegenüber ein Verfahrenshindernis, welches gem. § 170 Abs. 2, § 206a oder § 260 Abs. 3 StPO zur Verfahrenseinstellung zwingt[157].

---

153 Analogie deshalb, weil § 205 StPO dem Wortlaut nach auf den Angeschuldigten, also auf einen anderen Verfahrensabschnitt zugeschnitten ist.
154 Siehe auch Nrn. 39 ff. RiStBV.
155 Vgl. OLG Hamm NJW 1998, 1088 mit zahlreichen Nachweisen.
156 BVerfG NJW 2005, 2382 f.; NJW 2002, 51; BGH NStZ 1996, 242.
157 Vgl. hierzu auch BVerfG NJW 1995, 1951 ff. sowie unten Rn. 786 ff.

## V. Alle Einstellungsmöglichkeiten auf einen Blick

**171** Neben den bisher abgehandelten Möglichkeiten, das Ermittlungsverfahren vorläufig oder endgültig einzustellen, existieren noch weitere Alternativen zur Anklage. Aus diesem Grunde sollen alle gesetzlichen Einstellungsmöglichkeiten der Staatsanwaltschaft im Überblick genannt werden:

### 1. Vorläufige Einstellungen

– wegen Unerreichbarkeit des Beschuldigten: § 205 StPO analog
– wegen vorübergehender Verhandlungsunfähigkeit des Beschuldigten: § 205 StPO analog
– bei unwesentlichen Nebenstrafen im Verhältnis zu noch nicht abgeschlossenen Verfahren: § 154 Abs. 1 StPO
– bei abtrennbaren Teilen oder Tateinheit: § 154a Abs. 1 StPO

### 2. Endgültige Einstellungen ohne Strafklageverbrauch

**172** – mangels hinreichenden Tatverdachts (also bei nicht ausreichender Tatsachengrundlage, fehlenden Beweismitteln, fehlender Strafbarkeit, Vorliegen nicht behebbarer Verfolgungshindernisse): § 170 Abs. 2 StPO
– wegen geringer Schuld bei staatsanwaltschaftlichen Entscheidungen in „normalen" Strafsachen: § 153 Abs. 1 StPO; in Steuerstrafsachen: § 398 AO; in Jugendstrafsachen: § 45 Abs. 1 JGG
– in Jugendsachen nach Verhängung einer erzieherischen Maßnahme durch den Richter: § 45 Abs. 2 JGG
– weil von Strafe abgesehen werden kann: § 153b StPO
– aufgrund von Tatortbesonderheiten: § 153c Abs. 1 StPO
– in Staatsschutzsachen und bei sog. „Distanztaten" aus politischen Gründen: §§ 153c Abs. 2, 153d StPO
– bei unwesentlichen Nebenstraftaten im Verhältnis zu bereits abgeschlossenen Verfahren: § 154 Abs. 1 StPO
– in Auslieferungs- und Ausweisungsfällen: § 154b Abs. 1–3 StPO
– bei Opfern einer Nötigung oder Erpressung: § 154c StPO
– bei zivil- oder verwaltungsrechtlichen Vorfragen: § 154d StPO.

### 3. Endgültige Einstellungen mit beschränktem Strafklageverbrauch

**173** – wegen geringer Schuld nach Erfüllung von Auflagen oder Weisungen: § 153a Abs. 1 S. 5 StPO.
Wenngleich eine entsprechende ausdrückliche gesetzliche Regelung in § 153 StPO fehlt, soll auch für die auflagenfreie gerichtliche Verfahrenseinstellung nach

§ 153 Abs. 2 StPO die erneute Verfolgung der Tat nur dann möglich sein, wenn sie sich nachträglich als Verbrechen darstellt[158].
– in Jugendsachen nach Verhängung von Auflagen und/oder Weisungen durch den Richter: § 45 Abs. 3 JGG.

### VI. Die Verweisung auf den Privatklageweg

Die in dem Katalog des § 374 StPO aufgeführten Straftaten – vorausgesetzt, sie treffen nicht tateinheitlich mit einem Offizialdelikt zusammen – werden nur dann verfolgt, wenn dies im öffentlichen Interesse liegt (§ 376 StPO). Dieses wird in der Regel vorliegen, „wenn der Rechtsfrieden über den Lebenskreis des Verletzten hinaus gestört und die Strafverfolgung ein gegenwärtiges Anliegen der Allgemeinheit ist" (Nr. 86 Abs. 2 RiStBV). **174**

Verneint die Staatsanwaltschaft das öffentliche Interesse, so kann sie den Verletzten – dem ein Rechtsmittel hiergegen nicht zusteht, § 172 Abs. 2 S. 3 StPO – mittels Verfügung auf den Weg der Privatklage verweisen. Dies bedeutet, dass der Verletzte nunmehr das Strafverfahren selbst mit dem Ziel betreiben kann, dass gegen den Beschuldigten eine Strafe verhängt wird. Dem gemäß tritt er an die Stelle der Staatsanwaltschaft; er muss eine Privatklageschrift verfassen (§ 381 StPO) – welche den Formerfordernissen der Anklageschrift entspricht – und diese mit einem Kostenvorschuss bei Gericht einreichen[159]. Zu den weiteren Einzelheiten lesen Sie bitte die §§ 374, 376, 377, 380 ff. StPO.

Eine Privatklage ist allerdings gegen Jugendliche nicht zulässig, § 80 Abs. 1 JGG[160]. Das Jugendgerichtsverfahren ist von der Rücksichtnahme auf den Beschuldigten geprägt, die von einem Privatkläger nicht erwartet werden kann.

Aus dem Vorgesagten ergibt sich, dass die entsprechende Verfügung der Staatsanwaltschaft keine Verfahrensbeendigung darstellt.

### VII. Die Anklage, § 170 Abs. 1 StPO

Bieten die Ermittlungen „genügenden" Anlass zur Erhebung der öffentlichen Klage, so erhebt die Staatsanwaltschaft sie durch Einreichung einer Anklageschrift bei dem zuständigen Gericht (§ 170 Abs. 1 StPO). Soweit das Legalitätsprinzip gilt (zu den Ausnahmen siehe die oben geschilderten Einstellungsmöglichkeiten), ist die Anklageerhebung zwingend. Ohne eine Anklage gibt es keine gerichtliche Untersuchung, sog. **Anklagegrundsatz** (§ 151 StPO). **175**

Der nach § 170 Abs. 1 StPO in Verbindung mit § 203 StPO erforderliche **„hinreichende" Tatverdacht** erfordert keine Überzeugungsbildung der Staatsanwaltschaft in dem Sinne, dass die Beweislage in jedem Fall ausreichend ist. Der Grundsatz „in

---

158  Siehe oben Rn. 158.
159  Bei bestimmten Delikten muss zuvor ein Sühneversuch stattgefunden haben, § 380 StPO.
160  Anders ist es bei einem Heranwachsenden, §§ 2, 109 Abs. 1 und 2 JGG; siehe auch Fn. zu Rn. 297.

dubio pro reo" hat in diesem Verfahrensstadium keine Geltung. Die Anklagebehörde muss aber bei vorläufiger Bewertung der Aktenlage aufgrund eigener Prognose zu dem Schluss gelangen, dass wegen einer oder mehrerer Straftaten die vorliegenden Beweise **wahrscheinlich** für eine Verurteilung genügen und keine sonstigen Hinderungsgründe (beispielsweise Verfahrenshindernisse) bestehen.

Zu den erforderlichen tatsächlichen Grundlagen der Anklageerhebung gehört in diesem Zusammenhang selbstverständlich das Vorliegen **aller** Tatbestandsmerkmale eines Strafgesetzes. Auch wenn der Staatsanwalt ein bestimmtes Handeln des Täters in objektiver Hinsicht nachweisen kann, müssen daneben auch ausreichende Anhaltspunkte für das Vorliegen der subjektiven Absichten[161], der Rechtswidrigkeit und der Schuld[162] bestehen.

L 8.1.11

## I. Die Anklageschrift

### I. Inhalt, Wirkung und Form im Überblick

**176**  Wenn keine der genannten anderweitigen Erledigungsarten gewählt worden ist, endet das Vorverfahren mit Einreichung der Anklageschrift, deren Einzelheiten in §§ 199 Abs. 2, 200 StPO sowie in den Vorschriften der Nrn. 110 bis 114 RiStBV geregelt sind.

Gegenstand der gerichtlichen Untersuchung ist allein die **bezeichnete Tat**, bezogen auf die Person des Angeschuldigten (§ 155 Abs. 1 StPO). Aus diesem Grunde enthält die Anklageschrift als Kernstück den sogenannten **Anklagesatz**. Er hat die Funktion, den Prozessgegenstand in persönlicher und sachlicher Hinsicht festzulegen, so dass eindeutig klar ist, welche Person wegen welcher Tat verfolgt wird. Der historische Lebenssachverhalt, der dem Gericht zur Prüfung unterbreitet werden soll, ist also durch exakte Beschreibung festzulegen.

**177**  Durch diese Festlegung in der Anklageschrift wird das Gericht gebunden, dem bei der Entscheidung über die Eröffnung des Hauptverfahrens nur die in § 207 Abs. 2 StPO genannten eng umrissenen Modifikationsmöglichkeiten zustehen. Mit der Eröffnung des Hauptverfahrens verliert die Staatsanwaltschaft ihre Dispositionsbefugnis, § 156 StPO. Sie kann dann die angeklagte prozessuale Tat nicht mehr auswechseln – auch nicht mit Zustimmung der anderen Verfahrensbeteiligten. Ist dem Angeklagten im Rahmen der bezeichneten Tat nichts Strafbares nachzuweisen, so ist er freizusprechen.

**178**  Die eingrenzende Festlegung des angeklagten Lebenssachverhalts ist aber auch deshalb wichtig, weil hierdurch die Grenze der Rechtskraft eines Urteils und damit die-

---

161  Z.B. der „Zueignungsabsicht" i.S.d. § 242 StGB.
162  Letztere erfordert Schuldfähigkeit (§§ 20, 21 StGB), Schuldform (Vorsatz/Fahrlässigkeit), Fehlen von Schuldausschließungsgründen (§§ 33, 35 StGB), Ausschluss eines unvermeidbaren Verbotsirrtums (§ 17 StGB).

jenige des **Strafklageverbrauchs** (Art. 103 Abs. 3 GG – „ne bis in idem") bestimmt wird. War eine prozessuale Tat bereits Gegenstand eines früheren Strafverfahrens, so kann sie nicht nochmals verfolgt werden. Ob dieses Verfahrenshindernis des Strafklageverbrauchs eingreift, entscheidet sich danach, ob sich aus der zugelassenen und dem Urteil zugrundliegenden Anklage – genauer gesagt: dem Anklagesatz – der Wille der Staatsanwaltschaft ergibt, diesen Lebenssachverhalt verfolgen zu wollen[163]. Dieser Aspekt gewinnt in den Fällen des § 267 Abs. 4 S. 1 Hs. 2 StPO besondere Bedeutung, also dann, wenn in den Gründen eines rechtskräftigen Urteils (mit den dort genannten Straffolgen) nur auf den Anklagesatz Bezug genommen wird – was in der Praxis häufig vorkommt.

Schließlich erfährt auch der Angeschuldigte durch den Anklagesatz, was ihm konkret vorgeworfen wird. Aus diesem Grunde – und ggf. zur Information der Schöffen sowie der Öffentlichkeit – wird der Anklagesatz in der Hauptverhandlung im Anschluss an die Vernehmung des Angeklagten zur Person (Personalien) verlesen, § 243 Abs. 3 S. 1 StPO.

Der notwendige Inhalt der Anklageschrift – die **klar, übersichtlich** und für den Angeschuldigten **verständlich** sein soll – ist durch **Nr. 110 Abs. 2 RiStBV** (lesen!) i.V.m. § 200 Abs. 1 S. 2 StPO im Einzelnen geregelt. Danach sind in der Anklageschrift anzugeben: **179**

– das Gericht der Hauptverhandlung;
– die Personaldaten des Angeschuldigten;
– der Verteidiger (soweit vorhanden);
– der **Anklagesatz**, in dem vor allen Dingen die Tat zu beschreiben ist;
– bei Antragsdelikten der Hinweis auf den Strafantrag;
– Hinweise auf Verfolgungsbeschränkungen nach § 154a StPO;
– die **Beweismittel**;
– das „**wesentliche Ergebnis der Ermittlungen**".

Die Anklage schließt mit dem **Antrag, das Hauptverfahren zu eröffnen** (§ 199 Abs. 2 StPO i.V.m. Nr. 110 Abs. 3 RiStBV), mit dem – im Falle der Untersuchungshaft – ein Antrag zu deren Fortdauer verbunden ist und der **Unterschrift** des Staatsanwalts.

## II. Aufbau der Anklageschrift

### 1. Kopf der Anklageschrift und Angabe des Adressaten

Der Kopf der Anklageschrift enthält neben der Bezeichnung der die Anklage erhebenden Staatsanwaltschaft die Benennung des staatsanwaltschaftlichen Aktenzeichens. Es folgt sodann die Bezeichnung des Gerichts, an das die Anklage gerichtet ist und welches über die Eröffnung des Hauptverfahrens zu entscheiden hat. Bei Ankla- **180**

---

163 Vgl. zur ggf. erforderlichen Auslegung des Anklagesatzes BGH NJW 2000, 3293 f.; NJW 1997, 3035.

gen zum Amtsgericht ist hier anzugeben, ob vor dem Strafrichter oder dem Schöffengericht verhandelt und entschieden werden soll.

Zugleich wird bereits am Anfang der Anklageschrift ein kurzer – ins Auge springender – Hinweis gegeben, falls sich der Angeschuldigte in Haft befindet. Ist dies der Fall, so ist auch anzugeben, wann der nächste Haftprüfungstermin von Amts wegen nach § 117 Abs. 5 StPO stattzufinden hat und wann über die Frage der Haftfortdauer nach § 121 Abs. 2, 122 Abs. 1 StPO ggf. das Oberlandesgericht zu entscheiden hat, vgl. Nr. 110 Abs. 4 RiStBV.

Beispiel für den Fall eines seit dem 18.12.2005 in Untersuchungshaft befindlichen Angeschuldigten[164]:

| | |
|---|---|
| Staatsanwaltschaft Köln | Köln, den 04.02.2008 |
| 21 Js 457/07 | |
| An das | **Haft!** |
| Amtsgericht | Nächster Haftprüfungstermin |
| – Schöffengericht – | gem. § 117 Abs. 5 StPO: <u>18.03.2008</u> |
| in Köln | gem. § 121, 122 StPO: <u>18.06.2008</u> |

## 2. Der Anklagesatz

**181**  Nach der Überschreibung als „Anklageschrift" folgt der Anklagesatz, der prozessual wichtigste Teil der Anklageschrift. Die gerichtliche Untersuchung darf sich nur auf in der Anklage bezeichnete **Person** und die dort bezeichnete **Tat** erstrecken, § 155 Abs. 1 StPO. Auch der Urteilsfindung darf nach § 264 Abs. 1 StPO nur die angeklagte Tat – als historischer Lebenssachverhalt[165] – zugrundegelegt werden. Aus diesem Grunde hat der Anklagesatz die Funktion, den angeklagten Lebenssachverhalt gegen andere ähnliche Vorkommnisse **abzugrenzen**[166].

**182**  Eine wirksame Anklage setzt folglich vor allem eine hinreichende **Konkretisierung des Tatgeschehens** voraus. Die dem Angeschuldigten vorgeworfene Tat muss unter Nennung der individualisierenden Tatmerkmale so genau bezeichnet werden, dass die Verwechslung mit einem anderen historischen Vorgang ausgeschlossen ist. Das Ausmaß der insoweit vorzunehmenden Darstellung hängt dabei von dem Verfahrensgegenstand ab und kann nicht allgemein festgelegt werden. Die Tatschilderungen müssen um so konkreter sein, je größer die Verwechslungsgefahr mit anderen Straftaten ist[167].

---

164  Die gesetzlichen Grundlagen zum Inhalt der Anklage sind zwar bundeseinheitlich. Hinsichtlich der Gestaltung gibt es in **Bayern, Baden-Württemberg und Niedersachsen** aber eine abweichende Handhabung. Lesen Sie dazu *Schaefer/Schroers*, S. 32 sowie die Muster 15, 16, 18 f., 23 f., 26 f.
165  Vgl. zum Begriff der „Tat" oben Rn. 49 ff.
166  BGH NStZ 2006, 649; 2005, 282 f.
167  BGH in ständiger Rspr., vgl. BGH NJW 2008, 2131; NStZ 1997, 145.

Wesentliches historisches Abgrenzungsmerkmal sind zunächst die Angaben zu **Tatzeit** und **Tatort**. Im Übrigen muss die Konkretisierung durch die möglichst genaue Beschreibung des Lebenssachverhaltes erfolgen. Aus ihr muss sich auch ergeben, dass sämtliche Tatbestandsmerkmale der anzuwendenden Strafnorm – also auch die subjektiven Voraussetzungen (z.B. Bereicherungs- oder Zueignungsabsicht) – erfüllt sind.

Besondere Probleme können hinsichtlich der Konkretisierung in Fällen **serienartiger Begehung** auftreten. Auch hier gilt allerdings zunächst, dass bereits **im Anklagesatz** die einzelnen Handlungen nach Tatzeit, Tatort und anderen individualisierenden Umständen unterscheidbar dargestellt werden. **183**

Eine Ausnahme wird nur dann zugelassen, wenn eine Individualisierung wegen der gleichartigen Geschehensabläufe nicht möglich ist und die mangelnde Verfolgung zu gravierenden Lücken in der Strafverfolgung führen würde. Dies ist jedenfalls bei **Sexualstraftaten** (z.B. fortdauerndem Missbrauch von Kindern) gelegentlich der Fall. Hier sind der exakten Tatbeschreibung durch das begrenzte Erinnerungsvermögen des oft einzigen Tatopfers natürliche Grenzen gesetzt. Angesichts der Tatschwere ist bei solchen serienartigen Geschehnissen ein „großzügigerer" Maßstab anzulegen. Es genügt dann die Bezeichnung des Tatopfers, der Anzahl (bzw. Höchstzahl) der Straftaten, der Grundstruktur der Tatbegehung und die Eingrenzung des Tatzeitraumes[168]. Erleichterungen kommen auch bei der Anklage einer Vielzahl von gleichartigen Wirtschaftsstraftaten in Betracht. Hier kann ggfls. auf tabellarische Auflistungen zurückgegriffen werden[169].

Ergeben sich später im Rahmen der Hauptverhandlung Veränderungen oder eine Erweiterung hinsichtlich des **Tatzeitraums**, so bedarf es zur Aburteilung der in der Anklageschrift nicht erwähnten Tatzeit regelmäßig einer Nachtragsanklage, um die Identität zwischen Anklagevorwurf und Verurteilung herzustellen[170]. Werden (lediglich) wesentliche Konkretisierungen der angeklagten Geschehnisse im Verlauf der Hauptverhandlung möglich, so ist der Angeklagte hierauf hinzuweisen und diese Unterrichtung im Hauptverhandlungsprotokoll zu dokumentieren[171].

Zum Anklagesatz gehören darüber hinaus gem. § 200 Abs. 1 S. 1 StPO die Bezeichnung der **gesetzlichen Merkmale** der Straftat – das ist nichts anderes als die Wiedergabe des abstrakten Gesetzeswortlautes der anzuwendenden materiell-rechtlichen Strafvorschriften[172] – und die Angabe der **Strafvorschriften** selbst. Insoweit empfiehlt es sich auch solche Vorschriften anzugeben, die hinsichtlich der Rechtsfolgen von Bedeutung sind, z.B. §§ 177 Abs. 2, 243 oder 21 StGB. **184**

---

168 Vgl. hierzu im Einzelnen BGH NStZ 2006, 649; 2005, 282 f.; StV 2003, 320 f. Auch bei der späteren Urteilsfindung ist in diesen Fällen zu prüfen, ob sich zumindest derartige Mindestfeststellungen treffen lassen, die dann für einen Schuldspruch genügen, vgl. BGH NStZ 2005, 113.

169 BGH NJW 2008, 2131.

170 Etwas anderes gilt nur dann, wenn die in der Anklage beschriebene Tat auch unabhängig von der Tatzeit hinreichend individualisiert ist. Vgl. hierzu BGH NJW 2000, 3293; StV 1996, 361; näheres zur Nachtragsanklage erfahren Sie unter Rn. 543 ff.

171 BGH NStZ 1999, 42 f. Siehe aber auch BGH StV 2003, 320 ff., wo eine generelle Hinweispflicht in Frage gestellt wird.

172 Hierher gehören also auch die Teilnahmeform, das Konkurrenzverhältnis i.S.d. §§ 52, 53 StGB, Versuch.

**185** **Beispiel** für den Anklagesatz (zwei Täter, ein vollendetes und ein versuchtes Delikt)[173]:

---

Anklageschrift

Der Postbeamte Peter Johann Munke,
geboren am 12.07.1959 in Danzig,
wohnhaft: Auf der Ringburg 37a in 50267 Köln,
verheiratet, Deutscher

– vorläufig festgenommen am 17.12.2007 in Köln und in Untersuchungshaft in der JVA Köln seit dem 18.12.2007 aufgrund des Haftbefehls des Amtsgerichts Köln vom selben Tage (21 Gs 83/07) –

Verteidiger: Rechtsanwalt Kratzmeiler in Köln

wird angeklagt,

am 15./16.12.2007 und am 17.12.2007
in Köln-Rodenkirchen und Köln-Poll

gemeinschaftlich mit dem gesondert verfolgten Hans-Josef Bolinski

durch zwei selbstständige Handlungen

jeweils

fremde bewegliche Sachen einem anderen in der Absicht weggenommen zu haben, dieselben sich rechtswidrig zuzueignen, wobei er zur Ausführung der Tat in ein Gebäude oder einen anderen umschlossenen Raum einbrach, einstieg sowie mit einem nicht zur ordnungsgemäßen Öffnung bestimmten Werkzeug eindrang[174] und es bei der Tat am 17.12.2007 beim Versuch blieb[175].

1. Der Angeschuldigte und der gesondert verfolgte – flüchtige – Bolinski schlugen in der Nacht vom 15.12. auf den 16.12.2007 mit einem Pflasterstein die Scheibe der Werkstatt „Firma Heizgut" in Köln-Rodenkirchen, Hauptstraße 32, ein. Durch die so geschaffene Öffnung gelangten sie in das Innere der Werkstatträume und von hier aus durch eine nicht verschlossene Türe in den angrenzenden Bürotrakt. Hier nahm der Angeschuldigte aus einem Schreibtisch die Fahrzeugschlüssel zu dem Firmenwagen Opel Zafira (K-LT 653) sowie Bargeld in Höhe von 3500 €. Das Bargeld wurde noch am Tatort zwischen dem Angeschuldigten und Bolinski hälftig geteilt. Mit Hilfe des Fahrzeugschlüssels startete der Angeschuldigte den auf dem Firmengelände abgestellten Opel. Hiermit fuhren die Täter nach Frankfurt, wo sie den Wagen für Dritte zugriffsbereit stehen ließen. Der Fa. „Heizgut" entstand ein Gesamtschaden von 6000 €.

2. Am 17.12.2007 gegen 3.50 Uhr durchtrennte der Angeschuldigte den Maschendrahtzaun zu dem Gelände der Brauerei „Martin-Bier" in Köln-Poll. Gemeinsam mit Bolinski begab er sich auf das Firmengelände und schlich zu dem Bürogebäude, dessen Türe er mit einem Dietrich öffnen konnte. Hierbei wurde ein stiller Alarm ausgelöst. Gemeinsam mit Bolinski packte der Angeschuldigte ein Laptop im Wert von 4500 € zwei Handys der

---

173 Die Anklage ist einem Originalvorgang nachgebildet, die Personaldaten sind selbstverständlich frei erfunden.
174 Vgl. insoweit die Vorschrift der §§ 242, 243 Abs. 1 Nr. 1 StGB.
175 Die Passage von „gemeinschaftlich" bis „blieb" gibt die „gesetzlichen Merkmale" der Taten wieder. Es folgen unter 1. und 2. die Konkretisierung im engeren Sinn und am Schluss die Paragraphenleiste.

Marke Motorolla im Gesamtwert von 900 € und 1500 € Bargeld in eine mitgeführte Sporttasche. Das Geld wollte er für sich verwenden, die Elektronikgeräte verkaufen, wobei der Erlös zwischen dem Angeschuldigten und Bolinski geteilt werden sollte. Als sie das Bürogebäude verlassen wollten, wurden sie von den Zeugen Schmitz und Glommes festgenommen. Die Beute wurde sichergestellt.

Vergehen, strafbar gemäß §§ 242, 243 Abs. 1 Satz 2 Nr. 1, 22, 25 Abs. 2, 53 StGB

## 3. Die Angabe der Beweismittel

Nach Nr. 111 Abs. 1 RiStBV hat die Staatsanwaltschaft die Beweismittel aufzufüh- **186** ren, die von ihr zur Aufklärung des Sachverhalts und zur Beurteilung der Person des Angeschuldigten für notwendig erachtet werden. Im Hinblick auf § 160 Abs. 2 StPO sind folglich alle zur Be- und Entlastung geeigneten Beweismittel anzugeben. Dabei kommen nur die Mittel des Strengbeweises[176] in Betracht, also

– die **Angaben des Angeschuldigten** (bestreitendes Einlassen oder Geständnis);
– **Zeugen** unter Bezeichnung der ladungsfähigen Anschrift, bei Minderjährigen derjenigen der Eltern (beachte allerdings die Besonderheiten des § 200 Abs. 1 S. 3 und 4 StPO);
– **Sachverständige** bzw. deren nach § 256 Abs. 1 StPO verlesbare Gutachten;
– **Urkunden**
– **Augenscheinsobjekte** (Skizzen, Lichtbilder, Asservate wie Tatwerkzeuge u.ä.).

**Beispiel:**

Beweismittel:
I.  Der Angeschuldigte hat sich zur Sache nicht eingelassen, soweit es den Vorfall vom 15./16.12.2007 betrifft. Hinsichtlich des Geschehens vom 17.12.2007 ist er geständig (Bl. 12 d.A.).

II. Zeugen:
1.  Klempnermeister Hans Heizgut,
    Hauptstraße 32, 50657 Köln (Bl. 35 d.A.).
2.  Hausfrau Angelika Munke
    Am Gleis 13, 50123 Köln (Bl. 15 d.A.).
3.  POM Schmitz
4.  PM Glommes
    – beide zu laden über den Polizeipräsidenten in Köln, SB IV –

III. Augenscheinsobjekte:
    Lichtbildmappe vom Tatort in Köln Rodenkirchen (Bl. 3–9 d.A.)
    Tatortskizze Rodenkirchen (Bl. 10 d.A.)

IV. Sachverständige:
    Daktyloskopisches Gutachten des Landeskriminalamtes Düsseldorf vom 18.01.2008 (Bl. 45–53 d.A.).

---

176  Vgl. hierzu unten auch Rn. 402.

**4. Das wesentliche Ergebnis der Ermittlungen und der Antrag**

**187** Nach § 200 Abs. 2 S. 1 StPO ist in der Anklageschrift auch das „wesentliche Ergebnis der Ermittlungen" darzustellen. Hiervon kann nur bei Anklagen zum Strafrichter in einfach gelagerten Fällen abgesehen werden, § 200 Abs. 2 S. 2 StPO i.V.m. Nr. 112 RiStBV.

Zwar ist dieser Teil der Anklageschrift keine Wirksamkeitsvoraussetzung und Bedingung für den Fortgang des Verfahrens[177]. Er dient jedoch der Information des Angeschuldigten und des Gerichts über den Sachstand, die Beweislage und sonstige entscheidungsrelevante Umstände und ist daher ein Gebot prozessualer Sorgfalt.

**188** Da die eigentliche Tatschilderung bereits in dem Anklagesatz enthalten ist, bedarf es insoweit keiner Wiederholung. Allerdings sind nun – auch zur Vorbereitung der Rechtsfolgenentscheidung – die **Begleitumstände** zu nennen, die zur umfassenden Bewertung der Tat erforderlich sind (Lebensverhältnisse des Angeschuldigten, Tatmotivation u.ä.). Ist der Angeschuldigte nicht geständig, dann muss auch die **Beweislage** dargestellt und bewertet werden. Dies ermöglicht dem Angeschuldigten die sachgerechte Einstellung seiner Verteidigung und dem Gericht eine Prüfung der Plausibilität als Grundlage der Entscheidung über die Eröffnung des Hauptverfahrens.

Der **Antrag** schließlich beschränkt sich darauf, das Hauptverfahren zu eröffnen, § 199 Abs. 2 StPO. Im Hinblick auf § 207 Abs. 4 StPO ist im Falle der Untersuchungshaft auch insoweit ein konkreter Antrag zu stellen, Nr. 110 Abs. 4 S. 2 RiStBV.

**189 Beispiel:**

Wesentliches Ergebnis der Ermittlungen

I.

Zur Person:

Der 49 Jahre alte Angeschuldigte ist seit 1979 von Beruf Postbeamter im Zustelldienst. Er verfügt über ein monatliches Nettoeinkommen von 1700 €. Hiervon hat er neben Unterhaltsleistungen auch Abtragungen auf seine Schulden in Höhe von 75 000 € zu leisten. Er ist verheiratet, lebt jedoch von seiner Ehefrau getrennt. Er hat zwei Kinder im Alter von 12 und 15 Jahren.

Der Angeschuldigte ist bereits einmal strafrechtlich in Erscheinung getreten. Durch Urteil des Amtsgerichts Köln vom 09.01.2007 (5 Ds 657/06) ist er wegen Diebstahls mit einer Geldstrafe von 30 Tagessätzen zu je 45 € belegt worden.

II.

Zur Sache:

Hinsichtlich des Tathergangs wird zunächst auf den Anklagesatz Bezug genommen. Am Abend des 15.12.2007 machte die getrennt lebende Ehefrau dem Angeschuldigten Vorhaltungen wegen ausstehender Unterhaltsleistungen. Er kam daher auf die Idee,

---

[177] BGH NJW 1996, 1222; a.A. für den Fall des völligen Fehlens OLG Düsseldorf JMBl. NW 1997, 57 f.

gemeinsam mit seinem Kollegen, dem gesondert verfolgten Bolinski, einen Einbruchs-
diebstahl zu begehen, um die finanzielle Situation aufzubessern. Bei der Suche nach
einem geeigneten Objekt kam man auf die Firma Heizgut, ein Heizungs- und Sanitärunternehmen, das dem Angeschuldigten aus seiner Tätigkeit als Postzusteller bekannt
geworden war.

Nachdem der Angeschuldigte dort mit einem Pflasterstein die Scheibe zur Werkstatt
eingeschlagen hatte, entriegelte er das Fenster, durch welches die beiden in das
Gebäude einstiegen. Hier durchsuchten sie die Räumlichkeiten und entwendeten die
im Anklagesatz bezeichneten Gegenstände. Hierbei hinterließ der Angeschuldigte
sowohl am Einstiegsfenster, als auch an dem Schreibtisch des Firmeninhabers, des
Zeugen Heizgut, Fingerspuren, die gesichert und daktyloskopisch ausgewertet werden
konnten.

Mit dem entwendeten Fahrzeug fuhren der Angeschuldigte und Bolinski anschließend
nach Frankfurt, wo sie es in Bahnhofsnähe stehen ließen. Hier wurde der Wagen zwei
Wochen später aufgefunden und sichergestellt.

Nachdem die bei dieser Tat erlangten Geldmittel aufgebraucht waren, entschlossen sich
beide zu der im Anklagesatz unter Ziffer 2) geschilderten weiteren Tat und führten diese
– wie dargelegt – aus. Insoweit ist der Angeschuldigte geständig.

Es wird beantragt, das Hauptverfahren vor dem Amtsgericht – Schöffengericht – in Köln
zu eröffnen und die Fortdauer der Untersuchungshaft anzuordnen.

(Peters)
Staatsanwältin

## III. Adressat der Anklageschrift

Die Anklageschrift ist an dasjenige Gericht zu senden, welches für die Durchführung **190**
der erstinstanzlichen Hauptverhandlung **örtlich und sachlich zuständig** ist. Das sind
entweder die Amtsgerichte (Strafrichter, Schöffengericht, Jugendrichter, Jugendschöffengericht) oder die Landgerichte (große Strafkammern, ggf. als Schwurgericht,
Staatsschutzkammer, Jugendschutzkammer oder Wirtschaftsstrafkammer), in Ausnahmefällen auch die Oberlandesgerichte bei den Katalogtaten des § 120 GVG.

Während sich die örtliche Zuständigkeit nach den Gerichtsständen der §§ 7 bis 13
StPO richtet, ist gemäß § 1 StPO die sachliche Zuständigkeit der Gerichte in den
Vorschriften des GVG geregelt. Zur Veranschaulichung der verschiedenen
Anklagemöglichkeiten im Hinblick auf die sachliche Zuständigkeit soll der neben-
stehende Überblick (s. Übersicht Rn. 192) dienen, wobei die einschlägigen Vorschriften des JGG (§§ 33, 39, 40, 41 JGG) aus Gründen der Vereinfachung ausge-
klammert sind.

Hinsichtlich der **amtsgerichtlichen** Zuständigkeiten ist weiter zu differenzieren:

↙ ↘

| **Strafrichter** | **Schöffengericht** |
|---|---|
| (§ 25 GVG) bei | (§ 28 GVG) in den übrigen Fällen. |
| – Privatklageverfolgung; | |
| – keiner höheren Straferwartung als zwei Jahren[178]. | |

**191** Die Staatsanwaltschaft muss also zunächst entscheiden, ob zum **Land- oder Amtsgericht** anzuklagen ist, was im Alltag der Justiz kaum Probleme aufwirft. Der Erwähnung bedarf daher nur die Vorschrift des § 24 Abs. 1 Nr. 3 GVG, wonach u.a. in die Zuständigkeit des Amtsgerichts fallende Sachen von „besonderer Bedeutung" beim Landgericht anzuklagen sind. Dieser unbestimmte Rechtsbegriff eröffnet angesichts des garantierten Anspruchs auf den gesetzlichen Richter (Art. 101 Abs. 1 S. 2 GG) keinen Ermessensspielraum oder ein Wahlrecht[179]. Es ist daher im Einzelfall sorgfältig zu prüfen, ob die Voraussetzungen erfüllt sind. Von „besonderer Bedeutung" ist die Sache dann, wenn

– sie sich aus tatsächlichen oder rechtlichen Gründen (etwa wegen des Ausmaßes der Rechtsverletzung, den Auswirkungen der Tat, der herausragenden Stellung des Beschuldigten oder Verletzten) aus der Masse der durchschnittlichen Verfahren heraushebt oder

– das Bedürfnis nach baldiger höchstrichterlicher Entscheidung einer Rechtsfrage besteht, die in einer Vielzahl gleichgelagerter Fälle bedeutsam ist[180].

Ebenfalls unbestimmt, von der Rechtsprechung aber noch nicht näher konturiert sind die mit dem OpferRRG vom 24.06.2004 in § 24 Abs. 1 Nr. 3 GVG eingefügten Rechtsbegriffe der „Schutzbedürftigkeit von Verletzten der Straftat" bzw. des „besonderen Umfangs" der Strafsache. Ziel der ersten Regelung ist vor allem der Schutz von Opfern einer Sexualstraftat, denen eine Vernehmung in zwei Tatsacheninstanzen (Amtsgericht und Berufungskammer) erspart werden soll. Für die Prüfung des „besonderen Umfangs" sind in erster Linie die Anzahl der Angeklagten und/ oder der anzuklagenden Taten sowie Schwierigkeiten der Beweislage entscheidend[181]. Insoweit dürften hier dieselben Voraussetzungen gelten wie bei § 76 Abs. 2 GVG[182].

---

178  Aber auch der Strafrichter kann eine Strafe von bis zu vier Jahren verhängen, da er die Strafgewalt des Amtsgerichts aus § 24 Abs. 2 GVG ausschöpfen darf.
179  BVerfG NJW 1959, 871 f.
180  BGH NStZ 2001, 495 f.; NJW 1997, 2690.
181  Vgl. zur Begründung der Neuregelung BT-Drucksache 15/1976, S. 19.
182  Siehe hierzu unten Rn. 814.

<table>
<tr><td colspan="3" align="center">**Mögliche Adressaten**</td><td align="right">**192**</td></tr>
<tr><td align="center">↙</td><td align="center">↓</td><td align="center">↘</td><td></td></tr>
</table>

| **Amtsgerichte** | **Landgerichte** | **Oberlandes-gerichte** |
|---|---|---|
| (§ 24 GVG) | (§§ 74, 74a GVG) | (§ 120 GVG) |
| bei Strafsachen, die | bei Strafsachen, die | ausnahmsweise[183] |
| – nicht zur ausschließlichen Zuständigkeit der Landgerichte oder Oberlandesgerichte gehören; | – eine höhere Straferwartung als 4 Jahre rechtfertigen; | bei einer der in § 120 GVG genannten Katalogtaten, z.B. |
| – deretwegen keine höhere Strafe als 4 Jahre und keine Maßregel nach § 63 StGB zu erwarten ist[184]; | – Maßregeln der §§ 63, 66 StGB zur Folge haben; <br> – besondere Bedeutung oder besonderen Umfang haben; <br> – Schwurgerichtssachen sind; <br> – zur Zuständigkeit besonderer Kammern nach §§ 74a bis c GVG führen. | – Hochverrat; <br> – Völkermord; <br> – extremistischen Gewalttaten. |
| – keine besondere Bedeutung oder besonderen Umfang haben (vgl. § 24 Abs. 1 Nr 3 GVG; Nr 113 RiStBV). | – aus Gründen des Schutzes von Opferzeugen vor dem Landgericht verhandelt werden sollen, §§ 74 Abs. 1 S. 2, 24 Abs. 1 Nr. 3 GVG. | |

**193** Daneben ist bei der Abgrenzung zwischen Amts- und Landgericht die Vorschrift des § 269 StPO zu beachten, wonach aus Gründen der Verfahrensbeschleunigung und Prozessökonomie die Verhandlung vor einem Gericht höherer Ordnung – in diesem Fall dem Landgericht – unschädlich ist, weil dies den Angeklagten (von Willkür abgesehen) nicht benachteiligt[185]. Hält das Landgericht seine sachliche Zuständigkeit nicht für gegeben, so kann es das Hauptverfahren zudem vor dem Amtsgericht eröffnen, § 209 Abs. 1 StPO[186]. Im umgekehrten Fall kann das Amtsgericht die Akten unter Vermittlung der Staatsanwaltschaft dem Landgericht zur Entscheidung vorlegen, § 209 Abs. 2 StPO. Diese Komplikationen gilt es durch Anklageerhebung bei dem tatsächlich zuständigen Gericht zu vermeiden.

**194** Als problematisch kann sich auch die Abgrenzung der Zuständigkeit zwischen **Strafrichter und Schöffengericht** erweisen. Nach § 28 GVG darf das Schöffengericht nur dann entscheiden, wenn nicht – in den Fällen der kleinen und mittleren Kriminalität – die Zuständigkeit des Strafrichters gegeben ist. Ist keine Freiheitsstrafe von

---

183  Vgl. zu den besonderen Problemen der erstinstanzlichen Zuständigkeit des OLG: BGH NJW 2001, 1359 ff.

184  Das beurteilt sich aus Sicht der Staatsanwaltschaft.

185  Vgl. BGH NStZ 2001, 495 f.; NJW 2001, 1359 ff. (auch zur besonderen Problematik der erstinstanzlichen Tätigkeit des OLG); BGH NStZ 1999, 578.

186  Nach Eröffnung oder bindender Verweisung gem. § 270 Abs. 1 StPO ist die einmal begründete Zuständigkeit des höherrangigen Gerichts allerdings endgültig, BGH NStZ 2002, 213.

mehr als 2 Jahren zu erwarten, dann ist **zwingend** der Strafrichter zuständig, § 25 Nr. 2 GVG.

Im Verhältnis zum Schöffengericht ist der Strafrichter ein Gericht niederer Ordnung i.S.d. § 269 StPO[187]. Eröffnet also das Schöffengericht das Hauptverfahren auf eine bei ihm eingereichte Anklage hin nicht vor dem Strafrichter und verhandelt selbst, so ist dies im Hinblick auf § 269 StPO nur dann zu beanstanden, wenn eine **willkürliche** Entziehung des gesetzlichen Richters – also des Strafrichters – vorliegt. Willkür ist generell dann anzunehmen, wenn die Entscheidung auf einer groben Missachtung oder Fehlanwendung des Rechts, also auf sachfremden Erwägungen beruht und unter keinem denkbaren Aspekt rechtlich vertretbar erscheint[188].

In all den Fällen, in denen keine höhere Freiheitsstrafe als zwei Jahre zu erwarten ist – und das wird beim Amtsgericht den Regelfall bilden – ist daher Anklage zum Strafrichter zu erheben, um den Vorwurf der „Willkür" im Rechtsmittelzug auszuschließen. Denn im Einzelfall wird nur schwerlich zu beantworten sein, wann die Grenze zur Willkür überschritten ist. Schließlich handelt es sich bei der Einschätzung nach § 25 Nr. 2 GVG um eine Prognoseentscheidung, die während einer Hauptverhandlung Veränderungen unterworfen sein kann[189].

### IV. Die Abschlussverfügung

**195**  Mit der Abfassung und vor Übersendung der Anklageschrift hat die Staatsanwaltschaft eine Abschluss- bzw. Begleitverfügung zu fertigen, in der sie gemäß § 169a StPO den Abschluss der Ermittlungen zu vermerken hat. Damit wird das Vorverfahren formell und aktenkundig beendet. Nach erfolgter Abschlussverfügung kann dem Verteidiger die Akteneinsicht nicht mehr mit der Begründung des § 147 Abs. 2 StPO verweigert werden.

Sofern dies nicht bereits zuvor erforderlich war[190], ist auf den in der Abschlussverfügung enthaltenen Antrag der Staatsanwaltschaft dem Angeschuldigten durch das Gericht ohne weitere Prüfung ein Pflichtverteidiger zu bestellen (§ 141 Abs. 3 S. 3 StPO).

**196**  Neben dem Vermerk, dass die Ermittlungen abgeschlossen sind, können in der Verfügung selbstverständlich andere verfahrensrechtliche Maßnahmen vorgenommen werden. In Betracht kommen insbesondere:

- Teileinstellungen gemäß §§ 154, 154a und § 170 Abs. 2 StPO;
- Einstellung des Verfahrens gegen Einzelne von mehreren Beschuldigten;
- Nachricht an den Beschuldigten gem. § 170 Abs. 2 S. 2 StPO;
- Bescheidung des Antragstellers im Falle einer Teileinstellung des Verfahrens gem. § 172 Abs. 1 StPO (also im Hinblick auf das Klageerzwingungsverfahren);

---

187  BGHSt 19, 177 (178).
188  Vgl. zum Begriff der Willkür: BGH NStZ 2007, 162; 2006, 704; BVerfG NJW 2004, 152.
189  Vgl. zur „Willkürproblematik" auch OLG Düsseldorf NStZ 1996, 206 f.; *Kalf* NJW 1997, 1489 f.; *Meyer-Goßner*, § 269 Rn. 8 m.w.N.
190  Vgl hierzu BGH NJW 2002, 977 f.

– Obligatorische Mitteilungen aufgrund der MiStra an andere Behörden oder Stellen, die durch Übersendung eines Exemplars der Anklageschrift erfolgen. Diese sind z.B. vorgesehen an Dienstvorgesetzte von Richtern, Beamten und Soldaten, Aufsichtbehörden bei Notaren und Rechtsanwälten, Ausländeramt, Straßenverkehrsamt etc.

**Abschlussverfügung** und **Anklageschrift** aus unserem **Originalfall** sind im Folgenden abgedruckt[191]. Für die Lektüre sollen aber zum besseren Verständnis vorab einige Hinweise erfolgen:     **197**

– *„Vfg.“*: Diese Abkürzung steht für „Verfügung". Sie gehört zur Arbeitstechnik des Staatsanwalts wie des Richters. Verfügungen enthalten Aufträge, Weisungen, Ersuchen an interne oder andere Stellen. In ihr können auch „Vermerke" (das ist die schriftliche Niederlegung von Beurteilungen[192] und verfahrensrelevanten Tatsachen[193]) enthalten sein. Der Inhalt von Verfügungen sollte klar, knapp und unmissverständlich sein.
– *„Anklageschrift in Reinschrift fertigen (5-fach)“*: Dies ist eine interne Anweisung an die Kanzlei (Schreibbüro) der Staatsanwaltschaft, den Entwurf des Sachbearbeiters in Reinschrift zu übertragen. Es werden mehrere Exemplare benötigt, da die Anklageschrift verschiedenen Personen oder Stellen zugänglich zu machen ist (z.B. dem Angeklagten, dem Verteidiger, mehreren Mitgliedern eines Kollegialgerichts, Behörden im Rahmen der MiStra).
– *„BZR-Auszug ablichten und zur HA nehmen“*: Die Staatsanwaltschaft soll vor Anklageerhebung einen Auszug aus dem in Bonn ansässigen Bundeszentralregister[194] bezüglich der Vorstrafen des Angeklagten einholen. Mit der Anklageschrift werden die Hauptakten an das Gericht des ersten Rechtszuges übersandt. Bei Gericht verbleiben sie bis zum rechtskräftigen Abschluss des Verfahrens. Soll bei der Staatsanwaltschaft kein komplettes Aktendoppel gefertigt werden, so wird lediglich eine „Handakte" („HA") angelegt, welche dem Sitzungsvertreter der Staatsanwaltschaft in der Hauptverhandlung als Orientierungshilfe dient. In ihr befindet sich häufig nicht mehr als die Anklageschrift.
– *„KPS“*: Dies bedeutet „Keine Prüfungssache". Wird statt dessen „PS" vermerkt, so heißt dies „Prüfungssache". Die Akte wird dann nach Abschluss des Verfahrens dem jeweiligen Landesjustizprüfungsamt zugesandt, um im Rahmen juristischer Examina Verwendung zu finden. Ob eine diesbezügliche Eignung bereits im Stadium der Anklageerhebung festgestellt werden kann, sei dahingestellt.
– *„U.m.A.“*: Dies heißt „Urschriftlich mit Akten" und enthält eine Anweisung an die Geschäftsstelle, die vom Staatsanwalt unterschriebene Urschrift der Verfügung zusammen mit den Originalakten an das Gericht zu senden. Die Adressierung richtet sich nach der Eröffnungszuständigkeit (§§ 199, 203 StPO).

---

191  Ein weiteres ausführliches Beispiel für eine Abschlussverfügung finden Sie bei *Schaefer/Schroers* im Muster 28.
192  Z.B. dass die Ermittlungen abgeschlossen sind, also kein weiterer Aufklärungsbedarf besteht. Dieser Vermerk ist nach § 169a StPO zwingend vorgeschrieben.
193  Z.B. Fixierung des Inhalts wichtiger Telefonate o.Ä.
194  Dieses gehört zur Behörde des Generalbundesanwalts.

Staatsanwaltschaft                                    Bonn, den 13.01.2006
<u>17 Js 539/05</u>

Vfg.

1.    <u>Vermerk</u>:

Der Beschuldigte ist hinreichend verdächtig, neben den anzuklagenden Delikten auch eine Beleidigung i.S.d. § 185 StGB begangen zu haben. Insoweit dürfte die zu erwartende Strafe jedoch nicht beträchtlich ins Gewicht fallen.

2.    Beschränkung der Strafverfolgung gem. § 154 a Abs. 1 StPO aus den Gründen des Vermerks zu Ziffer 1) in dem dort genannten Umfang.

3.    Die Ermittlungen sind abgeschlossen.

4.    Anklageschrift in Reinschrift fertigen (5-fach).

5.    Entwurf und Ablichtung zur Handakte nehmen.

6.    BZR- und VZR-Auszug ablichten; Ablichtungen zur HA nehmen.

7.    KPS

8.    <u>U.m.A.</u>

dem Amtsgericht – Strafrichter -

**in Bonn**

unter Bezugnahme auf die nachgeheftete Anklageschrift übersandt.

9.    3 Monate

(Schatz)

Staatsanwältin

Staatsanwaltschaft                        Bonn, den 13.01.2006
- 17 Js 539/05 -


An das
Amtsgericht
- Strafrichter -

<u>in Bonn</u>

## A n k l a g e s c h r i f t


Hans **L e l l m a n n,**
geboren am 06.05.1959 in Bonn,
wohnhaft: Wagnerstraße 187, 53111 Bonn,
ledig, Deutscher,


wird angeklagt,


am 02.11.2005 in Bonn


durch zwei selbständige Handlungen                        **200**

1. im Verkehr ein Fahrzeug geführt zu haben, obwohl er infolge des Genusses alkoholischer Getränke nicht in der Lage war, das Fahrzeug sicher
   zu führen,

2. a) einem Amtsträger, der zur Vollstreckung von Gesetzen, Rechts-
      verordnungen, Urteilen, Gerichtsbeschlüssen oder Verfügungen
      berufen ist, bei der Vornahme einer solchen Diensthandlung mit
      Gewalt Widerstand geleistet und ihn dabei tätlich angegriffen zu
      haben, und tateinheitlich damit

   b) eine andere Person körperlich misshandelt und an der Gesundheit
      beschädigt zu haben sowie

   c) rechtswidrig eine fremde Sache beschädigt zu haben.

2

1. Am 02.11.2005 gegen 22:00 Uhr befuhr der Angeschuldigte mit einer BAK von über 1,1 Promille mit seinem Fahrzeug VW Golf, amtliches Kennzeichen BN-DX 316, die Kennedybrücke aus Beuel kommend in Richtung Stadthaus. Er fuhr in Schlangenlinien über die volle Fahrbahnbreite, teils über die gesonderte Busspur.

2. Nachdem die Polizeibeamten POM Müller und PHM Meimeier den Ange- schuldigten in Höhe des Taxistandes am Bertha-von-Suttner-Platz zum Anhal- ten veranlasst hatten, begab er sich zu dem dort wartenden Taxi des Taxiunter- nehmens Buchmann (Fahrer: Zeuge Schmitz) und trat mehrfach gegen die Fah- rertür, wodurch diese beschädigt wurde (Eindellung). Der Ingewahrsamnahme durch die Beamten sperrte er sich mit körperlicher Gewalt und trat auf diese ein. Der Angeschuldigte biss der PM´in Rossel, die zur Verstärkung eingetroffen war, in die Hand.

Der Angeschuldigte hat sich durch sein Verhalten als ungeeignet zum Führen von Kraftfahrzeugen erwiesen.

Vergehen der Trunkenheit im Verkehr, des Widerstands gegen Vollstreckungs- beamte, der Körperverletzung und der Sachbeschädigung, strafbar gem. §§ 316, 113 Abs. 1, 223, 303, 303 c, 52, 53, 69, 69 a StGB.

Der gem. § 303 c StGB erforderliche Strafantrag ist gestellt. Im Hinblick auf die Körperverletzung zu Lasten der Beamtin Rossel wird das besondere öffentliche Interesse an der Strafverfolgung bejaht.

**201**     Beweismittel :

    I.     Einlassung des Angeschuldigten

    II.    Zeugen:

        1.  Heinz Schmitz, Tulpenweg 8, 53177 Bonn;

        2.  Alfred Peters, Zipperstraße 135, 53227 Bonn;

        3.  Klaus Buchmann, Königswinterer-Straße 354 b, 53227 Bonn;

3

4. POM Müller,

5. PHM Meimeier,

6. PM'in Rossel,

7. PHK Pillmann,

die Zeugen zu 5. bis 7. zu laden über Polizeipräsidenten Bonn, PI Mitte, Bornheimer Straße 123, 53111 Bonn.

III.   Sachverständiger: Prof. Dr. med. Madea oder Vertreter im Amt, zu laden über das Institut für Rechtsmedizin in Bonn;

IV.   Urkunden:

1. Attest des Dr. med. Prätorius vom 04.11.2005, Bl. 6 d.A.;

2. Blutentnahmeprotokoll des Dr. med. Hofmann vom 03.11.2005, Bl. 8 d.A.;

3. Blutalkoholbefund des Instituts für Rechtsmedizin vom 07.11. 2005, Bl. 18 d.A.;


Wesentliches Ergebnis der Ermittlungen                    **202**


I. Zur Person:

Der jetzt 46 Jahre alte Angeschuldigte hat die Hauptschule bis zur 9. Klasse besucht. Er ist seit 1983 bei dem Abbruchunternehmen Schmitz in Bonn-Beuel beschäftigt, wo er zur Zeit ein Nettoeinkommen von 1.500 € erzielt. Der Angeschuldigte ist nicht verheiratet und lebt mit seiner Lebensgefährtin in der Wohnung in der Wagnerstraße in Bonn. Er hat zwei Kinder im Alter von 14 und 19 Jahren; beide leben bei der Mutter, zu der der Angeschuldigte offenbar keinen Kontakt hat. Ob er für die Kinder Unterhalt zahlt, ist nicht bekannt.

4

Der Angeschuldigte ist erst vor kurzem strafrechtlich einschlägig in Erscheinung getreten. Gegen ihn ist durch rechtskräftiges Urteil des Amtsgerichts Bonn vom 16.09.2004 (118 Ds 387/04) wegen Widerstands gegen Vollstreckungsbeamte eine Geldstrafe von 10 Tagessätzen zu je 20 € verhängt worden.

**203**    II. Zur Sache:

Am Nachmittag des Tattages verließ er Angeschuldigte nach einem Streit mit seiner Lebensgefährtin die gemeinsame Wohnung. Am Friedensplatz traf er seinen Freund Alfred Peters und besuchte gemeinsam mit diesem die Gaststätte „Zum Krug" in der Sternstrasse. Dort hielten sich beide von 17:00 Uhr bis ca. 21:30 Uhr auf. Der Angeschuldigte nahm dabei in erheblicher Menge alkoholische Getränke (Bier und Schnaps) zu sich, was bei der gegen 23:50 Uhr entnommenen Blutprobe zu einer Blutalkoholkonzentration von 1,05 Promille führte. Gegen den Rat seines Freundes Peters benutzte er nach dem Verlassen der Gaststätte sein Fahrzeug VW Golf, amtliches Kennzeichen BN-DX 316, wobei er aufgrund des Alkoholgenusses nicht mehr in der Lage war, das Fahrzeug sicher zu führen.

Nachdem er zunächst über den Rhein nach Beuel gefahren war, um sich dort etwas zu Essen zu kaufen, fuhr der Angeschuldigte gegen 22:00h zurück in die Bonner Innenstadt. Dabei fiel er den auf Streifenfahrt befindlichen POM Müller und PHM Meimeier auf. Der Angeschuldigte fuhr in Schlangenlinien über die volle Fahrbahnbreite, teils über die gesonderte Busspur. Die Polizeibeamten überholten sein Fahrzeug und forderten den Angeschuldigten zum Anhalten auf. Dieser leistete der Anhalteaufforderung erst nach 500 m Folge, indem er das Fahrzeug unkontrolliert gegen den rechten Bordsteinrand steuerte, wo es in Höhe des Taxistandes am Bertha-von-Suttner-Platz zum Stehen kam. Der Anschuldigte zeigte sich sofort äußerst aggressiv und aufgebracht. Die beiden eingesetzten Beamten beschimpfte er als „Bullenschweine". Insoweit ist die Strafverfolgung gem. § 154 a Abs. 1 StPO beschränkt worden.

Noch bevor die Beamten eingreifen konnten, begab der Angeschuldigte sich zu dem dort wartenden Taxi des Taxiunternehmens Buchmann (Fahrer: Zeuge Schmitz) und trat mehrfach gegen die Fahrertür, wodurch diese beschädigt wurde (Eindellung). Der Schaden beläuft sich auf ca. 1.500 €. Nur mit Mühe konnte der Angeschuldigte zunächst auf der Motorhaube des Streifenwagens fixiert werden, bis in Gestalt der PM´in Rossel und des PHK Pillmann die angeforderte Verstärkung eintraf. Der Angeschuldigte trat nach den Polizeibeamten

5

und biss der Beamtin Rossel in die Hand. Die - nicht unerhebliche - Bissverletzung wird durch das Attest des Dr. med. Prätorius bescheinigt. Unter Anwendung einfacher körperlicher Gewalt konnte er schließlich in Gewahrsam genommen und dem PGD Bonn zugeführt werden. Er wurde von dort am nächsten Morgen entlassen.

Der Angeschuldigte hat den geschilderten Verlauf des Tattages im Wesentlichen bestätigt. Er hat auch eingeräumt, bei dem Gaststättenbesuch Bier getrunken und später das Fahrzeug geführt zu haben. Er hat sich allerdings dahingehend eingelassen, er habe lediglich bis 19:00 Uhr drei Bier getrunken und danach keinen Alkohol mehr konsumiert. Diese Behauptung ist unzutreffend und wird durch die Angaben des Zeugen Peters sowie das Ergebnis der Blutalkoholuntersuchung in der Hauptverhandlung widerlegt werden. Der Zeuge hat bekundet, dass der Angeschuldigte erheblich größere Mengen - und zwar bis zum Verlassen der Gaststätte - getrunken hat. Dabei hat er es nicht beim Bier belassen; nach den Angaben des Zeugen, dessen Rat, das Fahrzeug nicht mehr zu benutzen der Angeschuldigte in den Wind geschlagen hat, waren auch mehrere Schnäpse dabei. Soweit der Angeschuldigte bei seiner Vernehmung außerdem in Abrede gestellt hat, gegenüber den Polizeibeamten Widerstand geleistet, die Zeugin Rossel verletzt und das Taxi des Zeugen Buchmann mutwillig beschädigt zu haben, wird der Geschehensablauf, so wie er oben geschildert worden ist, durch die übereinstimmenden Bekundungen der beteiligten Polizeibeamten sowie des Zeugen Schmitz bestätigt werden.

Es wird beantragt, das Hauptverfahren vor dem Amtsgericht – Strafrichter – zu eröffnen.

**204**

(Schatz)
Staatsanwältin

Kapitel 3

# Das gerichtliche Verfahren erster Instanz

## A. Die Beteiligten, ihre Rechte und Pflichten

### I. Der Angeklagte

**205** Mit der Erhebung der Anklage wird der Beschuldigte terminologisch zum „Angeschuldigten" und mit der Eröffnung des Hauptverfahrens durch den Eröffnungsbeschluss[1] des Gerichts zum „Angeklagten", vgl. § 157 StPO. Auch als solcher bleibt er die Hauptperson des Strafverfahrens. Seine Rechte als Beschuldigter während des Ermittlungsverfahrens sind bereits aufgezeigt worden[2]. Auf seine wesentlichen Rechtspositionen im gerichtlichen Instanzenzug soll im Folgenden eingegangen werden.

### 1. Das Schweigerecht

**206** Wie bereits erwähnt, können die Angaben des Angeklagten ein Beweismittel darstellen. Räumt er den Tatvorwurf ein, so kann bereits dies zur Grundlage einer Verurteilung gemacht werden, wenn nicht Umstände vorliegen, die geeignet sind, Zweifel an der Richtigkeit des Geständnisses zu begründen[3].

Im Zusammenhang mit der Darstellung des „nemo-tenetur-Grundsatzes" ist aber schon darauf hingewiesen worden, dass der Angeklagte sich zu keinem Zeitpunkt durch Angaben zur Sache oder sonst wie selbst belasten muss. Insbesondere ist es seine – ggf. nach Beratung mit einem Verteidiger – zu treffende freie Entscheidung, ob er sich zur Sache einlässt oder nicht. Ob Schweigen immer eine sinnvolle Art des Vorgehens ist, sei an dieser Stelle dahingestellt. Letztlich ist diese Strategie nämlich nichts anderes als der Verzicht, sich zu verteidigen. Hierdurch können wesentliche, dem Angeklagten günstige oder ihn entlastende Umstände unerwähnt bleiben.

Die Aussagefreiheit gehört zum Kernbereich des fairen Verfahrens i.S.d. Art. 6 EMRK[4]. Sie ergibt sich aus der StPO wie folgt:

- im Ermittlungsverfahren aus § 136 Abs. 1 S. 2 StPO,
- in der Hauptverhandlung aus § 243 Abs. 4 S. 1 StPO.

---

1 Mehr hierzu unter Rn. 339 ff.
2 Vgl. oben Rn. 117 ff.
3 Vgl. BGH NStZ 2007, 20 f.; NJW 2000, 1962 f.
4 EGMR NJW 2002, 499.

In beiden Vorschriften sind zwar bloß die entsprechenden Belehrungspflichten normiert, hieraus ergibt sich jedoch zwingend, dass es dann auch ein entsprechendes Recht des Angeklagten geben muss.

Macht der Angeklagte von seinem Schweigerecht in **vollem Umfang** Gebrauch, so dürfen hieraus keine ihm nachteilige Schlüsse gezogen werden. Gleiches gilt, wenn er in verschiedenen Verfahrensstadien sein Aussageverweigerungsrecht unterschiedlich ausübt, sich also mal zur Sache einlässt und mal schweigt, oder wenn er in sonstiger Art und Weise eine Mitwirkung an der Sachaufklärung verweigert, etwa indem er einen behandelnden Arzt oder seinen Verteidiger nicht von der Schweigepflicht entbindet[5]. **207**

Schweigt der Angeklagte jedoch nur teilweise – oder positiv ausgedrückt: lässt er sich **teilweise** zur Sache ein –, so können seine Angaben und sein Aussageverhalten bei der Beweiswürdigung Berücksichtigung finden. **208**

Dabei ist die wichtige Abgrenzung zwischen „völligem" und „teilweisem" Schweigen zuweilen schwierig. „Völliges Schweigen" bedeutet nämlich – anders als im allgemeinen Sprachgebrauch – nicht etwa das Unterlassen jedweder Erklärung[6]. Ihm stehen das bloße Bestreiten, der Hinweis auf einen anderen Täter oder Rechtsausführungen, etwa zur Frage der Verjährung, gleich[7]. Als Ausgangspunkt der Überlegungen sollte daher der Begriff der „Teileinlassung" gewählt werden. Diese liegt vor, wenn der Angeklagte an der Aufklärung des Sachverhalts an einer oder mehreren Stellen mitwirkt, dann aber andere Punkte unerwähnt lässt, auf Fragen oder Vorhalte hierzu gar nichts sagt oder nur lückenhafte Angaben macht[8]. Ob „völliges" oder „teilweises" Schweigen vorliegt, muss für jeden einzelnen von mehreren Tatvorwürfen gesondert geprüft werden[9].

---

**Beispiele** für „Teilschweigen":

Der Angeklagte räumt pauschal ein, dass der Anklagevorwurf zutreffe, weigert sich aber, konkrete Angaben zu machen.

Er beruft sich auf ein bestimmtes Beweismittel, macht es aber nicht zugänglich[10].

Er widerruft in der Hauptverhandlung eine frühere umfangreiche und geständige Einlassung[11].

---

Mit dem Schweigerecht des Angeklagten korrespondiert die Verpflichtung des Vorsitzenden des Gerichts, ihn hierüber (ggf. erneut) zu belehren, § 243 Abs. 4 S. 1 StPO. Wird gegen diese Belehrungspflicht verstoßen oder kann der Angeklagte die **209**

---

5 BGH NStZ 1999, 47.
6 BGH NStZ 1997, 147 f.
7 Vgl. BGH NStZ 2000, 495 f.; StV 1993, 458; BGHSt 38, 302 (307).
8 BGH NJW 2002, 2260; NStZ 1999, 47.
9 BGH NStZ 2000, 495 f.; NJW 2000, 1962 f.; NStZ 1984, 377; siehe umfassend zur Problematik des „teilschweigenden" Angeklagten *Miebach* NStZ 2000, 234 ff.
10 BGHSt 20, 298 für den Fall, dass der Angeklagte sich auf das Zeugnis eines Rechtsanwalts beruft, diesen dann aber nicht von seiner Schweigepflicht entbindet.
11 BGH NStZ 1998, 209.

Belehrung aufgrund seiner geistigen Verhältnisse nicht verstehen, so ist die hierauf beruhende Aussage im Verfahren i.d.R. nicht verwertbar[12]. Geschieht dies gleichwohl, so liegt ein mit der Revision rügbarer Verfahrensfehler vor. Die unterlassene Belehrung durch das Gericht ist nur dann unschädlich, wenn der Angeklagte sein Recht (etwa aus vorangegangenen Strafverfahren oder Belehrungen) kannte oder wenn er sich ohnehin durch eine Einlassung zur Sache verteidigen wollte[13].

Selbstverständlich darf auch das Gericht die Freiheit der Willensentschließung und der Willensbetätigung zur Frage des „Ob" und des „Wie" einer Einlassung nicht durch verbotene Methoden beeinflussen, § 136a StPO. Insoweit gelten dieselben Grundsätze wie im Ermittlungsverfahren[14].

## 2. Anwesenheitsrechte und -pflichten

**210** Der Angeklagte darf und muss grundsätzlich in der Hauptverhandlung anwesend sein. Es darf gegen ihn nur verhandelt werden, wenn er zugleich auch verhandlungsfähig ist. Werden in seiner Abwesenheit Dinge besprochen, die den gegen ihn erhobenen Vorwurf berühren, so kann dies später die Revision nach § 338 Nr. 5 StPO begründen, worauf wir noch einmal zurückkommen werden[15].

Im Einzelnen ergeben sich die Anwesenheitsrechte und -pflichten des Angeklagten – wie auch die gesetzlichen Ausnahmen – aus einer **Reihe von Vorschriften**, die im Folgenden kurz dargestellt werden sollen:

### a) § 230 StPO

**211** Nach dieser Vorschrift findet gegen einen ausgebliebenen Angeklagten eine Hauptverhandlung nicht statt. „Ausgeblieben" in diesem Sinne ist er dann, wenn er

– bei Aufruf der Sache nicht im Gerichtssaal ist bzw. nicht „alsbald"[16] erscheint,
– zwar anwesend ist, sich aber nicht zu erkennen gibt,
– in einen selbstverschuldet verhandlungsunfähigem Zustand (etwa volltrunken) erscheint.

Nach § 230 Abs. 2 StPO kann die Vorführung des ausgebliebenen Angeklagten (durch die Polizei) angeordnet oder Haftbefehl erlassen werden, um die Anwesenheit zu erzwingen.

Von dem Grundsatz der Anwesenheitspflicht gibt es jedoch eine Reihe von **Ausnahmen,** denen allerdings gemein ist, dass sie in der Praxis selten zur Anwendung gelangen. Dies dürfte im Wesentlichen an den relativ hohen verfahrensmäßigen „Hürden" und den damit verbundenen Revisionsmöglichkeiten liegen. Im Einzelnen handelt es sich um folgende Fälle:

---

12 BGH NStZ 1994, 95.
13 BGH NStZ 1983, 210; BGHSt 25, 325 (330).
14 Vgl. insoweit Rn. 124.
15 Vgl. BGHSt 30, 74 sowie unten Rn. 844.
16 Üblicherweise wird man vor weiteren Maßnahmen etwa 1/4 Stunde warten.

### b) § 231 StPO

Nach Abs. 2 dieser Vorschrift kann die Hauptverhandlung zu Ende geführt werden, wenn der Angeklagte **212**

– sich **eigenmächtig** (also nach den objektiven Gegebenheiten ohne Rechtfertigungs- oder Entschuldigungsgründe und wissentlich[17]) aus der Hauptverhandlung **entfernt** oder bei einem Fortsetzungstermin eigenmächtig **ausbleibt**,

**und**

– er bereits abschließend zur Sache vernommen worden ist

**und**

– seine weitere Anwesenheit entbehrlich erscheint.

Damit scheidet eine Fortsetzung ohne den Angeklagten bereits dann aus, wenn ihm rechtliche Hinweise nach § 265 Abs. 1 oder 2 StPO erteilt werden müssen (es sei denn, ein Verteidiger wirkt mit, § 234a StPO). **213**

Natürlich kann der Angeklagte auch wieder in die Hauptverhandlung zurückkehren. Er nimmt dann seine Stellung mit allen Rechten und Pflichten wieder ein. Allerdings wird die Wirksamkeit des Teils der Hauptverhandlung, der in seiner Abwesenheit durchgeführt wurde, hierdurch nicht berührt. Über den zwischenzeitlichen Gang des Verfahrens ist er dann aufgrund der prozessualen Fürsorgepflicht vom Gericht zu informieren, damit er sich sachgerecht verteidigen kann. Hierzu gehören nicht nur die erfolgten Beweiserhebungen, sondern auch gestellte Anträge, abgegebene Prozesserklärungen und ergangene Beschlüsse[18].

### c) § 231a StPO

Führt der Angeklagte vor seiner Vernehmung zur Sache vorsätzlich und schuldhaft (z.B. durch Trunkenheit, Betäubungsmittelkonsum oder Selbstschädigung wie Hungerstreik[19]) seine **Verhandlungsunfähigkeit** herbei, so kann ohne ihn verhandelt werden, wenn seine Anwesenheit (im Ausnahmefall) nicht unerlässlich ist. Allerdings muss der Angeklagte **nach** der Eröffnung des Hauptverfahrens Gelegenheit gehabt haben, sich vor dem Gericht oder einem beauftragten Richter zur Anklage zu äußern. Das Verfahren zur Durchführung der Verhandlung ist in den Absätzen 3 und 4 im Einzelnen geregelt. Im Falle der Wiederherstellung der Verhandlungsfähigkeit ist der Angeklagte zur Hauptverhandlung erneut zuzuziehen und über die in seiner Abwesenheit erfolgten Ereignisse umfassend zu informieren, § 231a Abs. 2 StPO. **214**

---

17  Vgl. BGH 1 StR 275/07; NStZ 2003, 561. An dieser Eigenmächtigkeit fehlt es etwa, wenn der Angeklagte nicht ordnungsgemäß geladen war oder wenn er in anderer Sache festgenommen wurde und in Untersuchungshaft verblieb, BGH NStZ 1997, 295. Anders liegen die Dinge, wenn der Angeklagte während der Verhandlung im Ausland eine Straftat begeht und dort festgenommen wird oder wenn er sich – in Kenntnis des Risikos – ins Ausland begibt und dort aufgrund einer bestehenden Fahndung verhaftet wird, vgl. BGH 1 StR 275/07. Es besteht im Übrigen keine Verpflichtung des Gerichts, den Angeklagten über die Möglichkeit des § 231 Abs. 2 StPO zu belehren, BGH NJW 2000, 2830.
18  BGH 1 StR 301/07.
19  Vgl. BVerfGE 51, 324 (344) zu einem NS-Verfahren.

Die §§ 231, 231a StPO sind allerdings nicht ohne Weiteres anwendbar, wenn der Angeklagte sich lediglich weigert, die – nicht selbst herbeigeführte – Verhandlungsunfähigkeit durch einen ärztlichen Eingriff beheben zu lassen[20]. Allerdings kollidiert in einem solchen Fall das Freiheitsrecht des Angeklagten aus Art. 2 Abs. 2 GG – Selbstbestimmung über ärztliche Behandlung – mit der Pflicht des Staates, eine funktionstüchtige Rechtspflege zu gewährleisten und diese vor Manipulationen zu schützen. Im Einzelfall kann § 231a StPO also auch dann zur Anwendung gelangen, wenn gemessen an der Schwere des Tatvorwurfs und dem Umfang der erforderlichen Behandlung dem Angeklagten die Sicherung der Hauptverhandlung zumutbar ist[21].

### d) § 231b StPO

**215**  Drohen durch **ordnungswidriges Verhalten** des Angeklagten (etwa andauernde Zwischenrufe, Beschimpfungen u.ä.) schwerwiegende Störungen der Hauptverhandlung, so kann er gem. § 177 GVG aus dem Sitzungszimmer entfernt werden. § 231b StPO schafft für diese Situation die Möglichkeit, ohne den Angeklagten weiter zu verhandeln, sofern seine Anwesenheit nicht unerlässlich ist und er Gelegenheit hatte, sich zur Anklage zu äußern.

Hat sich der Angeklagte wieder beruhigt, so ist er zur Hauptverhandlung wieder zuzulassen und über den Gang des in seiner Abwesenheit stattgefundenen Verfahrensabschnitts zu informieren, § 231b Abs. 2 StPO.

### e) § 231c StPO

**216**  Findet die Hauptverhandlung gegen mehrere Personen statt, so kann der einzelne Angeklagte auf seinen Antrag hin durch Beschluss des Gerichts für solche Teile der Verhandlung „beurlaubt" werden, die ihn nicht betreffen, etwa weil sie sich auf Taten beziehen, an denen er nicht beteiligt war. Die nicht anfechtbare Entscheidung (vgl. § 305 S. 1 StPO) steht im Ermessen des Gerichts. Grundsätzlich sollte von dieser Möglichkeit zurückhaltend Gebrauch gemacht werden. Es wird selten sicher auszuschließen sein, dass während der Freistellung eines Angeklagten unerwartet Dinge zur Sprache kommen können, die ihn unmittelbar oder mittelbar betreffen.

### f) § 232 StPO

**217**  Diese Vorschrift dient bei Strafsachen von geringer Bedeutung einer **Vereinfachung** des Verfahrens. Nach § 232 StPO kann die Hauptverhandlung auch ohne den Angeklagten durchgeführt werden, wenn er ordnungsgemäß[22] geladen und in der Ladung auf diese Möglichkeit hingewiesen worden ist. Allerdings darf dies nur dann geschehen, wenn die in Abs. 1 genannten Strafen bzw. Nebenfolgen nicht überschritten werden.

---

20  BVerfG NJW 1994, 1590.
21  Vgl. OLG Nürnberg NJW 2000, 1804 ff.
22  Hier genügt eine öffentliche Zustellung i.S.d. § 40 StGB nicht, vgl. § 232 Abs. 2 StPO.

Diese Regelung ist in der Praxis bereits deshalb von geringer Bedeutung, weil die wesentlich einfachere Möglichkeit besteht, gegen den ausgebliebenen Angeklagten nach § 408a StPO einen Strafbefehl zu erlassen.

### g) § 233 StPO

Hiernach kann der Angeklagte auf seinen **Antrag** hin von der Verpflichtung zum 218 Erscheinen in der Hauptverhandlung entbunden werden, wenn nur Freiheitsstrafe bis zu 6 Monaten, Geldstrafe bis zu 180 Tagessätzen, Verwarnung mit Strafvorbehalt sowie bestimmte Nebenfolgen zu erwarten sind. Die **Voraussetzungen** sind:

– ein entsprechender **Antrag des Angeklagten**; wird er durch einen Verteidiger vertreten, so braucht dieser für den Antrag nach § 233 StPO eine über die normale Verteidigervollmacht hinausgehende Vertretungsvollmacht[23]. Der Antrag kann im Übrigen auch noch in der Hauptverhandlung gestellt werden und ist frei widerrufbar, solange über ihn noch nicht entschieden ist;
– eine **begrenzte Straferwartung**, siehe § 233 Abs. 1 StPO;
– ein **Gerichtsbeschluss**, der im Ermessen des Gerichtes steht, wobei die Interessen des Angeklagten sowie die Bedeutung der Sache und die Bedürfnisse einer Sachaufklärung zu berücksichtigen sind. Auch dieser Entbindungsbeschluss kann jederzeit widerrufen werden, wenn sich die Beurteilungsgrundlage verändert.

Die Entscheidung über den Antrag ist nach § 35 Abs. 2 S. 1 StPO bekannt zu machen.

Wird der Angeklagte von seiner Anwesenheitspflicht entbunden, so muss er nach 219 § 233 Abs. 2 StPO zwingend durch einen beauftragten oder ersuchten Richter über die Anklage vernommen werden. Diese Vernehmung stellt einen vorweggenommenen Teil der Hauptverhandlung dar; der Angeklagte ist über die möglichen Rechtsfolgen zu belehren.

Die Vernehmungsniederschrift kann später ohne besonderen Beschluss in der Hauptverhandlung verlesen werden. Da es sich bei der Vernehmung aber um einen vorweggenommenen Teil handelt, gelten die in dieser Vernehmung vorgebrachten Beweisanträge als in der Hauptverhandlung gestellt, müssen also entsprechend behandelt und beschieden werden.

Trotz der Entbindung muss der Angeklagte zur Hauptverhandlung geladen werden, da er immer noch ein Anwesenheitsrecht besitzt.

### h) § 247 StPO

Nach dieser Vorschrift kann der Angeklagte **vorübergehend** von der Hauptverhand- 220 lung **ausgeschlossen** werden[24]. Da der Angeklagte nicht wirksam auf seine vom

---

23 BGHSt 12, 367.
24 In Verfahren gegen Jugendliche ist zudem die weiterreichende Vorschrift des § 51 Abs. 1 JGG zu beachten.

Gesetz vorgeschriebene Anwesenheit verzichten kann, gilt es zu beachten, dass nur **bestimmte, gewichtige Gründe** dies rechtfertigen. Diese sind im Einzelnen:

– **Gefährdung der Wahrheitsfindung** (Satz 1): Besteht die **konkrete Gefahr**, ein Zeuge oder Mitangeklagter werde in Anwesenheit des Angeklagten nicht wahrheitsgemäß aussagen oder von seinem (tatsächlich bestehenden) Zeugnisverweigerungsrecht Gebrauch machen[25], so kann der Angeklagte – soweit diese Gefahr reicht – vorübergehend von der Hauptverhandlung ausgeschlossen werden. Der Ausschluss kann auch noch während der Vernehmung des Zeugen erfolgen, z.B. wenn dieser die Antwort in Gegenwart des Angeklagten nur auf einzelne Fragen verweigert.

Der Situation des § 247 Abs. 1 S. 1 StPO steht es gleich, wenn behördlicherseits dem Zeugen (etwa einem verdeckten Ermittler) eine Aussagegenehmigung nur für den Fall einer Vernehmung in Abwesenheit des Angeklagten erteilt wird und mildere Mittel als der Ausschluss des Angeklagten zum Schutz des Zeugen nicht ausreichen[26].

221     – **Schutz von Kindern und Jugendlichen** (Satz 2 Alt. 1): Ein Ausschluss ist auch möglich bei der Vernehmung von Kindern oder Jugendlichen, wenn das körperliche oder seelische Wohl der betreffenden Person „erheblich" gefährdet ist. Auch hier sind konkrete Umstände erforderlich, um den Ausschluss zu rechtfertigen. Im Übrigen entscheidet das Gericht allein nach pflichtgemäßem Ermessen, so dass es auf die Wünsche des Zeugen nicht entscheidend ankommt[27].

– **Schutz erwachsener Zeugen** (Satz 2 Alt. 2): Begründet die Anwesenheit des Angeklagten bei einem Zeugen eine erhebliche **Gesundheitsgefährdung**, so kann der Angeklagte auch in diesem Falle ausgeschlossen werden.

Erforderlich ist insoweit allerdings eine „dringende" Gefahr, also eine auf konkreten Umständen beruhende hohe Wahrscheinlichkeit für einen gesundheitlichen Nachteil.

– **Schutz des Angeklagten selbst** (Satz 3): Ist (z.B. durch die Vernehmung eines Sachverständigen zu psychiatrisch relevanten Problemen des Angeklagten) für diesen eine erhebliche Gesundheitsbeeinträchtigung zu erwarten, so kann er ausgeschlossen werden.

222     In **allen Anwendungsfällen** des § 247 StPO ist ein **Gerichtsbeschluss** erforderlich, eine Anordnung des Vorsitzenden alleine genügt also nicht. Aus diesem Beschluss muss hervorgehen, aus welchem – zulässigen – konkreten Grund und für welchen Teil der Hauptverhandlung der Angeklagte ausgeschlossen wird. Auszuführen ist auch, auf welche Tatsachen das Gericht seine Gefahrenprognose stützt[28].

Sobald der Entfernungsgrund entfällt, ist der Angeklagte wieder zur Hauptverhandlung zuzulassen und nach Satz 4 des § 247 StPO über den wesentlichen Inhalt der in

---

25  BGH NStZ 2002, 45; NStZ 2001, 46 ff.; 608 ff.; NJW 2000, 3795.
26  Vgl. zu dieser schwierigen Kompetenzverteilung zwischen Justiz und Exekutive: BGH NStZ 1996, 608 f.
27  BGH NJW 2006, 1009.
28  BGH NStZ 2002, 44; NStZ 1999, 419 f.; BGHSt 15, 194 (196).

seiner Abwesenheit erfolgten Aussage bzw. sonstige relevante Ereignisse zu unterrichten. Da die Verteidigung des Angeklagten durch den zeitweisen Ausschluss erheblich beeinträchtigt ist, muss die – unverzichtbare – **Unterrichtung sofort** nach dessen Wiedereintritt erfolgen, bevor weitere Verfahrenshandlungen vorgenommen werden. Konnte der Angeklagte die Vernehmung per Videoleitung mitverfolgen, so muss der Vorsitzende sich zumindest vergewissern, dass dies technisch störungsfrei funktionierte und der Angeklagte die Möglichkeit hatte, die Aussage uneingeschränkt zur Kenntnis zu nehmen[29].

Im Anschluss an die Unterrichtung muss ihm als Ausfluss des sog. Konfrontationsrechts zudem die Möglichkeit gegeben werden, weitere Fragen an den Zeugen stellen zu lassen[30]. Dies kann dazu führen, dass der genannte Vorgang – Entfernung des Angeklagten, Zeugenvernehmung, Information – mehrfach zu wiederholen ist.

**Wichtig:** Während der Abwesenheit des Angeklagten sind **andere Beweiserhebungen** – selbst wenn sie sachdienlich wären – **verboten**. Gleichwohl durchgeführte Maßnahmen müssen nach Wiedereintritt des Angeklagten wiederholt werden, so z.B. eine Augenscheinseinnahme oder die Verlesung von Urkunden (nicht also der formlose Vorhalt gegenüber einem Zeugen)[31].   **223**

Für „gewiefte" Verteidiger ergibt sich hier die Möglichkeit, bewusst einen Vorgang herbeizuführen, den sie später im Revisionsverfahren rügen können, indem sie beispielsweise im Rahmen einer Zeugenvernehmung das – arglose – Gericht bitten, ein Schreiben vorzulesen (Urkundsbeweis!) und diesen Vorgang im Protokoll zu vermerken.

Auch über die Frage, ob ein Zeuge vereidigt werden soll, durfte jedenfalls bis zur Neufassung der Eidesvorschriften durch das am 01.09.2004 in Kraft getretene Justizmodernisierungsgesetz nicht in Abwesenheit des Angeklagten verhandelt und entschieden werden. Hierfür musste der Angeklagte wieder zur Hauptverhandlung zugelassen werden[32]. Gleiches galt für die Vereidigung selbst bzw. für die Verhandlung, ob der Zeuge entlassen werden kann. Ausnahmen waren insoweit nur zulässig, wenn ein Zeuge (z.B. V-Mann der Polizei) nicht enttarnt werden durfte oder eine gesundheitliche Schädigung des Zeugen im Falle der Anwesenheit des Angeklagten zu erwarten stand[33]. Ob an dieser Rechtsprechung festzuhalten ist, nachdem die Vereidigung nur noch in Ausnahmefällen stattfindet[34], ist noch immer nicht abschließend geklärt[35].   **224**

Zur Entfernung des Angeklagten bietet die dem Schutz und der Schonung des Zeugen dienende Vorschrift des **§ 247a StPO** in bestimmten Situationen eine **Alternative**. Droht dem Wohl eines (auch erwachsenen) Zeugen ein über die normale Belas-   **225**

---

29 BGH NJW 2007, 709 ff.
30 Siehe hierzu Rn. 36 und 229 sowie BVerfG NStZ 2007, 534.
31 BGH NStZ 2001, 262 f.; NStZ 1997, 402.
32 BGH NJW 2004, 1187; StV 2003, 323; NStZ 1999, 44, 522 f.
33 BGH NJW 1985, 1478 f.
34 Siehe unten Rn. 887 ff.
35 Vgl. BGH NStZ 2007, 352 f., 2006, 715 f.

tung hinausgehender schwerwiegender Nachteil, so ist es zulässig, den nicht im Sitzungssaal anwesenden Zeugen unter Einsatz technischer Mittel so anzuhören, dass diese Vernehmung – u.U. bei gleichzeitiger Aufzeichnung – zeitgleich in Bild und Ton in das Sitzungszimmer übertragen wird[36]. Seit der Änderung des § 247a StPO durch das am 01.07.2004 in Kraft getretene OpferRRG[37] besteht allerdings kein gesetzlicher Vorrang des § 247 StPO mehr. Vielmehr muss das Gericht nunmehr im Einzelfall prüfen, wie das Spannungsverhältnis zwischen Aufklärungspflicht, Schutz des Zeugen und Verteidigungsinteressen zu lösen ist. Hierbei sind die persönlichen Belange des Zeugen zu berücksichtigen, so dass insbesondere bei der Vernehmung **kindlicher Opferzeugen** einer Entfernung des Angeklagten der Vorzug zu geben sein dürfte[38]. Ohnehin sind die Gerichte gehalten, bei Auslegung und Anwendung des § 247a StPO – wie bei anderen Vorschriften auch – die Vorgaben der Art. 2, 3 und 8 des Rahmenbeschlusses vom 15.03.2001[39] zu beachten, wonach Opferzeugen Anspruch auf größtmöglichen Schutz haben[40].

Im Übrigen ist auch zu bedenken, dass der Videovernehmung infolge der damit verbundenen Einschränkungen der Vernehmungssituation ein nur reduzierter Beweiswert zukommen kann. Sie kann daher die Wahrheitsfindung beeinträchtigen.

**226**   Neben besonders gefährdeten Zeugen etwa aus dem Bereich der organisierten Kriminalität soll § 247a StPO zwar insbesondere kindlichen Opferzeugen zugute kommen. Gerade in Bezug auf diese Personengruppe greift die Vorschrift jedoch zu kurz. Denn sie erlaubt es dem Vorsitzenden des Gerichts nicht, während der Vernehmung bei dem – in einem anderen Raum befindlichen – Kind zu sein und so eine angstfreie und persönliche Gesprächssituation aufzubauen. Um diesen Missstand zu beseitigen, wird es der erneuten Tätigkeit des Gesetzgebers bedürfen[41].

Ob das Gericht von der vorbeschriebenen technischen Möglichkeit Gebrauch macht, steht in seinem Ermessen. Seine durch **Beschluss** zu treffende Entscheidung ist nicht anfechtbar, § 247a S. 2 StPO.

### 3. Sonstige Rechte des Angeklagten

**227**   Bezüglich des Rechts auf **Akteneinsicht** durch den Angeklagten selbst verweisen wir auf die Ausführungen zum Ermittlungsverfahren[42]. Für das gerichtliche Verfah-

---

36  Bei einem im **Ausland** befindlichen Zeugen kann dies so geschehen, dass in den Räumen der dortigen deutschen konsularischen Vertretung der Konsularbeamte – unter Delegation des Fragerechts an die Verfahrensbeteiligten – formell die Vernehmung durchführt und den Zeugen ggf. vereidigt, wobei der gesamte Vorgang per Videoleitung in den Gerichtssaal übertragen wird. Dieses Vorgehen erübrigt ein Rechtshilfeersuchen, da es sich um einen Fall innerdeutscher Rechtshilfe handelt. Näheres hierzu siehe Rn. 424 f.
37  BGBl 2004 Teil I, S. 1355.
38  So auch die Begründung des Gesetzesentwurfs, BT-Drucks. 15/1976, S. 12.
39  Veröffentlicht im Amtsblatt der Europäischen Gemeinschaften vom 22.03.2001, L 82/1 ff.
40  EuGH NJW 2005, 2839 ff.
41  Vgl. zu Kritik und praktischen Problemen auch *Von Knoblauch zu Hatzbach* ZRP 2000, 276 ff.; *Diemer* NJW 1999, 1667 ff., *Caesar* NJW 1998, 2313 ff., *Rieß* NJW 1998, 3241 f.
42  Oben Rn. 131.

ren gelten insoweit keine Besonderheiten. Gleiches gilt für seine Befugnis, sich der Hilfe eines **Verteidigers** zu bedienen, § 137 Abs. 1 StPO.

Darüber hinaus ist auf den Antrag des Angeklagten nach § 149 Abs. 1 und 2 StPO dessen Ehegatte oder Lebenspartner[43] bzw. sein gesetzlicher Vertreter[44] – auch neben einem Verteidiger – in der Hauptverhandlung als sog. „**Beistand**" zuzulassen und ggf. zu hören. Dessen Funktion erschöpft sich allerdings in der Beratung des Angeklagten und der Stellungnahme zur Sache. Um diese Aufgaben wahrnehmen zu können, ist ihm – wenngleich gesetzlich nicht ausdrücklich geregelt – die Möglichkeit einzuräumen, an der gesamten Hauptverhandlung teilzunehmen. Auch steht ihm das Fragerecht aus § 240 Abs. 2 StPO zu[45]. Anders als der Verteidiger kann er jedoch zeitweise von der Hauptverhandlung ausgeschlossen werden, etwa wenn dies zur Wahrheitsermittlung geboten ist[46].     **228**

Einer förmlichen Ladung des Beistands bedarf es zwar nicht, gem. § 149 Abs. 1 S. 2 StPO sind ihm jedoch Ort und Zeit der Hauptverhandlung rechtzeitig mitzuteilen. Weitere prozessuale Rechte, insbesondere die Befugnis Rechtsmittel einzulegen, hat er nicht. Anders als der Verteidiger (vgl. insoweit § 148 Abs. 1 StPO) hat der Beistand auch keinen Anspruch auf Akteneinsicht oder unüberwachte Besuche des inhaftierten Angeklagten, solange diese Beschränkung gem. § 119 Abs. 3 StPO zur Sicherung des Zwecks der Untersuchungshaft geboten ist[47].

Gemäß § 243 Abs. 2 Satz 2 i.V.m. Abs. 4 S. 2 StPO ist der Angeklagte **zur Person zu vernehmen**. Auch diese Vorschrift beinhaltet eine Rechtsposition, denn sie soll dazu dienen, die erforderlichen Kenntnisse im Hinblick auf den Werdegang des Angeklagten zu erhalten. Nur mit diesem Wissen kann die individuelle Schuld festgestellt und eine dieser angemessene Strafe gefunden werden.     **229**

Der Angeklagte hat nach § 240 Abs. 2 StPO gegenüber Zeugen und Sachverständigen ein eigenes **Fragerecht**. Diese Befugnis, insbesondere Fragen an Belastungszeugen zu stellen oder stellen zu lassen, ist auch durch Art. 6 Abs. 3lit. d) MRK als sog. **Konfrontationsgebot** garantiert. Sie ist wesentlicher Bestandteil des sog. „fair trial".

Der Angeklagte kann zudem durch **Anträge**, insbesondere durch Beweisanträge, den Verlauf der Hauptverhandlung und den Umfang der Beweiserhebung mitgestalten.

Nach § 257 Abs. 1 StPO soll der Angeklagte nach jedem Beweisschritt die **Möglichkeit zur Stellungnahme** erhalten. So kann er eine persönliche Würdigung der Beweisaufnahme vornehmen und damit auf die Überzeugungsbildung des Gerichts Einfluss nehmen.

---

43 „Lebenspartner" im Sinne des Gesetzes zur Beendigung der Diskriminierung gleichgeschlechtlicher Lebensgemeinschaften vom 16.02.2001, BGBl. I 266.
44 Der gesetzliche **Betreuer** i.S.d. §§ 1896 BGB ist indes nicht gesetzlicher Vertreter. § 149 Abs. 2 StPO ist folglich nicht (auch nicht entsprechend) auf ihn anwendbar, BGH NStZ 2008, 524 f.
45 BGH NStZ 2001, 552 f. m.w.N.
46 BGH NStZ 2001, 552 f.
47 BGH NStZ 2001, 552 f.; NJW 1998, 2296 ff.

Das „**letzte Wort**" steht dem Angeklagten nach § 258 Abs. 2 Hs. 2 StPO zu. Es geht über den garantierten Anspruch auf rechtliches Gehör i.S.d. Art. 103 Abs. 1 GG hinaus. Der letzte Eindruck des Gerichts vor der Beratung soll vom Angeklagten stammen.

## II. Der Verteidiger

### 1. Funktion und Stellung des Verteidigers

**230** Der Verteidiger ist im deutschen Rechtssystem ein unabhängiges und der Staatsanwaltschaft gleichgeordnetes **Organ der Rechtspflege**, welches zur Mitwirkung bei der Ermittlung der materiellen Wahrheit berechtigt und verpflichtet ist. Sein Verhalten muss – mit den Worten des Europäischen Gerichtshofes für Menschenrechte – „zurückhaltend, ehrenhaft und würdig" sein[48]. Er darf also weder auf eine Verurteilung hinwirken, noch sich der Wahrheitserforschung in den Weg stellen. Ihn trifft damit auch die Pflicht, an einer sachdienlichen und prozessual geordneten Verfahrensführung mitzuwirken sowie den Verfahrensabschluss in einer angemessenen Zeit zu fördern. Sein Vorgehen muss er auf **verfahrensrechtlich erlaubte** Mittel beschränken. Er hat sich jeder sachwidrigen Erschwerung der Strafverfolgung zu enthalten, insbesondere also der aktiven Verdunkelung und Verzerrung des Sachverhalts, der Verfälschung von Beweismitteln oder der Vorlage gefälschter Beweismittel (z.B. derartiger Urkunden). Auch darf er keine Zeugen benennen, von denen er erkennt, dass sie eine Falschaussage machen werden, geschweige denn, auf eine solche Aussage hinwirken[49].

**231** Diese sog. „Organstellung" des Verteidigers steht in einem Spannungsverhältnis zu seiner Verpflichtung, als **Beistand des Angeklagten** dessen rechtliche und tatsächliche Möglichkeiten effizient zu nutzen. So ist er nach überwiegender Meinung in Rechtsprechung und Lehre nicht gehindert, sich trotz positiver Kenntnis von der Schuld seines Mandanten um einen Freispruch zu bemühen[50]. Er ist also nicht etwa zur Unparteilichkeit, sondern – in dem aufgezeigten Rahmen – zur einseitigen Interessenvertretung seines Mandanten verpflichtet[51].

### 2. Auswahl des Verteidigers

#### a) Wahlverteidiger

**232** Der Angeklagte darf seinen Verteidiger frei wählen, wobei er nach § 138 Abs. 1 StPO sowohl einen Rechtsanwalt, wie auch einen Rechtslehrer an einer deutschen Hochschule bevollmächtigen kann[52]. Auch andere sachkundige Personen können im Ein-

---

48  EGMR NJW 2004, 3317 f.
49  Vgl. BGH NStZ 2001, 146 f.; NJW 2000, 2434; NStZ 1993, 80; BGHSt 38, 111 (115).
50  BGH NStZ 1993, 80; vgl. zum Meinungsstand in der Literatur *Hammerstein* NStZ 1997, 12 ff.
51  Vgl. BGH NStZ 2001, 145 ff.; NJW 2000, 2219; BGHSt 38, 111 (115).
52  Letzteres kann je nach dem landesspezifischen Hochschulrecht auch ein Fachhochschullehrer sein, BGH NJW 2003, 3573.

zelfall nach pflichtgemäßem Ermessen vom Gericht als Verteidiger zugelassen werden (§ 138 Abs. 2 StPO), soweit sichergestellt ist, dass sie die Pflichten eines Verteidigers sachgerecht wahrnehmen werden[53]. Dabei darf die Zahl der gewählten Verteidiger drei nicht übersteigen, § 137 Abs. 1 S. 2 StPO.

Wählt sich der Angeklagte den Verteidiger selber, so spricht man vom **„Wahlverteidiger"**, auch wenn inhaltlich ein Fall der notwendigen Verteidigung vorliegt. In eigener Sache kann ein beschuldigter Rechtsanwalt weder Wahl- noch Pflichtverteidiger sein[54].

**b) Pflichtverteidiger**

Demgegenüber wird der sog. **„Pflichtverteidiger"** dem Angeklagten in den Fällen **233** der notwendigen Verteidigung (§§ 140, 418 Abs. 4 StPO) vom Gericht beigeordnet, wenn er keinen Wahlverteidiger hat oder dieser – etwa im Fall einer Interessenkollision wegen anderer Mandate[55] – nicht die Gewähr für ein ordnungsgemäßes Verfahren bietet. Diese Regelung konkretisiert den verfassungsrechtlichen Anspruch auf ein faires rechtsstaatliches Verfahren ohne Rücksicht auf die Einkommens- und Vermögensverhältnisse des Angeklagten[56].

Die Vorschrift des § 418 Abs. 4 StPO knüpft beim beschleunigten Verfahren[57] die **234** Bestellung eines Pflichtverteidigers allein an die Höhe der Sanktion (mindestens sechs Monate Freiheitsstrafe). Bei § 140 Abs. 1 StPO handelt es sich – für das „normale" Strafverfahren – dagegen um einen abschließenden Katalog **alternativer** Fälle, wobei von besonderer Bedeutung sind:

– Die erstinstanzliche Hauptverhandlung findet vor dem **Landgericht** oder einem Oberlandesgericht statt;
– dem Angeklagten wird ein **Verbrechen** (§ 12 Abs. 1 StGB) zur Last gelegt (häufig deckungsgleich mit der vorangegangenen Alternative);
– er hat sich mindestens **drei Monate** in **Anstaltsunterbringung** (insbesondere Untersuchungshaft) befunden und ist nicht mindestens zwei Wochen vor Beginn der Hauptverhandlung entlassen worden (mit der Folge, dass er sich noch selbst um einen Verteidiger bemühen könnte).

Nach § 140 Abs. 2 StPO ist ein Pflichtverteidiger ferner dann zu bestellen, wenn **235** „wegen der Schwere der Tat oder der Schwierigkeit der Sach- oder Rechtslage die Mitwirkung eines Verteidigers geboten erscheint" bzw. wenn der Angeklagte sich nicht selbst verteidigen kann.

Diese Regelung, die auf die vor dem Amtsgericht und der Berufungskammer verhandelten **Vergehenstatbestände** zugeschnitten ist, sorgt in der Praxis vielfach für Auseinandersetzungen zwischen Gericht und Verteidigung. Hintergrund ist der Umstand,

---

53 Vgl. BVerfG NJW 2006, 1503.
54 BVerfG NStZ 1998, 363 f.
55 Vgl. hierzu und insbesondere zur sog. sukzessiven Mehrfachverteidigung BGH NJW 2003, 1331 ff.
56 BVerfG NJW 2004, 1310.
57 Näheres hierzu siehe Rn. 689 ff.

dass der Angeklagte zuweilen nicht in der Lage ist, seinen Verteidiger aus der eigenen Tasche zu bezahlen und der Pflichtverteidiger gem. §§ 45 ff. RVG einen Erstattungsanspruch gegenüber der Staatskasse hat. Durch die Beiordnung wird zwar einerseits eine öffentlich-rechtliche Pflicht zur ordnungsgemäßen Durchführung des Verfahrens und zur sachdienlichen Verteidigung begründet, von der er nur aus wichtigem Grund unter den engen Voraussetzungen der §§ 49 Abs. 2, 48 Abs. 2 BRAO entbunden werden kann. Der Pflichtverteidiger muss also die ihm übertragene Verteidigung auch unter Zurückstellung anderweitiger beruflicher Aufgaben führen[58]. Andererseits ist sein (reduzierter) Gebührenanspruch durch eine Beiordnung aber gesichert[59]. In besonders umfangreichen oder schwierigen Verfahren kann dem Pflichtverteidiger gem. § 51 RVG auf dessen Antrag durch das Oberlandesgericht auch eine Pauschvergütung bewilligt werden, die über den gesetzlichen Regelgebühren liegt.

**236** Angesichts dieses Umstandes werden an die Frage einer Pflichtverteidigerbestellung nach § 140 Abs. 2 StPO von den Gerichten zuweilen eher fiskalische Maßstäbe angelegt und die Vorschrift restriktiv interpretiert. Dies wird ihrem Ziel der Sicherung eines rechtsstaatlichen Verfahrens[60] nicht gerecht.

Ob die „**Schwere der Tat**" die Beiordnung eines Pflichtverteidigers erforderlich macht, ist nach den zu erwartenden Rechtsfolgen zu beurteilen. Anknüpfungspunkt ist also zunächst die im konkreten Verfahren zu erwartende Strafe. Allgemein wird jedenfalls ab der Prognose einer **Freiheitsstrafe von einem Jahr** eine Beiordnung für erforderlich gehalten[61]. Berücksichtigt werden müssen daneben aber auch andere Aspekte, nämlich die Fähigkeit des Angeklagten sich zu verteidigen und mögliche Konsequenzen außerhalb des Verfahrens. So kann eine Verurteilung in dem konkreten Verfahren insbesondere den Widerruf ausstehender Bewährungen aus Vorverurteilungen nach sich ziehen, vgl. § 56f Abs. 1 S. 1 Nr. 1 StGB. Dies sollte i.d.R. für die Beiordnung eines Pflichtverteidigers genügen[62].

**237** Eine Beurteilung der „**Schwierigkeit der Sach- oder Rechtslage**" kann naturgemäß nur anhand des Einzelfalls vorgenommen werden, sollte sich aber auch an dem oben erwähnten Ziel des § 140 Abs. 2 StPO orientieren. Komplizierte Beweissituationen, widersprüchliche und komplexe Zeugenaussagen oder die notwendige Auseinandersetzung mit einem nicht ohne Weiteres verständlichen Sachverständigengutachten können daher die Beiordnung ebenso rechtfertigen wie körperliche oder psychische Beeinträchtigungen des Beschuldigten. Gleiches gilt für sprachbedingte Verständigungsschwierigkeiten etwa des fremdsprachigen Angeklagten, sofern diesen nicht bereits durch die Stellung eines Dolmetschers begegnet werden kann[63].

---

58 BVerfG NJW 2005, 1264.
59 Siehe hierzu auch BVerfG NJW 2005, 1264 f.; 2003, 1443.
60 Vgl. hierzu BVerfG NJW 1986, 767 (771).
61 Vgl. die Nachweise bei *Meyer-Goßner*, § 140 Rn. 23.
62 Vgl. hierzu auch BayObLG NJW 1995, 2738.
63 BGH NJW 2001, 309 ff.

Zu bedenken ist schließlich, dass nur dem Verteidiger ein umfassendes Akteneinsichtsrecht zusteht, § 147 StPO. Ist also zu einer ordnungsgemäßen Verteidigung die Kenntnis des gesamten Akteninhalts erforderlich, so muss von der Möglichkeit des § 140 Abs. 2 StPO Gebrauch gemacht werden.

Aus Gründen der „Waffengleichheit" ist schließlich gem. § 140 Abs. 2 S. 1 StPO dann regelmäßig ein Verteidiger beizuordnen, wenn dem Verletzten nach §§ 397a, 406g Abs. 3 StPO ebenfalls ein Rechtsanwalt beigeordnet worden ist. Gleiches dürfte dann gelten, wenn der Verletzte sich auf eigene Kosten eines Anwalts bedient.

Über die – bis zur Rechtskraft des Urteils wirkende[64] – Bestellung des Pflichtverteidigers entscheidet gem. §§ 141 Abs. 4, 142 Abs. 1 StPO der Vorsitzende des Gerichts nach vorheriger Anhörung des Angeklagten. Entbehrlich ist in Ausnahmefällen die vorherige Anhörung nur dann, wenn die Verfahrenslage die sofortige Beiordnung eines Verteidigers gebietet[65]. Zwar hat der Beschuldigte keinen Anspruch auf Beiordnung eines von ihm benannten Rechtsbeistandes[66]. Stehen keine gewichtigen Gründe entgegen, dann ist ihm jedoch der Anwalt seines Vertrauens beizuordnen, § 142 Abs. 1 S. 3 StPO[67]. Im Einzelfall kann dies auch ein auswärtiger Verteidiger sein[68]. Dieser muss jedoch – wie jeder andere Pflichtverteidiger – die **Gewähr für eine sachgerechte und ordnungsgemäße Verteidigung** des Angeklagten bieten[69] und auch an den für die Hauptverhandlung pflichtgemäß ins Auge gefassten Terminen zur Verfügung stehen[70]. **238**

Die Bestellung des Pflichtverteidigers ist auch schon im Vorverfahren möglich (lesen Sie § 141 Abs. 3 StPO).

Mangels Beschwer hat der Angeklagte gegen die Bestellung eines Pflichtverteidigers i.d.R. kein Anfechtungsrecht[71]. Wird dagegen die beantragte Beiordnung eines Pflichtverteidigers abgelehnt oder hinsichtlich der Person des Verteidigers dem Wunsch des Angeklagten nicht entsprochen, so ist die Beschwerde nach § 304 Abs. 1 StPO zulässig. Dies gilt jedenfalls für Entscheidungen außerhalb der Hauptverhandlung[72].

Nach § 143 StPO ist die **Bestellung** des Pflichtverteidigers **zurückzunehmen**, wenn sich ein Wahlverteidiger bestellt. Etwas anders gilt allerdings dann, wenn zur Sicherstellung einer ordnungsgemäßen Verteidigung die weitere Mitwirkung des Pflicht- **239**

---

64  BGH NJW 2007, 165 f.; NStZ 2001, 104.
65  So auch BVerfG NJW 2001, 3697; BGH NJW 2001, 237 f.
66  BVerfG NJW 2006, 1503.
67  BVerfG NJW 2001, 3695 ff.; vgl. auch Art. 6 Abs. 3 lit. c EMRK.
68  Vgl. BGH NStZ 1998, 531; NStZ 1998, 49.
69  Siehe BGH 1 StR 341/07.
70  Vgl. BVerfG 1 BvQ 10/06; BGH NJW 2006, 712; OLG Celle NStZ 2008, 583.
71  Vgl. BVerfG NStZ 1998, 364 sowie *Meyer-Goßner*, § 141 Rn. 9 jeweils m.w.N. Gleichwohl können Fehler bei der Auswahl des Pflichtverteidigers im Einzelfall die Revision rechtfertigen, vgl. BGH NJW 2003, 1331 ff.; NJW 2001, 237 f.
72  Für Entscheidungen während laufender Hauptverhandlung ist streitig, ob diese gem. § 305 StPO der Beschwerde entzogen sind; vgl. hierzu *Meyer-Goßner*, § 141 Rn. 10.

verteidigers geboten erscheint[73]. In einem solchen Fall kann auch trotz der Existenz eines Wahlverteidigers ein (zusätzlicher) Pflichtverteidiger bestellt werden. Eine auf § 143 StPO gestützte Rücknahme der Bestellung kommt zudem dann nicht in Betracht, wenn absehbar ist, dass der Wahlverteidiger im Anschluss sein Mandat niederlegen und – etwa wegen Mittellosigkeit des Angeklagten – seinerseits die Beiordnung beantragen würde[74].

Ist der Angeklagte vor der Beiordnung eines Verteidigers hinsichtlich dessen Auswahl angehört worden, so ist schließlich eine Entpflichtung in entsprechender Anwendung des § 143 StPO im Ausnahmefall auch dann möglich, wenn aus Sicht eines „verständigen" Angeklagten „wichtige Gründe" vorliegen. Solche sind etwa gegeben, wenn das Vertrauensverhältnis zwischen ihm und dem Verteidiger (berechtigterweise) endgültig und nachhaltig erschüttert ist und deshalb die Gefahr besteht, dass die Verteidigung objektiv nicht mehr sachgerecht geführt werden kann[75]. Dies hat der Beschuldigte ggf. substantiiert darzulegen. Denkbar sind aber auch Situationen, in denen der Pflichtverteidiger seinen dargelegten Pflichten nicht nachkommt, etwa indem er eine sachwidrige Konfliktverteidigung betreibt. In solchen Fällen kann es die Fürsorgepflicht des Gerichts gebieten, den Verteidiger zu entlassen und einen neuen, geeigneten Verteidiger zu bestellen [76].

**240**   Die Beachtung der Vorschriften zur Pflichtverteidigerbestellung ist auch für die **Revision** von Bedeutung. Dies gilt zunächst hinsichtlich der §§ 140, 418 Abs. 4 StPO insoweit, als in Fällen der notwendigen Verteidigung die **Hauptverhandlung** nicht ohne Verteidiger durchgeführt werden darf (vgl. **§ 145 StPO** i.V.m. § 338 Nr. 5 StPO). Ansonsten kann, wie sich aus **§ 228 Abs. 2 StPO** ergibt, durchaus in Abwesenheit des Verteidigers verhandelt werden.

Darüber hinaus unterliegen auch die Entscheidungen des Vorsitzenden zur **Auswahl** des Verteidigers als Vorentscheidungen i.S.d. § 336 StPO der revisionsrechtlichen Nachprüfung, wenn das Urteil hierauf beruhen kann[77].

### 3. Prozessuale Rechte des Verteidigers

**241**   Die Befugnisse des Verteidigers entsprechen seiner vorbeschriebenen prozessualen Funktion. Die StPO hat sie nur spärlich normativ festgelegt (vgl. §§ 79 Abs. 1 S. 2, 147, 148, 239 Abs. 1 S. 2, 240 Abs. 2, 249 Abs. 2 S. 2, 251 Abs. 1 Nr. 4, 257 Abs. 2, 297 StPO). Als wesentliche Rechte sind die folgenden zu nennen:

---

73 Denkbar sind etwa unüberbrückbare terminliche Schwierigkeiten des Wahlverteidigers, mangelnde Sachkunde o.Ä.
74 BGH 1 StR 481/03; OLG Köln NJW 2006, 389 m.w.N.
75 BGH NStZ-RR 2005, 240 f.; NStZ 2004, 632 f.: zu den Einzelheiten und weiteren (seltenen) Anwendungsfällen siehe KK-*Laufhütte*, § 143 Rn. 4 und 5, sowie unten Rn. 260.
76 Vgl. BGH 1 StR 341/07.
77 BGH NJW 2003, 1331 ff.; NJW 2001, 625.

### a) Akteneinsicht

Nach § 147 StPO hat der Verteidiger als Konkretisierung des Anspruchs auf rechtliches Gehör ein Recht auf **grundsätzlich unbeschränkte**[78] **Einsicht** in die dem Gericht **tatsächlich vorliegenden Akten**. § 147 StPO begründet folglich keinen Anspruch auf Beiziehung von Akten. Ob diese geboten ist, beurteilt sich allein nach der Aufklärungspflicht[79]. Im Übrigen ist auch ein Gericht an die Entscheidung der Staatsanwaltschaft, die Aktenherausgabe nach § 147 Abs. 2 StPO zu versagen, gebunden[80].

Beweismittel – etwa Videoaufzeichnungen von Zeugenvernehmungen[81] – darf der Verteidiger nur bei Gericht einsehen (vgl. auch § 58a Abs. 2 StPO mit dessen weiteren Beschränkungen, § 147 Abs. 4 StPO). Allerdings hängt der Umfang dieser Befugnisse vom förmlichen Abschluss der Ermittlungen ab, § 147 Abs. 2 StPO. Danach kann Akteneinsicht zur Sicherung der Sachverhaltserforschung ganz oder teilweise versagt werden, wenn Anhaltspunkte dafür vorliegen, dass sie den Untersuchungszweck gefährden würde. Eine solche Entscheidung der Staatsanwaltschaft ist nur im Rahmen des § 147 Abs. 5 StPO anfechtbar.

Eine Besonderheit dieser verfassungsrechtlich nicht zu beanstandenden[82] Regelung gilt allerdings für den Fall der **Untersuchungshaft**. Da hier in das Freiheitsrecht eingegriffen wird, ist das Interesse an Information naturgemäß höher einzustufen, als bei einem nicht inhaftierten Beschuldigten. Um ein faires und rechtsstaatliches Verfahren zu garantieren, ist dem Verteidiger zur Einwirkung auf gerichtliche Haftentscheidungen ein – notfalls teilweises – Akteneinsichtsrecht zuzusprechen[83]. Kann selbst dies ohne Gefährdung der Ermittlungen (aus Sicht der Staatsanwaltschaft) nicht geschehen und wird Akteneinsicht deshalb unter Berufung auf § 147 Abs. 2 StPO verweigert, so darf das Gericht einen Haftbefehl oder dessen Aufrechterhaltung auf die nicht zur Kenntnis des Angeklagten bzw. seines Verteidigers gelangten Tatsachen und Beweismittel nicht stützen[84]. Das kann im Einzelfall dazu führen, dass der Beschuldigte auf freien Fuß zu setzen ist. **242**

Das Recht zur Akteneinsicht erstreckt sich auch auf solche Unterlagen, die – ohne eine Sperrerklärung nach § 96 StPO – dem Gericht von dritter Seite mit der Bitte um Vertraulichkeit überlassen worden sind. Denn alle Akten, die dem Gericht tatsächlich vorliegen, sind solche des Strafverfahrens i.S.d. § 147 Abs. 1 StPO[85]. Allerdings ist das Akteneinsichtsrecht immer beschränkt auf das jeweils gegen den Betroffenen **243**

---

78  BGH NJW 2006, 3296; NStZ 1998, 97; das Akteneinsichtsrecht bezieht sich daher auch auf die von Sachverständigen angefertigten Untersuchungsunterlagen und Untersuchungsergebnisse, die zur Akte gelangt sind, BGH NJW 1996, 3108.
79  Vgl. BGH 3 StR 485/07. Ein Antrag auf Beiziehung von Akten ist daher auch kein Beweisantrag, BGH 3 StR 250/08.
80  Vgl. BGH NStZ 2006, 237 f.; NJW 2005, 3507 f.; NJW 2005, 303 f.
81  Siehe hierzu auch *Trück*, NStZ 2004, 129 ff.
82  BVerfG NJW 1994, 3219 (3220).
83  BGH NJW 1996, 734 f.
84  Vgl. EGMR NJW 2002, 2013 ff.; StV 2001, 201 ff.; BVerfG NJW 1994, 3219 (3220).
85  BGH NJW 1996, 2171.

geführte Verfahren inklusive eventuell hinzuverbundener Sachen. Folglich hängt das Einsichtsrecht betreffend „fremde" Akten davon ab, dass insoweit ein besonderes legitimierendes Interesse besteht, etwa weil sich dort relevante Unterlagen für das aktuell betriebene Verfahren befinden. Diese Einschränkung gilt auch für Akten, welche sich auf Mitbeschuldigte beziehen, gegen die das Verfahren zuvor ordnungsgemäß ausgetrennt wurde[86].

Selbstverständlich ist der Verteidiger auch berechtigt – ggf. sogar verpflichtet –, seinen Mandanten über den Akteninhalt zu unterrichten. Eine sachgerechte Verteidigung setzt ja zwingend voraus, dass der Beschuldigte weiß, worauf sich der strafrechtliche Vorwurf stützt. Der Verteidiger darf ihm daher auch Ablichtungen aus der Akte überlassen. Ausnahmen von dieser Befugnis kommen im Einzelfall nur dann in Betracht, wenn durch diese Information der Untersuchungszweck gefährdet würde, Auszüge aus der Akte zu verfahrensfremden Zwecken (z.B. Veröffentlichung) genutzt würden oder wenn es sich um unter Geheimschutz stehende, sog. „Verschlusssachen" handelt[87].

### b) Recht auf ungehinderten Umgang mit dem Mandanten

**244** Nach § 148 Abs. 1 StPO hat der Verteidiger in jedem Stadium des Verfahrens einen Anspruch auf ungehinderten schriftlichen und mündlichen Verkehr mit seinem Mandanten. Dies gilt jedoch nicht uneingeschränkt. Insbesondere die Situation des in Untersuchungshaft befindlichen Beschuldigten bringt Erschwernisse auch für die Kommunikation zwischen Verteidiger und Mandanten mit sich. So sind auch Verteidigerbesuche auf die anstaltsüblichen Besuchszeiten beschränkt, soweit diese sich im Rahmen des Zumutbaren und organisatorisch Machbaren bewegen[88]. Bedarf es für das – gem. Art. 6 EMRK einer Vertraulichkeitsgarantie unterliegende[89] – Verteidigergespräch der Hinzuziehung eines Dolmetschers, so sind die hierdurch entstehenden Kosten im sachgerechten Umfang von der Staatskasse zu tragen.

Eine Einschränkung besteht auch hinsichtlich der Begutachtung des Beschuldigten durch einen Sachverständigen. Ein Anwesenheitsrecht des Verteidigers bei der Exploration besteht nicht, da dies zu einer Einschränkung der Befunderhebung führen kann[90].

**245** Auch im Rahmen einer Hauptverhandlung ist den örtlichen Gegebenheiten Rechnung zu tragen. Erlauben es etwa die Vielzahl der Angeklagten oder die erforderlichen Sicherungsmaßnahmen nicht, dass der Angeklagte unmittelbar neben seinem Verteidiger sitzt, so ist dies hinzunehmen. Entsteht Beratungsbedarf zwischen Anwalt und Mandant, so ist die Kommunikation jedoch zu ermöglichen.

---

86 Vgl. hierzu BGH NJW 2007, 3653.
87 Vgl. BGHSt 29, 102 f.; KK-*Laufhütte*, § 147 Rn. 13.
88 Vgl. OLG Stuttgart NStZ 1998, 214 m.w.N.
89 Siehe hierzu EGMR NJW 2007, 3409 ff.
90 BGH NStZ 2008, 229 f.; 2003, 101.

**c) Sonstige Verteidigerrechte**

Neben seinem Anspruch auf **Teilnahme an der Hauptverhandlung** und dem Recht, **Beweisanträge** zu stellen, steht dem Verteidiger als Ausfluss seiner Organstellung insbesondere das Recht zu, in und außerhalb der Hauptverhandlung Mitangeklagte seines Mandanten, Zeugen und Sachverständige zu **befragen**. Für die Hauptverhandlung ergibt sich dies im Übrigen aus § 240 Abs. 2 StPO. **246**

**4. Die „Konfliktverteidigung"**

**a) Problemstellung**

Der angemessene Umgang mit dem praktischen und rechtspolitischen Problem der sog. Konfliktverteidigung ist in den letzten Jahren intensiv diskutiert worden. Hierunter versteht man die **rechtsmissbräuchliche** Inanspruchnahme prozessualer Rechte mit dem Ziel, von dem sachlichen Inhalt des Verfahrens abzulenken oder zumindest die Ermittlung des wahren Sachverhalts zu verhindern bzw. zu erschweren[91]. **247**

Aufmerksamkeit erlangte das Phänomen der Konfliktverteidigung erstmals durch zwei Gerichtsentscheidungen. Der BGH hatte sich im Jahre 1991 im Rahmen der Revision mit einem Verfahren zu befassen, in dem (allerdings von dem Angeklagten selbst) 8500 Beweisanträge gestellt worden waren[92]. Das Landgericht Wiesbaden hatte im Jahre 1994 die Berufung der Staatsanwaltschaft gegen einen Teilfreispruch verworfen, weil das Gericht einer auf Konflikt ausgelegten Verteidigerstrategie „machtlos ausgeliefert" sei[93]. Kann diese Kapitulationserklärung auch nicht gebilligt werden, so zeigt sie doch die Notwendigkeit, sich mit dem Problem von Verteidigungsstrategien auseinander zu setzen, die den Konflikt mit dem Gericht und/oder der Staatsanwaltschaft als Selbstzweck begreifen. Auch in der Anwaltschaft wird der breit angelegte Versuch beobachtet, die Verfahrensherrschaft des Gerichts über die ordnungsgemäße Sachaufklärung zu unterlaufen und eine „Subherrschaft" der Verteidigung zu installieren[94]. **248**

Wählt ein Verteidiger diesen Weg, was in „nicht wenigen Fällen"[95] vorkommt, so erweist sich das ihm zur Verfügung stehende Instrumentarium als reichhaltig. Im Wesentlichen handelt es sich in der Praxis um folgende Erscheinungen[96]: **249**

– Am ersten Verhandlungstag wird die Rüge einer Fehlbesetzung des Gerichts erhoben oder dessen Unzuständigkeit gerügt und eine Unterbrechung der Hauptverhandlung beantragt, um diesen Vorwurf in Ruhe prüfen zu können;

---

91 Von anwaltlicher Seite wird „Konfliktverteidigung" allerdings – ohne das Phänomen als solches zu leugnen – gelegentlich als sachorientierte Verteidigungsstrategie verstanden, um dem Gericht zu „besserer" Einsicht zu verhelfen, vgl. *Schlothauer*, Rn. 18 m.w.N.
92 BGH NJW 1992, 1245 f.
93 LG Wiesbaden NJW 1995, 409 f.
94 So *Dahs*, NStZ 2007, 241.
95 *Dahs*, Handbuch des Strafverteidigers, Rn. 444.
96 Vgl. insoweit auch *Senge* NStZ 2002, 225 ff.; *Malmendier* NJW 1997, 227 ff.

– es werden, schon um eine Verlesung der Anklage zu verhindern, zu Beginn der Verhandlung die unsinnigsten Anträge verlesen, die z.B. auf eine Verfahrenseinstellung nach § 260 Abs. 3 StPO abzielen[97];

– auf jede Sachentscheidung folgt eine Ablehnung von Gerichtspersonen wegen angeblicher Besorgnis der Befangenheit (§§ 24 ff. StPO);

– verfahrensleitende Maßnahmen oder Fragen des Vorsitzenden im Rahmen der Vernehmung von Zeugen bzw. Sachverständigen werden ständig mit dem Ziel der Herbeiführung von Gerichtsbeschlüssen beanstandet (§ 238 Abs. 2 StPO);

**250** – im Verlauf der Verhandlung wird eine (bis in die Hunderte gehende[98]) Unzahl von Anträgen mit phantasievoll erfundenen Beweisthemen und Beweismitteln gestellt, wobei mit den „wesentlichen" Anträgen bis zum Schluss der Beweisaufnahme gewartet wird. In Mode gekommen sind auch Beweisanträge, die auf eine zeugenschaftliche Vernehmung von Mitgliedern des erkennenden Gerichts abzielen, was zu deren Ausschluss gem. § 22 Nr. 5 StPO und damit – wenn (wie im Regelfall) keine Ergänzungsrichter zur Verfügung stehen – zum Abbruch der Hauptverhandlung führen würde;

– permanent wird (gestützt auf § 273 Abs. 3 StPO) die Protokollierung irrelevanter Vorgänge beantragt;

– das Fragerecht aus § 240 Abs. 2 StPO wird exzessiv genutzt;

– es kommt zu ständigen und lautstarken Unterbrechungen der Verhandlungsleitung des Vorsitzenden.

**251** Diese Vorgehensweise dient – zuweilen neben der Befriedigung eines Profilierungsbedürfnisses – mehreren Zwecken. Zunächst wird die Hauptverhandlung in die Länge gezogen, was einerseits das Anwaltshonorar erhöht, andererseits das Gericht unter Druck setzt, weil es noch andere Verfahren zu erledigen hat. Die Verfahrensverzögerung durch sachwidrige Ausnutzung prozessualer Möglichkeiten haben insbesondere *Nehm* und *Senge* durch ihre Auswertung dreier Umfangsverfahren anschaulich belegt[99].

**252** Neben dem Verzögerungseffekt kann dem Gericht eine von der Verteidigung gehegte Vorstellung hinsichtlich der Strafhöhe – eventuell gegen ein Geständnis – „nähergebracht" werden. Außerdem sind so viele verfahrensrechtliche Fußangeln in die Hauptverhandlung eingebaut worden, dass eine Revision aussichtsreich erscheint. Das Urteil wird möglicherweise aus diesen Gründen aufgehoben und das sich erneut mit der Sache befassende Gericht – beim sog. „zweiten Aufguss" – mehr im Sinne des Angeklagten gestimmt sein. Jedenfalls ist seit der Tatbegehung soviel Zeit ins Land gegangen, dass dieser Umstand nach der Rechtsprechung des BGH strafmildernd[100] oder sogar als Verfahrenshindernis[101] zu berücksichtigen ist.

---

97  Etwa wegen des nicht existierenden „übergesetzlichen Verfahrenshindernisses der fehlerhaften Lichtbildvorlage" im Rahmen einer Zeugenvernehmung im Ermittlungsverfahren.

98  Vgl. *Nehm/Senge* NStZ 1998, 377 ff. oder BGH NJW 1998, 1723 ff. zu einem Verfahren, in dem alleine 84 Hilfsbeweisanträge gestellt worden sind.

99  NStZ 1998, 377 ff.

100  Vgl. BGH NStZ 2002, 589; NJW 1999, 1198.

101  So *Schönke/Schröder-Stree*, § 46 Rn. 57.

## b) Lösungsansätze

Einigkeit besteht in Rechtsprechung und Lehre, dass rechtsmissbräuchliches Verhalten, welches die effektive Förderung des Strafverfahrens ernsthaft gefährden kann, nicht hingenommen werden darf[102]. Die StPO selbst stellt jedoch insoweit nur wenige Instrumente zur Verfügung (vgl. §§ 26a Abs. 1 Nr. 3, 29 Abs. 2 S. 1, 244 Abs. 3 S. 2 „Prozessverschleppung", 245 Abs. 2 S. 3, 257a, 266 Abs. 3 S. 1 StPO).

**253**

Die Palette der Vorschläge zur Problemlösung der nicht geregelten Konstellationen reicht von der Anwendung des allgemeinen Verbots missbräuchlichen Verhaltens[103] über die gesetzliche Normierung einer „Missbrauchsklausel"[104] bis zur Einschränkung des Frage- und Antragsrechts durch den Gesetzgeber, die dann auch die sachorientiert handelnden Verteidiger nachhaltig treffen würde[105].

An dieser Stelle kann auf die erhebliche rechtspolitische Bedeutung der – oft auch gegen das Sachlichkeitsgebot des § 43a BRAO verstoßenden[106] – Konfliktverteidigung nur hingewiesen werden. Fest steht allerdings, dass die Strafjustiz sich dem Druck einer solchen Verteidigungsstrategie nicht beugen darf. Dies verbieten schon der staatliche Rechtsgewährungsanspruch, das in den §§ 155 Abs. 2, 244 Abs. 2 StPO zum Ausdruck kommende Legalitätsprinzip und das verfassungsrechtliche Gebot der Gleichbehandlung aller Angeklagten. Es sei daher bereits an dieser Stelle[107] auf folgende Möglichkeiten hingewiesen:

**254**

– Der **Unterbrechung einer Hauptverhandlung** bedarf es (neben den normalen Pausen) nur zur Vornahme solcher Handlungen, die zu einem anderen Zeitpunkt nicht (mehr) möglich sind. Hinsichtlich der Zuständigkeit und der Besetzung des Gerichts hat der Angeklagte durch die rechtzeitige Erhebung der Rüge seine Rechte gewahrt (§§ 6a, 16, 338 Nr. 1b StPO), so dass es einer sofortigen Unterbrechung i.d.R. nicht bedarf.

– Die Stellung von **Prozessanträgen** ist nur in Ausnahmefällen an einen bestimmten Zeitpunkt gebunden (beachte allerdings §§ 25, 26 Abs. 1 S. 2 StPO für das Ablehnungsgesuch). Der Vorsitzende bestimmt also im Rahmen seiner Verhandlungsleitung nach **§ 238 Abs. 1 StPO** den Zeitpunkt, zu dem Anträge angebracht werden können. Er kann hierbei den Verteidiger auf einen späteren Zeitpunkt verweisen, wenn andernfalls eine zügige und sachgerechte Durchführung der Hauptverhandlung gefährdet wäre[108]. Auch kann bei einer drohenden erheblichen Verfahrensverzögerung gem. § 257a StPO auf die schriftliche Antragstellung verwiesen werden.

**255**

---

102  Vgl. BGH NStZ 2007, 49; NJW 1992, 1246, *Fischer* NStZ 1997, 212 ff.
103  BGH NJW 1992, 1245 f.
104  Diese soll lauten: „Anträge der Beteiligten, die ersichtlich oder gar offenkundig nichts zur Wahrheitsfindung beitragen sollen und können, können ohne Weiteres mit dieser Begründung zurückgewiesen werden".
105  Vgl. zu den verschiedenen Vorschlägen *Jahn* ZRP 1998, 103 ff.; *Fischer* NStZ 1997, 212 ff.; *Kröpil* ZRP 1997, 9 ff.
106  Zu dessen Regelungsinhalt siehe BVerfG NJW 2008, 2424 ff.
107  Auf die Einzelprobleme wird unten noch näher eingegangen werden.
108  BGH NStZ 2006, 463.

**256** – **Befangenheitsgesuche** im Verlaufe der Hauptverhandlung führen nicht notwendig zu einer Verzögerung. Entgegen weit verbreiteter Auffassung besteht kein Anspruch des Verteidigers oder des Angeklagten, jederzeit das Wort zu ergreifen und ein solches Gesuch anzubringen. Gemäß § 238 Abs. 1 StPO kann der Vorsitzende darauf verweisen, ein solches Gesuch zu einem späteren Zeitpunkt in der Hauptverhandlung zu stellen, wenn dies für deren ordnungsgemäßen Ablauf erforderlich ist. Freilich dürfen dem Angeklagten aus der hierdurch eintretenden zeitlichen Verzögerung keine prozessualen Nachteile erwachsen.

Im Übrigen kann der Vorsitzende gem. § 29 Abs. 2 StPO – nach Anbringung eines Ablehnungsgesuches – die Fortsetzung der Verhandlung anordnen, bis eine Entscheidung hierüber ohne Verzögerung möglich ist. Geschieht dies, so ist allerdings die zeitliche Grenze des § 29 Abs. 2 S. 1 Hs. 2 StPO zu beachten. Befangenheitsgesuche, die auf eine Sachentscheidung hin ergehen, sind in der Regel unzulässig[109]. Sie können damit – wie jedes mit einer (aus rechtlichen Gründen) völlig ungeeigneten Begründung versehene Ablehnungsgesuch – von dem Gericht selbst durch Beschluss, der auch außerhalb der Hauptverhandlung ergehen kann, abgelehnt werden, § 26a StPO. Da diese Vorschrift eng auszulegen und der Anspruch auf den gesetzlichen Richter tangiert ist, sollte man von § 26a StPO indes nur zurückhaltend Gebrauch machen[110].

**257** – Werden **verfahrensleitende Maßnahmen oder Fragen des Vorsitzenden** im Rahmen der Beweisaufnahme in exzessiver Weise beanstandet und Entscheidungen der Kammer beantragt (§ 238 Abs. 2 StPO), so ist zunächst zu überlegen, ob die prozessuale Situation eine **sofortige** Entscheidung erfordert. Das ist in der Regel nicht der Fall. Der Vorsitzende muss derartige Anträge nicht sofort entgegennehmen und bescheiden. Er kann vielmehr die jeweilige Vernehmung ungestört zu Ende führen und den Verteidiger darauf verweisen, etwaige Beanstandungen nach Abschluss seiner Befragung zusammengefasst vorzubringen[111]. Es kann dann ohne Weiteres eine Verhandlungspause zur Beratung und Beschlussfassung genutzt werden. Im Übrigen ist es auch durchaus zulässig, unter Wahrung des Beratungsgeheimnisses in einfachen Fällen durch kurze Abstimmung am Richtertisch eine Entscheidung herbeizuführen[112].

Zu bedenken ist schließlich, dass nur die **rechtliche** Unzulässigkeit und nicht etwa die Zweckmäßigkeit der Maßnahme oder Frage beanstandet werden kann[113]. Zur Zulässigkeit der Beanstandung bedarf es daher entsprechender Darlegungen. Ist der Verteidiger hierzu nicht in der Lage, bedarf es auch keiner Gerichtsentscheidung.

**258** – Die exzessive Ausübung des **Beweisantragsrechts** muss ebenfalls nicht notwendig zu einer Verfahrensverzögerung führen. Hier ist zunächst unter Beachtung der BGH-Rechtsprechung zu prüfen, ob ein als „Beweisantrag" bezeichnetes Gesuch

---

109 Näheres hierzu siehe unten unter Rn. 829.
110 Zu den Einzelheiten Siehe unten Rn. 832.
111 BGH NJW 2004, 239 f.
112 BGH NJW 1992, 3181 f.; NJW 1987, 3210 f.
113 Vgl. die Nachweise bei KK-*Schneider*, § 238 Rn. 19.

sich überhaupt als ein solcher im Rechtssinne darstellt[114]. Ist dies nicht der Fall und gebietet es auch die Aufklärungspflicht nicht, dem Antrag nachzugehen, so bedarf es i.d.R. auch keiner (ablehnenden) Gerichtsentscheidung.

Aber auch „echte" Beweisanträge bedürfen keiner sofortigen Entscheidung. Eine Verzögerung der Hauptverhandlung kann also dadurch vermieden werden, dass die notwendige Beratung und Beschlussfassung (vgl. § 244 Abs. 6 StPO) in Verhandlungspausen oder zwischen mehreren Sitzungstagen stattfindet. Ihre inhaltliche Behandlung ist allein an den Maßstäben des § 244 Abs. 3 bis 5 StPO zu messen. Bestehen Zweifel an der Zulässigkeit des Antrags, so kann das Gericht von dem Beweisführer Auskunft über die Beweiseignung verlangen und die Antwort für seine Entscheidung berücksichtigen[115]. Die vorweggenommene Ablehnung (weiterer) Beweisanträge ist allerdings unzulässig[116]. Geht der Rechtsmissbrauch von dem Angeklagten selbst aus, so kann dieser darauf verwiesen werden, seine Anträge nur noch über den Verteidiger zu stellen[117].

Auch missbräuchlichen Anträgen auf Vernehmung von **Mitgliedern des Gerichts** muss i.d.R. nicht nachgegangen werden. Hier besteht die Möglichkeit, hinsichtlich des angegebenen Beweisthemas dienstliche Erklärungen einzuholen und diese in der Hauptverhandlung zu verlesen. Ergibt sich daraus, dass der Richter zu dem Beweisthema gar nichts sagen oder es nicht bestätigen kann, so kann ein gleichwohl aufrecht erhaltener Beweisantrag wegen Verschleppungsabsicht abgelehnt werden[118].

Ohnehin kann der Vorsitzende im Anschluss an die gerichtlich angeordnete Beweisaufnahme den Verfahrensbeteiligten zur Stellung weiterer Beweisanträge eine **Frist** setzen. Werden Anträge erst nach Fristablauf gestellt und kann der Antragsteller die Verzögerung nicht substantiiert und nachvollziehbar begründen, so indiziert dies i.d.R. die Verschleppungsabsicht und rechtfertigt (vorbehaltlich der Aufklärungspflicht) folglich eine Ablehnung des Antrags mit dieser Begründung[119].

Schließlich kann dem Angeklagten in **extrem** gelagerten Fällen eine Frist zur Stellung von Beweisanträgen mit der Maßgabe gesetzt werden, dass danach eingehende Anträge unter genau beschriebenen Voraussetzungen nur noch wie Hilfsbeweisanträge behandelt, also im Urteil beschieden werden[120].

– Über **Protokollierungsanträge** muss ebenfalls nicht unverzüglich entschieden werden. Eine Entscheidung des Vorsitzenden oder des Gerichts (vgl. § 273 Abs. 3 StPO) kann auch außerhalb der Hauptverhandlung abgefasst und in einem Folgetermin verlesen werden. **259**

114  Siehe hierzu unten Rn. 434 ff.
115  Vgl. BGH StV 1989, 234 f.
116  BGH NJW 1992, 1246.
117  BGH NStZ 2005, 648; NJW 1992, 1245 f.
118  Vgl. hierzu BGH NStZ 2003, 558.
119  Vgl. BGH NJW 2007, 2504.
120  Siehe BGH NStZ 2005, 648 ff.

– Wird das **Fragerecht** aus § 240 Abs. 2 StPO missbraucht, so gilt Folgendes: Im Rahmen der Verhandlungsführung hat der Vorsitzende gem. § 238 Abs. 1 StPO die sachgerechte Vernehmung von Zeugen und Sachverständigen durch die Verfahrensbeteiligten sicher zu stellen. Dies umfasst den Anspruch des Zeugen auf einen zusammenhängenden Vortrag (§ 69 Abs. 1 S. 1 StPO) und auf angemessene Behandlung. Letzterer ergibt sich insbesondere aus den §§ 68a, 241 Abs. 2 StPO. Vor einer rechtsstaatswidrigen Verteidigung ist insbesondere das Tatopfer zu schützen[121]. Nicht zur konkreten Sachaufklärung erforderliche und/oder ehrenrührige Fragen sind folglich zurückzuweisen. Ohnehin sind Opferschutzinteressen bei Entscheidungen zum Umfang der Beweisaufnahme stets zu berücksichtigen[122]. Dabei können auch Themenkomplexe insgesamt von der Befragung ausgeschlossen werden, ohne dass es zu jeder Einzelfrage jeweils einer neuen Gerichtsentscheidung bedarf[123].

**260** – Nehmen **störende Unterbrechungen** der Verhandlungsleitung des Vorsitzenden oder andere Maßnahmen ein nicht mehr hinnehmbares Ausmaß an, so kann der Pflichtverteidiger im Ausnahmefall (gestützt auf §§ 138a ff., 143 StPO) als ultima ratio „aus wichtigem Grund" von der Hauptverhandlung **ausgeschlossen** und/oder seine Bestellung aufgehoben werden[124]. Als wichtiger Grund für den Widerruf der Pflichtverteidigerbestellung kommt nämlich jeder Umstand in Betracht, der den Zweck der Bestellung, dem Angeklagten einen geeigneten Beistand zu sichern **und** den ordnungsgemäßen Ablauf des Verfahrens zu sichern, ernsthaft gefährdet[125]. Grobe Pflichtverletzungen – etwa die fehlende Bereitschaft zur sachgerechten Verteidigung oder die unzeitige Entfernung eines Pflichtverteidigers aus dem Sitzungssaal – können daher die Aufhebung einer Beiordnung mit der Kostenfolge des § 145 Abs. 4 StPO rechtfertigen[126].

Bei einem Wahlverteidiger kommt im Extremfall nur ein Ausschluss nach den §§ 138a ff. StPO[127] bzw. nach den sitzungspolizeilichen Grundsätzen der §§ 176, 177 GVG in Betracht[128]. In jedem Fall bedarf es vor einer solchen Maßnahme der eindringlichen Abmahnung des Verteidigers[129].

In ebenfalls seltenen Fällen kann Konfliktverteidigung auch in den Bereich der Strafbarkeit wegen Strafvereitelung (§ 258 StGB) oder Beleidigung (§ 185 StGB) führen[130].

---

121  BGH NStZ-RR 2007, 21 f. mit einem plastischen Beispiel.
122  BGH NStZ-RR 2007, 21 f.
123  BGH NJW 2004, 239 f.
124  BGH NStZ 1997, 46 f.; NStZ 1988, 510; BVerfG NJW 1975, 1015 ff.
125  BGH NJW 2001, 625; BVerfG NJW 1998, 444.
126  Vgl. auch OLG Köln NJW 2005, 3588 f. m.w.N.
127  Lesen Sie zu einem solchen Extremfall aus dem rechtsradikalen Milieu BGH NJW 2006, 2421.
128  Die Anwendbarkeit der §§ 176, 177 GVG ist allerdings umstritten. Vgl. zu diesem sicherlich selten relevanten Fragenkreis OLG Hamm wistra 2003, 359 f.; OLG Hamburg NJW 1998, 621 ff.; *Jahn* NStZ 1998, 389 ff.; *Malmendier* NJW 1997, 231 ff.
129  OLG Hamburg NJW 1998, 621 ff. sowie NJW 1998, 1328.
130  Vgl. zu diesen Problemen BGH NStZ 2001, 145 ff.; NJW 2000, 2434; NJW 2000, 2217 ff.; NStZ 1999, 188 f.; NStZ 1993, 79 ff.; *Jahn* ZRP 1998, 103 ff.

## III. Die Staatsanwaltschaft

### 1. Funktion und Stellung der Staatsanwaltschaft

Aufbau und Funktion der Staatsanwaltschaft sind bereits im Kapitel 2 dargestellt **261** worden, da eine ihre Hauptaufgaben in der Durchführung des Ermittlungsverfahrens liegt. Bei ihr liegt nach § 152 StPO das **Anklagemonopol**, welches mit der Pflicht korrespondiert, Straftaten zu verfolgen (Legalitätsprinzip)[131]. Als staatliche Institution hat die Staatsanwaltschaft den ordnungsgemäßen und gesetzmäßigen Ablauf auch des gerichtlichen Verfahrens in besonderem Maße zu fördern (lesen Sie hierzu Nrn. 123 ff. RiStBV!).

Die Staatsanwaltschaft ist zwar eine intern hierarchisch strukturierte Behörde, im Verhältnis zum Gericht und den anderen Verfahrensbeteiligten handelt es sich jedoch ebenfalls um ein zur Objektivität verpflichtetes, **unabhängiges Organ der Rechtspflege**, vgl. § 150 GVG. Der Sitzungsvertreter der Staatsanwaltschaft ist – auch gegenüber seiner Behörde – frei und nicht weisungsgebunden, welche Schlüsse er aus der Beweisaufnahme einer Hauptverhandlung zieht, wie er also den „Inbegriff der Verhandlung" i.S.d. § 261 StPO würdigt. Hinsichtlich der rechtlichen Bewertung ist die Staatsanwaltschaft jedoch schon aus Gründen der Gleichbehandlung an die höchstrichterliche Rechtsprechung gebunden[132].

Für die Hauptverhandlung ist die Vorschrift des **§ 226 StPO** von Bedeutung, wonach **262** die ununterbrochene Gegenwart „der Staatsanwaltschaft" vorgeschrieben ist. Diese Regelung wird durch **§ 227 StPO** dahingehend konkretisiert, dass auch mehrere Beamte der Staatsanwaltschaft an der Hauptverhandlung mitwirken und die Verrichtungen unter sich aufteilen können.

Erforderlich ist bereits nach dem Gesetzestext des § 226 StPO die Anwesenheit „der Staatsanwaltschaft", also nicht eines bestimmten Staatsanwaltes. Daraus folgt, dass eine Ablösung und Ersetzung des Staatsanwaltes durch einen anderen in der Sitzung zulässig ist oder der Leitende Oberstaatsanwalt den Sitzungsdienst selbst übernehmen kann (Recht zur Substitution bzw. Devolution, § 145 GVG).

### 2. Prozessuale Rechte der Staatsanwaltschaft

Angesichts ihrer eigenständigen Stellung stehen der Staatsanwaltschaft im gerichtlichen Verfahren in gleicher Weise prozessuale Befugnisse zu wie dem Angeklagten. **263** Nach der Erhebung der öffentlichen Klage soll zwischen ihr und dem Angeklagten „Waffengleichheit" bestehen[133]. Folglich kann auch sie durch **Prozessanträge** – etwa

---

131 Die Pflicht zur Verfolgung von Straftaten ist zwar eine Amtspflicht. Diese besteht aber nicht gegenüber dem Verletzten, so dass diesem bei einem Verstoß gegen das Legalitätsprinzip keine Ersatzansprüche zustehen, vgl. BGH NJW 1996, 2373.

132 BGHSt 15, 155 ff.

133 BVerfG NJW 2004, 1308; NJW 1984, 1907; BGH NStZ 1984, 419.

Beweisanträge – die Gestaltung des Verfahrens beeinflussen sowie den Angeklagten, Zeugen oder Sachverständige **befragen**, § 240 Abs. 2 StPO. Vor gerichtlichen Entscheidungen ist auch ihr **rechtliches Gehör** zu gewähren, vgl. § 33 StPO.

## IV. Zeugen

### 1. Funktion und Stellung des Zeugen

**264**     Zeugen spielen im Strafverfahren eine herausragende Rolle immer dann, wenn der Angeklagte den Tatvorwurf nicht glaubhaft einräumt oder wenn sonstige Umstände – etwa die Tatfolgen – aufzuklären sind. Über die Rolle der Zeugen ist bereits einiges ausgeführt worden[134]. Sie zählen zu den sog. „persönlichen Beweismitteln", die durch eine Aussage zum Prozess der Wahrheitsfindung beitragen. Dabei ist Zeuge derjenige, der über **eigene sinnliche Wahrnehmungen** (insbesondere Sehen und Hören) zu einem bestimmten **tatsächlichen Geschehen** (z.B. Ablauf eines Überfalls, Äußerungen von Beteiligten) Angaben machen kann und soll. Schlussfolgerungen, Meinungen oder Bewertungen sind dagegen dem Zeugenbeweis nicht zugänglich.

### 2. Pflichten des Zeugen

**265**     Bevor wir uns den Details der Zeugenvernehmung (Belehrung/Aussage/Eid) zuwenden, müssen wir uns mit den grundsätzlichen Pflichten und Rechten dieser Beteiligten befassen. Die Pflichten eines Zeugen bestehen in Folgendem:

–   er muss zur Vernehmung **erscheinen**, wie sich aus § 51 StPO ergibt, wo die möglichen Zwangsmittel geregelt sind. Ausgenommen von dieser Pflicht sind nur solche Personen, die Exterritorialität genießen (vgl. §§ 18, 19 GVG) sowie Ausländer, die sich im Ausland aufhalten;
–   er muss **wahrheitsgemäß aussagen** (vgl. §§ 57, 69 StPO sowie §§ 153 ff. StGB)
–   und ggf. die Richtigkeit seiner Angaben be**schwören**, vgl. § 59 StPO.

### 3. Rechte des Zeugen

#### a) Überblick

**266**     Zeugen sind nicht bloßes Objekt bzw. Beweisinstrumente des Strafverfahrens. Es ist vielmehr darauf zu achten, dass auch ihre Belange, insbesondere wenn sie Tatopfer sind, in jedem Verfahrensstadium angemessen gewahrt werden[135]. Den genannten staatsbürgerlichen Pflichten stehen daher folgende Rechte des Zeugen gegenüber:

---

134   Siehe oben Rn. 137 ff. zum Ermittlungsverfahren.
135   Vgl. BGH NJW 2005, 1444; NStZ 2005, 579 f.

- Der Zeuge hat zunächst Anspruch auf Schutz seiner Person. Daher darf er gem. § 68 Abs. 3 StPO im Falle einer tatsächlichen Gefährdung in dem dort genannten Umfang Angaben zur Person verweigern. Unter Umständen ist seine Vernehmung auch optisch und/oder akustisch abgeschirmt durchzuführen[136];
- er hat Anspruch auf Abgabe eines vollständigen und **zusammenhängenden Berichts**, § 69 Abs. 1 StPO. Dies bedeutet, dass er zunächst einmal das Geschehen aus seiner Sicht ohne große Unterbrechungen durch das Gericht schildern soll und darf;
- er hat ein Recht auf **angemessene Behandlung**, §§ 69 Abs. 3, 136a StPO;
- ihm steht eine **Entschädigung** zu, §§ 71 StPO, 19 ff. JVEG.

Der Zeuge kann sich zudem der Unterstützung durch einen Rechtsanwalt als **Beistand** versichern. Unter den Voraussetzungen des § 68b StPO ist ihm ein solcher sogar von Amts wegen beizuordnen[137]. Dessen Funktion besteht allerdings nur darin, den Zeugen hinsichtlich der Wahrung von Zeugnis- und Auskunftsverweigerungsrechten zu beraten sowie Fehler und Missverständnisse bei der Aussage zu verhindern. Ein Akteneinsichtsrecht steht ihm angesichts dieses eingeschränkten Tätigkeitsfeldes nicht zu[138]. Eine Verhinderung des Zeugenbeistands gibt dem Zeugen – abgesehen von den Fällen des § 68b StPO – auch nicht das Recht, seine Aussage zu verweigern[139]. **267**

Die Strafprozessordnung räumt in relativ großzügigem Umfang bestimmten individuellen Interessen Vorrang vor dem staatlichen Interesse an der Wahrheitsermittlung ein. Unter bestimmten Voraussetzungen ist der Zeuge daher von seiner Verpflichtung entbunden, eine Aussage zu machen und deren Richtigkeit vor Gericht zu beschwören. Dieses **Schweigerecht** bedarf einer näheren Betrachtung, da die Aussage- oder Zeugnisverweigerung in der Praxis eine besondere Rolle spielt. Manche Fehler des Gerichts im Umgang mit Zeugen können zudem mit der Revision gerügt werden und so zur Aufhebung eines Urteils führen. Hinsichtlich des Schweigerechts ist zu **differenzieren** zwischen folgenden Befugnissen: **268**

Recht auf **Zeugnisverweigerung**

aus persönlichen Gründen für Angehörige, § 52 StPO;
aus beruflichen Gründen, §§ 53, 53a StPO;
für Beamte, Richter, öffentlichen Dienst, § 54 StPO.

Recht auf **Auskunftsverweigerung**

zum Schutz vor Belastung der eigenen Person, § 55 Abs. 1 Alt. 1 StPO;
zum Schutz der Angehörigen i.S.d. § 52 StPO, § 55 Abs. 1 Alt. 2 StPO.

---

136  Siehe BGH NJW 2003, 74 f.
137  Vgl. hierzu auch Rn. 146.
138  Vgl. zur Stellung des Zeugenbeistands umfassend: BVerfG NJW 1975, 103.
139  Vgl. BGH NStZ 1989, 484.

**269** Der Unterschied zwischen beiden Rechten besteht darin, dass der (umfassend) Zeugnisverweigerungsberechtigte überhaupt keine Aussage zu machen braucht, während § 55 StPO nur die Verweigerung der Antwort auf **einzelne Fragen** gestattet. Die genannten Vorschriften beziehen sich zwar ausdrücklich nur auf Zeugen, über §§ 72, 76 StPO gelten sie jedoch für Sachverständige entsprechend.

Aufgrund der gerichtlichen Fürsorgepflicht sind die Zeugen und Sachverständigen **vor jeder Vernehmung** über ihre entsprechenden Pflichten und Rechte zu **belehren**, §§ 52 Abs. 3 S. 1, 55 Abs. 2, 57, 72 StPO. Die Tatsache der Belehrung ist zu protokollieren.

**270** Neben diesen gesetzlich geregelten Schweigerechten kann sich eine Begrenzung des Zeugniszwangs aus Art. 2 Abs. 1 i.V.m. Art. 1 Abs. 1 GG dann ergeben, wenn
– die Vernehmung einen Eingriff in die **Intimsphäre** des Zeugen darstellen würde und das öffentliche Interesse an einer Aufklärung der Straftat nicht überwiegt oder
– durch eine Vernehmung der Zeuge in Lebensgefahr gebracht bzw. eine **erhebliche Gefahr für Leib oder Freiheit** entstehen würde[140].

Verweigert ein Zeuge **berechtigterweise** das Zeugnis bzw. die Auskunft, so ist seine Vernehmung unzulässig (vgl. §§ 244 Abs. 3 S. 1, 245 Abs. 2 S. 2 StPO). Eine frühere Aussage darf nach § 252 StPO i.d.R. nicht mehr verwertet werden[141], Zwangsmittel nach § 70 StPO sind nicht statthaft.

**b) Das Recht auf Zeugnisverweigerung aus persönlichen Gründen**

**aa) Anwendungsfälle**

**271** **§ 52 StPO** begründet ein Zeugnisverweigerungsrecht aus **persönlichen Gründen**. Privilegiert werden hierdurch:
– die Verlobten (was ein gegenseitiges und ernstliches Eheversprechen voraussetzt; hieran fehlt es – entgegen § 116 BGB – nach Auffassung des BGH bei Heiratsschwindlern[142]);
– Ehegatten und Lebenspartner[143] (auch – oder gerade – nach Beendigung der Verbindung);
– Verwandte und Verschwägerte in gerader Linie;
– Verwandte in Seitenlinie bis zum 3. Grad;
– Verschwägerte in Seitenlinie bis zum 2. Grad.

Dabei besteht für die genannten Personengruppen das Zeugnisverweigerungsrecht unabhängig davon, ob das Verwandtschaftsverhältnis dem Gericht bekannt ist oder nicht.

---

140  BGH StV 1993, 233; vgl. auch BVerfG NJW 1981, 1719 ff. (1724).
141  Zu den Ausnahmen siehe unten Rn. 499 ff.
142  BGHSt 3, 215; es genügt jedoch, wie es hin und wieder geschieht, wenn Zeugen und Angeklagte unter dem Druck der Hauptverhandlung den Entschluss fassen, sich an Ort und Stelle den Bund für's Leben zu versprechen.
143  „Lebenspartner" im Sinne des Gesetzes zur Beendigung der Diskriminierung gleichgeschlechtlicher Lebensgemeinschaften vom 16.02.2001, BGBl. I 266.

Wird ein einheitliches Verfahren gegen mehrere Personen geführt, so ist der Zeuge 272
hinsichtlich aller Beschuldigten/Angeklagten zur Zeugnisverweigerung berechtigt,
sofern der Sachverhalt, zu dem er aussagen soll, auch seinen Angehörigen betrifft.
Wird das Verfahren gegen den Angehörigen später nach § 170 Abs. 2 StPO eingestellt oder verfahrensmäßig abgetrennt, so besteht das Zeugnisverweigerungsrecht
bezüglich der ehemaligen Mitbeschuldigten gleichwohl fort[144].

Der Richter, der über das Bestehen des Zeugnisverweigerungsrechts entscheidet, 273
muss den Grad der Verwandtschaft bzw. Schwägerschaft schnell und zielsicher
ermitteln können. Dies ist nicht immer einfach, zumal Zeugen in der Regel nicht in
der Lage sind, sich juristisch exakt auszudrücken.

**Beispiel:** Der Zeuge A erklärt auf die Frage nach verwandtschaftlichen Beziehungen
zum Angeklagten: „Der Angeklagte ist von meiner geschiedenen Frau von deren Bruder
der Sohn".

Besteht ein Zeugnisverweigerungsrecht?

Schon aus der Laiensphäre ist ersichtlich, dass es sich um einen Fall der Schwägerschaft
handeln muss. Das Gesetz bestätigt dies in § 1590 Abs. 1 BGB: „Die Verwandten eines
Ehegatten sind mit dem anderen Ehegatten verschwägert" (und umgekehrt natürlich). Das
gilt auch, wenn die Ehe nicht mehr besteht, § 1590 Abs. 2 BGB. Nachdem diese juristische Hürde genommen ist, muss dem Vorstellungsvermögen durch ein Schaubild nachge-
holfen werden:

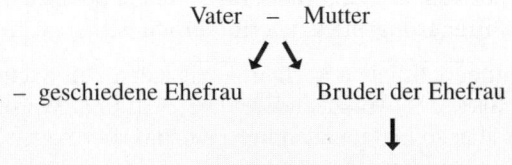

Vater   –   Mutter

Zeuge A – geschiedene Ehefrau      Bruder der Ehefrau

Angeklagter

Der Grad der Schwägerschaft (Verwandtschaft) und die Seitenlinie ergeben sich aus
§ 1589 BGB. Ausgangspunkt ist die geschiedene Ehefrau des Zeugen, die mangels direk-
ter Abstammung mit ihrem Neffen, dem Angeklagten, nicht in gerader Linie verwandt ist
(wohl aber in Seitenlinie), § 1589 S. 1 und 2 BGB. Zur Bestimmung des Grades muss nur
noch die Zahl der „vermittelnden Geburten" ermittelt werden (§ 1589 S. 3 BGB). Die
Geburten der gemeinsamen Stammeltern (die Schwiegereltern des Zeugen) bleiben hierbei unberücksichtigt. Es bleiben somit drei Geburten (die der Ehefrau, die des Bruders
und diejenige des Angeklagten), d.h. der Zeuge und der Angeklagte sind in der Seitenlinie
im dritten Grade verschwägert.

Ein Zeugnisverweigerungsrecht nach § 52 Abs. 1 Nr. 3 StPO besteht also nicht. Anders
wäre es, wenn der Angeklagte der Sohn eines Bruders des Zeugen wäre. Prüfen Sie selbst!

#### bb) Belehrungspflicht

Wie bereits erwähnt, sind die Zeugen vor ihrer Vernehmung über ihre Rechte aus 274
§ 52 StPO zu belehren, § 52 Abs. 3 StPO.

---

144 Vgl. BGH NJW 1998, 3364.

Die Belehrungspflicht gilt auch gegenüber **minderjährigen Zeugen**, deren gesetzliche Vertreter unter bestimmten Voraussetzungen zu einer Aussage ebenfalls ihre Zustimmung erteilen müssen, vgl. § 52 Abs. 2 S. 1, Abs. 3 StPO. Wie sich aus § 52 Abs. 2 S. 1 StPO ergibt, obliegt die Wahrnehmung des Zeugnisverweigerungsrechts zunächst dem minderjährigen Zeugen selbst. Erklärt er, nicht aussagen zu wollen, so wird er nicht gegen seinen Willen zu einer Aussage gezwungen[145]. Ist er aussagebereit und hat er die nötige „Verstandesreife" – erkennt er also die Situation des Angeklagten und die Bedeutung seiner Aussage –, so kann er ohne Weiteres vernommen werden. Dabei obliegt die Beurteilung dieser Fähigkeit dem Tatrichter (bzw. im Ermittlungsverfahren dem vernehmenden Staatsanwalt), und zwar unabhängig vom Alter des Zeugen. Verbleiben insoweit Zweifel, so ist von mangelnder Verstandesreife auszugehen[146].

**275**   Die gesetzlichen Vertreter – i.d.R. die Eltern – müssen also der Vernehmung nur dann zustimmen, wenn (wie etwa bei einem 7 Jahre alten Kind[147]) der Zeuge selbst aussagebereit ist **und** die vernehmende Person zu der Überzeugung gelangt, diese Entscheidung sei nicht von der nötigen Verstandesreife getragen. Problematisch wird dies dann, wenn der gesetzliche Vertreter – oder einer von mehreren gesetzlichen Vertretern – selbst Beschuldigter ist, wie dies in Fällen von sexuellem Missbrauch innerhalb einer Familie vorkommen kann. In diesem Fall ist auch der andere Elternteil an einer Entscheidung über das Zeugnisverweigerungsrecht gehindert, § 52 Abs. 2 S. 2 StPO. Hier kann sich also die Frage stellen, ob nach § 1909 Abs. 1 BGB die Bestellung eines Ergänzungspflegers erforderlich ist[148].

Die Belehrung ist im gerichtlichen Verfahren auf jeden Fall Sache des Richters, bei Kollegialgerichten also des Vorsitzenden. Die Art und Weise steht in seinem Ermessen. Sie muss aber so klar und deutlich sein, dass der Zeuge Für und Wider seiner Entscheidung abwägen kann. Ist etwa die Frage der verwandtschaftlichen Beziehung rechtlich schwierig zu beurteilen, so muss der Zeuge insoweit zutreffend belehrt werden[149].

Soll der Zeuge im Rahmen eines aussagepsychologischen Gutachtens durch einen Sachverständigen exploriert werden, so darf die Belehrung nicht auf diesen abgewälzt werden[150]. Der Richter muss bei Minderjährigen in kindgerechter Form auch darauf hinweisen, dass trotz der Zustimmung des gesetzlichen Vertreters ein eigenes Recht zur Zeugnisverweigerung besteht. Wird gegen diese Verpflichtung verstoßen, so können die Angaben gegenüber dem Sachverständigen – wie auch bei sonstigen Verstößen gegen die Belehrungspflicht – einem **Verwertungsverbot** unterliegen[151].

---

145  BGHSt 14, 159 f.
146  BGHSt 23, 221 f.
147  Vgl. BGH NStZ 1991, 398.
148  Vgl. zu diesem Problemkreis BayObLG NJW 1998, 614 f. m.w.N.; BGH NJW 1996, 206.
149  Vgl. BGH NStZ 2006, 647 f.
150  BGH NJW 1996, 206.
151  Näheres hierzu erfahren Sie unten unter Rn. 883 f.

### cc) Geltendmachung des Zeugnisverweigerungsrechts

Das Zeugnisverweigerungsrecht wird üblicherweise geltend gemacht, indem der **276** Zeuge nach seiner Belehrung erklärt, keine Angaben machen zu wollen.

Der zeugnisverweigerungsberechtigte Zeuge kann aber auch schon vor einer Hauptverhandlung (oder polizeilichen Vernehmung) – etwa brieflich – erklären, dass er nicht aussagen wolle. Ist die Zeugnisverweigerung eindeutig erklärt und erkennbar frei von Willensmängeln, so darf der Zeuge nicht geladen werden. Selbst ein auf seine Vernehmung gerichteter Beweisantrag wäre unzulässig[152]. Ergeben sich jedoch Zweifel an der Weigerungserklärung des Zeugen, so sind diese – möglichst außerhalb der Hauptverhandlung – im Freibeweisverfahren[153] zu klären.

### c) Das Recht auf Zeugnisverweigerung aus beruflichen Gründen

Neben den aufgrund ihrer persönlichen Beziehung privilegierten Zeugen können **277** nach **§ 53 StPO** auch bestimmte **Berufsgruppen** aus **beruflichen Gründen** das Zeugnis verweigern. Dies sind:

– Geistliche[154];
– Verteidiger;
– Rechtsanwälte, Ärzte, Steuerberater, Notare pp.;
– Beratungsstellen im Zusammenhang mit dem Schwangerschaftsabbruch;
– Mitarbeiter von Suchtberatungsstellen[155];
– Mitglieder der parlamentarischen Vertretungen;
– Journalisten (sog. Informantenschutz).

Dabei gilt das Zeugnisverweigerungsrecht für die genannten Personen natürlich nur dann, wenn die Tatsachen, zu denen sie befragt werden sollen, nach der objektiven Sachlage in einem inneren Zusammenhang mit der jeweiligen Berufstätigkeit stehen, ihnen also in ihrer spezifischen beruflichen Eigenschaft bekannt geworden sind. So hat etwa ein Geistlicher kein Zeugnisverweigerungsrecht, soweit es um Tatsachen geht, die ihm im Rahmen der allgemein karitativen oder verwaltenden – also nicht seelsorgerischen – Tätigkeit bekannt wurden[156]. Eingeschränkt wird das Zeugnisverweigerungsrecht ansonsten nur durch gesetzliche **Anzeigepflichten**, wie sie etwa für Steuerberater, Rechtsanwälte oder Notare durch §§ 2, 11 GwBekErgG bei dem Verdacht der Geldwäsche durch den Mandanten vorgesehen sind. Besteht eine gesetzliche Offenbarungspflicht, so ist eine Berufung auf das Zeugnisverweigerungsrecht ausgeschlossen[157].

---

152 BGH NStZ 2001, 48.
153 Siehe zu den Besonderheiten dieses Verfahrens Rn. 403 f.
154 Dies sind auch Laien, die im Auftrag der Kirche hauptamtlich als Seelsorger in einer JVA selbstständig unmittelbare seelsorgerische Tätigkeiten verrichten, BGH NJW 2007, 307 ff.
155 Für Mitarbeiter **anderer Beratungsstellen**, etwa diejenigen einer Anlaufstelle für sexuell missbrauchte Frauen, besteht demgegenüber kein gesetzliches Zeugnisverweigerungsrecht. Ein solches kann jedoch im Einzelfall unter ganz besonders strengen Voraussetzungen zum Schutz verfassungsrechtlich geschützter Rechtsgüter anzuerkennen sein, vgl. BVerfG NJW 1996, 1587; LG Freiburg NJW 1997, 813 f.
156 Zur insoweit oft schwierigen Abgrenzung siehe BGH NJW 2007, 307 ff. („Anstaltsgeistlicher").
157 Vgl. BGH NJW 2005, 2406 ff.

Kommt bei Geistlichen, Verteidigern oder Abgeordneten (bzw. deren Berufshelfern) ein Zeugnisverweigerungsrecht ernstlich in Betracht, so sind Ermittlungsmaßnahmen hinsichtlich der diesem unterliegenden Erkenntnisse durch die Einfügung des § 160a Abs. 1 und 2 StPO im Regelfall praktisch generell verboten[158].

**278**   Ob der Berechtigte sein Zeugnisverweigerungsrecht in Anspruch nimmt, unterliegt ausschließlich seiner alleinigen **freien Entscheidung**. Aus diesem Grunde ist es dem Gericht untersagt, die Entschließung des Zeugen durch Hinweise oder Empfehlungen zu beeinflussen. Selbst derjenige, zu dessen Gunsten die Schweigepflicht vom Gesetzgeber anerkannt ist (bei einem Arzt ist dies beispielsweise der Patient), hat keinen Anspruch darauf, dass der Berufsträger von seinem Recht Gebrauch macht[159].

**279**   Für die **Berufshelfer** gilt § 53a StPO: Das Zeugnisverweigerungsrecht für die in § 53 StPO genannten Berufsgruppen könnte durch Vernehmung der jeweiligen Hilfspersonen (Arzthelferin, Bürovorsteher etc.) ohne Weiteres umgangen werden. Aus diesem Grunde steht den „Gehilfen" der in § 53 StPO genannten Berufsträger ebenfalls ein Zeugnisverweigerungsrecht zu. Über die Aussagepflicht entscheidet nach § 53a Abs. 1 S. 2 StPO aber der Hauptberufsträger i.S.d. § 53 Abs. 1 Nr. 1 bis 4 StPO.

**280**   Die in § 53 Abs. 1 Nrn. 1 bis 3b StPO genannten Personen sind zur Zeugnisverweigerung nicht (mehr) berechtigt, wenn sie von ihrer Verpflichtung zur Verschwiegenheit entbunden sind, § 53 Abs. 2 StPO. Zu dieser Entbindung ist derjenige berechtigt, den das Schweigerecht schützen soll. Die entsprechende Erklärung kann auch durch schlüssiges Verhalten erfolgen, etwa indem der Angeklagte einen behandelnden Arzt als Zeugen benennt. Die **Entbindung von der Schweigepflicht** ist im Übrigen jederzeit frei widerrufbar, so dass ein erloschenes Zeugnisverweigerungsrecht erneut aufleben kann[160]. Die bis zum Widerruf der Entbindungserklärung erfolgte Zeugenaussage bleibt jedoch für das Gericht verwertbar.

Wird der Berufsträger von der Schweigepflicht entbunden, so wirkt dies auch für den Berufshelfer, § 53a Abs. 2 StPO.

**281**   Die in den §§ 53, 53a StPO aufgeführten Zeugnisverweigerungsberechtigten bedürfen – anders als im Fall des § 52 StPO – **keiner Belehrung** durch das Gericht. Der Gesetzgeber hat vielmehr die Kenntnis der genannten Personengruppen über Ausmaß und Grenzen ihres Zeugnisverweigerungsrechts als selbstverständlich vorausgesetzt. Nur im Ausnahmefall ist der Zeuge über offensichtliche Irrtümer aufzuklären. Erteilt das Gericht dem Zeugen **falsche Hinweise** – etwa zum angeblichen Bestehen einer Schweigepflichtentbindung – so kann dies zu einem Beweisverwertungsverbot führen[161].

---

158   Eine gesetzgeberische Fehlleistung dürfte darin bestehen, dass nach dem Wortlaut des § 160a StPO ein Ermittlungsverbot noch nicht einmal davon abhängt, ob von dem Zeugnisverweigerungsrecht tatsächlich Gebrauch gemacht wird.
159   BGH NJW 1996, 2436.
160   Vgl. BGH NJW 1996, 2436.
161   BGH NJW 1996, 2436.

#### d) Das Recht auf Zeugnisverweigerung aus dienstlichen Gründen

Schließlich können auch **dienstliche Gründe** zu einem Zeugnisverweigerungsrecht **282** führen, § 54 StPO. Angehörige des öffentlichen Dienstes sind grundsätzlich – sei es durch Gesetz oder Tarifvertrag – zur Verschwiegenheit verpflichtet. Wegen des besonderen Gewichts des öffentlichen Geheimhaltungsbedürfnisses gilt diese Pflicht auch im Strafverfahren. Soweit die amtliche Verschwiegenheitspflicht reicht, normiert § 54 StPO ein **Beweiserhebungsverbot.**

Ob eine entsprechende Schweigepflicht für den zum öffentlichen Dienst gehörenden **283** Zeugen besteht, muss dieser zunächst selbst beurteilen. Allerdings ist es üblich, die Beantwortung dieser Frage dem jeweiligen Dienstvorgesetzten zu überlassen, indem (durch das Gericht, die Staatsanwaltschaft oder Polizei) eine Aussagegenehmigung beantragt wird[162]. Diese darf zwar nur unter den besonderen Voraussetzungen des Beamtenrechts verweigert werden[163], das Gericht oder die Staatsanwaltschaft haben aber gegen einen abschlägigen Bescheid des Dienstvorgesetzten letztlich keine durchgreifende Handhabe. Nur die formlose Gegenvorstellung oder eine Dienstaufsichtsbeschwerde kommen hier im Rahmen der Erfüllung der Aufklärungspflicht (§ 244 Abs. 2 StPO) in Betracht. Ggf. muss bezüglich einer Versagung der Aussagegenehmigung auch die Entscheidung der obersten Dienstbehörde eingeholt werden[164]. Rechtsmittel im eigentlichen Sinne (etwa Klage auf Erteilung der Genehmigung) stehen nur dem Zeugen selbst bzw. dem Angeklagten zu.

Wird die Genehmigung – aus welchen Gründen auch immer – endgültig versagt, so ist der betreffende Zeuge für die Justiz „verloren". Seine Vernehmung ist unzulässig.

Einer **Belehrung** des Zeugen über sein Recht aus § 54 StPO bedarf es – mangels entsprechender gesetzlicher Anordnung – nicht.

#### e) Das Recht auf Auskunftsverweigerung

Die Vorschrift des **§ 55 StPO** gibt dem Zeugen allgemein das Recht, die Beantwor- **284** tung **einzelner Fragen**[165] zu verweigern, wenn er durch eine wahrheitsgemäße Antwort sich selbst oder einen der in § 52 StPO genannten Angehörigen in die Gefahr der Verfolgung wegen einer Straftat oder Ordnungswidrigkeit bringen würde, die er vor seiner Zeugenaussage begangen hat. Das Auskunftsverweigerungsrecht des § 55 StPO ist damit Ausfluss des aus der Menschenwürde abgeleiteten[166] allgemeinen rechtsstaatlichen Grundsatzes, dass niemand zu einer Aussage gezwungen werden darf, durch die er die Voraussetzungen für seine eigene strafrechtliche Verfolgung liefern würde.

---

162  Eine Aussagegenehmigung benötigt **auch der Angeklagte**, wenn er Angehöriger des öffentlichen Dienstes ist. Dies kann sich entscheidend auf seine Verteidigungsmöglichkeiten auswirken. Vgl. hierzu BGH NJW 2007, 3010 ff.
163  Lesen Sie für den Bereich der Bundesbeamten §§ 61, 62 BBG.
164  BGH NStZ 1996, 608.
165  BGH NJW 2007, 2197.
166  BVerfG NJW 2003, 3045; NStZ 2002, 378.

**285**  Der Inhalt der wahrheitsgemäßen Aussage muss nach der tatrichterlichen Bewertung zumindest einen Anfangsverdacht i.S.d. § 152 Abs. 2 StPO begründen können. Es müssen also konkrete Tatsachen dafür sprechen, dass der zu untersuchende Lebenssachverhalt eine noch verfolgbare Straftat oder Ordnungswidrigkeit des Zeugen (bzw. seines Angehörigen) enthält. In einem solchen Fall darf er auch nicht zur Offenbarung von „Teilstücken in einem mosaikartig zusammengesetzten Beweisgebäude" gezwungen werden[167]. Denn für die Anwendung des § 55 StPO genügt es, wenn die wahrheitsgemäßen Angaben auch nur mittelbar Auslöser von (weiteren) Verfolgungsmaßnahmen werden könnten.

> **Beispiel:** Der Zeuge ist aufgrund seines Geständnisses wegen unerlaubten Handeltreibens mit Betäubungsmitteln in 5 Fällen rechtskräftig zu einer Gesamtfreiheitsstrafe verurteilt worden. Die Staatsanwaltschaft/das Gericht vernimmt ihn daraufhin als Zeugen und befragt ihn nach seinen Lieferanten. Der Zeuge verweigert entsprechende Auskünfte mit der Begründung, das rechtskräftige Urteil erfasse nicht sämtliche von ihm begangenen Drogendelikte.
>
> Würde der Zeuge seine Lieferanten preisgeben, so müsste er damit rechnen, dass diese Angaben über weitere mit ihm abgeschlossene Drogengeschäfte machen und so noch nicht abgeurteilte, also verfolgbare Delikte offenbaren. Er wäre im Falle einer wahrheitsgemäßen Aussage möglicherweise gezwungen, potentielle Beweismittel gegen sich selbst zu liefern. Folglich kann er sich auf § 55 StPO berufen. Etwas anderes gilt allerdings dann, wenn die Lieferanten den Ermittlungsbehörden bereits bekannt sind[168].
>
> Eine ähnliche Fallgestaltung kann im Bereich terroristischer Vereinigungen gegeben sein[169].

Bloße Vermutungen, pauschale Behauptungen des Zeugen oder die rein theoretische Möglichkeit strafrechtlicher Konsequenzen genügen demgegenüber für die Inanspruchnahme des § 55 StPO nicht[170].

**286**  Das Auskunftsverweigerungsrecht besteht darüber hinaus dann nicht, wenn die Gefahr einer Verfolgung **unzweifelhaft** ausgeschlossen ist[171]. Dies ist etwa dann der Fall, wenn
- der Zeuge oder der Angehörige sich offensichtlich auf Rechtfertigungs- oder Entschuldigungsgründe berufen kann;
- hinsichtlich des Zeugen selbst oder des Angehörigen ein nicht zu beseitigendes Verfolgungshindernis besteht (z.B. Strafunmündigkeit, § 19 StGB; rechtskräftige Verurteilung, Art. 103 Abs. 3 GG).

**287**  Über sein Auskunftsverweigerungsrecht ist der Zeuge zu **belehren**, § 55 Abs. 2 StPO. Die Verweigerung der Auskunft muss ausdrücklich erklärt werden; verschweigt der Zeuge Tatsachen, so macht er sich nach den §§ 153 ff. StGB strafbar,

---

167  BGH NStZ 2006, 278 f.; BVerfG NJW 2002, 1411 f.; BGH NJW 2005, 2166 f.
168  BGH NStZ 2007, 278 f.; BVerfG NStZ 2003, 666.
169  BGH NJW 2006, 509 f.
170  BGH NStZ 2007, 278 f.; NJW 1994, 2839 (2840) m.w.N.; vgl. auch BVerfG NJW 1999, 779.
171  Vgl. BGH NStZ 2006, 509; NJW 2005, 2166 f.; NStZ 2002, 607.

denn er hat die Pflicht, nicht nur wahrheitsgemäß, sondern auch vollständig auszusagen. Nach § 56 StPO sind zudem die geltend gemachten Gründe, die zur Auskunftsverweigerung berechtigen sollen, auf Verlangen glaubhaft zu machen. Es genügt aber die eidliche Versicherung des Zeugen, § 56 S. 2 StPO. Schon wegen dieser Pflicht zur Glaubhaftmachung kann folglich auch derjenige Zeuge zur Hauptverhandlung geladen und vernommen werden, welcher sich bereits vorab auf ein Auskunftsverweigerungsrecht berufen hat[172].

Beruft sich der Zeuge erst im Verlaufe seiner Vernehmung auf § 55 StPO, so sind die bis zu diesem Zeitpunkt gemachten Angaben – mit der dann gebotenen kritischen Würdigung – ohne Weiteres verwertbar[173]. Ohnehin droht bei der Geltendmachung des § 55 StPO in der Hauptverhandlung jedenfalls dann kein Beweisverlust, wenn der Zeuge zuvor polizeilich vernommen wurde oder in sonstiger Weise Angaben gegenüber Dritten gemacht hat. Diese können nämlich ohne Weiteres als Zeugen über die jeweiligen Gesprächsinhalte vernommen werden[174].

Über das Bestehen und ggf. den Umfang eines Auskunftsverweigerungsrechts aus § 55 StPO entscheidet der Vorsitzende im Rahmen seiner Verhandlungsleitung[175].

## V. Der Sachverständige

### 1. Funktion und Stellung des Sachverständigen

Der Sachverständige ist ein weiteres sog. „persönliches" Beweismittel im Strafverfahren. Er wird vom Gericht von Amts wegen oder auf den entsprechenden Antrag eines Verfahrensbeteiligten hin bestellt und vernommen, wenn die Beurteilung einer Sachfrage von **besonderer Sachkunde** abhängig ist, die dem Tatrichter fehlt. Diese Sachkunde hat der Sachverständige dem Gericht zu vermitteln, damit dieses hieraus die für eine Entscheidung nötigen Schlüsse ziehen kann. Ob das Gericht entsprechender Beratung bedarf, beurteilt es unabhängig vom Verfahrensgegenstand im Einzelfall nach eigener Sachkunde[176].

**288**

Bei der Gutachtenerstattung ist der Sachverständige fachlich und persönlich unabhängig. Er hat hinsichtlich der Informationsbeschaffung und der Auswahl der Untersuchungsmethoden weitgehend freie Hand. Um diese **Unparteilichkeit** – an die hohe Anforderungen zu stellen sind[177] – sicherzustellen, kann er unter denselben Voraussetzungen wie ein Richter wegen Besorgnis der Befangenheit abgelehnt werden, § 74 StPO, was in der Praxis nicht selten vorkommt. Dies gilt allerdings mit der wichtigen Besonderheit, dass seine Ablehnung in der Hauptverhandlung nicht zeitgebunden ist,

---

172  Vgl. BGH NJW 2007, 2197.
173  Vgl. BGH NJW 2002, 1508 f.; NStZ 1998, 46 f.
174  Siehe herzu unten Rn. 503.
175  BGH NJW 2007, 386.
176  Vgl. BGH NJW 2008, 1329 f.: Selbst bei Kapitaldelikten bedarf es jenseits des § 246a StPO nicht zwingend der Zuziehung eines psychiatrischen oder psychologischen Sachverständigen.
177  BGH NStZ 1997, 349 f. für den Fall, dass ein Sachverständiger die unterbliebene Belehrung kindlicher Zeugen bewusst ausgenutzt hat, um Angaben über das Tatgeschehen zu erhalten.

d.h. sie kann auch noch nach Erstattung des Gutachtens (vgl. § 83 Abs. 2 StPO) und bis zum Beginn der Urteilsverkündung erfolgen[178].

**289** Da die Ergebnisse eines Sachverständigengutachtens für den Angeklagten oftmals von erheblicher Bedeutung sind, wird die herausgehobene Stellung des Sachverständigen zuweilen kritisiert. Freilich ist zur umfassenden Aufklärung (vgl. § 244 Abs. 2 StPO) insbesondere bei folgenden Problemfeldern i.d.R. die sachverständige Beratung des Gerichts angezeigt:

– schwierige Berechnungen der Tatzeit-Alkoholisierung von Personen;
– Beurteilung von Fragen der Schuldfähigkeit i.S.d. §§ 20, 21 StGB;
– Probleme der Unterbringung nach §§ 63, 64, 66 StGB. In diesen Fällen ist die Einholung eines Sachverständigengutachtens sogar zwingend (vgl. § 246a StPO), und zwar selbst dann, wenn der Angeklagte sich weigert, an einer Exploration teilzunehmen oder sich zur Sache einzulassen[179];
– Bewertung kriminaltechnischer oder rechtsmedizinischer Untersuchungen (z.B. Finger- oder Faserspuren, DNA-Analyse);
– Bewertung allgemeiner technischer Fragen, etwa eines Unfallablaufs;
– Beurteilung der „Glaubwürdigkeit" eines Zeugen in Problemfällen, insbesondere beim Vorwurf des sexuellen Missbrauchs von Kindern[180];
– Übersetzung von Urkunden, die in fremder Sprache abgefasst sind[181].

**290** Soweit dies für die Gutachtenerstattung erforderlich ist, hat der Sachverständige das Recht, die Verfahrensakten einzusehen und Prozessbeteiligte zu befragen, § 80 Abs. 2 StPO. Kommt es zu einer Untersuchung des Angeklagten oder von Zeugen, so ist der Sachverständige nicht verpflichtet, die Anwesenheit Dritter – etwa des Verteidigers – zu dulden[182]. Er ist auch nicht gehalten, die zu untersuchende Person über deren Rechte zu belehren. Die im Rahmen einer Begutachtung erfolgten Angaben des Angeklagten zum Tatgeschehen können – trotz unterlassener Belehrung – später durch Vernehmung des Sachverständigen in das Verfahren eingeführt werden[183].

Kommt es zu einer Hauptverhandlung, so ist das Gutachten dort **mündlich** zu erstatten, soweit es Fragen betrifft, welche für den **Schuld- oder Strafausspruch** wesentlich sind. Bezüglich anderer Fragen (etwa die der Verhandlungsfähigkeit) kann das Gericht die mündliche Gutachtenerstattung anordnen, ohne allerdings hierzu ver-

---

178 KK-*Senge*, § 74 Rn. 7.
179 BGH NStZ 2004, 263 f.
180 Zu den erheblichen Anforderungen an ein **aussagepsychologisches Gutachten** siehe BGH NJW 2002, 1813; NStZ 2001, 45 f.; NJW 1999, 2746 ff. Bezüglich forensischer **Schuldfähigkeitsbegutachtung** siehe BGH NStZ 2005, 205 ff.; NJW 2004, 1810 ff. Hinsichtlich **anthropologischer Identitätsgutachten** anhand von Lichtbildern siehe BGH NStZ 2005, 458 ff. sowie OLG Braunschweig NStZ-RR 2007, 180 ff.
181 Die Übersetzung fremdsprachiger Urkunden ist nicht etwa eine Dolmetschertätigkeit, sondern diejenige eines Sachverständigen. Selbstverständlich kann ein Dolmetscher insoweit als Sachverständiger fungieren, er muss dann aber entsprechend belehrt werden und es muss vor allem gem. § 79 StPO über seine Vereidigung entschieden werden, vgl. BGH NStZ 1998, 158 f.
182 BGH NStZ 2008, 229 f.; 2003, 101.
183 BGH NJW 1998, 839; im Hinblick auf das „nemo-tenetur-Prinzip" ist dies allerdings problematisch. Zum Erfordernis der **Zeugen**belehrung durch den Richter siehe unten Rn. 506 f.

pflichtet zu sein[184]. Üblicherweise – jedoch nicht zwingend[185] – wird schon vor einer Hauptverhandlung ein schriftliches (Kurz-) Gutachten erstattet. In jedem Fall muss der Sachverständige für alle Verfahrensbeteiligten nachvollziehbar und transparent darlegen, aufgrund welcher Anknüpfungstatsachen und auf welchem Weg er zu seinem Ergebnis gekommen ist[186].

Maßgeblich für die Entscheidung in der Sache ist entsprechend den Grundsätzen der Unmittelbarkeit und Mündlichkeit allein der Inhalt des in der Hauptverhandlung erstatteten Gutachtens[187]. Denn nur hierauf kann die Entscheidung über Schuld und Strafe beruhen.

Die Erkenntnisse des Sachverständigen darf das Gericht nicht „blind" übernehmen. **291** Es ist vielmehr verpflichtet, dessen Angaben auf ihre Plausibilität hin zu überprüfen und ohne Bindung an die Äußerungen des Sachverständigen eine **eigenverantwortliche Bewertung** des Gutachtens vorzunehmen[188]. Hierzu muss es sich (auch im schriftlichen Urteil!) ggf. mit fachspezifischen Problemen – etwa aus dem medizinischen Bereich – auseinandersetzen[189]. Dies gilt um so mehr, als es sich bei den zu beurteilenden Fragen oftmals um **Rechtsfragen** handelt. Erinnert sei etwa an die Anwendbarkeit der §§ 21, 63, 64 oder 66 StGB, denen mit Begriffen wie „erheblich" oder „Hang" auch normative Bewertungen zu Grunde liegen. Auch ein aussagepsychologisches Gutachten („Glaubwürdigkeitsgutachten"), welches die Verlässlichkeit der Angaben eines Zeugen bewerten soll, hat nur indizielle Bedeutung. Ob die Angaben eines Zeugen wahr oder unwahr sind, hat abschließend allein der Tatrichter zu beurteilen[190].

Nach § 72 StPO sind für den Sachverständigen grundsätzlich die für die Zeugen geltenden Vorschriften entsprechend anwendbar. Dies gilt insbesondere für die Möglichkeiten, die Erstattung des Gutachtens – trotz der grundsätzlichen Pflicht, vgl. § 75 StPO – zu verweigern, § 76 StPO. Entsprechend ist er in der Hauptverhandlung zu belehren. **292**

## 2. Abgrenzung zwischen Sachverständigen und Zeugen

Zuweilen kann die Abgrenzung zwischen Zeugen und Sachverständigen problematisch sein, nämlich dann, wenn über Wahrnehmungen (und nicht Schlüsse hieraus) ausgesagt wird. Solche Wahrnehmungen macht natürlich auch ein Sachverständiger, etwa wenn der Gerichtsmediziner eine Leiche untersucht oder wenn im Rahmen eines aussagepsychologischen Gutachtens gegenüber dem Sachverständigen eine Tatschilderung erfolgt. **293**

---

184 BGH NStZ 2008, 418 f.
185 Streitig, vgl. LR-*Krause*, § 82 Rn. 5; KK-*Senge*, § 82 Rn. 3.
186 St. Rspr., vgl. BGH 1 StR 346/03.
187 BGH NStZ 2008, 418 f. m.w.N.
188 Vgl. BGH NStZ 2007, 639 f.; NJW 2004, 3055.
189 Vgl. *Detter* NStZ 1998, 59 f.
190 Siehe hierzu BGH NStZ-RR 2004, 87 f.

Ob die Wiedergabe einer Wahrnehmung im Gerichtssaal diejenige eines Zeugen oder Sachverständigen ist, muss danach beurteilt werden, in welcher Funktion sie gemacht wurde. Nur wenn jemand Wahrnehmungen **im Auftrag** des Gerichts, der Staatsanwaltschaft oder der Polizei aufgrund seiner besonderen Sachkunde macht, fungiert er als Sachverständiger.

> **Beispiele:** Ein Kfz-Sachverständiger für Unfallanalysen beobachtet zufällig und ohne behördlichen Auftrag einen Verkehrsunfall. Er ist hierfür nur Zeuge, wäre also entsprechend zu belehren und zu vernehmen. Zieht er infolge seiner Sachkunde aus dem Wahrgenommenen Schlüsse, so ist er „sachverständiger Zeuge", wird aber gleichwohl wie andere Zeugen behandelt, insbesondere nach dem ZSEG wie ein Zeuge entschädigt, vgl. § 85 StPO.
>
> Der Arzt, der im Auftrag der Polizei dem Beschuldigten einer Trunkenheitsfahrt eine Blutprobe entnimmt, ist Sachverständiger.

**294** Der Sachverständige kann aber auch schnell in die Rolle des Zeugen hineingeraten. Er berichtet nämlich oftmals nicht nur über Dinge, die er nur aufgrund seiner Sachkunde wahrnehmen kann (sog. „Befundtatsachen"), sondern auch über solche, die er wie jeder andere erfahren hat (sog. „Zusatztatsachen"). Mit Letzteren sind insbesondere Äußerungen des Angeklagten selbst oder von Zeugen zum Tatgeschehen gemeint, die z.B. im Rahmen eines Glaubwürdigkeitsgutachtens nahezu zwangsweise anfallen. Will das Gericht derartige Zusatztatsachen im Rahmen seines Urteils verwerten, so muss der Sachverständige insoweit als Zeuge „vom Hörensagen" gehört und ggf. vereidigt werden[191].

### 3. Auswahl und Bestellung des Sachverständigen

**295** Zuständig für die Auswahl und die Bestellung des Sachverständigen ist im Ermittlungsverfahren die Staatsanwaltschaft bzw. die Polizei (vgl. § 161a Abs. 1 S. 2 StPO i.V.m. Nr. 70 RiStBV) und im gerichtlichen Verfahren der Richter nach seinem pflichtgemäßen Ermessen, wobei dieser öffentlich bestellte Sachverständige – soweit für das betreffende Sachgebiet vorhanden – bevorzugen soll, § 73 StPO. Diese klare Kompetenzverteilung verhindert jedoch nicht immer, dass gerade um die Person des Sachverständigen von den Verfahrensbeteiligten gerungen wird, da man bei bestimmten Sachverständigen ein vom jeweiligen Standpunkt aus „günstiges" Gutachten und damit eine wesentliche Einflussnahme auf den Prozessausgang erwartet. Der Angeklagte hat jedoch keinen Anspruch auf die Wahl einer Person seines Vertrauens. Verweigert er sich dem gerichtlich bestellten Sachverständigen, so hat er keinen Anspruch auf einen „weiteren" Sachverständigen i.S.d. § 244 Abs. 4 S. 2 StPO[192].

---

191  BGH NStZ 1982, 256 f.
192  BGH NJW 1998, 2460.

Bei der Auswahl ist zunächst das Sachgebiet zu bestimmen, aus dem ein Gutachter **296** benötigt wird. Bei der Berechnung der Blutalkoholkonzentration (BAK) wird das Gericht – soweit die eigene Sachkunde nicht genügt – üblicherweise auf Mitarbeiter des jeweiligen Instituts für Rechtsmedizin der örtlichen Universität oder andere medizinische Sachverständige zurückgreifen. Geht es um die Beurteilung der Aussage eines Zeugen, so bedarf es (soweit nicht zudem geistige Erkrankungen in Rede stehen) der Unterstützung durch einen besonders geschulten Psychologen[193] und in Fragen der Schuldfähigkeit regelmäßig der Zuziehung eines Psychiaters, da dieser – anders als der Psychologe – auch biologische Krankheitsbilder abzuklären vermag. Der Tatrichter ist auch nicht gehindert, eine noch nicht in größerem Umfang erprobte kriminaltechnische Methode in die Beweiserhebung mit einzubeziehen. Er muss sich dann aber im Rahmen der Beweiswürdigung mit dieser Methode kritisch auseinandersetzen[194].

Was die Person des Sachverständigen anbelangt, so ist neben der fachlichen Eignung Wert auf persönliche Unabhängigkeit, Objektivität, Verständnis für juristische Fragestellungen und Zuverlässigkeit zu legen. Wesentlich dürfte auch sein, ob der Sachverständige in der Lage ist, sich in verständlicher Form mitzuteilen. Soll er an einer Person Untersuchungen vornehmen, so sind bei der Auswahl auch deren berechtigten Belange zu berücksichtigen[195].

Die Auswahl des Sachverständigen ist der Beschwerdemöglichkeit entzogen, § 305 S. 1 StPO[196].

Vor der **förmlichen Bestellung** sollten die maßgeblichen Fragen mit dem Sachverständigen (i.d.R. telefonisch) besprochen und eine Frist für die Gutachtenerstattung vereinbart werden, vgl. Nr. 72 Abs. 2 S. 2 RiStBV, § 73 Abs. 1 S. 2 StPO. Die Fristüberschreitung kann nach Androhung und Nachfrist mit einem Ordnungsgeld geahndet werden, § 77 Abs. 2 StPO. Ohnehin hat der Richter (bzw. im Ermittlungsverfahren die Staatsanwaltschaft) die Tätigkeit des Sachverständigen zu leiten, § 78 StPO.

Soweit nicht bereits die Staatsanwaltschaft einen Sachverständigen hinzugezogen hat, erfolgt die Bestellung i.d.R. durch Verfügung des Vorsitzenden im Zusammenhang mit der Terminsvorbereitung, gelegentlich auch durch Beschluss.

Erforderlich sind in jedem Fall:

– die Benennung des Sachverständigen
– die Bezeichnung der zu klärenden Fragen, Nr. 72 Abs. 2 RiStBV.

---

193 BGH NJW 2002, 1813.
194 BGH NStZ 1998, 528 f.
195 Vgl. BGH NJW 1997, 70.
196 Soweit § 305 StPO nicht greift – also insbes. im Ermittlungsverfahren – ist die Beschwerde ebenfalls unzulässig, vgl. *Meyer-Goßner*, § 73 Rn. 18.

## VI. Das Tatopfer – die Nebenklage

### 1. Funktion und Stellung des Nebenklägers

**297** Wird eine Person Opfer einer schwerwiegenden Straftat (vgl. den Katalog des § 395 Abs. 1 StPO sowie die wichtige Einschränkung des § 395 Abs. 3 StPO), so kann sie ihr Interesse an einer **Genugtuung** im gewöhnlichen Strafverfahren[197] im Wege der Nebenklage verfolgen, die in den §§ 395 bis 402 StPO geregelt ist.

Schließt sich der Verletzte dem Verfahren an (§ 396 Abs. 1 StPO) und wird er vom Gericht als Nebenkläger zugelassen (§ 396 Abs. 2 StPO), so tritt er von seiner Funktion her als **unabhängiger** und mit besonderen Rechten ausgestatteter **Verfahrensbeteiligter** neben die Staatsanwaltschaft. Allerdings setzt die Nebenklage nach § 395 Abs. 1 S. 1 StPO eine erhobene öffentliche Klage voraus, ist dieser also akzessorisch. Vor Anklageerhebung stehen dem nebenklageberechtigten Verletzten jedoch schon die Rechte aus § 406g StPO zur Seite.

### 2. Der Anschluss als Nebenkläger

**298** **Anschlussbefugt** sind nur
– die Verletzten der in § 395 Abs. 1 Nrn. 1 und 2 StPO genannten schwerwiegenden Straftaten;
– der (erfolgreiche) Antragsteller eines Klageerzwingungsverfahrens (§ 395 Abs. 2 Nr. 3 StPO);
– die in § 395 Abs. 2 StPO abschließend genannten privilegierten Personen, also insbesondere nahe Verwandte eines getöteten Tatopfers;
– unter den in § 395 Abs. 3 StPO genannten weiteren Voraussetzungen das Opfer einer fahrlässigen Körperverletzung. Wegen des Massencharakters der fahrlässigen Körperverletzung im Straßenverkehr ist hier ein Anschluss nur dann möglich, wenn dies aus „besonderen Gründen" (insbesondere schwere Verletzungsfolgen) zur Interessenwahrnehmung geboten erscheint.

**299** Dabei hat es der Gesetzgeber auch an dieser Stelle unterlassen, den Begriff des „Verletzten" näher zu definieren. Im Rahmen des § 395 StPO erfasst dieser Begriff nur das Tatopfer[198]. Die Verurteilung des Angeklagten wegen eines Nebenklagedelikts muss demgegenüber nicht feststehen. Es genügt vielmehr, wenn aufgrund der Sachlage oder aufgrund des Vorbringens des Antragstellers eine solche Verurteilung möglich erscheint[199].

---

197 Im Verfahren gegen **Jugendliche** ist die Nebenklage (leider) nur sehr eingeschränkt zulässig, § 80 Abs. 3 JGG, wohl aber unbeschränkt gegen einen Erwachsenen oder Heranwachsenden in dem gegen diesen und einen Jugendlichen gerichteten sog. verbundenen Verfahren i.S.d. § 103 JGG, vgl. BGH NJW 2003, 152. Auch im **Sicherungsverfahren** ist die Nebenklage zulässig, vgl. BGH NJW 2002, 692.
198 Vgl. *Meyer-Goßner*, § 395 Rn. 3.
199 OLG Düsseldorf NStZ 1997, 204 f. m.w.N.

Die **schriftliche** (vgl. § 396 Abs. 1 S. 1 StPO) **Anschlusserklärung** ist in jeder Lage **300**
des Verfahrens bis zur Rechtskraft der abschließenden Entscheidung möglich. Selbst
nach der Verkündung des Urteils kann der Anschluss noch mit dem alleinigen Ziel
der Urteilsanfechtung erfolgen, § 395 Abs. 4 StPO. Liegt die Anschlusserklärung
vor, so prüft das Gericht die formelle Anschlussbefugnis und entscheidet dann – nach
Anhörung der in § 395 Abs. 2 StPO genannten Beteiligten – durch **Beschluss**. Diesen
kann die Staatsanwaltschaft in jedem Fall mit der Beschwerde anfechten, § 304
Abs. 1 StPO. Wird der Verletzte als Nebenkläger zugelassen, so kann dies auch der
Angeklagte, im Falle einer Nichtzulassung der Antragsteller. Die Entscheidung über
das Vorliegen der besonderen Voraussetzungen des § 395 Abs. 3 StPO in Fällen der
fahrlässigen Körperverletzung ist demgegenüber stets unanfechtbar, § 396 Abs. 2
S. 2 Hs. 2 StPO, und bindet auch die Rechtsmittelinstanz[200].

### 3. Rechte des Nebenklägers

Die prozessualen Rechte des Nebenklägers sind im Wesentlichen in § 397 StPO auf- **301**
geführt, so dass auf die Lektüre dieser Vorschrift verwiesen werden kann. Hervorzuheben sind

– der Anspruch, mit seinem Beistand zur Hauptverhandlung geladen und gehört zu
  werden;
– die Befugnis, an der Hauptverhandlung auch dann teilzunehmen, wenn er als
  Zeuge vernommen werden soll[201];
– die Möglichkeit, durch die Abgabe von Erklärungen und das Stellen von Fragen
  an der Verhandlung aktiv teilzunehmen;
– das Recht, Beweisanträge zu stellen und einen Richter wegen Besorgnis der
  Befangenheit abzulehnen.

Darüber hinaus hat der nebenklagebefugte Verletzte einen Anspruch auf die unentgeltliche Stellung eines Dolmetschers, soweit dies zur Ausübung seiner prozessualen
Befugnisse erforderlich ist, § 187 GVG.

Haben Dritte – auch wegen des damit verbundenen Eingriffs in das informationelle
Selbstbestimmungsrecht des Angeklagten – grundsätzlich keinen Anspruch auf Einsicht in die Verfahrensakten[202], so gewährt § 397 Abs. 1 i.V.m. § 385 Abs. 3 StPO
dem Nebenkläger – wie jedem Verletzten, vgl. § 406e StPO – über seinen anwaltlichen Vertreter ein eigenes **Akteneinsichtsrecht** bzw. einen Anspruch auf Erteilung
von Auskünften und Abschriften. Hierdurch werden auch die Möglichkeiten zur
Durchsetzung zivilrechtlicher Ansprüche verbessert.

Darüber hinaus kann der Nebenkläger zuungunsten des Angeklagten gegen gerichtli- **302**
che Entscheidungen **Rechtsmittel** einlegen, §§ 400 Abs. 2, 401 StPO. Allerdings ist

---

200  OLG Düsseldorf JMBl. NW 1996, 129 f.
201  Das gilt auch für die nebenklagebefugten Verletzten, die sich nicht dem Verfahren angeschlossen
     haben, § 406g Abs. 1 S. 1 StPO. Dessen anwaltlicher Beistand hat allerdings kein eigenes Frage-
     recht, vgl. § 406g Abs. 2 StPO sowie BGH NJW 2005, 377.
202  Vgl. OLG Frankfurt NStZ 1996, 565; OLG Hamburg NJW 1995, 3399.

sein Recht der Urteilsanfechtung durch Berufung und Revision beschränkt. Er kann Rechtsmittel nur im Zusammenhang mit Nebenklagedelikten einlegen, also insbesondere mit der Begründung, der Angeklagte sei zu Unrecht vom Vorwurf eines solchen Deliktes freigesprochen worden oder die Verurteilung wegen eines tateinheitlichen Nebenklagedelikts sei rechtsfehlerhaft unterblieben.

Nach § 400 Abs. 1 StPO kann er ein Urteil dagegen nicht mit dem Ziel anfechten, eine andere Rechtsfolge (z.B. eine höhere Strafe oder die Anordnung einer Maßregel nach §§ 63, 64, 66 StGB) oder die Verurteilung wegen eines Delikts zu erreichen, das kein Nebenklagedelikt i.S.d. § 395 StPO ist. Seine Stellung als Verletzter ermöglicht es ihm mangels eigener Beschwer auch nicht, ein Rechtsmittel zugunsten des Angeklagten einzulegen[203]. Dem Vorbringen in der Rechtsmittelschrift muss daher ein Ziel zu entnehmen sein, welches diesen Einschränkungen entspricht[204].

**303**  Unter bestimmten Voraussetzungen – namentlich bei schwieriger Sach- und Rechtslage oder wenn er nicht in der Lage ist, seine Rechte selbst wahrzunehmen – kann dem Nebenkläger **Prozesskostenhilfe**[205] gewährt werden, § 397a Abs. 2 StPO. Ist der Verletzte das Opfer bestimmter Sexualstraftaten oder eines versuchten Mordes bzw. Totschlags, so muss ihm auf Antrag bzw. von Amts wegen ein Rechtsanwalt als **Beistand** bestellt werden[206]. Unter den Voraussetzungen des § 406g StPO stehen diese Ansprüche auch dem nebenklagebefugten Verletzten zu, der sich (noch) nicht dem Verfahren angeschlossen hat.

**304**  Schließlich kann der Nebenkläger – wie jeder andere Verletzte bzw. dessen Erbe – seine aus der verfahrensgegenständlichen Tat resultierenden zivilrechtlichen Ersatzforderungen im Wege des sog. **Adhäsionsverfahrens** geltend machen[207]. Bei dieser in den §§ 403 ff. StPO geregelten Verfahrensart muss im Strafverfahren auf Antrag[208] des Verletzten über vermögensrechtliche Ansprüche gegen den Angeklagten (insbesondere auf Leistung von Schadensersatz und Schmerzensgeld) – ggf. auch nur durch Grundurteil[209] – mitentschieden werden. Allerdings ist das Adhäsionsverfahren an die Durchführung einer Hauptverhandlung geknüpft; im (einspruchslosen) Strafbefehlsverfahren ist es also ausgeschlossen[210].

---

203  BGHSt 37, 136.
204  Vgl. BGH NStZ 2000, 218 f.; NStZ 1999, 259.
205  Diese ist näher geregelt in den auch hier geltenden §§ 114 ff. ZPO.
206  Die Bestellung als Beistand wirkt über die jeweilige Instanz hinaus bis zum rechtskräftigen Abschluss des Verfahrens, BGH 1 StR 172/08 sowie NJW 2000, 3222.
207  Leider steht dem Opfer eines jugendlichen Straftäters diese Möglichkeit nicht zur Verfügung, vgl. § 81 JGG.
208  Dieser kann schon mit der Strafanzeige oder im Ermittlungsverfahren gestellt werden. Zeitlich befristet ist er bis zum Beginn der Schlussvorträge. Lesen Sie hierzu sowie zu Form und Wirkung des Antrags § 404 Abs. 1 und 2 StPO.
209  Vgl. § 406 Abs. 1 S. 2 StPO sowie BGH NStZ 2003, 46 f. In diesem Fall ist in der Urteilsformel ausdrücklich zu vermerken, dass im Adhäsionsverfahren von einer Entscheidung zur Höhe des Anspruchs abgesehen wird, BGH 2 StR 474/03. Das Höheverfahren findet dann vor dem Zivilgericht statt, § 406 Abs. 3 S. 4 StPO.
210  Vgl. *Meyer-Goßner*, § 403 Rn. 12.

Unter dem Begriff des „Verletzten" ist im Rahmen der §§ 403 ff. StPO jeder zu verstehen, dem aus der abzuurteilenden Straftat vermögensrechtliche Ansprüche erwachsen sind – also nicht nur das unmittelbare Tatopfer. Klare prozessökonomischen Vorteile liegen auch darin, dass weder die zivilrechtlichen Streitwertgrenzen bestehen, noch für den Antragsteller ein Anwaltszwang existiert. Schließlich erspart sich gerade das Tatopfer mit der Durchführung des Adhäsionsverfahrens, dass es in einer zivilrechtlichen Auseinandersetzung als – beweisbelastete – Partei in prozessuale Schwierigkeiten gerät. Denn auch eine rechtskräftige Verurteilung des Täters hat zivilrechtlich keine Präjudizwirkung. Eine Adhäsionsentscheidung im Strafverfahren steht demgegenüber einem zivilrechtlichen Titel gleich, § 406 Abs. 3 StPO.

Angesichts dieser zahlreichen Vorzüge ist die geringe Akzeptanz des Adhäsionsverfahrens in der Praxis gerade unter dem Gesichtspunkt des Opferschutzes nicht nachvollziehbar. Dies gilt um so mehr, als angesichts der zivilrechtlichen Schwierigkeiten im Einzelfall das Adhäsionsverfahren für das Tatopfer die einzige Möglichkeit darstellen kann, an Kompensation zu gelangen. Es bildet nach dem gesetzgeberischen Willen folglich den **Regelfall** der Durchsetzung seiner zivilrechtlicher Ansprüche.

Abgesehen von Fällen anderweitiger Rechtshängigkeit, mangelnder Zulässigkeit **305** oder Begründetheit darf von einer Entscheidung gem. § 406 Abs. 1 S. 4 f. StPO folglich nur dann abgesehen werden, wenn sich der Adhäsionsantrag zur Erledigung im Strafverfahren nicht eignet. Das ist insbesondere dann der Fall, wenn die Prüfung der zivilrechtlichen Ansprüche zu einer relevanten Verzögerung des Verfahrens führen würde. Diese Beschränkung des Adhäsionsverfahrens gilt allerdings nicht für die i.d.R leicht zu beurteilenden Schmerzensgeldansprüche, § 406 Abs. 1 StPO a.E.

Über die geltend gemachten zivilrechtlichen Ansprüche kann auch im Strafverfahren ein Vergleich geschlossen werden (§ 405 StPO) oder ein Anerkenntnisurteil ergehen, § 406 Abs. 2 StPO. Sieht das Gericht – was gem. § 406 Abs. 5 StPO eines ausdrücklichen Beschlusses bedarf – von einer Entscheidung im Adhäsionsverfahren ab, so ist dies unter den in § 406a Abs. 1 StPO genannten Voraussetzungen mit der sofortigen Beschwerde anfechtbar. Wie bei laufender Hauptverhandlung ein derartiges Beschwerdeverfahren verzögerungsfrei durchgeführt werden soll, hat der Gesetzgeber mutmaßlich nicht bedacht. Er hat daher auch nicht geregelt, ob trotz eines Beschwerdeverfahrens eine instanzbeendende Entscheidung möglich ist.

Weigert sich das Gericht zu Unrecht, das Adhäsionsverfahren durchzuführen, so kann dies wegen der darin zum Ausdruck kommenden Missachtung der Belange des Opferschutzes im Übrigen ein Ablehnungsgesuch des Verletzten rechtfertigen[211].

---

211  B VerfG NJW 2007, 1670 ff.

**306**  Erkennt das Tatgericht einen geltend gemachten Anspruch nur teilweise zu, so steht dem Antragsteller hiergegen im Strafverfahren kein Rechtsmittel zu, § 406a Abs. 1 S. 2 StPO. Allerdings kann er seine Ansprüche – wie auch im Falle eines Grundurteils – vor dem Zivilgericht geltend machen, vgl. § 406 Abs. 3 S. 3 und 4 StPO. Umgekehrt kann auch der Angeklagte die Entscheidung im Adhäsionsverfahren isoliert, also unabhängig von dem strafrechtlichen Teil des Urteils anfechten, § 406a Abs. 2 StPO. Im normalen Revisionsverfahren kommt allerdings eine Zurückverweisung der Sache zur neuen Verhandlung allein über den Entschädigungsanspruch – bei ansonsten ordnungsgemäßem Urteil – nicht in Betracht. Ist nur der Adhäsionsausspruch fehlerhaft, so wird er vom Revisionsgericht aufgehoben[212]. Die zivilrechtlichen Ansprüche müssen dann gesondert geltend gemacht werden.

Schließlich ist der durch die verhandelte Tat Verletzte unabhängig davon, ob er als Nebenkläger aufgetreten ist, auf Antrag über den Ausgang des ihn betreffenden Verfahrens zu unterrichten, § 406d StPO.

## VII. Die Gerichtshilfe

**307**  Wie zuvor schon die Staatsanwaltschaft (§ 160 Abs. 3 S. 2 StPO), kann sich auch das Gericht der Gerichtshilfe bedienen, welche als unselbstständiges Ermittlungsorgan gem. Art. 294 EGStGB zum Geschäftsbereich der jeweiligen Landesjustizverwaltung gehört und folglich unterschiedlich organisiert sein kann[213]. Dort sind Sozialarbeiter oder Sozialpädagogen tätig, mit deren Hilfe etwa die Lebensumstände des Beschuldigten, aber auch die Tatfolgen für das Opfer aufgeklärt werden können.

Wenn es das Gericht – nach Maßgabe der Aufklärungspflicht (§ 244 Abs. 2 StPO) – für geboten hält, den Gerichtshilfebericht in die Hauptverhandlung einzuführen, so kann dies zunächst im Wege des Vorhalts an den Angeklagten oder an Zeugen aus seinem sozialen Umfeld geschehen. Soll der Gerichtshelfer (etwa zu Tatschilderungen des Angeklagten ihm gegenüber) persönlich gehört werden, dann ist er – ebenso wie ein Bewährungshelfer – regelmäßig als **Zeuge**, im Ausnahmefall auch als Sachverständiger zu vernehmen[214]. Er kann in diesem Fall auf seinen schriftlichen Bericht zurückgreifen. Dieser kann zudem als Urkunde verlesen werden.

Anders als die in § 38 JGG geregelte, bei den Jugendämtern angesiedelte **Jugendgerichtshilfe** ist die Erwachsenengerichtshilfe nicht Verfahrensbeteiligte. In Jugendsachen **muss** die Gerichtshilfe dagegen zur Hauptverhandlung hinzugezogen werden, § 50 Abs. 3 JGG. Ihr steht dort auch ein eigenes Äußerungsrecht zu.

---

212 BGH 4 StR 321/05. Siehe zum Adhäsionsausspruch im Revisionsverfahren auch unten Rn. 911.
213 So hat etwa das Land NRW zum 01.06.2008 unter Zusammenführung von Bewährungs- und Gerichtshilfe einen einheitlichen „ambulanten Sozialen Dienst" der Justiz geschaffen.
214 BGH 1 StR 276/07.

## VIII. Der Dolmetscher

### 1. Funktion und Stellung des Dolmetschers

Zur Durchsetzung des Anspruchs auf rechtliches Gehör garantiert Art. 6 Abs. 3 lit. e) MRK dem Angeklagten die **unentgeltliche** Beiziehung eines Dolmetschers für die **gesamte Dauer der Verhandlung**, wenn er die Verhandlungssprache des Gerichts nicht versteht oder sich darin nicht ausdrücken kann. Diese sich auf die mündliche Verhandlung beziehende Vorschrift wird durch **§ 185 GVG** dahingehend erweitert, dass ein Dolmetscher immer dann hinzuzuziehen ist, wenn unter der Beteiligung von Personen – z.B. Zeugen – verhandelt wird, die der deutschen Sprache nicht mächtig sind. § 186 GVG gewährt denselben Anspruch solchen Personen, die taub oder stumm sind.

**308**

Beherrscht der Angeklagte (oder Zeuge) die deutsche Sprache nur eingeschränkt, so steht es im – revisionsrechtlich überprüfbaren – pflichtgemäßen Ermessen des Gerichts, ob und ggf. in welchem Umfang ein Dolmetscher für die Verhandlung erforderlich ist[215].

Aufgabe des Dolmetschers ist es, die **Verständigung der Verfahrensbeteiligten** zu ermöglichen. Der Angeklagte muss in die Lage versetzt werden, der Verhandlung – also auch der Vernehmung von Zeugen, Sachverständigen oder Mitangeklagten – folgen zu können und sich selbst verständlich zu machen, um auf den Gang des Verfahrens Einfluss zu nehmen. Dies erfordert jedoch nicht die simultane Übersetzung jedes gesprochenen Wortes. Vielmehr genügt die Übertragung der wesentlichen Vorgänge und Äußerungen[216].

Der Dolmetscher ist als Gehilfe des Gerichts und der Verfahrensbeteiligten ein Beteiligter eigener Art. Er ist kein Sachverständiger, kann aber im Verlauf der Verhandlung in diese Rolle gelangen, wenn es etwa um die Übersetzung fremdsprachiger Urkunden geht[217]. Wegen seiner besonderen Bedeutung für den Verfahrensablauf ist der Dolmetscher gem. § 189 GVG **vor** dem Beginn seiner Übersetzungstätigkeit zu vereidigen, sofern er nicht allgemein beeidet ist und sich auf diesen allgemeinen Eid beruft[218]. Zudem kann er nach §§ 191 GVG, 74 StPO wegen Besorgnis der Befangenheit abgelehnt werden. Allein der Umstand, dass ein Dolmetscher – was nicht selten vorkommt – bereits im Ermittlungsverfahren für die Polizei tätig war, begründet eine solche Besorgnis jedoch nicht[219].

**309**

Auch außerhalb der mündlichen Verhandlung hat der fremdsprachige Angeklagte zur Kommunikation mit seinem Verteidiger – in dem zur Vorbereitung einer ordnungsge-

**310**

---

215  BGH 1 StR 341/07; NStZ 2002, 275 f.
216  Vgl. BVerfG NJW 1983, 2762 ff.
217  Dann ist er allerdings für diesen Teil der Übersetzungstätigkeit als Sachverständiger zu behandeln und über seine Vereidigung nach § 79 StPO zu entscheiden.
218  Ein Verstoß gegen § 189 GVG kann einer Revision zum Erfolg verhelfen, BGH NStZ 1998, 204.
219  BGH NStZ 2008, 50.

mäßen Verteidigung notwendigen Rahmen – Anspruch auf die unentgeltliche Stellung eines Dolmetschers, Art. 6 Abs. 3 lit. e) MRK. Ihm sind dieselben prozessualen Rechte und Möglichkeiten einzuräumen, wie dem deutschsprachigen Angeklagten.

## 2. Auswahl des Dolmetschers

**311**  Die Auswahl des Dolmetschers obliegt nach pflichtgemäßem Ermessen allein dem Gericht. Die Ermessensausübung ist grundsätzlich nicht anfechtbar[220]. In der Praxis wird jedoch insbesondere von „Konfliktverteidigern" versucht, die Hinzuziehung eines von ihnen als „Vertrauensdolmetscher" bezeichneten Dolmetschers zu erreichen. Ist dieser dem Gericht aus anderen Verfahren als zuverlässig bekannt, so bestehen hiergegen keine Bedenken; andernfalls sollte ein Dolmetscher des eigenen Vertrauens gewählt werden.

## IX. Der Urkundsbeamte der Geschäftsstelle

**312**  Dem Urkundsbeamten der Geschäftsstelle[221] (UdG) kommt im gerichtlichen Teil des Strafverfahrens eine gewichtige Rolle zu. Denn er ist für die Fertigung des Verhandlungsprotokolls zuständig (§ 271 StPO), welches wiederum – wie noch auszuführen sein wird[222] – im Rahmen der Revision eine besondere Bedeutung gewinnt. Gem. § 226 StPO gilt für die Anwesenheitspflicht des Urkundsbeamten der Geschäftsstelle (also des Protokollführers) das zur Staatsanwaltschaft Gesagte entsprechend, d.h. es muss grds. ununterbrochen ein Protokollführer anwesend sein, der konkrete Beamte bzw. Angestellte kann aber ausgetauscht werden. Allerdings kann gem. § 226 Abs. 2 StPO für Verhandlungen vor dem Strafrichter beim Amtsgericht (und nur da) von der Hinzuziehung eines Urkundsbeamten abgesehen werden. Der Richter hat in diesem Fall den Verhandlungsverlauf – etwa durch Diktat auf einen Tonträger – selbst zu protokollieren.

Angesichts seiner Bedeutung kann auch der Protokollführer wegen Besorgnis der Befangenheit abgelehnt werden, § 31 Abs. 1 StPO. Dies kommt in der Praxis aber kaum vor.

## X. Der Rechtspfleger

**313**  Der Rechtspfleger ist für die Wahrung prozessualer Rechte überall da zuständig, wo Erklärungen zu Protokoll der Geschäftsstelle abgegeben werden können. Dies ist insbesondere in folgenden Bereichen der Fall:

Gemäß § 341 Abs. 1 StPO kann die **Revision** in Strafsachen schriftlich oder zu Protokoll der Geschäftsstelle eingelegt werden. Gleiches gilt gem. § 345 Abs. 2 StPO für

---

220  Vgl. BGH NStZ 1985, 376 f.
221  Das kann auch ein Justizangestellter sein, der diese Funktion ausübt.
222  Siehe unten Rn. 875 f.

die Begründung der Revision, wobei die Einzelprobleme später noch erörtert werden müssen[223]. Nach § 24 Abs. 1 Nr. 1b RPflG ist für die Aufnahme der entsprechenden Erklärungen der Rechtspfleger funktionell zuständig.

§ 24 Abs. 1 Nr. 2 RPflG weist dem Rechtspfleger ferner die Aufgabe zu, einen **314** Antrag auf **Wiederaufnahme des Verfahrens** (§§ 359 ff. StPO) aufzunehmen, denn auch dieser kann gem. § 366 Abs. 2 StPO zu Protokoll der Geschäftsstelle erklärt werden.

Des Weiteren obliegt es dem Rechtspfleger gem. § 24 Abs. 1 Nr. 1a RPflG, die Einlegung einer **Rechtsbeschwerde** zu protokollieren und ggf. mit einer Begründung zu versehen.

Eine solche Rechtsbeschwerde kann aus zwei Rechtsgebieten resultieren, nämlich:

| Bußgeldsachen | Strafvollzugssachen, |
| nach dem OWiG oder anderen Geset- | vgl §§ 116 StVollzG, 121 Abs. 1 |
| zen, die Ordnungswidrigkeiten sanktio- | Ziff. 3 GVG. |
| nieren. | |

Für die Rechtsbeschwerde in Bußgeldsachen gelten gem. §§ 79 Abs. 3 S. 1, 80 Abs. 3 S. 1 OWiG die Vorschriften der StPO und des GVG über die Revision entsprechend. Zum Verfahren in Strafvollzugssachen lesen Sie bitte die §§ 116 ff. StVollzG.

Der Rechtspfleger ist schließlich im Kostenfestsetzungsverfahren nach den §§ 464b StPO, 103 ff. ZPO zuständig, § 21 Nr. 1 RPflG.

### XI. Die Berufsrichter

#### 1. Allgemeines

Dem Gericht kommt – ist das Verfahren erst einmal bis zu ihm gelangt – naturgemäß **315** eine herausragende Rolle zu. Es hat über den Verfahrensgegenstand zu entscheiden und muss dabei ein an der Sachaufklärung orientiertes, gleichwohl aber **faires und unvoreingenommenes Verfahren** garantieren.

Aus diesem Grunde sind die Richter mit gewissen Privilegien ausgestattet:

– Sie sind bei der Entscheidungsfindung unabhängig und nur dem Gesetz unterworfen, Art. 97 Abs. 1 GG, § 1 GVG, § 25 DRiG. Es gehört zu ihren Dienstpflichten, ihre richterliche Tätigkeit in strikter Bindung an das Gesetz und in sachlicher Unabhängigkeit auszuüben.

– Zur Sicherung dieser persönlichen Unabhängigkeit ist die Dienstaufsicht über sie eingeschränkt, vgl. § 26 DRiG.

---

223 Dies geschieht unter Rn. 763 ff.

– Richter sind, um Manipulationen hinsichtlich der Besetzung eines Gerichts vorzubeugen, grundsätzlich unabsetzbar und unversetzbar, vgl. §§ 30, 31 DRiG (mit den dort genannten Ausnahmen).

**316** Allerdings darf nicht verschwiegen werden, dass diese Unabhängigkeit durch einen Wermutstropfen getrübt ist. Auch Richter werden nämlich in bestimmten zeitlichen Abständen dienstlich „beurteilt". Diese Beurteilungen durch den (der Justizverwaltung zuzurechnenden) Dienstvorgesetzten sind entscheidend dafür, ob der Aufstieg in ein sog. Beförderungsamt, also besser dotierte Posten, möglich ist. Angesichts des maßgeblichen Einflusses der Justizverwaltung hängt berufliches Fortkommen daher nicht immer nur von fachlicher Qualifikation sondern auch davon ab, dass man – etwa durch Aufnahme in die Justizverwaltung – „gefördert" wird. Die zuweilen durchaus von personalpolitischen Intentionen und auch persönlichen Beziehungen geprägte, nicht sonderlich transparente Beurteilungspraxis kann also die Gefahr angepassten Verhaltens begründen, denn – so *Lamprecht* – „schon der Wunsch, befördert zu werden, erzwingt Anpassung"[224].

## 2. Gerichtsaufbau/Instanzenzug

**317** Die wesentlichen Zuständigkeiten der Strafgerichte und der Instanzenzug sind wie folgt geregelt [225]

---

**Bundesgerichtshof**   Strafgewalt: unbeschränkt[225]

Nur Rechtsmittelinstanz (§ 135 GVG):
Verhandelt wird hier über

a) erstinstanzliche Urteile des LG (große Strafkammer) und des OLG,

b) Beschwerden gegen Entscheidungen des OLG

---

**318**   **Oberlandesgericht**   Strafgewalt: unbeschränkt

1. Instanz: Katalogtaten des § 120 GVG (z.B. Staatsschutzsachen, Völkermord)

2. Instanz (§ 121 GVG):

a) Revisionen gegen Urteile des Amtsgerichts, gegen die Berufung nicht möglich ist;

b) Rev. gegen Urteile der Berufungs-Strafkammern des LG;

c) Beschwerden gegen Entscheidungen des LG und des AG

---

224 *Lamprecht* DRiZ 2004, 90. Weitere – äußerst lesenswerte – Denkanstöße zu diesem Problemfeld finden sich bei *Lamprecht*, S. 210 ff. Siehe auch BGH NJW-RR 2003, 493; *Papier* NJW 2001, 1089 ff.; OVG Schleswig NJW 2001, 3210 ff.

225 „Unbeschränkt" ist hier natürlich immer im Rahmen der §§ 38 ff. StGB zu verstehen!.

**Landgericht**

Strafgewalt: unbeschränkt

**319**

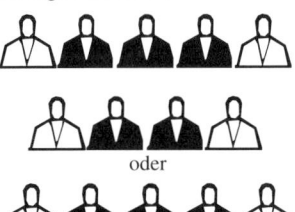

1. Instanz:

a) „Schwurgericht" (§ 74 Abs. 2 GVG), insbes. bei Tötungsdelikten, vgl. im einzelnen den dort aufgeführten Katalog;

b) große Strafkammern: Soweit nicht die Zuständigkeit des OLG oder des AG gegeben ist, d.h. wenn mehr als 4 Jahre Freiheitsstrafe zu erwarten sind bzw. bei Fällen von besonderer Bedeutung; wenn Unterbringung im psych. Krankenhaus oder Sicherungsverwahrung in Betracht kommen.

oder

(vgl. § 76 Abs. 2 GVG)[226]

2. Instanz:

a) Berufung gegen Urteile des Strafrichters und des Schöffengerichts als kleine Strafkammer, § 76 Abs. 1 GVG

Bei Berufung gegen ein Urteil des erweiterten Schöffengerichts ist gem. § 76 Abs. 3 GVG die Besetzung:

b) Beschwerden, § 73 GVG

---

**Amtsgericht**

Strafgewalt: bis 4 Jahre

**320**

Nur erstinstanzliche Tätigkeit in Fällen der „Durchschnittskriminalität".

1. Als Strafrichter: Soweit nicht das LG oder OLG zuständig sind, d.h. insbesondere wenn keine höhere Strafe als 2 Jahre zu erwarten ist (§ 25 GVG), aber nur **Vergehen**statbestände.

2. Als Schöffengericht: Wie beim Strafrichter, wenn zwischen 2 und 4 Jahren Freiheitsstrafe zu erwarten sind (§§ 28, 74 Abs. 1 S. 2 GVG).

 = Berufsrichter/in  = Schöffe/in

Die Berechtigung des dreistufigen Instanzenzuges hinsichtlich amtsgerichtlicher Strafurteile wird allerdings bestritten[227]. In der Tat ist es wenig einsichtig, warum sich der Jugendliche oder Heranwachsende zwischen der Berufung und der Revision bei Ausschluss des jeweils anderen Rechtsmittels gemäß § 55 Abs. 2 JGG entscheiden

**321**

---

226 **Vorsicht!** Diese Vorschrift tritt – nach weiterer Verlängerung durch Art. 5 des 2. JuMoG vom 30.11.2006 – mit Ablauf des 31.12.2008 außer Kraft. Die Verlängerung dieser angeblich stets befristeten Regelung ist aber bereits zur Dauereinrichtung geworden. Die Besetzung mit nur 2 Berufsrichtern wird wegen der damit verbundenen Qualitätseinbuße auch als „Missgeburt des Gesetzgebers" bezeichnet, vgl. *Marsch* ZRP 1998, 340. Zur allein fiskalpolitisch motivierten „Besetzungsreduktion" siehe *Haller/Janßen* NStZ 2004, 469 ff.

227 Vgl. die Darstellung bei *Bode*, aber auch *Konrad* JZ 2001, 291 ff.; *Dahs* NStZ 1999, 321 ff.

muss, der Erwachsene aber nicht. Der dieser Regelung zugrunde liegende Beschleunigungsgedanke[228] gilt schließlich auch im Erwachsenenstrafrecht. Tatsächlich würde die allgemeine Einführung dieses „Wahlrechtsmittels" zu einer spürbaren Entlastung der Justiz führen. Bei Rückkehr zu der mit drei Berufsrichtern besetzten großen Berufungskammer wären auch Qualitätseinbußen kaum zu befürchten.

## XII. Die Schöffen

### 1. Funktion, Arten und Auswahl von Schöffen

322 Schöffen sind die im Strafverfahren tätigen Laienrichter, vgl. § 45a DRiG. Sie üben ein Ehrenamt aus und nehmen als Beisitzer in der Hauptverhandlung mit derselben richterlichen Unabhängigkeit und mit demselben Stimmrecht teil wie die Berufsrichter, § 30 Abs. 1 GVG. Dabei muss zwischen verschiedenen Arten von Schöffen unterschieden werden, nämlich:

|  |  |  |
|:---:|:---:|:---:|
| ✓ | ↓ | ↘ |
| Hauptschöffen | Hilfsschöffen | Ergänzungsschöffen. |

Eine weitere Unterscheidung lässt sich nach dem Einsatzgebiet vornehmen, nämlich in Schöffen für Strafverfahren gegen Erwachsene und solche für Jugendsachen, sog. Jugendschöffen.

323 **Hauptschöffen** werden aufgrund einer alle 5 Jahre von den Gemeinden zu erstellenden Vorschlagsliste (vgl. § 36 Abs. 1 GVG) vom sog. Schöffenwahlausschuss bei jedem Amtsgericht für die Dauer von 5 Jahren gewählt. Zu der Zusammensetzung des Ausschusses lesen Sie § 40 Abs. 2 bis 4 GVG. Die von der Gemeinde vorgelegte Liste soll einem repräsentativen Querschnitt der Bevölkerung entsprechen, § 36 Abs. 2 GVG.

Die Reihenfolge, in welcher die Hauptschöffen an den jeweiligen – im vorhinein über das ganze Geschäftsjahr festgelegten – Sitzungstagen des Spruchkörpers teilnehmen, wird sodann in öffentlicher Sitzung[229] ausgelost, wobei jeder Schöffe möglichst zu 12 Sitzungstagen herangezogen werden soll, § 45 Abs. 2 S. 3 GVG. Es muss also – dies gebietet schon der Grundsatz des gesetzlichen Richters – vor der ersten Sitzung im Geschäftsjahr feststehen, welcher Schöffe an welchem Sitzungstag mitwirkt.

324 Für die **Hilfsschöffen** gilt das gleiche Wahl- und Verteilungsverfahren, in welchem eine sog. Hilfsschöffenliste erstellt wird. Ihre Funktion besteht aber darin, für einen weggefallenen Hauptschöffen einzuspringen. Ein solcher Wegfall kann sich insbesondere ergeben wegen
- einer Streichung aus der Hauptschöffenliste (z.B. wegen Unfähigkeit), §§ 52, 49 Abs. 2 GVG;

---

228  BVerfG NStZ-RR 2007, 385 f.; D/S/S-*Schoreit*, § 55 Rn. 2.
229  Öffentlichkeit bedeutet auch hier, dass jedermann die Möglichkeit hat, an der Auslosung als Zuhörer teilzunehmen. Siehe zu den Voraussetzungen BGH NStZ 2006, 512 f.

– des Ausfalls oder der Entbindung bzgl. einer einzelnen Sitzung (z.B. im Fall der Krankheit), § 54 GVG.

Daneben kann aber auch eine organisatorische Umstrukturierung den Einsatz weiterer Schöffen erforderlich machen, die dann aus der Hilfsschöffenliste zu rekrutieren sind. Insoweit kommen als denkbare Maßnahmen in Betracht:

– die Bildung neuer Spruchkörper, § 46 GVG;
– das Erfordernis außerordentlicher Sitzungen, § 47 GVG[230].

Auch der Einsatz von **Ergänzungsschöffen** stellt eine organisatorische Maßnahme dar, die eine Zuweisung von Personen aus der Hilfsschöffenliste erforderlich macht, vgl. § 48 Abs. 1 GVG. Bei Verhandlungen von längerer Dauer können Ergänzungsschöffen für ein konkretes Verfahren auf Anordnung des Vorsitzenden hinzugezogen werden. Dieser Schöffe – welcher der gesamten Verhandlung (mit Ausnahme der Beratungen) von Anfang an beiwohnen muss[231] – kann dann einspringen, wenn in der Person eines Hauptschöffen im laufenden Verfahren eine Verhinderung (etwa durch Erkrankung oder erfolgreiche Ablehnung nach den §§ 31 Abs. 1, 24 ff. StPO) eintritt. Durch den Einsatz solcher Ergänzungsschöffen – dasselbe gilt für sog. Ergänzungsrichter – soll verhindert werden, dass durch Erkrankungen oder sonstige Ereignisse ein umfangreiches Verfahren „platzt" und völlig neu aufgerollt werden muss. **325**

**Jugendschöffen** schließlich werden als Laienrichter beim Jugendschöffengericht tätig. Wegen der Besonderheiten des Strafverfahrens gegen Jugendliche und Heranwachsende ist ihre Auswahl in § 35 JGG abweichend geregelt, damit möglichst Personen aus der Jugendarbeit zum Zuge kommen. Auch Jugendschöffen kommen als Haupt-, Hilfs- oder Ergänzungsschöffen zum Einsatz. **326**

Vorstehende Ausführungen und Vorschriften beziehen sich zunächst nur auf die Amtsgerichte. Über § 77 Abs. 1 GVG gelten sie aber – mit wenigen marginalen Abweichungen – auch für die am Landgericht tätigen Schöffen. **327**

Schöffe kann grds. jedermann werden. Allerdings sind bestimmte Personen von vornherein **ausgeschlossen**. Dieser Personenkreis ist in § 32 GVG ausdrücklich benannt. Ausgeschlossen sind demnach:

– Personen, denen durch Urteil die Fähigkeit zur Bekleidung öffentlicher Ämter abgesprochen wurde oder die wegen einer vorsätzlichen Tat zu einer Freiheitsstrafe von mehr als sechs Monaten verurteilt worden sind;
– Personen, gegen die ein Ermittlungsverfahren wegen einer Tat schwebt, die den Verlust der Fähigkeit zur Bekleidung öffentlicher Ämter zur Folge haben kann (vgl. hierzu auch § 45 StGB);
– Personen, die infolge gerichtlicher Anordnung in der Verfügung über ihr Vermögen beschränkt sind (z.B. im Falle der Insolvenz).

---

230 Zu den inhaltlichen Anforderungen an den Begriff „außerordentlich" in Abgrenzung zur bloßen Verlegung eines Sitzungstages siehe BGH NJW 2005, 3153 f.
231 BGH NJW 2001, 3062 m.w.N.

Wirkt eine solche Person gleichwohl an einem Verfahren mit, so kann dies mit der Revision gerügt werden.

In den §§ 33, 34 GVG ist darüber hinaus geregelt, in welchen Fällen jemand aus persönlichen Gründen – etwa Alter oder beruflicher Betätigung – nicht zum Schöffen bestellt werden soll. Da es sich hierbei um Sollvorschriften handelt, sind Verstöße nicht revisibel. Umstritten ist, ob und ggf. welche Möglichkeiten bestehen, eine Schöffin deshalb auszuschließen, weil Sie aus religiösen Gründen ein Kopftuch trägt und sich weigert, dieses während der Hauptverhandlung abzulegen[232]. Mangels gesetzlicher Regelung kommt hier im Einzelfall wohl nur eine Ablehnung wegen Besorgnis der Befangenheit durch einen Verfahrensbeteiligten in Betracht, wenn die dokumentierte religiöse Haltung in besonderer Weise für den Ausgang des Verfahrens von Belang sein kann[233].

## 2. Rechte und Pflichten der Schöffen

**328**  Schöffen sind verpflichtet, an ihrer Vereidigung mitzuwirken (§ 45 Abs. 2 S. 1 DRiG), zu „ihren" Verhandlungen zu erscheinen und an der abschließenden Beratung mitzuwirken, § 195 GVG. Verstößt der Schöffe gegen diese Pflichten, so kann er mit einem Ordnungsgeld und den durch die Pflichtverletzung entstandenen Kosten – z.B. infolge einer Terminsverlegung – belegt werden, § 56 GVG. Unter den Voraussetzungen des § 54 Abs. 1 GVG kann er jedoch für bestimmte Sitzungstage von seinen Pflichten entbunden werden.

**329**  Berufstätige Schöffen sind für die Teilnahme an den Sitzungen von ihrem Arbeitgeber freizustellen und gegen Kündigung im Zusammenhang mit der Amtsausübung geschützt, § 45 Abs. 1a DRiG. Neben ihrer Entschädigung (§ 55 GVG) haben Schöffen Anspruch darauf, über den Verfahrensgegenstand unterrichtet zu werden. Dies geschieht i.d.R. durch einen kurzen Vortrag des Berichterstatters oder des Vorsitzenden unmittelbar vor Sitzungsbeginn. Demgegenüber haben Schöffen mangels gesetzlicher Regelung nach der bisherigen Rechtsprechung kein Recht auf Akteneinsicht[234]. Ihnen kann aber in Einzelfällen nach dessen Verlesung der Anklagesatz ausgehändigt werden, vgl. Nr. 126 Abs. 3 RiStBV.

**330**  Die wichtigste Befugnis der Schöffen liegt in ihrer Mitwirkung an den **während der Hauptverhandlung** zu treffenden Gerichtsentscheidungen, seien es Beschlüsse oder das abschließende Urteil. Ausnahmen hiervon sehen nur § 27 Abs. 2 StPO und § 31 Abs. 2 StPO (für das Ablehnungsverfahren) vor. Da gem. § 196 Abs. 1 GVG für jede Entscheidung des Gerichts eine absolute Mehrheit der Stimmen erforderlich ist und

---

232  Vgl. hierzu LG Dortmund NJW 2007, 3013; LG Bielefeld NJW 2007, 3014; *Bader* NJW 2007, 2964 ff.
233  Siehe hierzu unten Rn. 824 ff.
234  BGH NStZ 1997, 506 f. Ob sich diese Auffassung in Anbetracht des § 30 Abs. 1 GVG wird halten lassen, bleibt abzuwarten. Der BGH hat dieses Problem jedenfalls erkannt, vgl. BGH NJW 1998, 1164.

zu jeder dem Angeklagten nachteiligen Entscheidung über die Straf- und Schuldfrage nach § 263 Abs. 1 StPO sogar 2/3 der Stimmen benötigt werden, haben die Schöffen in bestimmten Konstellationen eine **Sperrmöglichkeit**, wenn ihre Stimmabgabe zu einem „Patt" führt oder wenn sie – z.B. beim Schöffengericht – den Berufsrichter überstimmen.

An Entscheidungen, die **außerhalb der Hauptverhandlung** ergehen, wirken die Schöffen nicht mit, §§ 30 Abs. 2, 76 Abs. 1 S. 2 GVG. Dieser Ausschluss erfasst alle Entscheidungen, die    **331**

- vor Beginn und nach dem Ende der Hauptverhandlung zu treffen sind,
- während einer Unterbrechung der Hauptverhandlung getroffen werden, wenn sie ohne mündliche Verhandlung ergehen können, also auch Beschlagnahme- oder Durchsuchungsanordnungen.

Umstritten ist, ob (abgesehen von der Situation der Urteilsfällung, § 268b StPO) die Schöffen auch an **Haftentscheidungen** mitwirken müssen, die – beispielsweise aufgrund eines Antrags des Angeklagten, einen gegen ihn bestehenden Haftbefehl aufzuheben – im Verlaufe einer Hauptverhandlung zu treffen sein können. Diese Frage ist angesichts des Anspruchs auf den gesetzlichen Richter (Art. 101 Abs. 1 S. 2 GG) von besonderer Bedeutung. Es stellt sich nämlich das Problem, dass es an einer durchgängig klaren Abgrenzung fehlt, wann eine Entscheidung innerhalb oder außerhalb der Hauptverhandlung zu treffen ist. So kann ein Antrag auf Aufhebung des Haftbefehls in der Verhandlung oder durch Einreichen eines Schriftsatzes außerhalb erfolgen. Damit können Zufälligkeiten des Verfahrens über die Besetzung des Gerichts und damit die Mehrheitsverhältnisse entscheiden.

Für die durch ein Oberlandesgericht während der Hauptverhandlung zu treffenden Haftentscheidungen hat der BGH daher bestimmt, dass mit der für die Hauptverhandlung vorgesehenen Besetzung (5 statt 3 Richter) zu entscheiden ist[235]. Leider hat er jedoch ausdrücklich offengelassen, welche Regelung für Strafkammern und Schöffengerichte gelten soll. Für diesen Bereich gibt es divergierende Meinungen. Das OLG Hamburg hält – vom Bundesverfassungsgericht unbeanstandet[236] – aus Gründen der Beschleunigung eine Entscheidung nur der Berufsrichter für angezeigt, um dem Anspruch auf den gesetzlichen Richter zu genügen[237]. Das OLG Köln sieht in der Nichtbeteiligung der Schöffen dagegen einen Verstoß gegen Art. 101 Abs. 1 S. 2 GG[238].    **332**

Letzte Klarheit wird also nur der Gesetzgeber schaffen können, indem er in § 30 GVG diese Frage ausdrücklich dahingehend regelt, dass Schöffen stets oder nie an Haftentscheidungen im Zuge einer Hauptverhandlung mitwirken. Dabei verdient der vom Oberlandesgericht Hamburg eingeschlagene Weg schon aus Gründen der Praktikabilität den Vorzug. Haftentscheidungen lassen sich nicht „zwischen Tür und    **333**

---

235   BGH NStZ 1997, 606 f.
236   BVerfG NJW 1998, 2962 f.
237   OLG Hamburg NJW 1998, 2988.
238   OLG Köln NJW 1998, 2989 f.

Angel" treffen. Häufig werden sie in Unterbrechungen an sitzungsfreien Tagen beraten, in denen die Berufsrichter per se zur Verfügung stehen. Demgegenüber müssten die Schöffen zur Mitwirkung eigens anreisen, was neben der damit verbundenen Belastung auch zu Verzögerungen führen kann[239].

## B.  Der Ablauf des gerichtlichen Verfahrens

### I.  Das Zwischenverfahren

### 1.  Zweck und Ablauf

**334**   Kommt es zur Anklageerhebung durch die Staatsanwaltschaft, so legt diese die Akten dem zuständigen Gericht mit dem Antrag vor, das Hauptverfahren zu eröffnen, §§ 170 Abs. 1, 199 Abs. 2 StPO. Hiermit beginnt das (gerichtliche) Zwischenverfahren, welches in den §§ 199 bis 211 StPO geregelt ist. Es dient allein der Entscheidungsfindung des Gerichts, ob das Hauptverfahren zu eröffnen ist oder nicht. Das Zwischenverfahren bezweckt – neben prozessökonomischen Gesichtspunkten – vor allem den Schutz des Angeklagten. Er soll vor den Nachteilen einer unberechtigten Hauptverhandlung bewahrt werden. Unberechtigte oder oberflächliche Anklagen der (zudem weisungsgebundenen) Staatsanwaltschaft sollen im Wege einer unabhängigen gerichtlichen Vorprüfung herausgefiltert werden.

**335**   Mit Einreichung der Anklageschrift ist das Verfahren bei Gericht **anhängig**; die Staatsanwaltschaft verliert die Verfahrensherrschaft (vgl. auch § 206 StPO). Sie hat allerdings die Möglichkeit, die Klage noch bis zur Eröffnung des Hauptverfahrens jederzeit zurückzunehmen (vgl. § 156 StPO). Der „Beschuldigte" wird im Zwischenverfahren terminologisch zum „Angeschuldigten" (§ 157 StPO).

**336**   Als ersten Verfahrensschritt hat das Gericht (der/die Vorsitzende) gemäß § 201 Abs. 1 StPO die Anklageschrift dem Angeschuldigten bekannt zu machen. Dies geschieht üblicherweise durch förmliche Zustellung, da dem Betroffenen gleichzeitig eine angemessene Erklärungsfrist[240] zu setzen ist, innerhalb derer er die Vornahme einzelner Beweiserhebungen beantragen oder Einwendungen gegen die Eröffnung des Hauptverfahrens vorbringen kann. Außerdem ist er in geeigneten Fällen über die gesetzlich vorgesehene Pflichtverteidigerbestellung zu belehren und entsprechend anzuhören (§§ 141 Abs. 1, 140 Abs. 1, 2 StPO).

**337**   Über die in der Praxis äußerst selten vorgebrachten Einwendungen oder Anträge entscheidet das Gericht nach Anhörung der Staatsanwaltschaft (§ 33 Abs. 2 StPO) durch unanfechtbaren Beschluss ohne mündliche Verhandlung. Ordnet es – was gemäß

---

239  Vgl. zu dem Problemfeld auch *Sowada* in NStZ 2001, 169 ff.; *Bertram* NJW 1998, 2934 ff. sowie die Entscheidungsanmerkungen von *Foth* und *Siegert* NStZ 1998, 420 ff.

240  In der Regel wird eine Woche gewählt, in schwierigen oder umfangreicheren Verfahren kann eine längere Frist bestimmt werden.

§ 202 StPO ohne Weiteres möglich ist – die Erhebung weiterer Beweise (etwa eine Zeugenvernehmung) an, so hat es grundsätzlich selbst tätig zu werden, kann die Maßnahmen aber auch durch den beauftragten oder ersuchten Richter (§§ 156 ff. GVG) durchführen lassen oder die Staatsanwaltschaft/Polizei um entsprechende Erledigung bitten. Streitig ist allerdings, ob die Ermittlungsbehörden auf ein solches Ersuchen hin im Wege der Amtshilfe verpflichtet sind, weitere Untersuchungen anzustellen[241].

Das Zwischenverfahren endet durch einen gerichtlichen Beschluss. Dieser bestimmt alternativ die:

|  |  |  |
|---|---|---|
| ↙ | ↓ | ↘ |
| Vorläufige Einstellung des Verfahrens | Eröffnung des Hauptver- fahrens, § 207 StPO (Regelfall) | Ablehnung der Eröffnung, § 204 StPO |

Sind verschiedene Taten und/oder mehrere Personen angeklagt, so sind selbstverständlich auch Kombinationen zwischen den jeweiligen Entscheidungsarten möglich.

## 2. Die Einstellung des Verfahrens

Ergibt sich im Laufe des Zwischenverfahrens ein behebbares Verfahrenshindernis, so hat das Gericht – wie in jedem anderen Verfahrensabschnitt auch – von § 205 StPO Gebrauch zu machen und das Verfahren vorläufig einzustellen. § 206a StPO, der die dauernden und damit nicht behebbaren Verfahrenshindernisse betrifft[242], gilt dagegen im Zwischenverfahren nicht. Stellt sich nämlich in diesem Stadium ein solches Verfahrenshindernis – etwa die Verjährung der angeklagten Tat – heraus, so ist die Eröffnung des Hauptverfahrens gemäß § 204 StPO abzulehnen. Bei Vorliegen der jeweiligen Voraussetzungen kommt natürlich auch eine Verfahrenseinstellung nach den Vorschriften der §§ 153 ff. StPO in Betracht. **338**

## 3. Der Eröffnungsbeschluss

Gelangt das Gericht – was den Regelfall bildet – nach Prüfung zu dem Ergebnis, dass ein **hinreichender Tatverdacht** vorliegt (§ 203 StPO), so hat es durch Beschluss das Hauptverfahren zu eröffnen und die Anklage zur Hauptverhandlung zuzulassen (§ 207 Abs. 1 StPO). Voraussetzung hierfür ist die aufgrund einer vorläufigen Bewertung des gesamten Ermittlungsergebnisses gegebene Wahrscheinlichkeit, dass es wegen der angeklagten Tat(en) zu einer Verurteilung kommt. **339**

Im Rahmen der Eröffnung hat das Gericht aber auch zu prüfen, ob es sachlich und örtlich **zuständig** ist. Hält etwa ein Gericht höherer Ordnung – unter Beachtung

---

241 Vgl. *Meyer-Goßner*, § 202 Rn. 3.
242 Beispiele bei *Meyer-Goßner*, § 206a Rn. 3 (z.B. dauernde Verhandlungsunfähigkeit oder Tod des Angeschuldigten).

auch der besonderen funktionellen Zuständigkeiten i.S.d. § 209a StPO (etwa der Jugendgerichte) – die Zuständigkeit eines Gerichts niederer Ordnung in seinem Bezirk für gegeben, so kann es das Hauptverfahren vor diesem Gericht eröffnen, § 209 Abs. 1 StPO[243].

**340**   Im umgekehrten Fall legt das Gericht die Akten dem Gericht höherer Ordnung durch Vermittlung der Staatsanwaltschaft vor. Das höhere Gericht entscheidet sodann durch Beschluss, ob es die Sache übernimmt, § 225a Abs. 1 StPO, wobei dieser Übernahmebeschluss als Voraussetzung der Rechtshängigkeit bei dem Gericht höherer Ordnung anzusehen ist[244]. Ist über die Eröffnung des Hauptverfahrens noch nicht entschieden, so hat dies durch das übernehmende Gericht zu geschehen.

Sollte sich eine Zuständigkeitsverschiebung erst nach der Eröffnungsentscheidung im Laufe der Hauptverhandlung herausstellen, so kann – und muss – dem nach § 270 StPO Rechnung getragen werden.

**341**   Nach § 207 Abs. 2 StPO kann die Anklage auch mit Modifikationen zugelassen werden. Von den gegebenen Möglichkeiten haben jedoch allenfalls die Ziffern 1 und 3 des § 207 Abs. 2 StPO eine nennenswerte praktische Bedeutung. Ehe die Eröffnung des Hauptverfahrens wegen einzelner Taten aber formell abgelehnt wird, kann mit der Staatsanwaltschaft auch über die Rücknahme der Anklage (§ 156 StPO) insoweit „verhandelt" werden. Befindet sich der Angeschuldigte in Untersuchungshaft (§§ 112 ff. StPO) oder ist er einstweilig untergebracht (§ 126a StPO), so hat das Gericht im Eröffnungsbeschluss auch über die Fortdauer dieser Maßnahmen zu befinden, § 207 Abs. 4 StPO.

Bei Verfahren vor der großen Strafkammer erfolgt die Eröffnungsentscheidung in der Besetzung mit drei Berufsrichtern unter Ausschluss der Schöffen[245]. Hier ist **zugleich** darüber zu befinden, ob sie die Hauptverhandlung mit zwei oder drei Berufsrichtern durchführt, § 76 Abs. 2 GVG[246]. Diese Besetzungsentscheidung kann i.d.R. nachträglich nicht mehr geändert werden. Unterbleibt sie versehentlich, so muss die Kammer die Hauptverhandlung mit drei Berufsrichtern durchführen[247].

**342**   Der Eröffnungsbeschluss ist eine **zwingende Verfahrensvoraussetzung**. Er hat die Wirkung, dass die Sache nunmehr **rechtshängig** geworden ist. Die Staatsanwaltschaft kann die Anklage weder zurücknehmen (§ 156 StPO), noch bei einem anderen Gericht anhängig machen, da nunmehr das Prozesshindernis der „anderweitigen Rechtshängigkeit" zu beachten ist. Mit dem Eröffnungsbeschluss wird das Gericht zum „erkennenden Gericht". Dies hat zur Folge, dass beispielsweise die Beschwerdemöglichkeiten im Hinblick auf Entscheidungen, welche der Urteilsfindung vorausgehen, erheblich eingeschränkt werden (§ 305 StPO). Ferner kann die

---

243   Zur (eingeschränkten) Bindungswirkung für das Gericht niederer Ordnung siehe BGH NStZ 2003, 47 f.
244   BGH NJW 1999, 157 f.
245   BGH 4 StR 251/08 m.w.N.
246   Zu den Einzelheiten siehe unten Rn. 814.
247   BGH 5 StR 317/08.

Ablehnung eines Richters wegen der Besorgnis der Befangenheit nicht mehr in einem selbstständigen Beschwerdeverfahren überprüft werden (§ 28 Abs. 2 S. 2 StPO).

Durch den das Hauptverfahren eröffnenden Beschluss, der nicht angefochten werden kann (§ 210 Abs. 1 StPO)[248], wird der Angeschuldigte nunmehr zum „Angeklagten" (§ 157 StPO). Der Beschluss muss dem Angeklagten zugestellt werden, § 215 StPO.

## 4. Die Ablehnung der Eröffnung

Die Eröffnung des Hauptverfahrens ist (ganz oder teilweise) abzulehnen, soweit es an     **343** einem hinreichenden Tatverdacht oder einer Prozessvoraussetzung (etwa einem erforderlichen Strafantrag) fehlt bzw. ein Prozesshindernis (z.B. Verjährung) besteht. Gemäß § 204 StPO ist in dem Beschluss auszuführen, ob die Ablehnung aus tatsächlichen oder rechtlichen Gründen erfolgt. Ggf. ist hier also auch eine Würdigung der Beweislage erforderlich.

Gegen die ablehnende Entscheidung steht der Staatsanwaltschaft die sofortige Beschwerde offen, § 210 Abs. 2 StPO. Macht sie hiervon keinen Gebrauch, so entfaltet der Nichteröffnungsbeschluss gemäß § 211 StPO eine **beschränkte Rechtskraft** in dem Sinne, dass die Wiederaufnahme der Klage nur aufgrund neuer Tatsachen oder Beweismittel zulässig ist. Maßgeblich insoweit ist der Kenntnisstand des Gerichts zum Zeitpunkt der Entscheidung über die Nichteröffnung.

Zwischenverfahren und Eröffnungsbeschluss sahen im **Originalfall** so aus:     **344**

---

248  Gemäß § 210 Abs. 2 StPO steht allein der Staatsanwaltschaft das Recht der sofortigen Beschwerde zu, soweit die Eröffnung abgelehnt oder abweichend vom Antrag der StA die Verweisung an ein Gericht „niederer Ordnung" ausgesprochen worden ist.

118 Ds 38/06

**Vfg.**

1.     Anklageschrift gem. § 201 StPO an Angeschuldigten zustellen, und zwar mit folgendem Anschreiben:

„Anrede/Schlussformel

Hiermit wird Ihnen in der Strafsache gegen Sie die Anklageschrift vom 13.01.2006 zugestellt. Fall Sie die Vornahme einzelner Beweiserhebungen vor der Entscheidung über die Eröffnung des Hauptverfahrens beantragen oder Einwendungen gegen die Eröffnung des Hauptverfahrens vorbringen wollen, werden Sie aufgefordert, dies binnen einer Frist von

**einer Woche**

nach Zustellung dieses Schreibens zu erklären.

Wenn Sie die Vernehmung von Zeugen beantragen, sind die Tatsachen anzugeben, über die jeder einzelne Zeuge vernommen werden soll.

Alle Anträge können Sie schriftlich oder zu Protokoll der Geschäftsstelle des Gerichts stellen."

2.     10 Tage nach Zustellung (Eröffnungsbeschluss)

Bonn, den 19.01.2006

(Schneider)
Richterin am Amtsgericht

# Zustellungsurkunde

1.1 *Aktenzeichen*  1.2 *Ggf. weitere Kennz.*

**118 Ds 38/06**

1.3 ~~Adressat~~ AS.v.13.01.06 g.V.v.19.01.06

Herrn
Hans Lellmann
Wagnerstr. 187

53111 Bonn

Weitersenden innerhalb des
☒ Bezirks des Amtsgerichts   ☐ Bezirks des Landgerichts
X
☐ Inlands

**Bei der Zustellung zu beachtende Vermerke**
☐ Ersatzzustellung ausgeschlossen
☐ Keine Ersatzzustellung an: _____
☐ Nicht durch Niederlegung zustellen
☐ Mit Angabe der Uhrzeit zustellen

Amtsgericht Bonn

**1.4** Bei erfolglosem Zustellversuch: Vermerk über den Grund der Nichtzustellung

1.4.1 ☐ Adressat unter der angegebenen Anschrift nicht zu ermitteln

1.4.2 ☐ Adressat verzogen nach:

*Straße und Hausnummer*

*Postleitzahl, Ort*

Weitersendung nicht verlangt/nicht möglich

1.4.3 ☐ Anderer Grund

1.4.4 *Datum*  TT MM JJ

1.4.5 *Unterschrift*

1.4.6 *Postunternehmen/ Behörde:*

**Zustellungsurkunde/Zustellungsauftrag
zurück an Absender**

**Geschäftsstelle des Amtsgerichts**

**53105 Bonn**

AVR 41  Postzustellungsurkunde Z-IDEAL-lang – gen. 07. 2002 – JVA Willich I

Das mit umseitiger Anschrift und Aktenzeichen versehene Schriftstück habe ich in meiner Eigenschaft als

| 2 | ☒ Postbediensteter | ☐ Justizbediensteter | ☐ Gerichtsvollzieher | ☐ Behördenbediensteter |
|---|---|---|---|---|

| 3 | ☒ | **übergeben, und zwar** *(4.1 bis 8.3)* |
|---|---|---|

| 4.1 | ☐ | unter der Zustellanschrift *(siehe 1.3)* | |
|---|---|---|---|
| 4.2 | ☐ | an folgendem Ort: Straße, Hausnummer *(soweit von 1.3 abweichend)* Postleitzahl, Ort | WAGNERSTR. 187    13111  BONN |

| 5.1 | ☒ | – dem Adressaten *(1.3)* persönlich. | |
|---|---|---|---|
| 5.2 | ☐ | – einem Vertretungsberechtigten (gesetzlichen Vertreter/Leiter): | ▶ 5.4 |
| 5.3 | ☐ | dem durch schriftliche Vollmacht ausgewiesenen rechtsgeschäftlichen Vertreter: | ▶ 5.4 |
| | | 5.4 Frau/Herrn (Name, Vorname) | |

, weil ich den Adressaten in der Wohnung nicht erreicht habe, dort

| 6.1 | ☐ | – einem erwachsenen Familienangehörigen: | ▶ 6.4 | |
|---|---|---|---|---|
| 6.2 | ☐ | – einer in der Familie beschäftigten Person: | ▶ 6.4 | 6.4 Frau/Herrn (Name, Vorname): |
| 6.3 | ☐ | – einem erwachsenen ständigen Mitbewohner: | ▶ 6.4 | |

| 7.1 | ☐ | , weil ich den Adressaten in dem Geschäftsraum nicht erreicht habe, einem dort Beschäftigten: |
|---|---|---|
| | | 7.2 Frau/Herrn (Name, Vorname) |

, weil ich den Adressaten in der Gemeinschaftseinrichtung nicht erreicht habe, dort

| 8.1 | ☐ | dem Leiter der Einrichtung: | ▶ 8.3 | 8.3  Frau/Herrn (Name, Vorname): |
|---|---|---|---|---|
| 8.2 | ☐ | einem zum Empfang ermächtigten Vertreter: | ▶ 8.3 | |

| 9 | ☐ | **zu übergeben versucht.** *(10.1 bis 12.3)* |
|---|---|---|

Weil die Übergabe des Schriftstücks in der Wohnung/in dem Geschäftsraum nicht möglich war, habe ich das Schriftstück in den

| 10.1 | ☐ | – zur Wohnung |
|---|---|---|
| 10.2 | ☐ | – zum Geschäftsraum gehörenden Briefkasten oder in eine ähnliche Vorrichtung eingelegt. |

| 11.1 | ☐ | Weil auch die Einlegung in einen Briefkasten oder in eine ähnliche Vorrichtung *(10.1, 10.2)*/die Ersatzzustellung in der Gemeinschaftseinrichtung *(8.1 bis 8.3)* nicht möglich war, wird das Schriftstück bei der hierfür bestimmten Stelle niedergelegt, und zwar in |
|---|---|---|
| | | 11.1.1 Niederlegungsstelle |
| | | 11.1.2 Straße, Hausnummer |
| | | 11.1.3 Postleitzahl, Ort |

Die schriftliche Mitteilung über die Niederlegung habe ich

| 11.2 | ☐ | – in der bei gewöhnlichen Briefen üblichen Weise abgegeben. |
|---|---|---|
| 11.3 | ☐ | – an der Tür zur Wohnung/zum Geschäftsraum/zur Gemeinschaftseinrichtung angeheftet. |

| 12 | | Weil die Annahme der Zustellung durch    Name, Vorname:    Beziehung zum Adressaten: |
|---|---|---|
| | | verweigert wurde, habe ich das Schriftstück |
| 12.1 | ☐ | – in der Wohnung/dem zur Wohnung gehörenden Briefkasten oder in einer ähnlichen Vorrichtung zurückgelassen. |
| 12.2 | ☐ | – in dem Geschäftsraum/dem zum Geschäftsraum gehörenden Briefkasten oder in einer ähnlichen Vorrichtung zurückgelassen. |
| 12.3 | ☐ | – an den Absender zurückgeschickt, da keine Wohnung oder kein Geschäftsraum vorhanden ist. |

| 13 | Den Tag der Zustellung – ggf. mit Uhrzeit – habe ich auf dem Umschlag des Schriftstücks vermerkt. |
|---|---|
| | 13.1 Datum **24.01.06**   13.2 ggf. Uhrzeit   13.3 Unterschrift des Zustellers  *Lux* |
| | 13.4 Postunternehmen/Behörde |
| | 13.5 Name, Vorname des Zustellers (in Druckbuchstaben)  LUX, KERSTIN |

| **Amtsgericht** | Ort und Tag<br>Bonn, 03.02.2006 |
|---|---|
| Geschäfts-Nr.: (Bitte bei allen Schreiben angeben)<br>**118 Ds 38/06** | Anschrift/Fernruf<br>Wilhelmstraße 23, 53111 Bonn<br>Telefon: 0228/702-0<br>Fax: (0228) 702-135 |

## Beschluss

In der Strafsache
gegen

      Hans **L e l l m a n n**,

      geb. am 06.05.1959 in Bonn,

      wohnhaft: Wagnerstr. 187,

            53119 Bonn

wegen
    Trunkenheit im Verkehr pp.

wird die Anklage

| der Staatsanwaltschaft<br>Bonn | vom<br>13.01.2006 | Aktenzeichen<br>17 Js 539/05 |
|---|---|---|

  zur Hauptverhandlung zugelassen.

Auf Antrag der Staatsanwaltschaft wird das Hauptverfahren hier

☐ gegen sie   ☒ gegen ihn

☒ vor der/dem Strafrichterin/Strafrichter     ☐ vor dem Schöffengericht

☐ vor der/dem Jugendrichterin/Jugendrichter     ☐ vor dem Jugendschöffengericht

eröffnet.

Schneider
(Richterin am Amtsgericht)

StP 19 Abschrift des Eröffnungsbeschlusses (§ 215 StPO)
gen. 01.2000 ADV

165

## II. Die Vorbereitung der Hauptverhandlung

### 1. Terminsbestimmung

**345**  Die Vorbereitung der Hauptverhandlung ist in den § 213 ff. StPO geregelt. Sie umfasst zunächst die Bestimmung eines Termins durch den Vorsitzenden des Gerichts. Die Terminsbestimmung steht innerhalb der für das laufende Geschäftsjahr festgelegten Sitzungstage des Spruchkörpers im **Ermessen des Vorsitzenden**. Den Bedürfnissen des Angeklagten auf eine sachgerechte Vorbereitung und anwaltlichen Beistand ist jedoch in angemessenem Umfang Rechnung zu tragen.

Auch über Terminsverlegungsanträge muss der Vorsitzende nach pflichtgemäßem Ermessen befinden. Er hat hierbei die eigene Terminsplanung (etwa infolge der Koordination verschiedener Verfahren), die Belastung des Spruchkörpers, die Verfügbarkeit eines geeigneten Sitzungssaales, das Beschleunigungsgebot und die berechtigten Interessen der Verfahrensbeteiligten – insbesondere das Recht des Angeklagten auf Beistand durch einen Anwalt seines Vertrauens – zu berücksichtigen[249]. In Haftsachen und speziell in solchen, die sich gegen mehrere Angeklagte richten, darf und muss er das Beschleunigungsgebot in den Vordergrund stellen. Eine Verhinderung des Wahlverteidigers oder ein Verteidigerwechsel zwingen also nicht ohne Weiteres zu einer Terminsverlegung[250]. Die entsprechenden Entscheidungen sind nicht anfechtbar, § 305 StPO.

Zur Vorbereitung der Hauptverhandlung gehört auch die Auswahl der erforderlichen sachlichen und persönlichen Beweismittel. Als solche kommen im Strafverfahren in Betracht:

– Zeugen, §§ 48 ff. StPO;
– Sachverständige, §§ 72 ff. StPO;
– die Einnahme von Augenschein (z.B. Ortstermin), §§ 86, 168d, 225, 244 Abs. 5, 249 Abs. 1 StPO;
– Urkunden, §§ 249 ff. StPO;
– die Einlassung des Angeklagten und hier insbesondere ein schlüssiges Geständnis.

In umfangreichen Sachen, die sich über mehrere Verhandlungtage erstrecken, erstellt der Vorsitzende im Rahmen der Terminsbestimmung einen **Ladungsplan**, der die Reihenfolge der Beweiserhebungen festlegt, § 214 Abs. 2 StPO, und veränderten Gegebenheiten jederzeit angepasst werden kann.

### 2. Ladungen

#### a) Allgemeine Regelungen

**346**  Die ausgewählten Beweismittel sind – soweit es sich nicht um Gegenstände (Asservate, z.B. Tatwerkzeuge) handelt, § 214 Abs. 4 StPO – vom Gericht herbeizuschaf-

---

249  Vgl. BGH NStZ 2007, 164; 1998, 312.
250  BGH NJW 2008, 2454; NStZ-RR 2007, 81 f.; 2006, 271 ff.; BVerfG 2 BvQ 10/06.

fen. Folglich sind gem. § 214 Abs. 1 StPO auch die benötigten Beteiligten zur Hauptverhandlung ordnungsgemäß zu **laden**. Da die Gerichtssprache deutsch ist (§ 184 GVG), erfolgen die Ladungen auch bei fremdsprachigen Beteiligten in deutscher Sprache[251].

Die vom Vorsitzenden angeordneten Ladungen werden von der Geschäftsstelle ausgeführt (§ 214 Abs. 1 S. 2 StPO). Mit der Ladung sollte bei einem Verfahren vor dem Landgericht oder Oberlandesgericht dem Angeklagten bzw. dem Verteidiger die Besetzung des Gerichts mitgeteilt werden, § 222a Abs. 1 S. 2 StPO.

Die Form der Ladung ist gesetzlich nicht vorgeschrieben. Um deren Zugang ggf. nachweisen zu können, soll jedoch regelmäßig die **Zustellung** gewählt werden, vgl. Nr. 117 RiStBV. Die Zustellung selbst vollzieht sich nach den allgemeinen Regeln der ZPO, vgl. § 37 Abs. 1 StPO. Als Beweis für die vollzogene Ladung dient dann die Zustellungsurkunde. **347**

Sind Ladungen im **Ausland** zu bewirken, so kann dies – zur Vermeidung eines aufwendigen und zeitraubenden Rechtshilfeersuchens – bei Vorliegen völkerrechtlicher Vereinbarungen per Einschreiben und Rückschein geschehen (§ 183 Abs. 1 Nr. 1 ZPO). Eine derartige völkerrechtliche Vereinbarung besteht für die Partnerstaaten des Schengener Durchführungsübereinkommens (Schengen II) in Gestalt des Art. 52 SDÜ[252].

### b) Besonderheiten der Ladung bei einzelnen Beteiligten

### aa) Die Ladung des Angeklagten

Der **Angeklagte** ist stets zu laden (vgl. § 216 StPO), und zwar selbst dann, wenn er von der Pflicht zu erscheinen nach § 233 Abs. 1 StPO entbunden wurde. Das gilt auch für Fortsetzungstermine, also weitere Verhandlungstage, wenn die Hauptverhandlung nicht an einem Tag zu Ende gebracht werden kann[253]. Mit der Ladung sind dem Angeklagten die geladenen Zeugen und Sachverständigen namhaft zu machen (§ 222 Abs. 1 StPO). Auch ist ihm spätestens bei dieser Gelegenheit der Eröffnungsbeschluss zuzustellen. **348**

Für die **Art** der Ladung ist zu unterscheiden, ob der Angeklagte sich auf freiem Fuß befindet oder nicht. **349**

Nach § 216 Abs. 1 StPO i.V.m. § 35 Abs. 2 S. 1 StPO wird die Ladung dem **auf freiem Fuß** befindlichen Angeklagten **förmlich zugestellt**. Unter den Voraussetzungen des § 145a Abs. 2 StPO kann er auch über seinen Verteidiger geladen werden. Wie bei anderen Zustellungen auch ist notfalls eine öffentliche Zustellung nach § 40 StPO in Erwägung zu ziehen. Erscheint der Angeklagte trotz öffentlicher Zustellung

---

251  BGH NJW 1984, 2050; BayObLG NStZ 1996, 248.
252  Siehe zu den Partnerstaaten und den Fundstellen oben Rn. 44.
253  Die Notwendigkeit zusätzlicher Termine stellt sich oftmals erst im Laufe der Hauptverhandlung heraus. In einem solchen Fall können die Verfahrensbeteiligten mündlich geladen werden, was aber protokolliert werden sollte.

nicht, so darf jedoch nicht gegen ihn verhandelt werden, § 232 Abs. 2 StPO. In einem solchen Fall stehen die Instrumentarien des § 230 Abs. 2 StPO zur Verfügung.

**350**  Die an den Angeklagten gerichtete Ladung ist mit dem Hinweis auf die möglichen Sanktionen im Falle des Nichterscheinens zu versehen und muss Datum, Ort, Terminsstunde sowie den Sitzungssaal angeben, in dem die Hauptverhandlung stattfinden wird. Die Warnung vor den möglichen Folgen des § 230 Abs. 2 StPO ist im Fall des § 232 StPO (vgl. § 216 Abs. 1 S. 2 StPO) und dann entbehrlich, wenn der Angeklagte nach § 233 Abs. 1 StPO vom Erscheinen entbunden wurde. Für die Ladung zur Berufungsverhandlung und zur Hauptverhandlung nach einem Einspruch im Strafbefehlsverfahren ist der Hinweis auf die möglichen Zwangsmittel ebenfalls nicht erforderlich. In diesen Fällen ist allerdings auf die Möglichkeit hinzuweisen, dass bei unentschuldigtem Fernbleiben von der Hauptverhandlung das Rechtsmittel verworfen werden kann (vgl. §§ 329 Abs. 1, 412 StPO)[254].

**351**  Auch der sich **nicht in Freiheit** befindliche Angeklagte ist nach § 216 Abs. 2 S. 1 i.V.m. § 35 Abs. 2 S. 1 StPO förmlich – gegen **Empfangsbekenntnis** – zu laden. Gemäß § 216 Abs. 2 S. 2 StPO ist er anlässlich der Zustellung der Ladung durch einen Beamten (in der Regel denjenigen, der ihm die Ladung in der JVA überbringt) zu befragen, welche Anträge er zu seiner Verteidigung in der Hauptverhandlung stellen will. Seine diesbezüglichen Angaben sind zu beurkunden[255]. Gleichzeitig mit der Ladungsanordnung ist vom Vorsitzenden ein **Vorführersuchen** an die JVA zu richten.

**352**  In beiden Fällen des § 216 StPO kann vom Angeklagten allerdings auf eine förmliche Ladung verzichtet werden, insbesondere kann er sich nach Mitteilung der nötigen Terminsdaten mündlich „für geladen" erklären. Die Verzichtsmöglichkeit besteht auch für die nach § 217 Abs. 1 StPO einzuhaltende **Ladungsfrist** von mindestens einer Woche zwischen Zustellung und erster[256] Hauptverhandlung, vgl. § 217 Abs. 3 StPO.

**353**  Mängel der Ladung bewirken bei einem Verstoß gegen die Belehrungspflichten, dass die gesetzlich an sich möglichen Säumnisfolgen (z.B. Verwerfung von Rechtsmitteln nach §§ 329 Abs. 1, 412 StPO oder zwangsweise Vorführung bzw. Verhaftung nach § 230 Abs. 2 StPO) nicht eintreten können. Wird „nur" die Ladungsfrist nicht eingehalten, so hat der Angeklagte gleichwohl zu erscheinen, ist aber gem. § 217 Abs. 2 StPO berechtigt, die Aussetzung der Verhandlung zu verlangen.

---

254  Legt nur die **Staatsanwaltschaft** Berufung ein, so kann auch bei Ausbleiben des Angeklagten verhandelt werden, § 329 Abs. 2 StPO. Haben beide das Rechtsmittel eingelegt, so kann bei Ausbleiben des Angeklagten dessen Berufung verworfen und über diejenige der StA – die ja auch zugunsten des Beschuldigten wirken kann, § 301 StPO – entschieden werden. Im Falle einer Berufung der Staatsanwaltschaft sollte also auf die Möglichkeit des § 230 Abs. 2 StPO hingewiesen werden.

255  Ein Verstoß gegen § 216 Abs. 2 S. 2 StPO berührt jedoch weder die Wirksamkeit der Ladung, noch begründet er einen Anspruch auf Aussetzung der Hauptverhandlung, vgl. BGH NJW 2008, 1604 f.

256  Für Folgeverhandlungen in derselben Sache gilt § 217 Abs. 1 StPO nicht, vgl. BGHSt 24, 143 (145 ff.).

## bb) Die Ladung des Verteidigers

Auch der **Verteidiger** ist – i.d.R. gegen **Empfangsbekenntnis** – zum Hauptverhand- **354** lungstermin zu laden, und zwar der Pflichtverteidiger immer, der gewählte Verteidiger dann, wenn die Wahl dem Gericht angezeigt wurde, § 218 StPO. Haben sich mehrere Verteidiger bestellt, so sind sie alle zu laden[257].

Der Verteidiger kann aber auf eine förmliche Ladung und die Einhaltung der Frist des § 217 Abs. 1 StPO (auch konkludent) verzichten. Ansonsten bedarf es einer förmlichen Ladung dann nicht, wenn er auf andere Art (etwa aus den ihm übersandten Akten) mindestens eine Woche vor dem Termin sichere Kenntnis vom Datum der Hauptverhandlung erlangt hat. Die bloße Möglichkeit einer solchen Kenntnisnahme genügt indes nicht[258]. Aus Sicherheitsgründen sollte der Verteidiger also **stets förmlich** geladen werden.

Wird die Ladungsfrist nicht eingehalten, so hat der Verteidiger – sofern er gleichwohl **355** zum Termin erscheint – das sich aus §§ 218 S. 2, 217 Abs. 2 StPO ergebende Recht, Aussetzung der Hauptverhandlung zu verlangen. Erscheint der Verteidiger nicht, so kann den Antrag auch der Angeklagte stellen, da dieses Recht des Verteidigers dann auf ihn übergeht[259]. Hierüber ist er zu belehren, § 228 Abs. 3 StPO.

## cc) Die Ladung von Zeugen

**Zeugen** sind nach § 48 StPO unter Hinweis auf die möglichen Folgen eines unent- **356** schuldigten Fernbleibens (vgl. hierzu § 51 StPO) zu laden, ohne dass gesetzlich die Einhaltung einer bestimmten Ladungsfrist vorgesehen wäre. Im Hinblick auf § 51 StPO sollte ihnen aber – soweit möglich – eine angemessene Vorbereitungszeit zugestanden werden[260]. Die Ladung soll nach Nr. 117 Abs. 1 RiStBV durch förmliche Zustellung geschehen, um einen Nachweis zu ermöglichen. Denn nur wenn die ordnungsgemäße Ladung feststeht, können die Zwangsmittel des § 51 StPO zur Anwendung gelangen.

Spätestens mit der Ladung sind die Zeugen zudem auf verfahrensrechtliche Bestimmungen hinzuweisen, die ihrem Interesse dienen, § 48 StPO. Dies gilt naturgemäß in erster Linie für das Tatopfer, welches gem. § 406h StPO etwa über die Möglichkeiten der Nebenklage und des Adhäsionsverfahrens zu unterrichten ist. Bei der Ladung des Tatopfers sollte sich das Gericht zudem darüber Gedanken machen, wie dessen Belastung reduziert werden kann. Zumindest auf die Möglichkeit der Nutzung separater Aufenthaltsbereiche im Gerichtsgebäude ist bereits mit der Ladung hinzuweisen (vgl. § 48 StPO sowie Nrn. 117 Abs. 3, 135 Abs. 1 RiStBV). Ggf. ist auch der umfassende Schutz gefährdeter Zeugen für die Zeitdauer des Aufenthaltes bei Gericht zu organisieren.

---

257 BGH StV 1985, 133; BGHSt 36, 259 (260).
258 Vgl. BGH NStZ 1995, 298 f.
259 OLG Celle NJW 1974, 1258 (1259).
260 Bei Fortsetzungsverhandlungen, bei denen ja die Fristen des § 229 StPO einzuhalten sind, können insoweit Schwierigkeiten auftreten, wenn ein Zeuge erst kurzfristig benannt oder die Vernehmung eines bereits bekannten aber nicht geladenen Zeugen aufgrund veränderter Umstände für erforderlich gehalten wird.

**357**   Im Übrigen sind folgende Besonderheiten zu beachten:

**Kinder** sind immer zu Händen ihres gesetzlichen Vertreters – also i.d.R. der Eltern – zu laden. Diese haben auf die Erfüllung der Zeugenpflichten hinzuwirken. Demgegenüber können Jugendliche ab 14 Jahren persönlich geladen werden[261].

**Seeleute** werden nach „Seemannsart" geladen[262], d.h. die Zustellung geschieht durch Vermittlung der Wasserschutzpolizei, welche den Seemann oder Binnenschiffer auffordert, sich während der nächsten Schiffsliegezeit bei der Geschäftsstelle des örtlich zuständigen Amtsgerichts zu melden[263].

**358**   Bei im **Ausland** wohnhaften Zeugen ist zunächst die Möglichkeit des § 183 Abs. 1 Nr. 1 ZPO zu beachten. Da unter Umständen bei der förmlichen Ladung ein kompliziertes und langwieriges Verfahren nach den Nrn. 115, 116 der RiVASt durchzuführen ist, empfiehlt es sich, solche Zeugen telefonisch (ggf. unter Zuhilfenahme eines Dolmetschers) zum Erscheinen zu veranlassen oder – jedenfalls im Bereich der Partnerstaaten des SDÜ – durch Einschreiben mit Rückschein zu laden[264]. Ein Hinweis auf mögliche Zwangsmittel darf nicht erfolgen, Art. 52 Abs. 3 S. 2 SDÜ. Die Erfahrung lehrt, dass eine solche formlose Ladung meist genügt und die Zeugen erscheinen.

**dd) Ladung und Information sonstiger Beteiligter**

**359**   **Sachverständige** werden nach § 72 StPO wie Zeugen, d.h. durch förmliche Ladung geladen; Gleiches gilt für **Dolmetscher**.

Auch **Schöffen** haben Konsequenzen zu gewärtigen, wenn sie unentschuldigt der Hauptverhandlung fernbleiben, vgl. § 56 GVG. Sie sind rechtzeitig vom Termin in Kenntnis zu setzen, was jedoch nicht durch förmliche Ladung geschehen muss. Eine formlose Mitteilung genügt[265].

Schließlich ist auch die **Staatsanwaltschaft** von dem Termin zu informieren. Ohne die Anwesenheit eines Sitzungsvertreters kann nicht verhandelt werden (vgl. § 226 StPO). Soweit bestimmte Gegenstände als Beweisstücke benötigt werden (sog. Asservate), sind diese zudem durch die Staatsanwaltschaft herbeizuschaffen, § 214 Abs. 4 StPO. Nach Nr. 117 Abs. 2 S. 2 RiStBV erfolgt die Terminsnachricht an die Staatsanwaltschaft formlos, aber rechtzeitig, um eine ordnungsgemäße Vorbereitung zu ermöglichen. Ihr ist eine Aufstellung der geladenen Personen beizufügen, § 222 Abs. 1 StPO.

Schließlich sind auch die **Tatopfer**, die nicht zur Hauptverhandlung geladen werden, über den Termin zu informieren, wenn sie diesen Wunsch zuvor artikuliert haben, § 214 Abs. 1 StPO.

**360**   In unserem **Originalfall** sah die Vorbereitung (auszugsweise) folgendermaßen aus:

---

261   Siehe OLG Frankfurt NStZ-RR 2005, 268.
262   Vgl. OLG Bremen Rpfleger 1965, 48.
263   AG Bremerhaven (StK) NJW 1967, 1721 f.
264   Siehe oben Rn. 347.
265   KK-*Hannich*, § 56 GVG Rn. 2.

118 Ds 38/06

**Vfg.**

1.  Termin zur Hauptverhandlung wird bestimmt auf:
    **Dienstag, den 06.03.2006, 10:30 Uhr, Saal S 1.10**

2.  Zu diesem Termin **laden**:
    den Angeklagten mit Ausfertigung des Eröffnungsbeschlusses sowie mit
    Zeugen- und Sachverständigenliste gegen ZU

    folgende Zeugen:
    a)  POM Müller, PI Mitte, gegen EB
    b)  PM`in Rossel, PI Mitte, gegen EB
        beide auf 10:45 Uhr,
    c)  Hans Schmitz, Bl. 23 d.A., gegen ZU
        auf 11:15 Uhr,
    d)  Klaus Buchmann, Bl. 29 d.A., gegen ZU
        auf 11:30 Uhr,
    e)  Alfred Peters, Bl. 25 d.A., gegen ZU
        auf 11:45 Uhr.

3.  Als **Sachverständigen** laden: Prof. Dr. Madea oder Vertreter im Amt,
    Institut für Rechtsmedizin Bonn, auf 9:00 Uhr mit <u>Zusatz</u>: Es handelt sich
    um Ihre Tagebuch-Nr.: 73/05.

4.  Terminsnachricht mit Eröffnungsbeschluss sowie mit Zeugen- und Sach-
    verständigenliste an StA Bonn.

5.  Vorstrafenakte (Ziffer 1 BZR-Auszug) anfordern.

6.  Zum Termin

Bonn, den 07.02.2006

*Schneider*

(Schneider)
Richterin am Amtsgericht

171

## Zustellungsurkunde

1.1 Aktenzeichen 1.2 Ggf. weitere Kennz.

**118 Ds 38/06**

1.3 Anlg.z. 06.03.06 g.V.v.07.02.06

Herrn
Hans Lellmann
Wagnerstr. 187

53111 Bonn

Amtsgericht Bonn

Weitersenden innerhalb des

☒ Bezirks des Amtsgerichts ☐ Bezirks des Landgerichts

X

☐ Inlands

Bei der Zustellung zu beachtende Vermerke
☐ Ersatzzustellung ausgeschlossen

☐ Keine Ersatzzustellung an:
_____

☐ Nicht durch Niederlegung zustellen

☐ Mit Angabe der Uhrzeit zustellen

1.4 Bei erfolglosem Zustellversuch: Vermerk über den Grund der Nichtzustellung

1.4.1 ☐ Adressat unter der angegebenen Anschrift nicht zu ermitteln

1.4.2 ☐ Adressat verzogen nach:

Straße und Hausnummer

Postleitzahl, Ort

Weitersendung nicht verlangt/nicht möglich

1.4.3 ☐ Anderer Grund

1.4.4 Datum

TT MM JJ

1.4.5 Unterschrift

1.4.6 Postunternehmen/
Behörde:

### Zustellungsurkunde/Zustellungsauftrag
zurück an Absender

**Geschäftsstelle des Amtsgerichts**

**53105 Bonn**

AVR 41 Postzustellungsurkunde Z-IDEAL-lang – gen. 07. 2002 –
JVA Willich T

Das mit umseitiger Anschrift und Aktenzeichen versehene Schriftstück habe ich in meiner Eigenschaft als

| 2 | ☐ Postbediensteter | ☐ Justizbediensteter | ☐ Gerichtsvollzieher | ☐ Behördenbediensteter |

| 3 | ☐ | **übergeben, und zwar** *(4.1 bis 8.3)* |

| 4.1 | ☐ | unter der Zustellanschrift *(siehe 1.3)* |
| 4.2 | ☐ | an folgendem Ort: Straße, Hausnummer |
| | | *(soweit von 1.3 abweichend)* Postleitzahl, Ort |

| 5.1 | ☐ | – dem Adressaten *(1.3)* persönlich. |
| 5.2 | ☐ | – einem Vertretungsberechtigten (gesetzlichen Vertreter/Leiter): ▶ 5.4 |
| 5.3 | ☐ | dem durch schriftliche Vollmacht ausgewiesenen rechtsgeschäftlichen Vertreter: ▶ 5.4 |
| | | *5.4 Frau/Herrn (Name, Vorname)* |

, weil ich den Adressaten in der Wohnung nicht erreicht habe, dort

| 6.1 | ☐ | – einem erwachsenen Familienangehörigen: ▶ 6.4 |
| 6.2 | ☐ | – einer in der Familie beschäftigten Person: ▶ 6.4 | *6.4 Frau/Herrn (Name, Vorname):* |
| 6.3 | ☐ | – einem erwachsenen ständigen Mitbewohner: ▶ 6.4 |

, weil ich den Adressaten in dem Geschäftsraum nicht erreicht habe, einem dort Beschäftigten:

| 7.1 | ☐ | |
| | | *7.2 Frau/Herrn (Name, Vorname)* |

, weil ich den Adressaten in der Gemeinschaftseinrichtung nicht erreicht habe, dort

| 8.1 | ☐ | dem Leiter der Einrichtung: ▶ 8.3 | *8.3 Frau/Herrn (Name, Vorname):* |
| 8.2 | ☐ | einem zum Empfang ermächtigten Vertreter: ▶ 8.3 |

| 9 | ☒ | **zu übergeben versucht.** *(10.1 bis 12.3)* |

Weil die Übergabe des Schriftstücks in der Wohnung/in dem Geschäftsraum nicht möglich war, habe ich das Schriftstück in den

| 10.1 | ☒ | – zur Wohnung |
| 10.2 | ☐ | – zum Geschäftsraum |
| | | gehörenden Briefkasten oder in eine ähnliche Vorrichtung eingelegt. |

| 11.1 | ☐ | Weil auch die Einlegung in einen Briefkasten oder in eine ähnliche Vorrichtung *(10.1, 10.2)*/die Ersatzzustellung in der Gemeinschaftseinrichtung *(8.1 bis 8.3)* nicht möglich war, wird das Schriftstück bei der hierfür bestimmten Stelle niedergelegt, und zwar in |
| | | *11.1.1 Niederlegungsstelle* |
| | | *11.1.2 Straße, Hausnummer* |
| | | *11.1.3 Postleitzahl, Ort* |
| | | Die schriftliche Mitteilung über die Niederlegung habe ich |
| 11.2 | ☐ | – in der bei gewöhnlichen Briefen üblichen Weise abgegeben. |
| 11.3 | ☐ | – an der Tür zur Wohnung/zum Geschäftsraum/zur Gemeinschaftseinrichtung angeheftet. |

| 12 | | Weil die Annahme der Zustellung durch *Name, Vorname:* / *Beziehung zum Adressaten:* |
| | | verweigert wurde, habe ich das Schriftstück |
| 12.1 | ☐ | – in der Wohnung/dem zur Wohnung gehörenden Briefkasten oder in einer ähnlichen Vorrichtung zurückgelassen. |
| 12.2 | ☐ | – in dem Geschäftsraum/dem zum Geschäftsraum gehörenden Briefkasten oder in einer ähnlichen Vorrichtung zurückgelassen. |
| 12.3 | ☐ | – an den Absender zurückgeschickt, da keine Wohnung oder kein Geschäftsraum vorhanden ist. |

| 13 | | Den Tag der Zustellung – ggf. mit Uhrzeit – habe ich auf dem Umschlag des Schriftstücks vermerkt. |
| | | *13.1 Datum* 15.02.96 | *13.2 ggf. Uhrzeit* | *13.3 Unterschrift des Zustellers* Lux |
| | | *13.4 Postunternehmen/Behörde* |
| | | *13.5 Name, Vorname des Zustellers (in Druckbuchstaben)* LUX, KERSTIN |

## III. Der Gang der Hauptverhandlung

**361**  Die Hauptverhandlung bildet schon wegen der allein ihr vorbehaltenen umfassenden Beweisaufnahme entsprechend den – noch darzustellenden – Regeln der Unmittelbarkeit und Mündlichkeit den zentralen Abschnitt des Strafverfahrens.

Eine nähere Betrachtung soll mit dem klar gegliederten äußeren Ablauf beginnen, der in § 243 StPO (lesen!) geregelt ist. Danach läuft sie wie folgt ab:

### 1. Aufruf der Sache, § 243 Abs. 1 S. 1 StPO

Mit dem Aufruf als nach außen hin erkennbarem Zeichen **beginnt die Hauptverhandlung**. Unterbleibt er aus Versehen, so gilt die erste sachbezogene Handlung des Gerichts oder des Vorsitzenden als Beginn der Verhandlung.

Ob die Hauptverhandlung bereits begonnen hat, ist insbesondere für die Frage bedeutsam, ob – etwa weil der Angeklagte nicht erscheint oder sonstige Hindernisse eintreten – eine Unterbrechung nach § 229 StPO bzw. eine Aussetzung der Verhandlung in Betracht kommt oder ob neuer Termin bestimmt werden kann. Dies hat ggf. Auswirkungen auf die Besetzung des Spruchkörpers in dem neuen Verhandlungstermin[266].

### 2. Feststellung der Präsenz, § 243 Abs. 1 S. 2 StPO

**362**  Die Feststellung der anwesenden Verfahrensbeteiligten stellt – wie der Aufruf – keine wesentliche Förmlichkeit der Hauptverhandlung dar[267], sie ist nur Voraussetzung für die Entscheidung, ob problemlos mit der Verhandlung begonnen werden kann.

Nach § 243 Abs. 1 S. 2 StPO ist lediglich die Feststellung vorgesehen, ob der Angeklagte, der Verteidiger und die geladenen Beweismittel präsent sind. Natürlich wird sich das Gericht auch vergewissern, ob der Staatsanwalt bereits anwesend ist.

Eine Protokollierung der Feststellung ist nicht zwingend, wohl aber sachdienlich.

**363**  An die Feststellung der Präsenz schließen sich – bei einem Verfahren vor dem LG oder OLG – die Mitteilung der Gerichtsbesetzung nach § 222a StPO[268] und eventuell die Vereidigung eines Dolmetschers nach § 189 GVG an. In der Regel werden auch die bereits erschienenen Zeugen über ihre Rechte belehrt (§§ 57, 55 Abs. 2, 52 Abs. 3 StPO), aber auch auf ihre Wahrheitspflicht und die möglichen Folgen einer falschen eidlichen oder uneidlichen Aussage hingewiesen.

Sie verlassen anschließend den Sitzungssaal, § 243 Abs. 2 S. 1 StPO, damit sie ihre spätere Aussage unvoreingenommen und ohne Einfluss durch die Erörterungen in der Hauptverhandlung machen können (vgl. hierzu auch § 58 Abs. 1 StPO). Nach § 406g

---

266  Näheres hierzu siehe unten Rn. 381.
267  Vgl. KK-*Schneider*, § 243 Rn. 10.
268  Soweit dies nicht vorab mit der Terminsladung schriftlich geschehen ist.

Abs. 1 StPO darf allerdings der zur Nebenklage befugte Opferzeuge der Hauptverhandlung durchgehend beiwohnen. Nach Abs. 2 dieser Vorschrift gilt dasselbe für seinen anwaltlichen Beistand.

### 3. Vernehmung des Angeklagten zur Person, § 243 Abs. 2 S. 2 StPO

Zweck dieser – ersten – Vernehmung des Angeklagten durch das Gericht ist allein die Feststellung der **Identität** und soweit möglich auch der Verhandlungsfähigkeit. Aufgrund des ersten Eindrucks vom Angeklagten kann auch grob beurteilt werden, ob dieser aufgrund seiner geistigen Verhältnisse in der Lage ist, sich selbst zu verteidigen, d.h. Prozesserklärungen abzugeben und entgegenzunehmen. **364**

Obwohl dem Gesetz dies so nicht zu entnehmen ist, wird die eigentliche Vernehmung des Angeklagten zu seiner Person (nämlich zu seinem persönlichen Werdegang, Vorstrafen etc.) der Vernehmung zur Sache i.S.d. § 243 Abs. 4 S. 2 StPO zugeordnet und erfolgt daher an späterer Stelle[269].

### 4. Verlesung des Anklagesatzes, § 243 Abs. 3 S. 1 StPO

Der Staatsanwalt muss den Anklagesatz verlesen, was gemäß der Legaldefinition des § 200 Abs. 1 S. 1 StPO bedeutet, dass er folgende Teile der Anklage wiederzugeben hat: **365**

– Person des Angeklagten;
– Ort, Zeit und Datum der angeblichen Tatbegehung;
– welche „Tat" im strafprozessualen Sinn ihm vorgeworfen wird;
– welche gesetzlichen Merkmale verwirklicht wurden;
– welche Strafvorschriften nach Ansicht der Staatsanwaltschaft Anwendung finden, wobei eine abweichende rechtliche Bewertung im Eröffnungsbeschluss und sonstige Modifikationen zu beachten sind, § 243 Abs. 3 S. 2 und 4 StPO.

Zweck dieser Verlesung ist die Gewährung rechtlichen Gehörs (Art. 103 Abs. 1 GG). Dem Angeklagten soll – bevor er ggf. Erklärungen abgibt – nochmals vor Augen geführt werden, was Gegenstand der nun beginnenden eigentlichen Verhandlung sein wird.

Die Verlesung des Anklagesatzes muss im Ganzen geschehen; sollten sich hierbei Unklarheiten herausstellen, so müssen diese durch zusätzliche Erklärungen des Staatsanwaltes – die protokolliert werden sollten – ausgeräumt werden. Da die Verlesung des Anklagesatzes zu den wesentlichen Förmlichkeiten der Hauptverhandlung gehört, muss sie entsprechend § 273 Abs. 1 StPO im Sitzungsprotokoll vermerkt werden. Obwohl dies im Gesetz nicht ausdrücklich genannt ist, können neben dem Anklagesatz auch der Eröffnungsbeschluss, ein Verweisungsbeschluss nach § 270 Abs. 1 StPO, ein Übernahmebeschluss nach § 225a StPO oder ein Vorlagebeschluss **366**

---

269 *Meyer-Goßner*, § 243 Rn. 12 m.w.N.

i.S.d. § 209 Abs. 2 StPO verlesen werden, da diese der Bestimmtheit und Knappheit des Anklagesatzes entsprechen und damit eine unzulässige Beeinflussung des Gerichts (insbesondere der Schöffen) im Regelfall auszuschließen ist[270].

### 5. Belehrung des Angeklagten, § 243 Abs. 4 S. 1 StPO

**367**   In jeder Lage des Verfahrens, natürlich insbesondere in der Hauptverhandlung, besteht keinerlei Verpflichtung des Betroffenen, Angaben zum Tatvorwurf zu machen. Dies unterscheidet ihn von den übrigen persönlichen Beweismitteln, den Zeugen oder Sachverständigen[271].

Der entsprechende Hinweis an den Angeklagten stellt eine wesentliche Förmlichkeit i.S.d. § 273 Abs. 1 StPO dar, weshalb er in der Sitzungsniederschrift zu vermerken ist. Die Belehrungspflicht entspricht dem Fairnessgebot, wonach das Gericht insbesondere einen rechtsunkundigen Angeklagten nicht zu einer ungewollten Selbstbelastung verleiten darf.

### 6. Vernehmung des Angeklagten zur Sache, § 243 Abs. 4 S. 2 StPO

**368**   Diese Vernehmung gliedert sich in **zwei Teile**, nämlich:

– Erörterung des Vorlebens und persönlichen Werdegangs;
– Angaben zum eigentlichen Tatgeschehen.

Dabei hat der Angeklagte sich – sofern er überhaupt zu Angaben bereit ist – **mündlich** zu äußern und kann sich insoweit auch nicht von seinem Verteidiger vertreten lassen. Die bloße Verlesung einer von ihm selbst oder vom Verteidiger abgefassten Schrift ist in dieser Phase der Hauptverhandlung nicht zulässig[272]. Dies ergibt sich bereits aus dem Begriff „Vernehmung", der eine mündliche Befragung und mündliche Antworten voraussetzt[273]. Zum anderen folgt es daraus, dass die bloße Verlesung eines Schriftstücks keine authentische Tatschilderung des Angeklagten sein kann. Auch mündliche Erklärungen des Verteidigers können nicht als Einlassung des Angeklagten verwertet werden. Etwas anders gilt nur dann, wenn der Verteidiger insoweit ausdrücklich bevollmächtigt ist und der Angeklagte dessen Schilderungen anschließend ausdrücklich genehmigt[274].

Natürlich entspricht es der gerichtlichen Fürsorgepflicht und dem Grundsatz des fairen Verfahrens, den Angeklagten in seinen Schilderungen möglichst wenig zu unter-

---

270   BGH NStZ 1998, 264.
271   Siehe oben Rn. 206 ff.
272   BGH NStZ 2000, 439; BGHSt 3, 368; vgl. zum Meinungsstand auch die Nachweise bei BGH 2 StR 84/07. Zulässig ist eine derartige Verlesung allerdings im weiteren Verlauf der Beweisaufnahme und beim letzten Wort des Angeklagten, § 258 Abs. 2 Hs. 2 StPO. Ein Antrag an das Gericht, die schriftliche Einlassungserklärung des Angeklagten zu verlesen, ist i.d.R. auch nicht als Beweisantrag zu qualifizieren; vgl. hierzu BGH NJW 2008, 2356 ff.
273   BGH, Beschluss vom 15.01.2004, 3 StR 481/03.
274   BGH NStZ 2005, 703 f.; OLG Saarbrücken NStZ 2006, 182 f.

brechen oder sonst wie aus dem Konzept zu bringen[275], was bei umfangreichen Tatvorwürfen zu praktischen Schwierigkeiten führen kann. In einem solchen Fall empfiehlt sich eine Vernehmung nach Tatkomplexen.

Der Umfang der Vernehmung zur Person, also dem Lebensweg, richtet sich nach Umfang und Bedeutung des Anklagevorwurfs. Weist der Werdegang Auffälligkeiten auf – etwa pädophile Neigungen, psychiatrische oder psychotherapeutische Behandlungen – so gebietet es die Aufklärungspflicht, diesen Umständen nachzugehen[276].

### 7. Beweisaufnahme, §§ 244 Abs. 1 ff. StPO

Die Beweisaufnahme ist das Kernstück der Hauptverhandlung. Maßgebliche Person ist hier der Vorsitzende des Spruchkörpers, welchem gem. § 238 Abs. 1 StPO die Leitung der Verhandlung obliegt. Selbstverständlich haben aber auch die anderen Verfahrensbeteiligten die Möglichkeit, in die Verhandlung einzugreifen (vgl. § 240 StPO), wobei jedoch die Grenze hier – für andere Beteiligte als die beisitzenden Richter – wieder vom Vorsitzenden gezogen wird, § 241 StPO.    **369**

Nach § 238 Abs. 2 StPO kann allerdings jederzeit zu einer Anordnung des Vorsitzenden die Entscheidung des gesamten Spruchkörpers – d.h. bei Kollegialgerichten unter Mitwirkung der Beisitzer und Schöffen – herbeigeführt werden. Der entsprechende Beschluss ist nach § 273 Abs. 1 StPO zu protokollieren und in der Hauptverhandlung unverzüglich bekannt zu machen. Macht ein Verfahrensbeteiligter von dem Zwischenrechtsbehelf des § 238 Abs. 2 StPO keinen Gebrauch, obwohl er mit der Anordnung des Vorsitzenden nicht einverstanden ist, so verwirkt er regelmäßig auch eine spätere Rüge im Rahmen des Revisionsverfahrens.    **370**

Nach jedem Schritt im Rahmen der Beweisaufnahme ist den Verfahrensbeteiligten Gelegenheit zur Stellungnahme zu geben, § 257 Abs. 1 und 2 StPO. Hierdurch wird ihnen ermöglicht, schon während der Beweisaufnahme Einfluss darauf zu nehmen, wie das Gericht einzelne erhobene Beweise würdigt. Da die Einschätzung der verwendeten Beweismittel durch das Gericht der Schlussberatung vorbehalten ist, haben die Beteiligten jedoch weder von Amts wegen, noch auf entsprechenden Antrag hin den Anspruch auf einen Hinweis darauf, wie das Gericht die Beweiserhebung – z.B. eine Zeugenaussage – verstanden hat und welche Schlüsse es daraus möglicherweise ziehen wird[277].    **371**

Stellt der Angeklagte die Verwertbarkeit eines Beweismittels in Abrede, so hat er aus Gründen der Rechtsklarheit diesen Einwand spätestens im Zeitpunkt des § 257 StPO vorzubringen, um damit weder in der Revision[278], noch in einer nach Zurückverweisung der Sache stattfindenden neuen Hauptverhandlung[279] ausgeschlossen zu sein.    **372**

---

275  BGH NStZ 2000, 549; BGHSt 13, 358 (360).
276  Vgl. BGH NStZ 1999, 45.
277  Vgl. BGH NJW 1997, 3182.
278  Vgl. BGH 1 StR 273/07; NStZ 2004, 389.
279  BayObLG NJW 1997, 404 f.

> **Beispiel:** Das Gericht hört einen Polizeibeamten als Zeugen über die Angaben, die der Angeklagte im Rahmen einer Beschuldigtenvernehmung im Ermittlungsverfahren gemacht hat. Will der Angeklagte geltend machen, er sei entgegen § 136 Abs. 1 S. 2 StPO vor dieser Vernehmung nicht ordnungsgemäß belehrt oder es sei gegen sein Recht auf Konsultation eines Verteidigers verstoßen worden, so hat er diesen Einwand spätestens im Anschluss an die Zeugenvernehmung vorzubringen.

Eine Ausnahme gilt insoweit allerdings bezüglich des Verwertungsverbotes aus § 252 StPO[280].

373 Die **Reihenfolge** der Beweismittel wird allein nach Zweckmäßigkeitserwägungen durch das Gericht bestimmt. Wenn alle in Betracht kommenden Beweismittel ausgeschöpft sind und die Verfahrensbeteiligten keine weiteren Beweisanträge gestellt haben, wird die Beweisaufnahme geschlossen und es kommt zu den Schlussvorträgen.

### 8. Schlussvorträge, § 258 StPO

374 Die Schlussvorträge sollen Gelegenheit geben, zum gesamten Prozessstoff abschließend Stellung zu nehmen. Sie dienen also wiederum der Gewährung rechtlichen Gehörs und der Erforschung der Wahrheit.

Sie haben bei erstinstanzlichen Verhandlungen folgende **Reihenfolge**:

– Plädoyer der Staatsanwaltschaft, welches einen konkreten Strafantrag enthalten muss[281]. Angebracht ist hier auch eine dem jeweiligen Verfahrensgegenstand angemessene Darstellung des Beweisergebnisses und Würdigung der Beweismittel durch den Staatsanwalt (vgl. auch Nr. 138 RiStBV).
– Ggf. Plädoyer des Nebenklägers bzw. seines Vertreters (vgl. § 397 Abs. 1 StPO);
– Ausführungen und Anträge des Angeklagten bzw. des Verteidigers mit anschließender Möglichkeit der Erwiderung durch den Staatsanwalt und den Nebenkläger, § 258 Abs. 2 Hs. 1 StPO[282]. Bei einem jugendlichen Angeklagten steht das Schlusswort auch dessen gesetzlichem Vertreter oder Erziehungsberechtigtem zu, § 67 Abs. 1 JGG.

In der Rechtsmittelinstanz beginnt der jeweilige Rechtsmittelführer mit dem Schlussvortrag.

### 9. Letztes Wort des Angeklagten, § 258 Abs. 2 StPO

375 Der Angeklagte soll als letzter Verfahrensbeteiligter nochmals seine Sicht der Dinge darlegen können, bevor das Gericht sich zur Beratung zurückzieht. Dies soll ihm insbesondere in Grenzfällen die Möglichkeit eröffnen, das Gericht für sich einzunehmen. Gleichwohl wird dieses Recht von den meisten Angeklagten, teils aus Unkennt-

---

280 Siehe BGH NStZ 2007, 353 f. sowie unten Rn. 507.
281 BGH NStZ 1984, 468.
282 Bezüglich des Nebenklägers siehe BGH NJW 2001, 3137.

nis, teils aufgrund des Eindrucks der Hauptverhandlung, zuweilen aber auch auf Anraten der Verteidiger, nicht genutzt. So hört man sehr oft nur den Satz „Ich schließe mich den Ausführungen meines Verteidigers an".

In Verfahren gegen Jugendliche steht das letzte Wort auch den gesetzlichen Vertretern und den (in der Regel personenidentischen) Erziehungsberechtigten zu, § 67 Abs. 1 JGG.

## 10. Beratung des Gerichts und Abstimmung

Dieser Teil des Verfahrens gehört streng genommen nicht zur Hauptverhandlung, da er sich nicht in der Öffentlichkeit abspielt. Gleichwohl gehört er zur Chronologie der Verhandlung. **376**

Das Gericht zieht sich in das Beratungszimmer zurück, wobei an der Urteilsfindung gem. § 192 Abs. 1 GVG grundsätzlich nur die entscheidenden Richter (wozu natürlich auch die Schöffen gehören) mitwirken dürfen. Das dient der Sicherung einer offenen und unbeeinflussten Diskussion. Mit Gestattung des Vorsitzenden dürfen nach der restriktiv auszulegenden Vorschrift des § 193 GVG daher auch nur solche Personen der Beratung (passiv) beiwohnen, für deren Ausbildung die Teilnahme unerlässlich ist. Dies kann für dem Spruchkörper zugeteilte Rechtsreferendare gelten, wenn sie nicht anderweitig mit der Sache befasst waren, nicht jedoch für im Praktikum befindliche Studenten[283].

Lesen Sie zu den weiteren Einzelheiten die §§ 192 bis 197 GVG.

Für das weitere Schicksal des Angeklagten ist von besonderer Bedeutung, mit welchen Mehrheitsverhältnissen die Abstimmung im Falle von Meinungsverschiedenheiten unter den Richtern zu erfolgen hat. Nach § 196 Abs. 1 GVG ist mit absoluter Mehrheit zu entscheiden. Dies ist durch **§ 263 Abs. 1 StPO** für die Strafgerichtsbarkeit dahingehend präzisiert, dass für jede dem Angeklagten nachteilige Entscheidung über die Schuldfrage und die Rechtsfolgen der Tat eine Mehrheit von **zwei Dritteln** erforderlich ist. Das hat zur Konsequenz, dass theoretisch beim Schöffengericht der Berufsrichter von den beiden Schöffen überstimmt werden kann oder bei einer Strafkammer die Schöffen eine von den Berufsrichtern vorgesehene (härtere) Sanktion „sperren". **377**

Schließlich muss die Urteilsformel, also der Tenor der Entscheidung, schriftlich fixiert werden, da diese nach Abschluss der Beratung und Wiedereintritt in die öffentliche Verhandlung zu verlesen ist.

Sollte sich im Rahmen der Beratung die Notwendigkeit erweisen, erneut in die Beweisaufnahme einzutreten – etwa um Hinweise zu erteilen, einen „vergessenen" Antrag zu bescheiden oder weiteren Beweis zu erheben –, so ist dies ohne Weiteres möglich. Im Anschluss an eine solche neuerliche Verhandlung sind jedoch stets nochmals die Schlussanträge – ggf. durch Bezugnahme auf die vorangegangen

---

283 Vgl. BGH NJW 1995, 2645 f.

Ausführungen – zu stellen und das letzte Wort zu erteilen. Auch muss das Gericht erneut in die Beratung eintreten, selbst wenn sich kein neuer Prozessstoff ergeben hat[284].

### 11. Urteilsverkündung

**378** Das Urteil wird üblicherweise entsprechend § 268 Abs. 3 S. 1 StPO in unmittelbarem Anschluss an die Beratung verkündet. Allerdings kann auch ein gesonderter – aber immer noch zur Hauptverhandlung gehörender – Verkündungstermin bestimmt werden. In diesem Fall darf die Verkündung aber nicht später als am elften Tage nach dem Schluss der Verhandlung stattfinden, ansonsten muss – sofern nicht die Besonderheiten des § 229 Abs. 3 StPO greifen – die Hauptverhandlung wiederholt werden, vgl. § 268 Abs. 3 StPO[285].

Die Urteilsverkündung ist gem. § 268 Abs. 2 StPO wie folgt untergliedert:

– Verlesung der Urteilsformel, also des Entscheidungstenors inkl. des Ausspruchs über die Verfahrenskosten und die notwendigen Auslagen des Angeklagten sowie ggf. diejenigen des Nebenklägers;
– mündliche Begründung des Urteilsausspruchs.

Letztere erfolgt in der Regel in freier Rede, ist jedoch kein wesentlicher Teil der Hauptverhandlung[286]. Stirbt also der Vorsitzende bei der Urteilsbegründung, verlässt der Verteidiger den Saal oder macht sich der Angeklagte nach Verlesung der Urteilsformel aus dem Staub, so liegt gleichwohl eine wirksames Entscheidung vor.

### 12. Rechtsmittelbelehrung, § 35a StPO

**379** Dem Fairnessgebot entspricht es, den Angeklagten mit hinreichender Klarheit, vollständig und richtig über die Anfechtungsmöglichkeiten zu unterrichten. Insbesondere der anwaltlich nicht vertretene Angeklagte wird in der Regel nicht wissen, welche Formen und Fristen ggf. eingehalten werden müssen. Endet das Verfahren mit einer Verurteilung, so bezieht sich die Belehrung stets auf
– die Rechtsmittel gegen die Sachentscheidung, also auf die Art und Weise der Einlegung von Berufung oder Revision;
– die isolierte Anfechtung der Kostenentscheidung nach § 464 Abs. 3 StPO (sofortige Beschwerde);

sowie im Einzelfall auf
– die Bedeutung einer Strafaussetzung zur Bewährung und die Möglichkeiten des Widerrufs der Strafaussetzung, sofern der Angeklagte zu einer Bewährungsstrafe verurteilt wurde (§ 268a Abs. 3 StPO);
– den Beginn eines Fahrverbots nach § 44 Abs. 2 StGB, vgl. § 268c StPO.

---

284  Vgl. BGH NStZ 2001, 106.
285  Ob ein Verstoß gegen diese Fristenregelung in Anbetracht der ansonsten dreiwöchigen Unterbrechungsmöglichkeit des § 229 Abs. 1 StPO die Revision begründet, ist umstritten, vgl. BGH NJW 2007, 96 (verneinend), BGH NJW 2007, 448 f. (bejahend).
286  BGHSt 8, 41 f.

Fehler bei der dem Gericht obliegenden Belehrung geben dem Angeklagten einen Anspruch auf Wiedereinsetzung in den vorigen Stand (§§ 44 ff. StPO) hinsichtlich der versäumten Rechtsmittelfrist[287].

Allerdings kann der Angeklagte auf die Belehrung auch verzichten[288]. Das wird ins- **380** besondere dann in Betracht kommen, wenn er die Entscheidung akzeptieren will oder gar mit ihr zufrieden ist. In diesem Fall kann er zudem auf die Einlegung von Rechtsmitteln verzichten, vgl. § 302 Abs. 1 StPO[289]. Dies trägt im Falle des Verzichts auch durch die übrigen Anfechtungsberechtigten (Staatsanwaltschaft/Nebenkläger) zu einer wesentlichen Entlastung der Justiz bei, da in diesem Fall ein abgekürztes Urteil verfast werden kann, § 267 Abs. 4 und Abs. 5 S. 2 StPO.

Ist das Urteil nach Ablauf einer Woche von keinem der Verfahrensbeteiligten angefochten worden, so tritt die gleiche Wirkung ein, nämlich die sog. formelle Rechtskraft. Das bedeutet, dass die gerichtliche Entscheidung von keinem Beteiligten mehr mit Rechtsmitteln angegriffen werden kann.

## 13. Unterbrechung und Aussetzung der Hauptverhandlung

Bestimmte Verfahrenssituationen zwingen dazu, die mit dem Aufruf der Sache **381** begonnene Hauptverhandlung über einen längeren Zeitraum zu unterbrechen. Dies wird etwa erforderlich, wenn der Angeklagte am Terminstag nicht erscheint und auch nicht nach § 230 Abs. 2 StPO zwangsweise vorgeführt werden kann oder wenn unvorhergesehenen Beweisanträgen nachzugehen ist, das Beweismittel aber nicht sogleich zur Verfügung steht. Umfangreiche Verfahren werden ohnehin von vornherein auf mehrere Tage terminiert.

Die – rechtlich relevante – Unterscheidung zwischen „Unterbrechung" und „Aussetzung" richtet sich zunächst nach der tatsächlichen Dauer. „Unterbrechungen" sind solche i.S.d. 229 StPO, bei denen also **derselbe Spruchkörper** in einem weiteren Termin innerhalb der gesetzlichen Fristen die Verhandlung fortsetzt[290]. Im Rahmen des § 229 Abs. 1 StPO entscheidet allein der Vorsitzende aufgrund seiner Verhandlungsleitung, bei längeren Unterbrechungen das Gericht, vgl. § 228 Abs. 1 StPO.

Bei der – ebenfalls vom Gericht zu beschließenden – „Aussetzung" handelt es sich hingegen um einen Abbruch der Verhandlung. Sie ist dann zu einem späteren Zeitpunkt vollständig neu durchzuführen. Die bereits erfolgte Erhebung von Beweisen muss dann ggf. wiederholt werden. Die erneute Hauptverhandlung ist in bestimmten Fällen (etwa im Falle des § 265 Abs. 3, 266 Abs. 3 StPO) gesetzlich vorgesehen und kommt ansonsten dann in Betracht, wenn einer Fortsetzung der Verhandlung Hinder-

---

287  BVerfG NJW 1996, 1811 f.
288  BGH NStZ 1997, 611.
289  Näheres zu den Wirksamkeitsvoraussetzungen eines solchen Rechtsmittelverzichts erfahren Sie unter Rn. 718 f.
290  „Verhandeln" erfordert eine sachliche Förderung des Verfahrens. Die Durchführung eines sog. „Schiebetermins" genügt folglich zur Fristwahrung nicht, vgl. BGH NStZ 2008, 115; 2006, 710 ff.

nisse entgegenstehen, welche innerhalb der Fristen des § 229 StPO nicht zu beseitigen sind.

Bezüglich der Entscheidung, ob die Hauptverhandlung lediglich unterbrochen oder sogar ausgesetzt wird, besteht jenseits zwingender Vorschriften ein **Beurteilungsspielraum**. Dabei ist neben Aspekten des Opferschutzes sowie der Konzentrations- und der Beschleunigungsmaxime auch der Anspruch des Angeklagten aus Art. 101 GG auf den gesetzlichen Richter zu berücksichtigen. Denn bei einer neuerlichen Hauptverhandlung tritt die Richterbank im Zweifel – zumindest was die Schöffen anbelangt – in anderer Besetzung zusammen, als bei der abgebrochenen Verhandlung. Die Entscheidung muss also frei von Willkür sein[291].

## IV. Das Protokoll über die Hauptverhandlung

### 1. Bedeutung des Protokolls

**382**  Nach § 271 StPO ist über die Hauptverhandlung ein Protokoll aufzunehmen, welches den Gang und die Ergebnisse der Verhandlung im Wesentlichen wiedergibt. Dieses in den §§ 271 bis 274 StPO näher geregelte Protokoll ist insbesondere dann von Bedeutung, wenn ein Urteil mit Rechtsmitteln angefochten worden ist. So stellt sich im Rahmen der Revision die Frage, wie Verstöße gegen gesetzliche Bestimmungen belegt werden können. Hier ist das Protokoll über die Hauptverhandlung ggf. die wesentliche Grundlage.

Angesichts dieser Funktion kann – und muss – es grundsätzlich auch nach Fertigstellung von den Urkundspersonen (Vorsitzender und Protokollführer) gemeinsam berichtigt werden, soweit es den Verlauf der Hauptverhandlung unzutreffend wiedergibt. Derartige Veränderungen sind selbst dann beachtlich, wenn sie einer mit der Revision bereits erhobenen Verfahrensrüge den Boden entziehen, also zur sog. „Rügeverkümmerung" führen würden. Voraussetzungen einer solchen Protokollberichtigung sind:

– sichere Erinnerung der Urkundspersonen, ggf. unter Rückgriff auf interne Aufzeichnungen;
– Gewährung rechtlichen Gehörs vor einer Abänderung.

Die Entscheidung über eine Protokollberichtigung ist zudem mit Gründen zu versehen.

Wird das Protokoll berichtigt, so bedarf es keiner neuerlichen Zustellung des Urteils[292]. Ob die Berichtigung zu Recht erfolgt ist, kann das Revisionsgericht im Freibeweisverfahren überprüfen; § 274 StPO gilt für den berichtigten Teil des Protokolls nicht[293].

---

291  Vgl. BGH NJW 2007, 3364 f.
292  Das Protokoll war ja bereits i.S.d. § 273 Abs. 4 StPO „fertiggestellt".
293  Vgl. zu alldem die lesenswerte Entscheidung des Großen Senats für Strafsachen BGH NJW 2007, 2419 ff. sowie NStZ 2008, 587.

## 2. Umfang und Wirkungen der Beweiskraft

Nach § 274 StPO kann die Beachtung der für die Hauptverhandlung vorgeschriebe- **383** nen Förmlichkeiten nur durch das Protokoll bewiesen werden. Diese Vorschrift dient der **Vereinfachung des Revisionsverfahrens**, da dem Rechtsmittelgericht die Prüfung von Verfahrensrügen durch einen Blick in das Verhandlungsprotokoll erleichtert werden soll. § 274 StPO normiert insoweit die **ausschließliche Beweiskraft des Sitzungsprotokolls**, die nur durch den Nachweis der Fälschung erschüttert werden kann. Dabei ist von einer „Fälschung" dann auszugehen, wenn eine unechte oder verfälschte Urkunde vorliegt bzw. das Sitzungsprotokoll **bewusst** mit falschem Inhalt versehen wurde[294].

Ein solcher Nachweis muss generell von dem Prozessbeteiligten geführt werden, der sich auf die Fälschung beruft. Allerdings stellt im Falle der Behauptung einer Fälschung das Rechtsmittelgericht Ermittlungen auch im Freibeweisverfahren[295] an, indem es etwa dienstliche Erklärungen des Richters und des Protokollführers einholt.

### Zum **Umfang der Beweiskraft** gilt Folgendes: **384**

Sie gilt nur in dem anhängigen Verfahren für das Revisionsgericht. Daraus folgt, dass in anderen Verfahren, insbesondere einem sich an ein Strafverfahren anschließenden Zivilprozess, in welchem das Opfer vom Täter Schadensersatz begehrt, die Beweiskraft des § 274 StPO nicht existiert.

Sie gilt darüber hinaus nur hinsichtlich der für das Hauptverfahren vorgeschriebenen Förmlichkeiten; für andere Verfahrensvorgänge gilt der Freibeweis.

Hinsichtlich der **Wirkungen der Beweiskraft** sind grundsätzlich zwei Folgen zu **385** unterscheiden, nämlich:

| positive Wirkung: | negative Wirkung: |
|---|---|
| Sie bedeutet, dass beurkundete wesentliche Förmlichkeiten als geschehen gelten, und zwar selbst dann, wenn sie tatsächlich nicht stattgefunden haben (Beispiel: Es ist ein Rechtsmittelverzicht im Protokoll enthalten, der nicht erklärt worden ist). | Dies besagt, dass dasjenige, was nicht beurkundet wurde, auch als nicht geschehen gilt, soweit eine entsprechende Protokollierung vorzunehmen gewesen wäre (Beispiel: Der Angeklagte hat einen Beweisantrag gestellt, der nicht in das Protokoll aufgenommen wurde). |

---

294  OLG Düsseldorf NJW 1997, 1718.
295  Das Freibeweisverfahren wird unten näher erläutert, vgl. Rn. 403 ff. Kurz gesagt ist das Gericht bei dieser Verfahrensart in der Auswahl der Beweismittel frei, kann sich also auch schriftlicher oder telefonischer Erklärungen bedienen.

### 3. Voraussetzungen der Beweiskraft

**386**  Die genannten Wirkungen des Protokolls über die Hauptverhandlung sind jedoch an gewisse **Voraussetzungen** geknüpft. Umgekehrt bedeutet dies, dass bei Vorliegen bestimmter Mängel die Beweiskraft entfallen kann. Insoweit ist zu beachten:

Das Protokoll muss **ordnungsgemäß errichtet** und von beiden Urkundspersonen (gem. § 271 Abs. 1 S. 1 StPO sind dies der Vorsitzende sowie der Urkundsbeamte der Geschäftsstelle, soweit Letzterer in der Hauptverhandlung anwesend war) unterzeichnet sein. Ein diesbezüglicher Mangel kann jedoch durch Nachholung der Unterschriften auch später noch geheilt werden.

**387**  Darüber hinaus entfällt die Beweiskraft bei **Meinungsverschiedenheiten** zwischen Vorsitzendem und UdG (Urkundsbeamten der Geschäftsstelle) über **tatsächliche Vorgänge**. Kann eine solche Meinungsverschiedenheit nicht durch ein klärendes Gespräch beseitigt werden, so ist dies im Protokoll zu vermerken. Handelt es sich jedoch lediglich um einen Streit über die rechtliche Frage, ob ein entsprechender Vorgang nach § 273 StPO überhaupt protokollpflichtig ist, so hat der Vorsitzende gegenüber dem Urkundsbeamten ein Weisungsrecht.

Die Beweiskraft entfällt darüber hinaus bei **offensichtlichen Lücken,** aus sich selbst nicht lösbaren **Widersprüchen** und **Unklarheiten** im Protokoll[296]. Zu Letzteren gehört allerdings auch die Beurkundung von Vorgängen, die sich nach „allgemeiner Erfahrung so nicht zugetragen haben können"[297]. In diesen Fällen hat das Revisionsgericht den tatsächlichen Verfahrensablauf im Wege des Freibeweises zu ermitteln[298]. Dasselbe gilt, wenn ein protokollierter Vorgang darauf hindeutet, dass ein anderes protokollpflichtiges, jedoch nicht protokolliertes Geschehen tatsächlich stattgefunden hat[299].

Schließlich entfällt sie nach § 274 S. 2 StPO bei erfolgreichem Nachweis der **Fälschung** der Sitzungsniederschrift.

### 4. Begriff der (zu protokollierenden) „Förmlichkeit"

**388**  Mit Blick auf die Beweiskraft stellt sich die weitere Frage, was denn protokollpflichtige „**Förmlichkeiten**" sind.

Hierunter versteht man alle Vorgänge, die für die Gesetzmäßigkeit des vorliegenden Verfahrens von Bedeutung sein können. Insbesondere sind dies:

---

296  BGH NStZ 2006, 117, 714; NStZ 2005, 160.
297  BGH NStZ 2003, 320 f. sowie NStZ 2002, 270 ff. mit Beispielen.
298  Vgl. BGH NJW 2001, 3796; NStZ 2000, 546.
299  Vgl. BGH NStZ 2004, 451; siehe zur Beweiskraft des Protokolls umfassend auch *Detter*, StraFo 2004, 329 ff.

- die Anwesenheit der in § 226 StPO genannten Prozessbeteiligten sowie – im Falle der notwendigen Verteidigung (§§ 140, 145 Abs. 1 StPO) – die Anwesenheit des Verteidigers[300];
- die Verlesung des Anklagesatzes;
- die gesetzlich vorgeschriebenen Belehrungen (z.b. §§ 35a, 52 Abs. 3, 57; 61, 243 Abs. 4 S. 1, 268a Abs. 3, 268c StPO);
- die Tatsache, ob und wie Verfahrensbeteiligte von ihren prozessualen Befugnissen Gebrauch gemacht haben, insbesondere also, ob sich der Angeklagte zu seiner Person und/oder zur Sache eingelassen hat bzw. dass insoweit durch seinen Verteidiger eine Erklärung abgegeben wurde[301];
- die Angabe, dass öffentlich verhandelt oder die Öffentlichkeit ausgeschlossen wurde (§ 272 Nr. 5 StPO). Der Vermerk, dass öffentlich verhandelt wurde, beweist indes nur, dass die Öffentlichkeit nicht ausgeschlossen, nicht aber, dass sie tatsächlich hergestellt war;
- ggf. die Abwesenheit des Angeklagten nach den §§ 231 Abs. 2, 231a, 231b, 231c, 232 und 233 StPO;
- das Zustandekommen, der Inhalt von Absprachen und in diesem Zusammenhang erteilte Hinweise und Belehrungen[302]; **389**
- die Tatsache der jeweiligen Zeugen- oder Sachverständigenvernehmung bzw. der Augenscheinseinnahme;
- die Durchführung einer Zeugenvernehmung in der Form des § 247a StPO;
- die Vereidigung oder Nichtvereidigung von Zeugen und Sachverständigen[303];
- die Einführung von Urkunden – sei es durch Verlesung oder im Wege des sog. „Selbstleseverfahrens" – zum Zwecke des förmlichen Urkundsbeweises (also nicht bei einfachem Vorhalt[304]);
- prozessuale Einverständnis- oder Verzichtserklärungen und rechtliche Hinweise des Gerichts;
- Entscheidungen des Gerichts, etwa nach §§ 154, 154a, 244 Abs. 6 StPO;
- Erhebung der Nachtragsanklage, § 266 StPO;
- der wesentliche Inhalt eines mündlichen Strafbefehlsantrags, § 408a Abs. 1 StPO;
- die Erteilung des letzten Wortes, § 258 Abs. 2 Hs. 2 StPO;
- die (ggf. „qualifizierte") Rechtsmittelbelehrung[305];

---

300  BGH NStZ 2005, 46; 2002, 271; angesichts des Grundsatzes der **Einheitlichkeit der Hauptver-handlungsniederschrift** muss der zu Anfang der Sitzung aufgenommene Vermerk über die Anwesenheit der in § 226 StPO genannten Personen bei einer über mehrere Tage stattfindenden Hauptverhandlung aber nicht in jedem einen bestimmten Tag betreffenden Teil des Protokolls wiederholt werden. Dem ersten Vermerk kommt die Beweiskraft des § 274 StPO für das gesamte Hauptverhandlungsprotokoll zu, vgl. auch BGH NJW 1994, 3364 (3366).
301  Vgl. BGH NStZ 2000, 217; NStZ 1995, 560.
302  BGH NStZ 2007, 355; NJW 2005, 1440 ff.
303  Dies ist allerdings nach der Neufassung des § 59 Abs. 1 StPO zwischen den Senaten des BGH streitig, vgl. BGH NStZ 2006, 114, 234; NJW 2006, 388. Bis zur endgültigen Klärung empfiehlt sich daher in jedem Fall eine Protokollierung.
304  BGH NJW 2003, 597; NStZ 2003, 320 f.
305  BGH NJW 2005, 1446.

– der Rechtsmittelverzicht, der nach § 273 Abs. 3 S. 3 StPO mit dem Vermerk „vor-
gelesen und genehmigt"[306] zu protokollieren ist, um an der Beweiskraft des Protokolls teilzunehmen[307].

**390** Keine wesentlichen Förmlichkeiten stellen demnach die Vorgänge vor und nach der
Verhandlung bzw. in Sitzungspausen dar. Auch der **Inhalt von Aussagen**, insbesondere der Zeugen und Sachverständigen, wird nicht von der Beweiskraft des Protokolls erfasst. Insoweit wird das Revisionsgericht jedoch durch deren Wiedergabe in
den Gründen des Urteils gebunden[308].

Soweit die – förmliche – Einführung von Urkunden protokolliert wird, muss das
Gericht darauf achten, dass im Protokoll auch angegeben wird, auf welche Art und
Weise das entsprechende Schriftstück zum Gegenstand der Hauptverhandlung
gemacht worden ist[309]. Demgegenüber handelt es sich bei einem **Vorhalt** oder sonstigen Vernehmungsbehelf[310] um keine protokollpflichtige Förmlichkeit. Schon aus
Gründen der Klarheit des Protokolls sollten derartige Vorgänge nicht in das Hauptverhandlungsprotokoll aufgenommen werden[311].

In unserem **Originalfall** sah das **Protokoll über die Hauptverhandlung** folgendermaßen aus:

---

306  Im Protokoll erscheint dabei nur die Abkürzung **„v.u.g."**.
307  BGH 1 StR 416/07; OLG Köln NStZ-RR 2006, 83 f.
308  Zu den Ausnahmen von dieser Bindungswirkung siehe BGH NJW 1997, 3182.
309  Vgl. BGHSt 11, 29 (Grundsatz: Verlesen) sowie OLG Düsseldorf NJW 1988, 217.
310  Näheres hierzu siehe unten Rn. 481, 527.
311  Vgl. den Beschluss des BGH vom 05.05.2004, 2 StR 492/03, S. 5.

**Öffentliche Sitzung
des Amtsgerichts**

**Geschäfts-Nr.:**
**118 Ds 38/06**
**17 Js 539/05**

Ort und Tag

Bonn, 06.03.2006

Gegenwärtig:

Richterin am AG
Schneider

als Richterin,

**Strafsache**

gegen

Staatsanwältin Schatz

als Beamtin der Staatsanwaltschaft,

Justizangestellte Groß

als Urkundsbeamter der Geschäftsstelle.

Hans **Lellmann**,
geb. am 06.05.1959 in Bonn
wohnhaft: Wagnerstr. 187
        53111 Bonn
ledig, Deutscher

wegen Trunkenheit im Verkehr pp.

Die Hauptverhandlung begann mit dem Aufruf der Sache.

Die Richterin stellte fest, dass erschienen waren:

Der Angeklagte.

Dauer der Hauptverhandlung
von            bis
10:30 Uhr       12:15 Uhr
(Uhrzeit)         (Uhrzeit)

06.03.2006, Groß, JA
Datum, Name, Amtsbezeichnung

als Verteidiger/in:
niemand

Als Sachverständiger: Dr. Dr. Frank Becher, Institut
für Rechtsmedizin, Universität Bonn

Die Zeugen sind auf einen späteren Zeitpunkt geladen.

StP 36 a Hauptverhandlung vor dem Amtsgericht (§ 271 ff. StPO). Hierzu erforderlichenfalls StP 38 - Zeugenvernehmung - als Einlagebogen - gen .12.1991 -ADV-

**392**

2

Die Zeugen - und der Sachverständige - wurden mit dem Gegenstand der Untersuchung und der Person des Angeklagten bekannt gemacht.

Die Zeugen wurden zur Wahrheit ermahnt und auf die Möglichkeit einer Vereidigung hingewiesen.
Sie wurden ferner darüber belehrt, dass sie berechtigt seien, falls sie zu den in § 52 Absatz 1 Strafprozess-ordnung bezeichneten Angehörigen des Angeklagten oder eines derzeit oder früher Mitbeschuldigten gehö-ren, das Zeugnis und die Beeidigung des Zeugnisses zu verweigern.

Die Zeugen wurden schließlich darüber belehrt, dass sie berechtigt seien, die Aussage auf solche Fragen zu verweigern, deren Beantwortung ihnen selbst oder einem der in § 52 Absatz 1 Strafprozeßordnung bezeich-neten Angehörigen die Gefahr zuziehen würde, wegen einer Straftat oder einer Ordnungswidrigkeit verfolgt zu werden.

Der Sachverständige wurde im Sinne des § 76 Absatz 1 Strafprozeßordnung belehrt.

Der Angeklagte machte über seine persönlichen Verhältnisse Angaben wie Bl. 28 der Akten.

Der Vertreter der Staatsanwaltschaft verlas den Anklagesatz aus der Anklageschrift vom 13.01.2006 (Blatt 45 ff. der Akten).

Der Angeklagte wurde darauf hingewiesen, dass es ihm freistehe, sich zu der Beschuldigung zu äußern oder nicht zur Sache auszusagen.

Er erklärte:

Ich bin zur Äußerung bereit.

**393**     Der Angeklagte äußerte sich zur Person:

Drittes Kind; Vater bei der städtischen Müllabfuhr, Mutter Hausfrau, beide 1999 bei Verkehrs-

unfall ums Leben gekommen. Hauptschule bis zur 9. Klasse, dann Gelegenheitsarbeiten. Seit

1983 Arbeiter bei dem Abbruchunternehmen Schmitz, netto 1.500,- € mtl. Ledig, zwei Kinder

(14/19), leben bei ihrer Mutter. Meine Lebensgefährtin hat mich vorgestern endgültig rausge-

schmissen. Ich lebe nun in einem Bauwagen auf dem Gelände der Fa. Schmitz.


Der Angeklagte ließ sich zur Sache ein:

Die Anklage ist nur zum Teil richtig. Es stimmt, dass ich mit dem Auto gefahren bin. Nachmit-

tags habe ich zusammen mit dem Alfred im „Krug" Dart gespielt. Ich war pleite. Daher habe

ich auch nur zwei oder drei Gläser Bier getrunken. Um 21:30 Uhr sind wir gegangen. Ich bin

nach Beuel gefahren. Ich dachte nicht, dass ich betrunken wäre. Das mit den Promille kann

auch nicht stimmen. Ich habe auch nicht bemerkt, dass die Polizei was von mir wollte. Die

haben mich ganz jeck gemacht. Deshalb bin ich gegen den Bordstein gefahren. Ich war

sauer und habe gegen die Taxitüre getreten. Kaputtmachen wollte ich die nicht. Mehr war da

nicht. Dann hat mich die Polizei mitgenommen.

**StP 36 a**  Hauptverhandlung vor dem Amtsgericht (§ 271 ff. StPO). Hierzu erforderlichenfalls StP 38 - Zeugenvernehmung - als Einlagebogen - gen .12.1991 -ADV-

3

**Es wurden verlesen**:

394

Der Blutentnahmebericht sowie der Arztbericht Bl. 8, 8R d.A. sowie der Blutalkoholbefund des Instituts für Rechtsmedizin vom 07.11.2005, Bl. 18 d.A.

Die Zeugen wurden vorgerufen und belehrt wie Bl. 2 des Protokolls und sodann in Abwesenheit der anderen Zeugen jeweils wie folgt vernommen:

**1. Zeuge**:

395

Ich heiße:   Peter Müller,

bin          43 Jahre alt,

von Beruf:   Polizeibeamter

dienstansässig:   PP Bonn

mit dem Angeklagten nicht verwandt und nicht verschwägert.

Der Zeuge bekundete zur Sache:

Wir bemerkten gegen 22:00Uhr den Wagen auf der Kennedybrücke Richtung Stadthaus. Er fuhr in Schlangenlinien. Wir wollten ihn anhalten und schalteten Blaulicht und Martinshorn an. Er reagierte nicht. Am Bertha-von-Suttner-Platz kam er am Bordstein zum Stehen. Er trat gegen das Taxi des Zeugen Schmitz. Er war äußerst aggressiv und beschimpfte uns als Bullenschweine. Wir haben Verstärkung angefordert und ihn solange auf der Motorhaube des Streifenwagens festgehalten. Er trat nach uns und hat später die Kollegin gebissen. Wir haben ihn dann zum PGD gebracht.

Der Zeuge blieb auf Anordnung der Vorsitzenden gem. § 59 Abs. 1 StPO unvereidigt und wurde entlassen.

**2. Zeuge**:

Ich heiße:   Inge Rossel,

bin          26 Jahre alt,

von Beruf:   Polizeibeamtin

dienstansässig:   PP Bonn

mit dem Angeklagten nicht verwandt und nicht verschwägert.

**StP 36 a** Hauptverhandlung vor dem Amtsgericht (§ 271 ff. StPO). Hierzu erforderlichenfalls StP 38 - Zeugenvernehmung - als Einlagebogen - gen .12.1991 -ADV-

4

Die Zeugin bekundete zur Sache:

Ich kam zusammen mit einem Kollegen als Verstärkung. Wir bekamen den Einsatz von der Leitstelle. Der Angeklagte trat wild um sich. Die beiden Kollegen hielten ihn auf der Motorhaube fest. Als ich ihnen half, hat er mir in die Hand gebissen. Ich musste zum Arzt deswegen. Ich hatte eine Woche lang Schmerzen. Jetzt ist es wieder gut. Er schimpfte auch herum, rief „Schweine" und andere Sachen.

**Es wurde verlesen**:

Das ärztliche Attest des Dr. Prätorius, Bl. 6 d.A.

Die Zeugin blieb auf Anordnung der Vorsitzenden gem. § 59 Abs. 1 StPO unvereidigt und wurde entlassen.

**3. Zeuge**:

Ich heiße:      Heinz Schmitz,

bin             46 Jahre alt,

von Beruf:    Taxifahrer

wohnhaft in:  Bonn

mit dem Angeklagten nicht verwandt und nicht verschwägert.

Der Zeuge bekundete zur Sache:

So was habe ich noch nicht erlebt. Ich stand neben dem Taxi. Die Polizei hatte ich schon gehört. Er kam wie ein Verrückter in Schlangenlinien angefahren und knallte auf den Bordstein. Er kam aus dem Auto raus, lief auf mein Taxi zu und trat dagegen. Die Polizisten zogen ihn zum Streifenwagen und hielten ihn fest. Dann kam noch ein zweiter Streifenwagen. Der Angeklagte schlug wild um sich und schimpfte. „Schweine" habe ich gehört. Die Polizei nahm ihn dann mit. Die Türe vom Taxi war zerbeult. Das hat 1.500 € gekostet.

Der Zeuge blieb auf Anordnung der Vorsitzenden gem. § 59 Abs. 1 StPO unvereidigt und wurde entlassen.

StP 36 a  Hauptverhandlung vor dem Amtsgericht (§ 271 ff. StPO). Hierzu erforderlichenfalls StP 38 - Zeugenvernehmung - als Einlagebogen - gen .12.1991 -ADV-

190

5

**4. Zeuge**:

| | |
|---|---|
| Ich heiße: | Klaus Buchmann, |
| bin | 56 Jahre alt, |
| von Beruf: | Taxiunternehmer |
| wohnhaft in: | Bonn |

mit dem Angeklagten nicht verwandt und nicht verschwägert.

Der Zeuge bekundete zur Sache:

Zu der Sache selbst kann ich nichts sagen. Mein Mitarbeiter hat mir später davon erzählt. Ich wusste auch, dass er deshalb zur Polizei musste. Ich war damit einverstanden, dass er Strafantrag gestellt hat. Die Reparatur der Beule hat mich 1.500 € gekostet. Auf dem Schaden bin ich sitzen geblieben. Der Angeklagte hat ja nichts.

Der Zeuge blieb auf Anordnung der Vorsitzenden gem. § 59 Abs. 1 StPO unvereidigt und wurde entlassen.

Der Sachverständige wurde ordnungsgemäß belehrt und wie folgt vernommen:

**396**

**Sachverständiger**:

| | |
|---|---|
| Ich heiße: | Dr. Dr. Frank Becher |
| bin | 46 Jahre alt, |
| von Beruf: | Arzt für Rechtsmedizin, Uni Bonn |
| wohnhaft in: | Bonn |

mit dem Angeklagten nicht verwandt und nicht verschwägert.

Der Sachverständige erstattete sein Gutachten:

Es ist für 20 Minuten zurückzurechnen. Ich komme auf eine Tatzeit-BAK von 1,08 Promille. Er war fahruntüchtig, das zeigt ja auch die Fahrt in Schlangenlinien. Schuldfähig war er schon.

Der Sachverständige blieb gem. § 79 StPO unvereidigt und wurde um 11:50 Uhr entlassen.

StP 36 a  Hauptverhandlung vor dem Amtsgericht (§ 271 ff. StPO). Hierzu erforderlichenfalls StP 38 - Zeugenvernehmung - als Einlagebogen - gen .12.1991 -ADV-

6

Es wird festgestellt, dass der Zeuge Peters zum heutigen Termin trotz ordnungsgemäßer Ladung nicht erschienen ist. Auf seine Vernehmung wurde allseits verzichtet.

**397**

Die Vertreterin der Staatsanwaltschaft beantragte, das Verfahren hinsichtlich des Vorwurfs der Sachbeschädigung gem. § 154 Abs. 2 StPO vorläufig einzustellen. Der Angeklagte hatte Gelegenheit zur Stellungnahme.

**b.u.v.**

Das Verfahren wird in dem von der Staatsanwaltschaft beantragten Umfang gem. § 154 Abs. 2 StPO beschränkt.

Aus der Beiakte 17 Js 293/04 StA Bonn wurde das Urteil des Amtsgerichts Bonn vom 16.09.2004, Bl. 75 ff. soweit geklammert, verlesen.

Nach jeder einzelnen Beweiserhebung wurde der Angeklagte befragt, ob er etwas zu erklären habe.

Die Beweisaufnahme wurde geschlossen.

**398**

Die Staatsanwaltschaft und sodann der Angeklagte erhielten zu ihren Ausführungen und Anträgen das Wort:

Die Staatsanwaltschaft beantragte:
Trunkenheitsfahrt:   30 Tagessätze
Widerstand/Beleidigung:   50 Tagessätze
Gesamtgeldstrafe von 60 Tagessätzen je 40 €

Entzug der FE; 9 Monate Sperrfrist

Der Angeklagte beantragte:

Milde Strafe

**399**

Der Angeklagte hatte das letzte Wort.

Der Angeklagte wurde befragt, ob er selbst noch etwas zu seiner Verteidigung anzuführen habe.

Er erklärte:

Es tut mir leid und wird nicht mehr vorkommen.

Die Verhandlung wurde für 15 Minuten unterbrochen.

Das **Urteil** wurde sodann

7

durch Verlesung der Urteilsformel und durch mündliche Mitteilung des wesentlichen Inhalts der Urteilsgründe
dahin verkündet:

**400**

Im Namen des Volkes

Urteil

Der Angeklagte wird wegen fahrlässiger Trunkenheit im Verkehr sowie wegen
Widerstandes gegen Vollstreckungsbeamte in Tateinheit mit vorsätzlicher Körperverletzung zu einer Gesamtgeldstrafe von 60 Tagessätzen zu je 40,- € verurteilt.
Dem Angeklagten wird die Fahrerlaubnis entzogen, sein Führerschein wird eingezogen. Vor Ablauf einer Sperrfrist von 9 Monaten darf ihm keine neue Fahrerlaubnis
erteilt werden.

Der Angeklagte trägt die Kosten des Verfahrens.

- §§ 113 Abs. 1, 223 Abs. 1, 316 Abs. 1 und 2, 52, 53 StGB -

Rechtsmittelbelehrung wurde erteilt.

Das Protokoll wurde fertiggestellt am 0 6   3.   06

StP 36 a  Hauptverhandlung vor dem Amtsgericht (§ 271 ff. StPO). Hierzu erforderlichenfalls StP 38 - Zeugenvernehmung - als Einlagebogen - gen .12.1991 -ADV-

193

Kapitel 4

# Einzelheiten der Hauptverhandlung erster Instanz

## A. Unterscheidung Strengbeweis – Freibeweis

**401** Bevor wir uns den einzelnen Details zuwenden, soll zunächst generell dargestellt werden, auf welchem verfahrensmäßigen Weg das Gericht in einer Tatsacheninstanz den Sachverhalt zu erforschen hat.

Zur Einführung in die Problematik stellen Sie sich bitte Folgendes vor:

> Der Angeklagte hat vor der Polizei ein Geständnis abgelegt und das Gericht mit Rücksicht hierauf keine Zeugen geladen. Nun lässt er sich aber in der Hauptverhandlung wie folgt ein:
>
> „Mein polizeiliches Geständnis war falsch. Die vernehmenden Polizeibeamten hatten mir nämlich mit Prügel gedroht, falls ich nicht gestehen würde. Aus Angst habe ich dann das – falsche – Geständnis unterschrieben."
>
> Welche Maßnahmen muss das Gericht ergreifen, um diese Behauptung zu überprüfen?

Wie der Zeuge oder Sachverständige, so ist auch der Angeklagte ein Beweismittel, d.h. seine Einlassung ist im Rahmen der Beweiswürdigung zu verwerten. Ist ein Geständnis glaubhaft und schlüssig, so kann die Verurteilung allein hierauf gestützt werden.

Der Widerruf eines Geständnisses (oder die Relativierung seines Inhalts) stellen in der Praxis keine Seltenheit dar. Das Gericht steht damit vor der Frage, welche Reaktionen in einem solchen Fall erforderlich und ausreichend sind. Muss das Gericht – abgesehen vom unten näher dargestellten Grundsatz der Aufklärungspflicht – die Vernehmungsbeamten des Angeklagten im Ermittlungsverfahren als Zeugen hören oder genügt eine telefonische Nachfrage?

Dem Tatgericht stehen grundsätzlich für die Erforschung der Wahrheit **zwei Wege** offen, nämlich:

↙    ↘

| **Strengbeweis:** | **Freibeweis:** |
|---|---|
| Dies bedeutet, dass nur bestimmte **festgelegte Beweismittel** zugelassen sind. | Das Gericht ist grundsätzlich in der Wahl der Beweismittel frei. Auch hier gibt es aber Einschränkungen, wie unten näher dargestellt wird. |

## I. Der Strengbeweis

Die zugelassenen Beweismittel sind im Einzelnen: **402**

- Zeugen, §§ 48–71 StPO;
- Sachverständige, §§ 72–85 StPO;
- Augenschein, §§ 86–93 StPO;
- Urkunden, §§ 249–256 StPO;
- Angaben des Angeklagten, also Einlassung und Geständnis.

Der Strengbeweis gilt für die Beurteilung der **Schuld- und Straffrage,** d.h. ob der Angeklagte überhaupt und ggf. wie er zu bestrafen ist. Nur in diesem Bereich gelten auch die §§ 244 ff. StPO hinsichtlich der Durchführung der Beweisaufnahme sowie die Grundsätze der Mündlichkeit und Öffentlichkeit.

## II. Der Freibeweis

Der Freibeweis ist nur hinsichtlich der Beurteilung von **Verfahrensfragen** zulässig; **403** das sind insbesondere:

- Vorliegen von **Prozessvoraussetzungen** (z.B. die Rechtzeitigkeit der Stellung eines Strafantrages, § 77b Abs. 1 S. 1 StGB);
- Bestehen von **Verfahrenshindernissen** (z.B. Verhandlungsunfähigkeit des Angeklagten)[1];
- Vorliegen der tatsächlichen Voraussetzungen eines **Verwertungsverbotes** (etwa mangelnde Belehrung des Beschuldigten über sein Aussageverweigerungsrecht)[2];
- Feststellung von **Zeugnisverweigerungsrechten** (z.B. Verwandtschaftsverhältnisse/Verlöbnis) und deren Geltendmachung;
- Eidesmündigkeit eines Zeugen, § 60 StPO.

Dabei bedeutet der Begriff „Freibeweis", dass die Wahl und die Art der Beweismittel freigestellt sind, also alle zugänglichen Erkenntnisquellen (z.B. Telefonat, schriftliche Auskunft u.ä.) genutzt werden können. Als Konsequenz finden die §§ 244 ff. StPO, die als Kernvorschriften des strafprozessualen Beweisrechts bezeichnet werden können, grundsätzlich keine Anwendung. Auch die Verlesung von Urkunden ist uneingeschränkt möglich, § 251 Abs. 3 StPO.

Dies gilt allerdings mit wesentlichen **Einschränkungen**. Auch im Rahmen des Frei- **404** beweises muss Folgendes beachtet werden:

- die Aufklärungspflicht[3];
- die Gewährung rechtlichen Gehörs[4], d.h. auch die im Freibeweis gewonnenen Erkenntnisse müssen zum Gegenstand der Hauptverhandlung gemacht werden, damit die Verfahrensbeteiligten hierzu Stellung nehmen können;

---

1 Näheres zu Prozessvoraussetzungen und Verfahrenshindernissen finden Sie unter Rn. 786 ff.
2 BGH NStZ-RR 2007, 80 f.
3 BVerfG NJW 1986, 767 (768).
4 BGHSt 21, 85 (87).

- Beweisverbote (z.B. §§ 97, 252 StPO);
- Zeugnisverweigerungsrechte, §§ 52 ff. StPO;
- Vereidigungsverbote, § 60 StPO.

> Zurück zu unserem **Beispiel:** Entsprechend den oben dargestellten Grundsätzen gilt der Strengbeweis – mit der Folge, dass Zeugen gehört werden müssen –, wenn es um die Schuld- oder Straffrage geht. Der **Inhalt** des Geständnisses betrifft naturgemäß die Straffrage, da es zur Grundlage einer Verurteilung gemacht werden kann. Wie das Geständnis **zustande gekommen** ist, ist dagegen ein anderer Aspekt. Da es hier „nur" darum geht, ob das Geständnis durch Drohungen erzwungen wurde und damit der Gesichtspunkt eines Verwertungsverbots nach § 136a Abs. 3 S. 2 StPO angesprochen ist, hält der BGH[5] den vorgebrachten Einwand für lediglich das Verfahren betreffend, also den Freibeweis für zulässig.
>
> Dies besagt aber noch nicht, dass ein Verzicht auf die Zeugenbefragung zu diesem Punkt der sich aus § 244 Abs. 2 StPO ergebenden Pflicht zur umfassenden Sachverhaltsaufklärung genügt. Kommt es im Rahmen der Beweiswürdigung auf das Geständnis an, so ist dem erhobenen Vorwurf mit den zur Verfügung stehenden Beweismitteln nachzugehen.

**405** Hinsichtlich der **Wertung** der im Frei- oder Strengbeweisverfahren gewonnenen Erkenntnisse ist das Gericht frei, d.h. es entscheidet nach der eigenen Überzeugung, § 261 StPO. Das Gesetz kennt – im Gegensatz zu verschiedenen Vorgänger-Rechtsordnungen – keine festen Beweisregeln, etwa dass zwei Zeugen besser seien als einer[6]. Es muss also für eine Verurteilung nicht etwa eine mathematische 100-prozentige Sicherheit bestehen, es genügt vielmehr eine „nach der Lebenserfahrung" ausreichende Sicherheit, die „vernünftige Zweifel" ausschließt[7].

## B. Aufklärungspflicht – Beweisantrag – Beweisermittlungsantrag

### I. Überblick

**406** Für die Beurteilung der Frage, ob das Verfahren ordnungsgemäß abläuft, ist auch von entscheidender Bedeutung, wie das Gericht mit artikulierten Wünschen der Beteiligten (Angeklagter/Verteidiger/Staatsanwaltschaft/Nebenkläger) hinsichtlich der Sachverhaltsaufklärung umgeht. Begehrt ein Verfahrensbeteiligter eine bestimmte Beweiserhebung – z.B. die Vernehmung eines Zeugen –, so stellt sich für das Gericht stets die Frage, ob einem solchen Antrag entsprochen werden muss.

Hinsichtlich der Pflichten des Gerichts für den Umgang mit Anträgen zunächst folgender Überblick:

---

5  Vgl. BGHSt 16, 164 (166), aber auch KK-*Fischer*, § 244 Rn. 9.
6  Dagegen (ironisch) *Goethe*: „Durch zweier Zeugen Mund wird allerwegs die Wahrheit kund." Faust I, Vers 3013 f.
7  BGH NStZ 1988, 236. Näheres hierzu erfahren Sie bei den Ausführungen zum Urteil, Rn. 615 ff.

Nach **§ 244 Abs. 2 StPO** besteht eine **gerichtliche Aufklärungspflicht**. Diese gilt – anders als im Bereich des Zivilprozesses – unabhängig von etwaigen Anträgen der Verfahrensbeteiligten. Denn die Ermittlung des wahren Sachverhaltes stellt das zentrale Anliegen des Strafprozesses dar[8]. **407**

Liegt nach der Sachlage die Benutzung eines bestimmten Beweismittels nahe, so **muss** dieses von Amts wegen genutzt werden. Es ist also Beweis über alle entscheidungserheblichen Tatsachen zu erheben, die der Angeklagte nicht glaubhaft eingesteht[9].

Verstöße gegen diese Aufklärungspflicht können im Rahmen der Revision (§ 337 Abs. 1 i.V.m. § 244 Abs. 2 StPO) gerügt werden und zur Aufhebung des Urteils führen.

Wird von einem dazu Berechtigten ein **förmlicher Beweisantrag** gestellt, so ist dem prinzipiell bereits aus dem Grunde des § 244 Abs. 2 StPO nachzugehen. Er darf nur mit den in § 244 Abs. 3 bis 5 StPO genannten Gründen abgelehnt werden, wobei dann ein entsprechender (in der Regel zu begründender) Gerichtsbeschluss ergehen muss, vgl. § 244 Abs. 6 StPO. **408**

Von einem Beweisantrag zu unterscheiden ist der sog. **Beweisermittlungsantrag**. Dieser ist nur als **Anregung** an das Gericht zu verstehen, in einer bestimmten Art und Weise tätig zu werden[10].

## II. Inhalt und Grenzen der Aufklärungspflicht

Wie bereits erwähnt, stellt die Aufklärung des wahren Geschehens das zentrale Anliegen des Strafverfahrens dar. Da es hier um die verfassungsrechtlich garantierten Freiheitsrechte des Angeklagten geht, gehört die ordnungsgemäße richterliche Sachaufklärung zu den unverzichtbaren Voraussetzungen eines rechtsstaatlichen Verfahrens[11]. Die Beweisaufnahme ist folglich entsprechend dem Gebot der „bestmöglichen Sachaufklärung" auf alle Tatsachen und (zulässigen) Beweismittel zu erstrecken, die für die Entscheidung von Bedeutung sind. Diese Pflicht reicht soweit, wie sich dem Gericht **409**
- nach Aktenlage,
- durch Anträge bzw. Anregungen
- oder aus dem Verfahrensverlauf

die Ausnutzung bestimmter Beweismittel als naheliegend darstellt, wobei die entfernte Möglichkeit der Auswirkung auf die Entscheidung genügt[12]. Allerdings erstreckt sich die Aufklärungspflicht nur auf **für die Entscheidung erhebliche Tatsachen**.

---

8  BVerfG NJW 2004, 211; NJW 1981, 1719 (1722); BGH NJW 2004, 1261.
9  Natürlich muss auch ein Geständnis – soll es Grundlage der Verurteilung werden – glaubhaft sein, d.h. sich mit dem übrigen Akteninhalt, insbesondere den objektiven Spuren, decken. Denn es sind vielfältige Motive für eine unzutreffende Selbstbezichtigung denkbar (z.B. Schutz von Angehörigen).
10  Näheres hierzu erfahren Sie unten, Rn. 431 ff., 463.
11  BGH NJW 2005, 1442; BVerfG StV 2003, 594 f.
12  Vgl. BGH NStZ 1991, 399.

**410** Der Umfang der Aufklärungspflicht lässt sich folglich nicht allgemeingültig definieren. Er hängt ab vom Gewicht der Strafsache, der Bedeutung und dem Beweiswert der in Frage kommenden Beweismittel, dem Gebot der Verfahrensbeschleunigung und dem prozesswirtschaftlich vertretbaren Aufwand[13]. Dies zu beurteilen hat das Gericht einen gewissen Ermessensspielraum, innerhalb dessen es die Wichtigkeit der Beweiserhebung für die Wahrheitsfindung und die Belange eines reibungslosen Verfahrens gegeneinander abwägen darf. Folglich ist nicht jedes Detail der Vorgeschichte oder das Randgeschehen der Tat zu ermitteln. Bei den zu treffenden Entscheidungen sind zudem generell die Interessen des Angeklagten gleichermaßen zu berücksichtigen, wie diejenigen des Tatopfers[14]. Im Rahmen der Aufklärungspflicht sind alle bekannten Beweismittel zu verwenden, die

– zulässig **und**
– von Bedeutung **und**
– geeignet **und**
– erreichbar

sind.

## 1. Die Zulässigkeit der Beweiserhebung

**411** Dabei bedeutet Zulässigkeit der Beweiserhebung, dass keine **rechtlichen Hinderungsgründe** bestehen dürfen. Derartige Rechtsgründe können z.B. Zeugnisverweigerungsrechte nach den §§ 52 ff. StPO bzw. die Nichterteilung einer Aussagegenehmigung (§ 54 StPO) sein[15].

Unzulässig ist darüber hinaus die Benutzung gesetzlich nicht zugelassener Beweismittel (z.B. Vernehmung des Mitangeklagten als Zeuge), die Nutzung von Beweismitteln, die einem Verwertungsverbot unterliegen oder die Durchführung einer Beweisaufnahme hinsichtlich ihr entzogener Gesichtspunkte, wie zu der Frage der schuldangemessenen Höhe einer Strafe[16]. Näheres zur Unzulässigkeit bestimmter Beweiserhebungen werden Sie auch bei der Erörterung der Beweiserhebungs- und Verwertungsverbote erfahren[17].

## 2. Die Bedeutung der Beweistatsache

**412** Hinsichtlich der Bedeutung einer Beweistatsache ist eine gewisse Beweisantizipation (= Vorwegnahme) in dem Sinne zulässig, dass die Beurteilung erlaubt ist, ob die Tatsache – als erwiesen unterstellt – eine Auswirkung auf das Verfahren haben kann.

---

13 BGH NJW 2003, 151; NJW 2001, 695 f.
14 BGH NStZ 2005, 579 f.
15 BGH NStZ 2001, 48.
16 BGHSt 25, 207; dieser Entscheidung lag zugrunde, dass das Instanzgericht zur Findung einer schuldangemessenen Strafe Urteile in „Vergleichsfällen" verlesen hatte. Der Beweisaufnahme sind auch solche Gesichtspunkte entzogen, die aufgrund eines Rechtsmittelverfahrens bereits in **Teilrechtskraft** erwachsen sind, siehe unten Rn. 913 und BGH NJW 1998, 3212.
17 Unten Rn. 549 ff.

Negativ formuliert ist eine Tatsache für die Entscheidung nur dann „bedeutungslos", wenn ein Zusammenhang zwischen ihr und der angeklagten Tat nicht besteht oder wenn eine irgendwie geartete Beeinflussung der Entscheidung durch die behauptete Beweistatsache ausgeschlossen ist[18].

Ob die Notwendigkeit einer Aufklärung, also die Bedeutung der Beweistatsache gegeben war, überprüft ggf. später das Revisionsgericht aus eigener Sicht[19]. Aus der dadurch begründeten Unsicherheit folgt für das Tatgericht, dass der Beweis im Zweifel zu erheben ist!

### 3. Die Geeignetheit des Beweismittels

Das Gericht darf schon aus Gründen der Prozessökonomie nicht gezwungen sein, Beweise zu erheben, deren Erfolg von vorneherein ausgeschlossen ist. Aus diesem Grunde braucht es auch im Rahmen der Aufklärungspflicht einem Beweisantrag oder einem Beweisermittlungsantrag nicht nachzugehen, wenn sich ohne Rückgriff auf das bisherige Beweisergebnis feststellen lässt, dass sich mit dem benannten Beweismittel die unter Beweis gestellte Tatsache nach der „sicheren Lebenserfahrung" nicht belegen lässt[20]. Da es sich insoweit immer um eine Prognose handelt, gilt für die Annahme mangelnder Eignung eines Beweismittels natürlich ein **strenger Maßstab**. Dem entsprechend gelten für Zeugen, Sachverständige und beantragten Augenschein folgende Grundsätze:  **413**

### a) Zeugen

Ein Zeuge ist dann **ungeeignet**, wenn  **414**
– er infolge **körperlicher oder geistiger Gebrechen** (auch einer vorübergehenden geistigen Störung, wie z.B. Trunkenheit) die in sein Wissen gestellte Wahrnehmung nicht machen konnte. Als krasses Beispiel sei hier ein blinder Zeuge genannt, der einen Tathergang beobachtet haben soll. Sofern eine der Aufklärung dienende Wahrnehmung mit anderen Sinnen ausgeschlossen ist, wäre er ungeeignet;
– fest steht, dass er **nicht** zu verwertbaren sachdienlichen Angaben **bereit** ist **und** auch die Vollstreckung von Erzwingungsmaßregeln eine Aussage nicht herbeizuführen vermag[21]. Die Ungeeignetheit in diesem Sinne kann auch daraus resultieren, dass sich der im Ausland befindliche Zeuge trotz Reisefähigkeit nur zu einer kommissarischen oder audiovisuellen Vernehmung bereitfindet, um die Sanktionierbarkeit einer Falschaussage zu vermeiden[22];

---

18 BGH MDR 1976, 815.
19 BGH NStZ 1992, 450 f.
20 Ständige Rspr., vgl. BGH NStZ 2003, 611 f. und die Nachweise bei KK-*Fischer*, § 244 Rn. 149 ff.
21 Vgl. BGH NStZ 1999, 46.
22 BGH NStZ 2004, 347 f.

**415** – der Zeuge über sog. „**innere Tatsachen**" Dritter bekunden soll, die sich nach außen hin nicht dokumentiert haben[23]. Hiermit sind z.B. Motive, Einstellungen oder Absichten des Angeklagten gemeint, sofern diese nicht für einen Zeugen wahrnehmbar artikuliert wurden. Gleiches gilt für Schlussfolgerungen oder Bewertungen, da tauglicher Gegenstand des Zeugenbeweises nur eigene Wahrnehmungen des Zeugen sein können;

– Vorgänge in Rede stehen, die der Zeuge nach feststehender allgemeiner Lebenserfahrung unmöglich mit einiger Zuverlässigkeit erinnern kann. Ungeeignet ist ein Zeuge also insbesondere dann, wenn die unter Beweis gestellte Wahrnehmung so **lange zurückliegt**, dass eine zuverlässige Erinnerung nach den Umständen des Einzelfalles (Bedeutung für den Zeugen, Häufigkeit ähnlicher Vorfälle, Vorhandensein früherer Vernehmungen etc.) **ausgeschlossen** ist. Dies wird indes nur selten wirklich der Fall sein[24].

**b) Sachverständige**

**416** Ein Sachverständiger ist **ungeeignet**, wenn **auszuschließen** ist, dass er sich zu der maßgeblichen Beweisfrage überhaupt sachlich äußern kann. Das ist insbesondere der Fall, wenn

– ihm für die geforderte Untersuchung die besondere Sachkunde fehlt[25],

– **keine sicheren Anknüpfungstatsachen** vorhanden sind, auf die er sein Gutachten stützen könnte (z.B. Fehlen von Unfallspuren)[26];

– für das zu beurteilende Beweisthema **keine ausgereiften Untersuchungsmethoden** vorhanden sind (z.B. Antrag auf Einholung eines parapsychologischen Gutachtens). Allerdings ist der Tatrichter nicht gehindert, eine noch nicht in größerem Umfang erprobte kriminaltechnische Methode in die Beweiserhebung mit einzubeziehen. Er muss sich dann aber mit den hieraus folgenden Problemen bei der Beweiswürdigung kritisch auseinandersetzen[27];

– der Sachverständige zur Aufklärung **nicht wiederholbarer Vorgänge** dienen soll (z.B. individueller Blutalkohol-Abbau oder wenn die Funktionstüchtigkeit eines Radargerätes zur Tatzeit im Streit steht).

Demgegenüber ist der Sachverständige schon dann ein geeignetes Beweismittel, wenn die vorhandenen (sicheren) Anknüpfungstatsachen ihm Darlegungen erlauben, welche die unter Beweis gestellte Behauptung (nur) wahrscheinlicher machen[28].

---

23 Vgl. BGH NStZ 2008, 580; 2004, 690 f.; NStZ 1998, 1727.
24 Vgl. BGH NStZ-RR 2005, 78; NStZ 2004, 508; 2000, 157.
25 Das mag Ihnen selbstverständlich erscheinen. Gleichwohl stellt sich dieses Problem in der Praxis nicht selten. Wird z.B. ein Sachverständiger zu medizinischen Problemen des Angeklagten gehört, so kann sich aus dieser Vernehmung heraus die Notwendigkeit ergeben, Fragen aus dem psychiatrischen Bereich zu klären. Hierzu darf der medizinische Sachverständige nur dann gehört werden, wenn er auch die entsprechende psychiatrische Ausbildung und Erfahrung besitzt.
26 Vgl. BGH NStZ 2003, 611 f.
27 Vgl. BGH NStZ 2000, 106 f.; NStZ 1998, 528 f.
28 BGH NStZ 2008, 116.

## c) Augenschein/Urkunden

Der Augenschein ist **ungeeignet**, wenn sich aus dem Beweisgegenstand nichts Tatre- **417** levantes herleiten lässt. So kommt etwa eine Ortsbesichtigung nicht in Betracht, wenn sich die örtlichen Verhältnisse seit der Tatzeit maßgeblich verändert haben und nicht rekonstruierbar sind. Dies muss mit hinreichender Sicherheit feststehen.

Auch Urkunden sind ungeeignete Beweismittel, wenn sie zur Sachaufklärung nichts beitragen können. Dies gilt etwa für Geschäftsbücher, die derart unordentlich geführt wurden, dass sie keinen Aufschluss über die relevanten Geschäftsvorgänge erlauben.

## 4. Die Erreichbarkeit des Beweismittels

**Unerreichbar** ist ein Beweismittel dann, wenn die – der Bedeutung der Beweistatsa- **418** che und dem Beweismittel angemessenen – Aktivitäten des Gerichts zur Herbei- schaffung erfolglos geblieben sind und die Bemühungen auch in absehbarer Zeit kei- nen Erfolg versprechen[29].

Da im Interesse der Sachaufklärung **strenge Anforderungen** zu stellen sind, ist ein **Zeuge nicht bereits dann unerreichbar**, wenn er
- **unbekannt verzogen** ist. In einem solchen Fall müssen zunächst das Einwohner- meldeamt („EMA") oder ggf. die Ausländerbehörde abgefragt werden. Auch muss versucht werden, den Aufenthalt durch die Polizei, z.B. im Wege einer Befragung der Nachbarschaft, zu ermitteln;
- **von der Polizei zuhause nicht angetroffen wurde**. Auch in diesem Fall müssen zunächst weitere Ermittlungsmöglichkeiten (z.B. am Arbeitsplatz) ausgeschöpft werden[30];
- **auf eine Ladung hin nicht erscheint**. Zunächst muss die zwangsweise Vorfüh- rung durch die Polizei nach § 51 Abs. 1 S. 3 StPO versucht werden;
- **am Terminstag nicht verfügbar ist**. Für die Erreichbarkeit genügt nämlich, wenn der Zeuge in „absehbarer Zeit" vernommen werden kann[31];
- **sich im Ausland aufhält**.

Beim sog. **Auslandszeugen** ist zunächst die – verfassungsrechtlich unbedenkliche[32] – **419** Vorschrift des **§ 244 Abs. 5 S. 2 StPO** zu beachten. Danach kann das Gericht einen Beweisantrag auf Vernehmung eines sich im Ausland befindlichen Zeugen nach pflichtgemäßem Ermessen ablehnen, wenn es diese zur Erforschung der Wahrheit für nicht erforderlich hält.

Hier darf das Gericht – ausnahmsweise und anders als bei § 244 Abs. 3 StPO – eine Beweisantizipation vornehmen und die Beweiserhebung von deren möglichen Ergeb- nissen für die Urteilsfindung abhängig machen. Kommt es nach pflichtgemäßem Ermessen zu dem Ergebnis, ein Einfluss auf die Überzeugungsbildung sei sicher aus-

---

29 Vgl. BGH NStZ 2005, 44 f.
30 BGH StV 1984, 5.
31 BGH NStZ 1983, 180.
32 BVerfG NJW 1997, 999 f.

geschlossen, so darf der Beweisantrag mit dieser Begründung zurückgewiesen werden[33]. Maßstab aller Überlegungen ist insoweit die **Aufklärungspflicht**, die wiederum der revisionsrechtlichen Überprüfung unterliegt. In dem ablehnenden Gerichtsbeschluss sind daher die für die Ablehnung wesentlichen Gesichtspunkte konkret mitzuteilen[34]. Insbesondere muss dem Beschluss die Abwägung folgender Aspekte zu entnehmen sein:

– Gewicht der Strafsache, also mögliche Sanktion für den Angeklagten,
– Bedeutung und Beweiswert des Beweismittels vor dem Hintergrund des bisherigen Beweisergebnisses;
– zeitlicher und organisatorischer Aufwand und die damit zu erwartende Verzögerung des Verfahrens unter Beachtung des Grundsatzes der Verhältnismäßigkeit[35].

Zur prognostischen Bewertung des Beweismittels darf das Gericht auch freibeweisliche Erhebungen anstellen, etwa vorhandene Erklärungen eines Zeugen in seine Überlegungen einbeziehen.

Liegen die Voraussetzungen des § 244 Abs. 5 S. 2 StPO vor, so ist die Frage der Erreichbarkeit ebenso wenig zu prüfen wie die sonstigen Ablehnungsmöglichkeiten des § 244 Abs. 3 StPO[36].

**420**  Erscheint demgegenüber die Vernehmung erforderlich, so werden dem Gericht **erhebliche Anstrengungen** zur Herbeischaffung des Zeugen auferlegt. Insbesondere in großen, streitig geführten Verfahren haben die Tatsacheninstanzen in dieser Beziehung schon leidvolle Erfahrungen gemacht. Denn nach der Revisionsrechtsprechung darf Unerreichbarkeit eines sich im Ausland befindlichen Zeugen nur dann angenommen werden, wenn entsprechende Bemühungen, ihn herbeizuschaffen, erfolglos geblieben sind und ein Erfolg auch in Zukunft nicht erwartet werden kann.

**421**  Dies bedeutet im Klartext:

Ggf. sind Ermittlungen über die deutschen Botschaften im Ausland oder Interpol hinsichtlich des Aufenthaltsortes des Zeugen anzustellen. Sodann muss im Wege der förmlichen Ladung versucht werden, den Zeugen zum Erscheinen zu veranlassen. Insoweit sieht das Gesetz in §§ 37 Abs. 1 StPO, 183 Abs. 1 Nr. 1 ZPO allerdings eine gewisse Erleichterung vor, da bei vielen Staaten eine Zustellung durch Einschreiben (in neutralem Umschlag) mit Rückschein bewirkt werden kann[37]. Hinsichtlich einer beschränkten Anzahl von Ländern[38] kann auch eine Ladung über die deutsche Konsularvertretung versucht werden. Notfalls muss jedoch im Wege des Rechtshilfeverkehrs die Zustellung einer Ladung erfolgen, was ausgesprochen zeitraubend ist.

Die damit verbundene Verfahrensverzögerung begründet die Unerreichbarkeit noch nicht[39].

---

33 BGH NJW 2001, 695 f.; NJW 1994, 1484.
34 BGH NStZ 1998, 158; vgl. auch *Herdegen* NStZ 1998, 445 ff.
35 Vgl. BGH NStZ 2007, 349 ff.; NJW 2005, 2323; 2004, 3053.
36 BGH NJW 2001, 695 f.
37 Siehe hierzu oben Rn. 347.
38 Vgl. hierzu *Julius* StV 1990, 484.
39 BGH StV 1986, 418 (419).

Bei sämtlichen Ladungsversuchen muss auch erwogen werden, ob dem Zeugen eventuell „sicheres Geleit" nach Art. 12 EuRHÜbk zugesagt werden muss, wenn ihm im Inland (z.B. wegen Beteiligung an der verhandelten Tat) Strafverfolgung droht. Dies begründet indes für den Zeugen nur einen relativen Schutz, da er wegen Straftaten im Zusammenhang mit seiner Aussage, z.B. wegen Meineides in der Hauptverhandlung, durchaus auf der Stelle verhaftet und strafrechtlich belangt werden kann.

**422**

Die Anforderungen sind derart streng, dass selbst eine Mitteilung des Zeugen, er werde auf keinen Fall erscheinen, das Gericht von der Verpflichtung zur Ladung nicht entbindet[40].

Durch diese Rechtsprechung, die den Tatsachengerichten praktisch kaum Handlungsspielraum lässt, wird der Aspekt des Vorrangs der Sachaufklärung unter formaler Berufung auf das Rechtsstaatsprinzip überbetont. Für die Verteidigung wird dadurch die Möglichkeit geschaffen, mit den abenteuerlichsten Begründungen Zeugen im Ausland zunächst aufspüren und dann laden zu lassen, in dem Bewusstsein, dass die Durchführung der Hauptverhandlung damit „platzt". Gelingt es dem Gericht nämlich innerhalb der in § 229 StPO gesetzten Frist nicht, das Beweismittel herbeizuschaffen, so ist mit der Hauptverhandlung erneut zu beginnen. Hierzu sollte nur in Ausnahmefällen eine Verpflichtung bestehen.

**423**

Das Gericht muss ggf. auch die Möglichkeit einer **kommissarischen Vernehmung** des Zeugen erwägen (§ 223 StPO). Sie dient zunächst ausschließlich der Beweissicherung. Eine auf diesem Wege zustande gekommene Vernehmung kann der Urteilsfindung nur dann zugrunde gelegt werden, wenn sie ordnungsgemäß – regelmäßig im Wege der Verlesung der Vernehmungsniederschrift gem. § 251 Abs. 2 StPO – in die Hauptverhandlung eingeführt worden ist. Bei der Entscheidung über eine kommissarische Vernehmung ist zu berücksichtigen, dass dieser Art der Vernehmung grundsätzlich nur ein geringerer Beweiswert zukommt, da der persönliche Eindruck von dem Zeugen und damit ein wichtiges Kriterium für die Beurteilung der Glaubwürdigkeit fehlt. Allerdings können auch persönliche Eindrücke des vernehmenden Richters (und deren Anknüpfungstatsachen) in die Vernehmungsniederschrift aufgenommen werden[41].

**424**

Schließlich wird auch – von Amts wegen – zu prüfen sein, ob der Zeuge möglicherweise im Rahmen einer **Videovernehmung** nach § 247a StPO gehört werden kann[42]. Denn erreichbar ist nach § 247a StPO auch derjenige Zeuge, der aus der Hauptverhandlung heraus mittels einer zeitgleichen Bild-Ton-Übertragung an einem anderen Ort vernommen werden kann. Liegt der Vernehmungsort im Ausland, so hindert dies die Erreichbarkeit des Zeugen nicht, sofern eine derartige Vernehmung im Wege der Rechtshilfe möglich ist und die Art der Durchführung einer solchen nach § 247a StPO im Inland entspricht. Erklärt sich der im Ausland befindliche Zeuge damit ein-

**425**

---

40  BGH NStZ 1985, 281 f.
41  Vgl. BGH NJW 2000, 1206.
42  Der auf Ladung eines Zeugen im Ausland gerichtete Beweisantrag umfasst auch ohne besondere Erwähnung die Vernehmung nach § 247a StPO, BGH NStZ 2000, 385. Tendenziell anderer Ansicht: BGH NStZ 2008, 232 f.

verstanden, so ist auch eine Videovernehmung in der dortigen konsularischen Vertretung der Bundesrepublik Deutschland denkbar.

Die Durchführung einer solchen audiovisuellen Vernehmung entspricht derjenigen im Inland, wenn die Einhaltung der für eine Hauptverhandlung geltenden wesentlichen Verfahrensgarantien – unbeeinflusste Vernehmung; Verhandlungsführung durch den Vorsitzenden; Fragerecht der sonstigen Beteiligten – sichergestellt ist. Ob die Videovernehmung – im Sinne der nach § 244 Abs. 5 StPO zu treffenden Entscheidung – angesichts der eingeschränkten Unmittelbarkeit ein taugliches und notwendiges Mittel zur Erforschung der Wahrheit darstellt, hängt von den Gegebenheiten des Einzelfalles ab[43].

**426**  **Als unerreichbar sind demgegenüber im Wesentlichen anerkannt:**

– Zeugen, die von ihrem **Zeugnisverweigerungsrecht** Gebrauch machen bzw. bei denen die fehlende Aussagegenehmigung eine Vernehmung hindert (§ 54 StPO)[44]. Nach anderer – unseres Erachtens richtiger – Auffassung ist eine Vernehmung solcher Zeugen aus Rechtsgründen unzulässig.

– **V-Leute, verdeckte Ermittler**[45] **oder Informanten**, deren Namen und Anschriften durch die zuständige Behörde – den jeweiligen Innenminister[46] – aufgrund eines sog. „**Sperrvermerks**" unter analoger Anwendung des § 96 StPO nicht bekannt gegeben werden. Insoweit hat das Gericht jedoch zumindest eine Plausibilitätskontrolle dahingehend vorzunehmen, ob die Sperrerklärung nicht willkürlich und offensichtlich fehlerhaft ist. Ggf. hat es sich um eine substantiierte Darlegung der Sicherheitsbedenken zu bemühen[47]. Notfalls hat es bei der obersten Dienstbehörde – i.d.R. dem zuständigen Innenminister – auf die Benennung des Zeugen zu drängen, ggf. gegen die Zusage eines Ausschlusses der Öffentlichkeit oder des Angeklagten für die Dauer der Vernehmung[48]. Auch ein Hinweis auf die Möglichkeit einer audiovisuellen Vernehmung i.S.d. § 247a StPO, bei welcher durch optische und akustische Verzerrung sichergestellt ist, dass der Zeuge weder am Aussehen, noch an der Stimme erkannt wird, kommt in Betracht.

**427**  Die Zulässigkeit einer solchen akustischen und optischen Abschirmung, also einer **technischen Veränderung** der Übertragung zum Schutz besonders gefährdeter Zeugen, ist in der Rechtsprechung zwar noch nicht abschließend geklärt. Da dies – als Alternative zu einem gänzlichen Verzicht auf den Zeugen – letztlich die

---

43  Vgl. BGH NStZ 2008, 232 f.; 2004, 347 f.; NJW 2000, 1206; 2518 f.; vgl. im Einzelnen und zur Videovernehmung in den USA: BGH NJW 1999, 3788 ff. sowie die Anmerkungen von *Duttge* NStZ 2000, 158 ff.

44  BGH MDR 1980, 987.

45  Vgl. zum Begriff des V-Mannes die lesenswerte Definition in BGHSt 32, 115 (121). Der Unterschied zum verdeckten Ermittler besteht in Folgendem: V-Leute sind Privatpersonen, insbesondere solche, die sich im kriminellen Milieu bewegen. Verdeckte Ermittler sind demgegenüber immer Polizeibeamte, die unter einer sog. „Legende", also für eine gewisse Dauer (BGH NJW 1995, 2236; NStZ 1997, 294, 448) mit einer veränderten/erfundenen Identität leben, vgl. § 110a Abs. 2 StPO.

46  Vgl. BGH NStZ 2001, 333; NJW 1995, 2569 f.

47  Vgl. BGH NStZ 2000, 266.

48  BGH NStZ 1996, 608.

Erkenntnismöglichkeiten verbessert, ist eine solche Möglichkeit jedoch anzuerkennen[49]. Eine andere Frage ist natürlich, ob derartige Maßnahmen im Einzelfall genügen, um den erforderlichen Schutz zu gewährleisten. Auch wenn Stimme bzw. Aussehen nur verzerrt wiedergegeben werden und Angaben zur Person gem. § 68 Abs. 1 S. 1 StPO verweigert werden dürfen, so bleibt doch die Gefahr, dass der Zeuge – insbesondere wenn es sich um eine Privatperson handelt – im Rahmen der inhaltlichen Befragung angeben muss, in welcher Eigenschaft und in welchem Zusammenhang er die bekundeten Tatsachen erfahren hat. Dies wiederum könnte zu einer indirekten Aufdeckung seiner Identität führen, zumal eine Einschränkung des Fragerechts aus § 240 Abs. 2 StPO nicht existiert und dem Zeugen hinsichtlich entsprechender Fragen auch kein Auskunftsverweigerungsrecht zustünde. Allerdings darf der Angeklagte zur Verhinderung eines Wiedererkennens – bei besonderer Gefährdungslage im Einzelfall – für die Dauer der Vernehmung aus dem Sitzungssaal entfernt werden[50].

Vor diesem Hintergrund kann sich eine Gegenvorstellung des Gerichts gegen die **428** Sperrerklärung erübrigen, wenn sie von vorneherein aussichtslos ist. Letztlich hat das Gericht bei einer endgültigen Weigerung der Behörde auch keine Handhabe[51]. Rechtsbehelfe i.e.S. (etwa die Klage auf Erteilung der Genehmigung bzw. auf Mitteilung der Personaldaten) stehen nur dem Zeugen selbst bzw. dem Angeklagten zu, denen der Verwaltungsrechtsweg eröffnet ist[52].
Auch wenn die Sperrerklärung letztlich hingenommen werden muss, so bewirkt sie jedoch **kein Beweisverbot**. Erlangt das Gericht trotz behördlicher Weigerung Kenntnis von dessen Identität, so kann (und muss im Rahmen der Aufklärungspflicht) der Zeuge geladen und vernommen werden. Eine Ausnahme gilt – wie auch sonst – nur für den Fall, dass durch die Vernehmung Gefahr für Leib oder Leben des Zeugen droht[53].

Bleibt der Zeuge in dem beschriebenen Sinne unerreichbar, so kann die Aufklä- **429** rungspflicht nach § 244 Abs. 2 StPO die Vernehmung der sog. Verhörsperson, also in der Regel des Kriminalbeamten, der den V-Mann „geführt" bzw. vernommen hat, erfordern, sofern diesem eine Aussagegenehmigung erteilt wird. Gleiches gilt für verdeckte Ermittler[54].
Es liegt auf der Hand, dass der mit Geheimhaltungsinteressen begründete Rückgriff der Exekutive auf die Vorschriften der §§ 54, 96 StPO stets auch eine Beschränkung der gerichtlichen Sachaufklärung darstellt. So können bedeutsame

---

49  Vgl. BGH NStZ 2007, 477 f.; 2006, 648 f.
50  BGH NStZ 2006, 648 f.
51  BGH NStZ 1996, 608.
52  Vgl. BGH NJW 1998, 3577 ff.
53  BGH NStZ 2003, 610.
54  Der Einsatzbereich des verdeckten Ermittlers ist in § 110a StPO, die Verwertbarkeit seiner Erkenntnisse in anderen Verfahren als demjenigen, in welchem er eingesetzt war, in § 110e StPO geregelt. Tritt ein Polizeibeamter lediglich in einigen wenigen Ermittlungshandlungen – etwa als Scheinaufkäufer von Rauschgift – in Erscheinung, so gelten die Auflagen der §§ 110a ff. StPO selbst dann nicht, wenn er unter einer Legende handelt, vgl. BGH NJW 1995, 2237 f. Siehe zu den Rechtsproblemen um den verdeckten Ermittler auch *Schneider*, NStZ 2004, 359 ff.

Beweismittel, insbesondere Zeugen und Urkunden, der Beweisaufnahme völlig entzogen werden. Selbst im Falle einer mittelbaren Einführung von Erkenntnissen in dem beschriebenen Sinne wird nicht nur das Fragerecht der Verfahrensbeteiligten beeinträchtigt, sondern es steht auch nur ein Surrogat mit eingeschränktem Beweiswert zur Verfügung. Diese staatlich verantworteten Umstände dürfen sich naturgemäß nicht zum Nachteil des Angeklagten auswirken. Im Rahmen der Beweiswürdigung hat das Gericht daher unter Beachtung des Zweifelssatzes besondere Vorsicht walten zu lassen[55]. Eine Verurteilung wird nur dann möglich sein, wenn neben den mittelbaren Erkenntnissen weitere gewichtige Aspekte den Tatvorwurf stützen[56].

### 5. Schätzklauseln

**430**  Eine jedenfalls geringfügige Abschwächung der Aufklärungspflicht hat der Gesetzgeber durch die sog. Schätzklauseln geschaffen. Insoweit sind zu nennen:

- § 40 Abs. 3 StGB hinsichtlich der Einkünfte und des Vermögens des Angeklagten, sobald eine Geldstrafe in Betracht kommt;
- § 73b StGB bzgl. des durch die Straftat Erlangten;
- § 74c Abs. 3 StGB bzgl. der Einziehung des Wertersatzes;
- § 403 StPO i.V.m. § 287 ZPO hinsichtlich des Schadensersatzanspruchs im sogenannten Adhäsionsverfahren.

Dabei ist allerdings das Vorliegen von **konkreten Anhaltspunkten** Voraussetzung für eine Schätzung.

### III. Voraussetzungen und Wirkungen des Beweisantrags

**431**  Der durch Art. 103 Abs. 1 GG garantierte Anspruch auf rechtliches Gehör beinhaltet zwar nicht den Anspruch auf ein bestimmtes Beweismittel[57], gibt jedoch die Möglichkeit, durch Anträge auf die konkrete Ausgestaltung der Beweisaufnahme Einfluss zu nehmen. Wird von einem Verfahrensbeteiligten ein förmlicher Antrag auf Ausschöpfung eines konkreten Beweismittels gestellt, so hat das Gericht zu prüfen, ob dieser prozessual zulässig ist und ob ihm nachgegangen werden muss.

### 1. Zulässigkeit des Beweisantrags

**432**  Die Zulässigkeit des Beweisantrags ist an bestimmte **Voraussetzungen** geknüpft, nämlich:

---

55 Vgl. hierzu die schon aus Gründen der Rechtshygiene nur zu begrüßende Entscheidung BGH NJW 2004, 1259 ff. zum Fall *El Motassadeq* (lesenswert!). Siehe auch unten Rn. 466.
56 Siehe auch EGMR 2007, 103 ff.; BGH NJW 2007, 237 ff.; 2005, 1132; BVerfG NJW 2007, 204 ff.
57 BVerfG NJW 1998, 524.

## a) Antragsrecht

Da der Beweisantrag eine konkrete Ausgestaltung des Anspruchs auf rechtliches Gehör darstellt, steht das **Antragsrecht** nur den Verfahrensbeteiligten zu, denen vom Gericht rechtliches Gehör zu gewähren ist. Dies sind:

- die Staatsanwaltschaft (zur Be- und Entlastung des Angeklagten);
- der Angeklagte (auch bei Geschäftsunfähigkeit);
- der Verteidiger (dieser hat ein selbstständiges und vom Willen des Angeklagten unabhängiges Antragsrecht!);
- die Erziehungsberechtigten bzw. die gesetzlichen Vertreter, § 67 Abs. 1 JGG;
- der Nebenkläger im Rahmen seiner Anschlussberechtigung, vgl. § 397 Abs. 1 S. 3 StPO;
- der Privatkläger (bei dessen Anträgen es sich jedoch stets nur um Beweisanregungen handelt, vgl. § 384 Abs. 3 StPO);
- der Adhäsionskläger, soweit seine vermögensrechtlichen Ansprüche betroffen sind.

Das Antragsrecht des Angeklagten erlischt selbst dann nicht, wenn er in missbräuchlicher Art und Weise, nämlich nur zur Verhinderung des ordnungsgemäßen Abschlusses der Hauptverhandlung, in exzessiver Form hiervon Gebrauch macht. In einem solchen Fall kann (nur) angeordnet werden, dass er in Zukunft Beweisanträge nur noch über seinen Verteidiger stellen darf[58]. Geht eine solche Art der Antragstellung von dem Verteidiger selbst aus, so gelten die Darstellungen zur „Konfliktverteidigung"[59]. **433**

## b) Notwendiger Inhalt des Beweisantrags

Unter einem Beweisantrag versteht man das in der Hauptverhandlung gestellte – ernsthafte – Verlangen eines Verfahrensbeteiligten an das Gericht, über eine die Schuld- oder Straffrage betreffende Behauptung durch bestimmte, nach der StPO zulässige Mittel Beweis zu erheben. Daraus ergeben sich folgende **inhaltliche Erfordernisse**: **434**

Ein förmlich zu bescheidender Beweisantrag verlangt die Bezeichnung einer **bestimmten Beweistatsache**[60] (sog. „Beweisthema" oder „Beweisbehauptung"), vgl. auch § 219 Abs. 1 StPO. Diese muss sich auf die **Schuld- oder Straffrage** beziehen, so dass bereits alle Behauptungen ausscheiden, die dem Freibeweisverfahren zugänglich sind (also insbesondere Verfahrensfragen, etwa die Ordnungsgemäßheit einer Belehrung). Nicht als Beweistatsachen dürfen vor allem bloße Wertungen behandelt werden, etwa der Angeklagte sei „betrunken" gewesen oder die Tat sei ihm „persönlichkeitsfremd". Wird derlei – und dies geschieht häufig – unter Beweis gestellt, so

---

58 BGHSt 38, 111 ff. für den Fall, dass bereits ein Jahr lang an 77 Tagen verhandelt worden war und sich das Gericht ein weiteres halbes Jahr an 30 weiteren Tagen nur mit der Entgegennahme und Ablehnung von Beweisanträgen zu befassen hatte. Zudem hatte der Angeklagte „hunderte oder gar tausende" weiterer Beweisanträge angekündigt, die er auch noch zu Protokoll diktieren wollte.
59 Siehe oben Rn. 247 ff.
60 BGH NJW 1999, 800 f.; NStZ 1998, 1725.

liegt kein Beweisantrag vor[61]. Andererseits darf eine – stets auszulegende – Beweisbehauptung durchaus schlagwortartig verkürzt werden. Insbesondere bei der Geltendmachung einer verminderten oder aufgehobenen **Schuldfähigkeit** genügt daher die entsprechende Behauptung, sofern die nötigen tatsächlichen Anknüpfungstatsachen (etwa Unfall mit Schädel-Hirn-Trauma, anschließende Wesensveränderung) konkret mitgeteilt werden[62].

**435** Beweisbehauptungen, die ohne jeden tatsächlichen Anhaltspunkt und ohne begründete Vermutung „**ins Blaue hinein**" aufgestellt werden, muss das Gericht nicht nachgehen. Das ist aber nur dann der Fall, wenn bei einer Gesamtschau des bisherigen Beweisergebnisses, der Aktenlage und den Ausführungen in dem Antrag für einen verständigen Antragsteller kein Anhaltspunkt dafür besteht, dass die geforderte Beweiserhebung etwas zur Klärung des Sachverhaltes beitragen könnte[63]. Es liegt dann kein den Regeln des § 244 Abs. 3, 4 StPO unterfallender Beweisantrag, sondern nur ein sog. Beweisermittlungsantrag vor. Dem Angeklagten ist aber auf entsprechende Hinweise hin Gelegenheit zu geben, seinen Antrag durch weiteres Vorbringen in tatsächlicher Hinsicht „nachzubessern"[64].

Ohnehin kann der Beweisantrag durchaus Dinge betreffen, die der Angeklagte nur für (ernsthaft) möglich hält[65]. Unschädlich ist es auch, wenn die unter Beweis gestellte Tatsache objektiv ungewöhnlich oder unwahrscheinlich erscheint oder andere Möglichkeiten näher gelegen hätten[66]. Die Annahme, eine Beweisbehauptung sei „ins Blaue hinein" aufgestellt, kommt folglich nur im Ausnahmefall in Betracht.

**436** Ferner bedarf es der Nennung eines **bestimmten Beweismittels**. Bei der Benennung von Zeugen sind grundsätzlich der volle Name und die genaue („ladungsfähige") Anschrift mitzuteilen. Ist dies nicht möglich, so sind zumindest Angaben erforderlich, welche die Identifizierung und Ermittlung des Zeugen möglich machen[67]. Auch Augenscheinsobjekte oder Urkunden sind genau zu bezeichnen[68].

Schließlich hat der Antragsteller – sofern sich dies nicht ausnahmsweise von selbst versteht – auch mitzuteilen, warum das von ihm benannte Beweismittel Aufschluss über die behauptete Beweistatsache geben können soll. Er muss also die sog. **Konnexität** zwischen Beweismittel und Beweistatsache mitteilen, damit das Gericht die Plausibilität des Antrags und die Möglichkeit eines Erkenntnisgewinns prüfen kann. Fehlen entsprechende Ausführungen, dann liegt kein Beweisantrag vor, so dass sich die Verpflichtungen des Gerichts allein nach der Aufklärungspflicht (§ 244 Abs. 2

---

61 Vgl. BGH NStZ 2006, 712 f.
62 Siehe BGH 4 StR 545/05; 5 StR 523/00.
63 BGH NStZ 2008, 53; 2003, 497 und NStZ 2002, 383.
64 Vgl. BGH StV 1985, 311; OLG Köln NStZ 2008, 584 ff.
65 Vgl. BGH StV 2003, 369 f. sowie NJW 1995, 1501 (1503).
66 BGH NStZ 2008, 474.
67 BGH NStZ 1999, 152; NJW 1994, 1294 (1295).
68 BGH NStZ 2008, 109. Der Antrag auf Beiziehung von Akten ist daher i.d.R. kein Beweisantrag, BGH 3 StR 250/08.

StPO) bemessen[69]. Ist der Beweisantrag auf die Vernehmung eines Zeugen gerichtet, so muss ihm also zu entnehmen sein, weshalb der Zeuge **aus eigener Wahrnehmung** etwas zu dem Beweisthema bekunden können soll (z.B. weil er am Tatort war oder den Angeklagten an einem anderen Ort gesehen haben soll). Wird ein solcher Antrag bei fortgeschrittener Beweisaufnahme gestellt, so richtet sich die Darlegungslast nach der bereits erreichten Beweislage[70].

An einer Beschreibung der erforderlichen Konnexität wird es vor allem dann fehlen, **437** wenn lediglich eine sog. „**Negativtatsache**" unter Beweis gestellt wird, etwa die Behauptung, zur Tatzeit nicht am Tatort gewesen zu sein. Bei näherem Hinsehen benennt ein solcher Antrag nur das gewünschte Ergebnis einer Bewertung von Tatsachen, also ein Beweisziel. Wird nicht mitgeteilt, aufgrund welcher konkreten Umstände das genannte Beweismittel zu dem gewünschten Schluss zwingt, so liegt kein ordnungsgemäßer Beweisantrag vor. Die Behauptung einer „Negativtatsache" wird daher nur in Ausnahmefällen den Anforderungen an einen Beweisantrag gerecht, etwa wenn dem Antrag im Wege der Auslegung dem Beweis zugängliche Tatsachenbehauptungen entnommen werden können[71].

Keine gem. § 244 Abs. 6 StPO zu bescheidende Anträge sind auch solche, die lediglich **438** lich auf eine **Wiederholung** einer bereits erfolgten Beweiserhebung hinauslaufen[72]. So besteht etwa kein Anspruch darauf, einen Zeugen zu demselben Beweisthema erneut zu vernehmen. Ein solches Verlangen ist allein nach der Aufklärungspflicht zu beurteilen. Etwas anders gilt nur dann, wenn der Zeuge zu einer neuen Behauptung benannt wird, zu der er noch nicht gehört worden war[73].

### c) Notwendige Form des Beweisantrages

Der Beweisantrag muss in der Hauptverhandlung **mündlich** gestellt werden. Daraus **439** folgt, dass ein schriftlich abgefasster Beweisantrag vorgetragen werden muss. Dabei ist die schriftliche Fixierung zwar nicht erforderlich, andererseits jedoch im Hinblick auf eine mögliche Revision sachdienlich. Das Diktat ins Protokoll kann zwar nicht verlangt werden[74], wird aber gleichwohl praktiziert.

Aus der Fürsorgepflicht des Gerichts sowie aus der Aufklärungspflicht des § 244 Abs. 2 StPO resultiert im Übrigen die Verpflichtung, auf sachdienliche Anträge hinzuwirken. Auf förmliche oder inhaltliche Mängel des Beweisantrages ist der Antragsteller also durch das Gericht hinzuweisen. Umgekehrt ist der Antragsteller gehalten, Missverständnisse noch in der Hauptverhandlung auszuräumen, wenn das Gericht

---

69 BGH 5 StR 38/08; NStZ 2000, 437 f.
70 Vgl. BGH 5 StR 38/08; 5 StR 238/08.
71 BGH NStZ-RR 2005, 78 f.; NStZ 2000, 267 f.; allgemein zu Negativbehauptungen siehe auch *Niemöller*, StV 2003, 687 ff.
72 BGH 1 StR 104/08; BGH NJW 2003, 2763. Hierbei muss allerdings wirkliche **Identität** zwischen dem beantragten und dem bereits ausgeschöpften Beweismittel bestehen. Vgl. zu der feinsinnigen Unterscheidung zwischen der Augenscheinseinnahme eines Films und derjenigen entsprechender Standbilder BGH NStZ 2006, 406 f.
73 BGH NJW 2003, 2763; BGH StV 1995, 566.
74 Vgl. *Meyer-Goßner*, § 244 Rn. 32 m.w.N.

aufgrund unklarer Formulierungen zu der (aus seiner Sicht) unzutreffenden Auslegung eines Beweisantrags gelangt und ihn deshalb ablehnt. Unterlässt er dies, so ist
es ihm verwehrt, das Verhalten des Gerichts mit der Revision zu beanstanden[75].

### d) Frist für die Stellung eines Beweisantrages

**440**  Angesichts der Verpflichtung zur Ermittlung der materiellen Wahrheit kennt die
StPO **keine Präklusion** von Beweisvorbringen infolge Zeitablaufs. Nach § 246
Abs. 1 StPO ist das Gericht folglich verpflichtet, Beweisanträge bis zum **Beginn der
Urteilsverkündung** (Verlesung des Urteilstenors) entgegen zu nehmen und darüber
zu befinden, auch wenn die Urteilsberatung bereits abgeschlossen ist. Nur in **extrem**
gelagerten Fällen von Prozessverschleppung darf nach der Rechtsprechung eine Frist
zur Entgegennahme von Beweisanträgen mit der Maßgabe gesetzt werden, dass
danach eingehende Anträge unter genau beschriebenen Voraussetzungen nicht mehr
durch Beschluss, sondern im Urteil beschieden werden[76]. Zudem besteht die Möglichkeit der **Fristsetzung** im Zusammenhang mit absehbarer Prozessverschleppung[77].

Dies hört sich selbstverständlich an. Die zeitliche Grenze der Urteilsverkündung wird
aber auch in Fällen bedeutsam, in denen das Revisionsgericht ein Urteil nur im Strafausspruch (z.B. 5 Jahre Freiheitsstrafe), nicht aber im Schuldspruch (z.B. wegen
Raubes) aufhebt. In einem solchen Fall tritt hinsichtlich des Schuldspruchs **Teilrechtskraft** ein, so dass der (neue) Tatrichter an die Urteilsfeststellungen gebunden
ist, die ausschließlich die Schuldfrage betreffen oder die als sog. „doppelrelevante"
Tatsachen gleichermaßen für die Straf- und die Schuldfrage bedeutsam sind. Stellt
also der Angeklagte (erst) in einer solchen Situation einen Beweisantrag, mit dem
er seine mangelnde Schuldfähigkeit zur Tatzeit beweisen will, so ist dieser Antrag –
infolge der Teilrechtskraft des Schuldspruchs – unzulässig[78].

### e) Mögliche Bedingungen/Hilfsbeweisantrag

**441**  Beweisanträge können auch an eine **Bedingung** geknüpft werden. Hierunter versteht
man Anträge, die von
– einem unerwünschten **Prozessausgang** (z.B. Verurteilung statt Freispruch);
– dem Eintritt einer bestimmten **Prozesslage** (z.B. dass ein bestimmter Zeuge vom
  Gericht für glaubwürdig gehalten wird) oder
– der gerichtlichen **Feststellung bestimmter Tatsachen** in der Entscheidung (z.B.
  bestimmter Motive des Angeklagten, Verneinung einer verminderten Schuldfähigkeit i.S.d. § 21 StGB)
abhängig gemacht werden[79].

---

75 BGH 3 StR 181/08 m.w.N.
76 Vgl. BGH NStZ 2005, 648 ff.
77 Siehe hierzu unten Rn. 455.
78 Vgl. BGH NJW 1998, 3212.
79 Vgl. hierzu grundlegend *Schlothauer* StV 1988, 542 ff. sowie KK-*Fischer*, § 244 Rn. 89 ff.

Bedingte Beweisanträge kommen in der Praxis in der Regel als sog. **Hilfsbeweisan-** 442
**träge** vor[80]. Sie werden zusammen mit einem Sachantrag im Rahmen des Schlussplä-
doyers (§ 258 StPO) gestellt und unterscheiden sich von anderen bedingt gestellten
Anträgen dadurch, dass der Antragsteller auf eine Entscheidung vor der Urteilsverkündung und damit auf weiteres rechtliches Gehör verzichtet[81]. Die gelegentlich
anzutreffende Unsitte, einen Hilfsbeweisantrag zu stellen, zugleich aber ausdrücklich
nicht auf eine Bescheidung in der Hauptverhandlung zu verzichten, ist folglich rechtlich irrelevant.

Über den Hilfsbeweisantrag kann (und muss) erst zusammen mit dem Urteil entschieden werden. Dies hat auch Folgen für die Revision. Lehnt nämlich der Tatrichter
den Hilfsbeweisantrag mit unzutreffender Begründung ab oder übergeht er ihn versehentlich ganz, so ist dies unschädlich, wenn eine Ablehnung rechtsfehlerfrei möglich
gewesen wäre und die (zutreffenden) Ablehnungsgründe vom Revisionsgericht aufgrund des Urteilsinhalts nachgereicht oder ergänzt werden können[82].

Kann der Eintritt der Bedingung nicht vermieden werden (z.B. wenn der von der Ver- 443
teidigung beantragte Freispruch nicht in Frage kommt) und liegt kein gesetzlicher
Ablehnungsgrund (§ 244 Abs. 3 bis 5, § 245 Abs. 2 S. 2 StPO) vor, so ist die Beweisaufnahme wiederzueröffnen und der gewünschte Beweis zu erheben[83]. Angesichts
der damit verbundenen Komplikationen für das Verfahren verfolgen Hilfsbeweisanträge oft den (legitimen) Zweck, das Gericht unter Druck zu setzen. Sie sind nämlich
„lästig", zwingen sie doch im Einzelfall zu möglicherweise umfangreichen weiteren
Beweiserhebungen. Dadurch mag – zumindest unterbewusst – beim Gericht eine
Tendenz entstehen, die gestellte Bedingung im Zweifelsfall eintreten zu lassen. Dies
wissen natürlich auch gewiefte Verteidiger, weshalb der Hilfsbeweisantrag auch als
„Geheimwaffe"[84] bezeichnet wird.

Der BGH hat die Zulässigkeit von Hilfsbeweisanträgen allerdings erheblichen 444
Einschränkungen unterworfen[85]. Er hat solche Begehren für unzulässig erklärt,
„die sich nach der zu beweisenden Behauptung gegen den Schuldspruch richten,
aber nur für den Fall einer bestimmten Rechtsfolgenentscheidung als gestellt gelten sollen."

> **Beispiel:** A. ist wegen Bestechlichkeit (§ 332 StGB) angeklagt. Im Schlussplädoyer stellt
> sein Verteidiger den Antrag, den Zeugen Z. dazu zu vernehmen, dass der Angeklagte, falls
> er Vorteile irgendwelcher Art von dem Zeugen entgegengenommen haben sollte, diese
> jedenfalls nicht als Gegenleistung für Diensthandlungen empfangen hat (Sinn: Damit

---

80 In den anderen Fällen spricht man vom „prozessual bedingten" bzw. vom „Eventualbeweisantrag".
   Diese Klassifizierung ist allerdings streitig, vgl. *Meyer-Goßner*, § 244 Rn. 22 bis 22b.
81 Vgl. BGH NStZ 1998, 98.
82 Vgl. BGH NStZ-RR 2006, 382; NStZ 2006, 406 f.; 1998, 98.
83 Gleiches gilt, wenn der Hilfsbeweisantrag nur mit dem Argument der Verschleppungsabsicht abgelehnt werden könnte, vgl. BGH NStZ 1998, 207.
84 *Schlothauer* a.a.O., S. 542.
85 Vgl. grundlegend BGH NStZ 1995, 144 f. sowie NStZ 1998, 209.

würde der Vorwurf der Bestechlichkeit mangels der erforderlichen „Unrechtsvereinbarung"[86] entfallen).

Die Beweiserhebung soll nach dem Willen der Verteidigung nur erfolgen, falls das Gericht eine Freiheitsstrafe verhängen will, die entweder
- nicht zur Bewährung ausgesetzt wird oder
- zwar zur Bewährung ausgesetzt, dem Angeklagten aber als Bewährungsauflage (§ 56b Abs. 2 Nr. 2 StGB) eine Geldbuße auferlegt wird.

Im Klartext ist hier der Angeklagte bereit, weitere Aufklärung hinsichtlich der Schuldfrage zurückzustellen, wenn er „nur" zu einer Bewährungsstrafe ohne Auflagen verurteilt wird. Eine solche Verknüpfung zwischen Bedingung und Aufklärungsbegehren verstößt schon gegen die sachlogische Prüfungsreihenfolge. Denn das Gericht wäre gezwungen, sich zunächst mit dem Bewährungsbeschluss und dessen Inhalt (Rechtsfolgen) auseinander zu setzen, bevor es eventuell weitere Aufklärung hinsichtlich der Schuldfrage vornehmen müsste. Ein solches Verhalten des Angeklagten bzw. des Verteidigers ist auch in sich widersprüchlich, da dem Gericht – bei Bedingungseintritt – eine Beweiserhebung zu einem Gesichtspunkt (Schuldfrage) zugemutet wird, gegen den man sich erkennbar gar nicht wendet. Diesem Vorgehen haftet der „Mangel der Ernstlichkeit" an, es läuft im Ergebnis auf das Angebot einer unzulässigen Absprache über den Ausgang des Verfahrens hinaus[87].

Das Gericht kann daher in einem solchen Fall – also auch in unserem Beispiel – den Antrag als unzulässig ablehnen.

**445**  Zusammenfassend ist daher festzustellen:

Hilfsbeweisanträge sind grundsätzlich zulässig. Sie sind **nur dann unzulässig**, wenn
- sich die (bedingt) begehrte Sachaufklärung auf die Schuldfrage bezieht (also die Frage nach der Täterschaft des Angeklagten, seine Schuldfähigkeit etc.) **und**
- die gestellte Bedingung allein den Eintritt bestimmter Rechtsfolgen betrifft, wobei die Verhängung einer Bewährungsstrafe als solche (§ 56 StGB), die Bestimmung von Bewährungsauflagen (§ 56b Abs. 2 StGB) und die Erteilung von Weisungen (§ 56c Abs. 2 StGB) in Betracht kommen.

Zulässig bleiben demgegenüber Hilfsbeweisanträge, die von der Frage einer Verurteilung (statt Freispruch) oder von der Wahl eines bestimmten Strafmaßes bzw. Strafrahmens (z.B. Annahme eines „minder schweren Falles"[88]) abhängig gemacht werden, sofern die unter Beweis gestellte Behauptung nicht allein auf die Frage der Täterschaft abzielt (z.B. durch hilfsweise Benennung eines Alibizeugen).

## 2. Protokollpflichtigkeit des Beweisantrages

**446**  Das Gericht muss nach § 273 Abs. 1 StPO für die **Protokollierung** eines Beweisantrages – auch eines Hilfsantrages – Sorge tragen. Allerdings ist die vom Antragsteller

---

86 So BGH NStZ 1995, 143 f.; vgl. auch BGH NStZ 2005, 45.
87 Vgl. hierzu *Fischer*, § 332 Rn. 8, § 331 Rn. 21 ff.
88 Z.B. § 250 Abs. 3 StGB.

mündlich abgegebene Begründung nicht protokollpflichtig. Wird der Beweisantrag schriftlich abgefasst und nach Verlesung überreicht, so kann das Sitzungsprotokoll auf das Schriftstück Bezug nehmen.

### 3. Ablehnungsmöglichkeiten

Liegt ein zulässiger Beweisantrag vor, so bestehen zwei Möglichkeiten, nämlich: **447**

| | |
|---|---|
| Das Gericht geht dem Antrag nach und erhebt den Beweis. Dabei darf es das angebotene Beweismittel gegen ein anderes austauschen, wenn dieses im Einzelfall eine gleich sichere oder bessere Erkenntisquelle darstellt[89]. | Der Antrag wird abgelehnt. |

Will das Gericht dem Beweisantrag nicht nachgehen, so ist er auf jeden Fall durch – in der Regel mit Gründen zu versehenden – **Gerichtsbeschluss** (vgl. § 244 Abs. 6 StPO) zu bescheiden. Denn nur diese Gründe ermöglichen dem Antragsteller die Prüfung, ob und welche weiteren Anträge er stellen kann. Zur Gewährung rechtlichen Gehörs sollte dem Antragsteller jedenfalls bei umfangreichen Beschlüssen eine Abschrift ausgehändigt werden[90].

Auch das Revisionsgericht muss die konkreten Ablehnungsgründe kennen, um die Rechtmäßigkeit des Vorgehens beurteilen zu können. Daraus folgt zwingend, dass der Beschluss sich mit dem – ggf. durch Auslegung zu ermittelnden – tatsächlichen Inhalt und Sinn des Beweisantrages unter **jedem** in Betracht kommenden rechtlichen Gesichtspunkt auseinandersetzen muss. Das ist auch deshalb wichtig, weil es – jedenfalls im Regelfall[91] – in der Revision nicht darauf ankommt, ob ein Beweisantrag überhaupt hätte abgelehnt werden können, sondern ob er mit der zutreffenden Begründung abgelehnt wurde. Kommen mehrere sich nicht gegenseitig ausschließende[92] Ablehnungsgründe in Betracht, so sollten diese auch umfassend dargestellt werden.

Auf die Beachtung des § 244 Abs. 6 StPO kann durch die Verfahrensbeteiligten zwar nicht wirksam verzichtet werden. Allerdings kann derjenige, der den Beweisantrag gestellt hat – auch schlüssig – erklären, dass er ihn nicht mehr aufrecht erhält. In diesem Fall bedarf es auch keiner gerichtlichen Entscheidung mehr[93].

---

89 Vgl. BGH NStZ 2008, 529 für die Verlesung eines polizeilichen Vermerks über Datum und Uhrzeit einer Anzeigenerstattung statt der begehrten Vernehmung des aufnehmenden Polizeibeamten.
90 BGH NStZ 2008, 110.
91 Vgl. BGH NStZ 2000, 437 f.; NJW 1997, 2764; zu Ausnahmen vgl. BGH NStZ 2000, 46; NStZ 1997, 286.
92 Widersprüchlich wäre etwa die Wahrunterstellung einer ins Blaue hinein aufgestellten oder als bedeutungslos qualifizierten Behauptung, vgl. BGH NStZ 2004, 51.
93 Vgl. BGH NStZ 2005, 463 f.

Inhaltlich kann ein Beweisantrag nur unter den in §§ 244 Abs. 3 bis 5, 245 Abs. 2 S. 2 und 3 StPO genannten Voraussetzungen abgelehnt werden. Deren Vorliegen kann zur Entscheidungsfindung über einen Beweisantrag im Wege des **Freibeweises** geprüft werden[94]. Ausnahmen von den strengen Beweisregeln gelten allerdings im beschleunigten Verfahren und im Strafbefehlsverfahren nach Einspruch, sofern diese vor dem Strafrichter stattfinden (vgl. §§ 420 Abs. 4, 411 Abs. 2 S. 2 StPO)[95], sowie im Privatklageverfahren (vgl. § 384 Abs. 3 StPO).

Im „Normalverfahren" bestehen jedoch nur die folgenden Ablehnungsmöglichkeiten:

### a) Ablehnung einer Zeugenvernehmung

**448**  Die Ablehnungsmöglichkeiten betreffend eine beantragte Zeugenvernehmung sind in § **244 Abs. 3 StPO** und § 244 Abs. 5 S. 2 StPO **abschließend** geregelt. § 245 Abs. 2 StPO enthält inhaltlich keine abweichenden Regelungen, der dortige Katalog der Ablehnungsgründe ist nur enger gefasst als der des § 244 Abs. 3 StPO. Danach kommen in Betracht:

**Unzulässigkeit der Beweiserhebung** (Satz 1): Wie bereits oben erwähnt[96], fallen hierunter insbesondere Anträge von nichtberechtigten Antragstellern oder solche, die auf ein nicht zugelassenes Beweismittel abzielen (z.B. Mitangeklagter als Zeuge).

**449**  **Offenkundigkeit** der Beweistatsache oder ihres Gegenteils (Satz 2, Alt. 1), wobei zu differenzieren ist zwischen:

– Allgemeinkundigkeit, also solchen Tatsachen und Erfahrungssätzen, die der „erfahrene" Mensch üblicherweise kennt (z.B., dass Heiligabend auf den 24. Dezember fällt oder dass bei überfrierender Nässe die Straßen glatt werden) und
– Gerichtskundigkeit, d.h. solchen Tatsachen und Erfahrungssätzen, die der Richter im Zusammenhang mit seiner amtlichen Tätigkeit zuverlässig in Erfahrung gebracht hat (z.B. Erkenntnisse aus anderen Verfahren), **nicht jedoch** Aussageinhalte der in einer früheren Hauptverhandlung vernommenen Prozessbeteiligten[97].

Allgemeinkundige oder gerichtskundige Tatsachen bedürfen keines Beweises. Das Gericht muss jedoch deutlich machen, dass – und ggf. warum – es eine Tatsache für offenkundig erachtet[98]. Einen entsprechenden Hinweis sollte es protokollieren.

**450**  **Bedeutungslosigkeit** der Beweistatsache (Satz 2, Alt. 2). Auch hier wird unterschieden, nämlich zwischen der Bedeutungslosigkeit
– aus Rechtsgründen, z.B. wenn eine Verurteilung schon mangels Strafantrages nicht möglich ist, sowie
– aus tatsächlichen Gründen. Diese ist dann gegeben, wenn zwischen der Beweistatsache und der abzuurteilenden Tat kein Zusammenhang besteht oder (etwa bei

---

94  BGH NStZ 1998, 366.
95  Siehe hierzu unten Rn. 689 ff., 701.
96  Vgl. oben Rn. 411.
97  BGH NStZ-RR 2007, 116 ff.; NJW 2002, 2403.
98  Vgl. BGH NStZ 1998, 98 f.

Indiztatsachen) trotz eines solchen Zusammenhanges eine Beeinflussung der Entscheidung ausgeschlossen erscheint, weil das Gericht aus der Beweistatsache auch dann keine relevanten Schlüsse ziehen würde, wenn sie erwiesen wäre[99].

Die letztgenannte Begründung der Ablehnung ist jedoch eine Gratwanderung, da das Gericht zwar einerseits das bisherige Beweisergebnis verwerten darf, aber andererseits eine vorweggenommene Beweiswürdigung nicht statthaft ist[100]. So ist beispielsweise – eigentlich selbstverständlich – die Antizipation der „Glaubwürdigkeit" eines Zeugen unzulässig[101].

Allerdings ist das Gericht verpflichtet, bei seiner Entscheidung über den Umfang der Beweisaufnahme auch **Opferschutzinteressen** in seine Erwägungen einzubeziehen[102]. Erörterungen und Beweiserhebungen zum Privat- und insbesondere auch Intimleben eines Zeugen, sind nur nach sorgfältiger Prüfung ihrer **Unerlässlichkeit** statthaft[103]. Dies ist etwa für die Frage wichtig, inwieweit Behauptungen zu Lebensumständen oder – nicht unmittelbar tatbezogenen – Verhaltensweisen eines Zeugen (insbesondere des mutmaßlichen Tatopfers) nachzugehen ist. Der sog. „Leumund" ist nämlich mangels einer allgemeinen, personalen Glaubwürdigkeit für das Strafverfahren nicht von Belang[104]. Entscheidend ist also allein, ob sich bei einer methodischen Bewertung des Aussageverhaltens die Verlässlichkeit der Angaben zu der Tat erweisen lässt[105]. Nicht tatbezogene Beweisbehauptungen sind folglich i.d.R. für die Entscheidung bedeutungslos und entsprechende Anträge abzulehnen. Das ergibt sich auch aus § 68 Abs. 4 StPO, wonach einem Zeugen neben den unmittelbar tatbezogenen nur die Fragen zu stellen sind, die sich auf die „Glaubwürdigkeit in vorliegender Sache" beziehen (etwa persönliche Beziehungen zu den Beteiligten).

Will das Gericht einen Beweisantrag wegen Bedeutungslosigkeit zurückweisen, so ist in dem ablehnenden Beschluss darzustellen, ob dies aus tatsächlichen oder aus rechtlichen Gründen geschieht. Die Wertung des Gerichts ist in jedem Fall näher zu begründen. Bei komplexen Sachverhalten und insbesondere der Einordnung von indiziellen Umständen kann die Darlegungslast derjenigen des Urteils entsprechen[106].

**Erwiesensein** der Beweistatsache (Satz 2, Alt. 3): Ist eine Beweistatsache bereits **451** erwiesen, so bedarf es keiner weiteren Beweiserhebung hierzu. Dabei ist es gleichgültig, ob die erwiesene Tatsache zugunsten oder zuungunsten des Angeklagten wirkt. Es ist aber darauf zu achten, dass genau die unter Beweis gestellte Tatsache (und nicht etwa deren Gegenteil) als bereits erwiesen behandelt wird. In den Urteilsfeststellungen darf sich später auch kein entsprechender Widerspruch finden.

---

99 BGH NJW 2004, 3056; NStZ 2003, 380 f.; NStZ 2000, 436.
100 BGH NStZ 1984, 42; vgl. auch *Meyer-Goßner*, § 244 Rn. 46 m.w.N.; zur Ausnahme bei im Ausland befindlichen Zeugen siehe BGH NJW 1994, 1484 sowie oben Rn. 419.
101 BGH NStZ 2000, 436; NJW 1997, 2763.
102 BGH NStZ 2007, 21 f.
103 BGH NJW 2005, 1519 ff.
104 Vgl. etwa BGH 1 StR 231/08 (zur Aufhebung eines Freispruchs vom Vorwurf der Vergewaltigung, der maßgeblich mit mangelnder Glaubwürdigkeit des Tatopfers wegen dessen „Persönlichkeit" und seines Lebenswandels begründet wurde) sowie BGHSt 45, 164, 167 f.
105 Siehe hierzu unten Rn. 471 ff.
106 Vgl. BGH NStZ 2008, 299; 2007, 450; NJW 2005, 1132 f.

**452**  **Völlige Ungeeignetheit** des Beweismittels (Satz 2, Alt. 4): Insoweit kann zunächst auf obige Ausführungen verwiesen werden[107]. „Völlig ungeeignet" ist ein Beweismittel, welches von vornherein gänzlich nutzlos wäre, so dass sich die Beweiserhebung in einer reinen Förmelei erschöpfen würde. Dies muss sich aus dem Beweismittel selbst im Zusammenhang mit der Beweisbehauptung ergeben, und zwar ohne Rückgriff auf das sonstige Ergebnis der Beweisaufnahme[108]. Das Gericht hat also – ggf. im Wege des Freibeweises[109] – festzustellen und in dem ablehnenden Gerichtsbeschluss nachvollziehbar darzulegen, dass sich mit dem angebotenen Beweismittel die unter Beweis gestellte Tatsache nach der sicheren Lebenserfahrung nicht belegen ließe. Es liegt auf der Hand, dass diese Ablehnungsmöglichkeit auf Ausnahmefälle begrenzt ist.

**Unerreichbarkeit** des Beweismittels (Satz 2, Alt. 5): Auch insoweit kann auf die Darstellung der Aufklärungspflicht Bezug genommen werden[110].

**453**  **Verschleppungsabsicht** (Satz 2, Alt. 6): Hierunter fallen Beweisanträge, die nicht von sachdienlichen Erwägungen getragen werden. Erfasst werden also „Scheinbeweisanträge", die nicht einer Förderung des Verfahrens (insbesondere der Wahrheitsfindung), sondern anderen „verfahrensfremden" Zwecken dienen sollen, so z.B. der Bloßstellung von Zeugen, der Propaganda oder insbesondere einer Verfahrensverzögerung.

§ 244 Abs. 3 S. 2 StPO erlaubt die Ablehnung solcher sachfremder Anträge, wenn kumulativ folgende Voraussetzungen vorliegen[111]:

– die begehrte Beweiserhebung ist geeignet, den Abschluss des Verfahrens wesentlich[112] hinauszuzögern;
– sie kann nach der Überzeugung des Gerichts keine sachdienlichen Erkenntnisse erbringen;
– der Antragsteller ist sich dessen bewusst
– und verfolgt mit dem Antrag ausschließlich die Verzögerung des Verfahrensabschlusses.

**454**  Eine Ablehnung aus diesen Gründen ist bereits im Hinblick auf den Nachweis einer unlauteren **Absicht** des Antragstellers – in Abgrenzung zum Vorwurf fahrlässigen Verhaltens – oftmals ausgesprochen schwierig. Zudem müssen die genannten Voraussetzungen, vor allem also die (negative) Vorwegwürdigung des beantragten Beweises und die subjektiven Voraussetzungen in dem ablehnenden Beschluss revisionssicher dargelegt werden. Aus diesem Grund wird auch kaum ein Beweisantrag mit der Begründung einer Verschleppungsabsicht abgelehnt.

---

107 Siehe hierzu oben Rn. 413 ff.
108 Vgl. BGH 3 StR 274/08; NStZ 2007, 476 f.; 2004, 508.
109 BGH NStZ 2007, 476 f.;.
110 Oben Rn. 418 ff.
111 Vgl. BGH NJW 2001, 1956.
112 Ob an der – jedenfalls im Falle einer notwendigen Aussetzung der Hauptverhandlung überschrittenen und im Gegensatz zum Beschleunigungsgebot stehenden – Wesentlichkeitsgrenze festzuhalten ist, muss zwischen den Senaten des BGH noch geklärt werden. Der 1. Strafsenat tendiert zu einer Aufhebung dieser Voraussetzung, vgl. mit überzeugenden Gründen BGH NJW 2007, 2501 ff. In diese Richtung geht auch der 3. Senat, siehe 3 StR 354/07.

In Betracht zu ziehen ist diese Alternative des § 244 Abs. 3 StPO aber etwa dann, wenn ein Prozessbeteiligter es unterlassen hat, einem Zeugen vorhandene Erkenntnisse über die Unrichtigkeit der Aussage vorzuhalten und erst nach der Entlassung des Zeugen einen Beweisantrag stellt, der auf die Unrichtigkeit der Zeugenaussage abzielt und eine erneute Vernehmung desselben Zeugen erforderlich machen würde[113].

Verschleppungsabsicht liegt auch nahe, wenn Mitglieder des erkennenden Gerichts als Zeugen benannt werden[114] Sie ist anzunehmen, wenn der Beweisantrag ausschließlich dazu dienen soll, das Gericht zu einer bestimmten Strafe zu drängen[115].

Bestehen Zweifel an dem mit dem Beweisantrag verfolgten Zweck, so kann im Einzelfall die Befragung zu Inhalt und Ziel geboten sein. Das Ausbleiben einer nachvollziehbaren Antwort kann dann unter Umständen als Indiz für eine Verschleppungsabsicht gewertet werden[116]. Ohnehin kann der Vorsitzende im Anschluss die gerichtlich angeordnete Beweisaufnahme die Verfahrensbeteiligten dazu auffordern, eventuell beabsichtigte Beweisanträge nunmehr innerhalb einer von ihm bestimmten **Frist** zu stellen. Werden Anträge erst danach gestellt, so hat der Antragsteller die Verzögerung substantiiert zu begründen und deren Unvermeidlichkeit darzutun. Geschieht dies nicht in nachvollziehbarer Art und Weise, so indiziert dies i.d.R. die Verschleppungsabsicht und rechtfertigt (vorbehaltlich der Aufklärungspflicht) eine Ablehnung des Antrags[117].

**455**

**Hilfsbeweisanträge** dürfen nicht wegen Verschleppungsabsicht abgelehnt werden, weil bei dieser Begründung dem Antragsteller stets die Möglichkeit gegeben werden muss, den Vorwurf zu entkräften[118].

**Wahrunterstellung** (Satz 2, Alt. 7): Ein Beweisantrag kann auch dann abgelehnt werden, wenn ein für die Entscheidungsfindung **bedeutsamer**[119] Umstand, der **zur Entlastung des Angeklagten** bewiesen werden soll, so behandelt werden kann, als sei die unter Beweis gestellte Tatsache wahr. Hierbei ist die Beweisbehauptung – etwa dass ein Zeuge eine bestimmte Beobachtung gemacht habe – in ihrer aus dem Sinn und Zweck des Beweisantrages sich ergebenden Bedeutung, ohne Einengung, Umdeutung oder sonstige inhaltliche Änderung als wahr zu unterstellen[120].

**456**

Dieser Ablehnungsgrund spielt in der Praxis eine herausragende Rolle. Denn das Gericht braucht aus der als wahr unterstellten und natürlich im Urteil auch so zu

---

113 Vgl. BGH NJW 1997, 2764.
114 Vgl. hierzu BGH NStZ 2003, 558.
115 BGH NStZ 2005, 45.
116 BGH StV 1989, 234 f.; vgl. auch BGH NJW 2002, 2402.
117 Vgl. BGH NJW 2007, 2504.
118 BGH NStZ 1998, 207.
119 BGH NStZ 2004, 51; NStZ-RR 2003, 268 f.; BGH 2 StR 431/05. Es wäre also widersprüchlich, die Ablehnung eines Beweisantrages zugleich auf Bedeutungslosigkeit und Wahrunterstellung zu stützen und ebenfalls fehlerhaft, von der Annahme der Bedeutungslosigkeit auf die Wahrunterstellung auszuweichen.
120 BGH NStZ 2008, 300; 2003, 101 f. Allerdings darf das Gericht nicht den – zuweilen zu beobachtenden – Fehler begehen, z.B. als wahr zu unterstellen, der gewünschte Zeuge werde dieses und jenes aussagen. Als wahr muss vielmehr die **Beweistatsache** selbst unterstellt und in der Beweiswürdigung des Urteils entsprechend berücksichtigt werden.

behandelnden Tatsache nicht den von dem Antragsteller gewünschten Schluss zu ziehen. Wie jede andere Tatsache, unterliegt auch die als wahr unterstellte der freien Beweiswürdigung durch das Gericht[121]. Zu bedenken ist allerdings, dass in der Wahrunterstellung zugleich die verbindliche **Zusicherung** des Gerichts liegt, dass
– keine im Widerspruch zu der Beweistatsache stehenden Tatsachen festgestellt und
– aus der als wahr unterstellten Tatsache keine dem Angeklagten negativen Schlussfolgerungen gezogen werden.

Selbstverständlich können auch Verstöße gegen das sich hieraus ergebende Fairnessgebot mit der Revision gerügt werden[122].

**457**  Liegen die Voraussetzungen für eine Wahrunterstellung vor, so bedarf eine Zurückweisung mit dieser Begründung – mangels Beschwer für den Angeklagten – keiner Begründung. Diese Erleichterung für das Tatgericht darf indes nicht zu einem leichtfertigen Umgang mit der Wahrunterstellung führen. Sie erlaubt es dem Gericht nämlich nicht, Behauptungen des Angeklagten seiner Entscheidung zugrunde zu legen, wenn die begründete Aussicht besteht, sie durch eine Beweisaufnahme zu widerlegen[123]. Die Möglichkeit der Wahrunterstellung entbindet also keineswegs von der umfassenden und stets vorrangigen **Aufklärungspflicht**[124].

### b) Ablehnung des Sachverständigenbeweises, § 244 Abs. 3 und 4 StPO

**458**  Wie bei den Zeugen, sind zunächst die Voraussetzungen des § 244 Abs. 3 StPO zu prüfen, da diese Vorschrift auch für den Sachverständigen gilt[125]. Es ist also insbesondere zunächst zu fragen, ob der Sachverständigenbeweis zur Beurteilung der Beweisfrage überhaupt **geeignet** ist. Hieran fehlt es, wenn keine Anknüpfungstatsachen vorhanden sind, auf die der Sachverständige sein Gutachten stützen könnte, für das zu beurteilende Beweisthema keine ausgereiften Untersuchungsmethoden vorhanden sind oder wenn nicht wiederholbarer Vorgänge zur Diskussion stehen[126]. Für eine Ablehnung nicht ausreichend ist es allerdings, wenn die beantragte Gutachtenerstattung die unter Beweis gestellte (und erhebliche) Behauptung als mehr oder weniger wahrscheinlich erscheinen lassen und damit Einfluss auf die Überzeugungsbildung des Gerichts gewinnen könnte[127].

**459**  In diesem Zusammenhang ist auch die polygraphische Untersuchung mittels eines „Lügendetektors" zu nennen. Der BGH hat die Verwendung des Lügendetektors zunächst – unabhängig von dem Einverständnis des Beschuldigten oder Angeklagten – als unzulässig eingestuft, weil er darin eine Verletzung der Menschenwürde und

---

121  BGH NJW 2000, 446 f.; NJW 1994, 1015 (1016).
122  BGH NJW 2007, 2566.
123  BGH Beschluss vom 27.07.2004, 3 StR 71/04.
124  BGH NStZ 2007, 282 f.
125  Dies ergibt sich bereits aus der Gesetzesformulierung in § 244 Abs. 4 S. 1 StPO „Ein Beweisantrag auf Vernehmung eines Sachverständigen kann **auch** abgelehnt werden, wenn …".
126  Siehe oben Rn. 416.
127  BGH 3 StR 274/08; NStZ 2007, 476 f.

einen Verstoß gegen § 136a StPO sah[128]. Inzwischen ist er von dieser Einschätzung jedenfalls für den Fall abgerückt, dass der Test auf einer freiwilligen Mitarbeit des Probanden beruht. Allerdings hat der BGH sich mit der Methodik des Untersuchungsverfahrens auseinandergesetzt und ist zu dem Schluss gelangt, dass die Anwendung des Lügendetektors als ein **völlig ungeeignetes Beweismittel** i.S.d. § 244 Abs. 3 S. 2 Alt. 4 StPO anzusehen sei. Das Testverfahren sei konzeptionell nicht abgesichert und in der Funktionsweise nicht belegt. Eine objektive Überprüfung des Untersuchungsablaufs sei dem Gericht nicht möglich, so dass es die ihm nach der StPO zugewiesene Aufgabe einer eigenverantwortlichen Entscheidung auch nicht erfüllen könne[129]. Folgerichtig ist auch ein vom Angeklagten selbst eingeholtes Glaubwürdigkeitsgutachten auf der Basis des Polygraphentests nicht zu berücksichtigen[130]. Diese – verfassungsrechtlich nicht zu beanstandende[131] – Behandlung des Beweisantrages auf Einholung eines auf dem Polygraphentest beruhenden Gutachtens ist in jeder Hinsicht zu begrüßen, da sie die zum Kernbestand der richterlichen Tätigkeit gehörende Beurteilung der Glaubwürdigkeit und die Bewertung der Beweismittel in der Hand des Gerichts belässt. Möglicherweise steht jedoch eine ähnliche Diskussion im Zusammenhang mit neuen, computergestützten Methoden der angeblichen „Lügenerkennung" bevor[132].

Neben § 244 Abs. 3 StPO sind in § 244 Abs. 4 StPO weitere, speziell auf den Sach- **460** verständigen zugeschnittene Möglichkeiten genannt, die eine Ablehnung der Beweiserhebung rechtfertigen. Insoweit sind folgende Fälle zu nennen:

**Eigene Sachkunde** des Gerichts, 244 Abs. 4 S. 1 StPO: Verfügt das Gericht über das notwendige Wissen, das zur Beurteilung anstehende Problem zu lösen, so bedarf es nicht eines Sachverständigen. Insoweit ist unbeachtlich, ob der Richter das entsprechende Spezialwissen beruflich oder außerberuflich erworben hat. Es ist sogar anerkannt, dass er sich das erforderliche Wissen während des laufenden Prozesses – etwa im Rahmen einer Gutachtenerstattung – aneignen kann[133]. Bei Kollegialgerichten ist es darüber hinaus nicht erforderlich, dass jedes Mitglied des Spruchkörpers über die entsprechende Sachkunde verfügt. Ausreichend ist vielmehr, dass einer der mitwirkenden Richter sein Wissen den anderen vermittelt.

In der Tatsacheninstanz entscheidet der Richter unabhängig vom Verfahrensgegenstand im Einzelfall selbst, ob er über die nötige eigene Sachkunde verfügt oder sachverständiger Beratung bedarf. Dies gilt auch hinsichtlich der Frage, ob Anhaltspunkte und Anknüpfungstatsachen für §§ 20, 21 StGB vorliegen und insoweit ein Sachverständiger beizuziehen ist[134]. Diese Einschätzung kann zwar vom Revisionsgericht anhand der Urteilsgründe überprüft werden; eine Beweisaufnahme über die

---

128   BGH NJW 1954, 649 f.
129   BGH NJW 1999, 657 ff.; siehe zum Problem auch *Rill/Vossel* NStZ 1998, 481 ff.
130   BGH NJW 1999, 662 f.
131   BVerfG NStZ 1998, 523 f.
132   Siehe zur „Mikroexpression der Furcht" im Gesichtsausdruck von Zeugen *Geipel/Pavlicek*, DRiZ 2007, 235 f.
133   BGH NStZ 2006, 511; 2000, 157; NStZ 1983, 325.
134   Vgl. BGH NJW 2008, 1329 f.; BGH 5 StR 44/08; NStZ 2005, 149 f.

Sachkunde des Gerichts findet jedoch nicht statt[135]. Selbst bei Kapitaldelikten bedarf es jenseits des § 246a StPO folglich nicht zwingend der Zuziehung eines psychiatrischen oder psychologischen Sachverständigen. Dies ändert freilich nichts daran, dass insbesondere in Schwurgerichtssachen oder bei Brandstiftungsdelikten oftmals besondere Tatbilder und Täterpersönlichkeiten zu beurteilen sind, die schon **frühzeitig** Anlass geben, einen psychiatrischen Sachverständigen heranzuziehen – schon aus Gründen der Aufklärungspflicht. Hierdurch wird auch vermieden, dass das Tatgericht erst in der Hauptverhandlung – mehr oder weniger vorhersehbar – mit Aspekten konfrontiert wird, die dann doch die Einschaltung eines Sachverständigen gebieten.

**461** Insbesondere hinsichtlich der Einschätzung der „**Glaubwürdigkeit**" von Zeugen (genauer gesagt: der Glaubhaftigkeit ihrer Aussage) hat das Gericht – dies gehört ja schließlich zum Gerichtsalltag – in der Regel die notwendige Sachkunde, so dass es eines entsprechenden Sachverständigengutachtens nicht bedarf[136].

Etwas anderes muss naturgemäß dann gelten, wenn besondere Umstände in der Person des Zeugen hinzutreten. Hierbei kann es sich z.B. um psychische Erkrankungen, wie etwa Psychosen, handeln. Auch bei kindlichen oder jugendlichen Zeugen kann die Einschaltung eines Sachverständigen angezeigt sein, etwa um die Aussagetüchtigkeit zu überprüfen. Allerdings benötigt das Gericht auch hier in der Regel einen Sachverständigen nicht [137].

Muss sich das Gericht hinsichtlich der Glaubhaftigkeit einer Aussage sachverständig beraten lassen, so wird im Regelfall die Hinzuziehung eines insoweit geschulten und forensisch erfahrenen Psychologen genügen. Der – ggf. ergänzenden – Einschaltung eines Psychiaters bedarf es nur dann, wenn die Zeugentüchtigkeit etwa infolge psychischer Erkrankungen eingeschränkt sein könnte, also auch besondere medizinische Fachkenntnisse erforderlich sind[138].

Selbstverständlich entbindet auch ein Sachverständigengutachten das Gericht nicht von einer eigenen und umfassenden Beweiswürdigung. Diese bleibt Sache des Tatrichters. Das Ergebnis eines Gutachtens kann den Richter hierbei nur unterstützen.

**462** **Weiterer Sachverständiger**: Nach § 244 Abs. 4 S. 2 StPO kann die Beauftragung und Einvernahme eines **weiteren** Sachverständigen abgelehnt werden, wenn das **Gegenteil** der unter Beweis gestellten Tatsache durch das frühere Gutachten – auch ein solches i.S.d. § 256 Abs. 1 Nr. 2 StPO[139] – bereits erwiesen ist. Dies gilt allerdings dann nicht, wenn
– die Sachkunde des früheren Gutachters zweifelhaft ist;
– sein Gutachten von unzutreffenden tatsächlichen Voraussetzungen ausgeht;
– das frühere Gutachten Widersprüche enthält oder

---

135 BGH NStZ 2000, 157.
136 BGH NStZ 1987, 182; siehe hierzu auch Rn. 471 ff.
137 BGH NStZ 2005, 394 m.w.N.
138 Vgl. hierzu BGH NJW 2005, 1521; NStZ 2002, 490.
139 BGH 2 StR 195/08.

– der neue Sachverständige über bessere Forschungsmittel als der Erstgutachter verfügt. „Forschungsmittel" sind in diesem Zusammenhang wissenschaftliche Untersuchungen, die auch den Erstgutachter zu einem zuverlässigeren und überzeugenderen Ergebnis hätten gelangen lassen[140].

Allerdings ist zu beachten, dass sich bereits aus der **Aufklärungspflicht** die Einvernahme eines weiteren Sachverständigen aufdrängen kann, selbst wenn ein entsprechender Antrag nach § 244 Abs. 4 S. 2 StPO abgelehnt werden könnte[141].

## IV. Der Beweisermittlungsantrag

Hierunter versteht man die bloße **Anregung** einer Beweiserhebung, die von jedem Verfahrensbeteiligten jederzeit erfolgen kann und die auch in einem „Beweisantrag" zu sehen ist, welcher die oben angeführten inhaltlichen Kriterien nicht erfüllt. Eine solche Anregung muss zwar in das Protokoll aufgenommen werden, kann – und muss – jedoch ohne Beschluss des erkennenden Gerichts allein durch den Vorsitzenden abgelehnt werden[142].

Gegen dessen Entscheidung, die eine sitzungsleitende Maßnahme darstellt, kann nach § 238 Abs. 2 StPO das Gericht – also der ganze Spruchkörper – angerufen werden[143], der dann durch Beschluss zu befinden hat. Ob das Gericht einer entsprechenden Anregung nachgehen muss, bestimmt sich allein nach § 244 Abs. 2 StPO.

## C. Der Unmittelbarkeitsgrundsatz

Nach § 261 StPO müssen die für die Entscheidung maßgeblichen Feststellungen vom Tatrichter selbst aus dem Inbegriff der Hauptverhandlung geschöpft werden. Mit dieser Verpflichtung des Gerichts, sich die notwendige Überzeugung von dem Tatgeschehen selbst zu verschaffen, korrespondiert der aus § 250 StPO abgeleitete „Unmittelbarkeitsgrundsatz".

Dieser beinhaltet **zweierlei Gesichtspunkte**, nämlich:

| **Beweise müssen durch das erkennende Gericht erhoben werden.** | **Es sind die „tatnächsten" Beweismittel** auszunutzen, was auch in dieser Abstraktheit aus **§ 250 StPO** (im Übrigen aus dem Untersuchungsgrundsatz des § 244 Abs. 2 StPO) geschlossen werden kann. |
| --- | --- |
| Dies ergibt sich indirekt aus § 261 StPO, wonach das Gericht aus dem „Inbegriff der Verhandlung" seine Überzeugung hinsichtlich des Tatgeschehens schöpfen muss. | |

**463**

**464**

---

140 Siehe hierzu ausführlich: BGH NJW 1998, 2458 ff. (2460).
141 BGH NJW 1998, 2458 ff. (2461).
142 BGH NStZ 2008, 109 f.
143 Dies ist auch im Hinblick auf eine mit Verletzung der Aufklärungspflicht begründete Revision erforderlich.

Folglich sind also vom Tatrichter in der Regel die **„originären"** Beweismittel zu benutzen, was konkret heißt:

**465**  **Vorrang des Personalbeweises vor dem Urkundsbeweis:** Der Vernehmung einer Auskunftsperson über deren Wahrnehmungen gebührt gegenüber der Verlesung von Urkunden – etwa Protokollen früherer Vernehmungen – Vorrang, soweit es um den Beweis entscheidungserheblicher Tatsachen geht. So ist es beispielsweise nicht statthaft, die zur Beurteilung der Schuldfrage bedeutsamen Angaben eines Zeugen in Form einer eidesstattlichen Versicherung – statt einer Zeugenvernehmung – zu verwerten. Ausnahmen von diesem Grundsatz werden später noch erörtert werden[144].

**Vorrang des Personalbeweises vor dem Augenscheinsbeweis:** Auch Skizzen oder Zeichnungen, die ein Zeuge gefertigt hat, dürfen grundsätzlich nicht zur Ersetzung einer entsprechenden Zeugenaussage herangezogen werden. Dieses Verbot bezieht sich jedoch nicht auf Fotografien vom Tatort, da es sich hierbei nicht um eine subjektive Wiedergabe des Zeugen handelt. Sie können daher unabhängig von der Zeugenaussage in Augenschein genommen werden[145].

Ein weitergehender Grundsatz, dass etwa **immer** das sachnächste Beweismittel auszunutzen wäre, existiert jedoch nach der h.M. nicht[146].

**466**  Hieraus ergeben sich für die Praxis wichtige **Ausnahmen**, bei denen ein Verstoß gegen § 250 StPO trotz der Verwertung eines „tatfernen" Beweismittels nicht gegeben ist:

Der sog. **Zeuge vom Hörensagen** – das ist eine Person, die ihre Wahrnehmungen zum Tatgeschehen nicht unmittelbar, sondern über eine dritte Person gemacht hat – kann ohne weiteres vernommen werden[147]. So kann z.B. ein Polizeibeamter als Zeuge dazu befragt werden, was der Angeklagte im Rahmen einer Vernehmung im Ermittlungsverfahren ausgesagt hat. Ob diese Vernehmung zur Wahrheitsfindung genügt, ist allein nach der Aufklärungspflicht des § 244 Abs. 2 StPO zu beurteilen.

Insoweit ist allerdings zu bedenken, dass der Zeuge vom Hörensagen im Regelfall ein weniger verlässliches Beweismittel ist als der unmittelbare Tatzeuge. An die Beweiswürdigung im Urteil sind daher besondere Anforderungen zu stellen, wenn es sich im Wesentlichen auf ein solches nur mittelbares Instrument der Überzeugungsbildung stützt. Eine Verurteilung wird nur dann in Betracht kommen, wenn die belastenden Angaben des nur mittelbaren Zeugen durch andere gewichtige Beweismittel bestätigt werden, was naturgemäß in den Urteilsgründen entsprechend darzulegen ist[148].

**467**  Die Vernehmung des Zeugen vom Hörensagen ist auch zur Einführung der Erkenntnisse eines **V-Mannes** der Polizei bzw. eines **verdeckten Ermittlers** (lesen Sie zu deren Einsatz §§ 110a bis e StPO!) zulässig. Dies gewinnt in der Praxis insbesondere deshalb Bedeutung, weil hinsichtlich solcher Personen oftmals Sperrvermerke der

---

144  Unten Rn. 487 ff.
145  *Meyer-Goßner*, § 250 Rn. 2 m.w.N.
146  KK-*Diemer*, § 250 Rn. 1.
147  BGH NStZ 1999, 578; BGHSt 17, 382 (384).
148  Vgl. BGH NJW 2005, 1132; NJW 2004, 1261; siehe auch *Detter* NStZ 2003, 1 ff.

führenden Dienststelle existieren, ihre Identität nicht aufgedeckt wird und die Kriminalbeamten als sog. „V-Mann-Führer" hinsichtlich der Personalien der V-Leute keine Aussagegenehmigung erhalten[149]. Verdeckte Ermittler sagen grds. unter ihrer „Legende" – also der falschen Identität – aus, auch sie können aber in analoger Anwendung des § 96 StPO für eine gerichtliche Vernehmung vollständig gesperrt werden.

In einem solchen Falle kann – und muss wegen § 244 Abs. 2 StPO – der V-Mann/verdeckte Ermittler von einem Kriminalbeamten vernommen werden. Dieser ist dann in der Hauptverhandlung als „mittelbarer" Zeuge zu vernehmen.

## D. Die Zeugenvernehmung

### I. Ablauf der Zeugenvernehmung

Die Zeugenvernehmung muss in ihrer Chronologie den prozessualen Zeugenrechten[150] entsprechen. Der Zeuge ist also zunächst über seine Zeugnis- und Auskunftsverweigerungsrechte zu belehren. Bestehen solche Rechte nicht, so muss der Zeuge aussagen, vgl. § 70 StPO. Er ist also zur Person und zur Sache zu vernehmen, wie es in den §§ 68, 68a, 69 StPO im Einzelnen geregelt ist. Gleiches gilt für den Zeugen, der trotz des Bestehens eines Verweigerungsrechtes seine Aussagebereitschaft erklärt. Der Verzicht auf ein Zeugnis- bzw. Auskunftsverweigerungsrecht kann im Übrigen jederzeit – also auch während der Vernehmung – widerrufen werden. Kommt der Wille des Zeugen nicht eindeutig zum Ausdruck, so ist das Gericht gehalten, diesen durch Nachfragen zu ergründen. **468**

Auf die bereits erwähnte Möglichkeit des § 247a StPO, den Zeugen aufgrund eines zu begründenden – gem. § 247a S. 2 StPO unanfechtbaren – Gerichtsbeschlusses über Videoleitung an einem anderen Ort als dem Gerichtssaal zu vernehmen und die Übertragung zur Gefahrenabwehr ggf. technisch zu verändern, sei an dieser Stelle noch einmal hingewiesen[151]. Gleiches gilt hinsichtlich der Möglichkeiten, zum Schutz des Zeugen den Angeklagten (§ 247 StPO) und/oder die Öffentlichkeit (§§ 171b ff. GVG) vorübergehend von der Verhandlung auszuschließen. **469**

Bei der Vernehmung des Tatopfers ist – soweit vorhanden – dessen Beistand gem. § 406f Abs. 2 StPO die Anwesenheit gestattet. Auf Antrag gilt dies auch für eine sonstige Person des Vertrauens, soweit nicht der Untersuchungszweck gefährdet wird, § 406f Abs. 3 StPO.

---

149 Für V-Leute – die ja normalerweise nicht dem öffentlichen Dienst angehören – gilt § 54 StPO nur dann, wenn sie hauptberuflich und mit festen Bezügen angestellt sind, vgl. *Meyer-Goßner*, § 54 Rn. 11 m.w.N. Angaben zur Person des V-Manns bzw. verdeckten Ermittlers können bei fehlender Aussagegenehmigung von dem polizeilichen Führungsbeamten nicht verlangt werden, BGHSt 31, 148.
150 Siehe oben Rn. 266 ff.
151 Siehe oben Rn. 225, 427.

**470**  Im Rahmen der Vernehmung ist dem Zeugen Gelegenheit zu geben, seine Beobachtungen zunächst **zusammenhängend** zu schildern (§ 69 Abs. 1 S. 1 StPO). Offen gebliebene Fragen können anschließend im Gespräch geklärt werden. Dabei müssen die Frageinhalte den intellektuellen Verhältnissen des Zeugen Rechnung tragen. Hat auch die erforderliche Wahrheitsermittlung generell Vorrang vor den Belangen des Zeugen, so ist doch sicherzustellen, dass dessen Befragung seinem Anspruch auf angemessene Behandlung und Ehrschutz entspricht. Fragen oder sonstige Beweiserhebungen zu seinem Privat- und/oder Intimleben sind nur statthaft, soweit sie für die Entscheidungsfindung unerlässlich sind[152]. Unzulässige, ungeeignete oder nicht zur Sache gehörende Fragen sind daher zurückzuweisen[153].

Im Anschluss an seine Vernehmung ist der Zeuge zu vereidigen, wenn es das Gericht wegen der ausschlaggebenden Bedeutung der Aussage oder zur Herbeiführung einer wahrheitsgemäßen Aussage für erforderlich hält, § 59 Abs. 1 StPO. Auf die Einzelheiten dieser Vorschrift, nach der eine Vereidigung die Ausnahme darstellen soll, werden wir im Rahmen der revisionsrechtlichen Problematik zurückkommen[154]. Über die Frage der Vereidigung entscheidet zunächst allein der Vorsitzende aufgrund seiner Prozessleitungsbefugnis[155].

## II. Probleme der Bewertung einer Zeugenaussage

**471**  Zeugen sind das häufigste, wegen der dem Menschen eigenen Subjektivität zugleich aber auch das am schwierigsten einzuschätzende Beweismittel. Alle professionellen Verfahrensbeteiligten müssen sich daher bei ihrer Bewertung der Aussage eines Zeugen der damit verbundenen besonderen Problematik bewusst sein.

Eine allein an die Person anknüpfende „Glaubwürdigkeit" im Sinne eines guten „Leumunds" ist nicht von Belang[156]. Selbst der um Wahrheit bemühte Zeuge muss nicht zwingend zutreffend bekunden. Auch bei diesem Zeugen können die **Fehlerquellen** der Aussage aus drei Bereichen kommen:

- der Wahrnehmung;
- dem Erinnerungsvermögen
- und der Wiedergabe des Erlebten,

wobei die Gesamtproblematik der Bewertung einer Zeugenaussage hier nur kurz angerissen werden kann.

**472**  Bereits die Ebene der **Wahrnehmung** ist ein Unsicherheitsfaktor. Abgesehen von möglichen physischen oder psychischen Einschränkungen der Wahrnehmungsfähigkeit wird Vieles vom Zeugen nur beiläufig aufgenommen; erst im Zuge des Verfahrens wird einem scheinbar belanglosen Umstand besondere Bedeutung beigemessen.

---

152  Vgl. BGH NStZ 2007, 21 f.; NJW 2005, 1519 ff.
153  Näheres hierzu siehe oben Rn. 257, 259.
154  Siehe unten Rn. 887 ff.
155  BGH StV 2005, 200.
156  Siehe auch BGH 1 StR 231/08; NJW 2005, 1521; NStZ 2004, 635.

Oder die Möglichkeit der Aufnahme des Erlebten war nur kurz, wie bei einem Unfall oder Überfall. Komplexe Geschehen mit vielen Beteiligten und Handlungsabläufen wirken verwirrend. Die Wahrnehmungsfähigkeit kann auch durch Alkoholeinfluss („Tunnelblick") oder Ermüdungszustände beeinträchtigt sein.

Zudem filtert das Gehirn in Krisensituationen oder Angstzuständen (Unfälle, Überfälle, Gewaltszenen) aus dem sinnlich Wahrgenommenen jene Informationen heraus, die zum Überleben nicht benötigt werden. Es versteht sich von selbst, dass damit auch Beobachtungen verloren sind, die bei der gerichtlichen Nachbereitung von Ereignissen eine bedeutende Rolle spielen können. Stress, Aufmerksamkeit und Angst sind also ganz entscheidende Faktoren der Wahrnehmung[157].

Wahrnehmung setzt weiter voraus, dass im Zwischenhirn eine bestimmte Vorstellung **473** von dem Beobachteten gespeichert ist, dass also eine Deutung erfolgen kann[158]. Das Beobachtungsvermögen ist daher in entscheidendem Maße auch bestimmt vom individuellen Interesse, vom Verständnis und dem Grad der inneren Beteiligung.

Die **Erinnerungsfähigkeit** ist naturgemäß – wie die Gabe der Beobachtung – von **474** Mensch zu Mensch unterschiedlich. Begrenzender Faktor ist hier die Zeitspanne zwischen Erleben und Wiedergabe, die angesichts der Länge vieler Strafverfahren nicht zu vernachlässigen ist. Problematisch ist aber insbesondere das Durchwirken der Wahrnehmungen mit eigenen Rückschlüssen, Phantasien, Vermutungen, Gefühlen, Wünschen, den Darstellungen anderer Beteiligter, Sympathien oder Antipathien. Auch das persönliche Interesse an der Sache kann -unbewusst – das Bild der Erinnerung trüben und subjektiv einfärben. „Wahrheit" wird eben durch den Blickwinkel des Betrachters bestimmt.

Unwichtige – z.B. routinemäßige – oder nur mit geringer psychischer Anteilnahme verfolgte Handlungsabläufe werden schon nach kurzer Zeit vergessen. Diese Einschränkung ist für die Brauchbarkeit von Zeugenaussagen von großem Gewicht, da oftmals bestimmten Vorgängen erst im Nachhinein eine besondere (eventuell nur juristische) Bedeutung beigemessen wird. Der Zeuge kann in einer solchen Situation nur berichten, wie er sich üblicherweise verhält; auf eine echte Erinnerung kann er sich hierbei nicht stützen.

Aber auch bei Erlebnissen, die einen stärkeren Eindruck hinterließen, sortiert das **475** Gehirn nebensächliches „Randgeschehen" aus und es bleibt nur ein **„Kerngeschehen"** erhalten. Objektive Umstände wie Datum, Uhrzeit, Wochentag, Wetter oder der genaue Ort des Ereignisses geraten so rasch in Vergessenheit[159].

Auch unabhängig von diesen Unsicherheitsfaktoren weiß man heute, dass generell von Zeugen konkrete Daten, die chronologische Abfolge von Ereignissen, Positionen und Stellungen, Kleidung, Wetterverhältnisse, Entfernungen oder Zeitspannen, Farben, Größen und Mengen schlecht erinnert werden können.

---

157 *Bender/Nack/Treuer*, Rn. 40 ff.
158 *Trankell*, S. 16.
159 *Arntzen*, S. 55 ff.

Schließlich kommt es zu Verfälschungen der Aussage insbesondere durch mehrfache Wiederholung. Je häufiger der Zeuge bezüglich desselben Gegenstandes vernommen wird, um so mehr verblasst die wirkliche Erinnerung, wird sie ersetzt durch den Inhalt früherer Vernehmungen, so dass mit jeder neuen Vernehmung die Aussageleistung sinkt. Nicht die fehlerfreie, sondern die mehr oder minder fehlerbehaftete Zeugenaussage ist die Regel.

**476** Bei der **Wiedergabe** tauchen nicht nur die bewusste Falschaussage, sondern häufig die Gefahren des Missverständnisses sowie der mangelnden Vernehmungstechnik des Gerichts (und der übrigen Verfahrensbeteiligten) auf. Schließlich werden Juristen an keiner Stelle ihrer Ausbildung in der Aussage- und Vernehmungspsychologie professionell geschult. Die Ursachen von Missverständnissen oder Fehleinschätzungen liegen sowohl auf seiten des Vernehmenden, wie auf seiten des Befragten, denn bei der Zeugenvernehmung und insbesondere der Glaubhaftigkeitsbeurteilung handelt es sich um einen interaktiven Kommunikationsprozess. Bei der Zeugenbefragung ist daher auf den Verständnishorizont des Zeugen abzustellen. Suggestivfragen, die eine bestimmte Antwort nahelegen, sog. Doppelfragen („was für ein Fahrzeug war es und welche Farbe hatte es?), geschlossene Fragen (war das Hemd rot oder blau?) und eine zu komplizierte Sprache sind der Wahrheitsfindung abträglich.

**477** Maßgeblich ist also in jedem Fall eine methodische Beurteilung des Inhalts und – insbesondere bei Sexualstraftaten im familiärem Umfeld[160] – der Entstehungsgeschichte einer Aussage. Bei der Prüfung, ob die Schilderungen eines Zeugen auf tatsächlich Erlebtem beruhen, ist daher neben der Überprüfung möglicher **Motive** für eine Falschbelastung immer eine **Inhaltsanalyse** vorzunehmen[161]. Für wahrheitsgemäße Angaben sprechen insbesondere folgende Qualitätsmerkmale (sog. Realkennzeichen)[162]:

– logische Konsistenz;
– quantitativer Detailreichtum;
– Verknüpfungen der Ebenen von Raum und Zeit;
– Schilderung ausgefallener Einzelheiten;
– Beschreibung von Empfindungen, die aus psychologischer Sicht im Einklang mit dem geschilderten Vorfall stehen;
– (Teil-)Entlastung des Beschuldigten;
– Vorhandensein deliktspezifischer Aussageelemente.

**478** Darüber hinaus bedarf es einer **Konstanzanalyse** der Aussage insgesamt. Sie bezieht sich auf aussageübergreifende Qualitätsmerkmale aus dem Vergleich von Angaben zu demselben Sachverhalt zu unterschiedlichen Zeitpunkten – sog. **Aussagegenese**. Dabei bedeutet angesichts der beschriebenen Probleme der Erinnerungsfähigkeit und der Wiedergabe nicht jede Inkonstanz zugleich einen Hinweis auf mangelnde Glaub-

---

160  BGH NStZ 2003, 164 ff.; 276 ff.
161  Vgl. BGH NJW 2005, 1521.
162  Vgl. zur sachverständigen Bewertung der Glaubhaftigkeit BGH NJW 1999, 2746 ff.; zur Situation **„Aussage gegen Aussage"** siehe auch BGH NStZ-RR 2008, 254; NJW 2005, 1519 ff.; NStZ 2003, 164 f. und NStZ 2002, 656 ff.

haftigkeit. Maßgeblich insoweit ist vielmehr die konstante Wiedergabe des **„Kernge-schehens"**. Was hierzu zählt, kann naturgemäß nur im Einzelfall unter maßgeblicher Berücksichtigung der **Opferperspektive** beurteilt werden. In Fällen serienartiger Tatbegehung – wie sie insbesondere bei sexuellem Missbrauch zu beobachten sind – ist zudem zu berücksichtigen, dass nicht für jeden einzelnen Vorgang eine zeitlich exakte und detailreiche Schilderung erwartet werden kann[163].

Prozessual kann die Aussageentwicklung – nach Vernehmung des unmittelbaren Tat-zeugen durch das erkennende Gericht – dadurch in die Hauptverhandlung eingeführt werden, dass frühere Vernehmungsniederschriften oder schriftliche Erklärungen des Zeugen nach § 249 StPO verlesen werden. Etwa aus Vernehmungen stammende Videoaufzeichnungen können ohne Weiteres in Augenschein genommen werden. Ob daneben bzw. statt dessen auch die Vernehmung von Zeugen (etwa Vernehmungsbe-amten) erforderlich ist, richtet sich allein nach der Aufklärungspflicht[164].

### III. Lichtbildvorlagen und Wahlgegenüberstellung

Den Besonderheiten der menschlichen Erinnerungsfähigkeit ist auch dann Rechnung zu tragen, wenn es um das **Wiedererkennen** des Täters durch den Zeugen geht. Steht im Ermittlungsverfahren oder in der Hauptverhandlung eine derartige Beweiserhe-bung an, so gilt es Folgendes zu beachten: **479**

Zur Identifizierung eines Tatverdächtigen durch einen Zeugen ist grundsätzlich eine Wahlgegenüberstellung mit mehreren Personen oder eine Wahlbildvorlage durchzu-führen. Dem Zeugen dürfen dabei nicht nur der Tatverdächtige oder sein Lichtbild allein präsentiert werden. Um eine Beeinflussung des Zeugen zu vermeiden, dürfen sich die Auswahlpersonen in ihrer äußeren Erscheinung zudem nicht wesentlich von dem Tatverdächtigen unterscheiden. Die Präsentation ist zudem so vorzunehmen, dass nicht zu erkennen ist, wer der Beschuldigte oder Angeklagte ist (vgl. auch Nr. 18 RiStBV).

Hat der Zeuge bereits im Ermittlungsverfahren einen Tatbeteiligten wiedererkannt, so ist dies für die Wiederholung einer Gegenüberstellung oder Lichtbildvorlage von erheblicher Bedeutung. Denn angesichts der nicht auszuschließenden Möglichkeit einer unbewussten Beeinflussung des Erinnerungsvermögens durch das vorangegan-gene Wiedererkennen darf das Gericht einer erneuten Identifizierung nur noch einen eingeschränkten Beweiswert beimessen. Abzustellen ist dann ggf. auf das Ergebnis der Identifikation im Ermittlungsverfahren, sofern die Art und Weise der Gegenüber-stellung bzw. der Lichtbildvorlage ordnungsgemäß war. Mit dem Beweiswert des Wiedererkennens hat sich dann auch das schriftliche Urteil im Abgleich mit den sonstigen Ergebnissen der Hauptverhandlung intensiv auseinanderzusetzen[165]. **480**

---

163  Siehe auch Beschluss des BGH vom 25.11.2003, 1 StR 182/03.
164  Vgl. hierzu BGH 1 StR 231/08; 1 StR 350/07; 1 StR 566/03.
165  Vgl. BGH NStZ-RR 2008, 148 ff.; NStZ 2003, 493 f. und NStZ 1987, 288; OLG Köln StV 1994, 67 f. Zum Beweiswert der Personenidentifizierung generell siehe die Literaturhinweise in BVerfG NJW 2003, 2445.

## E. Der Urkundsbeweis

**481**  Angesichts der beschriebenen Probleme im Zusammenhang mit der Vernehmung von Zeugen greifen Gerichte gerne auf sog. „objektive Beweismittel" zurück, also insbesondere die Ergebnisse technischer Untersuchungen (Blutalkoholwerte, Finger- und Faserspuren, DNA-Analysen, Stimmen- oder Schriftvergleiche etc.). Diese werden regelmäßig in schriftlichen Gutachten und damit in Urkundenform niedergelegt. Urkunden werden aber auch generell den „objektiven" Beweismitteln zugerechnet.

Sie stellen im Prozess mit die zuverlässigsten Beweismittel dar, da ihr Inhalt meist klar und eine Fälschung nur in Ausnahmefällen zu befürchten ist. Ihr Inhalt kann auf zwei Wegen in das Verfahren eingeführt werden, nämlich durch

**Vorhalt**          **förmlichen Urkundsbeweis.**

Der **Vorhalt** kann im Zusammenhang mit der Befragung des Angeklagten, Zeugen oder Sachverständigen erfolgen. In diesem Falle wird der Inhalt der Urkunde im Vernehmungsgespräch formlos vorgehalten[166]. Hierdurch wird – juristisch spitzfindig – nicht etwa die Urkunde zum Beweismittel, sondern nur das, was der Befragte auf den Vorhalt hin erklärt. Es bleibt also formal bei der Einlassung des Angeklagten, dem Zeugen- oder Sachverständigenbeweis. Schwierigkeiten mit dem Unmittelbarkeitsgrundsatz entstehen nicht. Der Vorhalt ist also – soweit es nicht auf den genauen Wortlaut der Urkunde ankommt[167] – ein stets zulässiger „Vernehmungsbehelf"[168].

## I. Förmliche Einführung von Urkunden in das Verfahren

**482**  Muss die **Urkunde selbst** als Beweismittel genutzt werden, so kann sie **auf drei Wegen** in das Verfahren eingeführt werden, nämlich:

| | | |
|---|---|---|
| ✔ | ↓ | ↘ |
| **Regelfall** der **Verlesung**, § 249 Abs. 1 S. 1 StPO. | **Bericht des Vorsitzenden.** Steht die Aufklärungspflicht dem nicht entgegen, so kann nach der Rechtsprechung im allseitigen Einverständnis der Vorsitzende über den Inhalt der Urkunde berichten[171]. | **Selbstlektüre** der Verfahrensbeteiligten, § 249 Abs. 2 S. 1 StPO mit den dort genannten Beschränkungen. |

---

166  Z.B. indem der Vorsitzende dem Zeugen einfach entgegnet: „Sie haben aber doch in Ihrer polizeilichen Vernehmung erklärt. … Wie erklären Sie diesen Widerspruch?".
167  Vgl. BGH NStZ 2001, 161.
168  BGH NStZ 2000, 429; vgl. zur Kritik an dieser gefestigten Rechtsprechung KK-*Diemer*, § 249 Rn. 44 f. m.w.N.
169  **Streitig**; vgl. *Meyer-Goßner*; § 249 Rn. 26 m.w.N.

## II. Zulässigkeit des Urkundsbeweises

Der Urkundsbeweis ist immer zulässig, soweit er nicht gesetzlich ausdrücklich **483** untersagt ist. So dürfen beispielsweise hinsichtlich der Vorstrafen des Angeklagten die Feststellungen rechtskräftiger Urteile zum früheren Tatgeschehen oder zur Strafzumessung im Wege des Urkundsbeweises gemäß § 249 Abs. 1 StPO in die Hauptverhandlung eingeführt und verwertet werden[170]. Auch die schriftlichen Angaben des Angeklagten gegenüber Dritten können auf diesem Wege zum Gegenstand der Beweisaufnahme gemacht werden. Gleiches gilt für frühere, schriftlich fixierte Erklärungen des Tatopfers gegenüber Dritten zwecks Bewertung der sog. Aussagegenese[171]. Die Grenzen des Urkundsbeweises ergeben sich aus den allgemeinen Verwertungsverboten (z.B. darf eine unzulässigerweise beschlagnahmte Urkunde nicht verlesen werden), aber auch aus dem bereits erwähnten **Unmittelbarkeitsgrundsatz.**

### 1. Grundsatz des § 250 StPO

Nach § 250 S. 2 StPO darf die Vernehmung einer Beweisperson (insbesondere also **484** eines **Zeugen** oder Sachverständigen) nicht durch die Verlesung einer Urkunde **ersetzt** werden. Diese Vorschrift nennt insoweit **zwei mögliche Urkundsformen**, nämlich:

↙  ↘

**„Protokolle"**
Dabei handelt es sich um Niederschriften eines Gerichts, der Staatsanwaltschaft, Polizei oder einer anderen Behörde. Insoweit ist gleichgültig, wann und in welchem konkreten Verfahren sie entstanden sind.

**„Schriftliche Erklärungen"**
Dies sind solche Erklärungen jedweder Personen, die **von vornherein Beweiszwecken dienten**[172]. Insbesondere kommen hier in Betracht: Strafanzeigen oder schriftliche Stellungnahmen, Erklärungen (zB gegenüber einer Versicherung). Da sie von vornherein nicht zu Beweiszwecken dienen, scheiden Tagebücher oder persönliche Briefe als „Erklärungen" iSd § 250 StPO aus.

---

170 Allerdings ist der Tatrichter an diese früheren Feststellungen nicht gebunden. Beanstandet ein Verfahrensbeteiligter die Richtigkeit der Feststellungen in einem rechtskräftigen Urteil, so muss das Gericht hierüber erneut Beweis erheben, wenn die bestrittene Feststellung für seine Entscheidung von Bedeutung ist. Hinsichtlich der Warnwirkung einer Vorstrafe wird es einer erneuten Beweiserhebung regelmäßig jedoch nicht bedürfen, vgl. BGH NJW 1997, 2828.
171 Vgl. BGH 1 StR 350/07.
172 BGH NStZ 1982, 79.

Diese Unterscheidung ist wichtig, da die §§ 251 ff. StPO Ausnahmen von dem grundsätzlichen Verbot des § 250 S. 2 StPO normieren und unter bestimmten Voraussetzungen die Verlesung von „Protokollen" und anderen „Erklärungen" gestatten.

Die Problematik des Unmittelbarkeitsgrundsatzes soll an folgenden Beispielen verdeutlicht werden:

485 **Beispiel 1:** Nehmen wir einmal (natürlich realitätsfern) an, das Gericht wollte sich die Sache ein wenig einfacher machen und hätte – statt der Vernehmung eines Zeugen – dessen polizeiliches Vernehmungsprotokoll in der Hauptverhandlung verlesen.

Dies wäre aus Rechtsgründen unzulässig (Verstoß gegen § 250 StPO), da der Zeuge als nicht glaubwürdig hätte erscheinen oder sich in Widersprüche hätte verstricken können. Gerade die Glaubwürdigkeit kann regelmäßig nur bei persönlicher Vernehmung des Zeugen durch das Prozessgericht beurteilt werden.

**Beispiel 2:** Der Angeklagte hat zwar im Ermittlungsverfahren durch anwaltlichen Schriftsatz eine Einlassung abgeben lassen, macht aber in der Hauptverhandlung von seinem Schweigerecht Gebrauch. Kann der Schriftsatz im Wege des Urkundsbeweises in die Hauptverhandlung eingeführt werden?

Grundsätzlich können alle schriftlichen Erklärungen des Angeklagten auch dann nach § 249 Abs. 1 StPO verlesen werden, wenn er in der Hauptverhandlung Angaben verweigert. Das gilt aber nur für solche Äußerungen, die er selbst abgegeben hat. Ausführungen in einem anwaltlichen Schriftsatz sind jedoch Erklärungen des Anwalts (auch wenn sie auf den Angaben des Mandanten beruhen und ausdrücklich in dessen Namen abgegeben werden). Eine Verlesung verstieße also in unserem Beispiel gegen § 250 Abs. 2 StPO[173].

**Beispiel 3:** Wie wäre es, wenn das Gericht statt des in der Hauptverhandlung nicht erschienenen Tatzeugen den Polizeibeamten als Zeugen gehört hätte, der ihn im Ermittlungsverfahren vernommen hatte?

Insoweit käme ein Verstoß gegen § 250 S. 1 StPO in Betracht, wonach (nur) die Personen als Zeugen zu vernehmen sind, die Wahrnehmungen bezüglich zu beweisender Tatsachen gemacht haben.

Der Polizeibeamte gibt in seiner Niederschrift wieder (jedenfalls soll er das), was der Zeuge ihm berichtet hat. Demzufolge kann er zumindest Angaben dazu machen, was dieser im Rahmen der polizeilichen Vernehmung ausgesagt hat, d.h. er kann sog. „Beweisanzeichen" liefern. Aus diesem Grunde ist auch er „unmittelbarer" Zeuge, nämlich bezüglich des Inhalts der polizeilichen Vernehmung. Es ergeben sich gegen eine gerichtliche Vernehmung des Polizeibeamten als „Zeuge vom Hörensagen" also grds. keine Bedenken[174].

---

173 Vgl. BGH NStZ 2002, 555.
174 Auch nicht aus verfassungsrechtlicher Sicht, da der Angeklagte weder ein Recht auf ein bestimmtes Beweismittel, noch auf bestimmte Arten von Beweismitteln hat, vgl. BVerfG NJW 1981, 1719 (1722).

Es könnte jedoch gegen § 244 Abs. 2 StPO verstoßen worden sein. Danach sind alle erreichbaren Beweismittel auszuschöpfen, soweit sie relevant sind. Naturgemäß ist der unmittelbare Tatzeuge ein besseres Beweismittel als der Zeuge vom Hörensagen oder nur die Urkunde (Vernehmungsprotokoll). Aus diesem Grunde gebietet die Aufklärungspflicht grundsätzlich dessen Vernehmung. § 244 Abs. 2 StPO ist also vorliegend verletzt, da kein Anhalt für eine „Unerreichbarkeit" des Zeugen oder sonstige Einschränkungen der Aufklärungspflicht besteht[175].

Zwar verbietet § 250 StPO die **Ersetzung – nicht die Ergänzung**[176] – des Personalbeweises durch den Urkundsbeweis. Für Polizeibeamte hat die Rechtsprechung aber – wohl aus Gründen der Praktikabilität – eine Ausnahme dahingehend gemacht, dass jedenfalls bei den massenweise anfallenden Ordnungswidrigkeiten eine Berufung auf die vom Beamten niedergelegte Anzeige dann möglich ist, wenn dieser sich an den Vorgang nicht mehr erinnert[177]. **486**

## 2. Durchbrechungen und konkrete Ausgestaltung des Unmittelbarkeitsgrundsatzes für den Urkundsbeweis

Die Ausnahmen von dem in § 250 StPO normierten Unmittelbarkeitsgrundsatz finden sich in §§ 251, 253, 254, 256 StPO (die Sie vorab lesen sollten!). **487**

Folgende **grobe Einteilung** der Ausnahmefälle, in denen eine Verlesung nach der StPO statthaft ist, kann vorgenommen werden:

| | |
|---|---|
| § 251 Abs. 1 Nr. 1 | Verlesung von Protokollen über **nichtrichterliche** Vernehmungen bei Einverständnis der Verfahrensbeteiligten |
| § 251 Abs. 1 Nrn. 2 und 3 | Einführung von Protokollen über **nichtrichterliche** Vernehmungen ohne Einverständnis der Verfahrensbeteiligten |
| § 251 Abs. 2 Nr. 3 | Verlesung der Protokolle über **richterliche** Vernehmungen bei Einverständnis der Verfahrensbeteiligten |
| § 251 Abs. 2 Nrn. 1 und 2 | Einführung von Protokollen über **richterliche** Vernehmungen ohne Einverständnis der Beteiligten |
| § 251 Abs. 3 | Verlesung im Freibeweisverfahren |
| § 253 | Kombination von Zeugen- und Urkundsbeweis (Protokollverlesung zur Gedächtnisunterstützung) |
| § 254 | Verlesung von Urkunden bei Geständnissen oder Widersprüchen |
| § 256 | Verlesung von Behörden- und Ärzteerklärungen oder von Gutachten |

---

175  Vgl. hierzu BGH NStZ 2004, 50; StV 2003, 485.
176  Vgl. BGH NStZ 2008, 50 ff.; NJW 2007, 2196.
177  BGH NJW 1970, 1558 f.

**488**   Die Vorschrift des § 252 StPO enthält demgegenüber keine Durchbrechung des Unmittelbarkeitsgrundsatzes, sondern verbietet als Ergänzung zu den §§ 52 ff. StPO – systematisch schlecht platziert – den Urkundsbeweis im Falle einer nachträglichen Zeugnisverweigerung.

### a) Ausnahmeregelung des § 251 StPO

> Problemstellung: Stellen Sie sich vor, ein Zeuge sei noch vor der Hauptverhandlung verstorben, ein anderer bei einer Urlaubsreise gekidnappt und an einen unbekannten Ort verschleppt worden. Dürfte das Gericht deren polizeiliche Vernehmungsprotokolle verlesen und die dort niedergelegten Angaben zur Grundlage eines Urteils machen?

**489**   Hier würde die persönliche Vernehmung der Zeugen durch die Verlesung der Protokolle **ersetzt**. Dieses Vorgehen ist nur unter den Voraussetzungen des § 251 StPO zulässig, dann allerdings ohne Rücksicht auf die Schwere des Tatvorwurfs[178]. Denn § 251 StPO dient allein der Wahrheitsfindung sowie der Erleichterung und der Beschleunigung des Verfahrens in Fällen, in denen eine Zeugenvernehmung nicht (mehr) möglich ist. Eine Urkundsverlesung nach § 251 StPO kommt daher auch in Betracht, wenn ein Zeuge zwar vernommen wurde, eine erforderliche weitere Befragung aber ausscheidet, etwa weil er verstirbt oder vernehmungsunfähig wird. In den Anwendungsfällen des § 251 StPO ist mithin nicht zwischen einer „ersetzenden" und einer „ergänzenden" Verlesung zu unterscheiden[179].

**490**   Dabei **differenziert** die Vorschrift des **§ 251 StPO** zwischen Protokollen zweierlei Ursprungs, nämlich:

**nichtrichterlichen** Protokollen und anderen Urkunden (**Abs. 1**)          **richterlichen** Protokollen (**Abs. 2**)

### aa) Die richterlichen Vernehmungsprotokolle, § 251 Abs. 2 StPO

Über die Vernehmung von Zeugen, Sachverständigen oder Angeklagten können **richterliche Protokolle** schon während des Ermittlungs- und Zwischenverfahrens entstehen. Dabei ergeben sich die Mitwirkungen eines Richters aus folgenden Vorschriften:

– Vernehmung im Rahmen der Vorführung vor den Haftrichter, § 115 Abs. 2 StPO;
– allgemein im Ermittlungsverfahren aus § 162 StPO;
– im Zwischenverfahren aus § 202 StPO;
– für kommissarische Vernehmungen durch den Richter aus § 223 StPO.

---

178   BGH NStZ 1985, 230.
179   Vgl. BGH NStZ 2008, 50 ff.

Schließlich können solche Vernehmungsprotokolle
– aus früheren Hauptverhandlungen (aus anderen Strafverfahren) oder
– aus Vernehmungen durch einen Richter im Ausland[180]
herrühren.

Ist das Protokoll **ordnungsgemäß errichtet** – hierzu gehört bei Zeugenvernehmungen auch die Beachtung der Anwesenheits- und Benachrichtigungspflicht aus § 168c StPO[181] – und wurden die vernommenen Personen **ordnungsgemäß belehrt**[182] (d.h. bestehen keine Verwertungsverbote), so kennt § 251 Abs. 1 StPO für die ersatzweise Verlesung eines richterlichen Protokolls folgende **Anwendungsfälle**: **491**

**Abs. 2 Nr. 1**: Dem Erscheinen der Beweisperson steht für längere oder ungewisse Zeit ein nicht zu beseitigendes Hindernis entgegen (etwa Krankheit oder Gebrechlichkeit). Zwar hat der Gesetzgeber mit der am 01.09.2004 in Kraft getretenen Neufassung des § 251 StPO den Tod der Beweisperson – anders als bei der vorherigen Regelung – nicht mehr ausdrücklich geregelt. Er ist jedoch als endgültiges Hindernis anzusehen, sofern er tatsächlich feststeht. Zu denken ist auch an die Fälle, in denen der Aufenthalt eines Zeugen nicht zu ermitteln ist, wenn also vergeblich nach ihm gesucht wurde und weitere Bemühungen, seiner habhaft zu werden, keinen Erfolg versprechen. Insoweit entspricht dieses Merkmal dem der Unerreichbarkeit i.S.d. § 244 Abs. 3 S. 2 StPO.

**Abs. 2 Nr. 2**: Ein Erscheinen des Zeugen oder Sachverständigen ist diesem wegen großer Entfernung **unter Berücksichtigung der Bedeutung seiner Aussage** nicht zumutbar. Insoweit muss das Gericht jedoch unter Beachtung folgender Gesichtspunkte eine Abwägung treffen: **492**
– Entfernung zwischen Gericht und Anreiseort;
– sonstige persönliche Verhältnisse des Zeugen, wie Alter, Gesundheitszustand etc.;
– Bedeutung der Sache und Wichtigkeit der Aussage.

Je nach der Schwere des Tatvorwurfes kann so auch eine Anreise von Übersee geboten sein[183].

**Abs. 2 Nr. 3**: Staatsanwaltschaft, Verteidigung und Angeklagter sind **mit der Verlesung einverstanden**. Diese letztgenannte Ausnahme von § 250 StPO spielt in der amtsgerichtlichen Praxis eine bedeutendere Rolle als in den Hauptverhandlungen vor der Strafkammer. Denn wo mehr auf dem Spiel steht, wird auch eher Wert auf die persönliche Vernehmung gelegt. Das Einverständnis ist gemäß § 273 Abs. 1 StPO zu protokollieren. Eine Verlesung ist dann zulässig, wenn **493**
– die Aufklärungspflicht nicht eine persönliche Anhörung des Zeugen gebietet **und**
– keine Beweis**verwertungs**verbote bestehen, wie z.B. bei unterlassener Belehrung des Zeugen.

---

180  Vgl. hierzu BGH NJW 1994, 3364 ff.
181  BGH NStZ 1998, 312 f.; siehe hierzu oben Rn. 133 f.
182  Für Vernehmungen im Ausland kann hinsichtlich der Benachrichtigungs- und Belehrungspflichten sowie der Folgen eines Verstoßes etwas Anderes gelten, vgl. BGH NJW 1994, 3365; NStZ 1996, 595 f.
183  BGHSt 9, 230 ff. (für eine Zeugin aus Toronto/Kanada).

Das Einverständnis zu der entsprechenden Verlesung kann von den Beteiligten bereits vor der Hauptverhandlung erklärt werden und ist auch stillschweigend möglich, z.B. indem einer Verlesung nicht ausdrücklich widersprochen wird[184]. Ein Widerruf der Zustimmungserklärung ist – wie bei jeder Prozesshandlung – nicht möglich[185].

**494** In den Fällen des § 251 Abs. 2 StPO ist neben der Urkundenverlesung auch die Möglichkeit einer **Videovernehmung** nach § 247a S. 1 StPO in Erwägung zu ziehen, die wegen des – im Vergleich zur Urkunde relativ besseren – persönlichen Eindrucks vom Zeugen zwar einen höheren Beweiswert haben, im Einzelfall aber auch für die Wahrheitsfindung wertlos sein kann[186]. In jedem Fall hat das Gericht sich im Rahmen seiner nach § 251 Abs. 4 StPO zu treffenden Entscheidung schon aus Gründen der Aufklärungspflicht mit dieser Möglichkeit auseinander zu setzen.

Liegt ein Hindernis i.S.d. § 251 Abs. 2 Nr. 2 StPO vor, so ist ein Urkundsbeweis allerdings auch dann zulässig, wenn daneben die Möglichkeit einer Videovernehmung bestünde. Es bedarf in der nach § 251 Abs. 4 StPO zu treffenden Entscheidung auch keiner ausdrücklichen Auseinandersetzung mit der Alternative einer Videovernehmung, da die Verfahrensbeteiligten ggf. insoweit Beweisanträge stellen können[187]. Schaden kann die Darlegung der maßgeblichen Erwägungen jedoch nicht.

### bb) Andere Protokolle und Urkunden, § 251 Abs. 1 StPO

**495** Hier kommen für eine Verlesung insbesondere die **staatsanwaltlichen oder polizeilichen** Ermittlungsprotokolle in Betracht. Auch diese können Angaben von Zeugen/ Sachverständigen/Mitbeschuldigten enthalten.

Hinsichtlich dieser nichtrichterlichen Protokolle ist gleichgültig, vor welcher Behörde und in welchem Verfahren sie aufgenommen wurden. Es können sogar solche Niederschriften verlesen werden, die formfehlerhaft zustande gekommen sind oder bei denen die Identität eines Zeugen gänzlich unbekannt bleibt[188], was dann natürlich im Rahmen der Beweiswürdigung besonderer Beachtung bedarf.

Dies alles gilt jedoch nur, soweit der Zeuge nach §§ 52 Abs. 3 S. 1, 161a Abs. 1 S. 2, 163a Abs. 5 StPO ordnungsgemäß **belehrt** wurde.

Darüber hinaus können unter den Voraussetzungen des § 251 Abs. 1 StPO auch fehlerhaft zustande gekommene richterliche Protokolle und schließlich Schriftstücke (also Urkunden und schriftliche Äußerungen z.B. eines Zeugen) verlesen werden.

**496** Die **Voraussetzungen**, an die § 251 Abs. 1 Nr. 1 StPO eine Verlesung knüpft, sind folgende:

- der Angeklagte hat einen Verteidiger;
- Staatsanwaltschaft, Verteidiger und Angeklagter (in besonderen Fällen auch Nebenbeteiligte) stimmen einer Verlesung zu;

---

184 KK-*Diemer*, § 251 Rn. 11 m.w.N.
185 BGH NStZ 1997, 611.
186 Siehe hierzu auch Rn. 225, 424 f.; BGH NJW 1999, 3790; NJW 2000, 2517 f.
187 Vgl. BGH NJW 2000, 2517 f.
188 BGHSt 33, 83 (85 ff.).

– die Aufklärungspflicht gebietet nicht die persönliche Vernehmung desjenigen, von dem die zu verlesende Erklärung stammt[189].

Erfolgt die Zustimmung nicht, so ist eine Verlesung gem. § 251 Abs. 1 Nr. 2 StPO nur dann zulässig, wenn:
– der Zeuge/Sachverständige/Mitbeschuldigte verstorben ist oder
– aus anderem Grund in absehbarer Zeit **gerichtlich** nicht vernommen werden kann.

Letzteres ist nur dann der Fall, wenn sich das Vernehmungshindernis aus **äußeren**, von dem Zeugen nicht beherrschbaren Umständen ergibt, also nicht – wie etwa bei der Ausübung eines Auskunfts- oder Zeugnisverweigerungsrechts – von seinem Willen abhängt[190]. Abgesehen von schwerwiegenden Erkrankungen ist dies etwa anerkannt, wenn dem Zeugen bei wahrheitsgemäßer Aussage eine rechtsstaatswidrige Verfolgung im Ausland bzw. Gefahr für Leib oder Leben droht.

Ob diese Voraussetzungen vorliegen, darf im Wege des Freibeweises ermittelt werden, wobei das Gericht allerdings auch die Möglichkeit der kommissarischen Vernehmung (§ 223 StPO) prüfen muss.

Schließlich können nach § 251 Abs. 1 Nr. 3 StPO ohne weiteres solche Urkunden verlesen werden, die sich auf das Vorliegen oder die Höhe eines Vermögensschadens beziehen (Reparaturrechnungen, Verdienstausfallbescheinigungen etc.).

### cc) Das Verfahren der Verlesung in den Fällen des § 251 Abs. 1 und 2 StPO

Will das Gericht statt der Zeugenvernehmung eine entsprechende Verlesung durchführen, so ist nach § 251 Abs. 4 StPO zunächst ein **Gerichtsbeschluss** erforderlich, der zu protokollieren und zu begründen ist. Fehlt dieser Beschluss, so führt bereits dieser Mangel in der Regel zur Aufhebung des Urteils in der Revision[191], was auch bei fehlender oder unrichtiger Begründung der Fall ist. **497**

> Zurück zu unserer Ausgangsfrage: Das Gericht dürfte auch ohne Zustimmung der Verfahrensbeteiligten die entsprechenden Protokolle verlesen und verwerten, da der eine Zeuge verstorben und der Aufenthalt des anderen Zeugen nicht zu ermitteln ist. Hinsichtlich dieses Zeugen kann in absehbarer Zeit eine gerichtliche Vernehmung nicht durchgeführt werden.

### dd) Verlesung im Freibeweisverfahren

Eine weitere Ausnahme vom Unmittelbarkeitsgrundsatz des § 250 StPO enthält § 251 Abs. 3 StPO. Danach ist die Verlesung von Vernehmungsniederschriften, Urkunden oder anderen als Beweismittel dienenden Schriftstücken hinsichtlich solcher Punkte zulässig, die im **Freibeweis** ermittelt werden können. Folglich bezieht sich die oben dargestellte Einschränkung der Verlesbarkeit nur auf die Gesichtspunkte, die dem Strengbeweis unterliegen (also die Tat- und Schuldfrage). **498**

---

189  BGH NJW 2002, 309.
190  Vgl. BGH NJW 2008, 1010; 2007, 2195 f.
191  BGH NStZ-RR 2007, 53; NStZ 1988, 283.

### b) Das Verwertungsverbot des § 252 StPO

**499**  Zur Einführung in die Problematik dieser Vorschrift sollen folgende zwei Beispiele dienen:

> **Beispiel 1:**  Der Angeklagte wird einer Vergewaltigung seiner Verlobten beschuldigt, die ihn vor der Polizei in einer protokollierten Vernehmung schwer belastet hat. In der Hauptverhandlung macht sie von ihrem Zeugnisverweigerungsrecht aus § 52 Abs. 1 Nr. 1 StPO Gebrauch und schweigt. Daraufhin lädt das Gericht den Polizeibeamten, der seinerzeit die Vernehmung durchgeführt hatte, und hört diesen an.
>
> Ist dieses Vorgehen verfahrensrechtlich in Ordnung? Dürfte die Vernehmungsniederschrift verlesen werden?

> **Beispiel 2:**  Die Verlobte des Angeklagten ist im Rahmen des Ermittlungsverfahrens zunächst von der Polizei vernommen und anschließend dem Ermittlungsrichter des zuständigen Amtsgerichts vorgeführt worden. Dieser hat den Beschuldigten nach § 168c Abs. 3 StPO von der Anwesenheit bei der Vernehmung ausgeschlossen. Vor dem Richter hat die Verlobte nach entsprechender Belehrung über ihre Rechte die polizeiliche Aussage wiederholt. Nun macht sie in der Hauptverhandlung von ihrem Zeugnisverweigerungsrecht Gebrauch und schweigt.
>
> Kann der Ermittlungsrichter als Zeuge vernommen und eine Verurteilung auf seine Aussage gestützt werden?

Die beiden Fallvarianten dokumentieren ein Problem, vor das erstinstanzliche Gerichte hin und wieder gestellt werden: Nach § 52 StPO kann eine mit dem Angeklagten verlobte Zeugin nicht mit den Mitteln des § 70 StPO zu einer Aussage gezwungen werden, da die letztere Vorschrift nur auf Zeugen Anwendung finden kann, die „ohne gesetzlichen Grund" ihre Aussage verweigern.

**500**  Diesen Schutz des § 52 StPO erweitert die Vorschrift des § 252 StPO, wonach die Aussage eines vor der Hauptverhandlung vernommenen Zeugen, der erst in der Hauptverhandlung von seinem Zeugnisverweigerungsrecht Gebrauch macht, nicht verlesen werden darf. Angehörige sollen so umfassend vor den Konflikten bewahrt werden, die sich aus dem Spannungsverhältnis zwischen Wahrheitspflicht und familiärer Bindung ergeben können.

### aa) Der Anwendungsbereich des § 252 StPO

**501**  Dem Gesetzeswortlaut nach enthält § 252 StPO nur ein **Verlesungsverbot** für Aussagen, die ein **Zeuge** – der nun von seinem Zeugnisverweigerungsrecht Gebrauch macht – vor der Hauptverhandlung gemacht hat. Voraussetzung ist also, dass ein Zeuge in der Hauptverhandlung berechtigterweise das Zeugnis verweigert. Hinsichtlich der als Grundlage für eine Zeugnisverweigerung in Betracht kommenden Vorschriften ist allerdings zu differenzieren:

**§ 52 StPO**: Hier greift § 252 StPO stets ein, und zwar gleichgültig, in welchem Zeitpunkt das Angehörigenverhältnis entstanden ist. Auch die erst nach der protokollierten Vernehmung erfolgte Verlobung zwischen der Zeugin und dem Angeklagten hindert daher nach § 252 StPO eine Protokollverlesung.

**§§ 53, 53a StPO**: Bei Geheimnisträgern bzw. ihren Berufshelfern greift § 252 StPO    **502**
nur dann ein, wenn auch bei der – nun zu verlesenden – Vernehmung bereits ein Zeugnisverweigerungsrecht bestanden hat. War demgegenüber der Zeuge zum Zeitpunkt der früheren Vernehmung von seiner Schweigepflicht entbunden, so kann die Aussage nunmehr verlesen werden. Hintergrund dieser Bewertung ist der Gedanke, dass der „berufsmäßige" Zeuge generell weniger schutzwürdig ist, was insbesondere dann gilt, wenn eine Schweigepflicht nicht bestanden hat.

**§ 54 StPO**: § 252 StPO ist nur dann anwendbar, wenn der im öffentlichen Dienst stehende Zeuge in dem – irrigen – Glauben ausgesagt hat, er sei nicht zum Schweigen verpflichtet. Bestand also eine Aussagegenehmigung, die lediglich später widerrufen wurde, so hindert dies eine Verlesung des Protokolls nicht.

**§ 55 StPO**: Für den Bereich des Auskunftsverweigerungsrechts hat § 252 StPO nach    **503**
der Rechtsprechung[192] und wohl h.M. keine Bedeutung. Dies ist – wie so Vieles – streitig[193]. Die Rechtsprechung verweist zunächst auf den Wortlaut des § 252 StPO, der vom „Recht, das **Zeugnis** zu verweigern" und damit nicht vom **Auskunft**sverweigerungsrecht spricht. Eine analoge Anwendung des § 252 StPO auf die Fälle des § 55 StPO würde im Übrigen zu einer unvertretbaren Einschränkung der Wahrheitsfindung führen. Auch kann ein Verstoß gegen § 55 StPO (unterlassene Belehrung insoweit) mit der Revision nicht gerügt werden[194]. Eine analoge Anwendung des § 252 StPO würde aber durch die Hintertür bei Fehlern im Umgang mit (nur) auskunftsverweigerungsberechtigten Zeugen die Revision eröffnen. Gerade dieses Ergebnis ist im Interesse der Sachaufklärung auch vom Gesetzgeber nicht gewollt.

**§ 76 StPO**: Auf das Recht eines Sachverständigen, die Gutachtenerstattung zu verweigern, ist § 252 StPO entsprechend anwendbar.

### bb) Inhaltliche Voraussetzungen des § 252 StPO

Neben der wirksamen Berufung auf ein Zeugnisverweigerungsrecht setzt das    **504**
Beweisverbot des § 252 StPO eine **vor der Hauptverhandlung** stattgefundene „Vernehmung" des Zeugen voraus[195], die nach der Rechtsprechung des BGH nur dann gegeben ist, wenn der Vernehmende, z.B. ein Polizeibeamter, dem Zeugen in **amtlicher Eigenschaft** gegenübertritt und in dieser Eigenschaft von ihm Auskunft verlangt[196]. Erfasst werden vom Vernehmungsbegriff also insbesondere offiziell protokollierte, aber auch „informatorische" Befragungen, Erklärungen in einem über-

---

192  BGH NJW 2007, 2197; NJW 2002, 309.
193  Vgl. die Nachweise bei *Meyer-Goßner*, § 252 Rn. 5.
194  Mehr hierzu unter Rn. 886.
195  Macht der Zeuge dagegen erst von seinem Zeugnisverweigerungsrecht Gebrauch, nachdem er in der Hauptverhandlung (nach Belehrung) Angaben zur Sache gemacht hat, so dürfen diese ohne weiteres verwertet werden, BGH 2 StR 452/03, S. 6.
196  Vgl. BGH NJW 2000, 1277 f. (zur „anwaltlichen Vernehmung"); NJW 1996, 2941.

sandten Fragebogen, bei einer telefonischen Erörterung des Tatgeschehens und selbst die Befragung durch einen Vertreter der Gerichtshilfe[197].

**505** Keiner „Vernehmung" entstammen **Äußerungen aus freien Stücken**, sei es gegenüber einer Privatperson oder einem Beamten[198]. Da die Beschränkungen des § 252 StPO in einem solchen Fall nicht gelten, sind also uneingeschränkt **verwertbar**:

– spontane Äußerungen gegenüber Behörden oder einer Amtsperson[199];
– spontane Angaben eines Kindes gegenüber einer Klinikpsychologin (z.B. im Falle sexuellen Missbrauchs)[200];
– Äußerungen anlässlich eines Notrufs bei der Polizei[201];
– Angaben in einer Strafanzeige (soweit sich keine „Vernehmung" anschließt)[202];
– Erklärungen gegenüber einer Sozialarbeiterin[203];
– Angaben gegenüber einem V-Mann, der (neben anderen Zielpersonen auch) auf den Zeugen angesetzt wurde[204].

Eine Abgrenzung zwischen der „Vernehmung" und einer „spontanen" Äußerung dürfte im Einzelfall aber durchaus schwierig sein, zumal anfänglich spontane Erklärungen nahtlos in eine förmliche Vernehmung übergehen können. Die dargestellte Rechtsprechung sieht sich daher der Kritik von Teilen der Literatur ausgesetzt[205].

**506** Hinsichtlich der Angaben, die der Zeuge gegenüber einem **Sachverständigen** (z.B. im Rahmen eines aussagepsychologischen Gutachtens) gemacht hat, ist zu differenzieren zwischen solchen, die das Tatgeschehen betreffen (sog. „Zusatztatsachen") und denjenigen, die zur eigentlichen Untersuchung gehören (sog. „Befundtatsachen", z.B. die Krankengeschichte oder der Lebenslauf).

Zusatztatsachen sind der Vernehmung gleichgestellt, dürfen also im Falle der Zeugnisverweigerung auch nicht durch die Verlesung des Sachverständigengutachtens oder Vernehmung des Sachverständigen als Zeuge vom Hörensagen eingeführt werden[206].

Die Befundtatsachen sind nur dann verwertbar, wenn der Zeuge im Laufe des Verfahrens vor seinen Äußerungen gegenüber dem Sachverständigen **richterlich** – bei Gutachtenauftrag im Ermittlungsverfahren vom Staatsanwalt – über sein Recht **belehrt** worden ist, die Mitwirkung an dem Gutachten zu verweigern[207]. Denn der Sachver-

---

197  BGH NJW 2005, 765 ff.
198  BGH NJW 2000, 1278; zum Problem der „Hörfalle" lesen Sie bitte unten Rn. 565 ff.
199  BGH NStZ 2007, 652; NJW 1998, 2229; OLG Saarbrücken NJW 2008, 1396 f. m.w.N.
200  BGH NStZ 1992, 247.
201  BGH NStZ 1986, 232.
202  BGH NStZ 1989, 15.
203  BGH MDR 1960, 198; vgl. auch BGH NJW 1995, 1501 (1503).
204  Vgl. BGH NJW 1994, 2904 ff. (sehr lesenswerte Entscheidung zum „Fall Sedlmayr"). Das Bundesverfassungsgericht hat den gezielten Einsatz einer V-Person im Umfeld des Beschuldigten allerdings – als Verstoß gegen den Anspruch auf ein faires Verfahren – für den Fall beanstandet, dass er zur Umgehung von Zeugnisverweigerungsrechten führt. Ob sich daraus ein Verwertungsverbot ableiten ließe, hat es jedoch offengelassen, vgl. BVerfG NStZ 2000, 489 f.
205  Vgl. hierzu *Joachim* in NStZ 1990, 95 (als Anmerkung zu einer dort veröffentlichten BGH-Entscheidung).
206  BGH NStZ 2007, 353 f.
207  BGH NJW 1998, 839; NJW 1996, 206; NStZ 1989, 485.

ständige selbst ist zur Belehrung des zu Begutachtenden über dessen Rechte nicht verpflichtet. Eine fehlende Belehrung ist nur dann unschädlich, wenn

– der Zeuge nach ordnungsgemäßer Belehrung nachträglich in die Verwertung einwilligt oder
– die Gewissheit besteht, dass der Betroffene auch im Falle einer Belehrung an der Untersuchung mitgewirkt hätte[208].

Ob die Voraussetzungen des § 252 StPO vorliegen, kann im Freibeweisverfahren geprüft werden.

### cc) Umfang des Verbotes nach 252 StPO

Entgegen dem Wortlaut des § 252 StPO ist nicht nur die Verlesung der Aussage oder entsprechender, die Aussage dokumentierender Schriftstücke verboten. Vielmehr ist auch **jede andere Art der Verwertung** ausgeschlossen[209]. Hieraus folgt, dass der Inhalt der früheren Vernehmung auch nicht auf Umwegen in das Verfahren eingeführt werden darf. Dieses Verbot bezieht sich nicht nur auf Angaben des Zeugen innerhalb des Strafverfahrens, sondern auch auf solche Vernehmungen, die etwa in einem früheren, gegen den Zeugen selbst gerichteten Verfahren, in einem Zivilrechtsstreit oder in einem Verfahren der freiwilligen Gerichtsbarkeit stattgefunden haben[210]. Auch kommt es nicht darauf an, ob die gesperrte Aussage dem Angeklagten günstig oder ungünstig wäre[211]. **507**

Untersagt sind daher generell insbesondere:

– die Verlesung der Aussage aus einem früheren Urteil;
– der Vorhalt aus der früheren Vernehmung gegenüber dem Angeklagten oder anderen Zeugen;
– die Vernehmung früherer Verhörspersonen (oder eines Sachverständigen) hinsichtlich der nach § 252 StPO gesperrten Aussage;
– das Abhören früherer Tonbandmitschnitte in der Verhandlung.

Kommt § 252 StPO zum Tragen, so kann das dem **Zeugenschutz** dienende Beweisverbot auch nicht dadurch umgangen werden, dass sich die Verfahrensbeteiligten mit einer Verwertung der „gesperrten" Aussage einverstanden erklären[212]. Mangels solcher Dispositionsbefugnis des Angeklagten ist es für eine spätere Revision auch (ausnahmsweise) unbeachtlich, ob er bzw. sein Verteidiger einer Verwertung der unter Verstoß gegen § 252 StPO erfolgten Beweiserhebung im Rahmen des § 257 StPO oder des § 238 Abs. 2 StPO ausdrücklich widersprochen haben[213]. **508**

Allerdings ist der Zeuge selbst an seine Erklärung der Zeugnisverweigerung nicht gebunden. So kann er – trotz Ausübung des Zeugnisverweigerungsrechtes – einer

---

208  Vgl. BGH NStZ 1997, 78.
209  BGH NJW 2001, 528 ff. (selbst für das Wiederaufnahmeverfahren); BGH NJW 2000, 1274 f.; NJW 2000, 596; NJW 1994, 2904.
210  BGH NStZ 2007, 353 f.; 2003, 217; NJW 1998, 2229.
211  BVerfG NStZ-RR 2004, 18 f.
212  Vgl. BGH NStZ 1997, 95 f.
213  BGH NStZ 2007, 353 f.;.

Verwertung seiner vorangegangenen Vernehmungen oder seiner Angaben im Rahmen der Exploration durch einen Sachverständigen zustimmen und damit wirksam auf das Verwertungsverbot des § 252 StPO verzichten[214]. Seine früheren Angaben können dann unter **Beachtung des Unmittelbarkeitsgrundsatzes (§ 250 StPO) in die Hauptverhandlung eingeführt werden**[215].

Sagt ein Zeuge in der Hauptverhandlung nach Belehrung zur Sache aus, so bleiben seine Angaben schließlich auch dann verwertbar, wenn er anschließend von seinem Zeugnisverweigerungsrecht Gebrauch macht[216]. Die bei solchen Konstellationen nur eingeschränkt gegebenen Möglichkeiten zu einer Überprüfung der Verlässlichkeit der Aussage sind jedoch bei der Beweiswürdigung zu berücksichtigen.

**509**  Im Übrigen greift das Verwertungsverbot dann nicht, wenn es in unlauterer Art und Weise zur Manipulation des Verfahrens eingesetzt wird, etwa indem eine Ehe gezielt zu dem Zweck geschlossen wird, dem Zeugen ein Zeugnisverweigerungsrecht zu verschaffen[217].

### dd) Durchbrechung des § 252 StPO durch das „Richterprivileg"

**510**  Allerdings lässt die Rechtsprechung eine Ausnahme von diesem sog. „eingeschränkten Verwertungsverbot" des § 252 StPO zu, nämlich dann, wenn der nunmehr das Zeugnis verweigernde Zeuge zuvor von einem **Richter** vernommen worden ist (deshalb „Richterprivileg").

In diesem Fall können die an der früheren Vernehmung beteiligten Richter über den Inhalt der Aussage vernommen werden[218]. Dabei fungiert der Richter als „Zeuge vom Hörensagen". Ihm dürfen auch Vorhalte aus der Niederschrift zum Zwecke der Auffrischung des Gedächtnisses (§ 253 StPO) gemacht werden[219]. Ob die so gewonnenen Erkenntnisse für eine Verurteilung genügen, beurteilt sich allein nach den Maßstäben der Aufklärungspflicht, § 244 Abs. 2 StPO, bzw. nach den Grundsätzen der freien Beweiswürdigung, § 261 StPO.

Erinnert sich der Richter aber trotz eines Vorhaltes nicht an die Aussage des Zeugen, die er wiedergeben soll, und macht er nur allgemeine Angaben, etwa alles richtig protokolliert zu haben, dann darf der Inhalt der (gesperrten) Aussage nicht verwertet werden[220].

---

214  BGH NStZ 2007, 652. Allerdings ist das Tatgericht auch unter Beachtung der Aufklärungspflicht nicht gehalten, den Zeugen insoweit zu befragen, sofern nicht im Einzelfall besondere Hinweise auf eine solche Bereitschaft bestehen, vgl. BGH NStZ 2003, 498.
215  Vgl. BGH NJW 2008, 1010 ff. Videoaufzeichnungen oder Tonbandmitschnitte dürfen nur unter den jeweiligen gesetzlichen Voraussetzungen als eigenständige Beweismittel eingeführt und verwertet werden. Ohne Zustimmung der Verfahrensbeteiligten betreffend die Einführung solcher Aufzeichnungen bedarf es folglich vorrangig einer Vernehmung der Verhörsperson.
216  BGH, Beschluss vom 28.01.2004, 2 StR 452/03 m.w.N.
217  Vgl. BGH NJW 2000, 1275 f. Zum wahrheitswidrigen Verschweigen eines Verlöbnisses bei der früheren Vernehmung siehe BGH NJW 2003, 2619 ff.
218  BGH in ständiger Rspr., z.B. NStZ 2007, 652; NJW 2000, 1275.
219  BGH NJW 2000, 1580.
220  BGHSt 21, 149 (150).

Der Grund für die Privilegierung richterlicher Verhörspersonen liegt zunächst darin, **511** dass diesen generell ein größeres Vertrauen entgegengebracht wird, da der Richter eine neutrale Stellung inne hat[221]. Dabei ignoriert die Rechtsprechung allerdings den Umstand, dass viele Ermittlungsrichter sich diese Neutralität nicht bewahren, indem sie z.B. polizeiliche Verhörspersonen bei der sog. richterlichen „Bestätigung" einer vorangegangenen Vernehmung anwesend sein lassen. Mit der Neutralität ist es in einem solchen Fall nicht allzu weit her, da eine bei der Polizei möglicherweise vorhanden gewesene Drucksituation für den Zeugen so fortwirken kann.

Darüber hinaus wird dem öffentlichen Interesse an der Aufklärung von Straftaten hier der Vorrang vor den Interessen des Zeugen aber auch deshalb eingeräumt, weil dieser nach Belehrung in der verfahrensrechtlich hervorgehobenen Situation der richterlichen Vernehmung bewusst auf die Ausübung seines Zeugnisverweigerungsrechts verzichtet hat[222].

Das beschriebene Privileg der richterlichen Verhörspersonen gilt unter folgenden **512** **Voraussetzungen**:

- der nunmehr sich verweigernde Zeuge ist durch den Richter **als Zeuge** (also nicht etwa als Beschuldigter) vernommen worden[223];
- das Zeugnisverweigerungsrecht hat auch schon bei der früheren Vernehmung bestanden, ist also nicht etwa erst später entstanden[224];
- der Zeuge wurde bei der früheren Vernehmung ordnungsgemäß nach § 52 Abs. 3 S. 1 StPO **belehrt**[225];
- er hat in der früheren Vernehmung wirksam auf sein Zeugnisverweigerungsrecht verzichtet, was z.B. bei Minderjährigen oder verstandesschwachen Personen problematisch sein kann[226];
- die **Anwesenheitsrechte** des Beschuldigten und seines Verteidigers bzw. die Benachrichtigungspflichten aus § 168c StPO wurden beachtet[227].

---

Gemessen an diesen Kriterien ergibt sich für die obigen Fallbeispiele folgende Lösung: In der ersten Alternative ist ein Verstoß gegen § 252 StPO nach der Rechtsprechung des BGH anzunehmen, da die in einer polizeilichen Vernehmung gemachte Aussage der zeugnisverweigerungsberechtigten Verlobten in das Verfahren eingeführt wurde.

---

221 BGH NJW 2007, 2197.
222 So jedenfalls BGH NJW 2000, 1275; NJW 1998, 2230.
223 BGH NStZ 1997, 353.
224 BGH NJW 2003, 2620.
225 Ein Hinweis darauf, dass eine Verwertung aufgrund des Richterprivilegs in der Hauptverhandlung möglich sein wird, ist allerdings nicht erforderlich, BGHSt 32, 25 (29 ff.). Im Übrigen bleibt die frühere Vernehmung trotz Verstoßes gegen die Belehrungspflicht auch dann verwertbar, wenn der Zeuge sich in der Hauptverhandlung zumindest konkludent mit dem Rückgriff auf seine frühere Aussage einverstanden erklärt. Das kann z.B. dadurch geschehen, dass er unter Verzicht auf sein Zeugnisverweigerungsrecht zur Sache aussagt, vgl. BGH NJW 2003, 2619 ff.
226 KK-*Diemer*, § 252 Rn. 29.
227 Dabei hat das Tatgericht ggf. in eigener Verantwortung zu prüfen, ob die Voraussetzungen des § 168c Abs. 3 StPO bzw. des § 168c Abs. 5 S. 2 StPO zum Zeitpunkt der richterlichen Vernehmung objektiv vorgelegen haben, vgl. BGH NJW 2003, 3144 und oben Rn. 133 ff.

In der Fallabwandlung ist eine Vernehmung des Richters dagegen nicht zu beanstanden (sog. Richterprivileg), sofern die richterliche Vernehmung den oben genannten Voraussetzungen entspricht.

### c) Ausnahmeregelung des § 253 StPO

**513**  § 253 StPO regelt die Zulässigkeit des Urkundsbeweises, wenn ein Zeuge oder Sachverständiger sich im Rahmen seiner Vernehmung in der Hauptverhandlung an bestimmte Tatsachen nicht mehr erinnert (Abs. 1) oder wenn Widersprüche zu einer vorangegangenen Aussage auftreten (Abs. 2). Die Vorschrift erlaubt in diesen Fällen unter bestimmten Voraussetzungen die Verlesung des Protokolls über eine frühere Vernehmung des Zeugen, um so die Befragung des Vernehmungsbeamten zu ersetzen[228].

Bevor hiervon Gebrauch gemacht wird, ist zunächst bei beiden Fallgestaltungen des § 253 StPO stets vorrangig an die Möglichkeit des Vorhalts zu denken. Erinnert sich der Zeuge auf den Vorhalt hin, so bedarf es keiner Verlesung der Vernehmungsniederschrift. Erinnert sich der Zeuge oder Sachverständige auch auf den Vorhalt nicht, dann bleibt die Verlesung des Protokolls zum Zwecke der **Verwertung als Urkunde**.

**514**  Die **Voraussetzungen** einer solchen Protokollverlesung zur Gedächtnisunterstützung sind folgende:

– der Zeuge/Sachverständige ist in der Hauptverhandlung anwesend;
– er ist vollständig vernommen worden inkl. einer Hilfestellung durch Vorhalt oder eine andere (zulässige) Art der Gedächtnisauffrischung;
– er „erklärt" (also gibt irgendwie zu erkennen), sich nicht erinnern zu können (§ 253 Abs. 1 StPO),

Verbleibt ein Widerspruch zwischen der jetzigen und der früheren Aussage, so bedarf es keiner Verlesung der Vernehmungsniederschrift, wenn der Zeuge bestätigt, dass er seinerzeit so wie protokolliert ausgesagt hat. § 253 Abs. 2 StPO greift folglich nur dann, wenn der Zeuge bestreitet, so wie protokolliert ausgesagt zu haben[229]. Verlesen werden kann in beiden Fällen des § 253 StPO das unter Einhaltung der Formvorschriften zustande gekommene Protokoll einer richterlichen wie auch einer nichtrichterlichen Vernehmung.

### d) Ausnahmeregelung des § 254 StPO

**515**  Diese Vorschrift befasst sich mit der Verlesbarkeit von Protokollen über ein Geständnis und im Fall von Widersprüchen im Aussageverhalten des Angeklagten.

---

228  Im Rahmen einer gerichtlichen Vernehmung des Vernehmungsbeamten ist § 253 StPO folglich nicht anwendbar. Freilich können auch diesem aus der Vernehmungsniederschrift Vorhalte gemacht werden.
229  BGH NStZ 2006, 652.

**Beispiel:** Der Angeklagte hat bei der Polizei in einer detaillierten Einlassung die Tat gestanden. In der Hauptverhandlung widerruft er sein Geständnis und erklärt, es sei alles nur frei erfunden gewesen.

Darf das Gericht
– das polizeiliche Protokoll verlesen?
– die vernehmenden Polizeibeamten als Zeugen hören?

Diese Frage regelt § 254 Abs. 1 StPO, der nur für Protokolle und damit nicht etwa für Tonbandaufzeichnungen gilt. Nach dieser Vorschrift können Erklärungen des Angeklagten in einem **richterlichen Protokoll** zum Zwecke der Beweisaufnahme über ein Geständnis verlesen werden. Erfasst werden nicht nur Protokolle deutscher Richter, sondern auch ausländische Niederschriften, sofern sie nach der Verfahrensordnung des Vernehmungsortes eine vergleichbare Beweisfunktion besitzen und die Anhörung im Ausland grundlegenden rechtsstaatlichen Anforderungen genügte[230].

§ 254 Abs. 1 StPO regelt also den **Urkundsbeweis** bei Vorliegen folgender **Voraussetzungen**: Es handelt sich um   **516**
– Erklärungen des **Angeklagten**
– in einem **richterlichen** Protokoll,
– das ordnungsgemäß (Belehrungen[231]!) zustande gekommen und gem. § 168a Abs. 4 S. 1 StPO neben dem Richter auch vom Protokollführer unterschrieben worden ist[232],
– zum Zwecke der Vernehmung über ein früheres Geständnis.

Schriftliche „Erklärungen" **des Angeklagten selbst** (etwa in einem Brief oder in der   **517** Schadensmeldung an eine Versicherung) können – mit Ausnahme des Schriftverkehrs mit dem Verteidiger – demgegenüber schon nach § 249 StPO eingeführt werden, sofern nicht ausnahmsweise ein Verwertungsverbot entgegensteht[233].

Ob neben einer nach § 254 StPO zulässigen Verlesung auch der seinerzeit die Vernehmung durchführende Richter gehört wird, bestimmt sich allein nach § 244 Abs. 2 StPO.

Ist die Verlesung nach § 254 StPO statthaft, so dürfen alle Angaben zur Tat, der Vorgeschichte (inkl. Mittätern), zur Person des Angeklagten und naturgemäß auch zu einem möglicherweise später erfolgten Geständniswiderruf eingeführt werden. Denn der Begriff „Geständnis" i.S.d. § 254 StPO ist in einem umfassenden Sinn zu verstehen. Er erfasst daher auch die Konstellation, dass ein Angeklagter beim Richter in einer Vernehmung ein Geständnis abgelegt, es in einer anderen richterlichen Verneh-

---

230 BGH NJW 1994, 3364 ff. für den Fall der Vernehmung durch einen Amtstatthalter in der Schweiz.
231 Bei Vernehmungen im Ausland führt ein Verstoß gegen die Belehrungspflicht aus § 136 Abs. 1 S. 2 StPO allerdings nicht zwingend zu einem Verwertungsverbot; insbesondere dann nicht, wenn der Beschuldigte sein Schweigerecht kannte, vgl. BGH NJW 1994, 3365 m.w.N.
232 BGH NJW 1994, 596 (600).
233 Vgl. BGH NJW 1995, 269 zur Verwertbarkeit des Geständnisses in einem Abschiedsbrief, welchen der Angeklagte vor einem Suizidversuch an eine Zeugin geschrieben hatte.

mung widerrufen und in einer dritten ein Geständnis mit abweichenden Angaben abgelegt hat.

Nach § 254 Abs. 2 StPO ist die Verlesung auch zur Behebung von Widersprüchen im Aussageverhalten des Angeklagten möglich.

Ob der Angeklagte in seiner früheren Vernehmung als Zeuge oder Beschuldigter vernommen wurde bzw. in welchem Verfahren die Vernehmung stattgefunden hat, ist für die Zulässigkeit einer Verlesung gleichgültig.

**518** **Nichtrichterliche Protokolle** (also insbesondere polizeiliche Vernehmungsprotokolle) dürfen demgegenüber zum Zwecke der Beweisaufnahme **nicht verlesen** werden. Insoweit begründet § 254 StPO ein Verwertungsverbot.

Allerdings können auch solche polizeilichen Protokolle wie alle anderen Erklärungen des Angeklagten zum Zwecke des **Vorhalts** benutzt werden[234]. Beweismittel ist dann aber nur die Erklärung des Angeklagten auf diesen Vorhalt hin, nicht etwa die Urkunde selbst.

Bestreitet dagegen der Angeklagte die Richtigkeit einer polizeilichen Niederschrift, dann muss und kann der Vernehmungsbeamte als Zeuge gehört werden[235]. Diesem darf dann wiederum das Protokoll vorgehalten werden. Verwertbar sind aber auch in diesem Fall nur die Angaben des Zeugen zu diesem Vorhalt. Es handelt sich dann also nicht um einen Urkundsbeweis.

> Zurück zum **Beispiel:** Das polizeiliche Protokoll darf nicht verlesen, die vernehmenden Polizeibeamten dürfen aber als Zeugen (vom Hörensagen) gehört werden.

### e) Ausnahmeregelung des § 255a StPO

**519** Die Vorschrift des § 255a StPO regelt die mit § 58a StPO korrespondierenden Möglichkeiten, eine Zeugenvernehmung durch Vorspielen einer aus dem Ermittlungsverfahren stammenden sog. Bild-Ton-Aufzeichnung zu **ersetzen**[236]. Der systematische Standort der dem Opferschutz dienenden Vorschrift ist allein damit zu erklären, dass sie in Abs. 1 u.a. auf § 251 StPO Bezug nimmt.

Liegt eine entsprechende Aufzeichnung vor, so hat das Gericht zu prüfen, ob es einer neuerlichen persönlichen Vernehmung des Zeugen bedarf. Dabei ist der gesetzgeberische Zweck zu beachten, insbesondere kindlichen Zeugen Mehrfachvernehmungen zu ersparen (§ 255a Abs. 2 StPO). Wird von der Möglichkeit des § 255a StPO – im Wege des Augenscheins – Gebrauch gemacht, so ist die auf diesem Wege eingeführte frühere Vernehmung so zu behandeln, als sei sie in der Hauptverhandlung erfolgt. Allerdings setzt die vernehmungsersetzende Vorführung der Videoaufnahme voraus, dass der Angeklagte und sein Verteidiger Gelegenheit hatten, an der aufgezeichneten

---

234  BGH MDR 1983, 624.
235  BGHSt 22, 171.
236  Siehe auch oben Rn. 143 ff.

Vernehmung mitzuwirken, § 255a Abs. 2 StPO. Die Einschränkung des § 168c StPO gilt hier nicht.

Nur wenn das Vorspielen der Aufzeichnung zur erforderlichen Sachverhaltsaufklärung als unzureichend erscheint, ist der Zeuge durch das Gericht zu vernehmen. Da in diesem Fall seine Aussage nicht durch ein Surrogat ersetzt wird, kann das Gericht dann auch – ohne die Beschränkungen des § 255a StPO – die Aufzeichnung in Augenschein nehmen, etwa um die Konstanz der Bekundungen zu überprüfen[237]. **520**

Umgekehrt ist auch im Falle einer die Aussage ersetzenden Beweiserhebung nach § 255a StPO die ergänzende Vernehmung des Zeugen im Rahmen der Hauptverhandlung nicht nur zulässig, sie kann sich im Rahmen der gerichtlichen Aufklärungspflicht (§ 244 Abs. 2 StPO) sogar als zwingend darstellen. Das kommt insbesondere dann in Betracht, wenn – was zulässig ist[238] – dem Verteidiger vor der aufgezeichneten Vernehmung keine Akteneinsicht gewährt wurde und daher maßgebliche Fragen und Vorhalte unterblieben sind. Auch können nach der Aufzeichnung weitere Beweisergebnisse angefallen sein, mit denen der Zeuge zu konfrontieren ist. Eine erneute Befragung des Zeugen beschränkt sich dann auf die ergänzend klärungsbedürftigen Gesichtspunkte[239]. Ohnehin sollte aus Gründen des Opferschutzes von dieser Möglichkeit nur im Ausnahmefall Gebrauch gemacht werden[240].

Beinhaltet die Aufzeichnung die frühere Vernehmung eines zeugnisverweigerungsberechtigten Zeugen und macht dieser in der Hauptverhandlung von diesem Recht Gebrauch, so unterliegt angesichts des ausdrücklichen Hinweises auf § 252 StPO (vgl. § 255a Abs. 1 StPO) auch die Aufzeichnung einem Verwertungsverbot. Das gilt selbst dann, wenn eine richterliche Vernehmung i.S.d. § 255a Abs. 2 StPO aufgezeichnet wurde. Das oben erwähnte, § 252 StPO einschränkende „Richterprivileg" greift hier nicht[241]. **521**

### f) Ausnahmeregelung des § 256 StPO

Werfen Sie noch einmal einen Blick in den oben abgedruckten Originalfall. Dort befinden sich ein Protokoll über die Entnahme einer Blutprobe sowie ein Blutalkohol (BAK)-Befund des Instituts für Rechtsmedizin, welche ausweislich der Sitzungsniederschrift (siehe Rn. 394) zum Gegenstand der Hauptverhandlung gemacht worden sind. Ob derartige Urkunden verlesen werden dürfen, ist in **§ 256 Abs. 1 StPO** geregelt. **522**

Diese Vorschrift befasst sich insbesondere mit der Verlesbarkeit von Behörden- und Ärzteerklärungen, ärztlichen Attesten und Sachverständigengutachten.

Danach ist auch die Verlesung eines ärztlichen Attestes zulässig, soweit dies – ausschließlich – dem Nachweis von Körperverletzungen dient, die „nicht zu den schweren gehören". Damit ist die Verlesung **ausgeschlossen**, wenn

---

237 Vgl. BGH NJW 2004, 1468 f.
238 BGH NJW 2003, 2761 ff.
239 BGH NJW 2003, 2763.
240 BGH NStZ-RR 2005, 45.
241 Siehe hierzu BGH NJW 2004, 1605 ff.

– nach der Anklage Gegenstand des Verfahrens eine schwere Körperverletzung (§ 226 StGB) ist oder
– mittels des Attestes nicht nur eine Körperverletzung, sondern auch eine andere Straftat (z.B. ein mit der Körperverletzung im Zusammenhang stehender räuberischer Diebstahl) festgestellt werden soll[242].

**523** Verlesen werden dürfen im Rahmen des § 256 StPO im Übrigen nur solche Atteste, die von approbierten Ärzten stammen und Auskunft über deren eigene Wahrnehmungen bei der Untersuchung oder Behandlung geben. Erfasst von der Verlesungsmöglichkeit werden auch gutachterliche Äußerungen, etwa zur Schwere bzw. den Folgen der Verletzung oder zu einer Minderung der Erwerbsfähigkeit.

Über Umstände, die außerhalb der ärztlichen Beobachtung liegen (die also auch ohne besondere Sachkunde feststellbar waren), kann eine Verlesung demgegenüber nicht erfolgen (z.B. Zustand der Kleidung des Opfers). Hinsichtlich solcher Punkte müsste der Arzt also ggf. als Zeuge vernommen werden. Die Anhörung als Sachverständiger ist zudem geboten, wenn es nicht nur um die bloße Existenz einer Verletzung, sondern auch um ihre Art und vor allem die Herkunft geht[243].

Hintergrund dieser erleichterten Beweisführung ist der Umstand, dass Ärzte aufgrund ihrer Tätigkeit praktisch schwer abkömmlich sind und es ihnen daher in der Regel schwerfällt, einen Zeugentermin wahrzunehmen.

**524** Gutachten öffentlicher Behörden (z.B. aus der Untersuchung von Fingerspuren, DNA oder Waffen durch das Landeskriminalamt) sowie der Ärzte eines gerichtsärztlichen Dienstes (z.B. Obduktionsbericht) können ohne weiteres verlesen werden, wenn die Aufklärungspflicht nicht eine Anhörung des Sachverständigen zur Erläuterung des Gutachtens gebietet.

**525** Die Verlesung des **BAK-Gutachten**s ist nach § 256 Abs. 1 Nr. 4 StPO möglich und in der Regel ohne Verstoß gegen § 244 Abs. 2 StPO für die Überzeugungsbildung des Gerichts ausreichend[244]. Auch der Bericht über die Entnahme der Blutprobe (in dem z.B. Ausfallerscheinungen des Angeklagten und sein Verhalten dokumentiert sind) kann jedenfalls dann verlesen werden, wenn der Aussteller der Urkunde erkennbar ist[245]. Geht es dagegen um die Feststellung einer verminderten oder infolge des Alkoholgenusses gänzlich ausgeschlossenen Schuldfähigkeit des Angeklagten (§§ 20, 21 StGB), so genügt allein die Verlesung einer Urkunde nicht. Hier ist ggf. ein Sachverständiger hinzuzuziehen.

Ist eine Verlesung nach § 256 StPO möglich, so trifft der Vorsitzende im Rahmen der Sachleitung die erforderliche Anordnung. Das Gericht entscheidet nur im Falle einer Beanstandung nach § 238 Abs. 2 StPO.

---

242 BGH NStZ 1997, 199 f.
243 BGH NStZ 1984, 211.
244 Vgl. BGH NJW 1999, 3058; BGHSt 28, 235 (236).
245 KK-*Diemer*, § 256 Rn. 9 für den Fall, dass ein Medizinalassistent anstelle des Arztes tätig geworden war, der Polizeibeamte ihn aber fälschlicherweise für einen Arzt gehalten hatte – so sind eben die Geschichten, die das Leben schreibt.

246

## F. Die Augenscheinseinnahme

Die richterliche Augenscheinseinnahme ist in § 86 StPO geregelt. Hierunter versteht **526**
man die **sinnliche** Wahrnehmung von „Augenscheinsobjekten", so dass über den
Begriff hinaus auch Hören, Riechen, Schmecken oder Fühlen erfasst werden.

Als Augenscheinsgegenstände kommen in Betracht:

– Fotos, Filme, Zeichnungen, Skizzen, Abbildungen jeder Art;
– Tonbandmitschnitte (z.B. im Fall der Telefonüberwachung);
– Urkunden, wenn es nicht auf ihren Inhalt, sondern auf ihre äußere Erscheinungs-
  form ankommt (ansonsten sind sie zu verlesen, § 249 Abs. 1 StPO);
– Personen (z.B. hinsichtlich Verletzungsfolgen);
– Örtlichkeiten (z.B. der Tatort im Rahmen einer Ortsbesichtigung[246]).

Hinsichtlich des Augenscheinsbeweises gilt die Besonderheit, dass der Grundsatz der **527**
Unmittelbarkeit der Beweisaufnahme nicht greift. Daraus folgt, dass – immer im
Rahmen der Aufklärungspflicht des § 244 Abs. 2 StPO – der richterliche Augen-
schein durch andere Beweismittel ersetzt werden kann[247]. So kann z.B. über die
Frage, wie der Tatort ausgesehen hat, auch ein Zeuge oder Sachverständiger vernom-
men werden.

Ansonsten verhält sich die Beweiserhebung ähnlich derjenigen von Urkunden. Auch
Videoaufzeichnungen von Zeugenvernehmungen[248], Lichtbilder, Skizzen oder sonstigen körperliche Beweisgegenstände können förmlich im Wege der Augenscheinseinnahme zum Gegenstand der Beweisaufnahme gemacht werden. Sie können aber auch
als bloßer Vernehmungsbehelf im Rahmen einer Zeugenvernehmung (und damit
nicht als eigenständiges förmliches Beweismittel) Verwendung finden.

## G. Präsente Beweismittel, § 245 StPO

Der Umfang der Beweisaufnahme bestimmt sich zunächst nach dem Aufklärungsbe- **528**
darf (§ 244 Abs. 2 StPO) und nach den gestellten Beweisanträgen, soweit ihnen
nachzugehen ist. Eine Beweiserhebungspflicht besteht im Übrigen nach **§ 245 Abs. 1
StPO** bezüglich aller **vom Gericht vorgeladenen und erschienenen** Zeugen/Sach-
verständigen sowie der nach § 214 Abs. 4 StPO herbeigeschafften, also **präsenten
Beweismittel**, soweit die Beweiserhebung zulässig ist. Eine Ausschöpfung dieser
Beweismittel ist selbst dann zwingend, wenn das Gericht aus rechtlichen oder tatsächlichen Gründen der Beweiserhebung für die Entscheidung keine Bedeutung
mehr beimisst[249].

Eine Ausnahme besteht nur dann, wenn die Staatsanwaltschaft, der Verteidiger und
der Angeklagte auf die Beweiserhebung (ausdrücklich oder konkludent) verzichten.

---

246 Lesen Sie hierzu bitte ergänzend Rn. 26 ff. sowie 851 ff.
247 Vgl. BGHSt 27, 135 ff. (Zeugenbeweis statt Abhören mitgeschnittener Telefongespräche).
248 Vgl. BGH NStZ 2004, 348 f.; zu der **vernehmungsersetzenden** Augenscheinseinnahme siehe oben
    Rn. 519 ff.
249 BGH NStZ 1997, 610 f.

**529**  Sonstige präsente Beweismittel – z.B. vom Angeklagten gestellte oder zufällig im Sitzungssaal anwesende, aber nicht geladene Zeugen – müssen vom Gericht nur auf einen entsprechenden **Beweisantrag** hin ausgeschöpft werden. Die Ablehnung eines solchen Antrages ist nur aus den in § 245 Abs. 2 StPO genannten – alternativen – Gründen zulässig, also wenn:

- die Beweiserhebung unzulässig oder
- die zu beweisende Tatsache schon bewiesen bzw. offenkundig ist oder
- **jeder** Sachbezug zwischen Beweistatsache und Urteilsfindung fehlt oder
- das Beweismittel völlig ungeeignet ist oder
- der Beweisantrag allein der Prozessverschleppung dient.

Das Ablehnungsverfahren entspricht dem des § 244 Abs. 6 StPO. Die unberechtigte Unterlassung einer nach § 245 StPO gebotenen Beweisaufnahme kann die Revision rechtfertigen.

## H. Hinweispflicht und Nachtragsanklage

**530**  Häufig ergeben sich erst im Rahmen der Beweisaufnahme Gesichtspunkte, die eine andere rechtliche oder tatsächliche Beurteilung des Sachverhalts erforderlich machen. Das Gesetz stellt zwei Möglichkeiten zur Verfügung, auf derlei Veränderungen zu reagieren, nämlich durch:

rechtlichen **Hinweis**, § 265 StPO.        **Nachtragsanklage**, § 266 StPO.

## I. Der Hinweis, § 265 StPO

**531**  Die Hinweispflicht dient der Sicherung einer effektiven und umfassenden Verteidigung, die nicht etwa durch eine überraschende Entscheidung ausgehebelt werden darf[250]. § 265 StPO ist damit letztlich die konkrete Ausgestaltung dreier Verfahrensprinzipien, nämlich
- des „fair trial"-Grundsatzes,
- der Aufklärungspflicht und
- der Gewährung rechtlichen Gehörs, Art. 103 Abs. 1 GG.

Da es sich bei § 265 StPO um eine Schutzvorschrift zugunsten des Angeklagten handelt, ist ein Hinweis dann entbehrlich, wenn in dessen Rechte nicht eingegriffen wird, wie z.B. bei einem infolge der neuen Erkenntnisse zwingenden Freispruch. Demgegenüber ist auch bei einer beabsichtigten Verfahrenseinstellung ein Hinweis erforderlich[251].

---

250  BGH NJW 1998, 3655.
251  BGH NJW 1952, 1346.

### 1. Voraussetzungen der Hinweispflicht

Die nähere Betrachtung des § 265 StPO muss von der Ausgangssituation her **532**
zunächst in zwei Fallgruppen (§ 265 **Abs. 1** und **Abs. 2**) unterteilt werden.

#### a) Veränderungen hinsichtlich des angeklagten Strafgesetzes, § 265 Abs. 1 StPO

§ 265 Abs. 1 StPO befasst sich mit der Hinweispflicht, falls die Verurteilung des
Angeklagten aufgrund „eines anderen als des in der gerichtlich zugelassenen
Anklage aufgeführten Strafgesetzes" möglich erscheint.

In diesem Fall sind Voraussetzungen einer Hinweispflicht:

– es steht eine **Verurteilung** im Raum (und nicht etwa Freispruch);
– diese kann **aufgrund** eines **„anderen Strafgesetzes"** als des in der Anklageschrift
  benannten erfolgen.

In diesem Zusammenhang sind mit dem Begriff „Strafgesetz" sowohl der allgemeine **533**
wie auch der besondere Teil des StGB, aber auch Vorschriften strafrechtlicher Nebengesetze (z.B. BtMG/WaffG) gemeint. Insbesondere erfordern also folgende für die
Entscheidung wesentliche Veränderungen einen rechtlichen Hinweis:

– Annahme eines anderen Straftatbestandes als des angeklagten (z.B. § 211 statt
  § 212 StGB);
– Vollendung statt Versuch und umgekehrt;
– Fahrlässigkeit statt Vorsatz und umgekehrt;
– eine Verurteilung wegen mehr Straftatbeständen als angeklagt (bei derselben Tat
  i.S.d. § 264 StPO!) kommt in Betracht;
– Wahlfeststellung ist möglich;
– wesentlich andere Begehungsform desselben Delikts, also z.B. Begehung durch
  Unterlassen statt (nach Anklage) positives Tun und umgekehrt;
– andere Formen der Täterschaft, z.B. Mittäterschaft statt angeklagter Beihilfe,
  Alleintäterschaft statt Mittäterschaft und jeweils umgekehrt;
– andere Konkurrenzverhältnisse als angeklagt.

Wie Sie sehen, sind auch Fallkonstellationen erfasst, bei denen sich die Prozesslage
aufgrund des Hinweises für den Angeklagten günstiger darstellt. Sinn der Hinweispflicht ist es in diesen Fällen, dass er seine Verteidigung auch auf diese Umstände
einstellen kann. Kommt beispielsweise eine mildere Schuldform (Fahrlässigkeit statt
Vorsatz) in Betracht, so kann sich die Verteidigung mit den Voraussetzungen der
Fahrlässigkeit auseinandersetzen und auf eine mildere Strafe plädieren.

Liegen die genannten Voraussetzungen vor, so ist der Hinweis durch den Vorsitzen- **534**
den selbst dann zu erteilen, wenn der veränderte Gesichtspunkt in der Hauptverhandlung von allen Verfahrensbeteiligten erkannt und erörtert worden ist[252]. Jedenfalls bei
schwerwiegenden Tatvorwürfen muss Gegenstand des Hinweises nicht nur das – kon-

---

252  BGH NStZ 1998, 529 f.

kret zu benennende – nunmehr in Betracht gezogene gesetzliche Merkmal der Tat sein, sondern auch die Angabe, auf welche Tatsachen sich diese von der Anklage abweichende Beurteilung stützt[253].

### b) Hervortreten für die Sanktion maßgeblicher Umstände, § 265 Abs. 2 StPO

**535**  Nach § 265 Abs. 2 StPO ist ein Hinweis durch das Gericht auch dann erforderlich, wenn sich erst in der Verhandlung vom Strafgesetz besonders vorgesehene Umstände ergeben, welche die Strafbarkeit erhöhen oder die Anordnung einer Maßregel der Besserung und Sicherung (§§ 61 ff. StGB) rechtfertigen.

Die Voraussetzungen für eine Hinweispflicht nach Abs. 2 sind also:

– eine **Verurteilung** steht zu erwarten sowie
– eine **Erhöhung der Strafbarkeit** durch neue gesetzlich relevante Umstände **oder** die Anordnung einer **Maßregel** der Sicherung und Besserung (z.B. Entziehung der Fahrerlaubnis, § 69 StGB; vgl. den Katalog des § 61 StGB) kommen in Betracht.

Dabei sind neu nur solche Umstände, die nicht bereits aufgrund der Anklageschrift, des Eröffnungsbeschlusses, eines Beweisantrages, eines Verweisungsbeschlusses, eines Revisionsurteils oder – bei Berufungsverhandlungen – auf sonstige Weise aus der ersten Instanz bekannt sind.

**536**  Unter anderem folgende gesetzlich benannte Bestimmungen des StGB enthalten im Verhältnis zum jeweiligen Grundtatbestand die Möglichkeit einer Strafschärfung i.S.d. § 265 Abs. 2 StPO:

| | |
|---|---|
| – § 177 Abs. 3 und 4 | besondere Begehungsformen der sexuellen Nötigung |
| – § 221 Abs. 2 und 3 | Aussetzung durch die Eltern oder mit der Folge einer schweren Gesundheitsbeschädigung bzw. des Todes |
| – § 224 | gefährliche Körperverletzung |
| – § 226 | Körperverletzung mit besonders schweren Folgen |
| – § 239 Abs. 3 und 4 | Freiheitsberaubung über eine Woche oder mit besonderen Folgen |
| – § 239a Abs. 3 | erpresserischer Menschenraub mit Todesfolge |
| – § 250 Abs. 1 und 2 | schwerer Raub, z.B. mit Werkzeugen, Waffen oder bei besonderen Tatfolgen |
| – §§ 255, 253, 250 | schwere räuberische Erpressung |
| – § 263 Abs. 5 | gewerbsmäßige Betrugsbegehung als Mitglied einer Bande. |

Gemeinsam ist all diesen Vorschriften, dass die Straferhöhung aufgrund gesetzlich **konkret benannter Umstände** erfolgt. Voraussetzung für § 265 Abs. 2 StPO ist also, dass die strafschärfenden Gesichtspunkte genau bezeichnet sind. Dies wird allerdings auch in Fällen wie den §§ 177 Abs. 2, 240 Abs. 4, 243 Abs. 1, 263 Abs. 3, 267 Abs. 3 StGB für gegeben angesehen, die lediglich einen nicht geschlossenen Katalog sog. „Regelbeispiele" für „besonders schwere" Fälle enthalten[254].

---

253  Vgl. BGH NStZ 2005, 111 f.
254  Vgl. BGH NJW 1988, 501 allgemein für die gesetzlich näher umschriebenen „Regelbeispiele".

Demgegenüber löst das Hervortreten sog. **unbenannter Strafschärfungsgründe**, wie z.B. § 106 Abs. 3 StGB (Nötigung des Bundespräsidenten im „besonders schweren Fall"), keine Hinweispflicht aus. Gleiches gilt für die Annahme einer besonderen Schwere der Schuld i.S.d. § 57a Abs. 1 Nr. 2 StGB, da diese Feststellung nur die spätere Vollstreckungsentscheidung vorbereiten soll[255]. Aus Gründen der Fairness sollte aber ein Hinweis auch dann erfolgen, wenn sich Gesichtspunkte ergeben, die eine Rechtspflicht i.S.d. § 265 StPO nicht begründen.

**537**

War der Angeklagte – verfahrensrechtlich zulässig – in der Hauptverhandlung nicht anwesend, so muss ihm der Hinweis ggf. schriftlich (z.B. mit der Ladung zu einem neuen Hauptverhandlungstermin) erteilt werden. Allerdings genügt in der Regel ein Hinweis an den Verteidiger, vgl. § 234a StPO. Stets ist der erfolgte Hinweis jedoch **protokollpflichtig**, § 273 Abs. 1 StPO.

**538**

### c) Hinweispflichten in analoger Anwendung des § 265 StPO

Neben den gesetzlich geregelten Fällen des § 265 Abs. 1 und Abs. 2 StPO kann der Schutzzweck dieser Vorschrift Hinweise im Einzelfall auch dann gebieten, wenn **Veränderungen** hinsichtlich des zu beurteilenden **Sachverhalts**, der **Verfahrenslage** oder der **gerichtlichen Sacheinschätzung** eintreten, die das Verteidigungsverhalten des Angeklagten beeinflussen können. Denn der Angeklagte darf nicht mit Tatsachenfeststellungen überrascht werden, auf die er durch den Inhalt der Anklageschrift, den Eröffnungsbeschluss oder den Gang der Hauptverhandlung nicht ausreichend vorbereitet wurde.

**539**

Namentlich zu nennen sind hier insbesondere folgende Situationen:

**540**

- das Gericht will von einer Zusage oder – in der Hauptverhandlung öffentlich erörterten und protokollierten – Absprache abweichen[256];
- es will bestimmte Tatsachen als gerichtskundig der Entscheidung zugrunde legen[257];
- es ergeben sich rechtlich **relevante**[258] Veränderungen beim Tathergang, die Möglichkeit der Konkretisierung von in der Anklage nur umschriebenen Einzeltaten mit Seriencharakter[259] oder eine Umdatierung der (ansonsten ordnungsgemäß angeklagten) Tat[260];
- das Gericht will aus nach §§ 154, 154a StPO eingestellten Tatkomplexen nachteilige Folgen für die Entscheidung herleiten[261];

---

255 BGH NJW 1996, 3285.
256 Vgl. BGH NJW 2005, 446; NStZ 2005, 87; 2002, 219; NJW 1998, 3654 f. Näheres hierzu siehe Rn. 579 f.
257 BGH NStZ 1998, 98.
258 Vgl. BGH NStZ 2003, 559; NStZ 2000, 48.
259 BGH NStZ 1999, 42 f.; NJW 1998, 3789.
260 BGH NJW 1999, 802 f. In diesen Fällen kann es aber auch genügen, wenn der Angeklagte aus dem Gang der Hauptverhandlung erfährt, dass neue tatsächliche Gesichtspunkte in die Überlegungen des Gerichts einbezogen werden und er die Möglichkeit erhält, sich hierzu zu äußern sowie durch Beweisanträge oder Beweisanregungen auf die Meinungsbildung einzuwirken, BGH a.a.O. Aus Sicherheitsgründen sollte jedoch stets ein förmlicher und damit protokollierter Hinweis erfolgen.
261 Vgl. BGH NStZ 2004, 162 f., 277 f.

– die Aussage eines zu Unrecht vereidigten Zeugen soll nur als unbeeidete verwertet werden[262].

Auch ein Hinweis, der auf der analogen Anwendung des § 265 StPO beruht, muss zu Zwecken der sicheren Dokumentation protokolliert werden.

Demgegenüber besteht keine Verpflichtung des Gerichts, die Verfahrensbeteiligten vor der Urteilsberatung über eine vorläufige Bewertung der Beweisaufnahme oder des Akteninhalts zu informieren bzw. in diesbezügliche Gespräche einzutreten[263].

## 2. Rechte des Angeklagten bei erteiltem Hinweis

**541**  Ist nach den oben dargestellten Grundsätzen ein Hinweis zu erteilen, so hat der Angeklagte nach § 265 Abs. 3 StPO weiterführende Rechte. Er kann nämlich die Aussetzung der Hauptverhandlung i.S.d. §§ 228 Abs. 1, 229 StPO beantragen. Wird dieser Antrag zu Unrecht abgelehnt, so kann dies einen Revisionsgrund darstellen.

Dabei nennt § 265 Abs. 3 StPO folgende Voraussetzungen:

– neue Umstände sind hervorgetreten, welche die Anwendung eines schwereren Strafgesetzes zulassen oder zu den in § 265 Abs. 2 StPO genannten gehören;
– der Angeklagte bestreitet das Vorliegen dieser Umstände;
– er behauptet, auf die Verteidigung nicht genügend vorbereitet zu sein und
– stellt einen entsprechenden Antrag auf Aussetzung der Verhandlung.

Liegen diese Voraussetzungen vor, so muss die Hauptverhandlung ausgesetzt werden, da § 265 Abs. 3 StPO – anders als Abs. 4 – dem Gericht kein Ermessen einräumt[264].

**542**  Allerdings hat das Gericht nach § 265 Abs. 4 StPO (unter dem Gesichtspunkt der Fürsorgepflicht) auch von Amts wegen die Hauptverhandlung auszusetzen, wenn dies nach pflichtgemäßem Ermessen aufgrund rechtlicher und/oder tatsächlicher Umstände erforderlich erscheint, um der Staatsanwaltschaft eine bessere Vorbereitung der Anklage oder dem Angeklagten eine sachdienliche Verteidigung zu ermöglichen. Dies gilt insbesondere dann, wenn ein Verteidiger nicht rechtzeitig beauftragt werden und sich damit auch nicht im erforderlichen Umfang einarbeiten konnte.

## II. Die Nachtragsanklage, § 266 StPO

**543**  Nach § 266 Abs. 1 StPO kann der Staatsanwalt in der Hauptverhandlung die Anklage auf weitere Straftaten des Angeklagten i.S.d. § 264 StPO erstrecken. Ihrer bedarf es also nicht, wenn die bereits angeklagte Tat nur rechtlich anders beurteilt werden muss. In diesem Fall genügt ein Hinweis des Gerichts nach § 265 StPO.

Zum Begriff der „Tat" sei nach oben verwiesen[265].

---

262  BGH StV 1986, 89.
263  Vgl. BGH NStZ-RR 2008, 180 f.; NStZ 2007, 163.
264  Vgl. BGH NJW 2003, 1748 ff.
265  Rn. 49 ff.

## 1. Wirksamkeitsvoraussetzungen der Nachtragsanklage

Die wirksame Einbeziehung einer neuen Tat in das Verfahren ist an folgende Voraussetzungen geknüpft:

– Eine **weitere Straftat** i.S.d. § 264 StPO wird von der Staatsanwaltschaft (bis zum Beginn der Urteilsverkündung[266]) mündlich angeklagt. Diese Anklage hat inhaltlich den Erfordernissen des § 200 Abs. 1 StPO zu entsprechen.

– Die **Zuständigkeit des verhandelnden Gerichts** muss auch für diese neue Tat **544** gegeben sein. Insoweit besteht die Besonderheit des § 269 StPO, wonach eine Tat, die nach dem GVG eigentlich vor ein Gericht niederer Ordnung gehört hätte, mit dieser Begründung nicht von der Verhandlung ausgenommen werden darf.
Die örtliche Zuständigkeit des erkennenden Gerichts ist über § 13 Abs. 1 StPO regelmäßig anzunehmen.
Im Rechtsmittelzug ist die Nachtragsanklage nicht zulässig, da andernfalls dem Angeklagten eine Instanz genommen würde.

– Weiteres Erfordernis ist die **Zustimmung des Angeklagten**. Diese muss aus- **545** drücklich und eindeutig erklärt werden. Ein unterlassener Widerspruch gegen den entsprechenden Vorschlag des Gerichtes genügt nicht.
Grundsätzlich muss der Angeklagte seine Zustimmung persönlich erklären; insoweit wird jedoch für ausreichend erachtet, wenn der Verteidiger – vom Angeklagten unwidersprochen – der Erhebung einer Nachtragsanklage zustimmt.
Die unterbliebene oder fehlerhafte Zustimmung des Angeklagten kann mit der Revision gerügt werden.

– Schließlich ist ein **Einbeziehungsbeschluss** des Gerichts nötig. Es steht im **546** Ermessen des **erkennenden Gerichts**, ob es die Nachtragsanklage ablehnt oder ob es sie in das laufende Verfahren einbezieht.

Insoweit dürften Zweckmäßigkeitserwägungen den Ausschlag geben, insbesondere ob die neu angeklagte Tat ohne besonderen Aufwand und ohne einen Neubeginn der gesamten Verhandlung mitverhandelt werden kann. Ergeht der Einbeziehungsbeschluss, so hat dieser die Wirkungen des Eröffnungsbeschlusses (§ 207 StPO). Dementsprechend setzt er auch hinreichenden Tatverdacht voraus (vgl. § 203 StPO). Die spätere Verurteilung muss also wahrscheinlich sein.

Nach § 273 Abs. 1 StPO ist die **Protokollierung** des Einbeziehungsbeschlusses notwendig.

Wird die im Wege der Nachtragsanklage eingeführte Tat einbezogen, so wird diese hierdurch rechtshängig. Nach § 243 Abs. 4 StPO ist eine erneute Belehrung und Vernehmung des Angeklagten zu der einbezogenen Tat erforderlich.

---

266 BGHSt 27, 115.

## 2. Rechte des Angeklagten

**547** Der Angeklagte hat nicht nur die Möglichkeit, seine Zustimmung zur Nachtragsanklage zu verweigern. Nach § 266 Abs. 3 StPO kann er darüber hinaus eine Unterbrechung der Verhandlung beantragen. Ist dieser Antrag nicht als „offenbar mutwillig" oder als nur zur Verzögerung des Verfahrens gestellt anzusehen, so muss die Hauptverhandlung unterbrochen werden.

Da jede Unterbrechung das Verfahren tatsächlich verzögert und die einzubeziehenden neuen Taten selten bereits wirklich anklagereif sind, spielt die Nachtragsanklage in der Praxis nur eine untergeordnete Rolle.

## I. Beweisverbote

**548** Wie bereits mehrfach erwähnt, dient das Strafverfahren der Erforschung der materiellen Wahrheit. Angesichts der – auch grundgesetzlich abgesicherten – Individualrechte des Beschuldigten oder Angeklagten darf jedoch diese Suche nicht um jeden Preis betrieben werden. Vielmehr muss in besonderen Situationen das Interesse des Staates an einer Sachverhaltsaufklärung zurücktreten[267].

Den Schutz des Individuums und damit des Rechtsstaatsprinzips sollen die Beweisverbote sicherstellen, die zu untergliedern sind in:

Beweis**erhebungs**verbote     Beweis**verwertungs**verbote

## I. Beweiserhebungsverbote

**549** Sie untersagen Gerichten und Ermittlungsbehörden, über bestimmte **Themen** Beweis zu erheben, bestimmte Beweis**mittel** auszuschöpfen oder eine bestimmte **Art** der Beweiserhebung. Zu denken ist hier insbesondere an folgende gesetzlichen Regelungen:

| | |
|---|---|
| – § 43 DRiG | Beratungsgeheimnis |
| – § 174 Abs. 3 GVG | Geheimhaltungspflicht bei Gefährdung der Staatssicherheit |
| – § 51 BZRG | Verwertungsverbot hinsichtlich getilgter oder löschungsreifer Eintragungen – Vorstrafen – im Bundeszentralregister[268] |

Hier darf über bestimmte **Themen** nicht Beweis erhoben werden.

---

267 Vgl. BGH NJW 1994, 2904 (2905) und BGHSt 14, 359 (364 f.) – lesenswert! Für den Bereich des Zivilrechts siehe OLG Karlsruhe NJW 2000, 1577 f.

268 Zu Ausnahmen siehe § 52 BZRG. Das Verwertungsverbot des § 51 BZRG umfasst auch alle Umstände, die in engem Zusammenhang mit der nicht zu berücksichtigenden Verurteilung stehen, etwa Rückfallgeschwindigkeit, sowie sonstige mit der damaligen Tat zusammenhängenden strafschärfenden Erwägungen. Siehe hierzu BGH NStZ 2006, 587.

- §§ 52 bis 55 StPO      Zeugnis- bzw. Auskunftsverweigerungsrechte
- § 81c Abs. 3 StPO      Verweigerungsrechte bezgl. einer körperlichen Untersuchung
- § 97 Abs. 1 S. 3 InsO    Verbot der Verwertung einer im Insolvenzverfahren abgegebenen Selbstauskunft des Schuldners
- Art. 15 UN-Antifolter-   Danach dürfen Aussagen, die nachweislich durch Folter
  übereinkommen           herbeigeführt wurden, nicht verwertet werden

Hier werden Beweis**mittel** ausgeschlossen.

---

- § 136a StPO             Verbot unlauterer Vernehmungsmethoden, z.B. von Drohungen oder „Täuschung"

Bestimmte **Methoden** der Beweiserhebung sind unzulässig.

---

- § 81a StPO              Körperliche Untersuchung des Beschuldigten
- §§ 81e, 81f StPO       Molekulargenetische Untersuchung
- §§ 98, 100 StPO        Beschlagnahme
- §§ 100a, 100b StPO    Überwachung der Telekommunikation
- §§ 100c, 100h, 100i StPO   Technische Observation
- §§ 102 f., 105 StPO     Durchsuchung
- §§ 110a, 110b StPO     Einsatz des verdeckten Ermittlers[269]

Die Zulässigkeit dieser Maßnahmen ist an die **Anordnung** durch eine bestimmte Person (in der Regel den **Richter**) geknüpft.

## II. Beweisverwertungsverbote

Zur Problemlage der folgende (reale) Fall aus der Fülle des Lebens:        **550**

> Der Beschuldigte wurde wegen des Verdachts festgenommen, die Tötung seiner Ehefrau versucht zu haben. Nach der Entnahme einer Blutprobe will der anwesende Polizeibeamte ihm den Grund der Festnahme nochmals erläutern und ihn über seine Rechte belehren. Bevor er hierzu kommt, fängt der Beschuldigte an zu weinen und erklärt, ihm tue „das leid". Der Polizeibeamte wertet diese Äußerung als von Reue getragenes Geständnis. Auf Nachfrage erklärt der Beschuldigte jedoch, er sei falsch verstanden worden, er bedauere, dass seine Frau noch lebe; er habe sie umbringen wollen.
>
> Können diese – ohne Belehrung zustande gekommenen – Angaben des Beschuldigten im Prozess verwertet werden?

---

269 Auf den Einsatz eines V-Mannes ist der Genehmigungsvorbehalt des § 110b StPO nicht – auch nicht analog – anzuwenden, vgl. BGH NJW 1995, 2236.

Das Verbot, gesetzwidrig zustande gekommene Beweisergebnisse zu „verwerten" – also einer Entscheidung zugrunde zu legen – ist bereits an verschiedenen Stellen angesprochen worden. Erinnert sei hier an die Verstöße gegen den Anspruch auf rechtliches Gehör sowie gegen Anwesenheitsrechte bzw. Belehrungs- oder Benachrichtigungspflichten[270].

**551**  Das zentrale in der StPO ausdrücklich genannte Verwertungsverbot enthält § 136a Abs. 3 S. 2 StPO für den Fall, dass gegenüber dem Beschuldigten oder einem Zeugen (vgl. § 69 Abs. 3 StPO) verbotene Vernehmungsmethoden (Zwang, Drohung o.ä.) angewandt wurden. Daneben gibt es noch die bereits oben erwähnte Vorschrift des § 51 BZRG[271] sowie die Regelungen in § 393 Abs. 2 AO und in den §§ 100a Abs. 4 S. 2, 100c Abs. 5 S. 3, 161 Abs. 2 StPO. In Letzteren ist die Verwertbarkeit der insbesondere mittels einer Telefonüberwachung bzw. eines „Lauschangriffs" gewonnenen Erkenntnisse geregelt. Auf die Besonderheiten des in diesem Zusammenhang ebenfalls zu erwähnenden § 252 StPO wurde bereits hingewiesen[272].

**552**  Beweisverwertungsverbote sollen allgemein sicherstellen, dass bestimmte Beweisergebnisse – insbesondere solche, die in unzulässiger Weise, z.B. unter Verstoß gegen ein Beweiserhebungsverbot, gewonnen wurden[273] – nicht zum Gegenstand der Urteilsfindung gemacht werden. Verstöße gegen ein Beweisverwertungsverbot können daher grundsätzlich im Rahmen der Revision (§ 337 StPO) gerügt werden.

Allerdings führt nicht jeder – ggf. in Freibeweisverfahren aufzuklärende[274] – Gesetzesverstoß im Rahmen der Beweiserhebung zwingend zu einem Verwertungsverbot. Ein allgemeiner Grundsatz, dass jeder Verstoß gegen Beweiserhebungsvorschriften ein prozessuales Verwertungsverbot hinsichtlich der so gewonnenen Erkenntnisse nach sich ziehe, existiert nicht[275]. Vielmehr ist ein Beweisverwertungsverbot die **Ausnahme**. Die Erforschung des Sachverhalts darf zwar nicht um jeden Preis geschehen, sie gehört aber zu den wesentlichen Prinzipien des Strafverfahrensrechts.

**553**  Ob ein Verwertungsverbot greift, ist zunächst aufgrund einer **Abwägung** der im Rechtsstaatsprinzip angelegten gegenläufigen Ziele und Gebote zu entscheiden. Nur **gravierende** Verfahrensverstöße können ein Verwertungsverbot auslösen, da auch dem Bedürfnis einer wirksamen Strafverfolgung und Verbrechensbekämpfung sowie einer umfassenden Tataufklärung – gerade in Fällen gewichtiger Vorwürfe – Verfassungsrang zukommt. Wesentliche Kriterien sind folglich die Schwere der Gesetzesverletzung und das Maß der Schutzbedürftigkeit des Angeklagten[276]. Ein Verwer-

---

270  Siehe etwa oben Rn. 42, 124 ff., 135 f., 140, 281, 372, 504 ff.
271  Eine Verlesung und Verwertung gelöschter bzw. löschungsreifer Vorstrafen ist allerdings dann zulässig, wenn der Angeklagte dies ausdrücklich gestattet, BGHSt 27, 108 ff.
272  Oben Rn. 499 ff.
273  BGH NJW 2005, 1520.
274  Siehe BGH NStZ 2007, 80 f. und oben Rn. 403 f.
275  BVerfG NJW 2007, 204 ff.; NStZ 2006, 46 f.; NJW 2005, 3205; siehe hierzu auch *Trüg/Habetha*, NStZ 2008, 481 ff.
276  Vgl. BGH NJW 2003, 2035. In der Praxis werden Verwertungsverbote insbesondere in Fällen grob rechtswidriger und daher willkürlicher Abhörmaßnahmen angenommen, siehe BGH NStZ 2007, 602 und unten Rn. 561 f., 1036.

tungsverbot liegt dann nahe, wenn die verletzte Verfahrensvorschrift dazu bestimmt ist, die Grundlagen der prozessualen Stellung des Angeklagten zu sichern[277].

Die Frage eines Verwertungsverbots muss – abgesehen von § 136a Abs. 3 StPO – folglich im Einzelfall (ggf. unter Heranziehung der „Rechtskreistheorie"[278]) geprüft werden. Der Umstand, dass es insoweit an ausreichend klaren inhaltlichen Bewertungsmaßstäben fehlt, wird zwar kritisiert[279], dürfte jedoch angesichts der Komplexität des Problems nicht zu beheben sein.

> So hat der BGH die Angaben im Ausgangsfall als „Spontanäußerung" für verwertbar gehalten, weil selbst ein in dem Nachfragen (ohne vorangegangene Belehrung) liegender Verfahrensverstoß „nicht von einem solchen Gewicht" sei, dass er zu einem Verwertungsverbot für die Erläuterung des Beschuldigten führen müsse[280].

Auch Fehler im Zusammenhang mit der Anordnung oder Durchführung einer **Durchsuchung** führen nach h.M. in der Regel nicht zur Unverwertbarkeit der hierbei erlangten Beweismittel. Das gilt jedenfalls dann, wenn der bestehende Richtervorbehalt hinsichtlich der Anordnung nicht bewusst umgangen wurde und bei hypothetischer Betrachtung, also bei ordnungsgemäßem Verlauf der Dinge, das Beweismittel auch in rechtmäßiger Weise hätte erlangt werden können[281]. Gleiches gilt für einen Verstoß gegen den Richtervorbehalt aus § 81a Abs. 2 StPO[282]. **554**

Neben den genannten ausdrücklichen Regelungen, Verstößen gegen **Belehrungs- oder Benachrichtigungspflichten**[283] sowie dem im Rechtshilfeverkehr zu beachtenden Spezialitätsvorbehalt[284] kommen als Grundlage eines Verwertungsverbotes vor allem die Wertentscheidungen der Verfassung zum Tragen. Insbesondere aufgrund der Art. 1 Abs. 1 und Art. 2 Abs. 1 GG (Schutz der Menschenwürde bzw. Schutz der freien Entfaltung der Persönlichkeit) bewegen sich folgende Beweismöglichkeiten in der „Gefahrenzone": **555**

- Tagebuchaufzeichnungen;
- heimliche Tonbandmitschnitte;
- verdeckter Einsatz von Ermittlern oder Privatpersonen;
- heimliche Film- und Fotoaufnahmen.

---

277  Vgl. BGH NStZ 1996, 293, 453.
278  Was hierunter zu verstehen ist, erfahren Sie im Rahmen der Ausführungen zur Revision; wer nicht warten kann, der lese bereits an dieser Stelle BGHSt 11, 213 ff.
279  Vgl. *Gössel* NStZ 1998, 126 ff.
280  BGH NJW 1990, 461; für den Fall eines Verstoßes gegen den Richtervorbehalt des § 110b Abs. 2 Nr. 2 StPO beim Einsatz eines verdeckten Ermittlers hat er die Frage dagegen als „weitgehend ungeklärt" offengelassen, vgl. BGH NJW 1997, 1518.
281  Vgl. BGH NStZ 2007, 602; BVerfG NJW 2006, 2684 ff.; NStZ 2004, 216.
282  Vgl. HansOLG StraFo 2008, 158 f.
283  Etwa §§ 52, 136 Abs. 1 S. 2 StPO; Art. 36 Abs. 1 lit. b S. 3 WÜK; siehe hierzu Rn. 119, 127 f., 131 (Beschuldigter), 883 f. (Zeuge).
284  Siehe hierzu BGH NJW 2005, 302 sowie unten Rn. 788.

Darüber hinaus hängt ein Verwertungsverbot – mit Ausnahme des § 252 StPO[285] – regelmäßig davon ab, dass der Angeklagte spätestens im Rahmen der Äußerung nach § 257 StPO einer Verwertung des gesetzwidrig zustande gekommenen Beweismittels ausdrücklich **widersprochen** hat[286]. Geschieht dies nicht, so kann dies jedenfalls bei Verstößen gegen Belehrungspflichten zu einem endgültigen Rechtsverlust führen[287].

### 1. Tagebuchaufzeichnungen

**556**    Die Beschränkung der strafprozessualen Verwertung von Tagebuchaufzeichnungen ist Ausfluss des dem jeweiligen Verfasser in Art. 2 Abs. 1 i.V.m. Art 1 Abs. 1 GG garantierten allgemeinen Persönlichkeitsrechts. Hier werden regelmäßig Gedanken niedergelegt, die angesichts ihres persönlichen und intimen Charakters einem besonderen Geheimhaltungsinteresse unterliegen. Für die Frage eines Verwertungsverbots ist jedoch zu differenzieren zwischen Tagebüchern

des Angeklagten    eines Dritten.

Verwertet das Gericht Tagebuchaufzeichnungen **eines Dritten** (etwa eines Zeugen), so kann jedenfalls im Regelfall nur **dessen** verfassungsrechtlich geschütztes Geheimhaltungsinteresse tangiert sein. Da der Angeklagte hierüber nicht verfügen kann, ist der ihn schützende Zweck eines Verwertungsverbots nicht berührt[288].

**557**    Auch die Verwertung von Tagebuchaufzeichnungen **des Angeklagten** ist nicht schlechthin unzulässig. Das BVerfG stellt vielmehr darauf ab, welche Intensität eine Beeinträchtigung der grundgesetzlich geschützten Werte erreicht und wie hoch das Interesse des Staates an einer Sachaufklärung einzustufen ist[289]. Letztlich läuft also die Prüfung auf eine Abwägung der **Verhältnismäßigkeit** hinaus. Als Maßstab hierfür hat das BVerfG die **„Kernbereichstheorie"** entwickelt, die Folgendes beinhaltet:

**558**    Es gibt einen „Kern" der Persönlichkeit, einen „letzten unantastbaren Bereich" der privaten Lebensgestaltung, welcher „der öffentlichen Gewalt schlechthin entzogen" ist[290]. Eingriffe in diesen Bereich sind stets verboten, da der Schutz der Menschenwürde dies verlangt. Ob eine Tagebuchaufzeichnung diesem Persönlichkeitskern zuzuordnen – und damit im Strafverfahren nicht verwertbar – ist, muss anhand folgender Kriterien beurteilt werden:

---

285  Siehe BGH NStZ 2007, 353 f.
286  Vgl. BGH 1 StR 273/07; NStZ 2007, 655; 2004, 389 sowie oben Rn. 372.
287  Vgl. BGH NStZ 2006, 348 f.
288  So wohl auch BGH NStZ 1998, 635.
289  **Lesen Sie hierzu** die sehr instruktive Entscheidung des BVerfG NJW 1990, 563, die Ausgangsentscheidung des BGH NJW 1988, 1037 ff., und BGH NStZ 1998, 635.
290  BVerfG NJW 2003, 1728, NJW 1990, 563. Siehe auch BGH NJW 2005, 3295 ff. zum Abhören eines Selbstgesprächs im Krankenzimmer im Rahmen eines „großen Lauschangriffs". Mehr hierzu unter Rn. 1095.

– Wollte der Betroffene den niedergelegten Vorgang geheim halten? Ist dies nicht der Fall, so kann die entsprechende Eintragung verwertet werden.

– Hat die Eintragung höchstpersönlichen Charakter oder werden Belange der Allgemeinheit tangiert?

Intime Tagebuchaufzeichnungen, z.B. über eine sexuelle Beziehung, die Auseinandersetzung mit persönlichen Konflikten und Neigungen, sind daher immer dem staatlichen Zugriff entzogen. Demgegenüber unterfällt eine Eintragung dann nicht dem Kernbereich, wenn sie Angaben über die Planung oder Durchführung von Straftaten enthält.

Führt die im Einzelfall durchaus schwierig zu beurteilende Frage[291] zu dem Ergebnis, **559** der Kernbereich sei nicht betroffen, so muss zwischen dem Anspruch auf Schutz des allgemeinen Persönlichkeitsrechts und dem Bedürfnis des Staates an einer wirksamen Strafverfolgung und Verbrechensbekämpfung abgewogen werden. Grundsätzlich kann hier nur gesagt werden, dass ein Eingriff um so eher zulässig ist, je schwerer das vorgeworfene Delikt wiegt[292]. Eine angemessene Lösung kann letztlich aber nur im Einzelfall gefunden werden.

## 2. Heimliche Tonbandmitschnitte

Die Anfertigung heimlicher Tonbandmitschnitte ist deshalb problematisch, weil das **560** gesprochene Wort durch § 201 Abs. 1 und 2 StGB besonders geschützt ist.

Stimmt der Angeklagte einer Verwertung zu, so darf diese stattfinden. Denn das Rechtsgut „Vertraulichkeit" ist disponibel. Die Einführung in das Verfahren erfolgt dann – obwohl es um die akustische Wahrnehmung durch Anhören der Aufzeichnung geht – mittels sog. „Augenscheinseinnahme". Wird die Einwilligung versagt, so hängt die Verwertbarkeit entscheidend vom Zustandekommen der Aufzeichnung ab.

## a) Herstellung durch staatliche Organe

Für Strafverfolgungsorgane gelten die oben beschriebenen Beweiserhebungsverbote. **561** Konkret bezogen auf Tonbandmitschnitte bedeutet dies, dass die Voraussetzungen der §§ 100a ff. StPO vorliegen müssen. Diese Vorschriften stellen Rechtfertigungsgründe für einen Verstoß gegen § 201 StGB dar, der wiederum das allgemeine Persönlichkeitsrecht schützt.

Für die Ermittlungsbehörden kommen neben den genannten Vorschriften die §§ 81b und 168a Abs. 2 StPO überhaupt nicht, § 34 StGB nur in besonderen Ausnahmefäl-

---

291 Selbst das BVerfG hat bei der Beratung zu der angegebenen Entscheidung nur eine Stimmengleichheit herbeiführen können.

292 Vgl. BGH NStZ 2000, 383, die Zulässigkeit der Verwertung bejahend beim Verdacht der Mitgliedschaft in einer terroristischen Vereinigung, sowie BGHSt 19, 325 (333), sie verneinend für den Fall des Meineides.

len als Rechtfertigungsgründe in Betracht[293]. Allerdings soll ein Verstoß gegen völkerrechtliche Grundsätze (z.B. bei Überwachung eines Telefons des türkischen Generalkonsulats) sich generell nicht auswirken[294].

Greifen diese Vorschriften nicht und liegt auch sonst kein Rechtfertigungsgrund vor – wie z.B. § 32 StGB für das Abhören im Falle einer noch nicht abgeschlossenen Entführung oder Geiselnahme –, so gebietet es das Rechtsstaatsprinzip, an die Rechtswidrigkeit der Erlangung des Beweismittels auch dessen Unverwertbarkeit zu knüpfen[295].

**562** Erkenntnisse aus einer rechtswidrig angeordnet oder durchgeführten **Telefonüberwachung** dürfen also nicht als Beweismittel verwertet werden. Angesichts des für den anordnenden Ermittlungsrichter oder Staatsanwalt bestehenden Beurteilungsspielraums hinsichtlich des Vorliegens eines Tatverdachts im Sinne einer Katalogtat des § 100a StPO kann von einer rechtswidrigen Anordnung aber nur dann ausgegangen werden, wenn die Entscheidung nicht mehr vertretbar ist[296]. Ob dies der Fall ist, hat das in der Sache erkennende Gericht jedenfalls auf einen entsprechenden Einwand hin zu prüfen und daher – insbesondere bei unzulänglichen Ausführungen in der anordnenden Entscheidung – ggf. die Verdachtslage zum Zeitpunkt der Anordnung einer Telefonüberwachung näher aufzuklären[297]. Grundsätzlich darf das Tatgericht allerdings darauf vertrauen, dass ein Ermittlungsverfahren entsprechend den gesetzlichen Vorgaben geführt wurde[298]. Im Übrigen bleibt die Verwertung der Ergebnisse einer Telefonüberwachung gegen den überwachten Beschuldigten auch dann möglich, wenn deren Anordnung auf eine andere Katalogtat i.S.d. § 100a StPO hätte gestützt werden können[299].

Oftmals kommt es vor, dass aufgrund der Erkenntnisse aus einer Überwachungsmaßnahme eine Telefonüberwachung bezüglich weiterer Anschlüsse angeordnet und durchgeführt wird. Bei einer solchen **Kette** von Abhörmaßnahmen beurteilt sich die Frage der Verwertbarkeit allein danach, ob diejenige Maßnahme rechtmäßig angeordnet war, welcher die für das Tatgericht relevanten Erkenntnisse entstammen. Das Gericht ist also nicht gehalten, die Rechtmäßigkeit auch der vorgelagerten Abhörmaßnahmen zu überprüfen[300].

Auch im Fall der rechtmäßigen Telefonüberwachung ist aber zwischen den Erkenntnissen bezüglich des überwachten **Beschuldigten** und in Bezug auf **andere Personen** zu unterscheiden. Insbesondere im Bereich des Drogenhandels erbringt die Telefonüberwachung oftmals Hinweise auf tatbeteiligte Dritte, da etwa der Händler

---

293  Vgl. BGHSt 34, 39 ff. zum Mitschneiden mittels einer verborgen gehaltenen Abhöranlage im Entführungsfall *Schleyer*.
294  BGH NJW 1990, 1801 f.
295  BGH NJW 1983, 1570 (1571); BGH in NJW 1994, 2904 (2905).
296  BGH NJW 2003, 1882.
297  BGH NJW 2003, 368 ff. Zur Telefonüberwachung siehe umfassend unten Rn. 1029 ff.
298  BGH NStZ 2006, 402 ff.
299  BGH NJW 2003, 1883.
300  Vgl. BGH NStZ 2006, 404. Zu der insoweit relevanten Frage einer „Fernwirkung" von Verwertungsverboten siehe Rn. 572 f.

(Beschuldigte) in der Regel auch Gespräche mit seinen Lieferanten und Abnehmern führt. Diese Informationen sind in Bezug auf Verfahren gegen die Gesprächsteilnehmer der überwachten Person rechtlich als „Zufallserkenntnisse" i.S.d. § 100b Abs. 5 StPO zu qualifizieren. Eine Verwertung kommt in diesen weiteren Verfahren daher nur in Betracht, wenn auch gegen den Gesprächsteilnehmer (z.B. Abnehmer) die Voraussetzungen der Anordnung einer Telefonüberwachung nach § 100a StPO vorgelegen hätten[301].

### b) Mitschneiden durch Privatpersonen

Auch hier ist zunächst zu prüfen, ob der Verstoß gegen § 201 StGB gerechtfertigt ist (z.B. über §§ 32, 34 StGB). Ist dies nicht der Fall, so ist das allgemeine Persönlichkeitsrecht des Angeklagten widerrechtlich verletzt. Dies führt aber nicht schlechthin zur Unverwertbarkeit der gewonnenen Erkenntnisse. Vielmehr muss – soweit nicht der Kernbereich betroffen ist – eine **Abwägung** stattfinden zwischen dem Interesse des Angeklagten an der Nichtverwertung einerseits und dem öffentlichen Interesse an einer vollständigen Wahrheitsermittlung andererseits[302], wobei die Schwere des Tatvorwurfs ein bedeutendes Kriterium darstellt. **563**

### 3. Heimliche Foto- oder Filmaufnahmen

Hier gilt das zu Tonbandaufzeichnungen Gesagte, d.h. es ist zunächst die Rechtswidrigkeit eines solchen Vorgehens zu prüfen und ggf. im Anschluss hieran eine Abwägung zwischen den betroffenen Rechtsgütern vorzunehmen[303].

### 4. Verdeckter Einsatz von Ermittlern oder Privatpersonen

Wie bereits oben dargelegt[304], kann unter den Voraussetzungen der §§ 110a, 110b StPO ein **verdeckter Ermittler** – also ein unter einer Legende handelnder Polizeibeamter – zur Aufklärung von Straftaten eingesetzt werden, wenn ansonsten eine Tataufklärung aussichtslos oder wesentlich erschwert wäre. Wurden die gesetzlichen Vorgaben für einen solchen Einsatz – insbesondere die nach § 110b StPO erforderliche richterliche Zustimmung – beachtet, so bestehen gegen die Verwertung der von dem Ermittler erlangten Erkenntnisse keine Bedenken. **564**

Dies gilt auch hinsichtlich der Äußerungen, welche der Beschuldigte – in solchen Situationen naturgemäß ohne vorherige Belehrung über sein Schweigerecht – gegenüber dem Ermittler gemacht hat[305]. In Anbetracht des bereits beschriebenen „nemo-

---

301 BGH StV 1991, 208 f.
302 BGHSt 36, 167 (173 f.). So auch für den Bereich des Zivilrechts, vgl. BVerfG NJW 2003, 1727 ff., BGH NJW 1988, 1016 ff.
303 BGH NJW 1975, 2075 f. – eine auch gesellschaftspolitisch lesenswerte Entscheidung.
304 Rn. 426.
305 BGH NJW 2007, 3139.

tenetur-Prinzips"[306] muss dies jedoch im Einzelfall seine Grenze dann finden, wenn der Ermittler den Beschuldigten – ggf. unter Ausnutzung einer besonderen Vertrauenssituation – zu selbstbelastenden Aussagen drängt[307].

**565** Weitergehende Rechtsprobleme wirft der – gesetzlich nicht geregelte – Einsatz von **Privatpersonen** durch die Ermittlungsbehörden auf.

Zur Einführung in die Problemstellung zunächst folgende Fälle:

**Fall 1:** Der Beschuldigte wird eines schweren Raubes verdächtigt. Gegenüber der Polizei erklärt ein Zeuge, der Beschuldigte habe diesem gegenüber anlässlich eines Telefonats die Tat eingeräumt. Daraufhin veranlasst der Vernehmungsbeamte den Zeugen, den Beschuldigten erneut anzurufen und – ohne Aufdeckung des Anlasses für dieses Gespräch – zu der Tat zu befragen. Der Zeuge kommt dieser Aufforderung nach. Das entsprechende Telefonat, in welchem der Beschuldigte den Tatvorwurf wiederum bestätigt, wird von dem Polizeibeamten über eine telefoneigene Einrichtung mitgehört.

Darf das Gericht den Polizeibeamten zum Inhalt des Telefonats befragen und dessen Bekundungen (also das dort abgelegte Geständnis) seiner Entscheidung zugrunde legen?

**Fall 2:** Die Beschuldigte sitzt wegen des Verdachts des Mordes in Untersuchungshaft. In der JVA befindet sich eine Mitgefangene, die sich dort als „Wahrsagerin" betätigt und ihre Erkenntnisse aus den Unterredungen mit anderen Gefangenen regelmäßig an die Ermittlungsbehörden weitergibt. Diese „Wahrsagerin" wird nun auf die Beschuldigte „angesetzt". Anlässlich einer spiritistischen Sitzung erklärt sie der Beschuldigten, sie könne den Verfahrensablauf positiv beeinflussen, wenn die Beschuldigte ihr – der „Wahrsagerin" – gegenüber den Tatverlauf wahrheitsgemäß schildere. Andernfalls drohe die Rache „höherer Mächte". Daraufhin legt die Beschuldigte gegenüber ihrer Mitgefangenen ein Geständnis ab.

Darf dieses Geständnis durch Vernehmung der „Wahrsagerin" als Zeugin in die Hauptverhandlung eingeführt und für das Urteil verwertet werden?

**566** Fall 1, welcher auch als **„Hörfalle"** bezeichnet wird, weist zunächst die Besonderheit auf, dass es sich um ein Telefongespräch gehandelt hat. Dies allein bietet jedoch im Hinblick auf die Verwertbarkeit der Erkenntnisse noch keine Angriffsfläche.

Zum Schutz der „Telekommunikation" – also auch eines Telefonats – setzt dessen Überwachung nach §§ 100a, 100b StPO zwar grundsätzlich eine entsprechende richterliche Anordnung voraus. Das Fernmeldegeheimnis ist allerdings ein Abwehrrecht des Einzelnen gegenüber dem Staat, zwischen den Gesprächsteilnehmern besteht es nicht, da sie im Verhältnis zueinander keinen Anspruch auf Vertraulichkeit des Wortes haben[308]. Lässt also ein Gesprächsteilnehmer einen Dritten mithören, so steht mangels einer Berührung mit dem Schutzbereich des Fernmeldegeheimnisses das Fehlen einer richterlichen Anordnung einer Verwertung nicht im Wege.

---

306  Siehe oben Rn. 117 f.
307  Vgl. BGH NJW 2007, 3138 ff.
308  BVerfG NJW 1992, 1875 f.

Auch ein Verstoß gegen § 201 Abs. 2 Nr. 1 StGB liegt nicht vor, da die im Handel **567** zugelassenen und käuflich zu erwerbenden Mithöreinrichtungen nicht als „Abhörgeräte" im Sinne dieser Vorschrift angesehen werden[309]. Da schließlich heute allgemein damit gerechnet werden muss, dass aufgrund solcher technischer Vorrichtungen ein Gespräch von Dritten mitgehört wird, ist eine Verletzung des allgemeinen Persönlichkeitsrechts zu verneinen, und zwar selbst dann, wenn im Wege einer sog. „Hörfalle" das Gespräch gezielt von einem Polizeibeamten mitgehört wird[310].

Beiden Fällen ist jedoch gemeinsam, dass dem Beschuldigten im Rahmen einer für **568** ihn **unverfänglichen Situation** Äußerungen „entlockt" wurden, die er im Rahmen einer förmlichen Vernehmung vermutlich nicht gemacht hätte. Neben der Frage, ob sich Ermittlungsbehörden überhaupt des Einsatzes von Privatpersonen bei der Aufklärung von Straftaten bedienen dürfen, verdienen folgende rechtliche Gesichtspunkte Beachtung:

– der Beschuldigte ist vor den Gesprächen nicht über sein Schweigerecht belehrt worden;
– diese Art der Ermittlungstätigkeit könnte gegen den „nemo-tenetur-Grundsatz" verstoßen;
– es könnte sich um eine auf Täuschung angelegte – also verbotene – Vernehmungsmethode i.S.d. § 136a StPO handeln;
– der allgemeine Anspruch des Beschuldigten auf ein faires Verfahren könnte verletzt sein.

Der BGH hat in zwei weitreichenden Entscheidungen zu den aufgeworfenen – **569** rechtspolitisch ebenso interessanten wie umstrittenen – Rechtsfragen Stellung bezogen, ohne aber für den Einsatz von Privatpersonen allgemeingültige Regelungen vorzugeben[311]. Der 5. Strafsenat wollte für die Erkenntnisse aus „Hörfallen" ein Verwertungsverbot annehmen. Er sah darin die Umgehung einer mit der Pflicht zur Belehrung nach den §§ 163a, 136 StPO verbundenen förmlichen Vernehmung, deren Heimlichkeit einen Verstoß gegen das Gebot eines fairen Verfahrens darstelle. Der deshalb angerufene Große Senat für Strafsachen ist dieser Einschätzung mit folgender Argumentation nicht gefolgt:

– Die §§ 163a, 136 Abs. 1 StPO seien auf die Situation einer Hörfalle weder unmittelbar noch analog anwendbar. Zum einen handele es sich nicht um eine „Vernehmung", da dem Betroffenen niemand in amtlicher Eigenschaft gegenübertrete.

---

309 BGH NJW 1982, 1397 (1398).
310 BGH NJW 1994, 596 ff. sowie NJW 1994, 2904 (2905). Das BVerfG sieht das allgemeine Persönlichkeitsrecht beim Mithören eines Telefonats zwar grundsätzlich tangiert, will aber im Einzelfall die Interessen einer „funktionstüchtigen Rechtspflege" gegen diejenigen des Individuums abwägen, vgl. BVerfG NJW 2003, 1727 f. für den Bereich des Zivilrechts.
311 Vgl. BGH NStZ 1995, 410 ff. (Vorlagebeschluss zur „Hörfalle"); BGH NStZ 1996, 502 ff. (Entscheidung des Großen Senats für Strafsachen hierzu mit kritischen Anmerkungen von *Rieß*) sowie BGH NStZ 1999, 147 ff. („wahrsagende Mitgefangene" mit kritischen Anmerkungen von *Roxin*) jeweils m.w.N. auch aus der Literatur. Siehe zum Problem auch *Fezer* in NStZ 1996, 289 f., *Roxin* in NStZ 1995, 467 ff. und NStZ 1997, 18 ff. sowie *Popp* in NStZ 1998, 95 f. Das Bundesverfassungsgericht hat die Vorgaben des Großen Senats für Strafsachen jedoch unbeanstandet gelassen, BVerfG NStZ 2000, 488 f.

Zum anderen scheide eine entsprechende Anwendung der §§ 136, 163a StPO aus, weil die „Hörfalle" keine „vernehmungsähnliche Situation" darstelle. Denn der „Aussagende" wisse ja, dass er gegenüber einer Privatperson keine Angaben machen müsse. Sinn einer Belehrung sei es, einen Irrtum über die Aussagepflicht zu vermeiden, der bei einem Privatgespräch gar nicht bestehen könne.

**570** – Das nemo-tenetur-Prinzip sei nicht tangiert, da der Betroffene über die Freiwilligkeit seiner Erklärungen nicht im Zweifel sei und ein Irrtum über die Hintergründe des Gespräches vom Schutzzweck dieses Grundsatzes nicht erfasst würde. Schließlich sei auch der Einsatz eines „agent provocateur" anerkannt.
– Auch eine verbotene Täuschung i.S.d. § 136a StPO liege nicht vor. Die Ermittlungsbehörden seien – abgesehen von ausdrücklichen Gesetzesvorbehalten (etwa §§ 100a ff. StPO) – in der Wahl ihrer Mittel grundsätzlich frei und die Heimlichkeit polizeilichen Vorgehens sei für sich gesehen kein Argument gegen die Zulässigkeit einer „Hörfalle". Auch der Einsatz von Kontaktpersonen oder Lockspitzeln sei von jeher durch die StPO gedeckt.
– Ein Verstoß gegen den aus dem Rechtsstaatsprinzip abgeleiteten Anspruch auf ein faires Verfahren könne schließlich nur im Einzelfall durch Abwägung zwischen der Pflicht zur effektiven Strafverfolgung und dem Schutz des Persönlichkeitsrechts des Betroffenen nach dem Grundsatz der Verhältnismäßigkeit festgestellt werden. Der Einsatz der „Hörfalle" sei daher jedenfalls dann zulässig – was ein Verwertungsverbot ausschließt –, wenn ihr der Verdacht einer erheblichen Straftat zugrunde liege und andere Ermittlungsmethoden erheblich weniger erfolgversprechend seien.

**571** Mit seiner Entscheidung zum Fall 2 hat der BGH diese Auffassung bestätigt, zugleich aber den Weg der Restriktion beschritten. Für Erkenntnisse aus einer Ausforschung der in Untersuchungshaft befindlichen Beschuldigten hat er unter Berufung auf § 136a StPO ein Verwertungsverbot angenommen, weil diese sich der Einflussnahme durch den Spitzel nicht entziehen könne. Dies komme der Ausübung eines verbotenen Zwanges gleich[312].

Zusammenfassend lässt sich also feststellen, dass der Einsatz von Privatpersonen durch Ermittlungsbehörden **keinem generellen Verbot** unterfällt. Vielmehr ist von Fall zu Fall abzuwägen, ob ein solches Vorgehen die rechtsstaatlichen Grenzen überschreitet. Diese – im Einzelfall auch erst durch den BGH oder das BVerfG zu beseitigende – Ungewissheit über die Rechtmäßigkeit staatlichen Handelns hinterlässt im sensiblen Bereich der Strafverfolgung ein ungutes Gefühl. Das gezielte Erschleichen einer geständnisgleichen Einlassung, die auf förmlich korrektem Wege nicht zu erreichen wäre, sollte daher schon aus Gründen der „Rechtshygiene" generell nicht zugelassen werden.

---

312 Vgl. allgemein zu verdeckten Ermittlungen in Haftanstalten: *Schneider* NStZ 2001, 8 ff. Siehe zum Einsatz von „Informanten" auch EGMR StV 2003, 257.

## III. „Fernwirkung" und „Fortwirkung" von Verwertungsverboten

Zur Erläuterung des Begriffs der **„Fernwirkung"** und zur Darstellung des Problems folgendes **Beispiel:**    **572**

> Der Beschuldigte ist nach einem Tötungsdelikt als Tatverdächtiger festgenommen worden. Die vernehmenden Kriminalbeamten erklären ihm wahrheitswidrig, er sei bei der Tat von einem Zeugen beobachtet und wiedererkannt worden. Angesichts dieser Erklärung findet sich der Beschuldigte bereit, das Versteck der Tatwaffe – eines Revolvers – zu verraten. An der Waffe werden seine Fingerabdrücke festgestellt, auch kann das im Körper des Opfers aufgefundene Projektil eindeutig dem Revolver zugeordnet werden.
>
> Dürfen diese Beweismittel (Fingerabdrücke bzw. vergleichende Untersuchung zwischen Projektil und Waffe) zum Nachteil des Beschuldigten verwertet werden?

Die Aussage des Beschuldigten ist auf eine verbotene Vernehmungsmethode i.S.d. § 136a Abs. 1 StPO zurückzuführen, da er von den Verhörspersonen bewusst „getäuscht"[313] wurde. Dies hat ein Verwertungsverbot hinsichtlich der auf der Täuschung beruhenden Aussage zur Folge, § 136a Abs. 3 S. 2 StPO.

Problematisch ist, ob eine „Fernwirkung" in dem Sinne angenommen werden kann, dass auch die Verwertung der erst aufgrund der gesetzwidrigen Vernehmung aufgefundenen – also **mittelbar erlangten** – Beweismittel untersagt ist. Die Beantwortung dieser Frage ist ausgesprochen streitig.

Teilweise wird in Anlehnung an die aus dem nordamerikanischen Rechtssystem stammende „fruit of the poisonous tree doctrine" (es ist verboten, die Früchte vom verbotenen Baum zu kosten) vertreten, eine Verwertung derart erlangter Beweismittel sei schlechthin unzulässig. Hierfür sprechen neben dem Grundsatz der Rechtsstaatlichkeit auch rechtsethische Gesichtspunkte. Die Gegner dieser Ansicht stellen die kriminal- und rechtspolitischen Belange der Gesellschaft in den Vordergrund und verneinen eine Fernwirkung. Dazwischen gibt es – wie fast immer – die vermittelnde Lösung, welche auf die Schwere des Tatvorwurfs abstellt[314].    **573**

Der BGH verneint eine Fernwirkung von Beweisverwertungsverboten grundsätzlich [315] und stellt darauf ab, ob das Beweismittel ohne den Gesetzesverstoß in zulässiger Weise hätte beschafft werden können[316].

---

313 Dabei ist der Begriff der „Täuschung" nach der Rechtsprechung eng auszulegen, so dass „unbeabsichtigte" Irreführungen und „kriminalistische List" – was immer das im Einzelfall auch sei – erlaubt sind, vgl. oben Rn. 124 ff.
314 Zu den einzelnen Literaturhinweisen vgl. BGH NJW 1980, 1700, LR-*Schäfer* § 100a Rn. 116; *Roxin*, § 24 Rn. 44.
315 Vgl. BGH NStZ 2006, 402 ff.
316 BGH NStZ 1989, 375 f. für den Fall einer Durchsuchung ohne entsprechende richterliche Anordnung.

> In unserem Beispielsfall dürften die genannten Beweismittel also gegen den Angeklagten verwertet werden, denn es handelt sich um einen schwerwiegenden Tatvorwurf. Die erlangten objektiven Beweismittel hätten zumindest theoretisch durch andere Ermittlungen auch auf zulässige Weise zutage gefördert werden können.

**574** Von der „Fernwirkung" ist die **„Fortwirkung"** eines Verwertungsverbotes zu unterscheiden. Hierzu folgendes **Beispiel:**

> Der Beschuldigte wird polizeilich vernommen. Hierbei legt er unter massiven körperlichen Bedrohungen seitens der Vernehmungsbeamten ein umfassendes Geständnis ab. Bei einer im unmittelbaren zeitlichen Anschluss stattfindenden richterlichen Vernehmung erklärt er, die bei der Polizei gemachten Angaben entsprächen der Wahrheit.

Aufgrund des Verstoßes gegen § 136a Abs. 1 S. 3 StPO besteht hinsichtlich der polizeilichen Vernehmung ein Verwertungsverbot, § 136a Abs. 3 S. 2 StPO. Problematisch ist, ob dieses Verbot „fortwirkt" und sich auch auf die nachfolgende richterliche Vernehmung erstreckt.

Auch diese Frage kann nur für den Einzelfall beantwortet werden. Generell kann nur gesagt werden, dass spätere Angaben des Beschuldigten, bei denen er in seiner Willensfreiheit nicht mehr beeinträchtigt war, regelmäßig verwertbar sind. Wirkt **im Ausnahmefall** der Verstoß gegen § 136a StPO aber noch auf das spätere Aussageverhalten ein, so unterfällt auch die für sich gesehen ordnungsgemäße spätere Vernehmung dem Verwertungsverbot[317]. Dem zeitlichen Abstand und der Art und Weise der späteren Vernehmung kommt für diese Beurteilung naturgemäß eine besondere Bedeutung zu[318]. Der vernehmende Richter sollte also für eine möglichst stressfreie Atmosphäre sorgen und die Anwesenheit von Polizeibeamten – soweit möglich – ausschließen.

> In unserem Beispiel ist also von einer „Fortwirkung" auszugehen. Auch die richterliche Vernehmung dürfte nicht verwertet werden.

## J. Absprachen im Strafverfahren

**575** Gespräche zwischen den Verfahrensbeteiligten – insbesondere mit dem Gericht – sind im gesamten Strafverfahren von herausragender Bedeutung, unerlässlich und zulässig[319]. Nur in einer offenen Atmosphäre kann der freie Austausch von Argu-

---

317 Vgl. zu einem solchen Ausnahmefall BGH NJW 2007, 3142. Hier war der Beschuldigte im Zuge der Vernehmung – unzutreffend – dahingehend informiert worden, seine (tatsächlich einem Verwertungsverbot unterliegenden) geständigen Erklärungen gegenüber einem verdeckten Ermittler seien „gerichtsfest".
318 Vgl. BGH StV 2003, 324, NStZ 2001, 551, NJW 1995, 2047 und NStZ 1995, 462.
319 BGH NStZ 2004, 338 f.; NJW 2004, 1396 ff.; BVerfG NJW 1987, 2662; lesen sie zum gesamten Problemkreis auch *Zschockelt* NStZ 1991, 305 ff.; *Landau/Eschelbach* NJW 1999, 321 ff. Zur Problematik der Absprachen im Stadium des Ermittlungsverfahrens: *Landau* DRiZ 1995, 132 ff.

menten und Ansichten geschehen. Gerade dem Strafverfahren kann also eine funktionierende Kommunikation nur zugute kommen. So ist es einem Richter nicht verwehrt, zwecks Förderung des Verfahrens mit den Verfahrensbeteiligten auch ausserhalb der Hauptverhandlung – mit der gebotenen Zurückhaltung – Kontakt aufzunehmen, etwa um prozessuale Fragen zu erörtern[320]. Selbst auf einen einvernehmlichen Verfahrensabschluss gerichtete Verständigungen sind angesichts ihres verfahrensbeschleunigenden Charakters insbesondere in sog. Umfangssachen weitgehend anerkannt[321] – auf die daraus resultierenden Probleme wird noch einzugehen sein. Bei Gewaltdelikten können sie dem Tatopfer eine möglicherweise belastende Zeugenaussage ersparen.

Dem geschriebenen deutschen Strafprozessrecht, das kein „konsensuales", also auf Einvernehmen abzielendes Urteilsverfahren kennt, sind Absprachen indes fremd. Sie können sogar mit einer Reihe von tragenden Grundsätzen des Strafverfahrens kollidieren, nämlich:

– dem Gebot umfassender Erforschung des Sachverhalts, § 244 Abs. 2 StPO;
– dem Prinzip der freien richterlichen Beweiswürdigung, § 261 StPO;
– dem Erfordernis einer schuldangemessenen Strafe, § 46 StGB;
– dem Grundsatz der öffentlichen Verhandlung, § 169 GVG;
– der Gewährleistung eines gegenüber allen Beteiligten fairen Verfahrens;
– dem allgemeinen Gleichbehandlungsgrundsatz.

Es können ferner Probleme der Befangenheit des Gerichts auftreten, etwa wenn zu **576** den einer Absprache vorausgegangenen Gesprächen nicht alle Verfahrensbeteiligten hinzugezogen wurden und dies zu Ablehnungsgesuchen führt (§ 24 Abs. 2 StPO)[322]. Schließlich können geständige Einlassungen des Angeklagten dem Verwertungsverbot des § 136a Abs. 3 StPO unterliegen, wenn die für den Fall eines Geständnisses „angebotene" Strafe von der ansonsten als möglich erklärten Sanktion derart abweicht, dass Erklärungen des Gerichts (oder des Staatsanwalts) als unzulässiges Druckmittel zu qualifizieren sind (sog „Sanktionsschere")[323]. In einem solchen Fall liegt naturgemäß auch die Besorgnis der Befangenheit des beteiligten Richters nahe[324].

Angesichts dieser Vielzahl von Problemfeldern und mangels einer gesetzlichen Regelung hat sich der Bundesgerichtshof im Wege richterlicher Rechtsfortbildung in einer Vielzahl von Entscheidungen bemüht, die tatgerichtliche Absprachepraxis rechtlichen Rahmenbedingungen zu unterwerfen, auf die im Folgenden noch einzugehen sein wird. Mutmaßlich nicht zu Unrecht hegen die Strafsenate die Befürchtung, im Rechtsalltag würden nicht nur gelegentlich die Grundprinzipien des Prozessrechts

---

320  BGH NStZ 2008, 172 f., 229.
321  Vgl. BGH NJW 2004, 1396 ff. Allerdings wird auch die gesetzliche Regelung von Absprachen gefordert, BGH NJW 2005, 1447; *Meyer-Goßner*, ZRP 2004, 187 ff.; *Weigend* NStZ 1999, 57 ff.
322  BGH StraFo 2005, 197; StV 2003, 481; lesenswert insoweit auch: BGH NJW 2000, 965 ff.; BGHSt 37, 298 (304) und BGH NStZ 1996, 448 f.
323  Vgl. BGH NStZ 2005, 393.
324  Siehe etwa BGH NStZ 2008, 170 f.

einer raschen und reibungslosen Verfahrenserledigung geopfert[325]. Gelegentlich dürfte die Motivation für eine Absprache auch gänzlich jenseits anerkannter strafprozessualer Zwecke liegen[326]. Das Bemühen, die revisionsrechtliche Kontrolle auch auf „abgesprochene" Verfahren auszudehnen und entstandenen Wildwuchs einzudämmen, ist also mehr als berechtigt.

**577** Den bislang letzten Stand der revisionsrechtlichen Rechtsprechung markiert die Entscheidung des Großen Senats für Strafsachen vom 03.03.2005, die an der generellen Zulässigkeit von Absprachen festhält[327]. Leider hat aber auch der Große Senat in der angesprochenen Entscheidung nicht definiert, wann es sich um ein – uneingeschränkt zulässiges – Gespräch über die sog. „Sach- und Rechtslage" und wann um eine – Rechtsregeln unterliegende und revisionsrechtlich überprüfbare – „Absprache" handelt. Letztere dürfte jedenfalls dann vorliegen, wenn (regelmäßig als „Gegenleistung" für die Ablegung eines Geständnisses) ein **konkretes Ergebnis versprochen** wird[328]. Auch hier macht also die Dosis das Gift. Problematisch können Gespräche insbesondere dann werden, wenn bereits zu Anfang des Verfahrens eine Verständigung über dessen Ausgang hergestellt, insbesondere wenn von Seiten des Gerichts oder einzelner Gerichtspersonen (Vorsitzenden!) eine konkrete Zusage zur Strafhöhe gemacht wird. Denn Ziel des Strafverfahrens ist die objektive Ermittlung des „wahren" Sachverhaltes sowie die Findung einer tat- und schuldangemessenen Strafe. Aus diesen Gründen darf das Gericht nicht einen „Vergleich im Gewande des Urteils"[329] schließen in dem Sinne, dass es den Boden der ordnungsgemäßen Sachaufklärung oder der schuldangemessenen Strafe verlässt.

**578** Eine Absprache über den Schuldspruch ist daher generell unzulässig. Vor der Urteilsberatung darf keine bestimmte Strafe (sog. „Punktstrafe"), sondern nur eine Strafobergrenze zugesagt werden[330] und selbstverständlich sind auch gesetzlich vorgesehene Rechtsfolgen (etwa die Anwendung von Jugendrecht oder die Anordnung der Sicherungsverwahrung) einer Vereinbarung nicht zugänglich[331]. Schließlich steht der Strafanspruch des Staates nicht zur freien Verfügung des Gerichts oder der Verfahrensbeteiligten.

Im Rahmen einer Hauptverhandlung prinzipiell zulässige Absprachen über den Bereich einer **schuldangemessenen** Strafe setzen zudem immer voraus, dass sich das Gericht entsprechend dem Gebot der Wahrheitsfindung von der Richtigkeit des Schuldspruchs überzeugt. Hierzu kann ein aufgrund freier Willensentschließung des Angeklagten – also ohne jedwede Einflussnahme des Gerichts – abgelegtes, hinrei-

---

325  Vgl. BGH NJW 2003, 3426 ff., die Anmerkungen von *Kargl*, NStZ 2003, 672 ff. sowie *Weider*, StraFo 2003, 406 ff. Siehe auch BGH NStZ-RR 2007, 245; 3 StR 172/04.

326  Vgl. BGH NStZ 2004, 338 ff., wo eine aus einer Vortat herrührende Steuerschuld eingetrieben werden sollte.

327  NJW 2005, 1440 ff. (lesen!).

328  BGH NJW 2005, 1441, 1443, 1445.

329  So schon BGH NJW 2001, 2642 f.; BVerfG NJW 1987, 2662.

330  Auch hiergegen wird freilich verstoßen, vgl. BGH NStZ-RR 2007, 245 f.; NJW 2005, 1441 ff.; NStZ 1999, 571 f.; NJW 1998, 86 ff.

331  Vgl. BGH NStZ 2005, 526.

chend konkretes und **glaubwürdiges** Geständnis genügen, welches keinen Anlass zu Zweifeln bietet. Der Umstand, dass ein Geständnis erst nach einer Absprache abgelegt wird, rechtfertigt im Regelfall derartige Bedenken nicht. In jedem Fall muss die Glaubhaftigkeit eines solchen Geständnisses aber besonders sorgfältig überprüft und in einer für das Revisionsgericht nachprüfbaren Weise im Urteil belegt werden[332]. Das gilt natürlich erst recht, wenn die Verurteilung auf der Aussage eines Mitangeklagten basiert, mit dem eine Absprache getroffen wurde[333].

Neben den genannten inhaltlichen Aspekten dürfen Absprachen zur Herstellung der erforderlichen Transparenz des Verfahrens und entsprechend dem Grundsatz der Öffentlichkeit (§ 169 GVG) – ggf. nach nichtöffentlichen Vorgesprächen – nur unter Einbindung aller Verfahrensbeteiligten in **öffentlicher Hauptverhandlung** stattfinden[334]. Da die Verständigung eine wesentliche Förmlichkeit darstellt, sind sämtliche Vorgänge im Hauptverhandlungsprotokoll zu vermerken, die mit ihr im Zusammenhang stehen[335].

Ist eine Absprache inhaltlich und formal frei von Rechtsfehlern, so ist das Gericht **579** nach dem Grundsatz des fairen Verfahrens an sie **gebunden**. Ein Abweichen von der Zusage kommt nur dann in Betracht, wenn
- schon bei der Absprache relevante tatsächliche oder rechtliche Aspekte übersehen wurden oder
- sich in der Hauptverhandlung neue und schwerwiegende Umstände zu Lasten des Angeklagten erweisen[336].

Hinsichtlich fehlerhafter Absprachen ist zwischen inhaltlichen und formalen Aspekten zu unterscheiden:

Verstoßen Absprachen gegen die genannten inhaltlichen Voraussetzungen, so sind sie – da unzulässig – für das Gericht nicht bindend, denn einen „Handel mit der Gerechtigkeit" darf es nicht geben. Allerdings muss das Gericht aufgrund des Fairnessgebotes den Adressaten der Zusage ausdrücklich darauf hinweisen, wenn es von einer gemachten Zusage abrücken will oder muss[337]. Welche Konsequenzen dies für die Verwertbarkeit eines im Hinblick auf die Absprache abgelegten Geständnisses hat, ist nach wie vor ungeklärt[338].

---

332  Vgl. BGH NStZ 2007, 20; NStZ-RR 2007, 116 ff.; 245 f.; NJW 2005, 1441 ff.
333  BGH NStZ 2008, 54, 173 ff.
334  BGH NJW 2004, 1396 ff. Ein Verstoß gegen dieses Transparenzgebot begründet jedoch nicht den absoluten Revisionsgrund des § 338 Nr. 6 StPO, vgl. BGH NJW 2005, 519 f.
335  BGH NStZ 2007, 355; NJW 2005, 1441.
336  Vgl. BGH NJW 2008, 1752 ff. Diese Entscheidung behandelt auch die Situation, dass sich die **Staatsanwaltschaft** an ihren Teil der Absprache (zugesagte Verfahrenseinstellungen) nicht hält.
337  Vgl. BGH NJW 2005, 1442; NStZ 2005, 87, 115 f.; StV 2003, 268; NJW 1998, 86 ff., 3654 f.; NJW 1994, 1293.
338  Vgl. BGH NJW 2008, 1752 ff. Siehe auch *Kölbel* NStZ 2003, 232 ff. Der 5. Strafsenat des BGH will die Frage der Verwertbarkeit offenbar davon abhängig machen, ob der Angeklagte auf die Zusage vertrauen durfte, BGH StV 2003, 481 mit Anmerkungen von *Schlothauer*. Allgemein zu gescheiterten Absprachen siehe auch *Meyer-Goßner* StraFo 2003, 401 ff.

Keinen Vertrauensschutz und damit auch keine Hinweispflicht im Falle von Abweichungen begründen dagegen formal fehlerhafte Absprachen außerhalb der Hauptverhandlung, die nicht protokolliert worden sind[339]. Denn nur wenn „heimliche" Verständigungen mit dem Makel der rechtlichen Bedeutungslosigkeit behaftet sind, werden die Beteiligten zur Einhaltung des Transparenzgebotes gezwungen. Dies ist ersichtlich das – berechtigte – Anliegen dieser einschränkenden Rechtsprechung.

**580** Besonders umstritten war zwischen den Strafsenaten des Bundesgerichtshofs, ob der im Anschluss an ein abgesprochenes Verfahrensergebnis erklärte **Rechtsmittelverzicht** des Angeklagten (oder eines anderen insoweit berechtigten Verfahrensbeteiligten) wirksam sein kann, wenn dieser bereits Gegenstand der Vereinbarungen war. Eine entsprechende Zusage des Angeklagten führt nämlich auf Seiten des Gerichts und der anderen an der Absprache Beteiligten nahezu zwangsläufig zu einer Verminderung derjenigen Sorgfalt, welche von Rechts wegen auf die Sachverhaltsaufklärung und die rechtliche Subsumtion zu verwenden ist. Die Erwartung, gem. § 267 Abs. 4 StPO lediglich ein abgekürztes Urteil abfassen zu müssen, mag für das Gericht verlockend sein. Persönliche Trägheit oder knappe justizielle Ressourcen können jedoch Verstöße gegen Verfahrensprinzipien nicht legitimieren. Aus diesem Grund darf das Gericht – anders als etwa die Staatsanwaltschaft – vor der Urteilsverkündung weder einen Rechtsmittelverzicht vereinbaren, noch überhaupt daran mitwirken[340].

Wird gegen dieses Verbot verstoßen, bleibt das Gericht an eine (ansonsten ordnungsgemäße) Absprache gleichwohl gebunden[341]. Die Wirksamkeit eines erklärten Rechtsmittelverzichts hängt davon ab, ob dem Angeklagten im Anschluss an die Urteilsverkündung eine sog. **„qualifizierte" Belehrung** zuteil wurde. Er muss also ausdrücklich darauf hingewiesen werden, dass er unabhängig von den getroffenen Vereinbarungen und den Empfehlungen der übrigen Verfahrensbeteiligten (auch des Verteidigers) in seiner Rechtsmittelbefugnis nicht eingeschränkt ist. Diese – unverzichtbare[342] – Belehrung ist ebenfalls im Hauptverhandlungsprotokoll zu vermerken. Auch ist dem Angeklagten ggf. Gelegenheit zu geben, sich insoweit nochmals mit seinem Anwalt zu beraten. Wird diesen Erfordernissen Genüge getan, so ist der erklärte Rechtsmittelverzicht wirksam und bindend. Andernfalls kann der Angeklagte – innerhalb der gesetzlichen Frist – trotz der anderslautenden Erklärung noch Rechtsmittel einlegen[343].

**581** Erweist sich das Rechtsmittel als nach diesen Grundsätzen zulässig, so stellt sich jedenfalls für die Revision die weitere Frage, ob der Rechtsmittelführer hinsichtlich der Geltendmachung bestimmter verfahrensrechtlicher oder sachlichrechtlicher Einwände ausgeschlossen ist. Denn das Verfahren wurde ja inhaltlich auch in seinem

---

339  BGH NJW 2005, 446.
340  BGH NJW 2008, 1752 ff.; NJW 2005, 1444 ff.
341  BGH NJW 2008, 1752 ff.
342  BGH NJW 2007, 1829.
343  Vgl. BGH NJW 2007, 165 f.; 2005, 1446; BGH NStZ-RR 2005, 271 f. – auch zu der nur eingeschränkten Möglichkeit, nach Fristablauf Wiedereinsetzung in den vorigen Stand er erhalten.

Sinne beendet. Daraus könnte man mit einer gewissen Berechtigung ableiten, allein die Einhaltung der dargelegten Grenzen einer Absprache unterlägen der revisionsrechtlichen Überprüfung. Obergerichtlich geklärt ist diese Frage bislang indes nicht.[344]

Trotz der Vielzahl rechtsstaatlicher Fragwürdigkeiten hat sich der „Deal" in der Praxis durchgesetzt. Sollen „bei vorsichtiger Schätzung" der Anwaltschaft bereits im Jahre 2002 mindestens 50 % aller Strafverfahren mit abgesprochenem Ergebnis beendet worden sein[345], so werden derzeit in der Praxis 80 % als Durchschnittswert gehandelt. Dabei dürften – politisch erkennbar gewollt[346] – vor allem Wirtschaftskriminelle und solche Angeklagte in den Genuss von Absprachen kommen, deren Verteidiger ein möglichst großes Drohpotential hinsichtlich des Umfangs bzw. der Dauer einer Hauptverhandlung aufbauen können. Der „normale" Angeklagte hat dem Gericht dagegen wenig „Entgegenkommen" anzubieten.

Vor dem dargelegten Gesamthintergrund erscheint ein generelles **gesetzliches Verbot** von Urteilsabsprachen schon aus Gründen der Rechtshygiene angezeigt. Definiert man sie lebensnah als die Vereinbarung eines konkreten Verfahrensergebnisses gegen Ablegung eines Geständnisses, so umschreibt dies bei Licht betrachtet nichts anderes als den „Handel mit der Gerechtigkeit", den es nicht geben darf. Bei tendenziell weiter zunehmenden Engpässen in der Ausstattung der Justiz dürfte die Neigung zu „ausgekungelten" – möglicherweise dem Angeklagten sogar abgepressten, jedenfalls aber nicht sorgfältig herbeigeführten – Verfahrensergebnissen dabei zunehmen. Eine wirkliche revisionsrechtliche Kontrolle ist dagegen nicht zu erwarten. Sie wird schon daran scheitern, dass „anrüchige" Vereinbarungen nicht protokolliert werden[347]. Zudem dürften sich gerade in solchen Verfahren die Beteiligten an die Absprache halten und auf Rechtsmittel verzichten, um die Unredlichkeit zu verbergen und das Ergebnis nicht zu gefährden. Die (nicht weiter belegte) Behauptung des Großen Senats, die Strafrechtspflege könne angesichts der knappen Ressourcen ihre Aufgaben ohne Zulassung von Urteilsabsprachen nicht mehr erfüllen[348], ist also nichts anderes als eine Preisgabe des Kernbereichs richterlicher Obliegenheiten.

Die Möglichkeit von konkreten Urteilsabsprachen steht den Anforderungen an ein der materiellen Gerechtigkeit und dem Gleichheitssatz verpflichtetes Verfahren diametral entgegen und verführt zur unsachgemäßen Sachbehandlung. Das geht soweit, dass selbst das „Wegdealen" einer Sicherungsverwahrung, deren gesetzliche Voraussetzungen vorliegen, in der Rechtspraxis von Gerichtsseite angeboten[349], gelegentlich aber auch völlige Unterwerfung unter die Vorstellungen des Gerichts gefordert wird[350]. Abschließend sei ein weiteres konkretes Beispiel aus der BGH-Rechtspre-

---

344  Siehe hierzu den Beschluss des 5. Senats vom 29.10.2003 (5 ARs 61/03).
345  Vgl. *Schünemann/Hauer*, AnwBl. 2006, 439 ff.
346  Nach einem Gesetzesantrag des Landes Niedersachsen (BR-Ds 235/06) und einem Referentenentwurf des BMJ vom 19.05.2006 soll insbesondere in „umfangreichen und schwierigen Verfahren" gedealt werden, also wenn der Aufklärungsbedarf und im Zweifel auch die Strafdrohung besonders hoch sind.
347  Ein Beispiel finden Sie bei BGH NStZ-RR 2007, 245.
348  BGH NJW 2005, 1443.
349  Vgl. BGH NStZ-RR 2007, 116 ff. Siehe zum Problemkreis auch BGH NStZ 2006, 464 f.
350  Siehe beispielhaft BGH NStZ 2006, 586.

chung[351] genannt und der Leser aufgefordert, sich für kurze Zeit einmal in die Perspektive des Tatopfers zu versetzen:

> „Die Annahme eines minder schweren Falles ist nicht mit einer Begründung versehen und erscheint angesichts der kriminellen Intensität der Tat (nächtlicher Überfall maskierter Täter auf eine Frau in deren Wohnung, unter Verwendung einer ungeladenen Gaspistole, mit körperlicher Mißhandlung, Fesselung und Knebelung des Tatopfers) auch unter Berücksichtigung aller strafmildernden Umstände im Ergebnis unvertretbar. Die gegen den Angeklagten verhängte Freiheitsstrafe von zwei Jahren und sechs Monaten, die der vom Landgericht im Rahmen einer verfahrensbeendenden Verständigung zugesagten Strafobergrenze entspricht, wird ihrer Bestimmung, gerechter Schuldausgleich zu sein, nicht mehr gerecht."
>
> Da nur der Angeklagte Revision eingelegt hatte (die Staatsanwaltschaft war offenbar mit der Strafe zufrieden), war der BGH angesichts des Verschlechterungsverbots an die rechtswidrig verhängte Sanktion gebunden.

Abschließend kann hinsichtlich der Absprachepraxis bei deutschen Gerichten nur mit dem BGH konstatiert werden: „Die Legitimität staatlichen Strafens droht Schaden zu nehmen"[352] und es besteht „Anlass zu ernster Sorge über den Zustand der Strafjustiz"[353].

## K. Der alkoholisierte Täter

### I. Verfahrensmäßige Bedeutung des Alkohols

**582**   Der Genuss von Drogen jeglicher Art, zu denen neben den durch das Betäubungsmittelgesetz (BtMG) erfassten Substanzen – wie Cannabis, Heroin oder Kokain – sowie Psychopharmaka vor allem der Alkohol zu zählen ist, stellt bekanntermaßen ein großes gesellschaftliches Problem dar, das sich auch im Strafverfahren widerspiegelt. Die **materiell-rechtliche Bedeutung** des Alkohols ergibt sich für eine große Fülle von Verfahren insbesondere vor den Amtsgerichten zunächst aus den §§ 316 und 315c StGB, dem im Zusammenhang mit diesen Delikten häufig anzutreffenden unerlaubten Entfernen vom Unfallort (§ 142 StGB) sowie den bei solchen Vergehen anfallenden Führerscheinmaßnahmen nach den §§ 69 ff. StGB, 111a StPO bzw. den möglichen Fahrverboten nach § 44 StGB. Auch die Ordnungswidrigkeit nach § 24a StVG wegen Überschreitung der 0,5‰ oder 0,8‰-Grenze bedarf an dieser Stelle der Erwähnung.

**583**   Die Alkoholisierung des Täters ist aber auch für die Frage der Strafbarkeit bzw. Strafzumessung von Bedeutung, da im Rahmen der **§§ 20, 21 StGB** jedenfalls die massive Alkoholisierung als sog. „Intoxikationspsychose" unter den Begriff der „krankhaften

---

351  BGH 3 StR 172/04; siehe zudem als weitere Beispiele BGH NStZ 2008, 54; 2006, 464 f.
352  BGH NStZ 2008, 54.
353  BGH NStZ 2008, 170 f.

seelischen Störung" fällt bzw. als „tiefgreifende Bewusstseinsstörung" anerkannt ist. Sie kann damit zur Schuldunfähigkeit oder zumindest zu einer Milderung der Strafe nach § 49 Abs. 1 StGB führen. Auch ansonsten ist eine alkoholbedingte „Enthemmung" als Kriterium der Strafzumessung i.S.d. § 46 StGB zu berücksichtigen[354]. Allerdings dürfte in Fällen selbstverschuldeter und dem Täter **uneingeschränkt vorwerfbarer** (also etwa nicht auf einer Alkoholkrankheit beruhender) Trunkenheit eine Strafrahmenverschiebung nach den §§ 21, 49 Abs. 1 StGB i.d.R. abzulehnen sein[355]. Gleiches gilt, wenn der Täter seine Neigung zur Begehung von Straftaten unter Alkoholeinfluss – etwa wegen einschlägiger Vorstrafen – kennt[356].

Aus Vorgesagtem ergibt sich gleichwohl zwingend, dass die am Strafverfahren Beteiligten mit der Ermittlung von Blutalkoholwerten schon deshalb vertraut sein müssen, um den Ausführungen eines Sachverständigen zu diesem Tataspekt folgen und sie bewerten zu können.

## II. Ermittlung der Tatzeit-Blutalkoholkonzentration

Für das erkennende Gericht bedeutet dies, dass die Blutalkoholkonzentration (BAK) beim Angeklagten zur Tatzeit immer dann festzustellen ist, wenn ein objektiver Anhalt für Alkoholkonsum besteht oder der Angeklagte sich hierauf beruft. Dabei sind für die Ermittlung der Tatzeit-BAK **zwei Situationen** zu unterscheiden:     **584**

↙    ↘

Es liegt eine BAK-Bestimmung aufgrund einer Blutprobe vor.

Es stehen allein die Angaben des Angeklagten oder von Zeugen zur Verfügung.

## 1. Vorliegen einer Blutprobe

Wurde dem Angeklagten nach der Tat (etwa als Folge einer Verkehrskontrolle) durch einen Arzt eine Blutprobe entnommen[357] – was gem. § 81a StPO auch gegen seinen Willen möglich ist –, so kann hieraus der Anteil des im Blut befindlichen Alkohols (Ethanol) ermittelt werden[358]. Für diese chemische Untersuchung stehen drei Verfah-     **585**

---

354  Vgl. BGH 3 StR 479/07; NStZ 1995, 282 zum „Mutantrinken" sowie BGHSt 37, 231 (239).
355  BGH NStZ 2005, 151 f.; NJW 2004, 3350 ff.; NJW 2003, 2394 ff.
356  Vgl. BGH NStZ 2006, 98 ff.; 2005, 385 f.
357  Nach Nr. 243 Abs. 2 RiStBV ist generell bei dem Verdacht einer Tatbegehung unter Alkoholeinwirkung die unverzügliche Blutentnahme zu veranlassen.
358  Demgegenüber können nach h.M. beim bisherigen Stand der Technik aus der Anzeige eines **Atemalkohol-Testgerätes** jedenfalls im Strafverfahren keine sicheren Schlüsse auf den Grad einer Alkoholisierung gezogen werden, vgl. *Iffland* NJW 1999, 1379 ff.; OLG Hamm NJW 1995, 2425 f. sowie *Fischer*, § 316 Rn. 23 m.w.N. Zu der Problematik des **§ 24a StVG,** der auch an den Alkoholgehalt der Atemluft anknüpft, siehe die grundlegende Entscheidung BGH NJW 2001, 1952, *Hentschel* NJW 2005, 645 und – zur standardisierten Messmethode – OLG Karlsruhe NJW 2006, 1988.

ren zur Verfügung, nämlich die „ADH-Methode"[359], das gaschromatografische (GC-) Verfahren oder die Untersuchung nach Widmark. In der Praxis erfolgt die Untersuchung mittels jeweils zwei Analysen im GC- und im ADH-Verfahren[360].

Aus den ermittelten Werten wird dann – soweit die zwischen ihnen bestehenden Abweichungen nicht bestimmte Grenzen überschreiten[361] – ein Mittelwert gebildet, der von dem untersuchenden Institut in dem sog. BAK-Befund[362] angegeben wird. Von diesem Mittelwert aus erfolgt die Berechnung der Tatzeit-BAK im Wege der Rückrechnung. Dies geschieht vor dem Hintergrund, dass die Blutprobe erst nach der Tat entnommen wurde, der Analysewert also i.d.R. nicht die Tatzeit-BAK wiedergibt.

Für die Art und Weise der Rückrechnung ist grundsätzlich zwischen zwei verschiedenen Situationen zu unterscheiden:

✓          ↘

Der Alkoholkonsum ist für den Angeklagten **nachteilig**.

Der Grad der Alkoholisierung wirkt sich **zugunsten** des Angeklagten aus.

### a) Der dem Angeklagten nachteilige Alkoholgenuss

**586**   Der Genuss von Alkohol gereicht dem Angeklagten nur dann zum Nachteil, wenn die durch ihn bedingten physiologischen und psychischen Ausfallerscheinungen Gegenstand eines Deliktes sind. Dies gilt insbesondere für den Vorwurf der Trunkenheit im Verkehr (§ 316 StGB), welcher daran anknüpft, dass der Täter nicht mehr in der Lage war, sein Fahrzeug „sicher zu führen", also fahruntauglich war. Die gleiche Überlegung greift für den Vorwurf der Gefährdung des Straßenverkehrs, vgl. § 315c Abs. 1 Ziff. 1a StGB. Da in diesen Fällen der Grad der Alkoholisierung von ausschlaggebender Bedeutung ist – ab 1,1‰ BAK wird die Fahruntauglichkeit unwiderlegbar vermutet[363] – ist das erkennende Gericht gehalten, ausgehend von der später festgestellten BAK (zum Zeitpunkt der Entnahme einer Blutprobe) auf die BAK zur Tatzeit zurückzurechnen.

**587**   Bevor dies als mathematische Operation geschehen kann, sind jedoch einige medizinische Gesichtspunkte zu bedenken. Wird Alkohol konsumiert, so gelangt dieser nicht unmittelbar vollständig in die Blutbahn. Vielmehr muss er zunächst vom Kör-

---

359   ADH steht hier für Alkoholdehydrogenase.

360   Vgl. zum Beweiswert eines fehlerhaft zustande gekommenen Analyseergebnisses BGH NJW-RR 2003, 17 f.

361   Die Differenz zwischen dem höchsten und dem niedrigsten Einzelwert darf – wenn das untersuchende Institut erfolgreich an den Ringversuchen teilnimmt – bei einem Mittelwert ab 1,1‰ nicht mehr als 10% des Mittelwertes betragen, BGH NJW 1999, 3058 ff.; vgl. auch BGH NJW 1990, 2394 f.

362   Ein Beispiel für einen solchen Befundbericht finden Sie unter Rn. 80.

363   BGH NJW-RR 2003, 17; NJW 1990, 2393 (2395); eine Aufrundung geringfügig unterhalb dieses Wertes liegender Analyseergebnisse ist nicht zulässig, vgl. BGHSt 28, 1 für die 0,8‰-Grenze des § 24a StVG.

per „resorbiert" werden, was eine gewisse Zeit braucht. Die hierfür benötigte Zeitspanne wird als **„Resorptionsphase"** bezeichnet.

Für die Berechnung der Tatzeit-BAK ist dieser Umstand von wesentlicher Bedeutung. **588** Lag die Entnahme der Blutprobe innerhalb dieser Resorptionsphase, so lässt der durch die Analyse des Blutes ermittelte Wert keinen sicheren Rückschluss auf die Gesamtmenge des Alkohols zu. Eine zu einem noch späteren Zeitpunkt entnommene Blutprobe hätte – es wäre eventuell noch mehr Alkohol im Wege der Resorption ins Blut gelangt – möglicherweise einen höheren Wert ergeben, da während der Resorptionsphase der Blutalkoholgehalt ansteigt, sofern nicht eine Kompensation durch den **Alkoholabbau** stattfindet. Würde man ausgehend von einer solchen während der Resorptionsphase entnommenen Blutprobe durch einfache Addition der in dem Zeitraum zwischen Tat und Blutprobe abgebauten Alkoholmenge die Tatzeit-BAK ermitteln, so würde der Angeklagte unberechtigt benachteiligt, da der Alkoholgehalt im Blut bei der Tatbegehung unter dem Wert der Analyse gelegen haben kann. Die „Hochrechnung" ist also nur dann zulässig, wenn der genossene Alkohol vollständig in das Blut gelangt war, als die Blutprobe entnommen wurde. Um dies sicherzustellen, ist normalerweise eine Resorptionsphase von **zwei Stunden** zu berücksichtigen[364].

Etwas anderes gilt bei „abnormem" Trinkverlauf, wenn also eine stündliche Menge **589** von 0,5 bis 0,8 Gramm Alkohol pro Kilogramm Körpergewicht überschritten wurde[365]. Das bedeutet: Für die ersten zwei Stunden nach dem festzustellenden **Trinkende** darf im Regelfall eine Hochrechnung – also ein Zuschlag zu dem Analysewert – nicht zu Lasten des Angeklagten vorgenommen werden, obwohl bei gleichbleibender Trinkgeschwindigkeit und Alkoholaufnahme über einen längeren Zeitraum (mehr als 3 bis 4 Stunden) das Trinkende und das Ende der Resorptionsphase in der Regel zusammenfallen. Aufgrund rechtsmedizinischer Untersuchungen[366] ist eine auf den Einzelfall abstellende Betrachtung der Resorptionsdauer angezeigt und gehört zum Standard der dem Sachverständigen abzuverlangenden Leistung.

Gelangt das Gericht zu der Feststellung, dass zwischen Trinkende und Entnahme der **590** Blutprobe ein Zeitraum von mehr als zwei Stunden lag – die Resorptionsphase also abgeschlossen war –, so kann für diesen Zeitraum im Wege der Hochrechnung die Tatzeit-BAK ermittelt werden. Da dem Angeklagten, der sich dem Vorwurf z.B. einer Trunkenheitsfahrt ausgesetzt sieht, naturgemäß daran gelegen sein dürfte, dass ein möglichst geringer Alkoholgehalt bei Tatbegehung festgestellt wird, ist entsprechend dem Grundsatz „in dubio pro reo" von dem medizinisch denkbar niedrigsten Abbauwert auszugehen. Geht es also um die Feststellung der Fahrtüchtigkeit, so ist generell von einem **stündlichen Abbauwert in Höhe von 0,1‰** auszugehen[367].

---

364 Vgl. die Nachweise bei *Fischer*, § 316 Rn. 19.
365 Vgl. BGHSt 25, 246 (250).
366 Vgl. *Heifer* BA 1976, 305 ff.
367 BGH NJW 1991, 852 f.; BGHSt 25, 246 (250); BGH NStZ 1986, 114. Mangels nachträglicher Feststellbarkeit darf der Wert von 0,1‰ pro Stunde nicht durch einen „individuellen" Abbauwert (z.B. mit der Begründung einer Alkoholgewöhnung) ersetzt werden, vgl. BGHSt 34, 29 (32) und BGHSt 36, 286 (289). Auch auf einen „wahrscheinlichen" Wert darf nicht zurückgegriffen werden, BGH NStZ 1989, 119.

**Beispiel:** Der Angeklagte wird im Rahmen einer allgemeinen Verkehrskontrolle um 1.00 Uhr morgens angehalten. Da die Polizeibeamten einen deutlichen Alkoholgeruch feststellen, wird eine Blutprobe angeordnet, die um 2.00 Uhr morgens durchgeführt wird. Die Analyse ergibt einen BAK-Wert von 1,35‰. Später kann festgestellt werden, dass der Angeklagte am Vorabend an einer Feier teilgenommen und bis 23.00 Uhr Alkohol zu sich genommen hatte.

Für die (pauschale) Berechnung der BAK zur Tatzeit wäre also von einem Trinkende gegen 23.00 Uhr auszugehen. Mangels entgegenstehender Anhaltspunkte kann auch ein „normaler" Trinkverlauf angenommen werden. Es ist daher eine Resorptionsphase von 23.00 Uhr bis 1.00 Uhr am darauffolgenden Morgen in Ansatz zu bringen. Für die zeitliche Differenz zwischen dem Ende der Resorptionsphase und der Entnahme einer Blutprobe von vorliegend einer Stunde kann also eine Rückrechnung mit 0,1‰ Abbau pro Stunde stattfinden. Das ergäbe eine Tatzeit-BAK von 1,45‰.

**591** Wurde die Blutprobe innerhalb der Resorptionsphase entnommen, so darf keine Rückrechnung stattfinden. Was den Vorwurf der Teilnahme am Straßenverkehr im Zustand der Fahruntauglichkeit anbelangt, ist diese Rückrechnung aber auch entbehrlich, sofern die durch das Analyseergebnis ausgewiesene BAK zumindest 1,1‰ beträgt oder dieser Grenzwert später erreicht wird. Denn für die Frage der Fahruntüchtigkeit i.S.d. §§ 316, 315c Abs. 1 Nr. 1a StGB kommt es angesichts der erheblichen Ausfallerscheinungen in der sog. Anflutungsphase allein darauf an, wie viel Alkohol der Täter insgesamt im Körper hatte[368].

**592** Vorstehenden Ausführungen ist unschwer zu entnehmen, dass sich im Einzelfall die Ermittlung der Tatzeit-BAK ausgesprochen schwierig gestaltet. Aus diesem Grunde wird das Gericht i.d.R. seiner Aufklärungspflicht in der Hauptverhandlung nicht genügen können, ohne einen **Sachverständigen** (üblicherweise des jeweiligen gerichtsmedizinischen Institutes) hinzuzuziehen[369]. Dessen Beurteilung zum Grad einer Alkoholisierung kann sich das Gericht ohne weiteres anschließen. Die daran anknüpfenden **Rechtsfragen**, etwa die Anwendbarkeit des § 21 StGB, hat das Gericht freilich eigenverantwortlich und ohne Bindung an die Ausführungen des Sachverständigen zu beantworten[370]. Im Urteil sind daher stets die Grundlagen wiederzugeben, auf denen die Schlussfolgerungen des Sachverständigen beruhen und auf die das Gericht die Annahme bzw. Verneinung der Voraussetzungen der §§ 316, 315c StGB (bzw. der §§ 20, 21 StGB) stützt[371].

**593** Sachverständiger Hilfe bedarf das Gericht auch zur Überprüfung eines im Zusammenhang mit den angesprochenen Straßenverkehrsdelikten oftmals behaupteten **Nachtrunks**. Hier gibt der Angeklagte an, im Rahmen der Blutuntersuchung festgestellter Alkohol sei erst nach dem Tatzeitpunkt konsumiert worden. In einem solchen Fall empfiehlt sich die Anordnung einer **Begleitstoffanalyse**, durch welche insbeson-

---

368 BGHSt 25, 246 (251).
369 Vgl. auch BGHSt 25, 246 (250).
370 BGH NStZ 2007, 639 f.
371 BGHSt 34, 29 (31); BGH NStZ 1984, 408; NStZ 1986, 114.

dere festgestellt werden kann, welche Art von Getränken (z.B. Bier oder Cognac) der Angeklagte konsumiert hat. Auf diesem Wege kann die oftmals als Schutzbehauptung anzusehende Angabe eines Nachtrunkes vielfach ohne weiteres widerlegt werden, da viele alkoholische Getränke typische „Begleitalkohole" enthalten.

### b) Der dem Angeklagten vorteilhafte Alkoholgenuss

Die Alkoholisierung gereicht einem Angeklagten dann zum Vorteil, wenn aufgrund **594** der Alkoholaufnahme die Anwendbarkeit der §§ 20, 21 StGB im Raume steht. Nach der Rechtsprechung haben sich bestimmte Standardwerte herausgebildet, bei deren Erreichen die §§ 20, 21 StGB zu prüfen sind. So muss sich das Gericht ab einer Tatzeit-BAK von 2‰ mit der (naheliegenden) Frage einer **verminderten Schuldfähigkeit** i.S.d. § 21 StGB auseinandersetzen[372] und ab 3‰ die Möglichkeit einer – bei dieser Alkoholisierung regelmäßig nicht auszuschließenden[373] – **Schuldunfähigkeit** i.S.d. § 20 StGB erörtern[374] soweit nicht aufgrund der konkreten Einzelfallsituation auch unabhängig von der Blutalkoholkonzentration jeweils Anlass zu einer entsprechenden Prüfung besteht. Besonderes Augenmerk ist daher in jedem Fall den im Blutentnahmeprotokoll[375] geschilderten Ausfallerscheinungen zu schenken[376].

Geht es in diesem Sinne um eine dem Angeklagten günstige (weil hohe) Tatzeit- **595** BAK, so muss im Wege der Rückrechnung mit einem maximalen Abbauwert gerechnet werden. Um ausgehend von dem Analysewert im Ergebnis zur denkbar höchsten Tatzeit-BAK zu gelangen, ist bei der Prüfung der Schuldfähigkeit zugunsten des Täters der maximale **stündliche Abbauwert von 0,2‰** zugrunde zu legen. Um sämtliche Risiken (insbesondere Messungenauigkeiten) auszugleichen, ist zu dem auf diesem Wege ermittelten Wert ein **Sicherheitszuschlag von 0,2‰** hinzuzurechnen[377]. Anders als bei der für den Angeklagten nachteiligen Auswirkung des Alkoholkonsums sind im Rahmen der Prüfung der Schuldfähigkeit auch die ersten beiden Stunden nach Trinkende in die Rückrechnung einzubeziehen, d.h. auf den Abschluss der Resorptionsphase kommt es hier nicht an.

> **Beispiel:** Der Angeklagte ist um 23.00 Uhr bei einem Einbruchsdiebstahl auf frischer Tat festgenommen worden. Bis 22.30 Uhr hatte er Alkohol konsumiert. Eine ihm am darauffolgenden Morgen gegen 2.00 Uhr entnommene Blutprobe ergibt eine BAK von 1,8‰.
>
> Obwohl hier die Resorptionsphase spätestens um 0.30 Uhr abgeschlossen war, ist im Sinne des Angeklagten für die gesamte Zeitspanne zwischen Tatbegehung und Entnahme der Blutprobe eine Rückrechnung vorzunehmen. Da diese einen Zeitraum von drei Stun-

---

372  Vgl. BGH NStZ 2000, 214 f.; BGHSt 36, 286 (288); BGH NStZ 1994, 334 und 408. Zu den Besonderheiten bei Tötungsdelikten siehe BGHSt 37, 231 (234 f.) sowie BGH NStZ 1991, 126 (127).
373  BGHSt 34, 29 (31); BGH NStZ 1989, 119.
374  BGH VRS 70, 15; StV 1987, 385.
375  Ein Beispiel finden Sie unter Rn. 68 f.
376  BGH NStZ 1990, 384.
377  Vgl. BGH NStZ 2000, 214 f.; BGHSt 37, 231 (237), BGH NStZ 1986, 114.

den erfasst, sind zu dem Analyseergebnis von 1,8‰ zunächst 0,6‰ für den in dieser Zeit stattgefundenen Abbau in Ansatz zu bringen. Das ergibt bereits einen Wert von 2,4‰. Durch den Sicherheitszuschlag in Höhe von weiteren 0,2‰ hätte das Gericht also von einer Tatzeit-BAK von 2,6‰ auszugehen und sich folglich zumindest mit den Voraussetzungen des § 21 StGB ernsthaft – und sachverständig beraten – auseinander zu setzen.

### 2. Fehlen einer Blutprobe

**596**   Oftmals fehlen jedoch Analyseergebnisse als sicherste Grundlage für eine Berechnung der Tatzeit-BAK. Dies beruht auch darauf, dass – sicherlich zuweilen als Schutzbehauptung im nachhinein eine alkoholbedingte Enthemmung zur Tatzeit geltend gemacht wird, um auf diesem Wege zumindest in den Genuss des § 21 StGB und damit einer Strafmilderung zu gelangen. Steht der Alkoholkonsum fest oder ist die – vom Gericht als glaubhaft eingestufte[378] – Einlassung des Angeklagten nicht zu widerlegen, so muss die Tatzeit-BAK nach der sog. „Widmark-Formel" berechnet werden[379]. Das heißt, dass zunächst zu berechnen ist, wie hoch die theoretisch maximale BAK gewesen wäre, wenn der Angeklagte bei Trinkbeginn sämtlichen Alkohol aufgenommen und resorbiert hätte. Das geschieht nach der Formel

$$\frac{\text{Gramm des aufgenommenen Alkohols}}{\text{Körpergewicht in kg} \times 0,7 \text{ (Reduktionsfaktor}^{380})}$$

Die Ermittlung des „genossenen" Ethanols kann über die Art und Menge des Getränks stattfinden. Zu bedenken ist allerdings, dass die (z.B. auf Flaschen etikettierten) Prozentangaben zum Alkoholgehalt sich nicht auf die Gewichtsanteile, sondern das **Volumen** beziehen. Ein Milliliter (ml) Alkohol wiegt aber nicht ein Gramm, sondern hat ein spezifisches **Gewicht** von 0,8 Gramm. Dies ist bei dem Rückschluss von der Trinkmenge auf die Gramm-Menge des konsumierten Alkohols unbedingt zu berücksichtigen.

---

378  Das Gericht hat sich von Amts wegen aufgrund aller ihm zur Verfügung stehender Erkenntnismöglichkeiten im Rahmen der freien Beweiswürdigung eine Überzeugung von der aufgenommenen Alkoholmenge zu verschaffen, BGH NStZ-RR 2006, 72 f. Die Angaben des Angeklagten müssen insoweit nicht kritiklos übernommen werden. Sie können – wenn es unter Berücksichtigung des Zweifelssatzes hierfür tragende Gründe gibt – auch als unglaubhaft eingestuft werden, vgl. BGHSt 37, 231 (238 f.); BGH NStZ 1991, 126 (127); NStZ 1992, 32. Im Übrigen müssen die Angaben des Angeklagten so konkret sein, dass sie zumindest eine ungefähre zeitliche und mengenmäßige Abschätzung des Alkoholkonsums erlauben. Sind sie hierfür zu vage, bedarf es **ausnahmsweise** einer BAK-Berechnung nicht, BGH NStZ 2000, 24 f.; NStZ 1994, 334 f.
379  Vgl. hierzu *Salger* DRiZ 1989, 174 (175) m.w.N.
380  Dieser Reduktionsfaktor von 0,7 (bei Männern) bzw. 0,6 (bei Frauen) ist erforderlich, weil nicht die gesamte Körpermasse als Lösungsraum für den aufgenommenen Alkohol zur Verfügung steht, sondern nur das im Körper enthaltene Wasser (bei Männern im Durchschnitt 70%). Je nach körperlicher Konstitution kann aus sachverständiger Sicht die Anwendung eines dem Angeklagten günstigeren Reduktionsfaktors angezeigt sein, vgl. auch BGH NJW 2002, 3264.

> **Beispiel:** Der Angeklagte hatte von 14.00 bis 17.00 Uhr alkoholische Getränke konsumiert und ist um 18.00 Uhr bei einem Verkehrsdelikt gestellt worden. Insgesamt hatte er 3 Liter handelsübliches Pils zu sich genommen, das einen Alkoholgehalt von 5 Volumenprozent aufweist, und so (150 ml Alkohol ´ 0,8 =) 120 Gramm Ethanol aufgenommen. Er wiegt 80 kg. Damit ergäbe sich nach obiger Formel eine theoretische BAK von 2,14‰.

Zu berücksichtigen ist allerdings, dass der getrunkene Alkohol nicht vollständig resorbiert wird. Je nach den konkreten Umständen des Einzelfalls (Getränkeart, Aufnahme von Nahrung u.ä.) muss von einem sog. **Resorptionsdefizit** im Bereich von 10% bis 30% ausgegangen werden. Ist eine möglichst hohe Tatzeit-BAK dem Angeklagten günstig (i.S.d. §§ 20, 21 StGB), so ist also ein Resorptionsdefizit i.H. von nur 10% zugrunde zu legen[381], andernfalls ein solches von 30% (insbesondere wenn es um die §§ 316, 315c StGB geht). Des Weiteren ist der theoretische Abbau pro Stunde zu berücksichtigen, so dass sich die Berechnung folgendermaßen vollzieht: **597**

### a) Der dem Angeklagten nachteilige Alkoholgenuss

Ist dem Angeklagten eine möglichst niedrige Tatzeit-BAK günstig, so ist also wie folgt zu rechnen: **598**

|  | Theoretische maximale BAK | |
|---|---|---|
| abzüglich | 30% | Resorptionsdefizit |
| abzüglich | 0,2‰ | maximaler Abbau pro Stunde für die Zeit zwischen Trinkbeginn und Tatzeit |
| abzüglich | 0,2‰ | Sicherheitszuschlag[382]. |

> Bezogen auf obiges Beispiel ergäbe sich also folgende Berechnung:
>
> |  | 2,14‰ | theoretische BAK |
> |---|---|---|
> | abzüglich | 0,64‰ | Resorptionsdefizit (30% von 2,14‰) |
> | abzüglich | 0,80‰ | (0,2‰ Abbau × 4 Std. zwischen Trinkbeginn und Tatzeit) |
> | abzüglich | 0,20‰ | Sicherheitszuschlag |
> | Tatzeit-BAK: | 0,50‰ | |

### b) Der dem Angeklagten vorteilhafte Alkoholgenuss

Ist für den Angeklagten demgegenüber ein möglichst hoher Alkoholspiegel zur Tatzeit von Vorteil, etwa um so in den Genuss der §§ 20 oder 21 StGB zu gelangen, so ist folgendermaßen vorzugehen: **599**

---

381  BGHSt 36, 286 (288).
382  Vgl. zu diesem Sicherheitsfaktor BGH VRS 71, 363 sowie *Fischer*, § 316 Rn. 21.

Theoretische maximale BAK

abzüglich    10%  Resorptionsdefizit

abzüglich    0,1‰ Abbau pro Stunde für die Zeit zwischen Trinkbeginn und Tatzeit[383].

Der weitere Abzug eines Sicherheitszuschlags verbietet sich hier, da dies dem Angeklagten nachteilig wäre.

---

In unserem Beispielsfall käme man so folgendermaßen zu einer Tatzeit-BAK von 1,53‰:

| | |
|---|---|
| | 2,14‰ theoretische BAK |
| abzüglich | 0,21‰ Resorptionsdefizit (10% von 2,14‰) |
| abzüglich | <u>0,40‰</u> (0,1‰ Abbau × 4 Std. zwischen Trinkbeginn und Tatzeit) |
| Tatzeit-BAK: | 1,53‰ |

---

**600**    Diese beispielhafte Spannbreite von 0,5‰ bis 1,53‰ zeigt, dass die unter Zuhilfenahme der generalisierenden Abbauwerte von 0,1‰ oder 0,2‰ pro Stunde ermittelten Ergebnisse – insbesondere bei Fehlen einer Blutprobe – oftmals nicht der wirklichen Alkoholisierung des Angeklagten zur Tatzeit entsprechen dürften. Aus diesem Grunde kommt dem rechnerischen BAK-Wert bei zunehmender Rückrechnungsdauer – jedenfalls bei Berechnungszeiträumen von mehr als 10 Stunden[384] – im Verhältnis zu anderen objektivierbaren Umständen (Erscheinungsbild des Täters/Ausfallerscheinungen vor, während oder nach der Tat) ohne Verstoß gegen den Grundsatz „in dubio pro reo" unter Umständen nur ein indizieller Beweiswert zu[385].

**601**    Das Spannungsverhältnis zwischen rechnerischem BAK-Wert und einer Beurteilung der Schuldfähigkeit anhand **„psychopathologischer" Kriterien** (Leistungsverhalten wie Motorik etc.) ist nicht abschließend geklärt. Auch die Rechtsprechung des BGH ist uneinheitlich. Einerseits verneint er die Existenz entsprechend gesicherter Erfahrungssätze, welche einen Rückschluss vom „Leistungsverhalten" auf das Ausmaß und die Folgen einer Alkoholisierung zuließen[386]. Vielmehr stellt er sich auf den nicht von der Hand zu weisenden Standpunkt, dass „unauffälliges Verhalten, zielstrebiges und planvolles Vorgehen, Alkoholgewöhnung und ungetrübtes Erinnerungsvermögen" einer erheblichen Verminderung der Schuldfähigkeit i.S.d. § 21 StGB (unter dem Aspekt einer Beeinträchtigung des Hemmungsvermögens) nicht entgegen stehen müssen[387]. Andererseits existiert aber auch kein „gesicherter medizinisch-statistischer Erfahrungssatz", dass allein wegen einer bestimmten BAK vom Vorliegen

---

383  Dieser minimale Rückrechnungswert von 0,1‰ pro Stunde ist selbst bei einem alkoholgewöhnten Angeklagten und gleichmäßigem Trinken über einen längeren Zeitraum zugrunde zu legen, vgl. BGHSt 34, 29 (32), BGHSt 37, 231 (238) sowie *Detter* NStZ 1999, 121.

384  Vgl. BGHSt 37, 231 (236 ff.). Diese Entscheidung ist wegen der Darstellung der Diskussion um die Relativierung des rechnerischen BAK-Wertes besonders lesenswert!.

385  BGHSt 36, 286 (289 ff.); vgl. auch BGHSt 35, 308 ff. für eine 9 Stunden nach der Tat entnommene Blutprobe.

386  Vgl. BGHSt 37, 231 (242) mit vielfältigen Literaturhinweisen.

387  BGH NStZ-RR 2006, 73; BGHSt 35, 308 (311); BGH NStZ 1984, 408 f.; zur Bedeutung des Erinnerungsvermögens siehe auch *Maatz* NStZ 2001, 1 ff.

einer alkoholbedingt erheblich verminderten Schuldfähigkeit auszugehen wäre[388]. So räumt der BGH auch ein, dass zielstrebiges und umsichtiges Verhalten eines Täters mit motorischen Kombinationsleistungen gegen eine tiefgreifende Bewusstseinsstörung spricht[389]. Allerdings wird in der jüngeren Rechtsprechung des BGH dem sog. „Leistungsverhalten" des Täters eine zunehmende Bedeutung beigemessen[390].

Für den Tatrichter empfiehlt sich eine mit sachverständiger Hilfe vorzunehmende **Gesamtschau** aller wesentlichen objektiven und subjektiven Umstände, die sich auf das Verhalten des Täters vor, während und nach der Tat beziehen. Bei Zeiträumen bis zu 10 Stunden sollte er jedenfalls beim Vorliegen einer Blutprobe dem rechnerischen BAK-Wert einen besonderen Stellenwert einräumen. Das gilt insbesondere dann, wenn sich dieser Wert dem Bereich von 3‰ nähert oder darüber liegt[391].

---

388  BGH NStZ 2005, 329 ff.; 2002, 532.
389  Vgl. BGH NJW 1998, 3427; NStZ 1998, 458.
390  Vgl. BGH NStZ 2005, 329 ff.; 2002, 476.
391  BGH 4 StR 542/07; NStZ 2005, 683 f.

Kapitel 5

# Das Urteil im ersten Rechtszug

## A. Begriff, Voraussetzungen und Verkündung des Urteils

**602** Vorschriften, die sich mit dem Urteil befassen, insbesondere dessen Beratung, Verkündung, Inhalt und Gegenstand regeln, finden sich in §§ 260, 261, 263, 264, 267, 268 und 275 StPO. Eine Bestimmung des Begriffs „Urteil" hat der Gesetzgeber nicht vorgenommen.

Gemäß § 260 Abs. 1 StPO schließt die Hauptverhandlung mit der auf die Beratung folgenden Verkündung des Urteils. Die Entscheidung darf also immer nur auf eine mündliche Hauptverhandlung hin ergehen. Urteile im schriftlichen Verfahren, wie sie die Zivilprozessordnung in bestimmten Fällen (beispielsweise in § 331 Abs. 3 oder § 128 Abs. 2, 3 ZPO) vorsieht, sind im Bereich des Strafverfahrens unzulässig.

**603** Das schließt nicht aus, dass eine Sachentscheidung ausnahmsweise auch ohne Hauptverhandlung ergeht. So kann etwa das Revisionsgericht im Falle des einstimmigen Beratungsergebnisses das Rechtsmittel durch Beschluss entweder als offensichtlich unbegründet verwerfen oder aber im umgekehrten Fall das angefochtene Urteil aufheben (§ 349 Abs. 2 und 4 StPO).

Das Urteil beendet das Verfahren in der jeweiligen Instanz, im Falle seiner formellen Rechtskraft[1] auch insgesamt.

Aufgrund des Vorstehenden kann das Urteil daher als Instanz beendende Entscheidung über den Prozessstoff aufgrund notwendiger mündlicher Verhandlung (Hauptverhandlung) definiert werden.

**604** Die mündliche Verkündung des Urteils obliegt dem Vorsitzenden (§§ 260 Abs. 1, 268 Abs. 1–3 StPO). Der Tenor (d.h. die Urteilsformel) muss verlesen, die Entscheidungsgründe können in freier Rede eröffnet werden. Selbstverständlich kann die Entscheidung aber auch bereits vollständig in schriftlicher Form vorliegen. Dies ist indes nicht die Regel, insbesondere dann nicht, wenn das Urteil, wie ganz überwiegend in Strafverfahren vor dem Strafrichter oder dem Schöffengericht, unmittelbar im Anschluss an die Beratung verkündet wird. In größeren Strafsachen vor den Strafkammern wird dagegen häufiger die Möglichkeit eines separaten Verkündungstermins gewählt. Für diesen Fall empfiehlt das Gesetz, die Urteilsgründe „tunlichst", d.h. wenn möglich, vorher schriftlich abzufassen (§ 268 Abs. 4 StPO). Das Gericht

---

1 Siehe Rn. 381.

ist aber dadurch nicht festgelegt. Wird dieser Weg nicht gewählt, so ist vor der Urteilsverkündung zumindest die Urteilsformel als der wichtigste Teil der Entscheidung schriftlich niederzulegen (§§ 268 Abs. 2 S. 1, 260 Abs. 4 StPO). Häufig geschieht dies in der Form, dass der Tenor auf die Innenseite des Aktendeckels geschrieben wird[2].

Der vom Vorsitzenden verkündete Tenor wird als Ergebnis der Hauptverhandlung (§ 273 Abs. 1 StPO) in die Sitzungsniederschrift aufgenommen. Bestehen Widersprüche zwischen der zuvor schriftlich niedergelegten Urteilsformel und dem Protokoll, die sich (ausnahmsweise[3]) auch im Wege der Auslegung der Sitzungsniederschrift nicht klären lassen, ist für den **authentischen** Wortlaut der Urteilsformel wegen § 274 StPO allein die Sitzungsniederschrift maßgebend[4]. Auf den Inhalt des Tenors, wie er im Protokoll niedergelegt ist, ist ferner in Fällen der Divergenz zwischen der verkündeten Urteilsformel und derjenigen in der **Urteilsurkunde** abzustellen.

Eine **Berichtigung der Urteilsformel** ist nach der Verkündung nur noch in sehr engen Grenzen möglich. So lässt die Rechtsprechung eine Korrektur (durch einen entsprechenden Berichtigungsbeschluss) nur in Fällen offensichtlicher, d.h. für alle Verfahrensbeteiligte klar zutage getretener Schreibversehen oder anderer Unrichtigkeiten zu. Die „Berichtigung" ist auf keinen Fall zulässig zur Nachholung unterlassener Teile der Entscheidung (etwa bezüglich der Kosten oder eines Teilfreispruchs). Jegliche sachliche Abänderung ist nicht statthaft[5].

Das Urteil ist im Anschluss an die Hauptverhandlung innerhalb der Fristen des § 275 StPO „abzusetzen" (d.h. zu schreiben) und zu den Akten zu bringen. Beim Strafrichter und beim Schöffengericht ist dies Aufgabe des Vorsitzenden, im Kollegialgericht die des Berichterstatters, der üblicherweise von den Unterschriften der Berufsrichter (§ 275 Abs. 2 StPO) die rechts befindliche leistet. Die Schöffen unterzeichnen das Urteil nicht.   **605**

Nur die schriftlichen Ausführungen des Gerichts in der Urteilsurkunde sind bei späteren Überprüfungen (insbesondere in der Revision) maßgeblich; daher ist besondere Sorgfalt auf die Abfassung des Urteils zu legen. Änderungen oder Ergänzungen sind innerhalb der Absetzungsfrist solange problemlos möglich, wie das Urteil den Bereich des Gerichts noch nicht verlassen hat. Danach sind sie nur noch unter den gleichen Voraussetzungen wie beim Urteilstenor statthaft. Es darf nicht der geringste Verdacht entstehen, dass sich hinter der Berichtigung in Wahrheit eine sachliche Änderung des anders beschlossenen Urteils verbirgt[6].

---

2 Eine nicht selten anzutreffende Unsitte ist es, wenn der Richter dies bereits während der Schlussvorträge tut.
3 Vgl. BGH NStZ-RR 2006, 112.
4 BGH NStZ-RR 2002, 100; BGHSt 34, 11, 12; BGHR StPO § 274 Beweiskraft 10.
5 Vgl. die Nachweise aus der Rechtsprechung bei *Meyer-Goßner*, § 268 Rn. 10 ff.
6 BGH NJW 1991, 1900; KK-*Engelhardt* § 267 Rn. 46 m.w.N.

## B.  Gegenstand des Urteils

**606**   Gegenstand des Urteils ist die **in der Anklage bezeichnete Tat**, wie sie sich nach dem Ergebnis der Hauptverhandlung darstellt (§ 264 StPO), also der Prozessstoff, der zuvor durch die im Eröffnungsbeschluss zugelassene Anklage festgelegt und vom erkennenden Gericht von Amts wegen (vgl. § 244 Abs. 2 StPO) untersucht worden ist. Auch insoweit unterscheidet sich das Strafurteil vom Zivilurteil, welches allein die von den Parteien im Rahmen des Beibringungsgrundsatzes vorgetragenen Tatsachen zum Gegenstand hat. Der Verfahrensgegenstand im engeren Sinne kann während der laufenden Hauptverhandlung nur durch eine ordnungsgemäß erhobene Nachtragsanklage[7] erweitert werden. Anklagebehörde ist und bleibt in jeder Lage des Verfahrens die Staatsanwaltschaft.

Das Gericht darf also den Schuld- oder den Freispruch nicht auf solche Taten erstrecken, die nicht angeklagt sind. Das hindert freilich nicht daran, auch andere als die angeklagten Vorgänge zu ermitteln und im Urteil abzuhandeln, soweit dies für die Entscheidung sachdienlich erscheint.

**607**   Andererseits ist eine inhaltliche Beschränkung unter mehreren Voraussetzungen sowohl nach Eröffnung des Hauptverfahrens, als auch noch in der Hauptverhandlung möglich. Sind beispielsweise Teileinstellungen nach §§ 153 Abs. 2, 153a Abs. 2, 154 Abs. 2 oder 206a StPO erfolgt, so scheiden die diesen Einstellungen bzw. Beschränkungen zugrundeliegenden Sachverhalte aus der Beurteilung aus.

**608**   Im Urteil ist der Prozessstoff, soweit er im vorgenannten Sinne nicht wirksam ausgeschieden worden ist, erschöpfend zu würdigen und unter allen in Betracht kommenden rechtlichen Gesichtspunkten (ggf. nachdem in der Hauptverhandlung die erforderlichen rechtlichen Hinweise gemäß § 265 StPO erteilt worden sind) abzuhandeln. Die Entscheidung des Gerichts ist daher **abschließend**. Die Zivilprozessordnung sieht die Möglichkeit von Teil-, Vorbehalts-, Zwischen- und Grundurteilen vor (§§ 301–304 ZPO). Solche gegenständlich beschränkten oder auf einen bestimmten Aspekt reduzierten Aussprüche sind aber im Strafverfahren grundsätzlich unzulässig.

Ausnahmen bilden nur
– § 406 Abs. 1 S. 2 StPO im Rahmen des in der Praxis leider noch immer seltenen sog. Adhäsionsverfahrens[8], welches über den Strafausspruch hinaus die Bescheidung zivilrechtlicher Schadensersatzansprüche des Verletzten zum Gegenstand hat und (nur) insoweit ein Teilentscheidung zulässt, sowie
– § 27 JGG, der die Möglichkeit eines isolierten Schuldspruches und die Aussetzung der Verhängung der Jugendstrafe zur Bewährung eröffnet.

---

7  Siehe oben Rn. 543 ff.
8  Siehe hierzu Rnrn. 304, 671, 628.

## C.  Urteilsarten

Abhängig vom Inhalt der Entscheidung ist zwischen **Sachurteilen** und **Prozessurtei-**  **609**
**len** zu unterscheiden. In aller Regel wird das Gericht am Ende der Hauptverhandlung
eine Entscheidung in der Sache treffen, also über die verfahrensgegenständlichen
Vorwürfe entscheiden. Sachurteile können in der Verhängung von Geld-, Freiheits-
oder Nebenstrafen, der Anordnung von Maßregeln oder in Freisprüchen bestehen.
Bei mehreren angeklagten Taten ist auch eine Kombination aus den vorgenannten
Alternativen möglich.

Ist das Gericht aufgrund bestimmter Umstände ausnahmsweise an einer Entschei-  **610**
dung in der Sache gehindert, so ergeht ein Prozessurteil. Zu dieser Gattung gehören
in erster Linie die praktisch wichtigen Fälle des **§ 260 Abs. 3 StPO**. Die Vorschrift
findet Anwendung, wenn im Laufe der Hauptverhandlung – ansonsten gilt § 206a
StPO – ein nicht behebbares Verfahrenshindernis zu Tage tritt. Ein Verfahrenshindernis wird nur durch solche Umstände begründet, die es ausschließen, dass über einen
Prozessgegenstand mit dem Ziel einer Sachentscheidung verhandelt werden darf.
Dazu gehören etwa der Eintritt der Verfolgungsverjährung, die dauernde (also nicht
nur vorübergehende) Verhandlungsunfähigkeit des Angeklagten oder der Strafklageverbrauch[9].

Hat die Hauptverhandlung bis zum Bekanntwerden des Verfahrenshindernisses zu
dem Ergebnis geführt, dass sich das vorgeworfene Geschehen voraussichtlich nicht
nachweisen lässt, kann dem Angeklagten allerdings (schon) ein Anspruch auf ein
freisprechendes Erkenntnis zustehen. Dem Freispruch als Sachentscheidung gebührt
der Vorrang vor der Einstellung des Verfahrens dann, wenn er auf der Grundlage des
ermittelten Tatsachenstoffes bereits ohne Weiteres möglich ist, d.h. keine weitere aufwändige Beweisaufnahme erfolgen müsste.

Kommt ein Freispruch nicht in Betracht, muss das Gericht im Tenor des Urteils die
endgültige Einstellung des Verfahrens anordnen[10] und diese Entscheidung nachfolgend auch entsprechend begründen. Betrifft das Verfahrenshindernis nicht das
gesamte angeklagte Geschehen, ist auch insoweit eine Kombination mit einer Sachentscheidung bezüglich der übrigen Tat(en) möglich.

Prozessurteile sind im Übrigen neben den in der Praxis seltenen Verweisungsurteilen
(§§ 328 Abs. 2, 355 StPO) auch diejenigen Entscheidungen, welche die **Verwerfung**
**von Rechtsmitteln** zum Gegenstand haben:

– im ersten Rechtszug: § 412 StPO (im Strafbefehlsverfahren);
– im Berufungsrechtszug: §§ 322 Abs. 1 Satz 2, 329 StPO;
– im Revisionsverfahren: § 349 Abs. 1, 5 StPO.

---

9  Näheres hierzu finden Sie unten unter Rnrn. 786 ff.
10  Praktisch wenig bedeutsam sind die Fälle des § 389 StPO, in denen sich im Rahmen des Privatklageverfahrens „nach verhandelter Sache" das Vorliegen eines Offizialdelikts herausstellt. Lesen sie dazu
die Anmerkungen bei *Meyer-Goßner* zu § 389.

## D. Inhaltliche Grundlagen des Urteils

### I. Die freie richterliche Beweiswürdigung

**611** Gemäß § 261 StPO entscheidet das Gericht über das Ergebnis der Beweisaufnahme nach seiner freien, aus dem Inbegriff der Verhandlung geschöpften Überzeugung. Sind danach alle objektiven und subjektiven Merkmale des angeklagten Straftatbestandes in der Person des Angeklagten erfüllt, muss er verurteilt werden. Kann sich das Gericht dagegen nach Ausschöpfung aller im Rahmen der Aufklärungspflicht gebotenen Beweismittel nicht die notwendige Gewissheit von der Täterschaft verschaffen, hat Freispruch zu erfolgen.

**612** Es gibt mit Ausnahme des § 274 StPO, welcher die formelle Beweiskraft des Protokolls hinsichtlich der für die Hauptverhandlung vorgeschriebenen Förmlichkeiten normiert[11], sowie der Vorschrift des § 190 StGB (Wahrheitsbeweis durch Strafurteil im Rahmen der Beleidigungsdelikte) keine den erkennenden Richter bindenden Beweisregeln. Das Gericht kann etwa einem Geständnis des Angeklagten Glauben schenken und wird es in der Regel auch tun, insbesondere wenn es durch Tatsachen untermauert wird. Dabei kann im Einzelfall auch schon ein pauschales Einräumen der Tatvorwürfe für die Überzeugungsbildung genügen[12]. Das Gericht ist andererseits aber nicht an die Schilderungen des Angeklagten gebunden, wenn diese einer Überprüfung nicht standhalten. Es kann einem unvereidigten Zeugen Glauben schenken, einem vereidigten dagegen nicht. Es ist ferner nicht gehindert, trotz belastender Bekundungen von Zeugen die Einlassung des Angeklagten nicht als widerlegt anzusehen etc. Eine für die Entscheidungsfindung bedeutsame Tatsache ist dann (und nur dann) bewiesen, wenn sich das Gericht **die Überzeugung** davon verschafft hat. Das ist dann der Fall, wenn keine **vernünftigen** Zweifel an ihrem Vorliegen bestehen[13].

**613** Die in diesem Zusammenhang vom Tatrichter aus dem Inbegriff der Verhandlung – insbesondere den erhobenen Beweisen – gezogenen Schlussfolgerungen müssen dabei nicht unbedingt zwingend sein. Es genügt, wenn das erkennende Gericht an sich mögliche Zweifel überwunden hat und die Schlussfolgerungen möglich sind[14]. Umgekehrt berechtigt der Grundsatz „in dubio pro reo" das Absehen von einer Verurteilung nur dann, wenn aufgrund der **gesamten** Beweissituation tatsächlich begründete, d.h. auch nachvollziehbare Zweifel an der Schuld verbleiben[15]. Die bloß allgemeine theoretische Möglichkeit, dass sich das Geschehen auch anders abgespielt haben könnte, genügt nicht[16].

**614** Die zugrunde liegenden Erkenntnisse müssen innerhalb der Hauptverhandlung gewonnen worden sein, also unter – zulässiger – Verwertung der im Strengbeweis

---

11 Dabei handelt es sich um eine praktisch sehr wichtige Vorschrift im Rahmen des Revisionsverfahrens; vgl. hierzu Rn. 383 ff.
12 BGH StV 1999, 410 f.
13 Vgl. zu den unterschiedlichen Beweiswürdigungstheorien *Herdegen* NStZ 1999, 177.
14 Ständige Rechtsprechung, vgl. BGH NJW 2003, 1751; 2036 und NStZ 1999, 523.
15 BGH 1 StR 383/08; 3 StR 159/08; NStZ 2002, 656.
16 BGH NStZ 2002, 446; BVerfG NJW 2002, 3015.

vom Gesetz vorgesehenen Beweismittel. Diese müssen zuvor ordnungsgemäß und vollständig[17] in den Prozess eingeführt und zum Gegenstand der Verhandlung[18] gemacht worden sein. Dazu können auch Vorgänge gehören, die einen in der Hauptverhandlung gemäß § 154 Abs. 2 StPO eingestellten Tatkomplex betreffen[19]. Außerprozessual erlangtes Wissen oder Akteninhalte müssen zumindest mündlich erörtert worden sein. Wegen des mit § 261 StPO korrespondierenden Gebotes der umfassenden Beweiserhebung aus § 244 Abs. 2 StPO muss das Gericht alle im Rahmen der ihm obliegenden Aufklärungspflicht gebotenen Beweise erheben und bei der Entscheidungsfindung auch würdigen.

## II. Schranken der freien Beweiswürdigung

Der Grundsatz der freien Beweiswürdigung eröffnet dem erkennenden Gericht im Rahmen seines pflichtgemäßen Ermessens einen verhältnismäßig großen Spielraum bei der Bewertung der Tatsachengrundlagen. Die Überzeugungsbildung ist die „ureigene Aufgabe" des Tatrichters; seine Bewertung der Beweisergebnisse unterliegt nur in beschränktem Umfang der Überprüfung durch das Revisionsgericht. Dieses ist – gleich ob bei Verurteilung oder Freispruch – grundsätzlich an die in der Tatsacheninstanz getroffenen Feststellungen gebunden. Es kommt insbesondere nicht darauf an, ob es angefallene Erkenntnisse anders gewürdigt oder Zweifel überwunden hätte[20]. Im Rahmen der Sachrüge revisible Rechtsfehler liegen in Bezug auf die Beweiswürdigung nur vor, wenn die Ausführungen im Urteil (alternativ oder kumulativ) **615**

– widersprüchlich, unklar oder lückenhaft sind, indem etwa naheliegende Möglichkeiten eines anderen Geschehensablaufes nicht erörtert werden,
– gegen Denkgesetze[21] oder gesicherte Erfahrungssätze verstoßen[22],
– mit den Erkenntnissen der Wissenschaft nicht übereinstimmen
– oder wenn sie erkennen lassen, dass an die Überzeugungsbildung zu geringe bzw. überspannte Anforderungen gestellt wurden[23]. Näheres finden Sie im Abschnitt über die Revision[24].

---

17  Das bedeutet beispielsweise vollständige Verlesung von Schriftstücken, die bei der Beweiswürdigung verwertet werden, vgl. BGH NStZ 2004, 179.
18  Einschließlich des Schlusswortes des Angeklagten gemäß § 258 StPO, vgl. BGH StV 1983, 402.
19  In der Regel ist in diesen Fällen zuvor ein rechtlicher Hinweis gemäß § 265 StPO erforderlich, da die Einstellung bzgl. einer Tat für den Angeklagten den Vertrauenstatbestand schaffen kann, dass diese nicht bei der Beurteilung des verbleibenden Anklagevorwurfes berücksichtigt wird, vgl. BGH NJW 1996, 2585 f. sowie NStZ 1996, 611 f.; 1998, 51.
20  Ständige Rechtsprechung: BGH NJW 2007, 92 ff. m.w.N.; NJW 2007, 384, 387 (Fall El Motassadeq); BGH 4 StR 306/07.
21  Ein solcher Verstoß gegen die Denkgesetze kann etwa dann gegeben sein, wenn das Gericht etwas als gegeben ansieht, was es erst zu beweisen gilt, vgl. BGH NJW 2005, 1876, 1877 (sog. „Kannibalenfall").
22  BGH NJW 2003, 1751; NStZ 2002, 48 f. m.w.N.; gesicherte Erfahrungssätze gibt es in der Rechtsprechung in großer Zahl; ein Beispiel für den Bereich des bedingten Vorsatzes finden Sie bei BGH 2 StR 453/07.
23  Vgl. BGH NStZ-RR 2005, 147 ff.
24  Siehe unten Rn. 903.

**616**   § 261 StPO eröffnet also weder den Weg für auf Willkür beruhende Urteilssprüche, noch bietet er die Grundlage für nicht nachvollziehbare und/oder objektiv nicht haltbare Gedankengänge bzw. Argumentationen bei der Entscheidungsbegründung. Solchen Fehlleistungen vorzubeugen bzw. die darauf beruhenden Erkenntnisse im Nachhinein „kassieren" zu können, dient u.a. der Begründungszwang in den schriftlichen Urteilsgründen[25]. Darin müssen sich die maßgeblichen Überlegungen des Tatrichters wieder finden. Diese müssen aus sich heraus verständlich und vollständig sein[26].

**617**   Das Gericht muss sich erschöpfend mit den erhobenen Beweisen auseinandersetzen und diese einer **Gesamtwürdigung**[27] unterziehen. Es darf das gänzliche Schweigen des Angeklagten zum Tatvorwurf ebenso wie dessen berechtigte Verweigerung von Mitwirkungshandlungen während des Ermittlungsverfahrens (etwa Nichtabgabe einer Speichelprobe) nicht zu dessen Lasten werten, d.h. der „nemo-tenetur"-Grundatz ist streng zu beachten. Nach überwiegender Ansicht darf wohl aber das „Teilschweigen" des Angeklagten im Rahmen eines einheitlichen Tatkomplexes zu seinem Nachteil berücksichtigt werden[28]. Das berechtigte Schweigen einer Auskunftsperson im Rahmen des § 52 StPO erlaubt keine nachteiligen Schlüsse zu Lasten des Angeklagten, wohl aber die Nichtbeantwortung einzelner Fragen.

**618**   Im Rahmen der Abwägung der Beweisergebnisse hat das Gericht die Gründe für oder gegen die Glaubhaftigkeit einer Aussage bzw. Einlassung anzugeben und sich ggf. mit den Kriterien für die Beurteilung einer Zeugenaussage auseinander zu setzen[29]. Das gilt in besonderem Maße, wenn „Aussage gegen Aussage" steht oder wenn ein Belastungszeuge partiell die Unwahrheit gesagt hat[30]. Dann muss der Tatrichter sein Augenmerk besonders auf die außerhalb der Aussage liegenden Indiztatsachen richten, welche die Richtigkeit der Angaben ggf. stützen können[31]. Das Gericht muss sich erforderlichenfalls auch mit der objektiven Wahrnehmungsfähigkeit und -möglichkeit persönlicher Beweismittel befassen. Von Bedeutung ist in diesem Zusammenhang auch, ob es sich um einen unmittelbaren oder mittelbaren Zeugen (vom Hörensagen) handelt, der über das Tatgeschehen nicht aus seiner eigenen, direkten Wahrnehmung berichten kann. Bei Sexualdelikten werden – insbesondere bei familiärem Zusammenhang – regelmäßig auch die Entstehung und die Entwicklung der Aussage aufzuklären und im Urteil darzustellen sein[32]. Für die Beurteilung der Glaubwürdigkeit kindlicher Zeugen in diesem Zusammenhang hat die Rechtsprechung bestimmte, im Einzelfall zu beachtende Grundsätze entwickelt[33].

---

25   Der Begründungszwang lässt sich neben dem einfachen Verfahrensrecht auch dem Verfassungsgebot der Widerlegung der Unschuldsvermutung gemäß Art. 20 Abs. 3 GG entnehmen, vgl. HK-*Julius*, § 267 Rn. 11.
26   BGH NStZ-RR 2000, 304 f.
27   BGH NStZ 2003, 265; BGH NStZ 2002, 48.
28   Ständige Rechtsprechung, zuletzt BGH NStZ 2003, 45 f.; siehe auch oben Rn. 208.
29   Mehr hierzu oben Rn. 471 ff.
30   BGH NStZ 2008, 180; NStZ-RR 2008, 254; NStZ 2003, 164 f. OLG Koblenz NStZ 2008, 359.
31   Ständige Rechtsprechung, vgl. BGH NStZ-RR 2008, 254; 2004, 87 f. m.w.N.
32   BGH NStZ 2003, 164 f.
33   Vgl. BGHSt 45, 164 ff.; BGH NJW 2008, 116 f.

Schließt das Gericht aufgrund von **Indiztatsachen** auf die Täterschaft des Angeklag- **619** ten, so müssen diese Tatsachen zweifelsfrei feststehen und der daraus gezogene nach- teilige Schluss denkgesetzlich möglich sein. Stützt das Gericht seine Überzeugung auf Erfahrungssätze, so müssen diese die für sie in Anspruch genommene Allgemein- gültigkeit besitzen[34].

Zu beachten ist schließlich, dass die Möglichkeiten der Wahrheitsfindung durch **620** äußere, vom Gericht nicht beeinflussbare Umstände eingeschränkt sein können. Kann etwa ein wichtiger Zeuge infolge von behördlichen Sperrerklärungen oder der Verweigerung von Aussagegenehmigungen nicht gehört werden und bleibt daher offen, ob die Beweiserhebung für den Angeklagten Be- oder Entlastendes erbracht hätte bzw. unergiebig geblieben wäre, so muss dieser Verkürzung der Beweisgrund- lage durch „vorsichtige" Beweiswürdigung und ggf. durch Anwendung des Grund- satzes „in dubio pro reo" angemessen Rechnung getragen werden[35].

## E. Inhalt und Aufbau des schriftlichen Urteils

Der wesentliche Inhalt des Strafurteils ist in §§ 260, 267, 275 Abs. 2, 3 StPO, wenn **621** auch unvollständig und wenig systematisch, genannt. Es müssen danach neben dem eigentlichen Ausspruch (Tenor) in den Urteilsgründen insbesondere die „für erwie- sen erachteten" äußeren (Tatgeschehen) und inneren Tatsachen (z.B. Vorsatz) ange- geben werden. Zudem muss eine Beweiswürdigung niedergelegt werden, dies folgt – zumindest mittelbar – aus § 267 Abs. 1 S. 2 StPO.

Die Bedeutung der Urteilsgründe besteht zum einen darin, den Verfahrensbeteiligten **622** in der gebotenen Klarheit mitzuteilen, welchen Sachverhalt das Gericht für erwiesen bzw. nicht für erwiesen gehalten hat, wie und warum es zu den Feststellungen gelangt ist und wie die Rechtsfolge begründet wird. Das ist eigentlich eine Selbstver- ständlichkeit. § 267 StPO, welcher die Einzelheiten regelt, stellt insoweit nur die ein- fach-rechtliche Ausprägung des verfassungsmäßigen Anspruchs auf rechtliches Gehör dar[36]. Nur bei einer ordnungsgemäßen Begründung werden die zur Anfech- tung der Entscheidung Berechtigten in die Lage versetzt, eine sachgemäße Entschei- dung über ihr weiteres prozessuales Vorgehen zu treffen. Die Urteilsgründe sind fer- ner die Grundlage für das Rechtsmittelgericht bei der Überprüfung der getroffenen Entscheidung.

Sie geben zudem der Vollstreckungsbehörde das notwendige Wissen über die Behand- **623** lung des Verurteilten im Vollzug. Auch sind sie von großer Bedeutung für die später von der zuständigen Strafvollstreckungskammer (§§ 462a, 462, 454 StPO) zu tref- fenden Entscheidungen, also insbesondere ob der Rest einer verhängten Freiheits- strafe unter den Voraussetzungen des § 57 Abs. 1, 2 StGB (also nach Verbüßung von

---

34 Vgl. die Beispiele aus der Rechtsprechung bei HK-*Julius*, § 261 Rn. 39.
35 BGH NJW 2004, 1259 ff. im Fall *El Motassadeq*; siehe dazu auch oben Rn. 429.
36 BVerfG NJW 2004, 209, 210.

2/3 oder gar schon nach der Hälfte) bzw. ob eine verhängte Maßregel der Besserung und Sicherung (§§ 463 StPO, 67c, 67d StGB) zur Bewährung ausgesetzt werden kann.

In einem eventuellen späteren Strafverfahren gegen den Verurteilten können die Entscheidungsgründe im Wege des Urkundsbeweises über die strafrechtlichen Vorbelastungen in die Hauptverhandlung eingeführt werden. Die Abfassung der Urteilsgründe erfordert daher Sorgfalt, eine gewisse Erfahrung und nicht zuletzt auch „ein Händchen" des Strafrichters, um möglichen „Revisionsfallen" aus dem Weg zu gehen. Nicht zu Unrecht wird die Absetzung der Gründe als der schwierigste Teil der Entscheidung bezeichnet[37].

## I. Das Rubrum

**624** Die Urteilsurkunde beginnt mit dem „Rubrum", d.h. mit der Bezeichnung des Gerichts und dessen Besetzung, dem Datum der Verhandlung, den Personalien des Angeklagten sowie der Benennung des Staatsanwalts, Nebenklagevertreters, Verteidigers und des Urkundsbeamten (§ 275 Abs. 3 StPO). Der notwendige Inhalt des ursprünglich in rot geschriebenen (daher „rubrum") Urteilskopfes, der seinen Platz immer vor dem Urteilsausspruch hat, ergibt sich aus § 275 Abs. 3 StPO[38]. Hier gibt es zusätzlich nichts Wesentliches zu erläutern; wir verweisen daher insoweit auf die abgedruckten Beispielsfälle[39].

## II. Der Urteilstenor

**625** Sind die Urteilsgründe der schwierigste Teil des Urteils, so ist der Tenor der wichtigste. Im Falle eines verurteilenden Erkenntnisses beinhaltet die Urteilsformel nicht nur die „Kennzeichnung des begangenen Unrechts"[40], sondern bildet auch die Grundlage für die nachfolgende Strafvollstreckung. In allen Fällen der Sachentscheidung – also auch beim Freispruch – ist der Tenor die Grundlage der Rechtskraft.

Der notwendige Inhalt des Urteilstenors ist in § 260 StPO – allerdings ebenfalls nur partiell – geregelt. Die in der Vorschrift enthaltenen Mindestanforderungen an Schuld- und Rechtsfolgenausspruch beziehen sich allein auf eine Verurteilung des Angeklagten (§ 260 Abs. 2, 4 und 5 StPO), der Freispruch ist gar nicht geregelt. Soweit der Inhalt der Urteilsformel nicht geregelt ist, steht seine Fassung im pflichtgemäßen Ermessen des Gerichts (§ 260 Abs. 4 Satz 5 StPO). Dabei ist stets auf eine klare und knappe Ausdrucksweise zu achten und Überflüssiges zu vermeiden[41].

---

37 *Meyer-Goßner/Appl*, Rn. 197. Lesen Sie daher grundlegend hierzu auch: *Huber* JuS 1990, 38 ff., 112 ff., 204 ff., 555 ff., 732 ff.
38 Was die Bezeichnung des Angeklagten betrifft, gilt zusätzlich Nr. 141 Abs. 1 RiStBV.
39 Siehe unten Rn. 681, 754.
40 BGH NStZ 1983, 524.
41 BGHSt 27, 287.

## 1. Abfassung des Schuldspruchs

Im Falle der Verurteilung muss der Tenor den Schuldspruch zum Ausdruck bringen, **626** d.h. die Straftat rechtlich bezeichnen, derentwegen der Angeklagte verurteilt wird. Dabei sind die **gesetzlichen Überschriften** der Tatbestände (§ 260 Abs. 4 S. 2 StPO) und ferner die (echten) qualifizierten Begehungsweisen (etwa §§ 250, 255 StGB) zu benennen. Enthält die Strafvorschrift keine Überschrift, so ist die Bezeichnung – ggf. in der jeweiligen Begehungsvariante – maßgeblich, die sich aus dem Tatbestand ergibt (beispielsweise im Fall des § 29 Abs. 1 BtMG: „wegen unerlaubten Handeltreibens mit Betäubungsmitteln").

Sieht das Gesetz **schwere oder minder schwere Fälle** vor, so gehört die Entscheidung darüber regelmäßig **nicht** in den Tenor, sondern in die Ausführungen zur Strafzumessung[42]. Auch verwirklichte **Regelbeispiele** haben als reine Strafrahmenbestimmungen im Tenor nichts zu suchen. Hat daher jemand im Sinne von § 243 Abs. 1 Nr. 3 StGB gewerbsmäßig gestohlen oder als Mitglied einer Bande gem. § 263 Abs. 3 Nr. 1 StGB betrogen, ist dies allein in den Gründen bei der Ermittlung des Strafrahmens abzuhandeln. Anders ist es allerdings dann, wenn die banden- oder gewerbsmäßige Begehungsform Voraussetzung für die Erfüllung eines Qualifikationstatbestands ist, etwa im Falle der §§ 244 Abs. 1 Nr. 2, 260 Abs. 1 StGB. **Teilnahmeformen** (Beihilfe/Anstiftung) und der Versuch sind – anders als die Mittäterschaft[43] – im Tenor zu erwähnen. Auch die Angabe der **Schuldform** ist erforderlich, wenn das Delikt vorsätzlich oder fahrlässig begangen werden kann.

Das **Konkurrenzverhältnis** der einzelnen Verurteilungen muss dem Urteilstenor ebenfalls eindeutig zu entnehmen sein. Tatmehrheit und Tateinheit sind sprachlich gegeneinander abzugrenzen. Bei gleichartiger Tateinheit sollte der Schuldspruch zudem die einzelnen Fälle nennen[44].

## 2. Abfassung des Rechtsfolgenausspruchs

Der Rechtsfolgenausspruch gibt die verhängte Sanktion sowie ggf. die Nebenfolgen **627** (Nebenstrafen, Maßregelanordnungen etc.) wieder.

### a) Verhängung einer Geldstrafe

Der Rechtsfolgenausspruch enthält im Falle der Verurteilung zu einer Geldstrafe nur die Anzahl der Tagessätze und deren Höhe, nicht dagegen die Gesamtsumme. Die

---

42  Vgl. BGH 3 StR 205/08; 2 StR 322/08. Da das begangene Unrecht möglichst genau zu bezeichnen ist, wird eine Ausnahme für § 177 StGB zugelassen, vgl. BGH NStZ 2007, 478. Danach wird die Verwirklichung des § 177 Abs. 2 StGB weiterhin als „Vergewaltigung", des Abs. 3 als „schwere Vergewaltigung" und des Abs. 4 als „besonders schwere Vergewaltigung" tenoriert, vgl. BGH 2 StR 132/08.
43  Vgl. BGH NStZ 1999, 205.
44  Etwa bei §§ 211, 306c StGB, wenn sechs Personen durch eine in Mordabsicht durchgeführte Brandstiftung getötet worden sind: „wegen Mordes in Tateinheit mit Brandstiftung mit Todesfolge in sechs Fällen", vgl. BGH NStZ 1996, 610 f.

Grundsätze der Berechnung einer Geldstrafe, die nach § 40 Abs. 1 S. 1 StGB in Tagessätzen zu verhängen ist[45], sind folgende[46]:

Ausgehend vom sog. **Nettoeinkommensprinzip** (§ 40 Abs. 2 S. 2 StGB), d.h. unter Abzug der laufenden Steuern, ist zu ermitteln, welche monatlichen Einkünfte – gleich welcher Art – dem Angeklagten zur Verfügung stehen. Einzurechnen sind Naturalbezüge, wie privat nutzbarer Dienstwagen, freie Kost und Logis. Sollte der Angeklagte zu alldem keine Angaben machen, kann bei Vorliegen konkreter Anhaltspunkte (etwa der Art seiner beruflichen Tätigkeit) sein Einkommen geschätzt werden, § 40 Abs. 3 StGB. Wie sich aus § 40 Abs. 2 S. 2 StGB ergibt, kommt es im Übrigen nicht entscheidend darauf an, ob ein bestimmtes Einkommen tatsächlich erzielt wird. Maßgeblich ist vielmehr, welche Einkünfte der Angeklagte bei zumutbarem Aufwand haben könnte. Abzuziehen sind auf der anderen Seite Verbindlichkeiten, soweit sie als berechtigte Aufwendungen anerkannt werden können[47]. Steuerliche Gesichtspunkte, wie Abschreibungen oder selbstverschuldete Steuerrückstände, bleiben jedenfalls außer Betracht[48].

Das ermittelte monatliche Nettoeinkommen ist durch einfache Division in Tagessätze umzurechnen. Deren Höhe beträgt mindestens 1 € und höchstens 5000 €. Die gemäß § 40 Abs. 3 StGB mögliche Einbeziehung des Vermögens des Angeklagten (genauer: der Substanz des Vermögens, denn die Einkünfte daraus unterfallen schon dem Absatz 1) spielt in der Praxis kaum eine Rolle. Einerseits besteht Einigkeit, dass die Geldstrafe keinen konfiskatorischen Charakter haben soll, andererseits gibt die Vorschrift auch keine brauchbaren Maßstäbe an die Hand, wie und in welchem Umfang der Zugriff erfolgen kann[49].

Insgesamt hat der Tatrichter einen großen Ermessensspielraum, da das Revisionsgericht dessen Bewertungen bis zur Grenze des Vertretbaren hinnehmen muss[50]. Zahlungserleichterungen gemäß § 42 StGB sind ebenfalls im Tenor auszusprechen.

### b) Verhängung einer Freiheitsstrafe

**628** Wird eine Freiheitsstrafe verhängt, so ist bei deren Bemessung nicht nur § 46 StGB, sondern auch § 39 StGB zu beachten. Danach wäre beispielsweise die Tenorierung einer „Freiheitsstrafe von sechs Wochen" unzulässig. Richtig wäre „ein Monat und zwei Wochen". Das sind aber mehr als „sechs Wochen". Ein solch fehlerhafter Ausspruch kann nur in der Rechtsmittelinstanz „repariert" werden. Das ist kein Problem, wenn Berufung eingelegt wird. Aber auch in der Revisionsinstanz kann ggf. auf die Sachrüge hin der Strafausspruch auf die nächst niedrigere, gesetzlich zulässige Strafhöhe reduziert werden; in dem Beispiel wären dies „ein Monat und eine Woche" (§ 39 StGB).

---

45 Dies geschieht, um eine Ersatzfreiheitsstrafe im Falle der fehlenden Beitreibbarkeit der Geldstrafe berechnen zu können, vgl. § 43 StGB.

46 Bei der Berechnung des Tagessatzes handelt es sich um eine komplexe Entscheidung. Da hier nur die Grundzüge dargestellt werden können, empfiehlt sich im Einzelfall ein Blick in den Kommentar, z.B. *Fischer*, § 40 Rn. 6 ff.

47 Vgl. dazu: *Fischer* § 40 Rn. 13 m.w.N.

48 Vgl. BGHSt 27, 228 (231); OLG Stuttgart NJW 1995, 67 f.

49 Lesen Sie dazu: Sch/Sch-*Stree,* § 40 Rn. 12; vgl. auch: OLG Köln StV 2001, 347.

50 BGHSt 27, 212 (215) sowie BGHSt 27, 228 (230).

Handelt es sich bei der verhängten Freiheitsstrafe um eine **Gesamtstrafe** (§§ 54, 39 StGB beachten!) so gehört nur der Ausspruch darüber in den Tenor. Die Einzelstrafen – seien sie ebenfalls Freiheitsstrafen oder Geldstrafen – tauchen nur in den Gründen des Urteils auf und zwar im Rahmen der Strafzumessung.

Selbstverständlich ist im Urteilstenor auch auszusprechen, ob eine Freiheitsstrafe zur Bewährung ausgesetzt wird. Die Dauer einer Bewährung sowie Auflagen und Weisungen (§§ 56a ff. StGB) werden dagegen in einem gesonderten Beschluss festgelegt.

### c) Verstöße gegen Art. 6 Abs. 1 S. 1 MRK

Auch eine erhebliche rechtstaatswidrige **Verfahrensverzögerung** kann Auswirkungen auf den Urteilstenor haben. Kommt sie in Betracht, so sind zunächst Art und Ausmaß der Verzögerung sowie ihre Ursachen zu ermitteln und im Urteil konkret festzustellen. Im Rahmen der Strafzumessung ist dann in wertender Betrachtung zu entscheiden (und darzulegen), ob und in welchem Umfang der zeitliche Abstand zwischen Tat und Urteil sowie die besonderen Belastungen, denen der Angeklagte wegen der überlangen Verfahrensdauer ggf. ausgesetzt war, bei der Straffestsetzung mildernd zu berücksichtigen sind. Der Bezifferung eines „Strafabschlags" bedarf es dabei allerdings nicht. Bei nicht gravierenden Verfahrensverzögerungen kann unter Umständen bereits die Feststellung des Vorliegens eines Verstoßes gegen Art. 6 Abs. 1 Satz 1 EMRK eine ausreichende Kompensation darstellen[51].

**629**

Genügen die ausdrückliche Feststellung der rechtsstaatswidrigen Verfahrensverzögerung und die Berücksichtigung als Strafzumessungsgrund zur Kompensation nicht, so hat das Gericht festzulegen und **im Tenor auszuwerfen**, welcher bezifferte Teil der Strafe (bzw. Gesamtstrafe) zum Ausgleich der Verzögerung nach den Umständen des Einzelfalls als vollstreckt gilt. Dabei muss dann im Auge behalten werden, dass die Verfahrensdauer als solche sowie die damit verbundenen Belastungen des Angeklagten bereits mildernd in die Strafbemessung eingeflossen sind und es daher nur noch um einen Ausgleich für die rechtsstaatswidrige **Verursachung** dieser Umstände geht. Die Anrechnung wird sich daher häufig auf einen eher geringen Bruchteil der Strafe zu beschränken haben[52].

### d) Sonstiger Inhalt des Rechtsfolgenausspruchs

Neben dem eigentlichen Strafausspruch sind verhängte **Maßregeln** der Besserung und Sicherung ausdrücklich aufzuführen (§§ 63, 64, 66, 69 StGB).

Wird inhaltlich – was den Regelfall der zivilrechtlichen Kompensation für das Tatopfer bilden sollte[53] – über einen **Adhäsionsantrag** entschieden, so gehört der den Regeln des BGB (§§ 823, 253 Abs. 2) und der ZPO folgende Ausspruch ebenfalls in den Tenor der Entscheidung[54].

---

51  Siehe BGH 2 StR 267/08; 2 StR 200/08; 4 StR 666/07.
52  Vgl. BGH NJW 2008, 860 ff.; BGH 3 StR 157/08; BGH 3 StR 514/07.
53  BVerfG NJW 2007, 1670.
54  Ein Beispiel finden Sie unten unter Rn. 641.

### 3. Die Kostenentscheidung

**630** Nach § 464 Abs. 1 und 2 StPO hat das Gericht in einer das Verfahren abschließenden Entscheidung auch anzugeben, wer die Kosten des Verfahrens bzw. die notwendigen Auslagen zu tragen hat. Wird keine Entscheidung getroffen, so sind die Kosten bzw. Auslagen von demjenigen zu tragen, bei dem sie angefallen sind.

Als bei der Kostenentscheidung zu beachtende Faktoren sind zu bedenken[55]:

| | |
|---|---|
| ✓ | ❯ |
| **Kosten des Verfahrens**, also bei der Justiz angefallene Gebühren und Auslagen, z.B. für Zeugen und Sachverständige, vgl. § 464 a Abs. 1 StPO. | **Notwendige Auslagen** (= außergerichtliche Kosten), die zu differenzieren sind in solche |

|  |  |
|---|---|
|  | ✓ ❯ |
| des Angeklagten, z.B. für seinen Verteidiger, § 464a Abs. 2 StPO. | des Nebenklägers, z.B. für den diesen vertretenden Rechtsanwalt, vgl. §§ 464a Abs. 2, 472 StPO. |

Die vom Richter zu treffende Entscheidung ist nur eine **Kostengrundentscheidung**. Darin werden der oder die Schuldner bestimmt. Die konkrete Festsetzung der Kosten (Gebühren und Auslagen), die an die Staatskasse zu leisten sind, erfolgt sodann von Amts wegen im sog. Kostenansatzverfahren nach §§ 464a StPO, 8 GKG. In diesem Zusammenhang gibt es nach § 21 GKG die Möglichkeit, solche Kosten „niederzuschlagen" (das klingt brachial, gemeint ist aber nur, dass sie nicht erhoben werden), die wegen einer unrichtigen Sachbehandlung entstanden sind[56].

Soweit es sich um Kosten bzw. Auslagen handelt, die ein Beteiligter einem anderen Beteiligten zu erstatten hat (beispielsweise die Ansprüche des freigesprochenen Angeklagten gegen die Staatskasse oder des Nebenklägers gegen den verurteilten Angeklagten), erfolgt wie im Zivilprozess auf Antrag das Kostenfestsetzungsverfahren nach den §§ 464b StPO, 103 ff. ZPO. Zuständig hierfür ist der Rechtspfleger (§ 21 Nr. 1 RPflG) des Gerichts des ersten Rechtszuges (§ 104 Abs. 1 S. 2 ZPO).

**631** Nach **§ 465 Abs. 1 StPO** hat der Angeklagte die Kosten des Verfahrens insoweit zu tragen, als er wegen einer im Verfahren abgehandelten Tat **verurteilt** wurde. Erfolgt die Verurteilung also im Sinne der Anklage, so hat der Angeklagte in der Regel die gesamten Kosten des Verfahrens[57], seine eigenen Auslagen und – soweit dies nicht

---

55 Zur weiteren Vertiefung sei empfohlen: KK-*Gieg*, § 464a Rn. 1, 2, 6 ff.

56 Z.B. bei gesetzwidriger Zulassung einer Berufung, falscher Besetzung des Gerichts, Verursachung unverhältnismäßiger Kosten (etwa durch Gutachten); vgl. im Einzelnen *Hartmann*, § 21 GKG Rn. 14 ff.

57 Zu Ausnahmen, etwa im Falle eines zugunsten des Angeklagten ausgegangenen Sachverständigenbeweises, lesen Sie § 465 Abs. 2 StPO.

unbillig wäre – die **notwendigen** Auslagen des **Nebenklägers** zu tragen (§ 472 Abs. 1 StPO)[58].

Wichtig ist, dass im Falle einer Verurteilung die Kostenentscheidung zugunsten des Nebenklägers vom Gericht nicht – was zuweilen geschieht – vergessen wird. Denn eine Nachholung dieser Entscheidung ist (sofern nicht nach § 464 Abs. 3 StPO sofortige Beschwerde eingelegt wird) nicht zulässig[59].

Wird der Angeklagte **freigesprochen**, so trägt in der Regel die Staatskasse die Kosten und notwendigen Auslagen, **§ 467 Abs. 1 StPO**. Zwingende – aber selten vorkommende – Ausnahmen von diesem Grundsatz sind in Abs. 2 (schuldhafte Säumnis des Angeklagten[60]) und Abs. 3 S. 1 (bei falscher Selbstanzeige) dieser Vorschrift geregelt. § 467 Abs. 3 S. 2 und Abs. 4 StPO enthalten darüber hinaus in das Ermessen des Gerichts gestellte Möglichkeiten, die notwendigen Auslagen trotz des Freispruchs dem Angeklagten aufzubürden, etwa wenn er die Erhebung der öffentlichen Klage durch das Verschweigen entlastender Umstände im Rahmen seiner Aussage veranlasst hat. Im Fall eines Freispruchs hat der Nebenkläger, wie sich im Umkehrschluss aus § 472 Abs. 1 StPO ergibt, seine Auslagen selbst zu tragen. Auf keinen Fall dürfen diese der Staatskasse auferlegt werden!

**632**

Hinsichtlich der Kostenentscheidungen bei **Rechtsmittelurteilen** lesen Sie bitte § 473 StPO, der je nach dem Erfolg des Rechtsmittels auch eine Quotelung vorsieht (Abs. 4).

### 4. Exkurs: Die Kostenentscheidung in anderen Fällen als des Urteils

Nach **§ 464 Abs. 1 StPO** muss jede **nach der Anklageerhebung** erfolgte, „eine Untersuchung einstellende Entscheidung" einen Kostenausspruch enthalten. Als derartige Entscheidungen kommen neben dem Urteil insbesondere in Betracht:

**633**

| | |
|---|---|
| § 153 Abs. 2 StPO | Verfahrenseinstellung durch das Gericht wegen Geringfügigkeit |
| § 153a Abs. 2 StPO | Endgültige Verfahrenseinstellung nach der Erfüllung von Auflagen |
| § 153b Abs. 2 StPO | Gerichtliche Einstellung bei Absehen von Strafe |
| § 154 Abs. 2 StPO | Teileinstellung bei mehreren Taten |
| § 206a StPO | Verfahrenseinstellung beim Bestehen eines Verfahrenshindernisses |
| § 206b StPO | Einstellung wegen einer Gesetzesänderung |
| § 319 Abs. 1 StPO | Verwerfung der Berufung als unzulässig durch Beschluss |
| § 349 Abs. 1, 2 StPO | Verwerfung der Revision durch Beschluss als unzulässig bzw. einstimmig als unbegründet |

---

58 Zu den Abwägungskriterien im Rahmen der Billigkeitsentscheidung siehe BGH NStZ 1999, 261.
59 Vgl. *Meyer-Goßner*, § 472 Rn. 10 m.w.N.
60 Zur schuldhaften Säumnis ist bei Bestellung eines Dolmetschers auch § 464c StPO zu beachten.

Wer die Kosten und Auslagen im Falle der Verfahrenseinstellung zu tragen hat, regeln die §§ 467 Abs. 3 bis 5 sowie 472 Abs. 2 StPO, die Sie bitte lesen wollen.

**634** Gegen die Entscheidung über die Kosten kann gem. § 464 Abs. 3 StPO isoliert **sofortige Beschwerde** (§ 311 StPO) eingelegt werden, sofern auch die Hauptentscheidung angefochten werden kann. Die Kosten- und Auslagenentscheidung ist also in den Fällen unanfechtbar, in welchen auch die Hauptentscheidung nicht anfechtbar ist (beispielsweise nach §§ 153 Abs. 2 S. 4, 153a Abs. 2 S. 4 und 5, 304 Abs. 4 StPO)[61].

### 5. Die Paragraphenleiste

**635** Den Abschluss des Tenors bildet schließlich wegen § 260 Abs. 5 S. 1 StPO i.V.m. § 5 Abs. 1 Nr. 6 BZRG die sog. Paragraphenleiste. Sie dient der Erfassung der Tat im Bundeszentralregister und anderen Registern. Es sind – ggf. für jeden Angeklagten gesondert – zunächst die Vorschriften des Besonderen Teils des StGB bzw. der strafrechtlichen Nebengesetze und dann diejenigen des Allgemeinen Teils anzugeben[62]. Die Liste ersetzt freilich nicht deren Angabe in den Urteilsgründen[63].

### 6. Tenorierungsbeispiele

**636** Statt einer Aufzählung der gesetzlichen Kriterien sollen nachfolgend einige praktisch wichtige Beispiele für die Abfassung von Urteilsformeln dargestellt werden, freilich ohne Anspruch auf Vollständigkeit.

#### a) Einfacher Fall der Verurteilung zu einer Geldstrafe

> Der Angeklagte wird wegen fahrlässiger Tötung zu einer Geldstrafe von 90 Tagessätzen zu je 50 € verurteilt.
> Er trägt die Kosten des Verfahrens.
> – § 222 StGB –

#### b) Verurteilung zu einer Gesamtfreiheitsstrafe wegen vier selbstständiger Taten mit Strafaussetzung zur Bewährung

**637**
> Der Angeklagte wird wegen Diebstahls in zwei Fällen, wegen Nötigung sowie wegen Hausfriedensbruchs zu einer Gesamtfreiheitsstrafe von einem Jahr und zwei Monaten verurteilt.
> Die Vollstreckung der Strafe wird zur Bewährung ausgesetzt.
> Der Angeklagte trägt die Kosten des Verfahrens.
> – §§ 123 Abs. 1, 240 Abs. 1, 2, 242 Abs. 1, 53, 54, 56 StGB –

---

61  Vgl. zu weiteren Beispielen KK-*Gieg*, § 464 Rn. 8; *Meyer-Goßner*, § 464 Rn. 17.
62  Zu den Ausnahmen: *Meyer-Goßner* § 260 Rn. 54 ff.
63  BayObLG DAR 2003, 428.

Die Abhandlung der Einzelfreiheitsstrafen und der zugehörigen Strafzumessungserwägungen gehört in die Urteilsgründe. Im Tenor taucht nur die gemäß § 54 StGB
gebildete Gesamtstrafe auf. Die Dauer der Bewährungszeit und deren konkrete Ausgestaltung (Auflagen, Weisungen, Beiordnung eines Bewährungshelfers, §§ 56b-d
StGB) gehören nicht in den Urteilstenor, sondern in den gemäß § 268a StPO gesondert zu verkündenden Beschluss.

### c) Einfacher Fall des Freispruchs mit Entschädigungsanordnung gemäß §§ 2 Abs. 1, 8 StrEG

> Der Angeklagte wird freigesprochen.
>
> Die Kosten des Verfahrens und die notwendigen Auslagen des Angeklagten trägt die Staatskasse.
>
> Der Angeklagte ist für die in der Zeit vom 15.11.2005 bis zum 03.03.2006 erlittene Unter-
> suchungshaft zu entschädigen.
>
> – §§ 20 StGB, 2, 8 StrEG –

**638**

Wegen welchen Vorwurfes und aus welchem Grund freigesprochen wird, ist im
Urteilstenor nicht zu erwähnen. In die Paragraphenleiste sind solche Vorschriften
aufzunehmen, die den Freispruch begründen (etwa § 20 StGB); gibt es solche Vorschriften nicht, etwa weil die angeklagte Tat nicht nachgewiesen werden konnte,
kann auch keine Vorschrift genannt werden.

War der Angeklagte Strafverfolgungsmaßnahmen – insbesondere der Untersuchungshaft – ausgesetzt, so ist er für die entstandenen Schäden nach Maßgabe der
§§ 2 ff. StrEG zu entschädigen. Die entsprechende Entscheidung ist (soweit möglich)
in das freisprechende Urteil aufzunehmen, § 8 Abs. 1 S. 1 StrEG.

### d) Verurteilung wegen zweier selbstständiger Taten, Freispruch wegen einer weiteren Tat, Anordnung einer Maßregel nach §§ 69, 69a StGB

> Der Angeklagte wird wegen fahrlässiger Trunkenheit im Verkehr sowie wegen fahrlässi-
> ger Gefährdung des Straßenverkehrs zu einer Gesamtgeldstrafe von 90 Tagessätzen zu je
> 30 € verurteilt.
>
> Im Übrigen wird er freigesprochen.
>
> Dem Angeklagten wird die Fahrerlaubnis entzogen, sein Führerschein eingezogen. Vor
> Ablauf einer Sperrfrist von 2 Jahren darf ihm keine neue Fahrerlaubnis erteilt werden.
>
> Er trägt die Kosten des Verfahrens, soweit er verurteilt worden ist; im Übrigen trägt die
> Staatskasse die Kosten des Verfahrens sowie die notwendigen Auslagen des Angeklagten.
>
> – §§ 316 Abs. 1 und 2; 315c Abs. 1 Nr. 1a, Abs. 3 Nr. 2; 53, 54, 69, 69a StGB –

**639**

Erfolgt bei mehreren angeklagten Taten teilweise Freispruch, so muss der Tenor aus den §§ 465, 467 StPO kombiniert werden. Bei Straßenverkehrsdelikten ist immer die Maßregel der §§ 69, 69a StGB zu prüfen und i.d.R. auch zu verhängen. Üblicherweise beträgt für den Ersttäter z.B. einer Trunkenheitsfahrt (§ 316 StGB) die Sperre für die Erteilung einer neuen Fahrerlaubnis mindestens 9 Monate. Erscheinen Führerscheinmaßnahmen nicht erforderlich, so ist über ein Fahrverbot nach § 44 StGB zu entscheiden, vgl. § 44 Abs. 1 S. 2 StGB.

Eine genaue Aufteilung der Kosten und Auslagen erfolgt erst (siehe oben) im Rahmen der Kostenfestsetzung. Sie können – in der Praxis allerdings selten gehandhabt – auch bereits im Tenor des Urteils nach Bruchteilen verteilt werden, § 464d StPO.

**e) Verurteilung wegen zweier selbstständiger Taten – davon eine mit zwei tateinheitlichen Delikten –, Teilfreispruch wegen einer weiteren Tat**

**640**

Der Angeklagte wird wegen gefährlicher Körperverletzung sowie wegen Urkundenfälschung in Tateinheit mit Untreue zu einer Gesamtgeldstrafe von 120 Tagessätzen zu je 80 € verurteilt.

Im Übrigen wird er freigesprochen.

Er trägt die Kosten des Verfahrens, soweit er verurteilt worden ist; im Übrigen trägt die Staatskasse die Kosten des Verfahrens sowie die notwendigen Auslagen des Angeklagten.

– §§ 223, 224 Abs. 1 Nr. 2, 266 Abs. 1, 267 Abs. 1, 52, 53 StGB –

**f) Verurteilung wegen einer versuchten in Tateinheit mit einer vollendeten Tat, begangen im Zustand erheblich verminderter Schuldfähigkeit; Anordnung einer Maßregel gemäß § 63 StGB**

**641**

Der Angeklagte wird wegen versuchter sexueller Nötigung in Tateinheit mit schwerem sexuellem Missbrauch von Kindern zu einer Freiheitsstrafe von vier Jahren und sechs Monaten verurteilt.

Seine Unterbringung in einem psychiatrischen Krankenhaus wird angeordnet. Die Freiheitsstrafe ist vor der Maßregel zu vollziehen.

Der Angeklagte trägt die Kosten des Verfahrens sowie die notwendigen Auslagen des Nebenklägers.

– §§ 176 Abs. 1, 176a Abs. 1 Nr. 1, 177 Abs. 1 Nr. 1, Abs. 2 Nr. 1, 21, 22, 23, 52, 63, 67 Abs. 2 StGB –

Der Umstand der erheblich verminderten Schuldfähigkeit findet im Tenor keine Erwähnung; § 21 StGB ist lediglich in der Paragraphenleiste aufzuführen. Der gesetzliche Regelfall der zeitlichen Abfolge der Vollstreckungen von Freiheitsstrafe und Maßregel ist wegen § 67 Abs. 1 StGB zwar umgekehrt; dennoch hat sich das Gericht im Urteil mit der Ausnahmevorschrift des § 67 Abs. 2 S. 1 StGB auseinander zu setzen und bei Vorliegen der Voraussetzungen[64] den Vorwegvollzug der Freiheitsstrafe anzuordnen. Für die Unterbringung des Verurteilten in einer Entziehungsanstalt gem. § 64 StGB gilt nunmehr die spezielle Regelung des § 67 Abs. 2 S. 2, 3 StGB[65].

### g) Ausspruch über einen Adhäsionsantrag

Im Falle einer Vergewaltigung könnte die Entscheidung zu den zivilrechtlichen Ansprüchen etwa lauten:

> Die Angeklagten werden als Gesamtschuldner verurteilt, an die Nebenklägerin 20 000 € nebst Zinsen in Höhe von 5 % über dem Basiszinssatz ab dem 14.02.2007 zu zahlen. Es wird festgestellt, dass die Angeklagten gesamtschuldnerisch verpflichtet sind, der Nebenklägerin jeden weiteren materiellen und immateriellen Schaden zu ersetzen, der dieser aus der vorliegend abgeurteilten Tat erwächst. Das Urteil ist hinsichtlich des Zahlungsanspruchs gegen Sicherheitsleistung in Höhe von 110 % des jeweils zu vollstreckenden Betrages vorläufig vollstreckbar.

### h) Einstellung des Verfahrens

> Das Verfahren wird eingestellt.
>
> Die Kosten des Verfahrens trägt die Staatskasse; seine Auslagen trägt der Angeklagte selbst.
>
> – § 78 Abs. 1, 3 Nr. 4 StGB –

**642**

Wird das Verfahren wegen eines Verfahrenshindernisses (z.B. Verjährung) eingestellt, so richtet sich die Kostenentscheidung nach § 467 Abs. 3 S. 2 Nr. 2 StPO. Danach kann das Gericht in Abweichung von der Regel des § 467 Abs. 1 StPO davon absehen, die notwendigen Auslagen des Angeklagten der Staatskasse aufzuerlegen. Welches die maßgeblichen Kriterien der im Rahmen des § 467 StPO zu treffenden Ermessensentscheidung sind, ist gesetzlich nicht geregelt. Angesichts der Unschuldsvermutung wird als entscheidend angesehen, ob bis zu der Einstellungsentscheidung eine positive Schuldfeststellung aufgrund einer Hauptverhandlung stattgefunden hat[66]. Verfassungsrechtlich wird es allerdings auch für zulässig erachtet, eine dem Angeklagten nachteilige Kostenentscheidung allein auf Verdachtsmomente zu stützen[67].

Zur Paragraphenleiste gilt das oben zum Freispruch Gesagte sinngemäß. Gibt es keine konkrete Vorschrift, auf welche die Verfahrenseinstellung gestützt wird, so kann auch keine genannt werden.

---

64 Lesen Sie dazu *Fischer*, § 67 Rn. 4 ff.
65 Vgl. dazu: BGH NJW 2008, 1173 ff.
66 Vgl. die Nachweise bei KK-*Gieg*, § 467 Rn. 10a f.
67 Siehe BVerfG NJW 1992, 1613.

## III. Die Urteilsgründe im Falle der Verurteilung

### 1. Art der Darstellung und Aufbau der Urteilsgründe

**643**   Notwendiger Bestandteil des Urteils sind die Gründe nicht nur aufgrund der Vorschrift des § 267 StPO. Ihr völliges – nicht nur teilweises – Fehlen stellt gemäß § 338 Nr. 7 StPO einen absoluten Revisionsgrund dar. Dies ist auch dann der Fall, wenn zu einem bestimmten, abgrenzbaren Tatkomplex überhaupt keine Ausführungen vorhanden sind[68]. Die Kunst des Strafrichters besteht darin, einerseits die Tatsachengrundlagen für die Entscheidung und die rechtlichen Erwägungen vollständig mitzuteilen, andererseits aber die Gründe nicht mit überflüssigen Darstellungen zu überfrachten. Der Bundesgerichtshof formuliert die Anforderungen so:

„Es ist Aufgabe des Tatrichters, die Urteilsgründe so zu fassen, dass der Leser die wesentlichen, die Entscheidung tragenden tatsächlichen Feststellungen und rechtlichen Erwägungen ohne aufwändige eigene Bemühungen erkennen kann. Die schriftlichen Urteilsgründe dienen daher weder der Darstellung eines bis in die Verästelungen aufzuarbeitenden Gesamtgeschehens noch der Nacherzählung des Ablaufs der Ermittlungen oder des Gangs der Hauptverhandlung"[69].

Allgemein ist daher darauf zu achten, dass die Ausführungen
– möglichst knapp,
– klar gegliedert,
– stilistisch wie sprachlich korrekt und
– im Hinblick auf die Gedankenführung nachvollziehbar und widerspruchsfrei sind[70].

**644**   Das Urteil muss aus sich heraus verständlich sein. Eigene Feststellungen und Würdigungen dürfen – außer im Fall der bei den Akten befindlichen Abbildungen (§ 267 Abs. 1 S. 3 StPO) – nicht durch Bezugnahmen ersetzt werden[71]. Ein nicht übersichtlich aufgebautes Urteil, bei dem die Feststellungen zum Tatgeschehen keine geschlossene Einheit bilden und nicht von der Beweiswürdigung und der rechtlichen Würdigung abgegrenzt werden können, leidet schon aus diesem Grund an einem erheblichen Mangel.

Formelhafte Ausführungen, die eine nähere Auseinandersetzung mit dem Sachverhalt vermissen lassen, Schlagwörter wie „unzweifelhaft", „mit Sicherheit" etc., Formulierungen, die sich lediglich auf einer Vermutung des Gerichts stützen („Vermutlich handelte der Angeklagte in dem Bewusstsein, …") oder die auf eine Unsicherheit des Verfassers schließen lassen („dürfte", „könnte" etc.), sind zu unterlassen. Die Gründe sollen die übrigen Verfahrensbeteiligten und ggf. das Rechtsmittelgericht von der Richtigkeit des Urteilsspruchs überzeugen. Die vorgenannten

---

68  Vgl. KK-*Kuckein*, § 338 Rn. 94 sowie *Meyer-Goßner*, § 338 Rn. 52.
69  BGH NStZ 2007, 720 f.; Achtung: bei Rechtsmittelurteilen ist der (gerichtliche) Verfahrensgang in groben Zügen darzustellen.
70  BGH NStZ 1989, 15.
71  BGH NStZ 2007, 478 f.

Wendungen sind verständlicherweise nicht geeignet, eine solche Überzeugung herbeizuführen.

Im Hinblick auf den Aufbau der Urteilsgründe gibt § 267 StPO keine verbindlichen **645** Vorgaben. Die Vorschrift wird allgemein als misslungen angesehen, da sie beispielsweise verhältnismäßig Unwichtiges (§ 267 Abs. 1 S. 3 StPO) ausdrücklich erwähnt, für die Überprüfbarkeit des Urteils Unerlässliches (die Notwendigkeit der Niederlegung einer Beweiswürdigung) aber nur rudimentär regelt (§ 267 Abs. 1 S. 2 StPO). Was das Urteil im Falle des Freispruches zu enthalten hat, der ja ebenso wie eine Verurteilung mit Rechtsmitteln angegriffen werden kann, ist in der Vorschrift ebenfalls nur sehr knapp geregelt (§ 267 Abs. 5 StPO)[72].

Die Urteilsgründe erster Instanz werden im Falle der verurteilenden Erkenntnis in der Praxis unter Beachtung der gesetzgeberischen Vorgaben in §§ 260, 267 StPO wie folgt gegliedert:

- persönlicher Werdegang des Angeklagten;
- festgestelltes Tatgeschehen (§ 267 Abs. 1 S. 1 StPO);
- Einlassung des Angeklagten und Würdigung der Beweismittel (§ 267 Abs. 1 S. 2 StPO[73]);
- rechtliche Beurteilung des festgestellten Sachverhaltes;
- Ausführungen zur Strafzumessung (§ 267 Abs. 3 S. 1 StPO);
- Ausführungen zu Maßregeln (§§ 63, 64, 66, 69 BGB);
- Begründung der Adhäsionsentscheidung;
- Begründung der Kostenentscheidung (§§ 464 ff. StPO);
- Unterschriften der Berufsrichter (§ 275 Abs. 2 StPO).

## 2. Darstellung der persönliche Verhältnisse des Angeklagten

Die Urteilsgründe beginnen mit einem Abriss des Lebenslaufes und der Lebensver- **646** hältnisse des Angeklagten, da diese Umstände für die Beurteilung der Tat und für die Festsetzung einer angemessenen Strafe von Bedeutung sind (§§ 267 Abs. 3 S. 1 StPO, 46 StGB). Aussagekräftige Feststellungen zum Lebensweg sowie zu den familiären und wirtschaftlichen Verhältnissen sind insbesondere Voraussetzungen der für den Rechtsfolgenausspruch unerlässlichen Würdigung der Persönlichkeit des Angeklagten[74]. Freilich ohne auszuufern, sind das Vorleben[75], die persönlichen (Krankheiten, Familienstand etc.) und die beruflichen Verhältnisse (Ausbildung, Art und Dauer der Tätigkeiten etc.), die finanzielle Situation vor und bei Tatbegehung und ggf. auch die strafrechtlichen Vorbelastungen nach Zeitpunkt, Art und Höhe der verhängten

---

72  Zur Kritik an der Vorschrift neben anderen: *Kessel*, S. 1 ff. und HK-*Julius*, § 267 Rn. 2.
73  Diese Vorschrift, die sich nur auf den Indizienbeweis beschränkt, gibt den notwendigen Inhalt des Urteils nur unvollkommen wieder, vgl. *Meyer-Goßner/Appl*, Rn. 347 m.w.N. Erforderlich ist vielmehr eine vollständige Beweiswürdigung.
74  BGHR StPO § 267 Abs. 3 Satz 1 Strafzumessung 10.
75  Ein relativ kurz zusammengefasster Lebenslauf kann im Einzelfall genügen, vgl. BGH NStZ-RR 2004, 66.

Sanktionen zu erörtern[76]; Letztere jedoch nur insoweit, als sie für die Entscheidung von Bedeutung sind.

647 In Strafkammerurteilen ist es zuweilen üblich, die in der Hauptverhandlung verlesenen tatsächlichen Feststellungen aus den zuvor ergangenen Entscheidungen in den Gründen in eingerückter Form wiederzugeben. Überzeugender ist es indes, den Hergang der Vortat mit eigenen Worten in geraffter Form darzustellen, denn dann steht fest, dass man sich damit auseinandergesetzt hat. Häufig stützt das Gericht seine Feststellungen insoweit aber auch nur auf den im Wege des Urkundsbeweises in die Hauptverhandlung eingeführten Auszug aus dem Bundeszentralregister. Um sich ein verlässliches Bild von den Vorbelastungen des Angeklagten zu verschaffen, sollten diese in jedem Fall mit ihm erörtert worden sein.

648 Zu beachten ist ferner, dass die Feststellungen des Gerichts zu den persönlichen Verhältnissen nicht etwa eine allgemeine Einleitung in die Urteilsgründe darstellen, um dem Urteilsverfasser das Absetzen und dem Leser den „Einstieg in den Fall" zu erleichtern. Vielmehr gehören sie bereits zu den **festgestellten Tatsachen**, quasi als erweitertes Vorgeschehen der Tat. Auf ihre Feststellung und Schilderung ist daher die gleiche Sorgfalt zu verwenden, wie auf die Darstellung des Tatgeschehens. Diesem Erfordernis wird von den Tatsacheninstanzen nicht immer in genügender Weise Rechnung getragen, was ggf. Ansatz für eine erfolgreich erhobene Sachrüge bietet[77].

### 3. Schilderung des Tatgeschehens

649 Es schließt sich die Darstellung des eigentlichen Tatgeschehens (kurz: Feststellungen) an, die das Gericht als Ergebnis der Beweisaufnahme (§ 261 StPO) ermittelt und die der Urteilsverfasser in der Form einer Geschichtserzählung wiederzugeben hat. Die regelmäßige Zeitform ist das **Imperfekt**; die Schilderung erfolgt aus der Sicht eines unsichtbaren Begleiters des Angeklagten[78].

Bei umfangreicheren Sachverhalten mit mehreren Angeklagten und/oder mehreren Straftaten kann es sich empfehlen, die Schilderung nach Tatkomplexen zu gliedern. Dabei können einheitliche und durchgängige Ordnungsziffern zur besseren Übersichtlichkeit verwendet werden. Je nach den Umständen des Falles kann zunächst auch eine nähere Vorgeschichte der Tat als eigener Abschnitt dargestellt werden, wenn etwa hieraus die Entwicklung bis hin zum Kern des Geschehens verständlicher wird. Der Umfang der Ausführungen richtet sich auch insoweit immer danach, inwieweit die Feststellungen für die Beurteilung der Straf- und Schuldfrage von Bedeutung sind. Bei Serientaten mit wesentlich gleichgelagerten Begehungsweisen

---

76 Nur konkrete Feststellungen hierzu ermöglichen eine sachgerechte Beurteilung, ob die bestehenden Vorbelastungen, die ihnen zugrunde liegenden Umstände und die Erledigung der verhängten Strafe im zu beurteilenden Fall eine strafschärfende Rolle spielen können; vgl. HK-*Julius*, § 267 Rn. 17 m.w.N.
77 Vgl. BGH NStZ 1995, 200.
78 Eines Augenzeugen, „der weiß worauf es ankommt"; er berichtet daher nur das für die Beurteilung der Schuld- und Straffrage Wesentliche.

können einzelne Tatbestandsmerkmale auch vorangestellt („vor die Klammer gezogen") und die Einzeltaten dann tabellarisch geschildert werden. Dabei ist aber darauf zu achten, dass der festgestellte Sachverhalt die Erfüllung der objektiven und subjektiven Tatbestandsmerkmale bezüglich jeder einzelnen Tat erkennen lässt. Auch muss das Konkurrenzverhältnis der einzelnen Handlungen eindeutig beurteilt werden können[79].

Die Feststellungen bilden die Grundlage für die spätere Subsumtion unter die Strafnorm. Es ist daher unbedingt erforderlich, dass **sämtliche Merkmale des Tatbestandes**[80] (objektive wie subjektive) mitgeteilt werden. Dabei genügt es den Anforderungen nicht, wenn sich die „Feststellungen" lediglich in der Wiedergabe des Wortlautes des Gesetzes erschöpfen oder durch gleichbedeutende Begriffe ersetzt werden. Rechtsbegriffe müssen, sofern sie nicht allgemein geläufig sind, grundsätzlich durch die ihnen zugrunde liegenden **tatsächlichen Vorgänge** dargestellt („aufgelöst") werden[81]. Zu den Merkmalen des Tatbestandes gehören auch die Umstände, welche für die Schuldfähigkeit (§§ 20, 21 StGB) des Angeklagten von Bedeutung sind. Sie gehören nicht erst in den Abschnitt über die Beweiswürdigung. Sind nämlich in der Hauptverhandlung vom Strafgesetz besonders vorgesehene Gründe behauptet worden, welche die Strafbarkeit ausschließen, vermindern oder erhöhen, so müssen sich die Urteilsgründe darüber aussprechen, ob diese Umstände für festgestellt erachtet werden oder nicht (§ 267 Abs. 2 StPO). **650**

Hat das Gericht Anhaltspunkte dafür, dass Umstände im Sinne dieser Vorschrift vorliegen, so hat es die Untersuchung von Amts wegen hierauf zu erstrecken. Es ist aber keineswegs gehalten, den Sachverhalt routinemäßig auf alle im Gesetz vorgesehenen Gründe zu untersuchen. Zu den Umständen im Sinne der Vorschrift gehören neben den praktisch wichtigen Fällen der fehlenden oder verminderten Schuldfähigkeit etwa auch die allgemeinen Rechtfertigungsgründe sowie die sonstigen Schuld- und Strafausschließungsgründe. **651**

Gemäß § 267 Abs. 1 S. 2 StPO müssen im Falle des **Indizienbeweises** die zur Begründung notwendigen Tatsachen, die einen Rückschluss auf die Täterschaft zulassen, ebenfalls bereits im Rahmen der Feststellungen geschildert werden. **652**

> **Beispiel:** Der Angeklagte ist in der Zeit vor dem Raub häufig in der Nähe des Tatortes beobachtet worden. Die sichergestellte Tatwaffe befand sich in seinem Besitz. Der Angeklagte verfügte im Anschluss an die Tat über auffällig viel Bargeld, ein bei ihm gefundener Geldschein stammte aus der Beute. …

---

79  Vgl. BGH NStZ 2008, 352 zu Serienbetrugstaten.
80  Das gilt auch für sog. Serienstraftaten, also eine Vielzahl von Verstößen bei gleichartiger Tatbegehung, vgl. BGH NStZ 1996, 349 f.
81  Vgl. etwa zur notwendigen Ausfüllung des Hehlereitatbestandes in den Urteilsfeststellungen: BGH NStZ 2000, 607 f.

## 4. Wiedergabe der Einlassung des Angeklagten und Würdigung der Beweismittel

**653**  In vielen strafrechtlichen Urteilen beginnt dieser Abschnitt mit der sog. „Beruhens-formel", in der es etwa heißt: „Die vorgenannten Feststellungen beruhen auf der Ein-lassung des Angeklagten, soweit ihr gefolgt werden konnte, den Bekundungen der Zeugen ..., den Ausführungen des Sachverständigen ... sowie den ausweislich des Hauptverhandlungsprotokolls verlesenen Urkunden und in Augenschein genomme-nen Lichtbildern". Davon ist nachdrücklich abzuraten. Die bloße Auflistung der Beweismittel ersetzt keine Beweiswürdigung. Es kann daher bereits eine Lücke des Urteils begründen, wenn bezüglich einzelner der aufgezählten Beweismittel – was bei umfangreichen Sachen dann schnell passiert – keine weiteren Ausführungen mehr folgen (z.B. weil es tatsächlich gar nicht wichtig war). Denn auch auf dem zwar genannten, jedoch nicht weiter abgehandelten Beweismittel soll das Urteil ja aus-drücklich „beruhen". Die Aufzählung birgt im Übrigen die Gefahr von Widersprü-chen mit der Sitzungsniederschrift. Ein guter Verteidiger findet das und stützt dann die Verfahrensrüge auf eine Verletzung des § 261 StPO.

Die eigentliche Beweiswürdigung[82] sollte folglich mit der Einlassung des Angeklag-ten beginnen. Hat er zur Sache keine Angaben gemacht, so ist dies kurz mitzuteilen.

> **Beispiele:**
> „Die Feststellungen zu seinem Lebensweg beruhen auf den Angaben des Angeklagten und den insoweit ergänzend verlesenen Urkunden[82]. Das Tatgeschehen hat der Ange-klagte im Sinne der Feststellungen eingeräumt."
> oder
> „Der Angeklagte hat die Tat bestritten. Abweichend von den Feststellungen hat er sich wie folgt eingelassen ..."
> oder
> „Der Angeklagte hat in der Hauptverhandlung von seinem Schweigerecht Gebrauch gemacht."

Natürlich ist auch ein Geständnis eine Einlassung zum Tatvorwurf. In diesem Fall deckt sich die folgende Beweiswürdigung mit der Überprüfung der Glaubhaftigkeit der Angaben des Angeklagten. Ist das Gericht von der Richtigkeit des Geständnisses überzeugt, so erübrigen sich ggf. Ausführungen hinsichtlich weiterer Beweiserhe-bungen, auch wenn sie das Gericht viel Mühe gekostet haben.

**654**  Hat der Angeklagte die Tat ganz oder teilweise geleugnet, so muss seine abwei-chende Einlassung geschildert werden[84]. Es folgt dann die eigentliche **Beweiswürdi-gung**.

---

82  Ein praktisches Beispiel finden sie in dem Berufungsurteil Rn. 754.
83  Gemeint sind damit vor allem die auszugsweise verlesenen Vorstrafenakten.
84  Hierzu gehören ggf. auch die verschiedenen vom Angeklagten gelieferten Versionen des Geschehens, sofern das Gericht aufgrund dieses Aussageverhaltens nachteilige Schlüsse ziehen will, vgl. BGH NStZ 2000, 269.

In diesem Zusammenhang ist es erforderlich (und vom gedanklichen Aufbau her auch ratsam), sich zunächst mit der **Glaubhaftigkeit** der Einlassung auseinander zu setzen. Diese darf keinesfalls ungeprüft hingenommen werden. Sie ist vielmehr nach denselben Kriterien zu bewerten wie eine Zeugenaussage[85]. Das Gericht muss nicht alles glauben und als „unwiderlegt" hinnehmen, insbesondere wenn es für die Richtigkeit seiner Angaben an sonstigen Anhaltpunkten fehlt und der Wahrheitsgehalt fraglich erscheint[86]. Hat sich der Angeklagte nur (etwa über seinen Verteidiger) durch Verlesen einer schriftlichen Erklärung zur Sache geäußert und Nachfragen nicht zugelassen, so kann auch diese Einschränkung der Glaubhaftigkeitsprüfung zu seinem Nachteil gewertet werden[87].

Andererseits muss die Einlassung bei einem verurteilenden Erkenntnis **sicher** widerlegt werden können. Auch wenn bloß geringe – allerdings „vernünftige"[88] – Zweifel an der Schuld des Angeklagten nicht ausgeräumt werden können, hat nach dem Grundsatz „in dubio pro reo" Freispruch zu erfolgen. Die bloße theoretische Möglichkeit, dass sich das Geschehen auch anders als festgestellt abgespielt haben könnte, hindert die Überzeugungsbildung bezüglich der Schuld des Angeklagten nicht. Die Widerlegung der Einlassung des Angeklagten – beispielsweise eines Alibis – bedeutet umgekehrt jedoch noch nicht, dass ihm die zur Last gelegte Tat positiv nachgewiesen worden ist. Denn auch ein Unschuldiger kann – zumindest theoretisch – den Weg der Lüge wählen, um der drohenden Verurteilung zu entgehen[89]. Auch die vorübergehende Flucht des Angeklagten ist kein Indiz für eine Täterschaft[90].

Bei der Beweiswürdigung sind alle vom Gericht erhobenen Beweise, die im vorgeschriebenen Verfahren des Strengbeweises erhoben worden sind, erschöpfend und in einer Gesamtschau zu würdigen[91]. Das bedeutet allerdings nicht, dass jeder irgendwie entfernt beweiserhebliche Umstand abzuhandeln wäre[92]. Das Maß der gebotenen Darlegung hängt von der jeweiligen Beweislage und insoweit von den Umständen des Einzelfalls ab. Dabei darf das Gericht die Beweismittel nicht „durcheinander werfen". Was der Angeklagte oder die Zeugen in der Hauptverhandlung selbst bekundet haben, ist von den im Rahmen des Ermittlungsverfahrens getätigten und protokollierten Aussagen zu trennen, die entweder im Wege des Vorhaltes, der zulässigen Verlesung oder im Wege der Vernehmung der damaligen Verhörperson (z.B. des polizeilichen Vernehmungsbeamten) in die Hauptverhandlung eingeführt worden sind. **655**

Das Gericht hat – möglichst aus einem Guss und mit nachvollziehbarem gedanklichem Aufbau – darzustellen, wie es zu der Überzeugung von der Täterschaft des **656**

---

85 Siehe hierzu oben Rn. 471 ff.
86 Vgl. BGH NStZ 2005, 207 f.; BGH 2 StR 477/07, 603/07; 3 StR 64/08; 5 StR 224/08.
87 BGH NStZ 2008, 476 f.
88 Sog. „denktheoretische Zweifel" reichen insoweit nicht, BGH NStZ-RR 2007, 86 f.
89 Vgl. BGH NStZ 2000, 549.
90 Siehe BGH NStZ-RR 2008, 147.
91 Ständige Rechtsprechung: vgl. BGH NStZ-RR 2007, 116, 119.
92 Vgl. BGH Urteil vom 14.12.2003 – 2 StR 375/05.

Angeklagten gelangt ist[93]. Es versteht sich von selbst, dass es sich in diesem Zusammenhang nicht nur mit der Einlassung des Angeklagten, sondern ggf. auch mit nicht miteinander im Einklang stehenden Beweisergebnissen (beispielsweise den wechselnden Einlassungen des Angeklagten[94], sich widersprechenden Zeugenaussagen oder dem unterschiedlichen Aussageverhalten desselben Zeugen[95]) zu befassen hat. Dafür genügt es nicht, die einzelnen Aussagen nacheinander „herunterzubeten"[96]. Es ist vielmehr darzulegen, aus welchen Gründen einem Zeugen Glauben geschenkt wird oder warum dies nicht der Fall ist (etwa wegen mangelnder Wahrnehmungsfähigkeit, fehlenden Erinnerungsvermögens, Motiven für eine falsche Aussage etc.). Ist die Schilderung eines Belastungszeugen nur teilweise glaubhaft, so sind dessen Angaben zu Lasten des Angeklagten nur dann verwertbar, wenn außerhalb seiner Aussage gewichtige Gründe für deren Glaubhaftigkeit gefunden werden können[97]. Das Gleiche gilt (erst Recht), wenn ein solcher Zeuge, etwa weil er unerreichbar war oder im Hinblick auf das von ihm in Anspruch genommene Recht aus § 55 StPO, in der Hauptverhandlung zur Sache nicht vernommen worden ist und seine im Ermittlungsverfahren gemachten Angaben lediglich über eine Verhörsperson eingeführt worden sind[98]. Eine kritische Prüfung ist auch dann angebracht, wenn ein ehemaliger Mitangeklagter aufgrund einer verfahrensbeendenden Absprache ein Geständnis abgelegt hat und später als Zeuge seine ehemaligen Mitangeklagten belastet[99]. Hier kommt es entscheidend auf die Genese dieser Aussage an.

**Schlussfolgerungen** müssen – aus revisionsrechtlicher Sicht betrachtet – nicht zwingend, sondern nur möglich sein. Andererseits genügen reine Vermutungen oder die bloße Möglichkeit einer Täterschaft selbstverständlich nicht. Daher ist es bei der Würdigung **indizieller Beweisergebnisse** grundsätzlich erforderlich, in den Urteilsgründen die tatsächlichen Anknüpfungspunkte der Würdigung so mitzuteilen, dass dem Revisionsgericht eine Überprüfung möglich ist[100].

Stützt sich das Gericht auf die Feststellungen eines **Sachverständigen**, so bedarf es regelmäßig der (notfalls gedrängten) Darstellung seiner Ausführungen, der zugrunde gelegten Anknüpfungstatsachen und der gezogenen Schlussfolgerungen[101]. An diese ist das Gericht freilich nicht gebunden. Bei Gutachten ist vielmehr zu bedenken, dass sie oftmals als Grundlage der Beantwortung von – ausschließlich in der gerichtlichen Verantwortung liegenden – **Rechtsfragen** dienen (etwa im Rahmen einer Prüfung der §§ 21, 63, 64, 66 StGB). Auch ein sog. „Glaubwürdigkeitsgutachten" hat nur indizielle Bedeutung. Weicht der Tatrichter von einem eingeholten Sachverständigengut-

---

93 Zu den Anforderungen an die Darstellung: *Maier* NStZ 2005, 246, 247 ff.; *Herdegen.* NJW 2003, 3513 ff.
94 BGH NStZ 2004, 88 f.
95 BGH NStZ 2002, 555 f.
96 BGH NStZ 2000, 48.
97 BGH NStZ 2008, 180 f.; NJW 1998, 3788 ff.
98 Zu dem sog. **Konfrontationsrecht** siehe oben Rn. 36.
99 Vgl. BGH 1 StR 370/07.
100 BGH NStZ-RR 2007, 86.
101 Vgl. BGH NStZ 2003, 307 f. bezgl. Schuldfähigkeit und BGH NStZ 2000, 106 f. für den Fall eines sog. „Jeansfaltenvergleichsgutachtens".

achten aufgrund eigener Bewertung der Beweislage ab, muss er dies gleichwohl im Urteil in Auseinandersetzung mit der Gegenansicht des Sachverständigen und in nachprüfbarer Weise darlegen[102].

> **Beispiel:** „Ausgehend von dem verlesenen Blutalkoholbefund des Instituts für Rechtsmedizin der Universität Bonn vom 13.05.2008 hat bei dem Angeklagten zum Zeitpunkt der Blutentnahme am 07.05.2008 gegen 12.21 Uhr eine Blutalkoholkonzentration (BAK) von 1,02‰ vorgelegen. Unter Zugrundelegung eines stündlichen Abbaus von 0,2‰ sowie eines Sicherheitszuschlages von ebenfalls 0,2‰ ergibt sich damit nach den Ausführungen des Sachverständigen für den Zeitpunkt seines Antreffens durch den Polizeibeamten gegen 10.00 Uhr am 07.05.2008 eine theoretisch-maximale BAK von 1,7‰ und für den Zeitpunkt des Tatbeginns gegen 03.00 Uhr eine solche von 3,1‰. Ausgehend von dem letztgenannten Wert hat der Sachverständige eine erheblich verminderte Steuerungsfähigkeit für gegeben erachtet.
>
> Dieses rein rechnerische Ergebnis legt jedoch – so auch der Sachverständige – die Annahme zu Grunde, dass der Angeklagte nach der ersten Tathandlung bis zur Festnahme keinerlei Alkohol mehr zu sich genommen hätte. Diese – auch lebensfremde – Bedingung ist indes nicht erfüllt (wird näher ausgeführt).
>
> Unabhängig davon ist bezüglich des Angeklagten zu bedenken, dass die Anflutungsphase zum Zeitpunkt des Tatbeginns bereits abgeschlossen war, sein Körper also bereits Gelegenheit gehabt hatte, sich an die Wirkungen des Alkohols zu gewöhnen. Kurz vor Beginn der Tathandlungen war nach Angaben der Zeugen x, y und z keiner der Täter so alkoholisiert, dass irgendwelche Ausfallerscheinungen zu bemerken gewesen wären. Bei Entnahme der Blutprobe hat der Angeklagte – bei einer BAK von 1,02‰ – ausweislich des verlesenen Entnahmeprotokolls keinerlei Ausfallerscheinungen gezeigt. Bei der gebotenen Gesamtschau hat die Kammer daher die Voraussetzungen der §§ 20, 21 StGB verneint."

Falls das Gericht in der Hauptverhandlung die in einem Beweisantrag der Verteidigung enthaltene Tatsache als wahr unterstellt und den Antrag aus diesem Grunde abgelehnt hat (§ 244 Abs. 3 S. 2 StPO), müssen die unter Beweis gestellten entlastenden Umstände auch der Beweiswürdigung zugrunde gelegt werden. Es empfiehlt sich die der Zusatz „Dies unterstellt das Gericht als wahr". **657**

Soweit **Hilfsbeweisanträge** gestellt worden sind, muss sich das Gericht im Rahmen der Beweiswürdigung damit befassen und darlegen, warum es ihnen nicht nachgegangen ist.

### 5. Rechtliche Beurteilung des festgestellten Sachverhaltes

Die „Hauptarbeit" ist bereits im Rahmen der Feststellungen geleistet worden, denn dort sind alle tatsächlichen Grundlagen für die Strafbarkeit des Angeklagten niedergelegt. Die Darstellung in diesem Urteilsabschnitt bedeutet daher keine ausführliche rechtliche Begutachtung, sondern kann sich – entsprechend den gesetzlichen Anforderungen in § 267 Abs. 3 S. 1 StPO – zumeist auf die Angabe des verletzten Strafge- **658**

---

102  Vgl. BGH NStZ 2006, 511; NStZ 2007, 538. Dies mag der Grund sein, warum Gerichte dem Sachverständigen zuweilen mehr oder weniger unkritisch folgen.

setzes (je nach Tatbestand durch Nennung des Absatzes, des Satzes und der Nummer) beschränken[103]. In rechtlich nicht ganz einfach gelagerten Fällen sind jedoch Rechtsausführungen zum Schuldspruch erforderlich[104]. Auf echte, die Strafbarkeit begründende Qualifikationstatbestände ist also ggf. ebenso einzugehen, wie auf die Bestimmungen des Versuchs, der Teilnahme etc. Darzustellen sind an dieser Stelle auch die Konkurrenzen bzw. die Verdrängung einzelner Straftatbestände durch andere im Wege der Gesetzeskonkurrenz.

### 6. Ausführungen zur Strafzumessung

**659**   Dieser nach § 267 Abs. 3 StPO vorgeschriebene Teil der Urteilsgründe ist besonders wichtig. Gerade weil die Verhängung der angemessenen Strafe ureigenste Aufgabe des Tatrichters ist, soll ihm die schriftliche Auseinandersetzung mit den gesetzlichen Strafzumessungsgründen und deren Abwägung als Selbstkontrolle dazu verhelfen, der Schuld des Angeklagten mit der verhängten Sanktion möglichst gerecht zu werden. Zudem ist auch die Strafzumessung keinesfalls der Überprüfung insgesamt entzogen, sondern kann nicht nur im Falle ihres völligen Fehlens, sondern schon bei ihrer „Mangelhaftigkeit"[105] dem Revisionsgericht Veranlassung bieten, die Entscheidung aufzuheben.

Bei der Darstellung der Strafzumessungsgründe sind verschiedene Aspekte zu beachten. Es empfiehlt sich, die Darstellung nach folgendem Schema vorab zu durchdenken:

### a) Ermittlung des anzuwendenden (abstrakten) Strafrahmens

**660**   Dieser bestimmt sich in der Regel aus dem angewendeten Strafgesetz i.V.m. §§ 38–40 StGB. Liegen einer oder mehrere sog. **vertypte Strafmilderungsgründe** vor (beispielsweise verminderte Schuldfähigkeit, **§ 21 StGB**; Versuch, **§§ 22, 23 Abs. 2 StGB**; Beihilfe, **§ 27 Abs. 2 StGB**; Fehlen besonderer persönliche Merkmale, **§ 28 Abs. 1 StGB**; Versuch der Beteiligung, **§ 30 Abs. 1 S. 2 StGB**; Täter-Opfer-Ausgleich, § 46a StGB[106]), so ist eine Strafmilderung zugunsten des Angeklagten entweder vom Gesetz vorgeschrieben oder fakultativ vorzunehmen. Dies geschieht in der Form, dass der Strafrahmen je nach der abstrakt angedrohten Strafhöhe unter Beachtung der Vorschrift des § 49 StGB reduziert wird. Eine mehrfache Herabsetzung des Strafrahmens ist danach möglich und in der Praxis auch nicht selten; das Gericht hat sich hiermit auseinanderzusetzen.

**661**   Sieht die angewendete Strafvorschrift **besonders schwere oder minder schwere Fälle** vor (Beispiele: §§ 177 Abs. 2–5, 226 Abs. 3, 243 Abs. 1, 250 Abs. 3, 263

---

103   Dabei handelt es sich gleichzeitig um eine Mindestanforderung, denn die Liste der angewendeten Vorschriften nach § 260 Abs. 5 StPO im Tenor (siehe oben Rn. 570) vermag die Bezeichnung der zur Anwendung gebrachten Strafgesetze in den Gründen des Urteils nicht zu ersetzen, vgl. BGH NStZ-RR 2001, 19.
104   BGH NJW 1999, 801.
105   Lesen Sie zu den möglichen Aufhebungsgründen *Meyer-Goßner/Appl*, Rn. 418 sowie unten Rn. 669.
106   Zu dessen Voraussetzungen siehe BGH NStZ 2008, 452; NStZ-RR 2008, 304.

Abs. 3, 267 Abs. 3, 4 StGB), so ist **vorrangig** zu erörtern, ob der erhöhte oder verminderte Strafrahmen aus der konkreten Norm zur Anwendung gelangt[107]. Solche Verschiebungen des Strafrahmens sieht das Gesetz nur bei der Verhängung von Freiheitsstrafen vor. Eine Erweiterung oder Reduzierung des zur Verfügung stehenden Spielraumes ist angezeigt, wenn das „gesamte Tatbild einschließlich aller subjektiven Momente und der Täterpersönlichkeit vom Durchschnitt der erfahrungsgemäß gewöhnlich vorkommenden Fälle in einem so erheblichen Maße abweicht, dass die Anwendung des Ausnahmestrafrahmens gerechtfertigt erscheint"[108].

Das Gericht hat daher zunächst eine Strafzumessung „im weiteren Sinne" vorzunehmen. Bereits im Rahmen dieser Erwägungen sind die in § 46 StGB aufgeführten Kriterien, welche zugunsten und zu Ungunsten des Angeklagten sprechen, in ihrer Gesamtheit gegeneinander abzuwägen. Die sog. konkrete Strafzumessung erfolgt später innerhalb des ermittelten Strafrahmens. **662**

Im Rahmen der Erörterung, ob ein minder schwerer Fall zu bejahen ist, sind auch die vertypten Strafmilderungsgründe heranzuziehen, wenn sich die Anwendung des reduzierten Strafrahmens allein aufgrund der allgemeinen Milderungsgründe (noch) nicht rechtfertigen lässt[109]. Schon das Vorliegen eines einzigen Milderungsgrundes (insbesondere, wenn die Voraussetzungen der verminderten Schuldfähigkeit gemäß § 21 StGB bejaht werden) kann ausreichen, um von einem minder schweren Fall und damit von einem milderen Strafrahmen auszugehen. Zu beachten ist allerdings, dass dieser Grund (und nur dieser) im Falle seiner Berücksichtigung gemäß § 50 StGB „verbraucht" ist und daher nicht ein zweites Mal herangezogen werden darf[110]. Alle nicht bei der Strafrahmenermittlung „verbrauchten" vertypten Strafmilderungsgründe führen dagegen dazu, dass der reduzierte Strafrahmen aus der konkreten Strafnorm ein weiteres Mal, nämlich über § 49 StGB, gemildert werden kann[111].

Sieht das Gesetz **Regelbeispiele** für das Vorliegen eines besonders schweren Falles (Beispiel: § 243 StGB) vor und will das Gericht trotz Erfüllung der Voraussetzungen eines Regeltatbestandes vom geringeren „Normalstrafrahmen" ausgehen, so muss es begründen, warum dies ausnahmsweise gerechtfertigt ist. **663**

Die indizielle Wirkung des Regelbeispiels kann durch andere Strafzumessungsfaktoren kompensiert werden, mit der Folge, dass auf den normalen Strafrahmen zurückzugreifen ist.

### b) Darstellung der konkreten Strafzumessung

Steht der Strafrahmen fest, so ist die Strafzumessung im engeren Sinne vorzunehmen. Bestand nach dem Sachverhalt keine Veranlassung, das Vorliegen eines beson- **664**

---

107  BGH NStZ 1985, 546.
108  BGH NStZ 1982, 246.
109  Vgl. *Detter* NStZ 2008, 554 ff.; 2006, 146 f. m.w.N. aus der Rechtsprechung des BGH.
110  Das darf sich allerdings nicht zum Nachteil des Angeklagten auswirken. Ist der aus § 49 StGB zu bestimmende Strafrahmen rechnerisch der Günstigere, so kann diesem der Vorzug gegenüber dem Sonderstrafrahmen gegeben werden, vgl. BGH StV 1988, 385.
111  Zu einem solchen Fall siehe etwa BGH NStZ-RR 2008, 105.

ders schweren oder eines minder schweren Falles zu erörtern, so hat nunmehr an dieser Stelle die Abwägung **sämtlicher** nach den Umständen des Falles in Betracht kommender Strafschärfungs- und Strafmilderungsgründe stattzufinden. Herauszuarbeiten sind dabei die konkreten Strafzumessungstatsachen, die das Geschehen, orientiert am regelmäßigen Erscheinungsbild des Delikts, milder oder schwerer erscheinen lassen[112]. Das Ergebnis dieser Überlegungen muss die ausgeworfene Sanktion tragen. Es dürfen keine unzulässigen Strafzwecke verfolgt werden; im Einzelfall kann aber einem Aspekt der Strafzumessung (etwa generalpräventiven Erwägungen) ein besonderes Gewicht beigemessen werden.

**665**   Hingewiesen sei hier auf einige „beliebte"[113], allerdings vermeidbare **Fehler**:

Der Verstoß gegen das **Verbot der Doppelverwertung** hat schon manches ansonsten sorgfältig formulierte Urteil im Rahmen einer Revision „gekippt". So ist es unzulässig, ein Merkmal, welches bereits zum gesetzlichen Tatbestand gehört und dessen Vorliegen die Strafbarkeit (mit-) begründet, im Rahmen der Strafzumessung strafschärfend heranzuziehen.

**Negativbeispiel:** Der Angeklagte wurde wegen schweren Raubes gemäß § 250 Abs. 2 Nr. 1 StGB verurteilt. Das Gericht führt aus: „Zu Lasten des Angeklagten fiel ins Gewicht, dass er bei Begehung der Tat eine Waffe verwendete".

Das Verwenden einer Waffe ist hier Bestandteil des gesetzlichen Tatbestandes, darf also nicht nochmals berücksichtigt werden. Zulässig wäre indes die strafschärfende Erwägung, dass der Täter eine **scharfe Schusswaffe** gegen **mehrere Personen** eingesetzt hat, denn zum gesetzlichen Tatbestand des § 250 Abs. 2 Nr. 1 StGB gehört nur das Verwenden einer Waffe als solches. Dass es sich um eine einsatzbereite, scharfe Schusswaffe und nicht „nur" um eine Gaspistole handelte, die zudem gegen mehrere Opfer eingesetzt wurde, erhöht die objektive Gefährlichkeit der Tatbegehung und ist Ausdruck einer höheren kriminellen Energie des Täters[114].

**666**   Ein ebenfalls häufiger Fehler ist es, das **Fehlen strafmildernder Faktoren** im Ergebnis strafschärfend zu berücksichtigen.

**Negativbeispiel:** „Bei der Strafzumessung fiel auch ins Gewicht, dass der Angeklagte eine Tatbeteiligung bis zum Schluss der Beweisaufnahme geleugnet hat. Er hat damit keinerlei Unrechtseinsicht gezeigt."

Derartige Erwägungen sind unzulässig. Der Angeklagte darf sanktionslos schweigen oder lügen[115]. Dies schließt es natürlich nicht aus, ein Geständnis strafmildernd zu berücksichtigen.

---

112  BGH NStZ 2006, 96.
113  Vgl. BGH NStZ 2001, 85. Siehe auch die von *Detter* NStZ 2008, 554 ff.; 2006, 146 f.; 2005, 143 ff.; 2004, 134 ff. aufgeführten zahlreichen Beispiele aus der Rechtsprechung des BGH sowie BGH NStZ 2000, 586: Täter hatte schwarze Hautfarbe.
114  Lesen Sie dazu auch BGH NJW 2003, 76 f.
115  Vgl. BGH NStZ 2006, 96; das gilt grundsätzlich auch dann, wenn der Angeklagte die Schuld Anderen „in die Schuhe schiebt", vgl. BGH NStZ 2007, 463.

Schließlich sollte sich das Gericht auch jeglicher – ebenfalls gelegentlich anzutreffender – **moralisierender Erwägungen** enthalten[116]. Auch sollten grundsätzlich Formulierungen unterbleiben, die auf ein persönliches Engagement schließen lassen könnten. Insgesamt dürfen nur solche Aspekte Berücksichtigung finden, welche einen Bezug zum gesetzlichen Tatbestand und den geschützten Rechtsgütern aufweisen.

> **Negativbeispiele:**
>
> a) Der Angeklagte ist des sexuellen Missbrauchs an seiner Stieftochter schuldig gesprochen worden (§ 176 StGB). In der Strafzumessung heißt es:
>
> „Der Angeklagte hat das ihm von seiner Ehefrau entgegengebrachte Vertrauen grob missbraucht. Er hat seine Stieftochter als bloßes Objekt seiner sexuellen Bedürfnisse betrachtet, das ihm zu Willen zu sein hatte, wann immer er es verlangte".[116]
>
> b) Der Angeklagte ist wegen gefährlicher Körperverletzung verurteilt worden. Die Strafkammer stellt bei der Bemessung der 6-jährigen Freiheitsstrafe u.a. folgende Erwägungen an:
>
> „Gegen den Angeklagten sprach weiter die massive Tatausführung. Es handelte sich um eine brutale, sinnlose und erschreckende Aggressionstat … handelte der Angeklagte beängstigend planvoll und kaltschnäuzig … Er versetzte ihm einen gezielten Stich genau zwischen die Rippen …. Von Reue war auch in der Hauptverhandlung kaum etwas zu spüren".[117]

Solche – jedenfalls zu einem erheblichen Teil – gefühlsmäßigen Ausführungen haben im Rahmen der Strafzumessung nichts zu suchen. Sie könnten den (wohl zutreffenden) Eindruck erwecken, als sei das Gericht nicht unbefangen gewesen. Im ersten Beispiel gehört es im Übrigen bereits zum Tatbestand, dass der Angeklagte seine sexuellen Bedürfnisse über diejenigen der Stieftochter gestellt hat.

### c) Begründung der Sanktionsart

War nach dem Strafrahmen auch eine Geldstrafe möglich und hat das Gericht gleichwohl eine Freiheitsstrafe verhängt, so hat es darzulegen, warum dies erforderlich, die Verhängung einer Geldstrafe also nicht mehr ausreichend war. Beträgt die Freiheitsstrafe ausnahmsweise weniger als sechs Monate, so sind zudem die Gründe darzulegen, welche eine Abweichung von der Regel des § 47 Abs. 1 StGB gerechtfertigt haben. Bei Verhängung einer Geldstrafe sind die Anzahl der Tagessätze (mindestens 5, höchstens 360, § 40 Abs. 1 StGB) und deren jeweilige Höhe getrennt auszuwerfen. Bei der Begründung der Tagessatzhöhe ist § 40 Abs. 2 StGB zu beachten. **667**

### d) Besonderheiten bei der Verhängung einer Gesamtstrafe

Liegen die Voraussetzungen des § 53 StGB vor, so haben die Strafrahmenbestimmung und die Strafzumessungserwägungen zunächst für jede einzelne abgeurteilte **668**

---

116 Vgl. BGH NStZ-RR 2007, 195 („Lebensführungsschuld"); NStZ 2006, 96; 2002, 646.
117 BGH NStZ 2002, 646.
118 BGH NStZ 2006, 96.

Tat zu erfolgen. Anschließend ist eine selbstständige Abwägung bezüglich der Bemessung der Gesamtfreiheits- bzw. der Gesamtgeldstrafe vorzunehmen. Das erfordert grundsätzlich eine zusammenfassende Würdigung der Person des Täters und der einzelnen Straftaten (§ 54 Abs. 1 S. 2 StGB). Namentlich sind das Verhältnis der einzelnen Straftaten zueinander (also ihre größere oder geringe Selbstständigkeit), die Tatfrequenz, Art und ggf. Vielzahl der verletzten Rechtsgüter, die jeweilige Begehungsweise sowie das Gesamtgewicht des abzuurteilenden Sachverhalts zu berücksichtigen. Ferner ist eine Würdigung der Person des Täters, seiner Strafempfindlichkeit und inneren Einstellung zu den Taten vorzunehmen[119].

Dabei ist der Gesamtstrafenbildung jeder Schematismus fremd. Der Tatrichter darf sich den Blick für die maßgeblichen Gesichtspunkte nicht durch die Summe der verwirkten Einzelstrafen verstellen[120]. Es ist unzulässig, die Gesamtstrafe auf Grund einer **Rechenformel** zu bilden[121].

Liegen die Voraussetzungen des § 55 StGB vor, ist unter Beachtung der Grundsätze der §§ 53, 54 StGB eine nachträgliche Gesamtstrafe – ggf. unter Auflösung einer in der früheren Entscheidung bereits gebildeten Gesamtstrafe – auszuwerfen. Das Urteil muss dabei zunächst erkennen lassen, dass die formellen Voraussetzungen vorliegen. Es müssen also sowohl die Rechtskraft der früheren Entscheidung, als auch der Vollstreckungsstand bezüglich der dort verhängten Strafe mitgeteilt werden. In sachlicher Hinsicht ist der neue Tatrichter an die Feststellungen bezüglich der einzubeziehenden Strafe(n) gebunden. Um seine Erwägungen im Rahmen der nachträglichen Gesamtstrafe nachvollziehbar zu machen, bedarf es daher im Urteil grundsätzlich der Darstellung der den einbezogenen Strafen zugrundeliegenden Sachverhalte und ggf. der maßgeblichen Strafzumessungserwägungen[122].

### e) Begründung der Strafaussetzung zur Bewährung

**669** Wird eine Freiheitsstrafe von nicht mehr als zwei Jahren verhängt, so **muss** das Gericht sich mit der Frage auseinandersetzen, ob diese unter den Voraussetzungen des § 56 Abs. 1, 2 StGB zur Bewährung ausgesetzt werden kann. Die Begründung der Entscheidung hat im Urteil zu erfolgen. Ist eine Gesamtfreiheitsstrafe verhängt worden, so bedarf es keiner näheren Erörterung, dass nur diese und nicht die Einzelfreiheitsstrafen, die darin aufgegangen sind, zur Bewährung ausgesetzt werden kann. Soweit das Gericht in dem gesondert zu verkündenden Beschluss gemäß § 268a StPO dem Angeklagten Auflagen und/oder Weisungen erteilt hat, können diese Maßnahmen zur Begründung der Aussetzungsentscheidung – insbesondere der günstigen Sozialprognose als Voraussetzung jeder Bewährung – mit herangezogen werden.

---

119  BGH NStZ 2001, 365 f.
120  BGH NStZ-RR 2003, 9 f.
121  Vgl. BGH 2 StR 283/08 (prozentualer Strafabschlag) und 4 StR 522/08 (Orientierung am „arithmetischen Mittel").
122  BGH NStZ-RR 2002, 137; NStZ 1987, 183.

## f) Beispiel für Strafzumessungserwägungen

Nach den vorstehenden theoretischen Erörterungen soll die sprachliche Darstellung **670** anhand eines Beispiels für den Fall der Vergewaltigung erläutert werden. Dabei versteht es sich von selbst, dass die der Strafzumessung zugrunde gelegten Umstände (z.B. Folgen der Tat für das Opfer, Anwendbarkeit des § 21 StGB) zuvor im Urteil dargestellt wurden.

Bei der Frage der Strafzumessung war zunächst der anzuwendende Strafrahmen zu ermitteln. Bei sexueller Nötigung im besonders schweren Fall im Sinne des § 177 Abs. 2 StGB liegt dieser zwischen 2 und 15 Jahren (§ 38 Abs. 2 StGB). Dieser Strafrahmen war zunächst zugrunde zu legen, da sich die Tat bei der gebotenen Gesamtbetrachtung – wie sich aus den im Folgenden dargestellten Strafzumessungserwägungen ergibt – als besonders schwerer Fall im Sinne der Vorschrift darstellt und damit die Anwendung des Regelstrafrahmens aus § 177 Abs. 1 StGB bzw. die Annahme eines minder schweren Falles i.S.d. § 177 Abs. 5 StGB nicht in Betracht kam.

Für den Angeklagten sprach dessen unter ungünstigen Voraussetzungen verlaufene Sozialisation. Diese führte zu einer Persönlichkeitsstruktur, die einerseits von einem starken Bedürfnis nach persönlicher Zuneigung und andererseits von der Unfähigkeit geprägt ist, die Bedürfnisse anderer Menschen, insbesondere von Frauen, angemessen wahrzunehmen. Verstärkt werden diese persönlichen Defizite durch eine intellektuelle Schlichtheit. Zu Gunsten des Angeklagten musste sich auch auswirken, dass die Geschädigte im Verlaufe des Abends Zärtlichkeiten mit ihm ausgetauscht hatte, was bei diesem zu einer Erwartungshaltung im Hinblick auf sexuelle Erlebnisse geführt hat. In diesem Zusammenhang verdient auch der Umstand Erwähnung, dass sie mit dem ihr nahezu unbekannten Angeklagten in dessen Wohnung gefahren ist, wenngleich insoweit auch zu berücksichtigen ist, dass sie sich hierdurch zugleich dem Schutz des Angeklagten vor Übergriffen unterstellt hat.

Strafmildernd war ferner zu berücksichtigen, dass der Angeklagte im Verlauf der Hauptverhandlung den Anklagevorwurf eingeräumt hat, um der Geschädigten eine Vernehmung zu Details der Vorgänge im Schlafzimmer seiner Wohnung zu ersparen. Auch befindet sich der Angeklagte seit etwa acht Monaten in Untersuchungshaft, die ihn aufgrund der Trennung von seiner im Ausland lebenden Familie und der daher ausbleibenden Besuche in besonderer Weise belastet. Er hat zudem den Widerruf der Strafaussetzung zur Bewährung (280 Tage Restfreiheitsstrafe aus der Verurteilung vom 20.11.2007) zu gewärtigen.

Strafschärfend fiel ins Gewicht, dass die Tat sich über einen langen Zeitraum von etwa $2_1/2$ Stunden hingezogen hat, in dessen Verlauf die Zeugin mehrfach vaginal und oral, mithin auf verschiedene Weise vergewaltigt wurde. Straferschwerend musste sich auch auswirken, dass der Angeklagte bereits in erheblichem Umfang strafrechtlich belangt werden musste. Allein wegen Körperverletzungsdelikten hat er bislang etwa vier Jahre Haft verbüßt. Zudem stand er aus der Verurteilung vom 20.11.2007 noch unter Bewährung.

Bezieht man zudem die festgestellten schwerwiegenden Folgen der Tat für die Geschädigte in die Überlegungen ein, so führt auch die Tatsache, dass in der Person des Angeklagten die Voraussetzungen des § 21 StGB nicht ausgeschlossen werden können, nicht zu einer Abweichung vom Strafrahmen dieser Vorschrift zugunsten desjenigen des § 177 Abs. 1 StGB bzw. des § 177 Abs. 5 StGB. Die Kammer hat jedoch die fakultative Strafrahmenverschiebung gemäß §§ 21, 49 Abs. 1 StGB gesehen, geprüft und bejaht. Hierdurch reduzierte sich der Strafrahmen des § 177 Abs. 2 StGB auf Freiheitsstrafe zwischen 6 Monaten und 11 Jahren 3 Monaten.

Innerhalb dieses Strafrahmens hat die Kammer nochmals sämtliche erörterten schulderschwerenden und schuldmindernden Umstände gegeneinander abgewogen. Danach kam eine Strafe im unteren Bereich des zur Verfügung stehenden Strafrahmens nicht mehr in Betracht. Vielmehr musste gegen den Angeklagten eine empfindliche Freiheitsstrafe verhängt werden, um ihm das Unrecht seiner neuerlichen Tat eindringlich vor Augen zu führen. Insgesamt hielt die Kammer unter Abwägung sämtlicher Umstände die Verhängung einer Freiheitsstrafe von

sieben Jahren und sechs Monaten

für tat- und schuldangemessen.

## 7. Sonstiger Inhalt des Urteils

**671**   Für den Fall ihrer Anordnung sind Nebenstrafen oder **Maßregeln** der Besserung und Sicherung gemäß § 267 Abs. 6 StPO im Anschluss an die eigentlichen Strafzumessungserwägungen und die Ausführungen zur „Hauptstrafe" zu begründen. Insbesondere die erheblich in die Freiheitsrechte eingreifenden Maßregeln i.S.d. §§ 63, 64 und 66 StGB bedürfen dabei entsprechender Ausführungen[123]. Erfasst sind aber auch die wesentlich häufiger vorkommende Entziehung der Fahrerlaubnis und die Anordnung einer Sperrfrist nach §§ 69, 69a StGB.

Auch die Entscheidung über einen **Adhäsionsantrag** ist näher zu begründen, wobei eine weitgehende Bezugnahme auf die sonstigen Urteilsausführungen – insbesondere zum Tatgeschehen und zur Strafzumessung – genügt. Die entsprechende Passage könnte im Falle einer abgeurteilten Vergewaltigung etwa wie folgt lauten:

Darüber hinaus war über die u.a. auf Zuerkennung von Schmerzensgeld gerichteten Adhäsionsanträge der Nebenklägerin zu befinden. Den sich aus §§ 823 Abs. 1, 253 Abs. 2 BGB ergebenden zivilrechtlichen Zahlungsanspruch der Zeugin G. bemisst die Kammer auf 20 000 €. Neben den bereits im Zusammenhang mit der Strafzumessung erörterten Umständen – insbesondere Dauer und hohe Intensität der Handlungen – war zu berücksichtigen, dass dem Kompensationsbedürfnis durch die strafrechtliche Verfolgung allenfalls eingeschränkt Rechnung getragen wird.

Bei Bemessung des Schmerzensgeldbetrages hat die Kammer die wirtschaftlichen Verhältnisse der Angeklagten und der Nebenklägerin – die als Schülerin derzeit über kein eigenes Einkommen verfügt – berücksichtigt. Die Höhe des zuerkannten Schmerzensgeldes wird für die Angeklagten, die von ihrem Alter und der körperlichen Verfassung her durchaus zu geregelter Erwerbsarbeit in der Lage sind, keine unbillige Härte bedeuten und ihre finanziellen Möglichkeiten nicht auf Dauer unzumutbar einschränken.

---

123  Siehe hierzu BGH NStZ 2002, 535 ff.

Aus § 823 Abs. 1 BGB hat die Geschädigte auch einen Anspruch auf Ersatz der zu erwartenden Folgeschäden. Ein entsprechendes Feststellungsinteresse i.S.d. § 256 ZPO folgt bereits daraus, dass weitere therapeutische Maßnahmen sich schon jetzt als erforderlich erwiesen haben. Die zivilrechtlichen Nebenentscheidungen basieren auf den §§ 288, 291 BGB, 708 Nr. 1, 709 S. 1 und 2 ZPO.

Schließlich sind die der **Kostenentscheidung** zu Grunde liegenden Vorschriften anzugeben. In amtsgerichtlichen Verfahren, welche Verkehrsstraftaten zum Inhalt haben, ist es auch üblich, die für Eintragungen im Verkehrszentralregister notwendigen „Tatkennziffern" („TKZ") i.S.d. Anlage 13 zu § 40 FeV anzugeben.

Die Urteilsgründe schließen ab mit den **Unterschriften** der Berufsrichter, welche an der Entscheidung mitgewirkt haben.

## IV. Die Urteilsgründe im Falle des Freispruches

Auch (und gerade) ein freisprechendes Urteil ist der Rechtskraft fähig. Der Ange- **672** klagte darf wegen der verfahrensgegenständlichen Tat nicht ein weiteres Mal strafrechtlich verfolgt werden. Notwendig ist daher zunächst (in zusammengefasster Form) die Darstellung des Anklagevorwurfes. Angaben zur Person des Angeklagten sind hingegen in aller Regel nicht erforderlich. Derartige Feststellungen sind in erster Linie für die Strafzumessung wichtig, die beim Freispruch ja nicht stattfindet[124].

Im Anschluss an die Schilderung des Anklagevorwurfs muss das Gericht im Urteil **673** diejenigen Tatsachen darstellen, die es aufgrund der Beweisaufnahme für erwiesen erachtet. Reichen diese Feststellungen aus tatsächlichen Gründen (§ 267 Abs. 5 S. 1 StPO) für eine Verurteilung nicht aus, ist sodann die Einlassung des Angeklagten mitzuteilen und im Rahmen der Beweiswürdigung auszuführen, warum die sichere Überzeugung für eine Verurteilung des Angeklagten nicht gewonnen werden konnte oder sich gar die positive Feststellung seiner Unschuld ergeben hat[125]. Diese Darlegung ist erforderlich, weil auch ein freisprechendes Erkenntnis im Falle der Anfechtung (durch den Nebenkläger oder die Staatsanwaltschaft) einer Überprüfung durch das Rechtsmittelgericht unterliegt. Es gelten daher im Prinzip die gleichen Sorgfaltsanforderungen wie im Fall einer Verurteilung[126]. Zwar hat das Revisionsgericht das Ergebnis der Tatsacheninstanz in der Regel hinzunehmen. Voraussetzung dafür ist aber, dass sich der Tatrichter mit den von ihm festgestellten Tatsachen unter allen für die Entscheidung wesentlichen Gesichtspunkten auseinandergesetzt hat, sofern sie geeignet waren, das Beweisergebnis zu beeinflussen. Wenn mehrere Beweisanzeichen vorliegen, genügt es nicht, diese nach dem Grundsatz „in dubio pro reo" isoliert

---

124  Anders ist dies nur, wenn Feststellungen zum Werdegang des Angeklagten ausnahmsweise zur Überprüfung des Freispruchs durch das Revisionsgericht auf Rechtsfehler notwendig sind, vgl. BGH NJW 2008, 2792 ff. sowie 4 StR 317/07.
125  ständige Rspr.; vgl. zur Darlegungslast beim Freispruch insbesondere BGH 4 StR 5/08 m.w.N. sowie BGH NJW 1990, 2477.
126  BGH NJW 2008, 2792 ff.; BGH 5 StR 224/08; NStZ-RR 2005, 211.

abzuhandeln, sondern es ist eine Gesamtwürdigung des Beweisstoffes vorzunehmen. Eine Beweiswürdigung, die über schwerwiegende Verdachtsmomente einfach hinweggeht, ist fehlerhaft[127]. Auch gebietet es der Zweifelssatz nicht etwa, zugunsten des Angeklagten Tatvarianten zu unterstellen, für deren Vorliegen die Beweisaufnahme keine konkreten Anhaltspunkte erbracht hat[128].

**674**   Wird der Angeklagte aus rechtlichen Gründen freigesprochen – das ist dann der Fall, wenn mindestens ein Merkmal des gesetzlichen Tatbestandes nicht erfüllt ist oder Rechtfertigungs-, Schuld- oder Strafausschließungsgründe eingreifen[129] – so ist das Tatgeschehen zumindest insoweit zu schildern, als die rechtlichen Erwägungen darauf gestützt werden.

## V. Der Teilfreispruch

**675**   Bei der Frage nach der Notwendigkeit eines Teilfreispruches begegnet uns zunächst wieder der Begriff der Tat im prozessualen Sinne, wie er oben bereits erläutert worden ist[130]. Der Gegenstand des Urteils ist identisch mit der angeklagten „Tat". So steht es in § 264 StPO, und daran hat sich auch die Sachentscheidung zu orientieren. Sind Gegenstand des Verfahrens **mehrere selbstständige Taten** im **prozessualen Sinn**, von denen nicht alle nachgewiesen werden können, so ist der Angeklagte wegen der erwiesenen Tat(en) zu verurteilen; im Übrigen ist er freizusprechen.

> **Beispiel:** Das Hauptverfahren gegen den Angeklagten wurde eröffnet wegen des Vorwurfs einer Vergewaltigung am 03.04.2008 und wegen des Vorwurfes des Raubes am 10.04.2008. Kann der Angeklagte nur wegen der ersten Tat überführt werden, so ist insoweit auf Verurteilung wegen Vergewaltigung zu erkennen und der Angeklagte im Übrigen freizusprechen.

**676**   Bei zeitlich und sachlich klar abgrenzbaren prozessualen Taten wie in dem Beispiel ist die Sachentscheidung vergleichsweise eindeutig vorgegeben. Ein Teilfreispruch hat nach der in Rechtsprechung und Literatur herrschenden Ansicht aber auch dann zu erfolgen, wenn nach Anklage und Eröffnungsbeschluss innerhalb derselben prozessualen Tat mehrere selbstständige materiell-rechtliche Handlungen im Sinne von § 53 StGB geschehen sein sollen, die aber nicht alle nachgewiesen wurden. Ein Teilfreispruch ist in diesen Fällen unabhängig davon geboten, dass ein einheitliches Geschehen im Sinne von § 264 StPO vorliegt. Denn das Gericht ist gehalten, Anklage und Eröffnungsbeschluss vollständig „auszuschöpfen". Es darf nicht einzelne Handlungen, welche Gegenstand der Untersuchung gewesen sind, zum Nachteil des Angeklagten „schlabbern". Dem Urteilsausspruch kommt nämlich im Hinblick auf den

---

127  Ständige Rechtsprechung, vgl. BGH 1 StR 383/08; 3 StR 159/08; NJW 2002, 1812.
128  Lesen Sie dazu und zu den sonstigen Anforderungen an die Beweiswürdigung im Falle des Freispruchs: BGH NJW 2007, 92, 97ff.
129  *Meyer-Goßner/Appl*, Rn. 625.
130  Rn. 49 ff.

Prozessgegenstand auch eine klarstellende Funktion zu. Würde nicht über jede angeklagte Handlung im Sinne von § 53 StGB entschieden, könnte dies dazu führen, dass
Teile des Verfahrensgegenstandes beim erkennenden Gericht anhängig bleiben.

> **Beispiel:** Dem Angeklagten wird in der zugelassenen Anklage eine fahrlässige Straßen-
> verkehrsgefährdung gem. § 315c Abs. 1 Nr. 1 a), Abs. 3 StGB und tatmehrheitlich ein
> unerlaubtes Entfernen vom Unfallort vorgeworfen. In der Hauptverhandlung wird die
> erste Tat nachgewiesen. Das Gericht kann sich aber nicht die für eine Verurteilung not-
> wendige Gewissheit verschaffen, dass der stark alkoholisierte Angeklagte das Unfallge-
> schehen bemerkt hatte.

Bei dieser Fallgestaltung ist, obwohl bei prozessualer Betrachtungsweise insgesamt
nur eine einheitliche Tat vorgelegen hat, der Angeklagte mangels Vorsatzes vom Vorwurf des § 142 Abs. 1 StGB freizusprechen.

Natürlich kann es auch geschehen, dass sich (erst) in der Hauptverhandlung die materiell-rechtliche Würdigung des Geschehens im **Eröffnungsbeschluss** als unzutreffend herausstellt, etwa weil statt der dort angenommenen Tatmehrheit tatsächlich tateinheitlich begangene Delikte vorliegen. Wird der Angeklagte insoweit für schuldig
befunden, so kommt natürlich ein Teilfreispruch nicht in Betracht. Hält das Gericht
die tatmehrheitlich angeklagte Handlung dagegen nicht für erwiesen, so hat diesbezüglich ein Freispruch zu erfolgen[131].

Bei (was selten vorkommt) **alternativ angeklagten** Straftaten, die eine Verurteilung    **677**
aufgrund Wahlfeststellung ermöglichen sollen, kommt es dagegen auf die Unterscheidung zwischen verfahrensrechtlicher und materiell-rechtlicher Sichtweise nicht
an. Hierbei handelt es sich nämlich immer um **selbstständige Taten im Sinne von
§ 264 StPO**. Wird der Angeklagte einer der Alternativtaten schuldig gesprochen, so
muss er vom Vorwurf der anderen freigesprochen werden. Nur so wird sichergestellt,
dass die Anklage hinsichtlich des anderen Vorwurfs verbraucht ist.

> **Beispiel:**
> Die Anklage und der Eröffnungsbeschluss lauten auf entweder schweren Bandendieb-
> stahl oder gewerbsmäßige Bandenhehlerei. Erweist sich in der Hauptverhandlung ledig-
> lich der Vorwurf der Bandenhehlerei (oder umgekehrt), so ist insoweit zu verurteilen und
> der Angeklagte im Übrigen freizusprechen.

Unproblematisch sind in der Regel auch die Fälle der **Tateinheit**. Wurde der Lebens-    **678**
sachverhalt bereits im Eröffnungsbeschluss – nicht offensichtlich fehlerhaft – als tateinheitliche Verletzung mehrerer Strafgesetze gewürdigt, so stellt er notwendigerweise auch nur eine prozessuale Tat dar. Ein **Teilfreispruch** wegen einer einzelnen
nicht nachgewiesen Gesetzesverletzung **scheidet** damit **aus**. Es kann nur einheitlich

---

131  BGH NStZ-RR 2008, 287; NJW 2003, 546, 548.

entweder auf Verurteilung oder Freispruch erkannt werden. In den Gründen des Urteils ist allerdings ggf. darzulegen, warum ein Schuldspruch wegen des tateinheitlich angeklagten Straftatbestandes unterbleibt[132].

> In unserem Originalfall wäre es dem Gericht daher verwehrt gewesen, den Angeklagten wegen des Widerstandes gegen Vollstreckungsbeamte zu verurteilen, wegen der tateinheitlich damit begangenen Körperverletzung dagegen freizusprechen (oder umgekehrt).

Das gilt auch in den Fällen der **Dauerdelikte**[133]. Teilfreisprüche wegen nicht erwiesener, begrenzter Tatzeiträume sind hier unzulässig.

> **Beispiel:** Dem Angeklagten wird Unterhaltspflichtverletzung (§ 170 StGB) im Zeitraum von Juli 2007 bis März 2008 zur Last gelegt. Kann ihm nur nachgewiesen werden, dass er von Januar bis März 2008 seine Zahlungspflichten schuldhaft verletzt hat, so darf kein Teilfreispruch für die Zeit von Juli bis Dezember 2007 erfolgen.

Ein Teilfreispruch scheidet auch dann aus, wenn nach dem Ergebnis der Hauptverhandlung einzelne in Rede stehende Handlungen – obgleich erwiesen – aus Rechtsgründen nicht Gegenstand eines selbstständigen Schuld- und Strafausspruches sein können. Letzteres ist der Fall, wenn
– tatmehrheitlich angeklagte Betäubungsmittelstraftaten vom Gericht zu einer sog. **Bewertungseinheit** zusammengefasst werden,
– ein ursprünglich materiell-rechtlich selbstständiger Vorwurf lediglich als **mitbestrafte Nachtat** einzustufen ist oder
– eine als selbstständige Handlung angeklagte Unterlassungstat bei zutreffender rechtlicher Bewertung als Bestandteil eines ebenfalls angeklagten Deliktes durch aktives Tun anzusehen ist.

## VI. Das abgekürzte Urteil im Fall der Rechtskraft

**679** Sowohl im Fall der Verurteilung (§ 267 Abs. 4 StPO), als auch beim Freispruch (§ 267 Abs. 5 S. 2 StPO) sieht das Gesetz nach Eintreten der (formellen) Rechtskraft Vereinfachungen bei der Urteilsabfassung vor. Das Urteil wird rechtskräftig, wenn entweder alle zur Einlegung eines Rechtsmittels Berechtigten (vgl. §§ 296 ff., 401 StPO) noch in der Hauptverhandlung oder innerhalb der Rechtsmittelfrist von einer

---

132  Etwas anderes kann gelten, wenn bezüglich des einen Delikts der Tatnachweis nicht zu führen ist, während bezüglich des anderen ein nicht behebbares Verfahrenshindernis vorliegt, welches zur Einstellung gem. § 260 Abs. 3 StPO führen müsste. Wegen ein und derselben prozessualen Tat kann nämlich nur eine einheitliche Rechtsfolge angeordnet werden. Es ist daher in einem solchen (sicher seltenen) Fall jedenfalls dann auf Freispruch zu erkennen, wenn die nicht erwiesene Tat (etwa als Verbrechen) gegenüber derjenigen, derentwegen einzustellen wäre, erheblich schwerer wiegt. In den anderen Fällen ist das Verfahren insgesamt einzustellen.

133  Siehe hierzu Rn. 54.

Woche auf die Anfechtung des Urteils wirksam verzichten oder die Frist verstrichen ist, ohne dass Berufung oder Revision eingelegt wurde.

In diesem Fall kann insbesondere auf die zuweilen schwierige Darstellung der **680** Beweiswürdigung verzichtet werden. Die Urteilsgründe sind dann mit dem Vermerk „abgekürzt gemäß § 267 Abs. 4 (bzw. 5) StPO" zu überschreiben. Welche Mindestanforderungen an die Darstellung bestehen, regelt das Gesetz im Falle der Verurteilung in § 267 Abs. 4 StPO. Die Vorschrift gilt allerdings nicht, wenn ein Rechtsmittel gegen die Entscheidung nicht oder nicht mehr statthaft ist (etwa in den Fällen des § 55 Abs. 2 Satz 1 JGG), denn von einem Verzicht der zur Anfechtung Berechtigten kann dann keine Rede sein. Das völlige Weglassen einer eigenen Beweiswürdigung durch eine Jugendkammer eines Landgerichts mit der Begründung, es könne „zwecks Vermeidung von Wiederholungen" auf die Feststellungen des Jugendschöffengerichts Bezug genommen werden, kann unter dem Aspekt des Willkürverbotes als Verstoß gegen das Grundrecht des Art. 3 Abs. 1 GG gewertet werden[134].

Über diesen notwendigen Inhalt hinaus, ist nach h.M. das Gericht gehalten, die Rechtsfolgen und die dafür maßgeblichen Bestimmungen anzugeben[135].

Im Falle des rechtskräftigen Freispruches entfällt gemäß § 267 Abs. 5 S. 2 StPO über Abs. 4 hinaus die Notwendigkeit einer Darstellung der Feststellungen.

In unserem **Originalfall** sah das Urteil wie folgt aus: **681**

---

134  So zu Recht BVerfG NJW 2004, 209, 210 f.
135  Vgl. HK-*Julius*, § 267 Rn. 27 m.w.N.

<u>118 Ds 38/06 AG Bonn</u>
17 Js 539/05 StA Bonn

# AMTSGERICHT BONN

# IM NAMEN DES VOLKES

## URTEIL

In der Strafsache

gegen                 Hans **L e l l m a n n**,
                      geboren am 06.05.1959 in Bonn,
                      wohnhaft: Wagnerstr. 187, 53111 Bonn,

w e g e n             Trunkenheit im Verkehr pp.

hat das Amtsgericht Bonn - Strafrichter - aufgrund der Hauptverhandlung vom
06.03.2006, an der teilgenommen haben:

  Richterin am Amtsgericht Schneider
  als Vorsitzende,

  Staatsanwältin Schatz
  als Beamtin der Staatsanwaltschaft,

  Justizangestellte Groß
  als Urkundsbeamtin der Geschäftsstelle

**für  R e c h t  erkannt:**

  Der Angeklagte wird wegen fahrlässiger Trunkenheit im Verkehr sowie
  wegen Widerstandes gegen Vollstreckungsbeamte in Tateinheit mit vorsätzlicher Körperverletzung zu einer Gesamtgeldstrafe von 60 Tagessätzen zu je 40   € verurteilt.

2

Dem Angeklagten wird die Fahrerlaubnis entzogen, sein Führerschein wird eingezogen. Vor Ablauf einer Sperrfrist von 9 Monaten darf ihm keine neue Fahrerlaubnis erteilt werden.

Der Angeklagte trägt die Kosten des Verfahrens.

- §§ 113 Abs. 1, 223 Abs. 1, 316 Abs. 1 und 2, 52, 53 StGB -

# Gründe:

## I.

Der heute 46 Jahre alte Angeklagte wuchs als drittes Kind im elterlichen Haushalt auf. Sein Vater war bei der städtischen Müllabfuhr beschäftigt, die Mutter Hausfrau. Beide Eltern sind im Jahre 1999 bei einem Verkehrsunfall ums Leben gekommen.

Der Angeklagte besuchte nach dem Kindergarten die Grundschule in Bonn-Mehlem. Als er diese problemlos durchlaufen hatte, wechselte er auf die Hauptschule, die er bis zur 9. Klasse besuchte. Nachdem er von zu Hause ausgezogen war und sich mit verschiedenen Gelegenheitsarbeiten wirtschaftlich über Wasser gehalten hatte, fand er im Jahre 1983 Anstellung bei dem Abbruchunternehmen Schmitz, wo er seitdem als angelernter Arbeiter tätig ist. Sein derzeitiger Nettoverdienst beläuft sich auf 1.500,- € monatlich.

Der Angeklagte ist ledig, hat allerdings aus einer früheren Verbindung zwei 14 und 19 Jahre alte Kinder, die bei ihrer Mutter leben. Angesichts seiner eigenen Einkommensverhältnisse zahlt er nur sporadisch geringe Unterhaltsbeiträge. Er lebt nach der Trennung von seiner Freundin in einem Bauwagen auf dem Gelände seines Arbeitgebers.

Der Angeklagte ist bereits strafrechtlich in Erscheinung getreten. Am 16.09.2004 verhängte das Amtsgericht Bonn (118 Ds 387/04; 17 Js 293/04 StA Bonn) wegen Widerstandes gegen Vollstreckungsbeamte eine Geldstrafe von 10 Tagessätzen zu je 20 €.

Der Angeklagte war nach erheblichem Alkoholgenuss anlässlich einer Gartenfeier am 16.06.2004 mit seinem Gastgeber und anderen Gästen in Streit geraten. Eine später bei ihm entnommene Blutprobe hatte einen

321

3

Blutalkoholgehalt von 1,4 ‰ ergeben. Nachdem die Polizei hinzugerufen worden war, hatte er die eingesetzten Beamten u.a. als „Schweine" und „Wichser" beschimpft. Seiner Ingewahrsamnahme hatte er sich dadurch zu widersetzen versucht, dass er nach den Polizeibeamten schlug.

II.

Am Nachmittag des 02.11.2005 traf der Angeklagte in der Bonner Innenstadt zufällig auf den Zeugen Peters. Zuvor war er mit seiner Freundin in Streit geraten. Gemeinsam mit dem Zeugen begab sich der Angeklagte in der Sternstraße in die Gaststätte „Zum Krug", in der man in der Folgezeit zusammen Dart spielte. Hierbei konsumierte der Angeklagte Bier und Schnaps in nicht näher feststellbaren Einzelmengen.

Nachdem der Angeklagte in Begleitung des Zeugen Peters gegen 21:30 Uhr das Lokal verlassen hatte, begab er sich zu seinem in einem Parkhaus abgestellten Pkw. Von dort aus fuhr er zunächst nach Bonn-Beuel, um dort eine Imbissbude aufzusuchen. Anschließend fuhr er mit seinem Pkw, einem VW Golf II, gegen 22:00 Uhr über die Kennedybrücke Richtung Bonner Innenstadt. Wie auch schon bei seiner Fahrt nach Beuel war er infolge des zuvor genossenen Alkohols nicht mehr in der Lage, sein Fahrzeug sicher zu führen. Er hatte nämlich Alkohol in solchen Mengen konsumiert, dass bei ihm eine Blutalkoholkonzentration von 1,08 ‰ vorlag.

Bei seiner Fahrt über die Kennedybrücke fiel der Angeklagte den Zeugen Müller und Meimeier auf, die als Polizeibeamte Streife fuhren. Da er über die volle Fahrbahnbreite in Schlangenlinien seine Fahrt fortsetzte, nahmen die beiden Beamten die Verfolgung auf und versuchten unter Einsatz des Martinshornes und des Blaulichts, ihn zum Anhalten zu bewegen. Gleichwohl fuhr der Angeklagte weiter, bis er am Bertha-von-Suttner-Platz in Höhe des dortigen Taxistandes mit seinem Wagen gegen den rechten Bordsteinrand prallte.

Der Angeklagte entstieg seinem Fahrzeug und zeigte sich - durch den konsumierten Alkohol zwar deutlich enthemmt, jedoch uneingeschränkt schuldfähig - aggressiv und aufgebracht. Die beiden zwischenzeitlich ebenfalls ausgestiegenen Polizeibeamten beschimpfte er u.a. als „Bullenschweine". Noch bevor sie eingreifen konnten, begab er sich zu einem an dem Taxistand befindlichen Fahrzeug des Zeugen Buchmann und trat mehrfach gegen die Fahrertüre, wodurch diese beschädigt wurde. Es entstand ein Sachschaden von 1.500 €. In-

4

soweit ist das Verfahren in der Hauptverhandlung gem. § 154 Abs. 2 StPO vorläufig eingestellt worden.

Die Zeugen Müller und Meimeier konnten den Angeklagten anschließend nur mit Mühe auf der Motorhaube ihres vor dem Fahrzeug des Angeklagten abgestellten Streifenwagens fixieren. Obwohl in Gestalt der Zeugin Rossel und des Polizeibeamten Pillmann angeforderte Verstärkung eingetroffen war, setzte der Angeklagte seine Gegenwehr fort. Er trat nach den Polizeibeamten und biss der Zeugin Rossel in die Hand. Hierdurch erlitt diese ein schmerzhaftes Hämatom mit Bissmarken.

Schließlich konnte der Angeklagte dem Polizeigewahrsam in Bonn zugeführt werden. Von dort aus wurde er nach Ausnüchterung am nächsten Tag entlassen. Seine Fahrerlaubnis ist seit dem Tattag sichergestellt.

III.

1.     Die Feststellungen zum Lebensweg des Angeklagten sowie seinen Vorbelastungen beruhen auf den entsprechenden Angaben des Angeklagten sowie den ergänzend verlesenen Urkunden, wie sie sich im Einzelnen aus der Sitzungsniederschrift ergeben.

2.     Die Feststellungen zum Tatgeschehen beruhen ebenfalls auf den Angaben des Angeklagten, soweit ihnen gefolgt werden konnte. Im Übrigen basieren sie auf den Bekundungen der Zeugen Müller, Rossel, Schmitz und Buchmann sowie den Ausführungen des Sachverständigen Dr. Dr. Becher.

Der Angeklagte hat sich abweichend von den Feststellungen dahin eingelassen, er habe lediglich zwei oder drei Gläser Bier getrunken. Bei Fahrtantritt habe er sich daher noch uneingeschränkt fahrtauglich gefühlt. Im Übrigen habe er bei seiner Rückfahrt in die Bonner Innenstadt nicht bemerkt, dass ihm seitens der Polizei Anhaltezeichen gegeben wurden.
Es sei zwar zutreffend, dass er gegen die Fahrertüre des Taxis getreten habe. Dies sei allerdings nur aus Verärgerung darüber geschehen, dass er mit seinem Fahrzeug gegen den Bordstein geprallt war. Er habe keineswegs beabsichtigt, das Taxi zu beschädigen. Es sei ebenfalls unzutreffend, dass er gegenüber den Polizeibeamten ausfallend oder gewalttätig geworden sei.

5

Diese Einlassung ist - soweit sie den getroffenen Feststellungen widerspricht - nach dem Ergebnis der Beweisaufnahme widerlegt. Der Zeuge Müller hat das ihn betreffende Tatgeschehen so geschildert, wie festgestellt. Insbesondere hat er angegeben, dass der Angeklagte in Schlangenlinien über die Kennedybrücke gefahren sei und sich anschließend in der festgestellten Art und Weise den polizeilichen Maßnahmen widersetzt habe. Dies hat auch die Zeugin Rossel bestätigt, die als Verstärkung zum Ort des Geschehens geeilt war. Sie hat im übrigen auch bekundet, der Angeklagte habe sie in die linke Hand gebissen. Die hierdurch entstandenen Verletzungen sind durch das in der Hauptverhandlung verlesene Attest des Dr. Prätorius belegt.

Im Übrigen hat auch der Zeuge Schmitz das festgestellte Tatgeschehen bestätigt, soweit es die Ereignisse am Bertha-von-Suttner-Platz betrifft. Nach seinen Bekundungen war dieser Zeuge für den Taxiunternehmer Buchmann, dessen Fahrzeug beschädigt wurde, als Fahrer tätig. Der Zeuge hat erklärt, er habe gesehen, wie der Angeklagte gegen sein Fahrzeug getreten habe. Später habe der Angeklagte dann auch nach den Polizeibeamten getreten und diese u.a. als „Bullenschweine" tituliert.
Die Feststellungen zur Höhe des an dem Fahrzeug entstandenen Schadens beruhen auf den entsprechenden Bekundungen des Zeugen Buchmann, der sein Fahrzeug zwischenzeitlich hat reparieren lassen.

Es ist nicht erkennbar, aus welchen Gründen die genannten Zeugen den Angeklagten zu Unrecht belasten sollten. Daher sind ihre Angaben insgesamt als verlässlich einzustufen, zumal der Angeklagte bereits einschlägig strafrechtlich in Erscheinung getreten ist. Das von den Zeugen geschilderte Verhalten ist ihm also nicht persönlichkeitsfremd.

Die Feststellungen zur Alkoholisierung des Angeklagten beruhen auf dem in der Hauptverhandlung verlesenen Blutalkoholbefund des Instituts für Rechtsmedizin der Universität Bonn vom 07.11.2005 sowie dem ebenfalls verlesenen Blutentnahmeprotokoll und dem entsprechenden Arztbericht vom 02.11.2005. Danach lag bei dem Angeklagten zum Entnahmezeitpunkt (23:50 Uhr am 02.11.2005) eine Blutalkoholkonzentration von 1,05 ‰ vor. Wie der Sachverständige Dr. Dr. Becher nachvollziehbar ausgeführt hat, war jedoch auf den Tatzeitpunkt (22:00 Uhr am 02.11.2005) zurück zu rechnen. Der Angeklagte hatte bis 21:30 Uhr alkoholische Getränke zu sich genommen, so dass die Resorptionsphase um 23:30 Uhr beendet war. Für den Zeitraum zwischen 23:30 Uhr und der Blutentnahme hatte also für die Zeitspanne von 20 Minuten

6

mit einem Abbauwert von 0,1 ‰ je Stunde eine Rückrechnung stattzufinden. Nach den überzeugenden Ausführungen des Sachverständigen war mithin von einer Tatzeit-BAK von 1,08 ‰ auszugehen.

Dieser Wert begründet zwar noch nicht die unwiderlegliche Vermutung absoluter Fahruntüchtigkeit. Vorliegend war jedoch zu bedenken, dass der Angeklagte zudem durch seine Fahrweise (Schlangenlinien, Aufprall gegen den Bordstein) eine jedenfalls relative Fahruntüchtigkeit dokumentiert hat. Dies hat auch der Sachverständige Dr. Dr. Becher bestätigt.

IV.

Angesichts der getroffenen Feststellungen hat der Angeklagte sich wie erkannt schuldig gemacht. Bezüglich der Trunkenheitsfahrt i.S.d. § 316 StGB war von fahrlässiger Begehung auszugehen. Dem Angeklagten war seine Einlassung nicht zu widerlegen, er habe sich subjektiv noch fahrtauglich gefühlt.

Des weiteren war hinsichtlich der Trunkenheitsfahrt einerseits und dem weiteren Tatgeschehen andererseits von Tatmehrheit auszugehen (§ 53 StGB). Zwar kann auch die einheitliche Dauerstraftat im Sinne des § 316 StGB mit dem Tatbestand des § 113 StGB unter bestimmten Voraussetzungen in Tateinheit stehen (vgl. BGH VRS 49, Nr. 78). Hiervon ist jedoch nur dann auszugehen, wenn die Widerstandshandlung zugleich Teil der Trunkenheitsfahrt ist. So liegen die Dinge hier nicht. Die Fahrt war bereits beendet, als es zu den weiteren Tathandlungen kam. Allerdings stehen die Körperverletzung und die Widerstandsleistung zueinander in Tateinheit, § 52 StGB.

Im Rahmen der Strafzumessung war zunächst das weitgehende Geständnis des Angeklagten zu seinen Gunsten zu berücksichtigen. Nachhaltige Verletzungsfolgen sind bei der Zeugin Rossel nicht eingetreten. Zu berücksichtigen war auch, dass an dem Pkw des Angeklagten durch den Aufprall gegen den Bordstein nicht unerheblicher Sachschaden eingetreten ist.

Andererseits war strafschärfend zu berücksichtigen, dass der Angeklagte - jedenfalls hinsichtlich der Widerstandsleistung - bereits einschlägig strafrechtlich in Erscheinung getreten ist. Die Verurteilung vom September 2004 hat er sich erkennbar nicht als Warnung dienen lassen.

7

Bei zusammenfassender Würdigung kam gleichwohl für beide Handlungen noch die Verhängung einer Geldstrafe in Betracht. Im Bereich der Verkehrsdelikte ist der Angeklagte bislang noch nicht aufgefallen.
Das Gericht hat daher für die Tat im Sinne des § 316 StGB eine Einzelgeldstrafe von

30 Tagessätzen

und für die vorsätzliche Körperverletzung in Tateinheit mit Widerstand gegen Vollstreckungsbeamte eine Einzelstrafe von

50 Tagessätzen

verhängt.
Gemäß §§ 53, 54 StGB war aus diesen Strafen eine Gesamtgeldstrafe zu bilden, welche das Gericht unter zusammenfassender Würdigung der für und gegen den Angeklagten sprechenden Umstände mit

**60 Tagessätzen**

als tat- und schuldangemessen erachtet hat.

Die Höhe der Tagessätze war angesichts der Vermögens- und Einkommensverhältnisse des Angeklagten einheitlich auf 40 € festzusetzen.

Darüber hinaus war dem Angeklagten gemäß §§ 69, 69a StGB die Fahrerlaubnis zu entziehen, sein Führerschein einzuziehen. Angesichts der offensichtlichen Alkoholprobleme des Angeklagten war darüber hinaus für die Neuerteilung der Fahrerlaubnis eine Sperrfrist von 9 Monaten zu verhängen.

V.

Die Entscheidung über die Kosten folgt aus §§ 464, 465 StPO.

Tatkennziffer: 00112

*Schneider*

(Schneider)
Richterin am Amtsgericht

## F. Zu beachtende Fristen und Zustellung des Urteils

### I. Die Frist zur Abfassung des Urteils

Die Frist, innerhalb derer das schriftlich abgefasste und von den Berufsrichtern unter- **682** schriebene Urteil zu den Akten gebracht werden muss, ist in § 275 Abs. 1 StPO geregelt. Danach hat dies in der Regel binnen **5 Wochen** nach der Verkündung zu geschehen. Zu den möglichen Fristverlängerungen je nach Dauer der Hauptverhandlung lesen Sie bitte die Vorschrift. Die Frist wird auf der Grundlage des § 43 StPO berechnet. Sie darf in Haftsachen wegen der besonderen Bedeutung des Beschleunigungsgrundsatzes allerdings nicht planmäßig ausgeschöpft werden[136].

Innerhalb der genannten Frist muss das Urteil vollständig zu den Akten gelangen. Das ist erst der Fall, wenn das Rubrum, die Urteilsformel und die schriftlichen Gründe abgesetzt sind, es von sämtlichen Berufsrichtern unterzeichnet ist und zumindest im Dienstzimmer des Richters zum Abgang bereitliegt. Aus Sicherheitsgründen sollte das Urteil mit der Verfahrensakte innerhalb der Frist auf der Geschäftsstelle des Gerichts eingehen, wo es mit einem Eingangsstempel versehen wird.

### II. Zustellung des Urteils an den Angeklagten oder Verteidiger

Das Urteil ist dem Angeklagten bzw. dessen Verteidiger **zuzustellen**, soweit es nicht **683** bereits rechtskräftig geworden ist[137]. Haben die Verfahrensbeteiligten z.B. im Anschluss an die Verkündung des Urteils auf Rechtsmittel verzichtet, so genügt die formlose Übersendung.

Nach § 36 Abs. 1 S. 1 StPO wird die Zustellung von dem Vorsitzenden des Spruchkörpers, bei vollstreckbaren Entscheidungen (Haftbefehle, Durchsuchungsbeschlüsse u.a.) von der Staatsanwaltschaft veranlasst, § 36 Abs. 2 StPO.

Die Durchführung der Zustellung obliegt der Geschäftsstelle (§ 36 Abs. 1 S. 2 StPO), **684** die sich für die eigentliche Ausführung eines Justizbediensteten oder – in aller Regel – der Post bedient (§§ 37 Abs. 1 StPO, 166 ff. ZPO).

Gegenstand der Zustellung ist eine Ausfertigung des Urteils, d.h. eine Abschrift mit dem Ausfertigungsvermerk der Geschäftsstelle, welche vom Urkundsbeamten unterschrieben und mit dem Dienstsiegel versehen wird, vgl. § 275 Abs. 4 StPO. Allerdings genügt die Zustellung einer vom Urkundsbeamten beglaubigten Abschrift[138].

Eine wichtige Besonderheit enthält § 145a StPO, der eine gesetzliche **Zustellungs-** **685** **vollmacht** auch gegen den Willen des Angeklagten für den Fall begründet, dass ein wirksames Verteidigungsverhältnis besteht. Der Pflichtverteidiger, dessen Bestellung aktenkundig ist, gilt insoweit stets als ermächtigt. Bei einem gewählten Verteidiger hängt die Zustellungsvollmacht davon ab, dass sich seine Vollmacht bei den Akten

---

136 So jedenfalls die 3. Kammer des 2. Senats des BVerfG, 2 BvR 2057/05.
137 *Meyer-Goßner*, § 35 Rn. 11.
138 Vgl. KK-*Maul*, § 36 Rn. 6.

befindet, wobei die mündlich erteilte und im Sitzungsprotokoll beurkundete Vollmacht genügt[139].

Allerdings ist das Gericht nicht etwa verpflichtet, an einen Verteidiger zuzustellen. Vielmehr setzt auch eine Zustellung an den Angeklagten die Rechtsmittelfrist in Gang[140]. Wird sowohl an den Verteidiger, als auch an den Angeklagten zugestellt – was allerdings wegen § 145a Abs. 3 StPO unzulässig ist –, so berechnet sich eine Frist gem. § 37 Abs. 2 StPO nach der zuletzt bewirkten Zustellung[141]. Die Anwendbarkeit dieser Vorschrift setzt aber voraus, dass die durch die erste Zustellung in Gang gesetzte Frist noch nicht abgelaufen war, als die zweite Zustellung erfolgte. Denn eine einmal verstrichene Frist kann durch erneute Zustellung nicht wieder eröffnet werden[142].

**686**  Der Zustellungsvorgang wird je nach gewählter Zustellungsart (vgl. §§ 173, 174, 175 ZPO), zumeist durch eine vom Postbediensteten ausgefüllte Zustellungsurkunde (§ 182 ZPO) nachgewiesen. Bei Rechtsanwälten erfolgt die Zustellung gegen Empfangsbekenntnis („EB"), zu dessen Ausstellung sie standesrechtlich verpflichtet sind. Der Rechtsanwalt hat das Datum des Empfangs selbst einzutragen, die Angabe eines falschen Datums lässt jedoch die Wirksamkeit des EB unberührt[143]. Demgegenüber ist die persönliche Unterzeichnung durch den Anwalt mit seinem vollen bürgerlichen Namen Wirksamkeitsvoraussetzung[144].

### III. Zustellung des Urteils an die Staatsanwaltschaft

**687**  Zustellungen von Seiten des Gerichts an die Staatsanwaltschaft erfolgen in der Praxis nicht nach § 37 Abs. 1 StPO i.V.m. den einschlägigen Vorschriften der ZPO (was zulässig wäre), sondern in der vereinfachten Form des § 41 StPO. Danach ist die Urschrift des zuzustellenden Schriftstückes (Urteile, Beschlüsse pp.) vorzulegen. Dies geschieht üblicherweise durch Übersendung der Akten, in denen sich das Schriftstück befindet. Der Nachweis der so erfolgten Zustellung wird durch den Eingangsstempel der Staatsanwaltschaft erbracht.

Nach Kenntnisnahme sendet die Ermittlungsbehörde die Akten an das Gericht zurück, sofern diese nicht zum dortigen Verbleib (z.B. bei rechtskräftigen Entscheidungen) oder zur Weiterleitung an das Rechtsmittelgericht bestimmt sind.

Eine Zustellungsverfügung des Richters gem. § 41 StPO sieht beispielhaft folgendermaßen aus:

---

139  BGH NJW 1996, 406.
140  OLG Düsseldorf NStZ 1989, 88.
141  Dies gilt grundsätzlich, wenn an mehrere Empfangsberechtigte die Zustellung bewirkt wird, also auch dann, wenn – überflüssigerweise (so BGHSt 22, 222) – an mehrere Verteidiger desselben Angeklagten eine Zustellung erfolgte.
142  Vgl. BGHSt 34, 371 f.; BGH NStZ 1985, 17.
143  In einem solchen Fall kann der Anwalt das Datum berichtigen mit der Folge, dass sich der Fristbeginn für Rechtsmittel nach dem berichtigten Datum richtet, BGH NJW 1991, 709.
144  Vgl. *Meyer-Goßner*, § 37 Rn. 19 m.w.N.

**Vfg.**

U.m.A.
der Staatsanwaltschaft

**in Bonn**

gem. § 41 StPO hinsichtlich des Urteils Bl. ... d.A.

übersandt.

> Bonn, den
> Landgericht, 1. große Strafkammer
> Dr. Gmelin, VRinLG

Die ordnungsgemäße Zustellung ist insbesondere von Bedeutung für den Beginn der **688** Fristen, die im Zusammenhang mit Rechtsmitteln zu beachten sind, vgl. z.B. §§ 314 Abs. 2, 341 Abs. 1, 345 Abs. 1 S. 2 StPO. Die näheren Einzelheiten werden daher unten im Rahmen der Revision unter dem Stichwort „Fristberechnung" dargestellt[145].

---

145 Siehe unten Rn. 773 ff.

Kapitel 6

# Besondere erstinstanzliche Verfahrensarten

**689** Die Strafprozessordnung sieht bei bestimmten Sachverhalten Alternativen zur Anklage und dem sich ihr anschließenden „Normalverfahren" vor, wie es oben im Einzelnen dargestellt wurde. Diese dienen teils prozessökonomischen Zwecken (z.B. Strafbefehlsverfahren), teils der Berücksichtigung von Sachverhalten, für die sich das normale Strafverfahren nicht durchgängig eignet (z.B. Sicherungsverfahren).

## A. Das beschleunigte Verfahren

Mit dem in §§ 417 ff. StPO geregelten beschleunigten Verfahren stellt der Gesetzgeber für Verhandlungen vor dem Strafrichter und dem Schöffengericht ein gegenüber dem normalen Erkenntnisverfahren abgekürztes und vereinfachtes Modell zur Verfügung. Konzipiert ist das Verfahren für einfach gelagerte oder aufzuklärende Sachverhalte. Es trägt dem erzieherischen Gedanken Rechnung, dass die Strafe der Tat möglichst auf dem Fuß folgen sollte. Dieses Ziel gilt auch – in besonderem Maße – im Verfahren gegen Jugendliche. Dort stehen jedoch nicht die Regelungen der §§ 417 ff. StPO, sondern ausschließlich diejenigen des „vereinfachten Jugendverfahrens" (§§ 76 ff. JGG) zur Verfügung.

Das beschleunigte Verfahren soll zudem zu einer gewissen Entlastung der Justiz beitragen. Diese mit der Novellierung der Vorschriften im Jahre 1994 verbundene Erwartung des Gesetzgebers hat sich indes nicht erfüllt. So wurden etwa im Jahre 2006 von den Amtsgerichten im Bundesgebiet lediglich rund 3 % der Strafsachen in dieser Verfahrensart abgewickelt [1].

**690** Die Abweichungen vom normalen Verfahrensablauf bestehen in folgenden Besonderheiten:

- Es bedarf keiner schriftlichen **Anklageerhebung.** Diese kann (nach Abschluss der Ermittlungen, § 169a StPO) auch **mündlich** in der Hauptverhandlung erfolgen, § 418 Abs. 3 StPO. In jedem Fall muss die Anklageerhebung aber den Anforderungen des § 200 Abs. 1 StPO genügen.
- Ein Eröffnungsbeschluss ist entbehrlich (§ 418 Abs. 1 StPO), so dass entsprechend dem Beschleunigungszweck ein Zwischenverfahren entfällt.

---

1 Quelle: Statistisches Bundesamt 2006, Fachserie 10, Reihe 2.3, S. 22; siehe hierzu auch *Dury*, DRiZ 2001, 207 ff.

– Der Beschuldigte muss nur dann geladen werden, wenn er sich nicht freiwillig zur Hauptverhandlung stellt oder – z.B. infolge der **Hauptverhandlungshaft** nach § 127b StPO[2] – dem Gericht vorgeführt wird, § 418 Abs. 2 S. 1 StPO.

– Für den Fall einer Ladung ist die **Ladungsfrist auf 24 Stunden verkürzt** (§ 418 Abs. 2 S. 3 StPO).

– Bei einer Straferwartung von mindestens 6 Monaten ist dem Beschuldigten, soweit er noch nicht anwaltlich vertreten ist, zur Sicherung seiner Verteidigungsmöglichkeiten ein **Pflichtverteidiger** zu bestellen[3], während im Normalfall die engeren Voraussetzungen des § 140 StPO gelten.

– Im Verfahren vor dem Strafrichter (und nur dort!) ist das **Beweisantragsrecht eingeschränkt**, § 420 Abs. 4 StPO. Beweisanträge können hier also ohne die in § 244 Abs. 3 bis 5 StPO normierten Einschränkungen durch – zu begründenden – Beschluss abgelehnt werden, wenn das Gericht die beantragte Beweiserhebung zur Sachaufklärung nicht für erforderlich hält.

– Der **Unmittelbarkeitsgrundsatz gilt nicht in vollem Umfang.** Es können also – vorbehaltlich der Zustimmung der Verfahrensbeteiligten – insbesondere Zeugen- und Sachverständigenvernehmungen durch die Verlesung von Niederschriften ersetzt werden (§ 420 Abs. 1 bis 3 StPO). Diese Einschränkung gilt – will man den gewünschten Beschleunigungseffekt erzielen – auch für ein sich anschließendes Berufungsverfahren[4].    **691**

– Die **Rechtsfolgenkompetenz** des Gerichts ist **eingeschränkt**: Freiheitsstrafen von mehr als einem Jahr oder Maßregeln der Sicherung und Besserung – mit Ausnahme einer Entziehung der Fahrerlaubnis – dürfen nicht ausgesprochen werden (§ 419 Abs. 1 StPO). Problematisch und noch nicht geklärt ist, ob diese Grenze auch für die Bildung einer Gesamtstrafe gilt, etwa wenn das Gericht eine Freiheitsstrafe von einem Jahr für tat- und schuldangemessen hält, mit der Strafe aus einer rechtskräftigen Vorverurteilung gem. §§ 53, 55 StGB aber eine solche von mehr als einem Jahr bilden müsste[5].

Insbesondere die Regelungen in § 420 StPO zeigen bei einem Vergleich mit § 244 Abs. 2 bis 5, 251, 256 StPO die rechtspolitische und rechtsstaatliche Problematik des beschleunigten Verfahrens mit seiner Verkürzung der Rechte des Beschuldigten. Der Gesetzgeber will ihr dadurch begegnen, dass er diese Verfahrensart von **besonderen Voraussetzungen** abhängig macht:    **692**

– Die Sache muss sich aufgrund eines einfachen Sachverhalts **oder** einer klaren Beweislage zur **sofortigen Verhandlung** eignen (§ 417 StPO). Ein schwieriger Sachverhalt ist also – jedenfalls nach dem Wortlaut des Gesetzes – kein Hinderungsgrund, wenn nur die Beweislage (z.B. infolge eines glaubhaften Geständnisses) klar ist. Sinn dürfte die Durchführung des beschleunigten Verfahrens i.d.R.

---

2 Siehe zu den Einzelheiten dieses Haftgrundes Rn. 974.
3 Das gilt selbst dann, wenn diese Prognose sich erst bei der Urteilsberatung ergibt, OLG Koblenz NJW 1999, 3061 f.; BayObLG NStZ 1998, 372 f.
4 Das ist freilich **umstritten**. Vgl. zum Meinungsstand *Meyer-Goßner*, § 420 Rn. 12 m.w.N.; OLG Stuttgart NJW 1999, 512.
5 Vgl. zum Meinungsstand *Meyer-Goßner*, § 419 Rn. 1.

gleichwohl nur dann machen, wenn beide Voraussetzungen kumulativ vorliegen[6]. Natürlich müssen auch die organisatorischen Rahmenbedingungen für eine kurzfristige Hauptverhandlung gegeben sein. War ursprünglich eine Frist von ein bis zwei Wochen maßgeblich[7], so sollen nunmehr zwischen dem Eingang des Antrags bei Gericht und dem Beginn der Hauptverhandlung nicht mehr als 6 Wochen liegen. Ein Verstoß gegen dieses besondere Beschleunigungsgebot kann mit der Revision gerügt werden[8].

693    – Die Durchführung ist zudem an die besondere Prozessvoraussetzung eines (mündlichen oder schriftlichen) **Antrags der Staatsanwaltschaft** geknüpft (§ 417 StPO), dessen Fehlen zu einer Einstellung des Verfahrens zwingt (§§ 206a, 260 Abs. 3 StPO). Allerdings ist die Staatsanwaltschaft verpflichtet, den entsprechenden Antrag zu stellen, wenn sie die materiellen Voraussetzungen des § 417 StPO und einen hinreichenden Tatverdacht bejaht, vgl. Nr. 146 RiStBV. Den Antrag kann die Staatsanwaltschaft bei einer Veränderung ihrer Einschätzung auch zurücknehmen, wobei allerdings umstritten ist, ob dies auch noch nach der Einlassung des Angeklagten zur Sache möglich ist[9].

694    Das Vorliegen der genannten Voraussetzungen hat das Gericht selbstständig zu prüfen. Durch unanfechtbaren – gem. § 34 StPO gleichwohl zu begründenden – Beschluss kann es eine Entscheidung im beschleunigten Verfahren ablehnen und über eine Eröffnung des Hauptverfahrens frei entscheiden (§ 419 Abs. 2 und 3 StPO). Hierbei ergeben sich zwei Möglichkeiten. Das Gericht kann

↙ ↘

einen hinreichenden Tatverdacht bejahen.

einen hinreichenden Tatverdacht verneinen.

695    Nimmt das Gericht an, dass der Beschuldigte zwar hinreichend verdächtig sei, die Sache sich jedoch nicht für das beschleunigte Verfahren eigne, so muss es das Hauptverfahren – nach der Gewährung rechtlichen Gehörs (vgl. § 201 StPO) – eröffnen (§ 419 Abs. 3 Hs. 1 StPO) und das „Normalverfahren" durchführen. In diesem Fall ergeben sich allerdings praktische Probleme, vor welchem Gericht (Strafrichter/ Schöffengericht) eröffnet wird und ob vor einem anderen als dem entscheidenden Richter eröffnet werden darf[10].

Verneint das Gericht dagegen einen hinreichenden Tatverdacht, so ist nur die Eröffnung des beschleunigten Verfahrens abzulehnen. Die Akten werden dann an die Staatsanwaltschaft zurückgeleitet. Sie kann nun das Verfahren einstellen (§ 170 Abs. 2 StPO, §§ 153 ff. StPO) oder – soweit noch nicht geschehen, vgl. § 419 Abs. 3

---

6  Vgl. HS-*Heghmanns,* Kap. V., Rn. 179.
7  Vgl. Bundestags-Drucksache 12/6853, S. 36; OLG Düsseldorf StV 2003, 492 f.
8  BayObLG NStZ 2003, 51 f.; OLG Stuttgart NJW 1998, 3134 f.
9  Siehe hierzu HK-*Krehl,* § 417 Rn. 5; BayObLG NJW 1998, 2152.
10  Vgl. hierzu *Sprenger* NStZ 1997, 574 ff.

Hs. 2 StPO – eine Anklageschrift vorlegen und den Antrag auf Eröffnung des (normalen) Hauptverfahrens stellen. Es ist dann vom Gericht über die Eröffnung nach § 203 StPO zu entscheiden, was der Staatsanwaltschaft im Falle einer Ablehnung die Möglichkeit der sofortigen Beschwerde eröffnet, § 210 Abs. 2 StPO[11].

Insbesondere die in § 420 StPO geregelten Abweichungen vom Normalverfahren **696** sind im Schrifttum mit Kritik bedacht worden. Bedenken werden zudem gegen die mögliche Sanktionshöhe von bis zu einem Jahr Freiheitsstrafe und wegen der kurzen Ladungsfrist von 24 Stunden erhoben, die dem Beschuldigten eine Vorbereitung erschweren kann[12]. Diese Bedenken sind insbesondere angesichts der Anforderungen des Art. 6 Abs. 3 lit. b MRK berechtigt, wonach dem Beschuldigten ausreichend Zeit und Gelegenheit zur Vorbereitung der Verteidigung gegeben werden muss. Es darf aber nicht übersehen werden, dass – in wirklich einfach gelagerten Fällen – das beschleunigte Verfahren zur Vermeidung oder Abkürzung der Untersuchungshaft beitragen kann. Wegen der Kürze zwischen Tat und Sanktion wird zudem von einer „idealtypisch spezialpräventiven" Wirkung gesprochen[13].

## B. Das Strafbefehlsverfahren

Das Strafbefehlsverfahren ist in den §§ 407 ff. StPO (sowie in Nrn. 175 bis 179 **697** RiStBV) geregelt. Es spielt – anders als das soeben dargestellte beschleunigte Verfahren – in der Praxis bei **Vergehenstatbeständen** wegen der Erleichterung und Beschleunigung des Strafverfahrens bei den Massendelikten insbesondere im Straßenverkehr neben der Anwendung von § 153a StPO eine herausragende Rolle. Es ermöglicht durch eine summarische Prüfung der Vorwürfe – oftmals im Sinne des Beschuldigten – eine Erledigung des Verfahrens ohne Durchführung einer Hauptverhandlung, welche freilich durch fristgemäße Einlegung des Einspruchs innerhalb von zwei Wochen (§ 410 StPO) vom Betroffenen herbeigeführt werden kann.

Kommt diese Alternative zur Anklage in Betracht, so stellt die Staatsanwaltschaft **698** beim Amtsgericht (Strafrichter oder Schöffengericht) einen schriftlichen Antrag auf Erlass des Strafbefehls (§ 407 Abs. 1 StPO). Dies soll nur dann geschehen, wenn sie eine Verhandlung nicht für erforderlich hält, insbesondere weil zu erwarten ist, dass der Angeschuldigte die schriftlich verhängte Strafe akzeptieren wird.

Voraussetzung für die Stellung des Antrags ist das Vorliegen eines **hinreichenden Tatverdachts**, wie ihn auch die Anklageerhebung erfordert[14]. Schließlich steht der Strafbefehl, gegen den kein Einspruch eingelegt wurde, einem Urteil gleich (§ 410 Abs. 3 StPO). Eine gewisse Absicherung besteht für den Beschuldigten darin, dass

---

11 Das Fehlen eines Eröffnungsbeschlusses kann – da es an einer Verfahrensvoraussetzung mangelt – im Revisionsrechtszug zur Aufhebung des Urteils führen, vgl. OLG Köln NStZ 2004, 281 ff.
12 Vgl. zur Kritik insgesamt KMR-*Metzger*, Vor § 417 Rn. 17 ff.
13 So *Lemke/Rothstein-Schubert* ZRP 1997, 490.
14 Vgl. HK-*Kurth*, § 407, Rn. 8; *Meyer-Goßner*, § 407 Rn. 8.

der Strafbefehl nur dann erlassen werden darf, wenn auch das Gericht ihn für hinreichend verdächtig hält, vgl. § 408 Abs. 2 S. 1 StPO. Staatsanwaltschaft und Gericht müssen also die Frage der Schuld und der Rechtsfolge übereinstimmend beurteilen.

**699** Im Übrigen dürfen auch nur die in § 407 Abs. 2 StPO genannten Sanktionen verhängt werden. Darunter fällt die Verhängung einer Freiheitsstrafe von bis zu einem Jahr, sofern deren Vollstreckung zur Bewährung ausgesetzt wird und der Angeschuldigte anwaltlich vertreten ist. Beantragt die Staatsanwaltschaft eine solche Freiheitsstrafe und erwägt das Gericht diesem Antrag zu folgen, so hat es dem unverteidigten Angeschuldigten einen Pflichtverteidiger zu bestellen, § 408b StPO[15].

Das Gericht kann den Erlass des Strafbefehls auch ablehnen oder bei Bedenken – z.B. gegen die beantragte Rechtsfolge – nach Anhörung der Staatsanwaltschaft (vgl. Nr. 178 Abs. 1 RiStBV) einen Hauptverhandlungstermin anberaumen (§ 408 Abs. 3 StPO). In diesem Fall ersetzt der Strafbefehl die Anklageschrift.

Eine in der Praxis relevante Besonderheit stellt **§ 408a StPO** dar, wonach – selbst im beschleunigten Verfahren, § 418 Abs. 3 S. 3 StPO – gegen einen ordnungsgemäß geladenen aber nicht erschienenen Angeklagten vom Gericht ein Strafbefehl erlassen werden kann. Erscheint der Angeklagte auf seinen Einspruch hin wiederum nicht, so kann der Einspruch nach § 412 StPO i. V.m. den dort genannten Vorschriften verworfen werden.

**700** Der Strafbefehl wird im Falle seines Erlasses dem Angeklagten zugestellt. Legt dieser keinen Einspruch ein, so steht er einem rechtskräftigen Urteil gleich.

Bei rechtzeitig eingelegtem Einspruch sind zunächst die formalen Zulässigkeitsvoraussetzungen des § 410 StPO zu prüfen. Fehlt es daran, so wird der Einspruch ohne Hauptverhandlung als unzulässig verworfen, § 411 Abs. 1 StPO. Einer Hauptverhandlung bedarf es auch dann nicht zwingend, wenn der – zulässige – Einspruch auf die Höhe der Tagessätze beschränkt ist. In diesem Fall kann nach § 411 Abs. 1 StPO mit Zustimmung der Verfahrensbeteiligten unter Geltung des Verschlechterungsverbots im Beschlusswege entschieden werden.

Scheiden diese Möglichkeiten aus, so wird vom Gericht ein Termin zur Hauptverhandlung anberaumt. Erscheint der Angeklagte hierzu trotz ordnungsgemäßer Ladung nicht, so kann sein Rechtsmittel gem. §§ 412, 329 StPO verworfen werden[16].

**701** Kommt es zur Durchführung Hauptverhandlung, so ist der Strafbefehl als Ersatz für die Anklageschrift zu verlesen. Für eine Beweisaufnahme gelten gem. §§ 411 Abs. 2 S. 2, 420 StPO die **Vereinfachungen des beschleunigten Verfahrens**. Vorbehaltlich der Zustimmung der Verfahrensbeteiligten kann also vor allem die Vernehmung von Zeugen oder Sachverständigen durch Urkundenverlesung ersetzt werden. Hat nicht – ausnahmsweise – das Schöffengericht den Strafbefehl erlassen, so bestimmt das

---

15 Diese Bestellung wirkt jedoch nur bis zum Erlass des Strafbefehls und nicht für das weitere Verfahren nach einem Einspruch, vgl. *Meyer-Goßner*, § 408b Rn. 6; OLG Düsseldorf NStZ 2002, 390 m.w.N.
16 Näheres hierzu siehe unten Rn. 741 f.

Gericht (wie bei einem Bußgeldverfahren, § 77 Abs. 2 OWiG) den Umfang der Beweisaufnahme im Rahmen der Aufklärungspflicht nach pflichtgemäßem Ermessen. Der Strafrichter ist im Strafbefehlsverfahren bei der Bescheidung von Beweisanträgen folglich nicht durch die Kataloggründe der §§ 244 Abs. 3 bis 5, 245 Abs. 2 StPO gebunden.

Auch das Verschlechterungsverbot gilt dann nicht. Nimmt der Angeklagte trotz ungünstiger Beweislage seinen Einspruch nicht zurück – was ihm gemäß § 411 Abs. 3 StPO möglich ist – so kann er mit einer härteren Sanktion belegt werden, als sie im Strafbefehl vorgesehen war, § 411 Abs. 4 StPO.

Ein Strafbefehl, dessen Entwurf von der Staatsanwaltschaft zu erstellen ist, sieht bei- **702** spielhaft folgendermaßen aus:

| | |
|---|---|
| **Amtsgericht** | Ort und Tag<br>Bonn, den 02.02.2006 |
| **Geschäfts-Nr.: 88 Cs 15/06 – 10 Js 415/05**<br>(Bitte bei allen Schreiben an das Amtsgericht<br>- insbesondere bei Einlegung eines Rechts-<br>mittels - angeben!) | Anschrift und Fernruf<br>Wilhelmstr. 21 |
| | Rechtskräftig seit............................................<br>...........................................,den.........................<br>...................................................................................<br>als Urkundsbeamtin/Urkundsbeamter der Geschäftsstelle |

## Strafbefehl

| | |
|---|---|
| **gegen**<br>**geboren**<br>**wohnhaft** | Herrn August **Kalenborn**,<br>am 11.11.1942 in Bonn, Staatsangehörigkeit: deutsch,<br>Eschenweg 117 b,<br>53137 Bonn, |
| Verteidiger: | Rechtsanwalt Schlau in Bonn |

Auf Antrag der Staatsanwaltschaft Bonn wird gegen Sie

**wegen Diebstahls**

**- Vergehen nach § 242 StGB -**

**eine Geldstrafe von 30 Tagessätzen zu je 40 € ( = 1.200,00 €) festgesetzt.**

**Gemäß § 465 StPO werden Ihnen die Kosten des Verfahrens auferlegt.**

Die Staatsanwaltschaft beschuldigt Sie,

am 24.11.2005 in Bonn

eine fremde bewegliche Sache einem anderen in der Absicht weggenommen zu haben,
sich die Sache rechtswidrig zuzueignen.

**Ihnen wird folgendes zur Last gelegt:**

Am Morgen des Tattages nahmen Sie gegen 11:30 Uhr in der Radio/Phono-Abteilung des Kaufhauses
Kaufhof einen MP-3-Player im Verkaufswert von 129 € aus dem Regal und versteckten diesen unter Ihrer
Jacke. Ohne zu bezahlen, verließen Sie mit dem Gerät das Kaufhaus.

StP 66 DV          - Strafbefehl (§ 409  StPO) 06.2004                                    **Bitte nächste Seite beachten**

☐ Der erforderliche Strafantrag ist / die erforderlichen Strafanträge sind rechtzeitig gestellt.
☐ Das besondere öffentliche Interesse an der Strafverfolgung wird von der Staatsanwaltschaft bejaht.
☐ Die Einzelstrafen betragen   für die 1. Tat und   für die 2. Tat .

Als Beweismittel hat die Staatsanwaltschaft bezeichnet:

Zeuge:
Kaufhausdetektiv Erwin Müller, Hoholzer-Allee 217, 53213 Bonn

## Rechtsbehelfsbelehrung

Dieser Strafbefehl wird rechtskräftig und vollstreckbar, wenn Sie nicht **innerhalb von zwei Wochen nach der Zustellung** bei dem umstehend bezeichneten Amtsgericht schriftlich oder zu Protokoll der Geschäftsstelle **Einspruch** einlegen. Bei schriftlicher Einlegung ist die Frist nur gewahrt, wenn die Einspruchsschrift vor Ablauf von zwei Wochen bei dem Gericht eingegangen ist. Sie können den Einspruch auf bestimmte Beschwerdepunkte beschränken. In der Einspruchsschrift können Sie auch weitere Beweismittel (Zeuginnen, Zeugen, Sachverständige, Urkunden) angeben. Ist der Einspruch verspätet eingelegt oder sonst unzulässig, so wird er ohne Hauptver-handlung durch Beschluss verworfen. Andernfalls findet eine Hauptverhandlung statt. In dieser entscheidet das Gericht nach neuer Prüfung der Sach- und Rechtslage. Dabei ist es an den in dem Strafbefehl enthaltenen Ausspruch nicht gebunden, soweit sich der Einspruch auf ihn bezieht.

Gegen die Entscheidung über die Verpflichtung, Kosten oder notwendige Auslagen zu tragen, können Sie, wenn der Wert des Be-schwerdegegenstandes 200,- Euro übersteigt, bei dem umstehend bezeichneten Amtsgericht **binnen einer Woche nach Zustellung** allein oder neben dem Einspruch schriftlich oder zu Protokoll der Geschäftsstelle das Rechtsmittel der **sofortigen Beschwerde** einle-gen.

Die Wochenfristen beginnen mit dem Tage der Zustellung, der auf dem Briefumschlag vermerkt ist, und enden mit dem Ablauf des entsprechenden Tages der zweiten Woche (im Falle des Einspruchs) bzw. der folgenden Woche (im Falle der sofortigen Beschwerde). Fällt das Ende der Frist auf einen Sonntag, einen allgemeinen Feiertag oder einen Sonnabend, so endet die Frist mit Ablauf des nächsten Werktages.

Die schriftliche Rechtsmitteleinlegung muß in deutscher Sprache erfolgen.

| | | |
|---|---|---|
| *Kolwenbach* | Ausgefertigt: | **Klein, JHS'in** |
| Kolwenbach | | |
| Richter/in am Amtsgericht | | (Name, Amtsbezeichnung) |
| | | als Urkundsbeamtin/Urkundsbeamter der Geschäftsstelle |

---

### Zahlen Sie bitte nur nach schriftlicher Aufforderung.

Die Staatsanwaltschaft wird Ihnen nach Rechtskraft eine Zahlungsaufforderung übersenden, in der auch die Verfahrenskosten berechnet sein werden.

---

**Hinweis zu den Verfahrenskosten (Stand 01.07.2004):**

Für das Strafbefehlsverfahren werden Kosten nach dem Gerichtskostengesetz erhoben, und zwar

1. eine Gebühr                                                                                                      in Höhe von

   a) für die Festsetzung von Freiheitsstrafe / Geldstrafe
       bis zu  6 Monaten / bis zu 180 Tagessätzen                                    60,00 EUR,
       bis zu 1 Jahr / von mehr als 180 Tagessätzen                                  120,00 Euro,
   b) für die Verwarnung mit dem Vorbehalt                                           dieselbe Gebühr wie zu a) bei
       einer Verurteilung zu einer Geldstrafe                                        Festsetzung einer Geldstrafe;
   c) für die Entziehung der Fahrerlaubnis                                           30,00 EUR

2. Auslagen,

   die in dem bisherigen Verfahren entstanden sind.
   Dazu zählen unter anderem insbesondere die Beträge
   (Vergütung nach dem JVEG, Ersatz von Aufwendungen),
   die an den Zeuginnen/Zeugen und - zum Beispiel für eine Blutuntersuchung -
   an Sachverständige gezahlt worden sind,
   und die Postauslagen für jede Zustellung.

StP 66 - Strafbefehl (§ 409 StPO)

## C. Sonstige besondere Verfahrensarten

**703** Das **Sicherungsverfahren** (§§ 413 bis 416 StPO) findet gegen schuldunfähige oder dauernd verhandlungsunfähige Beschuldigte mit dem Ziel statt, Maßregeln der Besserung und Sicherung (lesen Sie §§ 61 ff. StGB!) selbstständig – d.h. ohne Verhängung einer Strafe – anzuordnen. Die Antragsschrift entspricht in ihrem Aufbau der Anklageschrift. Die Vorschriften über das Strafverfahren sind sinngemäß anzuwenden mit der wesentlichen Besonderheit, dass auch in Abwesenheit des Beschuldigten verhandelt werden kann, § 415 StPO.

Angesichts der relativ geringen praktischen Relevanz und der weitgehenden Parallele zum Normalverfahren soll hier nicht näher darauf eingegangen werden.

**704** Das – allerdings nicht obligatorische – selbstständige Einziehungsverfahren (so genanntes **objektives Verfahren**; §§ 440 bis 442 StPO; Nr. 180 RiStBV) hat die isolierte Anordnung des Verfalls, der Einziehung bzw. der Unbrauchbarmachung zum Ziel. Lesen Sie hierzu die §§ 73, 74, 76a StGB.

Abschließend sei noch das praktisch kaum relevante **Verfahren gegen Abwesende** nach § 276 ff. StPO erwähnt. Da gegen abwesende, etwa im Ausland befindliche Angeklagte keine Hauptverhandlung stattfindet, dient es allein einer Sicherung der Beweise.

Kapitel 7

# Die Rechtsmittel im Strafverfahren

Auch der gewissenhafte Mensch bleibt Irrtümern unterworfen, und so kommt es **705** natürlich auch im Zuge von Strafverfahren zu fehlerhaften Entscheidungen. Tatsachen können unzulänglich festgestellt oder gewertet, Rechtsprobleme verkannt oder unzutreffend gelöst worden sein. Um in solchen Fällen eine Korrektur zu ermöglichen, bietet die StPO den Verfahrensbeteiligten ein differenziertes System von Rechtsmitteln und sonstigen Rechtsbehelfen, die im Folgenden dargestellt werden sollen. Meist werden Rechtsmittel aber gegen sachlich richtige Entscheidungen eingelegt. Das mag darauf beruhen, dass der Betroffene sich subjektiv „ungerecht" behandelt fühlt. Motiv für eine Anfechtung kann es aber auch sein, etwa die Rechtskraft einer Entscheidung hinaus zu zögern.

## A. Übersicht über die Rechtsmittel der StPO

Bevor wir uns den Rechtsmitteln – insbesondere der Revision – im Einzelnen zuwenden, eine kurze Übersicht:

Die StPO kennt **drei „klassische" Rechtsmittel**, nämlich:

↙       ↓       ↘

**Beschwerde**, §§ 304 ff.   **Berufung**, §§ 312 ff.   **Revision**, §§ 333 ff.

- einfache, § 304;
- sofortige, § 311;
- weitere, § 310.

## Beschwerde                   **706**

**Gegenstand:**
Beschlüsse und Verfügungen des Gerichts des ersten Rechtszuges oder der Berufungsinstanz etc. (§ 304 StPO).
Einschränkung durch § 305 StPO beachten!
**Form**:
a) Einlegung beim judex a quo (also dem Gericht, von dem die angefochtene Entscheidung stammt), § 306 Abs. 1 StPO,
b) schriftlich oder zu Protokoll der Geschäftsstelle, § 306 Abs. 1 StPO.

**Frist**:
a) einfache Beschwerde: keine
b) sofortige Beschwerde (§ 311 StPO): Eine Woche ab Bekanntmachung der Entscheidung.

**Umfang der Prüfung**:
Tatsächliches Geschehen und rechtliche Einordnung (vgl. § 308 Abs. 2 StPO); eine Schlechterstellung des Beschwerdeführers durch die Entscheidung ist möglich.

## 707 Berufung

**Gegenstand**:
Urteile des Strafrichters und des Schöffengerichts, § 312 StPO.

**Form**:
a) Einlegung beim judex a quo, § 314 Abs. 1 StPO,
b) schriftlich oder zu Protokoll der Geschäftsstelle, § 314 Abs. 1 StPO.

**Frist**:
Eine Woche ab Verkündung (im Falle des § 314 Abs. 2 StPO i.d.R. ab Zustellung), § 314 Abs. 1 StPO.

**Umfang der Prüfung**:
Tatsächliches Geschehen, rechtliche Prüfung und Rechtsfolgen (= komplett neue Hauptverhandlung, soweit das Rechtsmittel nicht – was möglich ist – auf bestimmte Punkte beschränkt wird).

Wichtig: **Verschlechterungsverbot**, § 331 StPO!

## 708 Revision

**Gegenstand**:
a) Urteile der Strafkammern des LG, § 333 StPO,
b) erstinstanzliche Urteile des OLG, § 333 StPO,
c) Urteile des Amtsgerichts im Wege der „Sprungrevision", § 335 StPO.

**Form**:
a) Einlegung beim judex a quo,
b) schriftlich oder zu Protokoll der Geschäftsstelle, § 341 StPO.

**Frist**:
Eine Woche ab Verkündung, § 341 Abs. 1 StPO (im Fall des § 341 Abs. 2 StPO i.d.R. ab Zustellung).

**Wichtig**: Nach fristgerechter Einlegung muss dieses Rechtsmittel **begründet** werden, §§ 344, 345 StPO.

> **Umfang der Prüfung**:
> Rechtsfragen betreffend:
> a) Verfahrensvoraussetzungen bzw. Verfahrenshindernisse (z.B. Strafantrag, Verjährung),
> b) Verfahrensrecht (= Weg der Urteilsfindung),
> c) Sachliches Recht (= wurde materielles Recht auf den festgestellten Sachverhalt richtig angewendet?).
>
> Wichtig: **Verschlechterungsverbot**, § 358 Abs. 2 StPO!

## B. Allgemeingültiges für alle Rechtsmittel

## I. Gemeinsame Vorschriften

Gemeinsam sind diesen drei Rechtsmitteln die Vorschriften der §§ 296 bis 303 StPO. **709** Die §§ 296 bis 299, 301 und 302 StPO sprechen zwar nur vom „Beschuldigten", sie gelten als allgemeine Vorschriften jedoch gleichermaßen für den Angeschuldigten oder Angeklagten. Aus Gründen der Vereinfachung wird im Folgenden daher der Begriff des „Beschuldigten" in diesem umfassenden Sinn verwandt.

Von den genannten Vorschriften bedürfen insbesondere der Erwähnung:

–  **§ 299 StPO**: Danach kann ein verhafteter Beschuldigter Rechtsmittel auch zu Protokoll der Geschäftsstelle des Amtsgerichts erklären, in dessen Bezirk die Anstalt liegt, in der er „verwahrt" (so der Wortlaut des Gesetzes) wird.
    Unabhängig vom tatsächlichen Eingang der Rechtsmittelschrift beim Gericht gilt die Protokollierung – soweit sie innerhalb der vorgeschriebenen Frist stattgefunden hat – als fristwahrend, vgl. § 299 Abs. 2 StPO.
–  **§ 300 StPO**: Hiernach schadet die falsche Bezeichnung eines Rechtsmittels hinsichtlich seiner Zulässigkeit nicht („falsa demonstratio non nocet").
–  **§ 301 StPO**: Danach gilt ein Rechtsmittel der Staatsanwaltschaft stets auch als zugunsten des Beschuldigten eingelegt.

Schadet die fehlerhafte Bezeichnung des Rechtsmittels nicht, so kommt es auch nicht darauf an, ob die angegriffene Entscheidung zutreffend bezeichnet worden ist. Überschreibt etwa das Gericht ein Urteil fälschlicherweise als „Beschluss", so ist gleichwohl nicht die Beschwerde nach §§ 304 ff. StPO statthaft. Vielmehr ist allein das Verfahrensrecht maßgebend. Durfte eine Entscheidung gesetzmäßig nur aufgrund mündlicher Verhandlung im Wege öffentlicher Verkündung ergehen, so handelt es sich – auch wenn dagegen verstoßen wurde – inhaltlich um ein (freilich fehlerhaft zustande gekommenes) Urteil. Berufung oder Revision sind dann die statthaften Rechtsmittel. Konnte die Entscheidung ohne mündliche Verhandlung ergehen, handelt es sich um einen Beschluss, der mit der Beschwerde angegriffen werden kann[1].

---

1 Vgl. hierzu BGH NJW 2005, 3080.

## II. Wirkungen der Rechtsmittel

**710** Hinsichtlich der Wirkungen sind zweierlei Folgen zu unterscheiden, die zugleich das Wesen eines „Rechtsmittels" ausmachen. Dies sind der

✓      ➘

**Devolutiveffekt,**
d.h. die Nachprüfung durch ein Gericht der höheren Ordnung im Instanzenzug.

**Suspensiveffekt,**
also die Hemmung der Wirksamkeit der Entscheidung, bei einem Urteil mithin der Rechtskraft. Diesen Suspensiveffekt haben die Berufung, vgl. § 316 Abs. 1 StPO, und die Revision, vgl. § 343 Abs. 1 StPO. Demgegenüber kommt der Beschwerde – soweit nichts anderes bestimmt ist[2] – ein Suspensiveffekt nicht zu, § 307 Abs. 1 StPO[3].

## III. Anfechtungsberechtigte

**711** Nur ein bestimmter Kreis von Verfahrensbeteiligten ist berechtigt, Rechtsmittel einzulegen. Dies sind:

– die Staatsanwaltschaft, und zwar zugunsten wie zu Ungunsten des Beschuldigten, § 296 Abs. 1 und 2 StPO;
– der Beschuldigte, § 296 Abs. 1 StPO;
– der Verteidiger, der jedoch nicht gegen den ausdrücklichen Willen des Beschuldigten handeln darf, § 297 StPO;
– der gesetzliche Vertreter des Beschuldigten, § 298 StPO;
– eingeschränkt auch der Nebenkläger, vgl. § 400 Abs. 1 StPO. Rechtsmittel des Nebenklägers erstrecken sich im Übrigen nur auf die richtige Anwendung der Vorschriften über das Nebenklagedelikt[4].

## IV. Gemeinsame Zulässigkeitsvoraussetzungen

**712** Nach der Rechtsprechung gibt es – neben der Beachtung von Formen und Fristen -weitere allgemeine Zulässigkeitsvoraussetzungen für Rechtsmittel, und zwar:

– Der Rechtsmittelführer muss „beschwert" sein[5]. Hierunter versteht man die unmittelbare Beeinträchtigung seiner Rechte oder schutzwürdigen Interessen durch den Entscheidungsausspruch (bei Urteilen oder Beschlüssen also durch den Tenor).

---

2 Anderes ist z.B. bestimmt in §§ 454 Abs. 3, 462 Abs. 3 S. 2 StPO.
3 Gleichwohl wird die Beschwerde wegen ihres Devolutiveffekts (vgl. § 306 Abs. 2 Hs. 2 StPO) auch in den übrigen Fällen den „Rechtsmitteln" zugerechnet.
4 BGH NJW 1997, 2123 f.
5 Vgl. BGHSt 28, 327 (330).

Die eine Anfechtung rechtfertigende **Beschwer** kann sich folglich nicht aus den Gründen einer Entscheidung allein ergeben. Es ist vielmehr darauf abzustellen, ob eine ihm **nachteilige Entscheidung** getroffen wurde. Dementsprechend ist ein freisprechendes Urteil für den Angeklagten selbst dann nicht anfechtbar, wenn die Gründe ihn belastende Ausführungen enthalten[6].

Bei der **Staatsanwaltschaft** stellt sich die Frage der Beschwer allerdings anders, da sie aufgrund ihrer neutralen Stellung ein gesetzmäßiges Verfahren sicher zu stellen hat, vgl. auch § 296 Abs. 2 StPO. Sie ist folglich durch jede gesetzwidrige Entscheidung beschwert und kann sie nach ihrem pflichtgemäßen Ermessen anfechten. Bei Rechtsmitteln zugunsten des Angeklagten ist sie dabei an Nr. 147 Abs. 3 RiStBV gebunden.

Die Beschwer muss zum Zeitpunkt der Entscheidung über das Rechtsmittel noch **713** bestehen. Daran kann es für alle Verfahrensbeteiligten dann fehlen, wenn zwischenzeitlich, das heißt nach Einlegung des Rechtsmittels, eine sog. **prozessuale Überholung** eingetreten ist. Hiervon spricht man insbesondere dann, wenn die beeinträchtigende Maßnahme aus tatsächlichen Gründen nicht mehr rückgängig gemacht werden kann oder wenn die angegriffene Entscheidung aus anderen Gründen gegenstandslos geworden ist. In diesen Fällen ist das Rechtsmittel nicht mehr zulässig[7]; eine Entscheidung in der Sache darf also nicht mehr ergehen.

Da sich Fragen der Beschwer insbesondere im Zusammenhang mit dem Beschwerdeverfahren stellen, sollen die näheren Einzelheiten in diesem Zusammenhang erörtert werden.

– Rechtsmittel können zwar vor Zustellung, aber erst **nach Erlass** der angefochtenen Entscheidung eingelegt werden[8].
– Ihre Einlegung kann **nicht an eine Bedingung** geknüpft werden[9].
– Schließlich ist ein Gericht auch nicht gehalten, über solche Eingaben zu entscheiden, die sich ihrem Inhalt nach als reine **Schmähschriften** bzw. Beleidigungen darstellen und ein sachliches Begehren nicht erkennen lassen. Wegen der in Art. 19 Abs. 4 GG verankerten Rechtsweggarantie sind an die Unzulässigkeit solcher „Rechtsmittel" jedoch strenge Anforderungen zu stellen[10].

Im Übrigen wird auf die Zulässigkeitsvoraussetzungen bei der Erörterung der jeweiligen Rechtsmittel eingegangen.

## V. Disposition über eingelegte Rechtsmittel

In einem bestimmten Umfang kann der Rechtsmittelführer über das von ihm eingelegte Rechtsmittel disponieren, und zwar durch eine Beschränkung, durch Verzicht oder eine Rücknahme. **714**

---

6  Vgl. BGHSt 16, 374 ff.
7  Vgl. BGH NStZ 2000, 154.
8  Vgl. BGHSt 25, 187 (189).
9  Vgl. BGHSt 25, 187 (188).
10  BVerfG NJW 2001, 3615 .

## 1. Die Rechtsmittelbeschränkung

Den drei Rechtsmitteln ist gemeinsam, dass eine sog. **Teilanfechtung**, also die Beschränkung möglich ist. Dies ergibt sich für die Berufung aus § 316 Abs. 1 StPO („soweit es angefochten ist") sowie aus §§ 318 und 327 StPO; für die Revision folgt es aus §§ 343 Abs. 1, 344 Abs. 1 und 352 Abs. 1 StPO. Für die Beschwerde ist die Beschränkungsmöglichkeit ebenfalls anerkannt, da in den §§ 318, 344 Abs. 1 StPO allgemeine Grundsätze erblickt werden.

Eine Rechtsmittelbeschränkung ist selbst bei sog. Dauerdelikten möglich, bei denen zahlreiche unterschiedliche Verhaltensweisen (Delikte) zu einer rechtlichen Einheit verbunden werden (z.B. Zuhälterei)[11]. So kann bei einer aus mehreren Einzelakten bestehenden – rechtlich verknüpften – Handlung das Rechtsmittel auf bestimmte Tatkomplexe beschränkt werden.

**715**  **Voraussetzungen** einer wirksamen Beschränkung auf bestimmte Beschwerdepunkte sind jedoch:

- Nach der sog. **„Trennbarkeitsformel"** müssen die isoliert angegriffenen Beschwerdepunkte in tatsächlicher und rechtlicher Hinsicht losgelöst von dem nicht angegriffenen Teil geprüft und beurteilt werden können, ohne eine Prüfung des übrigen Urteilsinhaltes notwendig zu machen.
- Weiteres Erfordernis ist die **Widerspruchsfreiheit**, d.h. es dürfen keine inhaltlichen Widersprüche zwischen dem angegriffenen und dem akzeptierten Teil der Entscheidung vorhanden sein.

**716**  Eine Rechtsmittelbeschränkung ist also dann unwirksam, wenn die erhoffte Entscheidung des Rechtsmittelgerichts zu Widersprüchen mit den nicht angegriffenen Teilen des Urteils führen würde[12]. Ob diese Voraussetzung erfüllt ist, hat das Rechtsmittelgericht **aus Sicht seines Beratungsergebnisses** von Amts wegen zu prüfen.

Zur Verdeutlichung der Problematik folgende Beispiele:

> **Beispiel 1:** Der Angeklagte wurde wegen Diebstahls zu einer Geldstrafe von 50 Tagessätzen zu je 35 € verurteilt. Mit seinem Rechtsmittel wendet er sich gegen Anzahl und Höhe der Tagessätze.

Eine – ggf. durch Auslegung bzw. Nachfrage zu ermittelnde – Beschränkung auf den Strafausspruch (Rechtsfolgen) ist ohne weiteres möglich[13]. Voraussetzung ist – wie

---

11  BGH NJW 1994, 1015.
12  Vgl. BGH NJW 2001, 1436, 3134; NJW 1995, 2365 f., wo auch die Möglichkeit der Rechtsmittelbeschränkung bei „doppelrelevanten" Tatsachen – also Umständen, die sich sowohl beim Schuldspruch, wie auch auf der Ebene der Strafzumessung auswirken – abgehandelt wird. Ob allein die fehlerhafte Subsumtion des Sachverhaltes unter die Strafnorm eine Rechtsmittelbeschränkung hindert, ist streitig, im Ergebnis aber wohl zu verneinen, vgl. BGH NStZ 1996, 352; OLG Saarbrücken NStZ 1997, 149 f.
13  Vgl. z.B. BGHSt 27, 70 ff.

auch sonst – allein, dass die zum Schuldspruch vorhandenen Darlegungen im Urteil[14] den Rechtsfolgenausspruch „tragen". Zu knappe, unvollständige oder widersprüchliche Ausführungen zum äußeren und/oder inneren Tatgeschehen lassen selbstverständlich eine isolierte Überprüfung der auf die konkrete Tat zu beziehenden Strafzumessungserwägungen nicht zu. Eine tragfähige Basis bietet der Schuldspruch auch dann nicht, wenn es an einer Prozessvoraussetzung (z.B. Strafantrag) fehlt. In derartigen Fällen ist eine Beschränkung auf den Rechtsfolgenausspruch also unbeachtlich und das Urteil insgesamt zu überprüfen.

> **Beispiel 2:** Der Angeklagte ist wegen vorsätzlicher Körperverletzung und tatmehrheitlich begangenen Betruges zu einer Gesamtfreiheitsstrafe verurteilt worden. Mit seinem Rechtsmittel greift er nur die Strafzumessung der Verurteilung wegen Körperverletzung mit der Begründung an, er sei zur Tatzeit mit 2,5‰ BAK alkoholisiert gewesen.

**717**

Der Wirksamkeit einer Rechtsmittelbeschränkung steht hier zunächst nicht entgegen, dass auf eine Gesamtfreiheitsstrafe erkannt wurde. Denn nach § 53 StGB sachlich-rechtlich selbstständige Straftaten können selbst dann isoliert angefochten werden, wenn sie (ausnahmsweise) eine prozessuale Tat i.S.d. § 264 StPO bilden[15].

Problematisch ist allerdings der Umstand, dass der gegen die Strafzumessung vorgebrachte Einwand der Alkoholisierung auch den Schuldspruch insoweit erfasst, als die Schuldfähigkeit als Voraussetzung einer Verurteilung in Frage gestellt sein könnte. Kommt also – wie in dem Beispielsfall – eine Schuldunfähigkeit i.S.d. § 20 StGB ernsthaft in Betracht, so ist die Beschränkung auf das Strafmaß unbeachtlich[16]. Steht demgegenüber allenfalls eine Strafmilderung über die §§ 21, 49 Abs. 1 StGB zur Diskussion, so kann die Rechtsmittelbeschränkung als wirksam angesehen werden[17].

Wie Sie bereits an diesen einfachen Beispielsfällen erkennen, kann die Frage der Trennbarkeit von Schuld- und Strafausspruch im Einzelfall ausgesprochen schwierig sein. Sie muss daher immer sorgfältig geprüft werden.

## 2. Der Rechtsmittelverzicht

Nach § 302 Abs. 1 StPO kann ein eingelegtes Rechtsmittel zurückgenommen oder auf die Einlegung eines Rechtsmittels ganz verzichtet werden. Der Verzicht kann schon vor Ablauf der Rechtsmittelfrist erklärt werden, bei einem Urteil also bereits im unmittelbaren Anschluss an die Verkündung. Hierbei muss die für die jeweilige Rechtsmitteleinlegung vorgesehene **Form** eingehalten werden[18]. Wird ein Rechtsmit-

**718**

---

14 Das wären hier die Feststellungen, dass die Voraussetzungen des § 242 StGB sowie Rechtswidrigkeit und Schuld als Bedingungen einer Strafbarkeit vorlagen.
15 BGHSt 24, 285 ff.
16 BGH NStZ 2001, 493.
17 Vgl. hierzu auch KK-*Kuckein*, § 344 Rn. 10 m.w.N.
18 Vgl. BGH NJW 1984, 1974. Die erforderliche Zustimmung des Angeklagten zu einem von seinem Verteidiger erklärten Rechtsmittelverzicht kann allerdings auch durch Kopfnicken erklärt werden.

telverzicht in der Hauptverhandlung unmittelbar nach der Urteilsverkündung erklärt, so sollte er im Interesse der Verfahrensklarheit im Protokoll beurkundet werden[19].

**719** Wird von allen Anfechtungsberechtigten auf die Einlegung eines Rechtsmittels verzichtet oder erfolgt keine fristgemäße Einlegung, so kann das Gericht die schriftliche Abfassung des Urteils abkürzen, vgl. § 267 Abs. 4 und 5 StPO[20]. Diese nicht zu unterschätzende Arbeitserleichterung sollte dem Gericht aber keinen Anlass bieten, den Angeklagten zu einem Rechtsmittelverzicht zu drängen. Im Zustand der **Verhandlungsfähigkeit** abgegebene Prozesserklärungen können zwar grundsätzlich nicht widerrufen oder angefochten werden[21]. Das gilt aber dann nicht, wenn
– schwerwiegende Willensmängel (etwa infolge einer Beeinträchtigung der **Entscheidungsfreiheit** des Angeklagten) vorliegen oder
– der Rechtsmittelverzicht auf einer vorangegangenen **Urteilsabsprache** basiert und keine „qualifizierte" Belehrung erteilt wurde[22] oder
– die Art und Weise des Zustandekommens aus anderen Gründen nicht hinnehmbar ist[23].

Letzteres ist etwa der Fall, wenn der unverteidigte Angeklagte auf Rechtsmittel verzichtet, obwohl ein Fall der notwendigen Verteidigung i.S.d. § 140 StPO vorlag[24]. Auch die fehlende Sprachkenntnis des Angeklagten[25] sowie objektiv unrichtige Erklärungen oder Auskünfte des Gerichts zu den Folgen der Verurteilung können eine Unwirksamkeit des Verzichts bewirken[26].

**720** Das Gericht hat den Angeklagten vor übereilten und vorschnellen Erklärungen zu schützen und muss ihm Gelegenheit geben, Für und Wider eines Rechtsmittelverzichts abzuwägen. Selbstverständlich ist ihm auch die Möglichkeit einzuräumen, sich insoweit mit seinem Verteidiger zu beraten[27]. Erst recht hat das Gericht sich jedweder (ohnehin unzulässiger) Zusagen über die Folgen eines Verzichts für die Strafvollstreckung sowie verdeckter oder offener Drohungen – etwa einer Verknüpfung zwischen Haftentscheidungen und einem Rechtsmittelverzicht – zu enthalten[28]. Wird der Angeklagte von dritter Seite, etwa der Staatsanwaltschaft, in diesem Sinne bedrängt, so hat das Gericht dem entgegenzutreten[29]. Andernfalls kann sich der Verzicht als

---

19 Vgl. BGH NStZ 1986, 277, wonach trotz der grds. Zuständigkeit des Rechtspflegers die ordnungsgemäße Protokollierung des Verzichts durch den UdG in der Hauptverhandlung genügt. Es bedarf für die Beweiskraft des Protokolls i.S.d. § 274 StPO allerdings in jedem Fall der Verlesung und Genehmigung der Protokolleintragung durch den Angeklagten (§ 273 Abs. 3 S. 3 StPO), vgl. auch BGH NStZ 2000, 441.
20 Siehe auch Rn. 679 f.
21 Vgl. BGH 4 StR 475/07; NStZ 2007, 210 f.; 2006, 464 .
22 Siehe hierzu oben Rn. 580.
23 BGH NStZ 2006, 464.
24 Vgl. BGH NJW 2002, 1436.
25 BGH NStZ-RR 2005, 271 f.
26 BGH NJW 2001, 1435 f.
27 BGH NStZ 2005, 114.
28 Diese Selbstverständlichkeit wird offenbar nicht immer beachtet, vgl. BGH NStZ 2005, 279 f.; BGH NJW 1995, 2568 f.; besonders lesenswert auch BGH NJW 1999, 2450 ff.
29 Siehe BGH NJW 2004, 1885 f.

unwirksam erweisen, und der Angeklagte hat hinsichtlich etwa versäumter Rechtsmittelfristen einen Anspruch auf Wiedereinsetzung in den vorigen Stand[30].

Einen Rechtsmittelverzicht umfassende **Absprachen** unter Beteiligung des Gerichts **721** sind unzulässig. Der auf der Grundlage einer derartigen Vereinbarung erklärte Verzicht ist daher nur dann wirksam, wenn der Betroffene eine sog. „qualifizierte" Belehrung über die – trotz Absprache – fortbestehende Rechtsmittelbefugnis erhalten hat. Dies beinhaltet die ausdrückliche, unverzichtbare und protokollpflichtige Information, dass er unabhängig von den getroffenen Vereinbarungen und den Empfehlungen der übrigen Verfahrensbeteiligten in seiner diesbezüglichen Entscheidung frei ist[31]. Ein Verstoß gegen diese Belehrungspflicht eröffnet allerdings nur die einwöchige Rechtsmittelfrist. Er begründet also keinen Anspruch auf Wiedereinsetzung in den vorigen Stand, wenn diese Frist versäumt wurde[32].

Legt ein Verfahrensbeteiligter nach einem – wirksamen – allseitigen Rechtsmittelverzicht gegen ein Urteil gleichwohl das ohne den Verzicht zulässige Rechtsmittel ein, so wird hierdurch die – bereits eingetretene – Rechtskraft nicht gehemmt[33]. Das Urteil bleibt also vollstreckbar.

### 3. Die Rücknahme des Rechtsmittels

Auch die nach § 302 StPO mögliche Rücknahme muss der Form der Einlegung des **722** jeweiligen Rechtsmittels entsprechen[34]. Nach § 303 StPO ist jedoch nach Beginn der Hauptverhandlung im Rechtsmittelverfahren die Zustimmung des Rechtsmittelgegners erforderlich.

Eine weitere Einschränkung für den Verteidiger enthält § 302 Abs. 2 StPO. Danach bedarf er zur Rücknahme einer ausdrücklichen und auf das konkrete Rechtsmittel bezogenen Ermächtigung durch den Beschuldigten oder Angeklagten[35]. Diese kann jedoch formfrei – also auch mündlich – erteilt werden[36]. Hat der Angeklagte mehrere Verteidiger und erklärt einer von ihnen in Absprache mit dem Mandanten die Rücknahme, so führt dies zur Zurücknahme des Rechtsmittels insgesamt[37]. Denn der erklärte Wille des Angeklagten hat stets Vorrang[38].

---

30  BGH NStZ 2001, 220; NStZ 2000, 96 ff.; NStZ 1995, 556.
31  BGH NJW 2007, 165, 1829; 2005, 1446.
32  BGH NStZ-RR 2005, 271 f.
33  Vgl. OLG Düsseldorf NStZ 1997, 301.
34  BGH NStZ 2005, 113 f.
35  Die bei Mandatserteilung unterzeichnete allgemeine Ermächtigung zur Rücknahme von Rechtsmitteln genügt hierfür nicht, BGH NStZ 2000, 665. Das gilt auch für die **Teilrücknahme** eines Rechtsmittels, wenn also ein eingelegtes Rechtsmittel später beschränkt wird. In der Praxis kommt dies häufig vor, etwa bei einer Strafmaßbeschränkung in der Berufungsverhandlung.
36  BGH NStZ 2004, 55; 2001, 104; 1995, 356 f.
37  BGH NStZ 1996, 202.
38  BGH NStZ 2007, 210.

## C. Die Beschwerde

**723** Die Beschwerde richtet sich gem. § 304 Abs. 1 StPO im Wesentlichen gegen Beschlüsse und Verfügungen, die vom Gericht des ersten Rechtszuges oder im Berufungsverfahren erlassen wurden. Im Übrigen kann sie gegen **alle richterlichen Maßnahmen** eingelegt werden, welche nicht mit der Berufung oder der Revision angegriffen werden können. Eine Beschwerde wegen Ausbleibens einer zu treffenden Entscheidung (sog. „Untätigkeitsbeschwerde") ist dagegen auf extreme Sonderfälle beschränkt[39].

Der Beschwerde liegen in der Praxis insbesondere folgende Entscheidungen zugrunde:

- der Haftbefehl gem. §§ 112 ff. StPO;
- die vorläufige Entziehung der Fahrerlaubnis nach § 111a StPO;
- die Beschlagnahme gem. §§ 94, 98 StPO;
- die Anordnung der Durchsuchung, §§ 102 ff. StPO;
- Kostenbeschlüsse, wobei insoweit jedoch die Wertgrenzen des § 304 Abs. 3 StPO (100 € bzw. 50 €) zu beachten sind;
- Nichtgewährung der Wiedereinsetzung in den vorigen Stand (sofortige Beschwerde, § 46 Abs. 3 StPO), häufig in Verbindung mit § 329 Abs. 3 StPO;
- Widerruf der Strafaussetzung zur Bewährung nach § 56f StGB (sofortige Beschwerde, § 453 Abs. 2 S. 3 StPO);
- Verweigerung der Aussetzung eines Strafrestes zur Bewährung nach Teilverbüßung einer Freiheitsstrafe (sofortige Beschwerde, § 454 Abs. 3 StPO).

**724** Die **Einlegung** der Beschwerde hat gem. § 306 Abs. 1 StPO bei dem sog. „judex a quo", also bei dem Gericht, welches die angefochtene Entscheidung erlassen hat, zu erfolgen. Hinsichtlich der **Form** der Einlegung ist § 306 Abs. 1 StPO zu beachten. Danach kann die Beschwerde schriftlich oder zu Protokoll der Geschäftsstelle eingelegt werden. In Abweichung von § 126 BGB bedeutet „Schriftlichkeit" – wie auch ansonsten in der StPO –, dass dem Schriftstück der Inhalt der Erklärung sowie die Person des Erklärenden hinreichend sicher entnommen werden können. Die handschriftliche Unterzeichnung ist dagegen nicht zwingend erforderlich[40]. Unter den in § 41a StPO genannten Voraussetzungen und nach Maßgabe der jeweiligen Rechtsverordnungen der Länder können schriftlich abzugebende Erklärungen generell auch auf elektronischem Wege eingereicht werden.

Die einfache Beschwerde nach § 304 Abs. 1 StPO unterliegt keiner **Frist**. Demgegenüber muss in den gesetzlich besonders vorgesehenen Fällen einer **sofortigen Beschwerde** (§ 311 StPO) das Rechtsmittel binnen einer Woche ab Bekanntmachung der Entscheidung (§ 35 StPO) eingelegt werden.

---

39 Siehe zu diesem Problemkreis *Steinbeiß-Winkelmann* NJW 2008, 1783 ff. sowie OLG Dresden NJW 2005, 2791 ff.
40 Vgl. BVerfG NJW 2002, 3534 f.; BGH NJW 1984, 1974 f.

Eine wesentliche **Einschränkung** der Beschwerdemöglichkeit enthält – neben   **725**
§§ 304 Abs. 4 S. 1 und 2, 453 Abs. 2 S. 1 StPO – **§ 305 StPO**.

Danach sind **der Urteilsfällung vorausgehende** Entscheidungen des Gerichts nicht
isoliert anfechtbar. Ziel dieser Vorschrift ist es, Verfahrensverzögerungen aufgrund
einer unkontrollierten Flut von Beschwerden zu verhindern.

Die Vorschrift des § 305 StPO erfasst insbesondere die sog. **prozessleitenden Verfügungen** des Gerichts bzw. des Vorsitzenden, wie
- Terminsbestimmungen;
- die Vorbereitung der Beweisaufnahme, also insbesondere die Ladung von Zeugen
  oder die Bestellung eines Sachverständigen;
- Verbindung von Verfahren oder die Ablehnung einer solchen Verbindung;
- die Ablehnung der Entbindung von der Pflicht des Angeklagten, vor Gericht zu
  erscheinen nach § 233 StPO[41].

Der Ausschluss einer Beschwerde nach § 305 StPO besagt jedoch nicht, dass ein   **726**
willkürliches Vorgehen des Gerichts möglich wäre, bleibt doch jedenfalls die Rügemöglichkeit im Rahmen der Revision. Denn nach **§ 336 StPO** unterliegen der Beurteilung durch das Revisionsgericht auch die Entscheidungen, die dem Urteil vorausgehen, sofern es hierauf beruht. Gerichtliche Vorentscheidungen einschließlich der
sachlichen Anordnungen des Vorsitzenden[42] in demselben Verfahren können also
zwar nicht die Beschwerde rechtfertigen, wohl aber – auf eine entsprechende Verfahrensrüge i.S.d. § 344 Abs. 2 StPO hin – die Revision begründen. Ausgeschlossen
sind gem. § 336 StPO jedoch solche Entscheidungen, die der Gesetzgeber ausdrücklich für unanfechtbar erklärt hat oder die nur mit der sofortigen Beschwerde anfechtbar sind[43].

Wie bereits erwähnt, ist insbesondere im Beschwerdeverfahren auch das Problem der   **727**
**prozessualen Überholung** zu beachten. Es ist also stets zu prüfen, ob zum Zeitpunkt
der Beschwerdeentscheidung noch eine aktuelle Beeinträchtigung des Rechtsguts
vorliegt. Denn das Beschwerdeverfahren dient – von Ausnahmen abgesehen – nicht
der Feststellung der Rechtswidrigkeit bereits vollzogener oder anderweitig erledigter
Maßnahmen. War die Beschwerde also bereits zum Zeitpunkt ihrer Einlegung in diesem Sinne gegenstandslos, so wird sie als unzulässig verworfen. Tritt erst während
des Beschwerdeverfahrens die prozessuale Überholung ein, so wird das Rechtsmittel
– ohne Kostenentscheidung – für erledigt erklärt[44].

---

41 Vgl. *Meyer-Goßner*, § 233 Rn. 27 m.w.N.
42 BGH NJW 1973, 1985 für die Bestellung eines Pflichtverteidigers durch den Vorsitzenden.
43 Nicht erfasst von § 336 StPO sind demnach insbesondere: Beschlüsse über die Bestätigung eines
   Ablehnungsgesuchs, § 28 Abs. 1 StPO; die Selbstablehnung nach § 30 StPO (vgl. BGHSt 3, 68 f.);
   die Gewährung der Wiedereinsetzung, § 46 Abs. 2 StPO; die Unterbringung zum Zwecke der Beobachtung nach § 81 StPO, vgl. § 81 Abs. 4 StPO; der Eröffnungsbeschluss, § 210 StPO; die Verhandlung in Abwesenheit des Angeklagten im Fall des § 231a StPO, vgl. § 231a Abs. 3 S. 3 StPO; die Entbindung von Schöffen für einzelne Sitzungstage, § 54 Abs. 3 GVG; Entscheidungen über den
   Ausschluss der Öffentlichkeit zum Schutz der Privatsphäre, § 171b Abs. 3 GVG.
44 Vgl. die Nachweise bei *Meyer-Goßner*, Vor § 296 Rn. 17.

> **Beispiel:** Es wurde in zulässiger Weise Beschwerde gegen einen Haftbefehl eingelegt. Bevor hierüber entschieden wurde, ist der Angeklagte jedoch wegen der im Haftbefehl bezeichneten Tat rechtskräftig verurteilt worden und in Strafhaft gegangen. Die Beschwerdeentscheidung würde sich auf die Erledigterklärung beschränken.

Allerdings kann das Rechtsschutzbedürfnis in Ausnahmefällen auch trotz inhaltlicher Erledigung fortbestehen. Nach der Rechtsprechung des Bundesverfassungsgerichts besteht gem. Art. 19 Abs. 4 GG in Fällen (nicht mehr fortbestehender) **tiefgreifender Grundrechtseingriffe** i.d.R. ein schutzwürdiges Interesse an einer nachträglichen Klärung der Rechtmäßigkeit jedenfalls dann, wenn eine Überprüfung ansonsten nach dem typischen Verfahrensablauf nicht möglich wäre[45]. In Betracht kommen hier insbesondere

– richterlich angeordnete Durchsuchungen (von denen der Betroffene i.d.R. vorab nichts erfährt[46]),
– Abhörmaßnahmen[47] und solche der Telefonüberwachung[48],
– Eingriffe in die Freiheitsrechte, also Vorführungen, Festnahmen und Verhaftungen[49]. Ein Fortbestehen des Rechtsschutzbedürfnisses wird von der Rechtsprechung auch in den Fällen der Wiederholungsgefahr und bei Vorliegen von Willkür bejaht[50].

728 **Umfang der Prüfung:** Das Beschwerdegericht hat die sich ergebenden Rechtsfragen und die tatsächlichen Entscheidungsgrundlagen selbstständig neu zu bewerten. Dies ergibt sich aus § 308 Abs. 2 StPO, wonach es Ermittlungen anordnen oder selbst vornehmen kann. Dies macht nur dann Sinn, wenn auch die tatsächlichen Voraussetzungen einer Maßnahme überprüft werden können. Vor einer Schlechterstellung ist der Beschwerdeführer allerdings nicht geschützt.

Vor Erlass der Beschwerdeentscheidung, die gem. § 309 Abs. 1 StPO ohne mündliche Verhandlung ergeht, ist dem Rechtsmittelgegner in der Regel rechtliches Gehör zu gewähren, es sei denn, das Rechtsmittel hat keinerlei Erfolgsaussichten und ist zu verwerfen. Zu den Ausnahmefällen vgl. auch § 308 Abs. 1 S. 2 i.V.m. § 33 Abs. 4 S. 1 StPO.

729 Mit der Beschwerdeentscheidung ist der Instanzenzug regelmäßig ausgeschöpft, § 310 Abs. 2 StPO. Die auf die Beschwerde hin ergangene Entscheidung ist nur in den Fällen des § 310 Abs. 1 StPO (bei Verhaftung oder einstweiliger Unterbringung) mit der weiteren Beschwerde angreifbar. Daneben wird eine – mangels hinrei-

---

45 BVerfG NJW 2003, 1514 f.; NJW 1999, 273; NJW 1997, 2163.
46 Mehr hierzu unten, Rn. 1008 ff.
47 Vgl. BVerfG NStZ 2003, 441 ff.
48 BVerfG NJW 2005, 1855 ff.
49 BVerfG StV 1999, 295. Zur Ausnahme für den Fall des unmittelbaren Übergangs von Untersuchungshaft in Strafhaft siehe OLG Hamm NStZ 2008, 582 f.
50 Vgl. OLG Celle NJW 1997 für den Fall der angeordneten Durchsuchung der Räumlichkeiten eines Sozialamts.

chender Konturierung verfassungsrechtlich ohnehin problematische[51] – „außerordentliche" Beschwerde, wie sie der Zivilprozess bei „greifbarer Gesetzeswidrigkeit" kennt, von der Rechtsprechung nicht anerkannt[52]. Abgesehen von der Verfassungsbeschwerde bleiben gegen unanfechtbare Entscheidungen allein die Rechtsbehelfe der Gegenvorstellung oder der sog. Anhörungsrüge[53].

## D. Die Berufung

### I. Allgemeines

Die Berufung eröffnet eine weitere Tatsacheninstanz, in welcher der gesamte Prozessstoff, der Gegenstand des Eröffnungsbeschlusses und der erstinstanzlichen Hauptverhandlung war, erneut in vollem Umfang verhandelt wird, soweit nicht eine zulässige Beschränkung gemäß § 318 StPO durch den Rechtsmittelführer erfolgt. Der wesentliche Unterschied zur Revision besteht somit darin, dass nicht nur die zuvor ergangene Entscheidung auf Rechtsfehler überprüft, sondern das Tatgeschehen **insgesamt** in tatsächlicher und rechtlicher Sicht untersucht wird. **730**

Das Berufungsgericht hat dabei aber nicht die Aufgabe, Fehler des erstinstanzlichen Verfahrens zu finden und zu beanstanden. Es führt vielmehr selbstständig eine neue Hauptverhandlung durch und entscheidet dann nach seiner eigenen Überzeugung.

Dabei gelten dieselben Verfahrensgrundsätze wie im vorangegangenen Rechtszug; lediglich der Grundsatz der Unmittelbarkeit der Beweisaufnahme ist durch § 325 StPO in der Weise eingeschränkt, dass in dem dort genannten Umfang die Verlesung von Schriftstücken erlaubt wird. Die Vorbereitung und der Ablauf der Hauptverhandlung folgen bis auf wenige Unterschiede denselben Regeln wie in erster Instanz (vgl. §§ 323, 324–328 StPO).

### II. Statthaftigkeit der Berufung

Die Berufung richtet sich gem. § 312 StPO gegen Urteile des Strafrichters und des Schöffengerichts. Die Statthaftigkeit der Berufung gegen ein amtsgerichtliches Urteil ist auch dann gegeben, wenn das Strafverfahren letztlich nur zu einer Verurteilung wegen einer Ordnungswidrigkeit geführt hat, vgl. im Einzelnen § 313 Abs. 3 StPO. **731**

Nicht statthaft ist die Berufung gegen erstinstanzliche Urteile der (großen) Strafkammern des Landgerichts. Gegen sie kann nur Revision eingelegt werden, § 333 StPO. Dies hat zur Konsequenz, dass beispielsweise dem Täter eines Kapitalverbrechens nur die eingeschränkte Möglichkeit der Überprüfung im Revisionsrechtszug verbleibt, dem vom Amtsgericht Verurteilten, der sich im unteren und mittleren Bereich der Kriminalität bewegt, dagegen die „zweite Chance" einer Tatsacheninstanz eröff-

---

51  BVerfG NJW 2003, 1928.
52  Vgl. BGH NJW 2002, 765 f.
53  Siehe hierzu unten Rn. 931 ff.

net wird. Überdies bleibt Letzterem die Möglichkeit der Revision, die er entweder sofort als Sprungrevision (§ 335 StPO) oder aber erst nach Abschluss des zweitinstanzlichen Verfahrens einlegen kann[54].

**732**    Ist der Angeklagte zu einer Geldstrafe von nicht mehr als 15 Tagessätzen verurteilt worden, beträgt im Falle einer Verwarnung (§ 59 StGB) die vorbehaltene Strafe nicht mehr als 15 Tagessätze oder beinhaltet die Verurteilung nur eine Geldbuße, so ist für die Zulässigkeit des Rechtsmittels die **Annahme durch das Berufungsgericht** Voraussetzung, § 313 Abs. 1 StPO. Die Annahme erfolgt, wenn die Berufung nicht „offensichtlich unbegründet" ist, § 313 Abs. 2 StPO. Die insoweit durch Beschluss getroffene Entscheidung ist unanfechtbar, § 322a StPO[55].

Offensichtlich unbegründet ist die Berufung dann, wenn anhand der Urteilsgründe, einer eventuell vorliegenden Rechtsmittelbegründung und dem Hauptverhandlungsprotokoll aus der ersten Instanz ohne größere Prüfung erkennbar ist, dass weder eine Revision begründende Verfahrensfehler, noch materiell-rechtliche Fehler vorliegen. Werden also neue Beweisanträge angekündigt, die nicht nach § 244 StPO abgelehnt werden könnten, so darf nicht nach § 313 Abs. 2 S. 2 StPO verfahren werden[56]. Wird die Annahme der Berufung wegen offensichtlicher Unbegründetheit abgelehnt, so ist diese Entscheidung zu begründen (Umkehrschluss aus § 322a S. 3 StPO).

**733**    Mit der Berufung anfechtbar sind auch die Urteile des Jugendrichters (§ 39 JGG) und des Jugendschöffengerichts (§ 40 JGG), vgl. § 41 Abs. 2 JGG. In diesen Fällen schließt allerdings die Berufung eine spätere Revision aus, § 55 Abs. 2 JGG.

### III. Einlegung der Berufung/beschränkte Vorprüfung durch das erstinstanzliche Gericht

**734**    Die Berufung muss beim **judex a quo**, also beim Gericht des ersten Rechtszuges eingelegt werden, vgl. § 314 Abs. 1 StPO, und zwar schriftlich oder zu Protokoll der Geschäftsstelle. Der durch einen Verteidiger vertretene Angeklagte kann daher auch in eigener Person das Rechtsmittel einlegen. Die Form ist auch gewahrt, wenn die entsprechende Erklärung in die Niederschrift der Sitzung aufgenommen wird, in der die angefochtene Entscheidung erlassen worden ist.

Die **Einlegungsfrist** beträgt **eine Woche**. Für den Fall, dass das Urteil nicht in Anwesenheit des Angeklagten verkündet worden ist, beginnt die Frist – von den dort genannten Sonderfällen abgesehen – mit der Zustellung des Urteils an den Angeklagten (§ 314 Abs. 2 StPO). Das Rechtsmittel kann, muss aber nicht begründet werden (§ 317 StPO). Für die Staatsanwaltschaft ergibt sich allerdings aus Nr. 156 RiStBV

---

54  Lesen Sie zu den Erwägungen, die diese Regelung rechtfertigen sollen, *Roxin*, § 52 Rn. 3, aber auch oben Rn. 321.

55  Allerdings wird die Ablehnung der Annahme durch die Berufungskammer im Ausnahmefall dann für anfechtbar gehalten, wenn Streit darüber besteht, ob überhaupt ein Fall des § 313 Abs. 1 StPO vorliegt, vgl. OLG Hamm NStZ 1996, 455 m.w.N.

56  Vgl. BVerfG NJW 1996, 2786.

ein Begründungszwang. Die Berufung kann zudem unter Beachtung der dargestellten Wirksamkeitsvoraussetzungen[57] auf bestimmte Beschwerdepunkte beschränkt werden, also insbesondere:

– auf die Neuverhandlung einzelner selbstständiger Taten im prozessualen oder materiell-rechtlichen Sinne;
– auf den Rechtsfolgenausspruch insgesamt (**praktisch häufigster Fall**);
– innerhalb des Rechtsfolgenausspruchs auf die Bildung der Gesamtstrafe, auf die Strafaussetzung zur Bewährung, auf die Tagessatzhöhe bei der Geldstrafe, auf die Frage der Unterbringung in einer Entziehungsanstalt gem. § 64 StGB.

Allerdings muss sich der Rechtsmittelführer hinsichtlich amtsgerichtlicher Urteile nicht sogleich festlegen, ob er Berufung oder (Sprung-)Revision einlegen will. In der Praxis wird durchaus von der Möglichkeit Gebrauch gemacht, lediglich „Rechtsmittel" einzulegen. Ein solches **unbestimmtes Rechtsmittel** ist hier ebenso zulässig wie der **Übergang** von einer ausdrücklich erklärten Berufung zur Revision[58]. Die entsprechende Erklärung ist ebenso wie die dann erforderliche Begründung der Revision bei dem Amtsgericht anzubringen, welches die angefochtene Entscheidung erlassen hat. **735**

Zu beachten ist allerdings in jedem Fall die Revisionsbegründungsfrist des § 345 Abs. 1 StPO, nach deren Ablauf ein Übergang zur Revision nicht mehr möglich ist. Wird ein unbestimmtes Rechtsmittel innerhalb dieser Frist nicht näher bezeichnet, so ist es als – vom Prüfungsumfang her umfassende – Berufung zu behandeln.

Ist die Berufung verspätet eingelegt, so hat das Gericht des **ersten Rechtszuges** das Rechtsmittel mit der Kostenfolge des § 473 Abs. 1 StPO durch zu begründenden Beschluss als unzulässig zu verwerfen, § 319 Abs. 1 StPO. Nur insoweit steht dem Amtsgericht die Prüfungskompetenz zu; es darf die Berufung nicht aus anderen Gründen verwerfen. **736**

Der Beschlusstenor könnte in diesem Fall lauten:

Die Berufung des Angeklagten gegen das Urteil des Amtsgerichts Bonn vom 10.01.2006 (3 Ds 353/05) wird gemäß § 319 Abs. 1 StPO auf seine Kosten als unzulässig verworfen.

Gemäß § 319 Abs. 2 S. 1 StPO kann der Rechtsmittelführer binnen einer Woche nach Zustellung eines solchen Beschlusses „auf die Entscheidung des Berufungsgerichts antragen". Bei diesem Recht handelt es sich nach einhelliger Meinung[59] um einen Rechtsbehelf eigener Art. Das Berufungsgericht überprüft die Entscheidung des Erstrichters nicht nur im Hinblick auf die rechtzeitige Einlegung des Rechtsmittels, sondern unter allen rechtlichen Gesichtspunkten der Zulässigkeit. **737**

---

57 Siehe oben Rn. 715 ff.
58 Vgl. BGHSt 40, 398; BGH NJW 1995, 2367 f. Ungleich schwerer ist ein Übergang von der Revision zur Berufung. Vgl. zu dieser seltenen Konstellation HK-*Temming*, § 335 Rn. 4.
59 Vgl. HK-*Rautenberg*, § 319 Rn. 10 m.w.N.

## IV. Das Verfahren vor dem Berufungsgericht

### 1. Übersendung der Akten

**738** Wird die Berufung vom Amtsgericht nicht als unzulässig verworfen, so erfolgt die Übersendung der Akten über die Staatsanwaltschaft gemäß § 321 StPO an die Strafkammer. Die Staatsanwaltschaft hat die gerichtlichen Zuständigkeiten wie folgt zu prüfen und zu beachten:

- Die (allgemeine) **kleine Strafkammer** ist gemäß §§ 74 Abs. 3, 76 Abs. 1 S. 1 GVG zuständig für die Berufungen gegen die Urteile des Strafrichters und des Schöffengerichts. Ist in erster Instanz unter den Voraussetzungen des § 29 Abs. 2 GVG ein zweiter Berufsrichter hinzugezogen worden (sog. erweitertes Schöffengericht), so verhandelt auch die kleine Strafkammer neben den Schöffen mit einem Vorsitzenden und einem weiteren Berufsrichter, § 76 Abs. 3 GVG.
- Die **kleine Wirtschaftsstrafkammer** ist gemäß §§ 74 Abs. 3, 74c Abs. 1, 76 Abs. 1 GVG zuständig für die Berufungen gegen die Entscheidungen des Schöffengerichts, soweit eine Tat aus dem Katalog des § 74c Abs. 1 GVG zu verhandeln ist.
- Die **kleine Jugendkammer** entscheidet gemäß §§ 41 Abs. 2, 33b Abs. 1 JGG über Berufungen gegen Urteile des Jugendstrafrichters,
- die **große Jugendkammer** schließlich gemäß §§ 41 Abs. 2 JGG, 33b Abs. 1 JGG über Berufungen gegen Urteile des Jugendschöffengerichts.

### 2. Zulässigkeitsprüfung durch das Gericht

**739** Im Berufungsrechtszug werden nochmals die Rechtzeitigkeit der Einlegung sowie die sonstigen Zulässigkeitsvoraussetzungen des Rechtsmittels geprüft und die Berufung, falls unzulässig, gemäß § 322 Abs. 1 S. 1 StPO durch Beschluss verworfen. Stellt sich die Unzulässigkeit erst in der Hauptverhandlung heraus, so ist diese Entscheidung durch Urteil zu treffen, § 322 Abs. 1 S. 2 StPO.

Ist das Rechtsmittel rechtzeitig eingelegt und liegt ein Fall des § 313 StPO vor, so entscheidet die Kammer über die Annahme der Berufung gemäß § 322a StPO durch Beschluss, und zwar – ebenso wie im Fall der Unzulässigkeit – allein durch den Vorsitzenden, §§ 74 Abs. 3, 76 Abs. 1, 3 S. 2 GVG.

Ist die Berufung zulässig, so erfolgt die Vorbereitung der Hauptverhandlung nach Maßgabe des § 323 StPO, welcher im Wesentlichen auf die für die erste Instanz geltenden Ladungsvorschriften verweist.

### 3. Gang der Hauptverhandlung

**740** Die Hauptverhandlung beginnt mit dem Aufruf der Sache und der Feststellung der Erschienenen, §§ 324 Abs. 1 S. 1, 243 Abs. 1 StPO. Der Angeklagte ist zweckmäßigerweise bereits zu diesem Zeitpunkt zur Person zu befragen, § 243 Abs. 2 StPO.

## a) Verwerfung der Berufung bei unentschuldigtem Ausbleiben

Eine wesentliche Erleichterung für das Berufungsverfahren beinhaltet § 329 Abs. 1 **741** StPO. Danach ist zum Zwecke der Verfahrensbeschleunigung eine Berufung **des Angeklagten** ohne Verhandlung zur Sache durch Urteil zu verwerfen, wenn dieser trotz ordnungsgemäßer Ladung[60] **unentschuldigt** bei Beginn der Hauptverhandlung (also beim Aufruf der Sache) nicht erscheint.

Diese Möglichkeit ist allerdings ausgeschlossen, wenn das Berufungsgericht ein Verfahrenshindernis[61] feststellt, das auch schon in erster Instanz vorgelegen hat. In einem solchen Fall ist das Verfahren nach § 260 Abs. 3 StPO einzustellen[62].

Eine Verwerfung ist – abgesehen von der von Amts wegen zu prüfenden Ordnungsgemäßheit der Ladung – inhaltlich nur dann gerechtfertigt, wenn der Richter zu der sicheren Überzeugung gelangt, das Ausbleiben des Angeklagten sei nicht genügend entschuldigt. Um „normale" Verspätungen zu berücksichtigen, ist zunächst eine angemessene Frist (15 bis 20 Minuten) zuzuwarten. Maßgeblich ist im Übrigen der Kenntnisstand, den das Gericht bei Beginn der Hauptverhandlung – etwa aufgrund von Mitteilungen des Angeklagten oder des Verteidigers bzw. aus den Akten – hat. Wird eine schlüssige, also nicht erkennbar aus der Luft gegriffene Entschuldigung (z.B. ärztliches Attest) vorgebracht, so sind Zweifel an deren Glaubwürdigkeit durch Ermittlungen im Freibeweisverfahren zu überprüfen[63]. Bleiben Unklarheiten, so scheidet eine Verwerfung nach § 329 Abs. 1 StPO aus. Allerdings ist bei der Vorlage ärztlicher Atteste zu bedenken, dass die dort oftmals bescheinigte „Arbeitsunfähigkeit" nicht ohne weiteres mit der Unfähigkeit einhergeht, vor Gericht zu erscheinen.

Erscheint der Angeklagte nicht, so kann also aus Gründen der Aufklärungspflicht **742** eine telefonische Nachfrage bei dem Verteidiger oder dem Angeklagten selbst in Betracht zu ziehen sein. „Nicht erschienen" ist auch der zwar körperlich anwesende, sich aber im Zustand der Verhandlungsunfähigkeit befindliche Angeklagte, wenn er diese in vorwerfbarer Weise herbeigeführt hat (z.B. Trunkenheit).

Gegen das **mit Gründen zu versehende** Verwerfungsurteil ist (mit Ausnahme der Verfahren gegen Jugendliche und Heranwachsende im Fall des § 109 Abs. 2 JGG) das Rechtsmittel der Revision zulässig[64]. Daneben kann der Angeklagte nach § 329 Abs. 3 StPO binnen einer Woche nach Zustellung des Verwerfungsurteils Wiedereinsetzung in den vorigen Stand nach den §§ 44, 45 StPO beantragen. Die Revision dient der Überprüfung, ob die Strafkammer die Voraussetzungen des § 329 Abs. 1 StPO zu Recht angenommen hat. Der Rechtsbehelf der Wiedereinsetzung in den vorigen Stand gibt dagegen die Möglichkeit, das Ausbleiben nachträglich zu entschuldigen und so eine erneute Hauptverhandlung herbei zu führen. Zum Verhältnis der beiden Rechtsmittel lesen Sie bitte § 342 StPO.

---

60 Zur Ordnungsgemäßheit gehört auch der Hinweis auf die möglichen Folgen eines Ausbleibens, vgl. § 323 Abs. 1 S. 2 StPO.
61 Näheres hierzu siehe Rn. 786 ff.
62 Vgl. BGH NStZ 2001, 440 f.
63 Vgl. BayObLG NJW 1998, 172; OLG Brandenburg NJW 1998, 842 f.
64 Zur Prüfungskompetenz des Revisionsgerichts siehe BGH NStZ 2001, 440 ff.

Eine Entscheidung gemäß § 329 Abs. 1 StPO könnte etwa lauten:

---

Die Berufung des Angeklagten gegen das Urteil des Amtsgerichts Bonn vom 11.02.2008 wird auf seine Kosten verworfen.

### Gründe:

Der Angeklagte hat gegen das Urteil vom 11.02.2008 rechtzeitig Berufung eingelegt, ist aber in dem heutigen Termin zur Hauptverhandlung ungeachtet der durch die Zustellungsurkunde vom 10.03.2008 nachgewiesenen Ladung ohne genügende Entschuldigung ausgeblieben und auch nicht in zulässiger Weise vertreten worden.

Zwar hat sein Verteidiger vor der Sitzung ein ärztliches Attest überreicht, wonach der Angeklagte am gestrigen Tage „akut erkrankt" und voraussichtlich für drei Tage nicht in der Lage sei, einen Gerichtstermin wahrzunehmen. Die Bescheinigung verhält sich jedoch nicht zu der Art der Erkrankung und erlaubt damit keine Beurteilung, ob der Angeklagte tatsächlich nicht in der Lage war, den Termin einzuhalten. Der Kammervorsitzende hat zudem telefonisch Rücksprache mit dem Aussteller des Attestes, Herrn Dr. XY, gehalten. Dieser hat – obgleich in der Vorlage eines Attestes zugleich die konkludente Entbindungserklärung liegt – unter Berufung auf die ärztliche Schweigepflicht die Mitteilung einer Diagnose verweigert. Er hat jedoch ausdrücklich erklärt, dass der Angeklagte durchaus in der Lage sei, vor der Kammer zu erscheinen und einer Gerichtsverhandlung zu folgen. Das anderslautende Attest sei von ihm ohne Kenntnis der Hintergründe auf Wunsch des Angeklagten ausgestellt worden. Die eingelegte Berufung war daher nach § 329 StPO zu verwerfen.

Die Entscheidung über die Kosten beruht auf § 473 Abs. 1 StPO.

---

**743**   Macht die Kammer von der Möglichkeit der Verwerfung der Berufung keinen Gebrauch, was nur nach vorheriger Zurückverweisung der Sache durch das Revisionsgericht (§ 329 Abs. 1 S. 2 StPO) oder bei ordnungsgemäßer Vertretung des Angeklagten zulässig ist[65], so hat sie nach § 329 Abs. 4 StPO zu verfahren, also entweder die Vorführung bzw. die Verhaftung des Angeklagten zu verfügen oder aber die Hauptverhandlung ohne diese Zwangsmittel zu vertagen.

Eine Berufung der Staatsanwaltschaft kann bei unentschuldigtem Ausbleiben des Angeklagten ohne diesen verhandelt werden, § 329 Abs. 2 StPO.

### b) Vortrag des Berichterstatters/Verlesung des erstinstanzlichen Urteils

**744**   Erscheint der Angeklagte, so beginnt die eigentliche Verhandlung mit dem Vortrag des sog. Berichterstatters gemäß § 324 Abs. 1 StPO. Ein Berufsrichter soll als Mitglied der Strafkammer in der gebotenen Kürze in das Verfahren einführen, um die Beteiligten über dessen Stand in Kenntnis zu setzen. Nachdem seit dem 01.01.1993 gemäß § 76 Abs. 1 GVG der Großteil der Berufungen vor der kleinen Strafkammer verhandelt wird, welche in der Hauptverhandlung nur mit einem Berufsrichter und

---

65  Lesen Sie dazu HK-*Rautenberg*, § 329 Rn. 37 m.w.N. Das Verwerfungsverbot des § 329 Abs. 1 S. 2 StPO gilt allerdings dann nicht, wenn der Revisionsentscheidung bereits ein Verwerfungsurteil i.S.d. § 329 StPO zu Grunde lag, vgl. OLG Stuttgart, NStZ-RR 2005, 241 f.

zwei Schöffen besetzt ist, übernimmt der Vorsitzende diese Aufgabe. Es schließt sich gemäß § 324 Abs. 1 S. 2 StPO die (Teil-)Verlesung des erstinstanzlichen Urteils an, soweit es für die Berufungsverhandlung von Bedeutung ist.

### c) Weiterer Gang der Berufungsverhandlung

Im Anschluss an die Verlesung des erstinstanzlichen Urteils ist der Angeklagte (nach Belehrung) gem. § 324 Abs. 2 StPO **zur Sache** zu hören; es folgt die Beweisaufnahme, welche – wie bereits dargestellt – im Wesentlichen den im ersten Rechtszug geltenden Regeln folgt. Abweichendes ergibt sich insoweit nur aus § 325 StPO, der aus Gründen der Verfahrenserleichterung die Verlesung von Urkunden zu Beweiszwecken gestattet. Dazu gehören insbesondere die in der ersten Instanz gefertigten Protokolle über Zeugenvernehmungen und die Befragung von Sachverständigen. Einschränkend ist § 325 Hs. 2 StPO zu beachten sowie die allgemeine Aufklärungspflicht des Gerichts aus §§ 332, 244 Abs. 2 StPO. **745**

Der Umfang der Beweisaufnahme richtet sich danach, inwieweit das Urteil angefochten bzw. die Berufung beschränkt worden ist, § 327 StPO. Nach geschlossener Beweisaufnahme erfolgen wie in erster Instanz die Schlussvorträge. In Abänderung der in § 258 Abs. 1 StPO vorgegebenen Reihenfolge gebührt dem „Beschwerdeführer" das Recht, mit seinen Ausführungen zu beginnen. Hat nur der Angeklagte Berufung eingelegt, so ist daher ihm bzw. seinem Verteidiger als erstem das Wort zu erteilen. Das letzte Wort gebührt in jedem Fall dem Angeklagten, § 326 S. 2 StPO.

### V. Das Berufungsurteil

Das Berufungsgericht hat abgesehen von dem bereits erwähnten Verwerfungsurteil i.S.d. § 329 Abs. 1 StPO mehrere Möglichkeiten der Entscheidung, von denen nur ein Teil in § 328 StPO geregelt ist. Es ist zu unterscheiden zwischen Prozess- und Sachurteilen. **746**

### 1. Prozessurteile

### a) Verwerfung der Berufung als unzulässig

Stellt sich erst zu Beginn der Hauptverhandlung heraus, dass das Rechtsmittel – etwa infolge Verfristung – unzulässig ist, so ist die Berufung durch Urteil auf Kosten des Beschwerdeführers als unzulässig zu verwerfen (§ 322 Abs. 1 S. 2 StPO).

### b) Aufhebung und Verweisung

Hat das Gericht des ersten Rechtszuges zu Unrecht seine Zuständigkeit angenommen, so hat das Berufungsgericht – soweit nicht bereits zuvor nach § 225a StPO analog verfahren wurde[66] – unter Aufhebung des Urteils die Sache an das zuständige **747**

---

66 Diese Vorschrift findet auch auf das Berufungsverfahren Anwendung, BGH NStZ 2003, 320.

Gericht zu verweisen, § 328 Abs. 2 StPO. Dabei handelt es sich um ein Prozessurteil, mit dem ein Verstoß gegen die sachliche und – wenn der Rechtsmittelführer dies in erster Instanz rechtzeitig gerügt hat – auch gegen die örtliche Zuständigkeit korrigiert werden kann. Nicht zu beanstanden sind dagegen rein funktionelle, d.h. geschäftsplanmäßige Fehler.

Die fälschliche Annahme der sachlichen Zuständigkeit durch das Amtsgericht liegt beispielsweise dann vor, wenn das Gericht unter Verstoß gegen § 24 Abs. 1 Nr. 2 GVG eine Maßregel nach § 63 StGB (Unterbringung in einem psychiatrischen Krankenhaus) angeordnet hat.

Der Tenor des Berufungsurteils könnte in einem solchen Fall folgende Fassung haben:[67]

> Auf die Berufung des Angeklagten wird das Urteil des Amtsgerichts Bonn vom 10.02.2008 (2 Ls 325/07) aufgehoben und die Sache an das Landgericht Bonn – große Strafkammer – verwiesen[67].

### c) Einstellung des Verfahrens

**748** Das Berufungsgericht hat ebenso wie das Amtsgericht von Amts wegen das Vorliegen der Prozessvoraussetzungen zu überprüfen. Stellt sich heraus, dass ein nicht behebbares Verfahrenshindernis – beispielsweise Verjährung – gegeben ist, so hat die Einstellung (bei mehreren Taten ggf. Teileinstellung) des Verfahrens gemäß § 260 Abs. 3 StPO durch Urteil zu erfolgen.

### 2. Sachurteile

### a) Verwerfung der Berufung als unbegründet

**749** Ergibt die erneute Hauptverhandlung, dass das erstinstanzliche Urteil sowohl hinsichtlich des Schuldspruches, als auch bezüglich des Rechtsfolgenausspruches zu Recht ergangen ist, so darf das Berufungsgericht keine davon abweichende Sachentscheidung treffen. Es hat die Berufung als unbegründet zu verwerfen. Der Tenor des Berufungsurteils würde in diesem Fall lauten:

> Die Berufung des Angeklagten gegen das Urteil des Amtsgerichts Bonn vom 10.02.2008 (2 Ls 325/07) wird auf seine Kosten verworfen[68].

---

67  Einer Kostenentscheidung bedarf es nicht, da es sich bei diesem Urteil nicht um eine verfahrensbeendende Entscheidung handelt.

68  Der Angabe, dass das Rechtsmittel als unbegründet verworfen wird, bedarf es nicht. Die Notwendigkeit der Kostenentscheidung folgt aus § 473 Abs. 1 StPO.

Im Falle der Verurteilung des Angeklagten im ersten Rechtszug hat das Berufungsge-  **750**
richt als wesentliche Vorschrift zugunsten des Verurteilten § 331 Abs. 1 StPO zu
beachten. Danach darf das Berufungsurteil in Art und Höhe der Rechtsfolgen der Tat
nicht zum Nachteil des Angeklagten geändert werden (sog. **Verbot der „reformatio
in peius"** oder Verschlechterungsverbot). Dies betrifft indes nur die Fälle, in denen
**allein er** (und nicht etwa auch die Staatsanwaltschaft) das Rechtsmittel eingelegt hat
und auch dann nur die ausgesprochenen Rechtsfolgen; der Schuldspruch kann demnach zu Ungunsten des Angeklagten abgeändert werden[69].

> **Beispiel:** Der Angeklagte ist wegen einer Trunkenheitsfahrt gem. § 316 StGB zu einer
> Geldstrafe verurteilt worden. In der Berufungsverhandlung ergibt sich nun, dass es zu
> einer konkreten Gefährdung von Menschenleben kam und eine Verurteilung wegen Stra-
> ßenverkehrsgefährdung (§ 315c Abs. 1 Nr. 1a StGB) gerechtfertigt ist.
>
> Dies kann ohne eine Erhöhung der Geldstrafe bzw. der nach §§ 69, 69a StGB verhängten
> Maßregel ohne weiteres – nach entsprechendem rechtlichen Hinweis gem. § 265 StPO –
> geschehen[70].

### b) Aufhebung des erstinstanzlichen Urteils bei begründeter Berufung

Hat das Rechtsmittel ganz oder teilweise Erfolg, so ist gemäß § 328 Abs. 1 StPO das  **751**
erstinstanzliche Urteil in diesem Umfang aufzuheben und in der Sache zu entscheiden. Ist der Angeklagte beispielsweise wegen einer einzigen Tat verfolgt und von diesem Vorwurf zu Unrecht freigesprochen worden, so ist auf die Berufung der Staatsanwaltschaft wie folgt zu erkennen:

> Auf die Berufung der Staatsanwaltschaft wird das Urteil des Amtsgerichts Bonn vom
> 10.02.2008 (2 Ls 325/07) aufgehoben.
> Der Angeklagte wird wegen fahrlässiger Tötung zu einer Geldstrafe von 120 Tagessätzen
> zu je 60 € verurteilt.
> Er trägt die Kosten des Verfahrens.
> – § 222 StGB –

Hat die in zulässiger Weise beschränkte Berufung in vollem Umfang Erfolg, so kann  **752**
es genügen, das erstinstanzliche Urteil nur bezüglich dieses Punktes abzuändern. So
könnte der Tenor des Berufungsurteils, in welchem ohne weitere Änderungen lediglich die in erster Instanz verhängte Freiheitsstrafe zur Bewährung ausgesetzt wird,
folgendermaßen lauten:

---

69 BGH NJW 1986, 332 f. zum Verschlechterungsverbot bei der Revision sowie BGH NStZ 1984, 262;
   dies entspricht auch der herrschenden Meinung, vgl. die Nachweise bei KMR-*Paulus*, § 331 Rn. 3.
70 Eine solche Veränderung des Schuldspruchs kann natürlich faktische Konsequenzen haben. So kann
   z.B. die Straßenverkehrsbehörde eine spätere Wiedererteilung der Fahrerlaubnis an strengere Voraussetzungen knüpfen.

> Das Urteil des Amtsgerichts Bonn vom 10.02.2008 (2 Ls 325/07) wird – unter Aufrecht-erhaltung im Übrigen – dahingehend abgeändert, dass die Vollstreckung der Freiheits-strafe zur Bewährung ausgesetzt wird.
>
> Die Kosten des Berufungsverfahrens und die notwendigen Auslagen des Angeklagten werden der Staatskasse auferlegt.

Die Kostenentscheidung für die zweite Instanz folgt hier aus § 473 Abs. 3 StPO, wenn der Angeklagte das Rechtsmittel **von vornherein** auf die Frage der Strafausset-zung zur Bewährung beschränkt hatte, denn nur in diesem Fall hatte seine Berufung in vollem Umfang Erfolg[71].

**753** Wird die Berufung des Angeklagten mit dem Ziel eines Freispruchs uneingeschränkt durchgeführt und hat sie nur teilweise Erfolg, so könnte der Tenor des zweitinstanz-lichen Urteils bei ursprünglich zwei angeklagten Taten und erstinstanzlicher Verur-teilung in beiden Fällen wie folgt lauten:

> Das Urteil des Amtsgerichts Bonn vom 10.02.2008 (2 Ls 325/07) wird unter Verwerfung der weitergehenden Berufung wie folgt abgeändert und neu gefasst:
>
> Der Angeklagte wird wegen vorsätzlicher Körperverletzung in Tateinheit mit Beleidigung zu einer Geldstrafe von 60 Tagessätzen zu je 35 € verurteilt.
>
> Im Übrigen wird er freigesprochen.
>
> Die Kosten des Verfahrens und die darin entstandenen notwendigen Auslagen des Ange-klagten beider Instanzen trägt dieser selbst, soweit er verurteilt wurde und im Übrigen die Landeskasse. Die Gebühr für das Berufungsverfahren wird um die Hälfte ermäßigt.
>
> – §§ 185, 223, 52 StGB –

Die Kostenentscheidung stellt sich in diesem Beispiel als eine Kombination aus den §§ 465 Abs. 1, 467 Abs. 1, 473 Abs. 4 StPO dar. Die Kosten können jedoch auch durchgängig oder nach Instanzen gequotelt werden, § 464d StPO. Von dieser Mög-lichkeit wird in der Praxis allerdings nur selten Gebrauch gemacht.

### c) Beispiel für ein Berufungsurteil

**754** Im Folgenden ist ein – hinsichtlich der Vorstrafen gekürztes – Beispiel für ein Urteil der (allgemeinen) kleinen Strafkammer wiedergegeben. Es ist auf die nicht beschränkte Berufung des Angeklagten gegen eine in erster Instanz durch den Straf-richter erfolgte Verurteilung zu einer Freiheitsstrafe ergangen. Das Rechtsmittel hatte nur insoweit Erfolg, als der Rechtsfolgenausspruch abgeändert worden ist.

---

71 Vgl. OLG Düsseldorf StV 1988, 71.

<u>36 B 78/05 LG Bonn</u>
78 Js 735/05 StA Bonn

# LANDGERICHT BONN

# IM NAMEN DES VOLKES

## URTEIL

In der Strafsache

gegen          Peter **B e r t r a m ,**
               geboren am 17. März 1957 in Frankfurt
               wohnhaft:    Arsbergerstr. 137,
                            53183 Bonn

w e g e n      fahrlässiger Brandstiftung

hat die 6. kleine Strafkammer des Landgerichts Bonn auf die Berufung des Angeklagten gegen das Urteil des Amtsgerichts Bonn - Strafrichter - vom
06.02.2005 (5 Ds 385/05) in der Hauptverhandlung vom 29.04.2005, an der
teilgenommen haben:

Vorsitzender Richter am Landgericht Schmücker
als Vorsitzender,

Verwaltungsrat Peter Steinacker aus Königswinter,
Beamter Hans Kasper aus Bonn
als Schöffen,

Staatsanwältin Schatz
als Beamtin der Staatsanwaltschaft,

Justizsekretärin Mächler
als Urkundsbeamtin der Geschäftsstelle,

2

**für R e c h t erkannt:**

Unter Verwerfung der weitergehenden Berufung wird das angefochtene
Urteil wie folgt abgeändert:

Der Angeklagte wird wegen fahrlässiger Brandstiftung zu einer Geldstrafe von 120 Tagessätzen zu je 25 € verurteilt.

Die Kosten des Berufungsverfahrens und die dem Angeklagten darin
entstandenen notwendigen Auslagen des Angeklagten tragen dieser
selbst zu 2/3 und zu 1/3 die Landeskasse.

Die Berufungsgebühr wird um 1/3 ermäßigt.

- §§ 306 a Abs. 1 Nr. 1, 306 d Abs. 1 StGB -

## G r ü n d e :

### I.

Der Angeklagte ist durch Urteil des Amtsgerichts Bonn - Strafrichter - vom
06.02.2005 (5 Ds 385/05) wegen fahrlässiger Brandstiftung zu einer Freiheitsstrafe von sechs Monaten verurteilt worden, deren Vollstreckung zur Bewährung ausgesetzt wurde. Gegen diese Entscheidung hat er mit dem Ziel eines
Freispruchs form- und fristgerecht Berufung eingelegt.

Das Rechtsmittel hatte nur bezüglich des Strafmaßes Erfolg.

### II.

Der 48 Jahre alte Angeklagte wuchs als drittes von insgesamt fünf Kindern im
elterlichen Haushalt auf. Sein Vater war Forstarbeiter, die Mutter Hausfrau. Er
wurde altersgerecht eingeschult, musste jedoch das dritte Schuljahr
wiederholen. Nach erfolgreichem Abschluss der Realschule erlernte er den Beruf des Bäckers, den er bis zum Jahre 2004 ausgeübt hat. Aufgrund einer auf-
getretenen Allergie durchläuft er derzeit eine Umschulung zum Berufskraft-

3

fahrer, während der er monatliches Zuwendungen in Höhe von 800 € erhält. Das Ende der Umschulung ist für September 2006 vorgesehen.

Der Angeklagte ist zweifach geschieden; er hat aus der zweiten Ehe drei Kinder im Alter 11 14 und 17 Jahren, die bei ihre Mutter leben. Unterhaltszahlungen erbringt er nicht.

Der Angeklagte ist bereits wie folgt strafrechtlich in Erscheinung getreten:

.....

### III.

Im Jahre 2003 mietete der Angeklagte das Haus Hohlweg 3 in 53227 Bonn, das er in der Folgezeit jedoch nur sporadisch nutzte. Am 17.11.2004 kehrte er nach einem Kurzurlaub zu dem Haus zurück. Hier stellte er fest, dass die Heizung defekt war. Wegen der zu diesem Zeitpunkt herrschenden extremen Kälte war das gesamte Haus ausgekühlt und es waren bereits mehrere Heizkörper geplatzt.

Der Angeklagte verließ das Haus, um am Morgen des nächsten Tages, dem 18.11.2004 zurückzukehren. Über seine geschiedene Ehefrau nahm er Kontakt zu dem Zeugen Müller auf, der ein Heizungs- und Sanitärunternehmen betreibt. Der Zeuge Müller fuhr daraufhin am Nachmittag des 18.11.2004 zu dem Haus Hohlweg 3. Dort nahm er im Beisein des Angeklagten die Schäden in Augenschein und traf die Entscheidung, dass es vor der Durchführung von Reparaturarbeiten notwendig sei, das Haus aufzuheizen, um auf diesem Wege die eingefrorene Heizungsanlage aufzutauen. Der Zeuge versuchte nun zunächst, geeignete Heizlüfter zu besorgen, wurde jedoch von den Geschäften, bei denen er anrief, abschlägig beschieden. Er fuhr deshalb zu der Fa. Knauber, wo er zwei 11-kg-Gasflaschen sowie zwei Heizstrahler kaufte, die er in das Haus Hohlweg 3 verbrachte, wo der Angeklagte zurückgeblieben war. Hier montierte der Zeuge Müller die soeben erworbenen Heizstrahler auf die Gasflaschen und nahm diese in Betrieb. Hierzu war es erforderlich, den unmittelbar auf der Flasche befindlichen Hauptgashahn aufzudrehen; die Feinregulierung des Heizstrahlers

4

erfolgte sodann über ein unmittelbar an diesem angebrachtes gesondertes Ventil.

Der Zeuge wies den Angeklagten ausführlich in die Bedienung der Heizstrahler ein; insbesondere zeigte er ihm, wie diese abzustellen seien und in welche Richtung hierzu das Gasventil an der Flasche zu drehen sei. Er forderte den Angeklagten auf, die beiden Heizstrahler gegen 23:00 Uhr durch Abdrehen des Hauptgashahnes auszuschalten und die Gasflaschen sodann aus dem Haus zu schaffen, damit es im Falle eines ungewollten Gasaustrittes nicht zu einem Unglück komme. Für den Fall, dass trotz der persönlichen Einweisung Schwierigkeiten auftreten sollten, verwies der Zeuge den Angeklagten auf die vorhandenen Bedienungsanleitungen.

Nachdem der Zeuge Müller gegen ca. 17:00 Uhr das Haus verlassen hatte, blieb der Angeklagte, der zwischenzeitlich auch einen in dem Haus befindlichen offenen Kamin in Betrieb genommen hatte, noch eine Weile dort. Er verließ dann jedoch das Haus, um essen zu gehen. Etwa gegen 23:00 Uhr kehrte er zurück, um entsprechend den Vorgaben des Zeugen Müller die Gasflaschen abzudrehen und aus dem Haus zu schaffen.

Hierzu drehte er zumindest an einer der beiden Gasflaschen das auf dieser befindliche Hauptventil zunächst nach rechts, dann jedoch wieder nach links, da nach seinem Eindruck durch die erste Drehbewegung der Heizstrahler nicht ausgestellt worden war. Tatsächlich öffnete der Angeklagte hierdurch das Ventil vollständig. Nachdem er - aus seiner Sicht - die Gasflaschen geschlossen hatte, verbrachte er diese auf die in dem Winkel zwischen Wohnzimmer und Wohndiele gelegene überdachte Terrasse und stellte sie dort in einer Entfernung von 1 - 1,5 m von der Türe zum Wohnzimmer ab. Vor und hinter dieser Holztüre hatte der Angeklagte Brennholz für den offenen Kamin gelagert.

Nachdem der Angeklagte die Flaschen dort nahe beieinander abgestellt hatte, verließ er das Anwesen und fuhr davon.

Da zumindest an einer der beiden Gasflaschen das Hauptventil - wie der Angeklagte bei einer Nachschau anhand der Hitzeentwicklung unschwer hätte fest-

5

stellen können - nicht geschlossen war, blieb jedenfalls einer der beiden Heizstrahler in Betrieb. Durch diesen wurde die in unmittelbarer Nähe stehende
zweite Gasflasche aufgeheizt, was wiederum zu einem erheblichen Anstieg des
in dieser Flasche herrschenden Drucks führte. Hierdurch wurde schließlich im
Verlauf der Nacht das am Flaschenhals befindliche Sicherheitsventil ausgelöst,
durch welches über einen Zeitraum von mindestens einer halben Stunde
- durch die Hitze in Brand gesetztes - Gas mit Hochdruck aus der Flasche aus-
trat. Da das Sicherheitsventil leicht nach unten gebogen war, traf die Gas-
flamme auf den unteren Schenkel der zum Wohnzimmer führenden Holztüre
und setzte diese, wie auch das im Bereich der Holztüre gelagerte Brennholz in
Brand. Im weiteren Verlauf verbrannten das Türblatt und die Holzzarge der auf
die Terrasse führenden Wohnzimmertüre sowie ein Teil der hölzernen Innen-
verkleidung des Wohnzimmers und des dortigen Holzparketts. Zerstört wurden
auch die zur Terrasse hin gelegenen Fensterfronten der Wohndiele und des
Flures sowie auf der Terrasse gelagertes Mobiliar.
Am frühen Morgen des 19.11.2004 wurde der Brand entdeckt und sodann von
der Feuerwehr gelöscht.

IV.

1. Die Feststellungen der Kammer zu den persönlichen Verhältnissen des Angeklagten beruhen auf seinen Angaben sowie der durch Verlesung zum Gegenstand der Hauptverhandlung gemachten Urkunden, wie sie sich im einzelnen aus dem Sitzungsprotokoll ergeben. Widersprüche sind insoweit nicht zutage getreten.

2. Die Feststellungen zum Tatgeschehen beruhen ebenfalls zunächst auf den
Angaben des Angeklagten. Abweichend hat sich der Angeklagte allerdings da-
hingehend eingelassen, er habe beide Gasflaschen ordnungsgemäß abgedreht.
Die Heizstrahler hätten auch keine Wärme mehr abgegeben, als er diese auf
der Terrasse abgestellt habe. Es müsse also im Verlauf der Nacht jemand die
Heizstrahler erneut in Betrieb genommen haben. Möglicherweise sei dies der
Eigentümer des Anwesens selbst gewesen, der aufgrund mietrechtlicher Strei-

6

tigkeiten ein Motiv hätte haben können. Jedenfalls sei der Eigentümer des Hauses von dem Zeugen Müller über das Aufstellen der Gasflaschen informiert worden.

Diese Einlassung hält die Kammer, soweit sie im Widerspruch zu den Feststellungen steht, aufgrund der durchgeführten Beweisaufnahme für widerlegt.

Zunächst steht fest, dass der Brand von den Gasflaschen ausgegangen ist. Der Zeuge Kanter, der am Morgen des 19.11.2004 den Brandort als auf Brandschäden spezialisierter Polizeibeamter aufgesucht hat, konnte nach seinen glaubhaften Bekundungen feststellen, dass ein elektrischer Defekt auszuschließen sei. Der Zeuge hat weiter bekundet, er habe unter Zuhilfenahme der beiden Gasflaschen versucht, die Brandentstehung zu rekonstruieren. Hierzu habe er den halb verkohlten unteren Schenkel des Türblattes (Wohnzimmertüre) wieder in seine ursprüngliche Position verbracht, was anhand der noch vorhandenen Beschläge möglich gewesen sei. Anhand der trichterförmigen Brandspuren in dem Parkett des Wohnzimmers habe er als Brandquelle den Standort der Gasflaschen ermittelt, der auch von dem Angeklagten als Abstellort angegeben worden ist. Er habe sodann feststellen können, dass von der entsprechend positionierten Gasflasche aus sich die Haupt-Brandspuren (im Bereich der Türe und des Parkettbodens) exakt in der Verlängerung des Sicherheitsventils befanden. Aufgrund der vor Ort vorgefundenen Brandspuren sei die Entstehung des Feuers an einer anderen Stelle - insbesondere in dem offenen Kamin des Wohnzimmers - auszuschließen.

Diese von dem Zeugen Kanter geschilderten Feststellungen am Brandort sind von dem Sachverständigen Dr. Hinz bestätigt worden. Dieser hat angegeben, die fotografisch dokumentierten Schäden ließen den alleinigen Schluss darauf zu, dass der Brand seinen Ursprung dort genommen habe, wo der Angeklagte nach seinen eigenen Angaben die Gasflaschen abgestellt hat. Denn die wesentlichen Brandspuren befinden sich in unmittelbarer Nähe des Abstellortes.

Allein durch einen möglichen Defekt des zwischen dem Heizstrahler und dem Reduzierventil befindlichen Gasschlauches konnte - wie der Sachverständige weiter ausgeführt hat - wegen des zu geringen Gasdurchsatzes keine Flamme entstehen, die geeignet gewesen wäre, aus einer Entfernung von 1-1,5 m die zum Wohnzimmer führende Türe in Brand zu setzen.

Als Brandquelle kommt damit auch nach dem Gutachten des Sachverständigen Dr. Hinz allein ein Gasaustritt aus dem Sicherheitsventil einer der beiden Gasflaschen in Betracht, weil nur durch dieses Ventil Gas in der zur Brandentfachung nötigen Menge und mit dem erforderlichen Druck austreten konnte. Das Sicherheitsventil wiederum konnte jedoch nur durch eine massive Erhöhung des Innendrucks der Flasche in Betrieb gesetzt werden. Dies konnte nur durch eine Erwärmung der Gasflasche geschehen, was bedeutet, dass der Heizstrahler der anderen Gasflasche noch in Betrieb gewesen sein muss und insoweit als Wärmequelle fungiert hat.

Die Kammer ist daher überzeugt, dass der Angeklagte zumindest an einer der beiden Gasflaschen die Zufuhr zu dem Heizstrahler nicht ordnungsgemäß unterbunden hat. Wie er einräumt und dies auch der Zeuge Kunze bestätigt hat, hat der Angeklagte in seiner Vernehmung vom 22.11.2004 selbst angegeben, mit dem Flaschenventil „nicht zurecht gekommen" zu sein. Dies hat der Angeklagte auch in der Hauptverhandlung bestätigt, indem er angegeben hat, er habe zunächst versucht, die Heizstrahler an dem nur für die Feinregulierung bestimmten Ventil abzudrehen, welches sich unmittelbar an dem Heizstrahler selbst befindet.

Dass es der Angeklagte war, der zumindest eine der beiden Gasflaschen nicht ordnungsgemäß zugedreht hat, ergibt sich auch daraus, dass die Täterschaft eines unbekannten Dritten ausgeschlossen werden kann.
Der Zeuge Müller hatte nach seinen Bekundungen zu dem Eigentümer des Hauses gar keinen Kontakt. Auch der Angeklagte hatte nach seinen eigenen Angaben mit dem Eigentümer nicht über die Installation von Gasflaschen gesprochen. Vor diesem Hintergrund kann ausgeschlossen werden, dass der Eigentümer überhaupt Kenntnis von dem Vorhandensein von Gasflaschen hatte. Wie der Angeklagte bei seiner Vernehmung vom 22.11.2004 auch einge-

8

räumt hat, wusste also außer ihm und dem Zeugen Müller niemand etwas von den auf der Terrasse abgestellten Gasflaschen. Im übrigen hat der Zeuge Kanter die Umgebung des Hauses dahingehend abgesucht, ob sich in dem vorhandenen Schnee Spuren finden ließen, die auf einen anderen Täter als den Angeklagten schließen ließen. Derartige Spuren hat der Zeuge nach seinen Angaben nicht aufgefunden.

Die Kammer hat keinen Anlass, an der Verlässlichkeit der Zeugenaussagen zu zweifeln. Sämtliche Zeugen haben ohne erkennbare Belastungstendenz zu den Geschehnissen bekundet. Auch bestehen keine Bedenken gegen die fachliche Kompetenz des Zeugen Kanter und des Sachverständigen Dr. Hinz. Der Sachverständige ist nach seinen Angaben seit 31 Jahren für den TÜV Rheinland im Bereich der Brandbegutachtung tätig.

V.

Der Angeklagte hat sich durch sein Verhalten der fahrlässigen Brandstiftung im Sinne der §§ 306 a Abs. 1 Nr. 1, 306 d Abs. 1 StGB schuldig gemacht.
Er hat fahrlässig gehandelt, da er den Brand in pflichtwidriger und vorwerfbarer Art und Weise verursacht hat. Er war von dem Zeugen Müller über die zur Abschaltung der Heizstrahler vorzunehmenden Maßnahmen detailliert unterrichtet worden. Auch hatte der Zeuge Müller ihn für den Fall von auftretenden Schwierigkeiten auf die vorliegende Bedienungsanweisung hingewiesen. Wenn der Angeklagte die Gasflaschen auf der Terrasse abstellte, ohne für ein ordnungsgemäßes Schließen des Flaschenventils zu sorgen bzw. sich von einem erfolgten Abkühlen beider Heizstrahler zu vergewissern, so ist dies als pflichtwidrig zu charakterisieren. Angesichts der in unmittelbarer Nähe zu den abgestellten Gasflaschen befindlichen Holztüre und des in diesem Bereich gelagerten Brennholzes war auch objektiv wie subjektiv vorhersehbar, dass es zu einem Brand kommen könnte.

9

## VI.

Für die Strafzumessung hat die Kammer sich von folgenden Überlegungen leiten lassen:

Gemäß § 306 d Abs. 1 StGB wird die fahrlässige Brandstiftung im Sinne des § 306 a Abs. 1 Nr. 1 StGB mit Geldstrafe oder Freiheitsstrafe bis zu fünf Jahren bestraft. Bei der diesem Strafrahmen zu entnehmenden Strafzumessung sprach für den Angeklagten, dass zu keinem Zeitpunkt eine konkrete Gefahr für Menschenleben bestanden hat und dass ihm nur leichte Fahrlässigkeit vorzuwerfen ist. Ihm ist zugute zu halten, dass er zur Vermeidung eines Unfalls jedenfalls die beiden Gasflaschen aus dem Haus geschafft hat. Er ist bislang nicht einschlägig in Erscheinung getreten und hat selbst einen Vermögensschaden erlitten, da auch eigenes Mobiliar und eigene Einbauten beschädigt wurden. Auch sieht er sich erheblichen Schadensersatzansprüchen des Hauseigentümers ausgesetzt.

Demgegenüber war zu berücksichtigen, dass ein großer Fremdschaden entstanden ist, wenngleich nicht zu verkennen ist, dass der Schadensumfang stets auch durch Zufälligkeiten des Brandgeschehens bestimmt wird.

Unter Berücksichtigung dieser für und gegen den Angeklagten sprechenden Gesichtspunkte erschien der Kammer eine Geldstrafe von 120 Tagessätzen als tat- und schuldangemessen; sie wird dem Unrechtsgehalt der zur Beurteilung anstehenden Straftat gerecht. Unter Berücksichtigung der Einkommenssituation des Angeklagten waren die einzelnen Tagessätze auf 25 € festzusetzen.

Die Entscheidung über die Kosten folgt aus § 473 Abs. 4 StPO. Insoweit war zu berücksichtigen, dass das Amtsgericht keinerlei strafmildernde Aspekte zu erkennen vermochte und daher auf eine - abzuändernde - Freiheitsstrafe von sechs Monaten erkannt hatte.

(Schmücker)

Vors. Richter am Landgericht

## E. Die Revision

**755**  Die Revision ist deshalb von besonderem Interesse, weil mit ihr die Ordnungsgemäßheit des Verfahrens vor dem erkennenden Gericht, nämlich insbesondere der Hauptverhandlung, der Urteilsfindung und des schriftlichen Urteils, auf den Prüfstand gestellt wird. Dabei können natürlich auch vom Gericht übersehene oder falsch behandelte Fehler aus dem Ermittlungsverfahren relevant werden. Möglicherweise wegen dieser Bandbreite haben Studenten, Referendare und auch angehende Praktiker – zu Unrecht (wie Sie sehen werden) – eine zu große Ehrfurcht vor diesem Rechtsmittel.

Wir wollen die Revision aber auch deshalb intensiver behandeln, weil mit ihr nur **Rechtsfehler** gerügt werden können. Solche können aus dem Bereich des materiellen Rechts kommen, wenn etwa die Vorschriften des StGB auf den Sachverhalt fehlerhaft angewandt wurden. Die Revision kann insbesondere aber auch dann erfolgreich sein, wenn dem Gericht **Verfahrensfehler** unterlaufen, so dass alle Beteiligten ihre Verhandlungsstrategie auch aus revisionsrechtlicher Sicht betrachten müssen. Allerdings ist darauf hinzuweisen, dass im Bundesdurchschnitt rund 81 % aller Revisionen zum BGH erfolglos bleiben (Stand 2007). Dabei gibt es je nach Landgerichtsbezirk deutliche Unterschiede bei den Erfolgsquoten.

Wie bei jedem anderen Rechtsmittel, untergliedert sich die Prüfung der Erfolgsaussichten einer Revision in zwei Schritte, nämlich:

– die der Zulässigkeit;
– die der Begründetheit des Rechtsmittels.

## I. Zulässigkeitsvoraussetzungen der Revision

**756**  Wir wollen uns zunächst den Problemen der Zulässigkeit der Revision zuwenden.

> Hierzu folgender **Beispielsfall**:
>
> Der Angeklagte ist am 06.03.2008 in seiner Anwesenheit vom Amtsgericht Bonn wegen vorsätzlicher Körperverletzung zu einer Geldstrafe von 30 Tagessätzen zu je 50 € verurteilt worden. Am 13.03.2008 ist beim Amtsgericht Bonn ein Schreiben des Angeklagten eingegangen, in welchem es heißt:
>
> „Dieses Schandurteil werde ich nicht hinnehmen; ich lege hiermit Revision ein und gehe notfalls bis zum Bundesverfassungsgericht!"
>
> Am 19.05.2008 ist er persönlich beim Amtsgericht erschienen, um sein Rechtsmittel gegen das ihm am 17.04.2008 zugestellte Urteil zu Protokoll der Geschäftsstelle des AG Bonn zu begründen.

Der gem. § 24 Abs. 1 Nr. 1b RPflG zuständige Rechtspfleger hat in einem solchen Fall die Erfolgsaussichten des Rechtsmittels eigenständig zu prüfen.

Hinsichtlich der Zulässigkeit werden die Voraussetzungen wie folgt untergliedert:
- **Statthaftigkeit** des Rechtsmittels, §§ 333, 335 StPO;
- Ordnungsgemäßheit der **Einlegung**, § 341 StPO;
- ordnungsgemäße **Begründung**, §§ 344, 345 StPO.

## 1. Statthaftigkeit der Revision

Unter diesem Stichwort ist zu prüfen, ob die Revision gegen die angegriffene Ent-  **757**
scheidung das richtige, also „statthafte" Rechtsmittel darstellt.

Gemäß **§ 333 StPO** muss das Rechtsmittel sich beziehen auf ein
- Urteil der Strafkammer;
- Urteil des „Schwurgerichts" oder
- ein erstinstanzliches Urteil des OLG.

> Diese Voraussetzungen sind in dem Beispielsfall nicht erfüllt.

Die Möglichkeiten einer Revision werden jedoch durch **§ 335 Abs. 1 StPO** erweitert.  **758**
Danach kann ein Urteil, gegen das die Berufung zulässig ist, statt dessen mit der sog.
**„Sprungrevision"** angefochten werden. Diese Bezeichnung resultiert daraus, dass
eine Instanz, nämlich das Berufungsgericht, „übersprungen" wird. Sinn dieser Regelung ist eine Vereinfachung des Rechtsmittelverfahrens in den Fällen, in denen es nur
auf die Klärung von Rechtsfragen ankommen soll.

Dabei erfährt der Anwendungsbereich der Vorschrift nach § 335 Abs. 3 StPO eine
wesentliche **Einschränkung** dahingehend, dass die Sprungrevision dann nicht statthaft ist, wenn ein anderer Beteiligter Berufung eingelegt hat und diese nicht zurückgenommen oder als unzulässig verworfen wurde[72]. Zur Vermeidung der parallelen
Durchführung von Rechtsmittelverfahren hinsichtlich desselben Urteils vor verschiedenen Gerichten ist demnach das Rechtsmittel insgesamt als Berufung durchzuführen, wenn einer von mehreren Beteiligten dieses Rechtsmittel eingelegt hat.

Hierdurch wird der Revisionsführer letztlich nicht beschwert, da ihm auch nach
einem Berufungsurteil das Rechtsmittel der Revision offensteht, vgl. § 335 Abs. 3
S. 3 StPO.

Bei der Überprüfung der Statthaftigkeit als Sprungrevision ist also **wie folgt zu prü-**  **759**
**fen**:
- Ist grundsätzlich eine Berufung zulässig, handelt es sich also um ein Urteil des
  Strafrichters oder des Schöffengerichts, 312 StPO?
- Hat ein anderer Verfahrensbeteiligter Berufung eingelegt und ist diese weder
  zurückgenommen noch als unzulässig verworfen worden?

---

72 Wird die neben einer Sprungrevision eingelegte Berufung zurückgenommen oder als unzulässig verworfen, so lebt die Revision wieder auf; über sie hat dann (bei form- und fristgerechter Einlegung) das
Revisionsgericht zu befinden, vgl. OLG Bamberg NStZ 2006, 591.

Als problematisch kann sich bei der Frage nach der Zulässigkeit der Berufung die Vorschrift des § 313 Abs. 1 und 2 StPO erweisen. Danach setzt die Zulässigkeit der Berufung in Bagatellsachen (vgl. insoweit den Katalog des § 313 Abs. 1 StPO) die **Annahme** des Rechtsmittels durch das Berufungsgericht voraus. Ob auch das Revisionsgericht bei einer Sprungrevision die „offensichtliche Unbegründetheit" i.S.d. § 313 Abs. 2 StPO zu prüfen hat, ist vom Gesetzgeber offenbar nicht bedacht worden und wird von der Rechtsprechung bislang verneint[73].

**760**  Auch bei der Prüfung des § 335 Abs. 3 StPO kann sich die Regelung des § 313 StPO als tückisch erweisen. So kann die Situation eintreten, dass mehrere Verfahrensbeteiligte – z.B. Staatsanwaltschaft und Nebenkläger – mit gleicher Zielrichtung das in den Rahmen des § 313 Abs. 1 StPO fallende Urteil anfechten wollen, der eine aber zur (Annahme-) Berufung und der andere zur Sprungrevision schreitet. Wird die Berufung angenommen, so ergeben sich keine Probleme, da § 335 Abs. 3 StPO seine Sperrwirkung hinsichtlich der Revision entfaltet. Gesetzlich nicht geklärt ist aber, was geschehen soll, wenn das Berufungsgericht die Annahme der Berufung nach §§ 313 Abs. 2, 322a StPO verweigert. Auch hier wird zwar die Berufung „als unzulässig verworfen", die gleichlautende Formulierung in § 335 Abs. 3 StPO bezieht sich jedoch nur auf die Verwerfung nach § 322 Abs. 1 StPO[74]. Bei gleichgerichteten Rechtsmitteln ist daher auch die Sprungrevision als (Annahme-) Berufung zu behandeln, wenn man nicht die Ablehnung der Berufungsannahme in den Begriff der „Verwerfung" i.S.d. § 335 Abs. 3 StPO einbeziehen will. Diese Rechtsfragen sind bislang ebenso streitig wie die Frage, wie bei Rechtsmittelgegnern zu verfahren wäre[75]. Dieses Beispiel zeigt sehr schön, wie die unbedachte gesetzgeberische Umtriebigkeit statt der angestrebten Entlastung der Justiz das Gegenteil erreichen kann.

> Eine Überprüfung in diesem Sinne ergibt für unseren Fall jedenfalls, dass die Einlegung einer Sprungrevision statthaft ist.

## 2. Ordnungsgemäßheit der Einlegung

**761**  Auch die Überprüfung der Rechtsmitteleinlegung ist zu untergliedern, und zwar in folgende **Prüfungsschritte**:

### a) Adressat der Revision

Zur Zulässigkeit der Revision gehört die Auswahl des richtigen Adressaten, also gem. § 341 Abs. 1 StPO des judex a quo.

---

73  Vgl. OLG Düsseldorf JMBl.NW 1998, 294 m.w.N.; OLG Karlsruhe NStZ 1995, 562 m.w.N.; BayObLG NJW 1995, 2646; OLG Zweibrücken MDR 1994, 502; so wohl auch BGHSt 40, 397.
74  **Streitig**, vgl. *Meyer-Goßner*, § 335 Rn. 21 f.
75  Siehe die Lösungsversuche bei OLG Karlsruhe NStZ 1995, 562 f. m.w.N.; *Hartwig* NStZ 1997, 111 ff.; *Meyer-Goßner* NJW 2003, 1369 f. und NStZ 1998, 19 ff.

Eine wichtige **Ausnahme** enthält § 299 StPO für den inhaftierten Angeklagten. Dieser kann das Rechtsmittel zu Protokoll der Geschäftsstelle des Amtsgerichts erklären, in dessen Bezirk sich sein Aufenthaltsort befindet. Nach § 299 Abs. 2 StPO wirkt die rechtzeitige Protokollierung sogar unabhängig vom tatsächlichen Eingang bei dem zuständigen Gericht fristwahrend.

### b) Form der Revisionseinlegung

Die Revision kann nur schriftlich oder zu Protokoll der Geschäftsstelle eingelegt werden, § 341 Abs. 1 StPO. Im letzteren Fall ist gem. § 24 Abs. 1 Nr. 1b RPflG der Rechtspfleger funktionell zuständig.

### c) Frist für die Einlegung der Revision

Die Einlegung der Revision hat innerhalb **einer Woche ab Verkündung**[76] des Urteils    **762**
(§ 341 Abs. 1 StPO) oder – falls diese ausnahmsweise in Abwesenheit des Angeklagten stattgefunden hat – innerhalb einer Woche ab Zustellung zu erfolgen, § 341 Abs. 2 StPO[77]

Die Berechnung der Frist erfolgt dabei ausschließlich nach § 43 StPO[78]. Das genaue Fristende ist 24.00 Uhr des jeweiligen Tages, die Rechtsmittelschrift kann also auch noch fristwahrend um 23.59 Uhr in den Nachtbriefkasten des Gerichts geworfen werden[79].

> In unserem Beispielsfall ist die Revision also am 13.03.2008 (schriftlich und innerhalb der Wochenfrist) ordnungsgemäß eingelegt worden.

### 3. Die ordnungsgemäße Begründung der Revision

Während für die Durchführung des Berufungsverfahrens keine Begründung des    **763**
Rechtsmittels erforderlich ist (vgl. § 317 StPO) enthalten die §§ 344 und 345 StPO für die Revision im Rahmen der Zulässigkeitsprüfung zu beachtende Begründungsvorschriften[80]. Danach sind erforderlich:

---

76 Vgl. zum Begriff der „Verkündung" § 268 Abs. 2 S. 1 StPO.
77 Soweit der Angeklagte in den in § 341 Abs. 2 StPO genannten Sonderfällen durch einen bevollmächtigten Verteidiger in zulässiger Weise vertreten wurde, beginnt die Frist allerdings trotz Abwesenheit des Angeklagten mit der Verkündung des Urteils.
78 Vgl. zur Fristberechnung auch BGHSt 36, 241, wonach § 188 Abs. 2 Alt. 2 BGB nicht anwendbar ist; dies ist aber streitig, vgl. BGH a.a.O.
79 Vgl. BVerfGE 42, 128. Bei einer Rechtsmitteleinlegung per **Fax** müssen bis 24.00 Uhr des letzten Tages der Frist die gesendeten Signale vollständig beim Empfangsgerät eingegangen sein, vgl. BGH NJW 2007, 2045.
80 Ist die Revision nicht ordnungsgemäß begründet und deshalb zurückgewiesen worden, so ist hiermit – mangels Ausschöpfung des Rechtswegs – auch die Verfassungsbeschwerde gegen das Urteil ausgeschlossen, vgl. BVerfG NJW 1987, 1874 (1875).

– Ein **Antrag**, dem zu entnehmen ist, inwieweit das Urteil angefochten und eine Aufhebung gewollt ist, § 344 Abs. 1 StPO.

Allerdings ist das Fehlen eines solchen Antrags in der Regel unschädlich, denn entweder kann das Ziel des Rechtsmittels im Wege der **Auslegung** aus der Begründung bzw. dem sonstigen Inhalt der Revisionsschrift entnommen werden[81] oder aus Gründen des effizienten Rechtsschutzes (Argument aus § 300 StPO) ist – jedenfalls bei einer Revision des Angeklagten – im Zweifel von einer Anfechtung des Urteils im gesamten Umfang auszugehen[82].

**764** – Die **eigentliche Begründung**, vgl. § 344 Abs. 1 a.E. StPO („und die Anträge zu begründen") sowie § 344 Abs. 2 StPO.

Hier ist anzugeben, ob die Revisionsrügen sich beziehen auf eine **Verletzung**

formellen Rechts,
wobei insoweit weiter zu **diffe-**
**renzieren** ist zwischen

materiellen Rechts,
also der Vorschriften des StGB bzw der strafrechtlichen Nebengesetze (zB WaffG/BtMG).

Nichtbeach-
tung von
Verfahrens-
hindernissen

Verletzung von
Verfahrens-
vorschriften.

Ist die Revision nicht ordnungsgemäß begründet worden, fehlt es also bereits an einer **formgerechten** Verfahrens- und an der Sachrüge, so ist das Rechtsmittel – **ohne jed-wede inhaltliche Überprüfung** – als unzulässig zu verwerfen[83].

### a) Inhaltliche Anforderungen an die Verfahrensrüge

**765** Ist in vorbeschriebenem Sinne das Rechtsmittel ordnungsgemäß begründet, so werden **Prozessvoraussetzungen** und **Verfahrenshindernisse von Amts wegen** geprüft, einer detaillierten Rüge bedarf es insoweit also nicht. Dies betrifft z.B. die Frage, ob ein Strafantrag vorliegt oder ob ein Delikt verjährt ist[84].

Wird das Rechtsmittel auf die Verletzung von **Verfahrensvorschriften** gestützt (also solcher Bestimmungen, die den Weg zum Urteil vorschreiben, z.B. § 244 Abs. 3 StPO), so gelten für die Begründung **strenge Formerfordernisse**. Die allgemeine Behauptung eines Mangels genügt nicht. Aus § 344 Abs. 2 S. 2 StPO wird vielmehr

---

81 Vgl. BGH NStZ 1998, 210 sowie JZ 1988, 367, wonach für die Revision des Nebenklägers allerdings höhere Anforderungen gelten.
82 Vgl. BGH NStZ 1990, 96. Für Rechtsmittel der Staatsanwaltschaft kann etwas Anderes gelten, vgl. Nr. 156 RiStBV, BGH 1 StR 383/08 sowie BGH NJW 2003, 838.
83 BGH NJW 2007, 3011 m.w.N.
84 Mehr zu den Verfahrenshindernissen erfahren Sie unten unter Rn. 786 ff.

(verfassungsrechtlich unbedenklich[85]) gefolgert, dass eine hinreichende **Substantiierung** vorzunehmen ist. Das bedeutet:

- Eine **Bezugnahme** oder Verweisung auf Anlagen/Akten/Sitzungsprotokolle ist **nicht zulässig**. Fundstellen müssen vielmehr dem Wortlaut oder Inhalt nach wiedergegeben werden. Das Revisionsgericht muss schon aufgrund der Revisionsbegründung – deren Richtigkeit unterstellt – in die Lage versetzt werden, Verfahrensfehler zu überprüfen[86].
- Die den Mangel begründenden **Tatsachen** müssen **konkret** angegeben werden (soweit sie dem Beschwerdeführer zugänglich sind)[87]. Lassen sich aus den vorgetragenen Tatsachen mehrere Verfahrensmängel ableiten, so muss der Rechtsmittelführer zudem darlegen, welchen Mangel er geltend machen will. Bleibt dies unklar, so ist die Revision mangels hinreichender Ausführungen insoweit unzulässig[88].

> **Beispiel:** Der Angeklagte will rügen, dass sein als Zeuge vernommener Sohn nicht ordnungsgemäß belehrt und so zu einer belastenden Aussage verleitet worden sei.    **766**
>
> Dafür genügt nicht die allgemeine Behauptung „Ein Zeuge wurde nicht richtig belehrt". Vielmehr müsste es z.B. heißen: „Der Zeuge XY ist nicht ordnungsgemäß belehrt worden. Das Sitzungsprotokoll vom ..., Bl. ... d.A., weist keinerlei Belehrung aus. Der Zeuge ist also auf seine Rechte aus § 52 StPO nicht hingewiesen worden. Wäre dies geschehen, so hätte er, da er mit dem Angeklagten in gerader Linie verwandt ist, das Zeugnis verweigert. Er hat jedoch in Unkenntnis seiner Rechte den Angeklagten belastet und so zu der Verurteilung beigetragen. Er hat nämlich erklärt ... Unter anderem auf diese Aussage hat das Gericht die Verurteilung gestützt. Im Urteil, Bl. ... d.A., heißt es hierzu nämlich ..."

Der Umfang der Darlegungslast richtet sich nach der Art des gerügten Verfahrensverstoßes, so dass es beispielsweise bei der Rüge der fehlerhaften Ablehnung eines Beweisantrages genügt, den Antrag und den Ablehnungsbeschluss wiederzugeben sowie die Tatsachen zu benennen, aus denen sich die Fehlerhaftigkeit des Beschlusses ergeben soll[89]. Wird dagegen die sog. Aufklärungsrüge erhoben – also ein Verstoß gegen § 244 Abs. 2 StPO geltend gemacht –, so ist darzulegen, welches konkrete Beweismittel sich zur Sachverhaltsaufklärung dem Tatrichter hätte aufdrängen müssen und welches für die Entscheidungsfindung relevante Beweisergebnis zu erwarten gewesen wäre[90].

- Die bemängelten Tatsachen müssen **bestimmt behauptet** werden, d.h. ein Verfahrensverstoß darf nicht nur als möglich bezeichnet werden. Ebenso wenig genügt    **767**

85 BVerfG NJW 2005, 1999 ff.
86 BGH NStZ-RR 2006, 48 f.; NJW 2004, 3052.
87 Vgl. BGH NStZ 1999, 45 f. Lesen Sie zu den hohen Anforderungen an die Darstellung der Verfahrensrüge den Überblick über die Rechtsprechung des BGH bei *Miebach* in NStZ 2001, 6 ff.
88 BGH NStZ 1999, 94.
89 Vgl. BGH NStZ 1999, 145 f.
90 Ständige Rspr., vgl. BGH, Beschluss vom 16.03.2004, 5 StR 364/03. Zur Aufklärungsrüge siehe auch unten Rn. 881.

die Äußerung von Vermutungen oder bloßen Zweifeln an der Ordnungsgemäßheit des Verfahrens[91].

> **Beispiel:** Die Rüge: „Das Gericht war möglicherweise nicht ordnungsgemäß besetzt", wäre unzulässig.

- Der Tatsachenvortrag muss in sich **schlüssig und widerspruchsfrei** sein. Nur wenn dies der Fall ist, hat das Revisionsgericht zu prüfen, ob die behaupteten Tatsachen auch erwiesen sind[92].
- Der Revisionsführer muss zudem **vollständig und wahrheitsgemäß** vortragen. Er darf keine zur Beurteilung der Begründetheit wesentlichen Umstände verschweigen, denn auch ein irreführender Sachvortrag macht die diesbezügliche Verfahrensrüge unzulässig[93].
- Im Einzelfall kann sich eine Revisionsrüge auch deshalb als unstatthaft erweisen, weil ihr **widersprüchliches Prozessverhalten** zu Grunde liegt. Widersprüchliches Verhalten verdient keinen Rechtsschutz. Aus diesem Grunde scheidet etwa eine Besetzungsrüge nach § 338 Nr. 1 StPO aus, wenn der Rechtsmittelführer in der Revision gerade die Gerichtsbesetzung beanstanden will, die er im Rahmen des Besetzungseinwands nach §§ 222a, 222b StPO in der Hauptverhandlung ausdrücklich gewünscht hat[94].
- Unzulässig sind schließlich auch sog. **„Protokollrügen"**, also die bloße Behauptung, Angaben im Sitzungsprotokoll seien unzutreffend. Denn es kommt nicht darauf an, was im Protokoll niedergelegt ist, sondern welche Verfahrensschritte als gesetzwidrig gerügt werden sollen.

Diese strengen Anforderungen an die Form dienen der Entlastung des Revisionsgerichts, da so nicht von Amts wegen das gesamte Verfahren auf mögliche Verstöße gegen prozessuale Vorschriften überprüft werden muss und zudem das gesamte Tatsachenmaterial vom Rechtsmittelführer bereits „mundgerecht" aufzuarbeiten ist[95]. Das Revisionsgericht muss in die Lage versetzt werden, allein aufgrund der Begründungsschrift die Stichhaltigkeit der Revision zu überprüfen, was je nach gerügtem Verstoß unterschiedliche Darlegungspflichten auslöst[96].

### b) Der Beweis von Verfahrensmängeln

**768** Da auch die Revisionsgerichte der materiellen Wahrheit verpflichtet sind, müssen geltend gemachte Verfahrensverstöße bewiesen sein, wenn sie zur Aufhebung eines Urteils führen sollen. Andererseits ist es nicht Aufgabe des Revisionsgerichts, das

---

91 BGH NJW 2001, 2558.
92 BGH 1 StR 607/07.
93 BGH NStZ-RR 2008, 85.
94 Vgl. BGH NStZ 2008, 475 f. sowie BGH NStZ 2008, 300 zu vom Gericht missverstandenen Anträgen.
95 So auch schon Goethe: „Allein der Vortrag macht des Redners Glück"; Faust I, Vers 546.
96 BGH in ständiger Rspr., vgl. BGH NStZ 1999, 45; NJW 1995, 2047; siehe hierzu auch die Rechtsprechungsübersicht von *Miebach/Sander* NStZ-RR 2001, 6 ff.

tatgerichtliche Verfahren zu rekonstruieren. § 274 S. 1 StPO bestimmt daher, dass die (Nicht-)Beachtung der für die Hauptverhandlung vorgeschriebenen Förmlichkeiten nur durch die Sitzungsniederschrift bewiesen werden kann. Voraussetzungen und Umfang dieser Beweiskraft sowie die Möglichkeiten einer Protokollberichtigung durch den Tatrichter wurden bereits dargestellt[97].

Die förmliche Beweiskraft des Hauptverhandlungsprotokolls kann allerdings auch dazu führen, dass sich der Rechtsmittelführer auf einen dokumentierten – fehlerhaften – Verfahrensablauf beruft, obwohl dieser sich tatsächlich anders ereignet hat. Erfolgt eine solche sog. „unwahre Protokollrüge" – was offenbar nicht selten vorkommt[98] – in Kenntnis des wahren Sachverhalts, so stellt sich naturgemäß die Frage, ob die positive Beweiskraft des Protokolls das Revisionsgericht dazu zwingen kann, der materiellen Wahrheit zuwider ein tatrichterliches Urteil aufzuheben. Schon im Hinblick auf den Beschleunigungsgrundsatz und Opferschutzinteressen wäre dies fatal. Der BGH hält daher ein solches Vorgehen zutreffend für rechtsmissbräuchlich und eine entsprechende Verfahrensrüge für unzulässig. Dies gilt selbst dann, wenn der Rechtsmittelführer von der Unwahrheit seines Vortrags erst später Kenntnis erlangt, seine Rüge aber gleichwohl aufrecht erhält[99].

Handelt es sich bei den gerügten Vorgängen nicht um protokollpflichtige Förmlichkeiten, so kann das Vorbringen durch den sonstigen Akteninhalt belegt sein. Wird der Tatsachenvortrag vom Akteninhalt weder bestätigt noch widerlegt, so kann es für die Prüfung im **Freibeweisverfahren** darauf ankommen, ob er unwidersprochen geblieben ist oder ob ihm – etwa durch dienstliche Erklärungen – entgegengetreten wurde. Keinesfalls können geltend gemachte verfahrensrechtliche Verstöße nach dem Grundsatz „im Zweifel für den Angeklagten" einfach unterstellt werden[100].

### c) Inhaltliche Anforderungen an die Sachrüge

**769** Die genannten Formvorschriften gelten für die Sachrüge nicht. Hier genügt jedenfalls bei einer Revision des Angeklagten die allgemeine Formulierung: „Gerügt wird die Verletzung materiellen Rechts". Für ein Rechtsmittel der Staatsanwaltschaft kann es demgegenüber in besonderen Fällen zur Zulässigkeit auch der Sachrüge gehören, diese näher auszuführen. Dies gilt namentlich dann, wenn sich das Urteil gegen mehrere Angeklagte richtet und verschiedene selbstständige Taten betrifft[101].

Wird die Sachrüge erhoben, so hat das Revisionsgericht die richtige Anwendung materiell-rechtlicher Strafvorschriften **von Amts wegen** zu überprüfen (also insbesondere die Frage, ob die Vorschriften des StGB richtig angewandt wurden). Eine solchermaßen „begründete" Revision, wie sie in der Praxis aus Gründen des Zeitgewinns häufig praktiziert wird, ist zwar von Gesetzes wegen nicht zu beanstanden, sie

---

97   Siehe oben Rn. 382 ff.
98   BGH NJW 2007, 2419 ff.
99   Vgl. BGH NStZ 2007, 49 f.
100  Vgl. BGH 1 StR 607/07.
101  Vgl. BGH NJW 2003, 839 und Nr. 156 Abs. 2 RiStBV.

lässt aber einen Schluss darauf zu, was der Rechtsmittelführer von seinem eigenen Rechtsmittel hält.

Die Unterscheidung zwischen der Verfahrens- und der Sachrüge lässt sich damit rechtfertigen, dass sich die Berechtigung des Schuldspruchs, also die richtige Anwendung der materiellen Strafvorschriften, bereits unmittelbar aus den Urteilsgründen ergeben muss.

### d) Weitere Voraussetzungen einer ordnungsgemäßen Revisionsbegründung

**770** Zur ordnungsgemäßen Begründung gehört auch die Auswahl des richtigen **Adressaten**. Gemäß § 345 Abs. 1 StPO muss auch die Begründung der Revision gegenüber dem judex a quo abgegeben werden. Auf die Besonderheit des § 299 StPO darf an dieser Stelle nochmals hingewiesen werden.

Die erforderliche **Form** der Revisionsbegründung ist in § 345 Abs. 2 StPO geregelt. Während die Einlegung des Rechtsmittels gem. § 341 Abs. 1 StPO auch durch den Angeklagten schriftlich erfolgen kann, gilt für die **Begründung** der Revision eine wesentliche Einschränkung. Zur Wahrung der Form ist es erforderlich, dass diese
– durch eine vom **Verteidiger** oder einem Rechtsanwalt unterzeichnete Schrift erfolgt[102] (wobei ein unterzeichnetes Fax genügt) **oder**
– innerhalb der üblichen Dienststunden[103] zu **Protokoll der Geschäftsstelle** erklärt wird, wobei hier gem. § 24 Abs. 1 Nr. 1b RPflG der Rechtspfleger funktionell zuständig ist. Dieser muss die Begründung – wie im Übrigen auch die Einlegung, sofern sie zu Protokoll geschieht – in eigener Verantwortung vornehmen. Er darf sich also nicht mit der Entgegennahme einer Schrift des Verurteilten oder der bloßen Niederschrift von dessen Ausführungen begnügen. Der Rechtspfleger ist weder „Schreibkraft", noch „Briefannahmestelle". Übergibt der Angeklagte lediglich eine von ihm selbst verfasste Revisionsbegründung, so liegt ein selbstverschuldeter Formmangel vor, der regelmäßig eine Wiedereinsetzung in den vorigen Stand ausschließt[104].

Die in § 345 Abs. 2 StPO enthaltene Unterscheidung zwischen Verteidiger und Rechtsanwalt resultiert aus § 138 StPO, wonach auch andere sachkundige Personen, insbesondere Rechtsgelehrte an deutschen Hochschulen, als Verteidiger zugelassen werden können.

**771** Schließlich bedarf es für die Zulässigkeit der Revision der Wahrung der **Begründungsfrist** von einem Monat (§ 345 Abs. 1 StPO). Diese Frist beginnt:
– wenn das Urteil vor Ablauf der einwöchigen Einlegungsfrist des § 341 StPO zugestellt wird – was äußerst selten vorkommt – nach Ablauf dieser Frist, § 345 Abs. 1 S. 1 StPO, **oder**

---

102 Diese Schrift muss der Verteidiger grundsätzlich selbst verfassen oder an ihr zumindest gestaltend mitwirken. Wird erkennbar, dass er nicht die volle Verantwortung für den Inhalt der Schrift übernimmt – etwa durch Einkopieren fremder Passagen – so ist die Revisionsbegründung unzulässig, BGH NStZ 2000, 211.
103 BGH NStZ 1996, 353.
104 Vgl. BGH NStZ-RR 1999, 110 (zugleich zu den Ausnahmen von der Regel).

– mit der Zustellung des Urteils, sofern (was der Regelfall ist) diese nach Ablauf der Frist des § 341 StPO erfolgte, vgl. § 345 Abs. 1 S. 2 StPO.

In beiden Fällen ist der Fristberechnung die Vorschrift des § 43 StPO zugrunde zu legen.

Zurück zu unserem Ausgangsfall (Rn. 756): **772**

---

Entsprechend dem Vorgesagten ergibt sich insgesamt folgende **Prüfungsreihenfolge**:

**Zulässigkeit der Revision:**

**1. Statthaftigkeit**

Diese ist gem. § 335 Abs. 1 und 3 StPO gegeben, da es sich um ein Urteil des Amtsgerichts handelt und kein anderer Verfahrensbeteiligter (etwa die StA) Berufung eingelegt hat.

**2. Ordnungsgemäßheit der Einlegung**

– Der richtige **Adressat**, nämlich der judex a quo, ist gewählt.
– Die Schrift**form** wurde eingehalten.
– Die **Frist** des § 341 StPO von einer Woche berechnet sich wie folgt: Da der Angeklagte bei Verkündung des Urteils anwesend war, begann die Frist am Donnerstag, dem 06.03.2008. Gemäß § 43 Abs. 1 StPO bestimmt sich das Fristende auf den Ablauf des Tages der darauffolgenden Woche, der mit seiner Benennung dem Tag des Fristbeginns entspricht; Fristende war mithin Donnerstag, der 13.03.2008, 24.00 Uhr. Die Frist zur Einlegung der Revision wurde demgemäß gewahrt.

**3. Ordnungsgemäße Begründung**

– Dem Rechtspfleger kommt eine prozessuale Fürsorgepflicht zu; er muss für eine ordnungsgemäße Protokollierung sorgen. Das bedeutet zunächst, dass er durch Nachfragen die erforderlichen Fakten abklären muss. Außerdem hat er die Erfolgsaussichten der Revision zu begutachten, also neben der Zulässigkeit auch die Begründetheit des Rechtsmittels aufgrund der ihm vom Angeklagten genannten Umstände zu überprüfen. Schließlich muss er auch für einen **ordnungsgemäßen Antrag** und dessen **Begründung** Sorge tragen.
– Der richtige **Adressat**, nämlich gem. § 345 Abs. 1 StPO der judex a quo, wurde von dem Angeklagten gewählt.
– Die **Form** ist von ihm ebenfalls eingehalten worden, da gem. § 345 Abs. 2 StPO die Begründung zu Protokoll der Geschäftsstelle möglich ist.
– Für die **Frist**wahrung kommt es gem. § 345 Abs. 1 StPO darauf an, ob die Zustellung des Urteils noch während der Einlegungsfrist des § 341 StPO erfolgte, oder erst nach deren Ablauf.

Vorliegend erfolgte die Zustellung am 17.04.2008, also nach Ablauf der Einlegungsfrist. Die Monatsfrist für die Begründung des Rechtsmittels begann also mit der Zustellung und endete nach § 43 Abs. 1 StPO theoretisch am 17.05.2008. Da dieses Datum auf einen Samstag fiel, endete die Frist gem. § 43 Abs. 2 StPO am 19.05.2008 und noch genauer – da eine Frist grundsätzlich bis 24.00 Uhr des entsprechenden Tages läuft – um 24.00 Uhr[105].

Die Revision ist folglich in zulässiger Weise erhoben.

---

## 4. Exkurs: Fristberechnung und Einzelfragen der Zustellung

**773**   Da es für den **Fristbeginn** im Zusammenhang mit § 341 Abs. 2 bzw. § 345 Abs. 1 S. 2 StPO entscheidend auf den Zeitpunkt der Zustellung ankommt, sollen im Folgenden diesbezügliche Einzelfragen nochmals kurz aufgegriffen werden[106].

> **Beispiel:** Der Angeklagte ist durch Urteil des Amtsgerichts vom 10.03.2008 wegen Trunkenheit im Straßenverkehr zu einer Freiheitsstrafe von 6 Monaten verurteilt worden. Bereits am nächsten Tag hat er ordnungsgemäß zu Protokoll der Geschäftsstelle Revision eingelegt. Das Urteil wurde ihm daraufhin am 25.03.2008 wie folgt zugestellt: Der Postbeamte begab sich zu der Wohnung des Verurteilten, traf dort jedoch niemanden an. Daraufhin händigte er die Sendung (Urteil) dem 9-jährigen Sohn des Angeklagten aus. Bei diesem geriet die Angelegenheit zunächst in Vergessenheit. Erst am 06.04.2008 (einem Sonntag) reichte er die Sendung an den Angeklagten weiter. Am 13.05.2008 geht beim AG die Revisionsbegründung eines Rechtsanwalts ein.
>
> Ist dies noch rechtzeitig?

**774**   Hinsichtlich der hier allein interessierenden Frage der **Fristwahrung** ist zu unterscheiden, ob die Zustellung des Urteils innerhalb oder außerhalb der Revisionseinlegungswoche erfolgt ist, vgl. § 345 Abs. 1 S. 1 und 2 StPO.

> Da eine Zustellung – wenn überhaupt – am 25.03.2008 in Betracht kommt, lag der maßgebliche Zeitpunkt erkennbar außerhalb der Revisionseinlegungsfrist.

Fraglich ist jedoch, ob überhaupt eine ordnungsgemäße Zustellung vorliegt. Da ihr Zweck neben dem Nachweis des Zugangs in der Gewährung rechtlichen Gehörs liegt, kann nämlich nur eine **wirksame** Zustellung den Lauf einer Frist in Gang setzen.

**775**   Nach § 37 Abs. 1 StPO finden für die Zustellungen im Rahmen der StPO die Vorschriften der ZPO (§§ 166 ff. ZPO) entsprechende Anwendung, soweit sie sich für die Anwendung im Strafverfahren eignen.

Aus dieser Verweisung ist zu folgern, dass – wie auch ansonsten – die Zustellung zunächst einmal an den **Zustellungsadressaten** zu richten ist, also an denjenigen, für den die Sendung bestimmt ist. Dabei erfolgt die Zustellung im Regelfall durch die förmliche Bekanntgabe des Schriftstückes, das zugestellt werden soll (vgl. § 166 Abs. 1 ZPO), und zwar an jedem Ort, an dem der Adressat angetroffen wird (§ 177 ZPO). Das muss nicht etwa sein Wohnort sein. Der Postbedienstete hätte auch auf der Straße zustellen können, wenn er den Angeklagten dort angetroffen hätte.

---

105   „Allgemeine Feiertage" i.S.d. § 43 Abs. 2 StPO sind nur bundes- oder landesrechtlich festgelegte Tage. Ein Nachweis über die einschlägigen Vorschriften befindet sich bei KK-*Maul*, § 43 Rn. 26. So ist beispielsweise der „Rosenmontag" entgegen landläufiger Meinung im Rheinland kein „allgemeiner" Feiertag. Maßgebend ist im Übrigen die Rechtslage an dem Ort, an dem die Frist zu wahren ist.
106   Siehe zur Zustellung des Urteils auch oben Rn. 683 ff.

Eine solche **persönliche** Zustellung an den Adressaten, nämlich den Angeklagten, ist vorliegend aber nicht erfolgt.

Über § 37 Abs. 1 StPO sind jedoch auch die Vorschriften der ZPO über die – in der **776** Praxis häufig vorkommende – **Ersatzzustellung** anwendbar, wobei insbesondere die §§ 175, 178, 180, 181 ZPO zu nennen sind. Hier kommt eine solche nach § 178 Abs. 1 Nr. 1 ZPO in Betracht. Danach kann das maßgebliche Schriftstück in der Wohnung auch einem „erwachsenen Familienmitglied", einer „in der Familie beschäftigten Person" oder einem „erwachsenen ständigen Mitbewohner" ausgehändigt und so wirksam zugestellt werden.

Der Begriff „erwachsen" ist in diesem Zusammenhang allerdings nicht mit „volljährig" gleichzusetzen. Vielmehr genügt es angesichts des Zwecks einer Zustellung, wenn die Person vom Auftreten und der äußeren Erscheinung her einem Erwachsenen ähnlich ist und erwarten lässt, sie werde das Schriftstück ordnungsgemäß weitergeben[107]. Das kann auch bei Jugendlichen jedenfalls ab einem Alter von 14 Jahren angenommen werden[108].

Weitere Probleme im Zusammenhang mit der Ersatzzustellung können aus § 178 **777** Abs. 1 ZPO resultieren. Danach darf es nicht gelungen sein, den Zustellungsadressaten in seiner **„Wohnung"** (bzw. den anderen dort genannten Räumlichkeiten, sofern er solche nutzt) anzutreffen. Auch die Ersatzzustellungen nach den §§ 180, 181 StPO erfordern i.d.R. ein Tätigwerden des Postbediensteten an der „Wohnung" des Adressaten.

Für den Begriff der „Wohnung" ist nicht etwa die behördliche Anmeldung (beim Einwohnermeldeamt) entscheidend oder die Frage, ob es sich um den Wohnsitz i.S.d. § 7 BGB handelt. Vielmehr ist der Begriff der Wohnung ein rein tatsächlicher, so dass es allein darauf ankommt, ob der Zustellungsadressat zur Zeit der Zustellung tatsächlich dort lebt und insbesondere, ob er dort schläft[109].

Eine Ersatzzustellung ist damit ausgeschlossen, wenn der Adressat seine Wohnung – nicht nur vorübergehend – aufgegeben hat, d.h. wenn er sie zumindest für längere Zeit nicht mehr als den räumlichen Mittelpunkt seiner Lebensinteressen betrachtet und einen anderen Aufenthaltsort begründet. Eine derartige Wohnungsaufgabe muss auch in dem Antritt einer längeren Strafhaft – ab einem Monat – gesehen werden, was zur Folge hat, dass eine Ersatzzustellung unter der bisherigen Wohnanschrift unzulässig ist[110]. Dies gilt selbst dann, wenn der Zustellungsadressat noch guten Kontakt zu seiner Ehefrau oder Lebensgefährtin unterhält, welcher die Sendung ausgehändigt wurde[111].

---

107 BGH NJW-RR 2002, 137.
108 Vgl. die Nachweise bei *Zöller*, § 178 Rn. 13.
109 BGH MDR 1992, 809 f.; NJW 1988, 713 f.; NJW 1985, 2197.
110 Vgl. OLG Karlsruhe NJW 1997, 3183 sowie die Nachweise bei B/L/A/H, § 178 Rn. 5 ff. und MK-ZPO-*Wenzel*, § 178 Rn. 5 ff.
111 OLG Düsseldorf FamRZ 1980, 718 f.

> Im Beispiel war die vorgenommene Zustellung an den 9-jährigen Sohn des Angeklagten nicht wirksam. Der Postbedienstete hätte entweder erneut eine persönliche Zustellung versuchen oder eine Ersatzzustellung durch Einlegung in den Briefkasten nach § 180 ZPO vornehmen müssen.

**778**  Allerdings können Zustellungsmängel durch den **tatsächlichen Zugang** des Schriftstücks beim Adressaten **geheilt** werden, § 37 Abs. 1 StPO i.V.m. § 189 ZPO.

Dies gilt auch dann, wenn sogenannte „Notfristen"[112] – also auch Rechtsmittelfristen – in Gang gesetzt werden sollen.

> Dies hatte im Beispielsfall zur Folge, dass mit der Übergabe des Urteils am 06.04.2008 die Begründungsfrist zu laufen begann (dass dies ein Sonntag war, ist für den **Beginn** einer Frist ohne Bedeutung, vgl. den Wortlaut des § 43 Abs. 2 StPO). Sie endete folglich mit Ablauf des 06.05.2008. Die Revisionsbegründung ging aber erst zwei Tage später bei Gericht ein.
> Das Rechtsmittel ist also verfristet und damit unzulässig.

## II. Entscheidung über die Zulässigkeit der Revision

**779**  Nach Einlegung einer Revision hat zunächst das Instanzgericht, also der judex a quo, zu prüfen, ob das Rechtsmittel form- und fristgerecht eingelegt und begründet wurde. Eine weitergehende Prüfungskompetenz hat es nicht[113].

Kann die formale Zulässigkeit nicht festgestellt werden, so ist – ggf. nach Anhörung der Staatsanwaltschaft, § 33 StPO – das Rechtsmittel vom judex a quo durch zu begründenden Beschluss als unzulässig zu verwerfen, § 346 Abs. 1 StPO. Gegen diesen Beschluss kann innerhalb einer Woche ab Zustellung eine Entscheidung des Revisionsgerichts beantragt werden. Das Tatsachengericht hat dann in jedem Fall – also selbst bei Versäumung dieser Frist – die Akten dem Revisionsgericht vorzulegen, § 346 Abs. 2 StPO. Adressat dieses Antrags ist jedoch der judex a quo, eine Einreichung der Antragsschrift beim Revisionsgericht ist nicht zulässig[114].

**780**  Wird dagegen die Revision für zulässig erachtet, so ist die Zustellung der Rechtsmittelschrift an den Gegner – im Falle der Revision des Angeklagten also an die Staatsanwaltschaft – zu veranlassen, § 347 Abs. 1 S. 1 StPO. Der Rechtsmittelgegner hat nun Gelegenheit, binnen einer Woche die sog. **„Gegenerklärung"** abzugeben, § 347 Abs. 1 S. 2 StPO. Zwar können auch später noch von den Beteiligten Erklärungen abgegeben werden. Nach Ablauf der Wochenfrist ist dann aber nicht mehr sichergestellt, dass nicht inzwischen eine Entscheidung in der Sache ergangen ist.

---

112  „Notfristen" sind gesetzlich ausdrücklich so bezeichnete Fristen; sie können nicht verkürzt oder verlängert werden, vgl. § 224 Abs. 1 und 2 ZPO.
113  BGH NStZ-RR 2004, 50; NStZ 2000, 217.
114  *Dahs/Dahs*, Rn. 509 m.w.N.

Für die Staatsanwaltschaft ist der Inhalt der Gegenerklärung in Nr. 162 RiStBV geregelt[115]. In Nr. 162 Abs. 3 RiStBV ist auch bestimmt, dass die Gegenerklärung der Staatsanwaltschaft dem Angeklagten bzw. seinem Verteidiger zur Kenntnis zu bringen und dem Gericht vorzulegen ist.

Nach Eingang der Gegenerklärung bzw. nach Ablauf der Frist des § 347 Abs. 1 S. 2 StPO ordnet der Vorsitzende die Vorlage der Akten – über die beteiligte Staatsanwaltschaft – an das Revisionsgericht an, Nrn. 163 Abs. 1 S. 1, 162 Abs. 4 RiStBV. **781**

Mit Eingang der Akten dort ist das Revisionsverfahren **anhängig**. Das Revisionsgericht hat nun über Anträge – z.B. auf Wiedereinsetzung in den vorigen Stand wegen der Versäumung von Fristen oder der Nichteinhaltung von Formen – und über die Zulässigkeit des Rechtsmittels zu entscheiden, § 349 Abs. 1 StPO. Die diesbezügliche Prüfung durch das Instanzgericht war nur eine „Vorprüfung" zur Entlastung der Revisionsgerichte. Stellt sich erst jetzt die Unzulässigkeit heraus, so wird die Revision durch unanfechtbaren (vgl. § 304 Abs. 4 S. 1 StPO) Beschluss verworfen. Andernfalls ist über die Begründetheit des Rechtsmittels zu befinden.

### III. Voraussetzungen der Begründetheit

Wird die Revision in zulässiger Weise eingelegt und begründet, so hat dies gleichwohl nicht zwangsläufig eine Überprüfung des angegriffenen Urteils im vollen Umfange zur Folge. Gemäß **§ 352 Abs. 1 StPO** erfolgt die Überprüfung vielmehr nur im Rahmen der gestellten Revisionsanträge und nur hinsichtlich der Tatsachen, welche bei der Anbringung der Revision konkret bezeichnet worden sind. Hieraus folgt, dass der nicht gerügte Teil der Entscheidung – soweit keine Kontrolle von Amts wegen zu erfolgen hat – einer Prüfung grundsätzlich entzogen ist. **782**

In diesem Sinne ist § 352 StPO sozusagen die Kehrseite des § 344 Abs. 1 und Abs. 2 StPO, wonach die Revision in dem oben dargestellten Umfang begründet werden muss. Zugleich stellt § 352 StPO eine harte Sanktion für denjenigen dar, der auf die Revisionsbegründung zu wenig Sorgfalt verwandt hat.

Wie bereits erwähnt, kann der Rechtsmittelführer im Rahmen der Revision die Verletzung von **Gesetzesvorschriften** rügen, die aus **drei Bereichen** kommen können, nämlich **783**

**Verfahrenshindernisse        Verfahrensvorschriften        materielles Recht.**

Das Vorliegen von Verfahrenshindernissen und die richtige Anwendung des materiellen Rechts hat das Revisionsgericht – **die formgerechte Begründung des Rechtsmittels vorausgesetzt** – von Amts wegen zu beachten[116]. Demgegenüber müssen

---

115  Zu deren inhaltlicher Gestaltung siehe zudem *Kalf*, NStZ 2005, 190 ff.
116  Vgl. BGHSt 29, 94 für den Fall eines fehlenden Eröffnungsbeschlusses.

Mängel hinsichtlich des vor der Tatsacheninstanz durchgeführten Verfahrens im Einzelnen detailliert gerügt werden, vgl. § 344 Abs. 2 S. 2 StPO.

An die vom Instanzgericht getroffenen tatsächlichen Feststellungen ist das Revisionsgericht – so sieht es das Gesetz jedenfalls vor – in der Regel gebunden[117].

**784** Der Angeklagte ist wie bei der Berufung vor einer Schlechterstellung geschützt, da § 358 Abs. 2 StPO eine Abweichung in Art und Höhe der Rechtsfolgen zum Nachteil des Angeklagten verbietet[118]. Dies gilt jedenfalls dann, wenn lediglich der Angeklagte, die Staatsanwaltschaft zu seinen Gunsten oder der gesetzliche Vertreter des Angeklagten das Rechtsmittel eingelegt haben. Hat auch die Staatsanwaltschaft mit dem Ziel einer härteren Bestrafung Revision eingelegt, so kann selbstverständlich die angefochtene Entscheidung auch zu Ungunsten des Angeklagten abgeändert werden.

**785** Das Revisionsgericht geht bei seiner Begründetheitsprüfung vom Grundsatz des weitestreichenden Revisionsgrundes aus, d.h. es greift denjenigen Mangel heraus, der den schwersten Verstoß darstellt und so evtl. zur Aufhebung des Urteils zwingt[119]. Demzufolge werden Verfahrensrügen nicht geprüft, wenn bereits ein schwerer sachlich-rechtlicher Mangel zur Aufhebung des Urteils zwingt. Auch solche Fehler des Instanzgerichts findet man natürlich erst nach sorgfältiger Prüfung aller in Betracht kommenden rechtlichen Gesichtspunkte. Im Rahmen einer Prüfung der Begründetheit bietet sich also folgende Reihenfolge an:

– Liegen Verfahrenshindernisse vor?
– Greifen formelle Rügen, d.h. absolute (§ 338 Nrn. 1 bis 7 StPO) oder relative Revisionsgründe (§ 337 StPO bzw. § 338 Nr. 8 StPO)?
– Ist materielles Recht verletzt?

## 1. Missachtung von Verfahrenshindernissen

**786** Der Begriff des Verfahrenshindernisses bedarf zunächst der Erläuterung. Die StPO verwendet ihn durchgängig (vgl. §§ 206a Abs. 1, 260 Abs. 3, 467 Abs. 3 Nr. 2 StPO). Er erfasst:

| | |
|---|---|
| **Prozessvoraussetzungen**, also verfahrensrechtliche Vorbedingungen eines Sachurteils (wie z.B. der Strafantrag). | **eigentliche Verfahrenshindernisse**, die eine Sachentscheidung ausschließen. |

---

117 Siehe zur Kritik an gegenläufigen Tendenzen *Foth* DRiZ 1997, 201 ff. Siehe hierzu auch oben Rn. 619 ff. und 647 ff.
118 Damit ist auch die Ersetzung eines Ahndungsmittels durch ein anderes nur dann zulässig, wenn Letzteres „milder" ist als die Ursprungssanktion. Siehe hierzu und zur Abstufung der Sanktionsarten BGH NJW 1997, 2335.
119 Vgl. BGHSt 14, 249; *Dahs/Dahs*, Rn. 574 m.w.N.

Ein Verfahrenshindernis begründen nur solche Umstände, die nach dem ausdrücklich erklärten oder aus dem Zusammenhang ersichtlichen Willen des Gesetzgebers für das Strafverfahren so schwer wiegen, dass von ihrem Fehlen die **Zulässigkeit** des Verfahrens im Ganzen abhängig sein soll[120].

Liegt ein solches Hindernis vor, so ist das **Verfahren einzustellen**, und zwar abhängig vom Verfahrensstadium: **787**

- gem. **§ 170 Abs. 2 StPO** hat die **Staatsanwaltschaft** das Verfahren einzustellen und von einer Anklageerhebung abzusehen, wenn der Verfahrensmangel nicht mehr behoben werden kann;
- nach **§ 206a StPO** muss das **Gericht** außerhalb der Hauptverhandlung das Verfahren durch **Beschluss** einstellen, sobald sich das Verfahrenshindernis herausgestellt hat;
- stellt es sich erst in der Hauptverhandlung heraus, so muss das Verfahren gem. **§ 260 Abs. 3 StPO** durch **Urteil** eingestellt werden.

Im Folgenden sollen die wesentlichen Verfahrenshindernisse benannt und fünf praktisch besonders relevante näher dargestellt werden.

Zunächst die wesentlichen Verfahrenshindernisse im **Überblick**:

- Eintritt der Verfolgungsverjährung (§§ 78 ff. StGB);
- Fehlen des Strafantrages (§§ 77 ff. StGB);
- Verletzung des Anklagegrundsatzes (§§ 151, 170 Abs. 1 StPO);
- Mängel des Eröffnungsbeschlusses (§ 207 StPO);
- endgültige, also dauernde Verhandlungsunfähigkeit des Angeklagten;
- Tod des Angeklagten[121];
- Fehlen der Deutschen Gerichtsbarkeit (§§ 18 bis 20 GVG, Art. VII Nato-Truppenstatut);
- Immunität eines Abgeordneten (Art. 46 GG);
- Strafunmündigkeit des Angeklagten (§ 19 StGB);
- Amnestie;
- anderweitige Rechtshängigkeit;
- Strafklageverbrauch (Art. 103 Abs. 3 GG);
- sachliche Unzuständigkeit des erkennenden Gerichts (§ 6 StPO).

**Verstöße gegen die Verfahrensvorschriften** führen demgegenüber – ähnlich wie bei Fehlern im Bereich der Beweiserhebung[122] – nur in besonderen Ausnahmefällen zu einem Verfahrenshindernis. Sie rechtfertigen i.d.R. nur eine Urteilsanfechtung und können (im Rahmen der §§ 337, 338 StPO) eine Urteilsaufhebung nach sich ziehen. Ein Verfahrenshindernis entsteht erst dann, wenn der Verfahrensmangel nach dem erkennbaren Willen des Gesetzgebers derart schwer wiegt, dass von ihm die Zuläs- **788**

---

120 BVerfG NJW 2003, 1577 ff.; BGH NJW 2001, 1148; NStZ 2001, 442; NJW 1990, 920 f.
121 Auch in diesem Fall bedarf es also einer das Verfahren förmlich beendenden Entscheidung, insbes. hinsichtlich der Kosten; vgl. hierzu BGH NStZ-RR 2008, 146; BGH 2 StR 284/08; NJW 1999, 3644.
122 Hierzu siehe oben Rn. 552.

sigkeit des gesamten Verfahrens abhängen soll. Insoweit kommen naturgemäß nur „schwerste"[123] Verfahrensmängel in Betracht. Dies kann etwa bei extremen Verstößen gegen das Beschleunigungsgebot der Fall sein[124]. Wie hoch insoweit die Messlatte liegt, zeigt sich daran, dass selbst die Androhung von Folter im Ermittlungsverfahren kein solches Verfahrenshindernis, sondern „nur" (und selbstverständlich) ein Beweisverwertungsverbot hinsichtlich der abgepressten Aussage begründet[125].

Schließlich bedarf noch der in Auslieferungsverfahren zu beachtende **Spezialitätsgrundsatz** der Erwähnung. Er erfordert die Prüfung, ob und inwieweit ein Verfahren gegen den von einem anderen Staat ausgelieferten Angeklagten mit der Auslieferungsbewilligung vereinbar ist. Gem. § 72 IRG sind solche Bedingungen zu beachten. Ob sich der um Auslieferung ersuchte Staat an sein eigenes Auslieferungsrecht gehalten hat, ist demgegenüber unbeachtlich[126].

Steht ein Verfahrenshindernis zur Diskussion, so ist dessen Vorliegen (oder Nichtvorliegen) im Wege des sog. **Freibeweisverfahrens** zu klären[127]. Die Prüfung hat sorgfältig zu erfolgen, da die Einstellung nach §§ 206a, 260 Abs. 3 StPO formeller und materieller **Rechtskraft** fähig ist. Allerdings kann das eingestellte Verfahren dann fortgesetzt werden, wenn ein behebbarer Verfahrensmangel in zulässiger Weise behoben wird oder eine irrtümliche Einstellung auf dem Beschuldigten zuzurechnendem Täuschungsverhalten beruht[128].

### a) Verfolgungsverjährung, §§ 78 ff. StGB

**789** Die Ahndung einer Tat ist ausgeschlossen, wenn Verjährung eingetreten ist, § 78 Abs. 1 StGB. Der Sinn dieser Regelung liegt in folgenden Überlegungen:

Zum einen ist mit immer größer werdenden Beweisschwierigkeiten zu rechnen, je länger die Tat zurückliegt, zum anderen sinkt auch mit der Zeit das staatliche Sühnebedürfnis[129]. So macht es z.B. keinen Sinn, einen Ladendieb noch nach 20 Jahren zur Rechenschaft zu ziehen.

**790** Die maßgeblichen Vorschriften über die Verjährung finden sich in §§ 78 ff. StGB. Der **Prüfungsablauf** kann wie folgt gegliedert werden:

Zunächst ist für das in Frage stehende Delikt die **abstrakte** Verjährungsfrist zu ermitteln. Hierzu ist festzustellen, wie hoch die vom Gesetz angedrohte Höchststrafe ist. In diesem Zusammenhang ist § 78 Abs. 4 StGB zu beachten, wonach Schär-

---

123 So BVerfG NJW 2005, 656 f.
124 Siehe oben Rn. 22.
125 Vgl. § 136a Abs. 3 StPO und BVerfG NJW 2005, 656 f.
126 Vgl. hierzu BGH NStZ 2003, 336; NStZ 2001, 259 f. und NStZ 1986, 557.
127 BGH NJW 2001, 1734: Etwas anderes kann – in seltenen Einzelfällen – hinsichtlich der anderweitigen Rechtshängigkeit oder des Strafklageverbrauchs gelten.
128 Vgl. hierzu BGH NJW 2008, 1008 ff. Hier war dem BGH im Rahmen des Revisionsverfahrens eine gefälschte Sterbeurkunde betreffend den Angeklagten vorgelegt und das Verfahren daraufhin eingestellt worden.
129 Vgl. allerdings zu den Besonderheiten der Verjährung bei „DDR-Alttaten", die nach dem Recht der DDR noch nicht, nach demjenigen der BRD aber bereits verjährt waren, BGH NJW 1994, 2237 ff.

fungen und Milderungen, die nach den Vorschriften des Allgemeinen Teils bzw. für besonders schwere oder minder schwere Fälle vorgesehen sind, unberücksichtigt bleiben müssen[130].

> **Beispiel:** Dem Angeklagten wird eine einfache Unterschlagung i.S.d. § 246 Abs. 1 StGB zur Last gelegt. Die Höchststrafe liegt bei drei Jahren Freiheitsstrafe. Nach § 78 Abs. 3 Ziff. 4 StGB beträgt die abstrakte Verjährungsfrist somit fünf Jahre.

Sodann ist der Beginn für die **konkrete** Verjährungsfrist festzustellen. Nach § 78a StGB beginnt die Verjährung, sobald die Tat „beendet" ist. Entscheidend ist insoweit nicht der Zeitpunkt der Vollendung der tatbestandlichen Merkmale; maßgeblich ist vielmehr die tatsächliche Beendigung des gesamten Handlungsgeschehens, mit welchem das Tatunrecht den Abschluss findet[131]. Folglich beginnt z.B. bei einer Erpressung die Verjährung erst mit der Zahlung des Geldes, bei den erfolgsqualifizierten Delikten mit dem Erfolgseintritt (im Falle des § 251 StGB also dem Tod des Opfers).    791

Nachdem der Zeitpunkt des Verjährungsbeginns ermittelt ist, muss ggf. überprüft werden, ob **verjährungsunterbrechende Maßnahmen** getroffen wurden. Diese sind in § 78c Abs. 1 StGB im Einzelnen aufgeführt. Insbesondere sind hier zu nennen:    792

– die erste Vernehmung des Beschuldigten im Rahmen des Ermittlungsverfahrens;
– jede richterliche Vernehmung des Beschuldigten oder deren Anordnung;
– die Beauftragung eines Sachverständigen;
– richterliche Aufklärungsmaßnahmen wie Beschlagnahme oder Durchsuchungsanordnungen[132];
– die Erhebung der Anklage, die Eröffnung des Hauptverfahrens oder die Anberaumung eines Hauptverhandlungstermins.

Folge einer **jeden** unterbrechenden Maßnahme ist gem. § 78c Abs. 3 S. 1 StGB, dass die Verjährungsfrist – für alle verfahrensgegenständlichen Taten[133] – von neuem zu laufen beginnt. Nach Satz 2 dieser Vorschrift begründet jedoch der Ablauf der doppelten Verjährungsfrist eine **absolute** Verfolgungsverjährung.

Neben einer Unterbrechung der Verjährung kommt ggf. auch deren „**Ruhen**" nach § 78b StGB in Betracht. Der Unterschied zur Unterbrechung besteht darin, dass nach Wegfall des Hindernisses die Frist nicht neu beginnt, sondern weiterläuft.    793

Bedeutsam ist dies insbesondere in den Fällen sexuellen Missbrauchs i.S.d. §§ 176 bis 179 StGB. In diesen Fällen ruht die Verjährung, bis das Opfer sein 18. Lebensjahr vollendet hat, § 78b Abs. 1 Ziffer 1 StGB. Weiteres Beispiel für eine solche gesetzlich angeordnete Hemmung der Verjährung stellt § 153a Abs. 3 StPO für die Dauer

---

130 Beispiele hierfür sind die §§ 21, 23 Abs. 2, 263 Abs. 3 StGB; vgl. hierzu insgesamt die Übersicht bei *Fischer*, § 12 Rn. 9 ff.
131 BGH NJW 2003, 2997; bei Dauerdelikten liegt Beendigung demnach erst vor, wenn die strafrechtlich relevante Tätigkeit endgültig abgebrochen wird, vgl. BGH NJW 1998, 1723 f.; NStZ 1997, 487.
132 Eine verjährungsunterbrechende Wirkung haben solche Maßnahmen aber nur dann, wenn sie den verfassungsrechtlichen Mindestanforderungen entsprechen, vgl. BGH NStZ 2000, 427 ff.
133 Zum Problem noch nicht konkretisierter Serientaten siehe BGH NJW 2000, 2829.

der vorläufigen Verfahrenseinstellung nach dieser Vorschrift dar. Auch der Erlass eines Urteils im ersten Rechtszug hemmt den Eintritt der Verjährung, § 78b Abs. 3 StGB[134].

**794**   Von der vorbeschriebenen Verfolgungsverjährung muss die sog. **Vollstreckungsverjährung** (§§ 79 ff. StGB) unterschieden werden, die eine rechtskräftige Verurteilung voraussetzt. Entsprechend den Vorschriften für Straftaten kennt auch das Ordnungswidrigkeitenrecht das Institut der Verjährung. Dort ist es in § 31 OWiG ebenfalls mit einer Staffelung entsprechend der angedrohten Geldbußen geregelt. Auch das Ruhen (§ 32 OWiG) bzw. die Unterbrechung der Verfolgungsverjährung (§ 33 OWiG) sind gesetzlich normiert.

### b) Fehlender Strafantrag, §§ 77 ff. StGB

**795**   Zu den Voraussetzungen des Strafantrages haben Sie oben – bei den Ausführungen zur Einleitung des Strafverfahrens[135] – (hoffentlich) schon Einiges erfahren. Fehlt es an einem wirksamen Strafantrag, so hat eine auf diesen Mangel gestützte Revision Erfolg, es sei denn, die Staatsanwaltschaft hat durch Erhebung der öffentlichen Klage in den dies ermöglichenden Fällen – also bei den relativen Antragsdelikten – ein öffentliches Interesse an der Strafverfolgung bejaht. Dies kann auch in der Erhebung der Anklage gesehen werden[136], selbst wenn zu diesem Zeitpunkt die Strafantragsfrist bereits verstrichen war. Noch im Revisionsverfahren ist die Bejahung öffentlichen Interesses durch die GStA oder den GBA möglich.

Zur Verdeutlichung der Problematik kommen wir nochmals auf unseren **Originalfall** zurück.

> Bitte erinnern Sie sich: Herr Lellmann war u.a. wegen Beschädigung des Taxis i.S.d. § 303 StGB (Sachbeschädigung) angeklagt und ist schließlich u.a. auch wegen (einfacher) Körperverletzung nach § 223 StGB verurteilt worden. Beide Straftaten sind sog. Antragsdelikte, vgl. § 303c bzw. § 230 StGB.
>
> Prüfen Sie einmal selbst, ob – gemessen an den oben dargestellten Kriterien – ein wirksamer Strafantrag im Hinblick auf die **Sachbeschädigung** an dem Taxi vorgelegen hat. Sie werden erkennen, wie kompliziert ein scheinbar klarer Sachverhalt sich bei eingehender Prüfung darstellen kann:
>
> Ein den Anforderungen des § 158 Abs. 2 StPO genügender Strafantrag war ausweislich der Ermittlungsakte im Rahmen der Vernehmung des Zeugen Schmitz, der nicht der Geschädigte war (!), gestellt worden (siehe oben Rn. 84).
>
> Wie aus der Anklageschrift zu ersehen ist, ist dieser Antrag von der Staatsanwaltschaft als wirksam angesehen worden (dort heißt es nämlich „Der ... erforderliche Strafantrag ist gestellt."). Eine Erörterung des besonderen öffentlichen Interesses an der Strafverfolgung ist dementsprechend erst gar nicht erfolgt.

---

134  Vgl. hierzu eingehend BGH NJW 2001, 1146 ff.
135  Vgl. oben Rn. 90 ff.
136  BGHSt 6, 282 (284 f.) unter der Voraussetzung, dass sich die Ermittlungsbehörde bei Anklageerhebung ihres Ermessens bewusst war.

Problematisch hinsichtlich der Wirksamkeit des Strafantrags ist allerdings die Frage einer Stellvertretung für den Geschädigten Buchmann. Handeln im fremden Namen – so wie geschehen – ist bei Prozesshandlungen, also auch bei einem Strafantrag, zwar grundsätzlich zulässig[137], Voraussetzung ist aber das Bestehen einer entsprechenden Vollmacht. Dass dem Zeugen Schmitz eine solche für den hier vorliegenden Einzelfall oder allgemein für Beschädigungen an Taxen ausdrücklich erteilt worden wäre, lässt sich dem Akteninhalt nicht entnehmen. Die Staatsanwaltschaft hätte nach ihrem Kenntnisstand zur Zeit der Anklageerhebung also ohne weitere Nachfrage beim Geschädigten nicht von einem wirksamen Strafantrag ausgehen dürfen.

Es erscheint aber vertretbar, die Bekundung des Geschädigten Buchmann in der Hauptverhandlung, die Stellung des Strafantrages sei in seinem „Einverständnis" erfolgt, in der Weise auszulegen, dass der Zeuge Schmitz diesbezüglich tatsächlich eine generelle Vollmacht besaß. Die Prozessvoraussetzung hat bei dieser Interpretation also von Anfang an vorgelegen[138].

Kann in der Äußerung des Taxiunternehmers demgegenüber nur eine **nachträgliche Genehmigung** gesehen werden, so würde dies zu dem Ergebnis führen, dass kein wirksamer Strafantrag vorlag. Zwar ist eine Genehmigung als solche möglich, sie muss aber innerhalb der Antragsfrist des § 77b Abs. 1 S. 1 StGB, d.h. innerhalb von drei Monaten ab Kenntniserlangung von der Tat und der Person des Täters, erfolgen[139]. Diese Frist dürfte hier zum Zeitpunkt der Hauptverhandlung verstrichen gewesen sein.

## c) Verstoß gegen den Anklagegrundsatz

Zur Einführung in die Problemstellung zunächst folgender Beispielsfall: **796**

Stellen Sie sich vor, Sie seien Strafverteidiger. Bei Ihnen erscheint ein Mandant und erklärt Folgendes:

„Gestern bin ich vom Amtsgericht verurteilt worden wegen zweier Delikte: Einer Unterschlagung, die ich Ende 2007 begangen habe und eines Diebstahls, den ich im Februar 2008 ausgeführt habe. Die Staatsanwaltschaft hat in ihrer Anklageschrift aber nur die Unterschlagung erwähnt, den Diebstahl habe ich von mir aus in der Hauptverhandlung angesprochen, um reinen Tisch zu machen. Der Richter hat dann nur gesagt: „Prima, dann können wir ja heute alles auf einmal erledigen, Sie brauchen dann nicht mehr wegen des Diebstahls wiederzukommen" und hat mich auch deswegen verurteilt. Das kommt mir jetzt komisch vor, zumal ich zu einer ziemlich hohen Gesamtstrafe verurteilt wurde. Kann ich nicht etwas dagegen unternehmen?"

Wie werden Sie Ihren Mandanten beraten?

Das Vorliegen einer Anklage ist Verfahrensvoraussetzung, sog. Anklagegrundsatz, der in § 151 StPO ausdrücklich und inzidenter auch in § 170 Abs. 1 StPO geregelt ist.

---

137  Vgl. *Meyer-Goßner*, § 158 Rn. 15.
138  Dass die Vollmacht erst nach Verstreichen der Antragsfrist des § 77b Abs. 1 S. 2 StGB nachgewiesen wurde, hat keinen Einfluss auf die Wirksamkeit des Strafantrages, vgl. BGH NStZ 1982, 508.
139  *Schönke/Schröder-Stree*, § 77 Rn. 30.

Danach darf es keine gerichtliche Untersuchung ohne entsprechende Anklage geben, wobei gem. § 170 Abs. 1 StPO deren Erhebung der Staatsanwaltschaft zusteht.

Eine Ausnahme zu dem Anklagemonopol des Staates ist nur in den Fällen des Privatklageverfahrens (§§ 374 ff. StPO) vorgesehen.

**797**   Der Sinn dieses Anklagegrundsatzes, der auch im Erfordernis einer Nachtragsanklage (§ 266 StPO) seinen Niederschlag gefunden hat, liegt in der bereits beschriebenen **verfahrensbeschränkenden Abgrenzungsfunktion** der Anklage[140]. Die gerichtliche Untersuchung darf sich nur auf die in der Anklage bezeichnete „Tat" und die dort beschuldigte Person erstrecken, vgl. § 155 Abs. 1 StPO. Nach § 264 Abs. 1 StPO ist Gegenstand der Urteilsfindung wiederum die in der Anklage bezeichnete Tat (als historischer Lebenssachverhalt[141]), wie sie sich nach dem Ergebnis der Verhandlung darstellt. Entscheidend ist für den prozessualen Begriff der „Tat" allein, ob das Verhalten des Täters nach „natürlicher Auffassung" mit dem angeklagten geschichtlichen Geschehen einen einheitlichen Lebensvorgang darstellt, was jedenfalls dann gegeben ist, wenn ein enger sachlicher, räumlicher und zeitlicher Zusammenhang besteht.

**798**   Der Anklagegrundsatz ist also verletzt, wenn der Angeklagte wegen einer anderen als der angeklagten Tat verurteilt wird. Hieraus folgt bereits, dass die Anklage – um überhaupt wirksam zu sein – den Täter und insbesondere die ihm vorgeworfene Tat so hinreichend konkret bestimmen muss, dass sie sich von anderen gleichartigen Straftaten desselben Täters unterscheiden lässt[142]. Der Umfang dieser Individualisierung hängt dabei natürlich vom Verfahrensgegenstand ab[143].

Die Konkretisierung ist notwendig, weil hierdurch die Grenzen der Rechtskraft des Urteils und damit auch des Strafklageverbrauchs (Art. 103 Abs. 3 GG) bestimmt werden. Diesem Bedürfnis trägt auch die Vorschrift des § 200 StPO Rechnung, welche den Inhalt der Anklage verbindlich festlegt.

**799**   Maßgebliche Bedeutung für die Abgrenzung von anderen Delikten haben die Angaben zu **Tatort und Tatzeit**. Wesentliche Abweichungen vom angeklagten Tatzeitraum heben die erforderliche Identität von angeklagter und abgeurteilter Tat nur dann nicht auf, wenn sie nach anderen Merkmalen (z.B. bestimmte Tatmodalitäten) hinreichend individualisiert ist[144].

Ist ein abgeurteiltes Delikt in der Anklageschrift gar nicht erwähnt, so stellt sich immer die Frage, ob es – **als historischer Vorgang** i.S.d. § 264 StPO – nach dem aus der zugelassenen Anklage erkennbaren Willen der Staatsanwaltschaft Gegenstand der Anklage sein sollte. Maßgeblich ist insoweit zunächst die Aufnahme des tatsächlichen Geschehens in den Anklagesatz. Im Einzelfall ist eine Auslegung der Anklage

---

140   Siehe oben Rn. 176 ff.
141   Siehe ausführlich zum Begriff der Tat oben Rn. 49 ff.
142   BGH in ständiger Rspr., vgl. z.B. BGH NStZ 1997, 145; NJW 1994, 2556 m.w.N.
143   Vgl. BGH NStZ 2006, 649 f.; NJW 1998, 3788 ff. m.w.N. sowie oben Rn. 183 für Straftaten mit Seriencharakter.
144   BGH NJW 1994, 2966.

erforderlich, wobei auch auf die Darlegungen zum wesentlichen Ergebnis der Ermittlungen zurückgegriffen werden darf [145]. Ist ein entsprechender Wille der Strafverfolgungsbehörde letztlich nicht feststellbar, so begründet dies einen Verstoß gegen den Anklagegrundsatz und damit die Revision, wenn nicht eine ordnungsgemäße Nachtragsanklage erfolgt ist.

> In unserem Beispiel wäre also der Anklagegrundsatz verletzt, da der Diebstahl als historischer Geschehensablauf in der Anklageschrift nicht erwähnt war und eine ordnungsgemäße Nachtragsanklage i.S.d. § 266 StPO nicht erhoben wurde.
>
> Sie würden also zum Rechtsmittel der Revision raten.

### d) Fehlender oder mangelhafter Eröffnungsbeschluss

**800** Auch das Vorliegen eines ordnungsgemäßen Eröffnungsbeschlusses ist als Prozessvoraussetzung anzusehen. Er enthält gem. § 207 Abs. 1 StPO:
– die Zulassung der Anklage zur Hauptverhandlung und
– die Bezeichnung des Gerichts, vor welchem die Hauptverhandlung stattfinden soll.

Darüber hinaus ist gem. § 207 Abs. 2 und 4 StPO insbesondere mitzuteilen, mit welchen Änderungen ggf. die Anklage zugelassen wird und welche weiteren Entscheidungen getroffen werden, z.B. über eine Fortdauer der Untersuchungshaft oder eine einstweilige Unterbringung.

**801** Nach § 203 StPO setzt der Eröffnungsbeschluss **hinreichenden Tatverdacht** voraus, d.h. eine Verurteilung muss aufgrund der vorliegenden Ermittlungsergebnisse als wahrscheinlich angesehen werden können.

Fehlt der Eröffnungsbeschluss, so stellt dies nicht zwingend ein Prozesshindernis dar. Ist er lediglich verlorengegangen, so darf sein Inhalt rekonstruiert und ein neuer Beschluss erlassen werden. Darüber hinaus ist aber auch im Rahmen der **ersten Instanz** ein fehlender Eröffnungsbeschluss vor der Vernehmung des Angeklagten zur Sache nachholbar[146], was dann entsprechend zu protokollieren ist. Stimmen der Angeklagte und der Verteidiger zu, so kann in diesem Fall die Hauptverhandlung ohne Unterbrechung fortgesetzt werden.

In der Berufungs- und in der Revisionsinstanz kann der Eröffnungsbeschluss jedoch nicht mehr nachgeholt werden. In beiden Fällen ist das Verfahren gemäß § 206a Abs. 1 StPO bzw. § 260 Abs. 3 StPO einzustellen, da es an einem nicht mehr heilbaren Mangel leidet[147].

---

145  Vgl. BGH NJW 2003, 2996 f.; NJW 1997, 3034 f.
146  BGH NJW 2006, 240 m.w.N. Dies hat allerdings in der Besetzung zu geschehen, wie sie für Entscheidungen **außerhalb** der Hauptverhandlung vorgeschrieben ist, also mit drei Berufsrichtern und ohne Schöffen, vgl. BGH NStZ-RR 2006, 146.
147  Vgl. BGH NStZ 1987, 239 f.; *Meyer-Goßner*, § 203 Rn. 4 m.w.N.

**802** Beachtlich sind neben dem völligen Fehlen nur schwerwiegende Mängel des Eröffnungsbeschlusses, die zu seiner Unwirksamkeit führen, wie etwa im Falle gänzlich fehlender Unterschriften der Berufsrichter, der fehlenden Mitwirkung der erforderlichen Zahl von Richtern oder der willkürlichen Annahme der sachlichen Zuständigkeit[148].

### e) Dauernde Verhandlungsunfähigkeit des Angeklagten

**803** In jedem Stadium des Verfahrens ist von Amts wegen darauf zu achten, ob der Angeklagte verhandlungsfähig ist. Dies bedeutet zunächst, dass er in der Lage sein muss, seine Interessen vernünftig wahrzunehmen, seine Verteidigung in verständlicher und verständiger Form zu betreiben sowie Prozesserklärungen entgegenzunehmen und abzugeben[149]. Bei erwachsenen Angeklagten wird diese Fähigkeit vermutet. Selbst bei Angeklagten, deren geistige, psychische oder körperliche Fähigkeiten eingeschränkt sind, ist dann von Verhandlungsfähigkeit auszugehen, wenn die Auswirkungen derartiger Defizite durch verfahrensrechtliche Hilfen – etwa die Hinzuziehung eines Verteidigers – kompensiert werden können[150]. Die Verhandlungsfähigkeit fehlt erst dann, wenn trotz derartiger Unterstützungsmaßnahmen eine selbstverantwortliche Entscheidung über die Grundfragen der Verteidigung und eine sachgerechte Wahrnehmung der persönlich auszuübenden Verfahrensrechte (z.B. die Entscheidung über einen Rechtsmittelverzicht) nicht mehr möglich ist.

Verhandlungsunfähigkeit kann aber auch dann vorliegen, wenn die Durchführung einer Hauptverhandlung das Leben oder die körperliche Unversehrtheit des Angeklagten gefährden würde und ihm eine Teilnahme daher nicht zuzumuten ist[151].

**804** Allerdings sind die Anforderungen an die Verhandlungsfähigkeit je nach Stadium des Verfahrens unterschiedlich[152]. So ist in der Tatsacheninstanz zu beachten, dass die Einlassung des Angeklagten ein wesentliches Beweismittel darstellt und der Angeklagte Zeugen befragen sowie selbst Anträge stellen kann. Hierdurch soll er unabhängig von seinem Verteidiger Einfluss auf den Verfahrensablauf nehmen können. Für das Revisionsverfahren genügt es demgegenüber, wenn der Angeklagte über die Einlegung des Rechtsmittels eigenverantwortlich entscheiden kann, er die Bedeutung dieses Verfahrens kennt und sich mit seinem Verteidiger über das Prozessverhalten in der Revision verständigen kann.

Steht die Verhandlungsfähigkeit des Angeklagten im Zweifel, so ist von Amts wegen ein Sachverständigengutachten zu dieser Frage einzuholen.

---

148 Vgl. BGH NStZ 2000, 442 f.; zu weiteren Fällen schwerwiegender Fehler siehe KK-*Schneider*, § 207 Rn. 27 f. m.w.N.
149 Vgl. BGH 1 StR 14/04; NStZ 1996, 242.
150 BVerfG NStZ 1995, 391 f.
151 Vgl. hierzu und zum Beurteilungsmaßstab: BVerfG NJW 2005, 2382 f.; NJW 2002, 51 ff.
152 Vgl. BVerfG NJW 1995, 1951 ff.; BGH NJW 1995, 1973; NStZ 1996, 242.

## f) Übungsfall

Der Angeklagte ist vom Schwurgericht verurteilt worden, und zwar wegen zweier Taten, nämlich

**805**

– wegen Diebstahls zu einer Freiheitsstrafe von 6 Monaten und
– wegen Totschlags zu einer Freiheitsstrafe von 5 Jahren und 6 Monaten.

Aus beiden wurde eine Gesamtfreiheitsstrafe von 5 Jahren und 8 Monaten gebildet.

Er erzählt:

„Zu dem Diebstahl war es im Januar 2008 nach einer ausgedehnten Zechtour gekommen. Ich hatte einen Pkw aufgebrochen und das Autoradio entwendet. Allerdings hatte ich gegenüber der Polizei, die mich wenig später im Rahmen einer allgemeinen Kontrolle anhielt, erklärt, das Radio von einer mir unbekannten Person im Dezember 2007 erworben zu haben. Dementsprechend wurde ich diesbezüglich angeklagt, im Dezember 2007 eine Hehlerei (§ 259 StGB) begangen zu haben. In der Hauptverhandlung habe ich dann den wahren Sachverhalt aufgeklärt und wurde zu meinem Erstaunen prompt wegen Diebstahls verurteilt. Insoweit muss ich allerdings sagen, dass ich zuvor auf die Möglichkeit einer solchen Verurteilung vom Gericht hingewiesen worden war.

Mit dem Totschlag hat es folgende Bewandtnis: Unter mehreren alkoholisierten Gästen hatte es im Februar 2008 anlässlich des Schützenfestes in meinem Wohnort eine kleine tätliche Auseinandersetzung im Bierzelt gegeben. Ich habe dem Müller zugerufen: „Jetzt mache ich Dich kalt!" und ihm dann ordentlich eine verpasst. Mir war in der Situation auch ziemlich egal, ob der dabei draufgeht. Jedenfalls kam der Müller dann später ins Krankenhaus, wurde aber nach zwei Tagen wieder entlassen. Das gegen mich wegen vorsätzlicher Körperverletzung eingeleitete Strafverfahren wurde kurze Zeit später gegen die Auflage der Zahlung einer Geldbuße von 500 € nach § 153a StPO vorläufig eingestellt. Nach meiner Zahlung erfolgte die endgültige Einstellung.

Leider ist der Müller kurze Zeit später verstorben, wie sich herausstellte, an einem auf meinen Schlag zurückzuführenden Blutgerinnsel im Gehirn, das auch den Ärzten im Krankenhaus nicht aufgefallen war.

Zu meiner völligen Überraschung erhielt ich daraufhin eine Anklageschrift der Staatsanwaltschaft, in der mir plötzlich Totschlag vorgeworfen wurde. Und das, obwohl ich doch die 500 € gezahlt hatte. Wegen Totschlags wurde ich dann auch verurteilt."

Wie wären die Erfolgsaussichten einer Revision?

(Von deren Zulässigkeit ist auszugehen)

1. Verurteilung wegen Diebstahls:

Insoweit könnte ein Verstoß gegen den Anklagegrundsatz des § 151 StPO vorliegen, nämlich dann, wenn es sich bei dem abgeurteilten Diebstahl um eine andere „Tat" als die in der Anklage bezeichnete Hehlerei gehandelt hat.

Wie bereits erwähnt, erfasst der verfahrensrechtliche Tatbegriff den von der Anklage geschilderten geschichtlichen Vorgang, innerhalb dessen der Angeklagte einen Straftatbestand verwirklicht haben soll. Maßgeblich für die Beurteilung ist also zunächst das im Anklagesatz geschilderte Tatgeschehen, welches dem Gericht zur Prüfung unterbreitet wurde. Alles was mit dem dort konkretisierten Vorkommnis „nach der Auffassung des Lebens"[153] einen einheitlichen Vorgang bildet, ist von der Anklage gedeckt.

In der Anklage nicht erwähnte Vorgänge – hier der Diebstahl – werden nur dann vom Tatbegriff erfasst, wenn sie mit dem in der Anklage konkretisierten Geschehen eine „Einheit" bilden. Dies erscheint vorliegend problematisch, da der Diebstahl und die Hehlerei zwei zeitlich und räumlich getrennte Vorgänge darstellen.

Bei einem **Vermögensdelikt** ließ die Rechtsprechung es früher jedoch genügen, wenn es – als kleinster gemeinsamer Nenner – auf dasselbe Tatobjekt abzielte (hier das Autoradio), während die Gesichtspunkte von Tatort und Tatzeit als „unwesentlich" vernachlässigt wurden[154]. Ausreichend war also, dass der Täter in den Besitz des Tatobjekts gekommen war, wo und wann auch immer dies geschehen sein mochte.

Diese Rechtsprechung hat der BGH aufgegeben und verlangt (für den umgekehrten Fall), immer noch wenig konkret, dass ein in der Anklage bezeichneter Diebstahl „Grundlage der Verurteilung" wegen Hehlerei bleibt[155]. Dieses Erfordernis wird insbesondere dann als erfüllt angesehen, wenn die Hehlerei in der Anklageschrift bereits als mögliches Tatverhalten erwähnt war. Letztlich muss aber immer anhand des Einzelfalls entschieden werden, ob die einzelnen Sachverhalte nach Tatbild, Tatobjekt und Tatort „erheblich" voneinander abweichen – was gegen eine Tat im prozessualen Sinn spricht – oder ob sie einen einheitlichen Geschehensablauf darstellen[156].

Gemessen an diesen Kriterien dürfte vorliegend gegen den Anklagegrundsatz verstoßen worden sein.

2. Verurteilung wegen Totschlags:

Problematisch ist insoweit, ob gegen den Grundsatz des „ne bis in idem" (Art. 103 Abs. 3 GG) verstoßen wurde. Denn das Verfahren wegen der Körperverletzung war gem. § 153a Abs. 1 StPO gegen Zahlung einer Geldbuße vorläufig und nach Erbringung der Zahlung endgültig eingestellt worden. Fraglich ist, ob einer erneuten Verfolgung der Tat **unter einem anderen Aspekt** die materielle Rechtskraft der Verfahrenseinstellung entgegensteht.

Für den Fall der Einstellung nach § 153a StPO ist der Strafklageverbrauch gesetzlich geregelt, und zwar in Abs. 1 S. 5 dieser Vorschrift. Danach darf die Tat nach Erfüllung der Auflagen und Weisungen nicht mehr „als Vergehen" verfolgt werden[157]. Hieraus ergibt sich, dass eine erneute Aufnahme des Verfahrens (nur) dann zulässig ist, wenn sich die Tat im nachhinein als ein Verbrechen darstellt. Da es sich bei Totschlag um ein Verbrechen handelt – er ist mit mehr als einem Jahr Freiheitsstrafe bedroht (vgl. §§ 12 Abs. 1, 212 StGB) – hat das erkennende Gericht gegen den Grundsatz des Strafklageverbrauchs nicht verstoßen.

Hinsichtlich der materiell-rechtlichen Würdigung bestehen bei beiden Delikten keine Bedenken.

Eine Revision hätte also nur in Bezug auf die Verletzung des Anklagegrundsatzes Aussicht auf Erfolg.

---

153   So die schwammige ständige Rspr. des BGH, z.B. BGHSt 32, 215 (216).
154   Vgl. BGHSt 13, 320 (321 f.).
155   BGH NStZ 1999, 523 f.; BGHSt 35, 60 (62, 64).
156   BGHSt 36, 151 (154 f.).
157   Und zwar unabhängig davon, ob nach der vorläufigen auch eine „endgültige" Einstellung erfolgt, vgl. KK-*Schoreit*, § 153a Rn. 43.

## 2. Die absoluten Revisionsgründe

Wie bereits erwähnt, unterscheidet man bei dem möglichen Revisionsvorbringen **806** zwischen der Verfahrensrüge und der Rüge einer Verletzung sachlichen Rechts. Hinsichtlich der Verletzung von **Verfahrensvorschriften**, also solcher Normen, die den Weg zum Urteil vorgeben, ist wiederum eine **Unterscheidung in zwei Gruppen** vorzunehmen:

↙ ↘

| | |
|---|---|
| Die **relativen Revisionsgründe**, § 337 sowie § 338 Nr 8 StPO, bei welchen eine Gesetzesverletzung nicht zwingend den Erfolg der Revision begründet[158]. | Die **absoluten Revisionsgründe**, § 338 Nr 1 bis 7 StPO, deren Verletzung zwingend zur (zumindest teilweisen) Aufhebung des angegriffenen Urteils führt. |

Bei den „relativen" Revisionsgründen ist für einen Erfolg der Revision erforderlich, dass das Urteil im Einzelfall auf dem Verfahrensverstoß „beruht", § 337 Abs. 1 StPO. In den Fällen des § 338 Nr. 1 bis 7 StPO wird diese **Kausalität** dagegen **unwiderleglich vermutet**. Die „absoluten" Revisionsgründe stellen daher zwingende Aufhebungsgründe dar. Zu einer Aufhebung kommt es nur dann nicht, wenn – in besonderen Ausnahmefällen – ein Einfluss des Verfahrensfehlers auf das gesamte Urteil (oder abtrennbare Teile) und damit eine Kausalität denkgesetzlich ausgeschlossen ist[159].

Soweit sich der Verstoß auf einen Verfahrensmangel gründet, kann allerdings die **807** Aufhebung bei beiden Arten von Revisionsgründen auch auf einen abtrennbaren Verfahrensteil beschränkt werden, in dem der Verstoß sich ausgewirkt hat. Im Übrigen – beispielsweise hinsichtlich des Schuldspruchs – kann das Urteil dann durchaus Bestand behalten[160].

Stellt die Tatsacheninstanz einen die Revision begründenden Mangel fest, so kann dieser vom Tatrichter unter Umständen noch geheilt werden, z.B. durch Wiederholung des Teils der Hauptverhandlung, der den Verfahrensfehler beinhaltete.

Wir wollen uns im Folgenden zunächst mit den **absoluten** Revisionsgründen befassen.

### a) Vorschriftswidrige Besetzung des Gerichts, § 338 Nr. 1 StPO

Zur Einführung in die Problemlage zunächst folgendes **Beispiel:** **808**

> Der Angeklagte erklärt:
> Ich bin vom Schöffengericht unter anderem wegen Körperverletzung verurteilt worden. Gegen dieses Urteil will ich jetzt Revision einlegen. Das Verfahren erscheint mir nämlich im nachhinein etwas merkwürdig. Im Einzelnen geht es mir um Folgendes:

---

158  Die Vorschrift des § 338 Nr. 8 StPO wird allerdings von Teilen der Literatur den absoluten Revisionsgründen zugerechnet, vgl. die Nachweise bei *Meyer-Goßner*, § 338 Rn. 58. Warum diese Ansicht unzutreffend ist, werden Sie weiter unten erfahren.
159  Vgl. BGH NJW 1996, 138; MDR 1995, 1160.
160  BGH NJW 2003, 597; NStZ 1983, 375.

a) An dem Verfahren war ein Schöffe beteiligt, der allerdings erst vor der Urteilsberatung vereidigt worden ist,
b) der andere Schöffe ist während der Beweisaufnahme eingeschlafen, sein Schnarchen war im gesamten Sitzungssaal deutlich zu vernehmen,
c) der zwischen den Schöffen sitzende Richter – also der Vorsitzende – hat das allerdings nicht bemerkt, weil er offensichtlich während der Beweisaufnahme mit der Korrektur eines schriftlich abgefassten Urteils hinreichend beschäftigt war.

Kann eine Revision Erfolg haben?

Nach § 338 Nr. 1 StPO ist ein Urteil stets als auf einer Verletzung des Gesetzes beruhend anzusehen – und damit aufzuheben –, wenn das erkennende Gericht nicht vorschriftsmäßig besetzt war.

Sinn dieser Vorschrift ist eine Sicherung des **Anspruchs auf den gesetzlichen Richter** (Art. 101 Abs. 1 S. 2 GG, § 16 S. 2 GVG). Diese verfassungsrechtliche Garantie soll insbesondere verhindern, dass im Sinne einer Manipulation im Einzelfall durch die Auswahl der zur Entscheidung berufenen Richter das Ergebnis eines Verfahrens beeinflusst werden kann. Art. 101 Abs. 1 S. 2 GG sichert also die Unabhängigkeit der Rechtsprechung und schützt den Angeklagten vor willkürlichen Zuständigkeitsverschiebungen.

**809**  Ob das Gericht ordnungsgemäß besetzt war, richtet sich zunächst nach den dies ausdrücklich regelnden Vorschriften, insbesondere den §§ 22, 29, 76, 122 GVG sowie §§ 18, 19, 28, 29, 37 DRiG.

Dabei kann die vorschriftswidrige Besetzung **verschiedene Ursachen** haben. Als solche kommen in Betracht:

– eine fehlerhafte Geschäftsverteilung;
– die Annahme der – tatsächlich nicht bestehenden – Verhinderung eines an sich zuständigen Richters;
– die Nichtbeachtung der vorgeschriebenen Richterzahl;
– die unrichtige Besetzung des Spruchkörpers mit Schöffen;
– Mängel in der Person des Richters bzw. Schöffen.

### aa) Fehler im Bereich der gerichtlichen Geschäftsverteilung

**810**  Im Wege des jährlich neu aufgestellten **Geschäftsverteilungsplanes** werden vom jeweiligen Präsidium eines Gerichts die Besetzung und der Aufgabenbereich der einzelnen Spruchkörper geregelt (§ 21e Abs. 1 GVG).

Innerhalb des einzelnen Spruchkörpers muss die Aufgabenverteilung jedenfalls dann weiter differenziert werden, wenn dieser „überbesetzt" ist, d.h. mit mehr Richtern ausgestattet ist, als im Einzelfall zur Entscheidung berufen sind. Diese Aufgabe der **internen Geschäftsverteilung** – etwa einer mit drei Berufsrichtern besetzten großen Strafkammer, die nach § 76 Abs. 2 GVG auch in „Zweierbesetzung" tätig werden kann – erfüllt der vor Beginn eines jeden Geschäftsjahres für dessen Dauer zu fassende Beschluss (**„Mitwirkungsplan"**) des Spruchkörpers, der generell-abstrakt festlegen muss, welches Mitglied an welchen Entscheidungen (z.B. Beschwerden) oder Verhandlungen mitwirken darf (§ 21g GVG). Sowohl der allgemeine Geschäftsverteilungsplan, als auch der Beschluss des Spruchkörpers müssen geeignet sein, willkürliche Einzelfallentscheidungen auszuschließen (sog. „Abstraktionsprinzip")[161]. Unter den Voraussetzungen des § 21e Abs. 3 S. 1 GVG bzw. des § 21g Abs. 2 GVG kann die Geschäftsverteilung aus zwingenden Gründen im laufenden Jahr geändert werden, etwa wenn wegen Überlastung eine Hilfsstrafkammer eingerichtet werden muss[162]. Bestehen sachliche – ggf. umfassend zu dokumentierende – Gründe, so darf die Änderung auch bereits anhängige Verfahren erfassen[163]. Nach Ablauf des Geschäftsjahres treten die Verteilungspläne automatisch außer Kraft; sie müssen also jährlich neu gefasst werden[164].

Genügt die Geschäftsverteilung den genannten Anforderungen nicht oder tritt das Gericht in anderer Besetzung zusammen, als dies im Geschäftsverteilungsplan (inkl. der Vertretungsregelungen) festgelegt ist, so kann dieser Mangel über § 338 Nr. 1 StPO mit Erfolg gerügt werden[165].

Dies gilt allerdings mit der wesentlichen Einschränkung, dass einer Abweichung **811** vom Geschäftsverteilungsplan **Willkür oder Rechtsmissbrauch** zugrunde liegen muss[166]. Der Verstoß gegen den Geschäftsverteilungs- oder Mitwirkungsplan muss also zumindest offensichtlich und damit grob fehlerhaft gewesen sein und in den Verantwortungsbereich des Spruchkörpers fallen.

### bb) Fälschliche Annahme der Verhinderung eines Richters

Die fälschliche Annahme einer z.B. durch Urlaub oder Krankheit grundsätzlich mög- **812** lichen Verhinderung (und damit eines Vertretungsfalles, der eine Abweichung von der Geschäftsverteilung zulässt) kann die Revision begründen. Allerdings wird von dem Revisionsgericht insoweit lediglich überprüft, ob – das Vorliegen der tatsächlichen Gründe unterstellt – **rechtlich** ein Verhinderungsfall vorgelegen hat[167].

### cc) Nichtbeachtung der vorgeschriebenen Richterzahl

Gerügt werden kann auch, das Gericht sei nicht mit der genügenden Zahl von Rich- **813** tern (zu denen auch die Schöffen gehören) besetzt gewesen. Insoweit kommen zwei Fälle in Betracht, nämlich:

---

161 BVerfG NJW 2005, 2540 f.; BGH NStZ 2000, 50 f.; vgl. zu diesem Problemkreis auch den instruktiven Vorlagebeschluss des 1. Senats des BVerfG in NJW 1995, 2703 ff. und den Beschluss des BVerfG (Plenum) NJW 1997, 1497 ff.
162 Ob dies geschieht, unterliegt dem pflichtgemäßen Ermessen des Präsidiums bzw. des Spruchkörpers und ist damit der Revision weitgehend entzogen, vgl. BGH NJW 2006, 2686; 1999, 156 f.
163 Vgl. BGH NStZ 2007, 537; NJW 2004, 865.
164 BGH NJW 2004, 2992 ff.
165 An eine solche „Besetzungsrüge" sind aber inhaltlich besondere Anforderungen zu stellen, vgl. BGH NJW 1999, 154 sowie NJW 1994, 2703 (2707). Zum Ermessensspielraum des Präsidiums bei der Gestaltung des Geschäftsverteilungsplans siehe BGH NJW 2000, 1580 f.
166 BGH NStZ 1984, 181 f.; NStZ 1993, 248 (249).
167 BGHSt 25, 54.

– **Unterbesetzung**, d.h. Verhandlung und Entscheidung mit weniger als der gesetzlich vorgesehenen Zahl von Richtern (was selten vorkommen dürfte);
– **Überbesetzung**, so dass z.B. eine Kammer in zwei personell unterschiedlichen Gruppen Recht sprechen kann.

> Hierzu folgendes hypothetische **Beispiel:**
>
> Eine Kammer beim Landgericht ist nach der Geschäftsverteilung mit 6 Berufsrichtern besetzt. Nach § 76 Abs. 1, 2 GVG entscheidet es in einer Besetzung von 2 bzw. 3 Berufsrichtern. Bei der gegebenen Zuweisung mit Richtern wäre es also dem Vorsitzenden ohne weiteres möglich, die jeweilige konkrete Besetzung nach seinem Belieben zu regeln, zwei komplett unterschiedliche Spruchkörper zu bilden und damit – jedenfalls theoretisch – Einfluss auf den Ausgang eines Verfahrens zu nehmen.

Eine solche Überbesetzung verstieße i.d.R. gegen das Recht auf den gesetzlichen Richter[168]. Demgegenüber soll die „einfache" Überbesetzung – die nicht zwei komplett verschiedene Besetzungen erlaubt und im Übrigen in § 76 Abs. 1 und 2 GVG (in der derzeit geltenden Fassung) für die große Strafkammer sogar gesetzlich vorgesehen ist – immer unbedenklich sein[169]. Dem ist angesichts der Regelung in § 21g GVG zuzustimmen. Ausgangspunkt der Überlegungen ist insoweit die gesetzliche Regelbesetzung, für erstinstanzliche Strafkammern also diejenige mit drei Berufsrichtern, § 76 Abs. 1 GVG. Folglich kann eine Strafkammer durchaus mit vier Berufsrichtern (einschließlich des Vorsitzenden) besetzt sein, sofern sie über einen hinreichenden internen Mitwirkungsplan verfügt[170].

**814** Die Vorschrift des § 76 Abs. 2 GVG bietet allerdings andere revisionsrechtliche Probleme. Nach ihr beschließt die große Strafkammer anlässlich der Eröffnung des Hauptverfahrens, dass sie in der Hauptverhandlung mit zwei Richtern (einschließlich des Vorsitzenden) und zwei Schöffen besetzt ist, **wenn** sie **nicht** als Schwurgericht tätig wird oder nach dem **Umfang oder der Schwierigkeit** der Sache die Mitwirkung eines dritten Richters notwendig erscheint. Nach dieser Gesetzesformulierung ist die Besetzung mit zwei Berufsrichtern die Regel, diejenige mit drei Berufsrichtern die Ausnahme[171].

Bei der Entscheidung nach § 76 Abs. 2 GVG steht der Kammer kein Ermessen zu; sie verfügt allerdings über einen weiten Spielraum hinsichtlich der Beurteilung, ob die Sache nach „Umfang oder Schwierigkeit" – etwa wegen der Zahl der Angeklagten, des Umfangs oder der Dauer der Hauptverhandlung – die Mitwirkung eines dritten Berufsrichters erfordert. Überschreitet die Kammer diesen Beurteilungsspielraum in unvertretbarer Weise, also **objektiv willkürlich**, so kann dies als Verstoß gegen § 76 Abs. 2 GVG die Revision ebenso rechtfertigen, wie wenn es an einer Entscheidung

---

168  BGHSt 33, 234 (235).
169  Vgl. KK-*Kuckein*, § 338 Rn. 31 m.w.N.
170  Siehe BVerfG NJW 2004, 3482 f.; BGH NJW 2004, 1118.
171  In der Praxis der großen Strafkammern wurden im Jahre 2002 im Bundesdurchschnitt fast 71 % der Verfahren in der Besetzung mit zwei Berufsrichtern erledigt. Im Jahre 1995 waren es noch knapp 50 % vgl. *Haller/Janßen*, NStZ 2004, 470.

nach § 76 Abs. 2 GVG überhaupt fehlt[172]. Da sie „bei der Eröffnung des Hauptverfahrens" zu treffen ist, kann sie nämlich nicht nachgeholt werden. Unterbleibt versehentlich ein Beschluss zur Besetzung, so muss die Hauptverhandlung nach § 76 Abs. 1 GVG mit drei Berufsrichtern durchgeführt werden[173].

### dd) Unrichtige Besetzung des Spruchkörpers mit Schöffen

Das Auswahlverfahren bezüglich der Schöffen ist bereits dargestellt worden[174]. Das **815** vom Schöffenwahlausschuss auf der Grundlage der – ggf. infolge von Einsprüchen korrigierten – Vorschlagsliste durchzuführende eigentliche Wahlverfahren ist gesetzlich nicht geregelt. Dies hat in den 1980'er Jahren eine lebhafte Diskussion (und eine Vielzahl von Revisionen) ausgelöst, wie diese Wahl durchzuführen sei und welche Folgen bestimmte Wahlmodalitäten für die Revision haben können.

Als Ergebnis hat sich der Grundsatz herausgebildet, dass Mängel im Wahlverfahren jedenfalls in der Regel nicht mit der Revision gerügt werden können[175] und in Ausnahmefällen auch nur dann, wenn diese auf einem **Fehler des Gerichts** beruhen. Damit scheiden zunächst Mängel aus, die außerhalb des Gerichtsbereichs liegen (z.B. bei der Erstellung der Vorschlagsliste).

Aber auch gerichtliche Fehler bei der Schöffenwahl können nur in besonders schwer- **816** wiegenden Fällen oder bei offensichtlichen Mängeln, die zur Nichtigkeit der Wahl führen, mit der Revision gerügt werden. Solche gravierenden Mängel sind z.B.:
– ein nur scheinbar existierender Schöffenwahlausschuss hat entschieden[176];
– ein Schöffe wurde von der falschen Liste gewählt (z.B. Jugendschöffe von derjenigen für Verfahren gegen Erwachsene)[177];
– es fand gar keine „Wahl" statt, sondern z.B. eine bloße Auslosung[178].
– es wurde ein „unfähiger"[179] Schöffe i.S.d. § 32 GVG gewählt[180].

Ein Revisionsgrund i.S.d. § 338 Nr. 1 StPO liegt auch dann vor, wenn
– die – an sich ordnungsgemäß gewählten – Schöffen entgegen §§ 45, 47, 48, 77 GVG für die jeweiligen Sitzungstage falsch ausgelost bzw. verteilt wurden[181],
– ein für den Sitzungstag gar nicht ausgeloster Schöffe mitgewirkt hat (bei mehreren Verhandlungstagen ist insoweit der erste Sitzungstag maßgebend)[182],

172 BGH NStZ 2004, 56; NJW 2003, 3644; 1999, 1644 ff.; siehe umfassend zum Problem der sog. Besetzungsreduktion: *Haller/Janßen*, NStZ 2004, 469 ff.
173 Vgl. BGH 5 StR 317/08.
174 Siehe oben Rn. 323 ff.
175 BGHSt 26, 206 ff.; BGHSt 33, 261 ff.; BGH NStZ 1986, 565.
176 BVerfGE 31, 181 (184).
177 BGHSt 26, 393.
178 BGHSt 35, 190.
179 Hiervon abzugrenzen ist der „ungeeignete" Schöffe i.S.d. §§ 33, 34 GVG! Ein Verstoß gegen diese Vorschriften kann mit der Revision grds. nicht gerügt werden.
180 Vgl. hierzu BGHSt 35, 28 ff.
181 Zur Schöffenbesetzung bei einer Hilfsstrafkammer vgl. BGH NStZ 2007, 537. Hier sind die für die entlastete Kammer ausgelosten Hauptschöffen heranzuziehen.
182 Vgl. hierzu auch BGH NJW 2002, 2963.

– ein Schöffe mitgewirkt hat, der entgegen § 45 Abs. 2 bis 4 DRiG vor der **ersten** Dienstleistung in der laufenden Schöffenperiode nicht vereidigt worden ist[183] oder
– wenn durch willkürliche Terminierung ein unzulässiger Einfluss auf den Einsatz der Schöffen ausgeübt wurde[184].

### ee) Mängel in der Person des Richters bzw. Schöffen

**817**  In der Praxis den weitesten Raum nehmen die Rügen betreffend die Person eines Richters oder Schöffen ein. Insoweit kommen als **mögliche Fehlerquellen** in Betracht:

– Die Mitwirkung eines **blinden Richters**: Dies stellt jedenfalls in Strafsachen einen revisiblen Mangel dar, selbst wenn im Rahmen der Beweisaufnahme keine Augenscheinseinnahme stattfindet. Ein blinder Richter darf mithin in einer Tatsacheninstanz nicht mitwirken[185].
– Die Mitwirkung eines **stummen oder tauben Richters**: Dies folgt bereits daraus, dass die Hauptverhandlung grundsätzlich mündlich durchgeführt werden muss. Aus diesem Grunde ist die Besetzung eines Strafgerichts mit einem stummen oder tauben Richter vorschriftswidrig und damit revisibel[186].
– Die Mitwirkung eines **unaufmerksamen Richters**: Dies stellt dann einen Revisionsgrund dar, wenn die Unaufmerksamkeit eine nicht unerhebliche Zeitspanne in Anspruch nahm. Das wird jedenfalls bei Übermüdung des Richters angenommen, oder wenn er durch Aktenstudium pp. abgelenkt wird. Erst recht gilt dies natürlich für den schlafenden Richter[187].
– Natürlich führt auch die **Geschäftsunfähigkeit** eines Mitglieds des Spruchkörpers zu einer falschen Besetzung des Gerichts.

**818**  Zurück zum **Beispiel:** Die Besetzung als solche war – gemessen an § 29 Abs. 1 GVG – grundsätzlich nicht zu beanstanden[188].

Demgegenüber ist die Vereidigung des Schöffen zu einem falschen Zeitpunkt erfolgt. Entsprechend § 45 Abs. 2 DRiG ist der Schöffe vor der ersten Diensthandlung zu vereidigen. Ohne diese Vereidigung darf er seine Tätigkeit als Richter nicht aufnehmen, das Gericht war folglich nicht mit der hinreichenden Anzahl von Richtern besetzt. Dieser Mangel kann auch nicht etwa durch eine spätere Vereidigung des Schöffen geheilt werden.

Folglich ist in der Fallalternative a) das Gericht nicht ordnungsgemäß besetzt gewesen, so dass eine Revision erfolgversprechend ist.

Hinsichtlich der Rügen zu b) und c) ist das Gericht aufgrund von Mängeln in der Person der betreffenden Richter nicht ordnungsgemäß besetzt gewesen, so dass auch hier eine Revision, gestützt auf § 338 Nr. 1 StPO, Erfolg haben kann.

---

183  BGH NStZ 2004, 98 f.
184  Vgl. BGH NJW 1998, 390.
185  BGH NStZ 1987, 335 unter Aufgabe seiner vorherigen Rechtsprechung, vgl. BGHSt 4, 191 ff.
186  BGHSt 4, 191 (193).
187  BGHSt 11, 74 (77); BGH NStZ 1982, 41; BVerwG NJW 1986, 2721 f.
188  Allerdings kann bei einem erweiterten Schöffengericht – jedenfalls theoretisch – gerügt werden, es sei ohne entsprechenden Antrag der Staatsanwaltschaft zusammengetreten bzw. die inhaltlichen Voraussetzungen des § 29 Abs. 2 GVG (besonderer Umfang der Sache) seien nicht gegeben gewesen.

## ff)  Die Rügepräklusion

§ 338 Nr. 1 StPO beinhaltet allerdings eine Einschränkung. Danach kann die Revision bei Verfahren, die vor dem Landgericht oder Oberlandesgericht stattgefunden haben (vgl. den Verweis auf § 222a StPO in § 338 Nr. 1 StPO), auf die vorschriftswidrige Besetzung nur gestützt werden, soweit **weitere Voraussetzungen** erfüllt sind, namentlich die in § 338 Nr. 1 Ziff. 1a bis d StPO genannten. Diese weitere Einschränkung wird als **„Rügepräklusion"** bezeichnet. Eine Revision kann daher in diesen Fällen nur Erfolg haben, wenn

– die Verletzung von Vorschriften über die Mitteilung hinzutritt (§ 222a StPO) oder

– ein **rechtzeitiger und formgerechter Einwand** hinsichtlich der Besetzung übergangen oder zurückgewiesen worden ist (vgl. § 222b StPO) oder

– eine Unterbrechung der Hauptverhandlung zur Überprüfung der Besetzung (§ 222a Abs. 2 StPO) nicht stattgefunden hat oder

– das Gericht in einer Besetzung entschieden hat, deren Vorschrifts**widrigkeit** es zuvor nach § 222b Abs. 2 S. 2 StPO festgestellt hatte.

**819**

Der Grund für diese Einschränkung der Revisibilität liegt darin, dass für den Rechtsmittelführer schon eine verfahrensmäßige Möglichkeit bestand, der von ihm erkannten oder jedenfalls – etwa durch Einblick in die ihm gem. § 222a Abs. 3 StPO auf Verlangen zugänglich zu machenden Besetzungsunterlagen – **objektiv erkennbaren**[189] fehlerhaften Besetzung mit dem **„Besetzungseinwand"** zu begegnen. So soll insbesondere in Großverfahren die Revision bezüglich der Mängel erschwert werden, die bis zu dem in § 222b Abs. 1 S. 1 StPO genannten Zeitpunkt entstanden und erkennbar waren. Aus diesem Grunde müssen mit substantiiertem Sachvortrag[190] **alle Beanstandungen gleichzeitig** vorgebracht werden, § 222b Abs. 1 S. 2 und 3 StPO, so dass ein Nachschieben von Einwänden oder Tatsachen unzulässig ist.

**820**

Der Besetzungsrüge bedarf es nur dann nicht, wenn Mängel in der Person des Richters gerügt werden, da hier die §§ 222a, 222b StPO nicht gelten[191].

## gg)  Mitwirkung eines ausgeschlossenen oder abgelehnten Richters, § 338 Nrn. 2 und 3 StPO

Die Gründe für die Ausschließung oder Ablehnung einer Gerichtsperson sind abschließend in §§ 22 ff. StPO geregelt. Nach § 31 Abs. 1 StPO gelten diese Vorschriften nicht nur für Richter, sondern auch für Schöffen und Urkundsbeamte der Geschäftsstelle bzw. als Protokollführer zugezogene Personen. § 338 Nrn. 2 und 3 StPO beziehen sich allerdings nur auf Berufsrichter und Schöffen.

**821**

Dabei besteht der Unterschied zwischen Ausschließung und Ablehnung in Folgendem:

Die **Ausschließung** einer Gerichtsperson wirkt unmittelbar kraft Gesetzes, während für die **Ablehnung** einer Gerichtsperson nach § 26 Abs. 1 StPO stets ein Ableh-

---

189  Vgl. BGH NJW 2003, 2545 f.; NStZ 1999, 365 f.; NJW 1997, 403 f.
190  Das gilt selbst für evidente Besetzungsmängel, BGH NStZ 2007, 536.
191  BGH StV 1997, 59 f.

nungsgesuch, also ein entsprechender Antrag erforderlich ist, über den das Gericht zu entscheiden hat.

Dabei ist den genannten Vorschriften das Ziel gemeinsam, das erkennende Gericht von Richtern freizuhalten, die dem zu würdigenden Sachverhalt und den daran Beteiligten nicht mit der erforderlichen Distanz eines unbeteiligten Dritten gegenüberstehen. Bei den vom Gesetz ausdrücklich benannten Ausschließungsgründen wird unwiderleglich vermutet, dass dies nicht gewährleistet ist.

### aa) Die Ausschließungsgründe der §§ 22, 23 StPO

**822**   Die gesetzlichen Ausschließungsgründe knüpfen an Situationen der besonderen persönlichen oder beruflichen Nähe der Gerichtsperson zu einem Verfahrensbeteiligten oder der Sache an, die zu einer entsprechenden Konfliktlage führen kann. Dies ist in folgenden objektivierbaren Konstellationen anzunehmen:

– Der Richter ist durch die Tat **selbst „verletzt"** worden, § 22 Nr. 1 StPO. Bei der hier gebotenen engen Auslegung ist dies allerdings nur dann der Fall, wenn er durch die Straftat, welche den Gegenstand des Verfahrens bildet, persönlich und **unmittelbar** in seinen Rechten betroffen wurde[192]. Die Rechtsverletzung zum Nachteil des Richters darf sich also nicht erst während der Hauptverhandlung ereignet haben (Beleidigungen oder sonstige Angriffe gegen den Richter im Rahmen der Hauptverhandlung führen also keinen Ausschluss herbei).

– Der Richter steht in einer **engen familiären Beziehung** zu dem durch die Tat Verletzten, § 22 Nr. 2 und 3 StPO.

– Der Richter steht in enger familiärer Beziehung zu dem Beschuldigten oder Angeklagten, § 22 Nr. 2 und 3 StPO.

**823**   – Der Richter war schon **früher „in der Sache" beteiligt.**

Für die Beurteilung, ob der Richter bereits früher in „derselben Sache" wie der aktuell zu entscheidenden tätig war, kommt es maßgeblich auf die Identität des früheren Geschehens mit dem Gegenstand der jetzt anstehenden Entscheidung an. Da die Regelung des § 22 Nr. 4 StPO schon dem Verdacht der Parteilichkeit vorbeugen will, ist hier eine weite Auslegung geboten. Selbst wenn der konkrete Gegenstand des früheren und des aktuellen Verfahrens sich nicht unmittelbar decken, kann die Vorschrift greifen, wenn zwischen ihnen ein enger und für die zu treffende Entscheidung bedeutsamer Zusammenhang besteht[193].

Erforderlich ist zudem eine frühere Beteiligung des Richters als

– Staatsanwalt, Polizeibeamter, Anwalt oder Verteidiger, § 22 Nr. 4 StPO;

– Zeuge oder Sachverständiger, wobei der Ausschluss voraussetzt, dass er in dieser Eigenschaft in der Sache „vernommen" worden ist (§ 22 Nr. 5 StPO). Erforderlich ist also die persönliche oder schriftliche Anhörung durch ein Organ der Rechtspflege zu eigenen Wahrnehmungen, welche die Schuld- und Straffrage betreffen; die Abgabe einer dienstlichen Erklärung genügt insoweit nicht[194];

---

192  Siehe BGH NJW 2007, 1762 f.; NStZ 2006, 646.

193  Vgl. (ablehnend) BGH NJW 2004, 865 f. für den Fall der Mitwirkung einer Richterin in ihrer früheren Eigenschaft als Staatsanwältin im Rahmen von Todesermittlungen i.S.d. § 87 StPO.

194  Vgl. BGH NStZ 2006, 113 f.; NJW 2002, 2401 ff.

– Richter bei einer angefochtenen Entscheidung, sofern es sich um seine jetzige Mitwirkung in einem höheren Rechtszug handelt, § 23 Abs. 1 StPO. Dabei ist der Begriff der früheren Mitwirkung in der „Sache" zum Schutze des Angeklagten weit auszulegen. Er erfasst das gesamte Verfahren, beginnend mit den Ermittlungen über die Hauptverhandlung bis selbst zu einem Wiederaufnahmeverfahren[195].

### bb) Ablehnung einer Gerichtsperson wegen Besorgnis der Befangenheit

Ist eine Gerichtsperson nicht bereits von Gesetzes wegen ausgeschlossen, so kann sie wegen der **Besorgnis der Befangenheit** abgelehnt werden. Von dieser prozessualen Möglichkeit wird insbesondere im Rahmen der sog. „Konfliktverteidigung" häufig Gebrauch gemacht[196].    **824**

Das Ablehnungsrecht steht gem. **§ 24 Abs. 3 StPO**
– dem Beschuldigten,
– der Staatsanwaltschaft und
– dem Privatkläger
zu. Erweitert wird es durch **§ 397 Abs. 1 S. 3 StPO** auf
– den Nebenkläger.

Darüber hinaus hat das Bundesverfassungsgericht auch
– dem Verletzten der Straftat
unabhängig von der Stellung eines Nebenklägers ein Ablehnungsrecht im Zusammenhang mit dem Adhäsionsverfahren zuerkannt[197].

Voraussetzung einer erfolgreichen Ablehnung ist nach § 24 Abs. 2 StPO, dass Umstände vorliegen, die Misstrauen gegen die Unparteilichkeit der betreffenden Person rechtfertigen. Bereits aus dieser Gesetzesformulierung ist zu erkennen, dass eine tatsächliche Befangenheit nicht erforderlich ist. Vielmehr ist **aus Sicht des Ablehnenden** zu beurteilen, ob die betreffende Gerichtsperson parteiisch oder befangen erscheint. Um zu großer Subjektivität vorzubeugen, kann eine Ablehnung aber nur erfolgen, wenn bei „verständiger Würdigung" des Sachverhaltes für einen „vernünftigen" Angeklagten Grund zu der Annahme besteht, der Richter begegne ihm nicht unvoreingenommen. Insoweit ist also ein individuell-objektiver Maßstab anzulegen, der das Vorliegen objektivierbarer Anhaltspunkte voraussetzt[198].

Allerdings kann eine Besorgnis der Befangenheit nicht aus dem Verhalten des Angeklagten selbst resultieren, z.B. indem er während des laufenden Verfahrens gegen den Richter Strafanzeige erstattet und ihn damit möglicherweise gegen sich aufbringt[199]. Zudem erlaubt § 24 StPO nur die Ablehnung einzelner Richter[200]. Bei einem Kollegialgericht müssen folglich alle Richter eines Spruchkörpers einzeln abgelehnt werden.    **825**

---

195  BGHSt 28, 262 (264): nicht erfasst wird allerdings die frühere Mitwirkung bei einer einzubeziehenden Entscheidung im Falle der nachträglichen Gesamtstrafenbildung.
196  Siehe hierzu oben Rn. 249 ff.
197  BVerfG NJW 2007, 1670 ff.
198  BGH NStZ-RR 2007, 118; NStZ 2006, 709.
199  Vgl. BVerfG NJW 1996, 2022.
200  KK-*Fischer*, § 24 Rn. 23.

**826** Eine Besorgnis der Befangenheit kann ihre Ursache in **verschiedenen Sphären** haben. Insoweit kommen in Betracht:

– Die **persönlichen Verhältnisse** des Richters (z.B. Religion, Weltanschauung, Geschlecht): Derartige Gründe stellen in der Regel zwar keinen Ablehnungsgrund dar[201]. Allerdings können aus dienstlichen oder persönlichen Beziehungen des Richters zu einem Verfahrensbeteiligten Ablehnungsgründe resultieren, jedenfalls wenn diese eine bestimmte Intensität erreichen[202]. Gleiches kann gelten, wenn sich der Richter aus persönlicher Nähe zu einem Verfahrensbeteiligten hinsichtlich bestimmter für das Verfahren bedeutsamer Rechtsfragen zuvor öffentlich festgelegt hat[203].

**827** – **Mitwirkung an einer Vorentscheidung** (z.B. vorangegangene Verurteilung des Angeklagten oder anderer Verfahrensbeteiligter):

Auch dies stellt in der Regel keinen Ablehnungsgrund dar, denn dann würde die „Vorbefassung" de facto zu einem Ausschließungsgrund erhoben, was der Konzeption der §§ 22, 24 StPO nicht entspricht. Zudem kann von einem Richter grundsätzlich erwartet werden, dass er seine Überzeugung von der Schuld nur aus dem Inbegriff der Hauptverhandlung aufgrund des dort gefundenen Beweisergebnisses schöpft. Ein „verständiger" Angeklagter wird daher nicht an der Objektivität des mit demselben Sachverhalt oder mit seiner Person vorbefassten Richters zweifeln. Hat also eine Gerichtsperson an früheren Zivil- oder Strafverfahren gegen denselben Angeklagten mitgewirkt, so rechtfertigt dies in der Regel nicht die Ablehnung. Anders kann die Situation zu beurteilen sein, wenn in dem früheren Verfahren bereits eine Festlegung erfolgte, wie z.B. dann, wenn derselbe Richter einen Zeugen zuvor als unglaubwürdig eingestuft hat und dieser Zeuge nunmehr vor demselben Gericht wegen Falschaussage angeklagt ist[204] oder wenn die vorangegangenen Entscheidungen unnötige und sachlich nicht begründete Werturteile über den Angeklagten enthalten[205].

**828** – **Verhalten und Zwischenentscheidungen** vor oder während der Hauptverhandlung (z.B. der Erlass des Eröffnungsbeschlusses oder eines Haftbefehls, die Terminierung, Auswahl eines Sachverständigen, Ablehnung eines Antrags oder Äußerungen jedweder Art):

Aus letzterem Bereich stammen zahlreiche Ablehnungsgesuche, insbesondere aufgrund von **Äußerungen** im Zusammenhang mit der Hauptverhandlung. Die Besorgnis der Befangenheit kann hier begründet sein, wenn der Richter in grober und unsachlicher Weise seinen Unmut zum Ausdruck bringt, wenn er den Angeklagten bedrängt, zur Sache auszusagen oder ein Geständnis abzulegen, wenn er ihn ansons-

---

201  Vgl. zum „Fall Böckenförde", einem früheren Richter am BVerfG, der einige Jahre der Juristen-Vereinigung „Lebensrecht" angehörte und dann über die Verfassungsmäßigkeit des Abtreibungsrechts mitzuentscheiden hatte, BVerfG NJW 1993, 2230.

202  Z.B. wenn der Richter anlässlich eines gemeinsamen Tennisspiels mit dem Verteidiger das Verfahren erörtert.

203  Vgl. BVerfG NJW 2000, 2808; NJW 1999, 413 und NJW 1996, 3333.

204  So OLG Celle NJW 1990, 1308.

205  Vgl. BGH NJW 1997, 3036.

ten unter Missachtung seiner Rechte in unangemessener oder ehrverletzender Weise behandelt. Andererseits sind auch nachdrückliche Vorhalte, Hinweise auf ein zu erwartendes Verfahrensergebnis oder die Folgen eines Geständnisses für die Strafzumessung zulässig und u.U. aufgrund der Fürsorgepflicht sogar geboten[206]. Auch im Verfahren entstandene Spannungen zwischen Richtern und Verteidigern können die Besorgnis der Befangenheit i.d.R. ebenso wenig begründen[207] wie der Umgang eines erkennenden Richters mit Vertretern der Presse[208].

Die Berechtigung eines Befangenheitsgesuchs kann folglich nur im Einzelfall danach beurteilt werden, ob das Verhalten des Richters sich noch als situationsangepasst darstellt oder ob er den Einruck erweckt, er habe sich in der Tat- und Schuldfrage bereits festgelegt. Letzteres ist etwa bei den folgenden, aktenkundig gewordenen Äußerungen des Vorsitzenden der Fall:

„Sie sind für das Gericht der Typus des Gewohnheitsverbrechers"[209], „Sie hätten sich besser bei dem Verletzten entschuldigt, als hier ihre Berufung durchzuziehen"[210], „Woanders bekämen Sie dafür die Todesstrafe"[211] oder die Erklärung gegenüber einem Zeugen „Sie sagen hier die Wahrheit oder halten die Klappe"[212]. Es muss jedoch nicht gleich so krass sein. Es ist (aus Sicht der Staatsanwaltschaft) auch untunlich, wenn sich der Vorsitzende vom prominenten Angeklagten ein Autogramm erbittet und dies nach außen verschleiert[213].

Auch **Absprachen** unter Ausschluss von Verfahrensbeteiligten über die Art und **829** Weise der Verfahrenserledigung können im Einzelfall ebenso wie unlautere Angebote – etwa zum „Wegdealen" einer anzuordnenden Maßregel[214] – die Besorgnis der Befangenheit rechtfertigen[215].

**Sachentscheidungen** (Terminierung, Ablehnung von Anträgen etc.) oder die äußere Gestaltung der Beweisaufnahme bieten dagegen regelmäßig keinen Ablehnungsgrund[216]. Selbst auf einem Irrtum oder unzutreffender Rechtsauffassung beruhende Verstöße gegen die Verfahrensvorschriften können eine Besorgnis der Befangenheit nicht begründen. Dies ist erst dann der Fall, wenn die maßgebliche Entscheidung sich als willkürlich – also von sachfremden Erwägungen getragen und daher offensichtlich unhaltbar[217] – erweist oder der Richter zu erkennen gibt, dass er unabhän-

---

206  Vgl. BGH NStZ-RR 2004, 208 ff.
207  BGH NStZ 2005, 218 f.
208  BGH NJW 2006, 3295.
209  BGH MDR 1961, 432.
210  OLG Köln StV 1988, 287. Zum terminsvorbereitenden – drastischen – Hinweis auf mangelnde Erfolgsaussicht der Berufung siehe auch OLG Nürnberg NStZ-RR 2008, 114 f.
211  BGH NStZ 1991, 226.
212  BGH NJW 1984, 1907 f.
213  So geschehen in der (auch sonst pannengeplagten) Hauptverhandlung gegen Erich Honecker.
214  Vgl. hierzu aus der Realität der Strafjustiz: BGH NStZ-RR 2007, 119 .
215  Siehe oben Rn. 575 ff. sowie BGH NJW 2000, 965 ff.
216  BVerfG NJW 2006, 3132; BGH NJW 2002, 3484; NStZ 1999, 311; vgl. auch BGH NStZ 2007, 163 ff. zur Terminierung des Verfahrens sowie BGH NJW 1996, 3018 für die Präsentation von Beweisergebnissen, die sich später als unverwertbar herausgestellt haben.
217  Zum Begriff der Willkür siehe oben Rn. 194.

gig von einer Beweisaufnahme bereits endgültig von der Schuld des Angeklagten überzeugt ist[218].

**830**   Das **Ablehnungsrecht** wird durch § 25 StPO zudem **zeitlich** dahingehend **eingeschränkt**, dass die Ablehnung nur bis zum Beginn der Vernehmung des ersten Angeklagten über seine persönlichen Verhältnisse geltend gemacht werden kann (in der Rechtsmittelinstanz bis zum Beginn des Vortrags über die Ergebnisse des bisherigen Verfahrens). Tritt der Ablehnungsgrund erst später ein, so muss er „**unverzüglich**" – d.h. ohne eine durch die Sachlage begründete Verzögerung – geltend gemacht werden, § 25 Abs. 2 StPO. Im Interesse der zügigen Durchführung des Verfahrens ist hier ein strenger Maßstab anzulegen[219]. Welcher Zeitraum dem zur Ablehnung Berechtigten zum Überlegen einzuräumen ist, richtet sich nach den Umständen des Einzelfalles. Allerdings sind insbesondere längere Verhandlungsunterbrechungen zu nutzen, um das Gesuch außerhalb der Verhandlung anzubringen[220]. Absolute zeitliche Grenze ist das letzte Wort des Angeklagten. Treten Ablehnungsgründe außerhalb einer Hauptverhandlung zutage, so besteht das Ablehnungsrecht bis zum Erlass der Entscheidung.

Eine weitere Grenze stellt die Möglichkeit der **Verwirkung** des Ablehnungsrechts infolge rechtsmissbräuchlichen Verhaltens dar. Dies kann etwa der Fall sein, wenn der Angeklagte das Gericht vor einer – dann mit dem Ablehnungsgesuch beanstandeten – Entscheidung oder Maßnahme absichtlich in die Irre geleitet hat[221].

**831**   Zum **Verfahren der Ablehnung** gilt Folgendes: Das Ablehnungsgesuch ist gem. § 26 Abs. 1 StPO bei dem Gericht anzubringen, dem die betreffende Gerichtsperson angehört. Dies kann im Rahmen der Hauptverhandlung oder zu Protokoll der Geschäftsstelle geschehen. Hierbei ist der Ablehnungsgrund – soweit die geltend gemachten Tatsachen nicht gerichtsbekannt sind – nach § 26 Abs. 2 StPO **glaubhaft** zu machen[222].

Die häufig gewünschte Verzögerung der Hauptverhandlung muss durch die Ablehnung jedoch nicht eintreten. Zwar kann der Ablehnende angesichts des in § 26 Abs. 1 StPO normierten Wahlrechts hinsichtlich der Anbringung seines Gesuchs nicht darauf verwiesen werden, es außerhalb der Hauptverhandlung zu Protokoll der Geschäftsstelle zu erklären. Allerdings bestimmt der Vorsitzende nach pflichtgemäßem Ermessen den Zeitpunkt, in welchem ein Gesuch in der laufenden Hauptverhandlung vorgebracht wird. Das weitere Ablehnungsverfahren ist dann kein Teil der vom Öffentlichkeitsprinzip bestimmten Hauptverhandlung, sondern ein eigenständiges und eigenen Regeln unterliegendes Verfahren[223]. Dienstliche Erklärungen und die Entscheidung über das Gesuch können daher formlos mitgeteilt werden.

---

218  BGH NStZ 2006, 707; NJW 2005, 3425 f.; NJW 2002, 3484.
219  BGH NStZ 2008, 578; 2006, 644 f. Zur – erforderlichen – erneuten Anbringung eines Ablehnungsgesuchs nach ausgesetzter Hauptverhandlung siehe BGH NStZ 2006, 234.
220  BVerfG NStZ -RR 2006, 380; BGH NStZ 1996, 47 f.
221  Vgl. BGH NJW 2006, 709 zu absichtlich unzutreffenden Angaben des Angeklagten über seinen Gesundheitszustand.
222  Bei einem anwaltlichen Ablehnungsgesuch genügt es insoweit allerdings, wenn der Verteidiger eigene Wahrnehmungen behauptet, BGH NStZ 2007, 161 f.
223  Vgl. BGH NJW 1996, 2382.

Zum anderen eröffnet § 29 Abs. 2 StPO dem Vorsitzenden die Möglichkeit, die Hauptverhandlung bis zur Entscheidung über das Ablehnungsgesuch fortzusetzen. Hierbei ist zwar die zeitliche Grenze des § 29 Abs. 2 S. 1 Hs. 2 StPO zu beachten. Ein Verstoß gegen das dort normierte Gebot der beschleunigten Entscheidung über ein Ablehnungsgesuch ist – wie eine Verletzung des § 29 Abs. 1 StPO – revisionsrechtlich jedoch nur dann beachtlich, wenn auch inhaltlich ein Ablehnungsgrund vorgelegen hat[224].

Der weitere Gang des Verfahrens hängt davon ab, ob das Ablehnungsgesuch für **832** zulässig erachtet wird oder nicht. Fehlt es an einer Zulässigkeitsvoraussetzung, so wird es von dem erkennenden Gericht durch zu begründenden Beschluss als **unzulässig** verworfen. Dies ist nach **§ 26a Abs. 1 StPO** dann möglich, wenn
– die Ablehnung verspätet ist,
– ein Ablehnungsgrund oder ein Mittel der Glaubhaftmachung nicht angegeben wird,
– durch die Ablehnung das Verfahren nur verschleppt werden soll oder mit ihm nur verfahrensfremde Ziele verfolgt werden.

Nach § 26a Abs. 1 i.V.m. Abs. 2 S. 1 StPO kann der abgelehnte Richter in einem solchen Fall bei der Entscheidung mitwirken.

Der fehlenden Angabe eines Ablehnungsgrundes steht es gleich, wenn die Begründung aus **zwingenden** Gründen zur Rechtfertigung eines Ablehnungsgesuches ungeeignet ist. Dies ist gegeben, wenn sie ohne weitere Prüfung und losgelöst von den konkreten Umständen des Einzelfalles zur Begründung der Besorgnis der Befangenheit gänzlich ungeeignet ist[225]. So sind beispielsweise Ablehnungsgesuche unzulässig, mit denen ausschließlich die Mitwirkung an vermeintlich oder tatsächlich rechtsfehlerhaften, mit einer sachlichen Begründung versehenen Entscheidungen – etwa die Ablehnung eines Beweisantrages – moniert wird[226]. Gleiches gilt, wenn ein Streit über das bisherige Ergebnis der Beweisaufnahme zum Gegenstand eines Ablehnungsgesuches gemacht wird[227].

Schwierigkeiten kann hier im Einzelfall die Abgrenzung zur **offensichtlichen Unbegründetheit** eines Ablehnungsantrags bereiten, welche **nicht** mit der Unzulässigkeit gleichzusetzen ist. § 26a StPO kommt als **Ausnahmevorschrift** nur zur Anwendung, wenn eine echte Formalentscheidung oder offensichtlicher Missbrauch des Ablehnungsrechts in Rede stehen. Sobald eine nähere inhaltliche Prüfung des Gesuchs erforderlich ist, scheidet das Verfahren nach § 26a StPO aus[228].

Für das Tatgericht bedeutet dies eine revisionsrechtliche Gratwanderung. Einerseits **833** muss es nach § 26a StPO verfahren, wenn dessen Voraussetzungen vorliegen[229]. Andererseits wird der Angeklagte seinem „gesetzlichen Richter" i.S.d. Art. 101 GG

---

224  BGH NJW 2003, 2396; NStZ 1996, 398.
225  BGH NStZ 2007, 644 f.; 2006, 705; BVerfG NJW 2006, 3129 ff.
226  BGH in st. Rspr, vgl. NStZ 2006, 707; 2006, 703; BVerfG NJW 2005, 3412 f.
227  BGH NJW 2005, 3437.
228  Vgl. BGH NStZ 2008, 47; NStZ 2008, 523 f.
229  BGH NJW 2005, 3435 f.

entzogen, wenn das Ablehnungsgesuch rechtsfehlerhaft als unzulässig verworfen wird. Denn in diesem Fall wirkt ja der abgelehnte Richter (anstelle des nach § 27 StPO zuständigen Kollegen) zu Unrecht an der Bescheidung des Ablehnungsgesuchs mit. Daher sollte von der eng auszulegenden Vorschrift des § 26a StPO nur zurückhaltend Gebrauch gemacht werden. Jedenfalls eine später als nicht nur schlicht fehlerhaft, sondern als „willkürlich" beurteilte Anwendung des § 26a StPO soll nämlich nach Auffassung des Bundesverfassungsgerichts das Revisionsgericht unabhängig von der inhaltlichen Berechtigung des Ablehnungsgesuches zur Aufhebung des Urteils zwingen[230]. Eine nachvollziehbare Begründung für diese Konsequenz bleibt das BVerfG indes schuldig. War das Ablehnungsgesuch inhaltlich unberechtigt, so kann sich auch die fehlerhafte Anwendung des § 26a StPO denkgesetzlich nicht auf das Urteil ausgewirkt haben. Nicht umsonst setzt § 338 Nr. 3 StPO voraus, dass ein Ablehnungsgesuch „mit Unrecht" – also **inhaltlich unzutreffend** – verworfen worden ist. Mit dieser bislang allgemeinen Ansicht in Rechtsprechung und Literatur hat sich das BVerfG (genauer gesagt: eine Kammer des 2. Senats), selbst mit dem Vorwurf der „Willkür" rasch bei der Hand, gar nicht erst auseinander gesetzt[231].

Gleichwohl sind die Revisionsgerichte an diese Entscheidung des Bundesverfassungsgerichts gem. § 31 Abs. 1 BVerfGG gebunden. Jedenfalls bei im Nachhinein als willkürlich erachtetem Vorgehen führt eine fehlerhafte Anwendung des § 26a StPO nunmehr auch dann zur Urteilsaufhebung, wenn inhaltlich eine Besorgnis der Befangenheit gar nicht gerechtfertigt war[232] – ein unsinniges Ergebnis.

**834**  Ist – wie im Zweifelsfall stets – inhaltlich über den Ablehnungsantrag zu befinden, so muss von dem abgelehnten Berufsrichter oder Schöffen gem. §§ 26 Abs. 3, 31 Abs. 3 StPO zunächst eine dienstliche Erklärung abgegeben werden, sofern nicht der zu beurteilende Sachverhalt eindeutig feststeht[233]. Diese ist dem Antragsteller zwecks rechtlichen Gehörs mitzuteilen. Es findet jedoch **keine förmliche Beweisaufnahme** über das Ablehnungsgesuch statt. Vielmehr steht es im pflichtgemäßen Ermessen der zur Entscheidung berufenen Richter, auf welchem Wege sie sich Kenntnis von den entscheidungserheblichen Umständen verschaffen. Sie können dabei auch ohne Weiteres auf Umstände zurückgreifen, die ihnen aufgrund eigener Wahrnehmung (etwa aus dem beanstandeten Verlauf der Hauptverhandlung) bekannt sind[234].

Wird ein Mitglied einer **Strafkammer** abgelehnt, so entscheidet diese in ihrer für Entscheidungen außerhalb der Hauptverhandlung vorgeschriebenen Besetzung, also ohne Schöffen (§§ 27 Abs. 2, 76 Abs. 1 S. 2 StPO). Der abgelehnte Richter muss hierbei durch seinen geschäftsplanmäßigen Vertreter ersetzt werden. Werden sämtliche Richter einer Kammer zugleich abgelehnt, so ist im Regelfall durch die Ver-

---

230  BVerfG NStZ-RR 2006, 379 f.; NJW 2006, 3129 ff.; NJW 2005, 3410 ff.
231  Siehe BVerfG NJW 2005, 3413 f. Zu der zuweilen fragwürdigen Argumentation der angesprochenen Kammer lesenswert: *Schmidt* NStZ 2006, 313 ff.; *Kuckein*, NStZ 2005, 697 f.
232  Vgl. BGH NStZ 2008, 46 ff.; 2007, 162; 2006, 704, 707; NJW 2005, 3437. Bei nicht willkürlichem Verstoß gegen § 26a StPO bleibt es dagegen bei der alten Rechtslage, vgl. BGH NStZ 2007, 162; 2006, 51 ff.
233  BGH NStZ 2008, 117.
234  BGH NStZ 2007, 51.

treterkammer in einem einheitlichen Beschluss über die Berechtigung des Ablehnungsgesuchs zu entscheiden[235]. Demgegenüber bedarf es in Fällen nacheinander eingehender und unterschiedlich begründeter Ablehnungsgesuche einer sukzessiven Entscheidung in der Reihenfolge der Ablehnungsgesuche[236], was das Verfahren wegen der dann unterschiedlichen Besetzung bei den Entscheidungen ausgesprochen verkomplizieren kann.

Wird ein Richter beim **Amtsgericht** (in zulässiger Weise) abgelehnt, so entscheidet ein anderer Richter dieses Gerichts (unter Beachtung der Vertretungsregelungen im Geschäftsverteilungsplan). Einer Entscheidung bedarf es aber dann nicht, wenn der Abgelehnte das Gesuch selbst für begründet hält, § 27 Abs. 3 S. 2 StPO.

### cc) Rechtsmittel gegen die Entscheidung über ein Ablehnungsgesuch

Nach § 28 Abs. 2 S. 1 StPO ist die **sofortige Beschwerde** das statthafte Rechtsmittel **835** gegen die Verwerfung einer Ablehnung als unzulässig bzw. die Zurückweisung des Ablehnungsgesuchs als unbegründet.

Allerdings schränkt § 28 Abs. 2 S. 2 StPO die Beschwerdemöglichkeit dahingehend ein, dass bei einer Entscheidung des **erkennenden Richters** (= derjenige, der beginnend mit dem Eröffnungsbeschluss zur Mitwirkung an der Hauptverhandlung berufen ist) eine Anfechtung **nur zusammen mit dem Urteil** erfolgen kann.

Das Gesetz ändert hier also aus Zweckmäßigkeitserwägungen den Rechtsmittelzug. Die Beschwerde ist **Teil der Revision**, es muss also nicht etwa aus formalen Gründen zusammen mit dem Urteil ein gesonderter Rechtsbehelf eingelegt werden. Gleichwohl bleibt das Rechtsmittel seiner Natur nach eine sofortige Beschwerde. Die Revision ist insoweit also ausgeschlossen, vgl. § 336 S. 2 StPO.

Trotzdem hat diese Unterscheidung eine Bedeutung, da die Rüge, ein zu Recht abgelehnter Richter habe am Verfahren mitgewirkt, nach **Beschwerderegeln** vom Revisionsgericht behandelt wird[237]. Dies bedeutet, dass die angefochtene Entscheidung insoweit nicht nur rechtlich, sondern auch in tatsächlicher Hinsicht überprüft wird. Das Revisionsgericht ist also nicht gehindert, die fehlerhafte Begründung der Zurückweisung eines Ablehnungsgesuches durch eine zutreffende zu ersetzen[238].

Hinsichtlich des erforderlichen **Revisionsvorbringens** ist jedoch § 344 Abs. 2 S. 2 **836** StPO zu beachten. Der Beschwerdeführer muss also den Inhalt des Ablehnungsgesuches und denjenigen des ablehnenden Gerichtsbeschlusses in der Revisionsbegründung darstellen. Dies gilt auch für den Inhalt einer nach § 26 Abs. 3 StPO abgegebenen dienstlichen Äußerung des abgelehnten Richters. Nur wenn diese Formalien erfüllt sind, erfolgt die Prüfung, ob die Voraussetzungen einer Befangenheit i.S.d. §§ 24, 338 Nr. 3 StPO gegeben waren[239].

---

235 BGH NStZ 1998, 422 ff.
236 BGH NStZ 1996, 144 f.
237 KK-*Fischer*, § 28 Rn. 10 f.
238 BGH NStZ 2008, 578.
239 Vgl. BGH NStZ 2000, 325; BGHSt 27, 96 (98).

Da es sich bei § 28 Abs. 2 StPO der Sache nach um eine Beschwerde handelt, scheidet eine Anfechtbarkeit in den Fällen aus, in denen nach § 304 Abs. 4 S. 2 StPO eine sofortige Beschwerde unzulässig wäre[240]. Im Übrigen müssen für eine Anfechtung die Formen und Fristen der Revisionseinlegung beachtet werden.

### dd) Anwendung der §§ 22 ff. StPO auf den Staatsanwalt

**837**  Der von den Ausschluss- bzw. Befangenheitsgründen betroffene Personenkreis ist in der StPO – ohne die Nennung des Staatsanwalts – abschließend geregelt. Weder für dessen Ausschließung, noch für ein gegen ihn gerichtetes Befangenheitsgesuch gibt es also eine gesetzliche Grundlage.

Es bestehen daher keine Bedenken gegen die Teilnahme des ermittelnden Staatsanwalts als Sitzungsvertreter in der Hauptverhandlung. Allerdings kann zur Gewährleistung des Anspruchs auf ein faires Verfahren – in Ausnahmefällen – in Anlehnung an die Regelung des § 22 StPO auch ein Staatsanwalt von seiner Mitwirkung ausgeschlossen sein, etwa wenn er mit einem Verfahrensbeteiligten in einem Verhältnis steht, wie es in § 22 Nrn. 1 bis 3 StPO beschrieben ist. Auch seine Vernehmung als Zeuge (§ 22 Nr. 5 StPO) kann im Einzelfall dann zum Ausschluss führen, wenn diese seine Unbefangenheit entfallen lässt, etwa weil seine Bekundungen die Tat- und Schuldfrage betreffen[241].

Da es keinen gesetzlichen Ausschlusstatbestand gibt und auch ein Ablehnungsrecht insoweit nicht besteht[242], haben die anderen Verfahrensbeteiligten bei gravierenden Bedenken gegen die Unparteilichkeit des Staatsanwalts nur die Möglichkeit, bei diesem selbst oder bei dessen Dienstvorgesetzten auf eine Ablösung hinzuwirken. Im Übrigen kann die Mitwirkung eines „ausgeschlossenen" Staatsanwalts unter den Voraussetzungen des § 337 StPO (§ 338 Nrn. 2 und 3 StPO gelten weder unmittelbar noch analog) mit der Revision gerügt werden.

### ee) Beispielsfall zu Ausschließungs- und Ablehnungsgründen

**838**  Der Angeklagte ist vom Amtsgericht Bonn – Schöffengericht – wegen gefährlicher Körperverletzung (§§ 223, 224 StGB) zu einer Geldstrafe verurteilt worden. Mit seiner form- und fristgerecht eingelegten Revision rügt er folgende Punkte:

1. Einer der Schöffen sei erst vor etwa einem halben Jahr von der Schwester des Verletzten (also des Opfers der Körperverletzung) geschieden worden.
2. Er – der Angeklagte – habe vor Beginn der Verhandlung in der Kantine ein Gespräch zwischen dem Vorsitzenden und dem Staatsanwalt mitbekommen. Im Rahmen dieser Unterhaltung habe der Vorsitzende gegenüber dem Staatsanwalt erklärt, die nun zu verhandelnde Körperverletzung stelle eine „Schweinerei" dar, er – der Vorsitzende – werde „da mal ordentlich mit dem Schwert der Gerechtigkeit dreinschlagen".

Ist die Revision begründet?

---

240  BGHSt 27, 96.
241  Vgl. BGH NStZ 1990, 24 f.; NStZ 1983, 135.
242  Vgl. zur Diskussion in der Literatur KK-*Fischer*, Vor § 22 Rn. 1; § 24 Rn. 28.

**Hinsichtlich des Schöffen** könnte der absolute Revisionsgrund des **§ 338 Nr. 2 StPO** gegeben sein. Danach darf an einem Urteil kein Richter oder Schöffe mitwirken, der von der Ausübung des Richteramtes (auch ein Schöffe ist „Richter") kraft Gesetzes ausgeschlossen ist.

Da § 31 Abs. 1 StPO die für Berufsrichter geltenden Vorschriften für entsprechend anwendbar erklärt, richten sich die Ausschließungsgründe auch für den Schöffen nach den §§ 22, 23 StPO. Nach Ziff. 3 des § 22 StPO ist als Richter ausgeschlossen, wer mit dem Verletzten verwandt oder verschwägert ist. Dabei endet der gesetzliche Ausschluss jedoch bei der Schwägerschaft 2. Grades. Zur Beurteilung dieser Frage ist § 1590 BGB heranzuziehen, wonach sich der Grad der Schwägerschaft nach der Linie und dem Grade der sie vermittelnden Verwandtschaft bestimmt. Demnach ist der Schöffe in Seitenlinie im 2. Grade mit dem Verletzten verschwägert, wie folgende Skizze zeigt:

Eltern
/ \
Schöffe – Ehefrau    Verletzter (= Tatopfer)

Auf die Scheidung der Ehe kommt es insoweit nicht an, vgl. § 22 Ziff. 3 StPO („oder war") bzw. § 1590 Abs. 2 BGB, wonach die Schwägerschaft auch bei aufgelöster Ehe fortdauert.

Folglich liegt im Ergebnis ein absoluter Revisionsgrund i.S.d. § 338 Nr. 2 StPO vor.

**Mögliche Befangenheit des Vorsitzenden:** Insoweit kommt **§ 338 Nr. 3 StPO** in Betracht. Zwar ist angesichts der Äußerung eine Besorgnis der Befangenheit auch aus Sicht des „vernünftigen Dritten" gegeben. Gleichwohl begründet dies die Revision nicht, da nach § 338 Ziff. 3 StPO weiter erforderlich ist, dass
– eine Ablehnung wegen Besorgnis der Befangenheit entsprechend den Regelungen der §§ 24 ff. StPO tatsächlich stattgefunden hat,
– das Ablehnungsgesuch für begründet erachtet wurde und der abgelehnte Richter gleichwohl weiterhin am Verfahren mitgewirkt hat **oder**
– das Ablehnungsgesuch zu Unrecht verworfen worden ist.

Da in jedem Fall ein Ablehnungsgesuch erforderlich ist, kann trotz der objektiv gegebenen Befangenheit des Vorsitzenden eine auf diesen Grund gestützte Revision keinen Erfolg haben.

## b) Missachtung der Unzuständigkeit des Gerichts, § 338 Nr. 4 StPO

Nach § 338 Nr. 4 StPO besteht ein absoluter Revisionsgrund, wenn das Gericht seine **839** Zuständigkeit zu Unrecht angenommen hat.

Diese Vorschrift betrifft **drei Arten der Zuständigkeit**, nämlich:

– die örtliche,
– die sachliche und
– die besondere Zuständigkeit gleichrangiger Gerichte (§§ 74 Abs. 2, 74a, 74c GVG).

Demgegenüber greift die Vorschrift nicht ein, soweit es nur um die Verteilung der Geschäfte zwischen den Spruchkörpern desselben Gerichts entsprechend dem

Geschäftsverteilungsplan geht[243]. Allerdings kann ein diesbezüglicher Mangel ggf. nach § 338 Nr. 1 StPO gerügt werden.

Im Einzelnen:

### aa) Missachtung der örtlichen Zuständigkeit

**840**  Insoweit ist zunächst auf die Vorschrift des **§ 16 StPO** hinzuweisen. Danach prüft das Gericht seine örtliche Zuständigkeit bis zur Eröffnung des Hauptverfahrens von Amts wegen. Dies bedeutet, dass es sich ggf. durch Beschluss für unzuständig erklären muss.

Ist das Hauptverfahren bereits eröffnet, so muss das Verfahren entweder nach § 206a StPO ebenfalls durch Beschluss oder aber – in der Hauptverhandlung – durch Urteil nach § 260 Abs. 3 StPO eingestellt werden.

Da aber die Frage der örtlichen Zuständigkeit weniger gewichtig ist als diejenige der sachlichen (die ja den weiteren Instanzenzug bestimmt), ist die Prüfung von Amts wegen **zeitlich beschränkt** bis zum Erlass des Eröffnungsbeschlusses.

Nach diesem Zeitpunkt erfolgt eine Prüfung nur noch auf Einwand des Angeklagten, der wiederum nach § 16 S. 3 StPO nur bis zum Beginn seiner Vernehmung zur Sache in der Hauptverhandlung erhoben werden kann.

Wird die örtliche Unzuständigkeit im Rahmen der Revision geltend gemacht, so setzt die Rüge nach § 338 Nr. 4 StPO also voraus, dass der Einwand i.S.d. § 16 StPO rechtzeitig erhoben worden ist. Im Übrigen müssen auch hier nach § 344 Abs. 2 StPO die erforderlichen Tatsachen vom Rechtsmittelführer angegeben werden.

### bb) Missachtung der sachlichen Zuständigkeit

**841**  Nach **§ 6 StPO** ist die sachliche Zuständigkeit des erkennenden Gerichts in jeder Lage des Verfahrens – also auch vom Tatgericht – von Amts wegen zu prüfen, da es sich um eine **unverzichtbare Prozessvoraussetzung** handelt.

Für die Revision ist zwischen zwei möglichen Fehlerquellen zu unterscheiden: War an Stelle des erkennenden Gerichts ein Gericht **höherer** Ordnung zuständig oder hat das Oberlandesgericht seine (sehr eingeschränkte) Zuständigkeit zu Unrecht angenommen, so ist dieser Mangel ohne gesonderte Rüge vom Revisionsgericht zu beachten.

Wird gerügt, an Stelle des erkennenden Gerichts sei ein Gericht **niederer** Ordnung sachlich zuständig gewesen, so ist zunächst § 269 StPO zu beachten. Aus dieser Vorschrift ergibt sich, dass der Angeklagte durch die Verhandlung vor einem Gericht höherer Ordnung (etwa wenn die Verhandlung vor der Strafkammer statt dem Schöffengericht stattgefunden hat) nicht benachteiligt wird[244]. In diesen Fällen kann mit der Revision nur geltend gemacht werden, das Gericht habe seine Zuständigkeit **willkürlich** angenommen[245].

---

243  BGHSt 31, 389 (390).
244  BGHSt 43, 53 ff.
245  BGH NStZ 1999, 578; NJW 1997, 2689 f.

Noch nicht endgültig geklärt ist, ob ein entsprechender Verstoß vom Revisionsgericht von Amts wegen – so wohl die herrschende Meinung[246] – oder nur auf eine entsprechend ausgeführte Verfahrensrüge hin zu beachten ist[247]. Vorsichtshalber sollte also der Rechtsmittelführer eine solche Rüge näher begründen.

Stellt das Revisionsgericht die sachliche Unzuständigkeit des erkennenden Gerichts fest, so verweist es die Sache nach § 355 StPO unter Aufhebung des angefochtenen Urteils an das zuständige Gericht.

### cc) Nichtbeachtung der besonderen Zuständigkeit gleichrangiger Spruchkörper

Ein Mangel der funktionellen Zuständigkeit kann sich aus der Missachtung der **842** besonderen Zuständigkeit gleichrangiger Spruchkörper ergeben. So gebührt dem Schwurgericht, der Staatsschutzkammer bzw. der Wirtschaftsstrafkammer jeweils der Vorrang vor der allgemeinen Strafkammer, vgl. §§ 74 ff., insbes. § 74e GVG. Hinsichtlich der Prüfung dieser besonderen Zuständigkeiten findet sich eine der örtlichen Zuständigkeit entsprechende Vorschrift in Gestalt des **§ 6a StPO**. Es ist also auch hier nach Eröffnung des Hauptverfahrens ein entsprechender Einwand des Angeklagten erforderlich, wenn später im Rahmen des Revisionsverfahrens diese Rüge mit Erfolg erhoben werden soll.

Eines solchen vorangegangenen Einwands i.S.d. § 6a StPO bedarf es für eine erfolgreiche Revision jedoch dann nicht, wenn das Gericht eine **Jugendsache** verhandelt hat, obwohl ihm solche geschäftsplanmäßig nicht zugewiesen waren[248].

### c) Vorschriftswidrige Abwesenheit von Verfahrensbeteiligten, § 338 Nr. 5 StPO

Nach § 338 Nr. 5 StPO kann die Revision darauf gestützt werden, dass die Hauptver- **843** handlung in Abwesenheit der Staatsanwaltschaft oder einer anderen Person, deren Anwesenheit das Gesetz vorschreibt, stattgefunden hat. Dabei ist der Begriff der „Abwesenheit" zunächst in einem körperlichen Sinne zu verstehen. Abwesend ist aber auch, wer der Hauptverhandlung geistig nicht zu folgen vermag. Insbesondere der schlafende Schöffe, Richter oder Staatsanwalt verhilft daher einem Verfahren gelegentlich – neben revisionsrechtlichen Problemen – zu unfreiwilliger Komik[249].

Für eine Rüge nach § 338 Nr. 5 StPO kommen neben dem Vertreter der Staatsanwaltschaft und Mitgliedern des Gerichts in Betracht:

– der Angeklagte;
– der Verteidiger;

---

246  BGH 2 StR 285/01 m.w.N.; vgl. auch die Nachweise bei KK-*Kuckein*, § 338 Rn. 66.
247  So BGHSt 43, 53 ff.
248  BGH NStZ 2003, 47 f.; StV 1981, 77; vgl. hierzu auch KK-*Kuckein*, § 338 Rn. 69.
249  Vgl. hierzu OLG Hamm NJW 2006, 1449. Nicht minder komisch muten die Rettungsversuche der Obergerichte an. Das BVerwG hat hierzu etwa ausgeführt (5 B 84/06): „Das Senken des Kopfes auf die Brust, selbst wenn es sich nicht nur auf wenige Minuten beschränkt, beweist noch nicht, dass der Richter schläft. Diese Haltung kann vielmehr auch zur geistigen Entspannung oder zur besonderen Konzentration eingenommen werden.".

– der Urkundsbeamte der Geschäftsstelle;
– der Dolmetscher.

Die Anwesenheitsrechte und -pflichten der einzelnen Verfahrensbeteiligten haben wir bereits dargestellt[250]. Für die Revision gilt Folgendes:

### aa) Abwesenheit des Angeklagten

**844**  Praktisch bedeutsam ist die Verhandlung in Abwesenheit des Angeklagten. Dies kann die Revision nach § 338 Nr. 5 StPO begründen[251], wenn nicht ausnahmsweise – aufgrund der bereits erörterten Vorschriften – seine Anwesenheit entbehrlich war.

Hinsichtlich der gesetzlichen Ausnahmetatbestände für die Anwesenheitspflicht gilt im Rahmen der Revision Folgendes:

– **§ 231 Abs. 2 StPO**: Wird die Hauptverhandlung unter Verstoß gegen die Voraussetzungen dieser Vorschrift fortgesetzt, so stellt dies einen absoluten Revisionsgrund i.S.d. § 338 Nr. 5 StPO dar[252].

– **§ 231a StPO**: Unterbleibt die erneute Hinzuziehung des Angeklagten nach Wiederherstellung der Verhandlungsfähigkeit, so kann dies mit der Revision gerügt werden, es sei denn, der Angeklagte hat diesen Umstand dem Gericht nicht mitgeteilt.

– **§ 232 StPO**: Mit der Revision kann insoweit gerügt werden, die Voraussetzungen dieser Vorschrift hätten nicht vorgelegen.

– **§ 233 StPO**: Mit der Revision kann geltend gemacht werden, dass die Abwesenheitsverhandlung rechtlich nicht zulässig gewesen sei, insbesondere weil kein wirksamer Entbindungsantrag gestellt wurde. Auch kann gerügt werden, die in § 233 Abs. 1 StPO genannten möglichen Rechtsfolgen seien überschritten worden. Denn in diesem Falle wäre ja eine Anwesenheit des Angeklagten erforderlich gewesen.

**845**  – **§ 247 StPO**: Die Revision hat über § 338 Nr. 5 StPO Erfolg, wenn es an einem ausschließenden Gerichtsbeschluss fehlt, der sich auf zulässige Erwägungen stützt[253]. Eine lediglich unzulänglich begründete Entscheidung kann indes die Revision dann nicht begründen, wenn tatsächlich unzweifelhaft die sachlichen Voraussetzungen des § 247 StPO vorlagen und vom Gericht auch nicht verkannt wurden[254].

Noch nicht abschließend geklärte revisionsrechtliche Probleme wirft auch die Änderung des § 247a StPO durch das im Jahre 2004 in Kraft getretene OpferRRG[255] auf, wodurch der gesetzliche Vorrang des § 247 StPO vor der Möglichkeit einer Videovernehmung entfallen ist. Das Gericht muss nunmehr im Ein-

---

250  Angeklagter: Rn. 210 ff.; Verteidiger: Rn. 244 ff.; Staatsanwaltschaft: Rn. 262; UdG: Rn. 312; Dolmetscher: Rn. 307 ff.
251  BGHSt 30, 74 ff.
252  BGH NStZ 1997, 295.
253  BGH NStZ 2002, 44 f.
254  BGH NJW 2000, 3795 f.; NStZ 2001, 48 f.
255  BGBl 2004 Teil I, S. 1355.

zelfall prüfen und darlegen, wie dem Spannungsverhältnis zwischen Aufklärungspflicht, Schutz des Zeugen und Verteidigungsinteressen im Einzelfall zu genügen ist.

Gerügt werden kann in Bezug auf § 247 StPO, andere Beweisvorgänge als diejenigen, welche den Ausschluss gerechtfertigt haben (etwa die Erhebung des Urkundsbeweises oder die Entscheidung über die Vereidigung eines Zeugen), seien in Abwesenheit des Angeklagten durchgeführt worden[256]. Wegen der hierdurch begründeten Gefahr verzichten die Gerichte verständlicherweise häufig auf die Möglichkeiten, die ihnen § 247 StPO zum Schutze der dort genannten Personen bieten. **846**

Schließlich kann auch ein Verstoß gegen die Unterrichtungspflicht aus § 247 S. 4 StPO einen relativen Revisionsgrund darstellen.

– **§ 247a StPO**: Gemäß § 247a S. 2 StPO ist die Entscheidung über die Videovernehmung nicht anfechtbar. Nach § 336 S. 2 StPO scheidet damit grundsätzlich auch eine Überprüfung in der Revisionsinstanz aus. Allerdings kann mit der Revision gerügt werden, dass es an dem erforderlichen Gerichtsbeschluss fehlt[257].

### bb) Abwesenheit des Verteidigers

Hinsichtlich der Person des Verteidigers ist eine **Unterscheidung** vorzunehmen, und zwar zwischen **847**

| fakultativer Verteidigung. | Fällen der notwendigen Verteidigung (§§ 140, 418 Abs. 4 StPO), in denen natürlich auch ein „Wahlverteidiger" auftreten kann. |

Diese Differenzierung ist für die Revision insofern von Bedeutung, als in Fällen der notwendigen Verteidigung die Hauptverhandlung nicht ohne die Anwesenheit eines Verteidigers durchgeführt werden darf, vgl. § 145 StPO. Soweit es sich nicht um Fälle der notwendigen Verteidigung handelt, kann ohne weiteres in Abwesenheit des Verteidigers verhandelt werden, § 228 Abs. 2 StPO.

Allerdings kann der Verteidiger die Möglichkeit einer Verfahrensrüge – jedenfalls für den Zeitraum der Urteilsverkündung – verwirken, wenn er sich eigenmächtig entfernt[258]. Auf andere Abschnitte der Hauptverhandlung dürfte dies aber nicht übertragbar sein, da hier die Möglichkeiten der Entpflichtung und Bestellung eines neuen Verteidigers bzw. der Aussetzung der Verhandlung bestehen, § 145 Abs. 1 StPO.

---

256 Vgl. hierzu oben Rn. 223 f. sowie BGH NJW 2003, 597; NStZ 2002, 384. Die Verhandlung über ein Ablehnungsgesuch während des auf § 247 StPO gestützten Ausschlusses genügt demgegenüber nicht, BGH in NJW 1996, 2382 f. Zum erforderlichen Revisionsvorbringen siehe BGH NStZ 2000, 328 f.
257 Vgl. BGH NStZ 2008, 421. Siehe auch oben Rn. 225, 425 f.
258 BGH NStZ 1998, 209, 267.

### cc) Abwesenheit sonstiger Verfahrensbeteiligter

**848** Nach § 226 StPO ist die Anwesenheit „der **Staatsanwaltschaft**", also nicht einer bestimmten Person, erforderlich. Allein aus dem Wechsel des Sitzungsvertreters der Staatsanwaltschaft kann also für die Revision nichts hergeleitet werden. Gleiches gilt für den Urkundsbeamten der Geschäftsstelle als **Protokollführer**, § 226 StPO.

Der **Dolmetscher** muss nach § 185 Abs. 1 GVG grundsätzlich der gesamten Verhandlung beiwohnen. Wird hiergegen verstoßen, so kann dies die Revision nach 338 Nr. 5 StPO rechtfertigen[259].

Andere Prozessbeteiligte, wie Nebenkläger oder Sachverständige, müssen an der Hauptverhandlung grundsätzlich nicht unterbrochen teilnehmen.

### dd) Gemeinsame Voraussetzungen der Revision bei Verstößen gegen Anwesenheitspflichten

**849** Allen genannten Anwesenheitspflichten ist gemeinsam, dass ein Verstoß nach 338 Nr. 5 StPO die Revision nur dann begründen kann, wenn die Abwesenheit während eines **wesentlichen Teils der Hauptverhandlung** stattgefunden hat[260].

In diesem Sinne „wesentlich" sind vor allem:

– die Vernehmung des Angeklagten zur Person und Sache;
– die Verlesung des Anklagesatzes;
– die Beweisaufnahme, also insbesondere die Vernehmung von Mitangeklagten, Sachverständigen oder Zeugen zur Schuld- und Tatfrage[261] bzw. der Verzicht auf eine vom Gericht zunächst für erforderlich gehaltene Zeugenvernehmung[262];
– die Verhandlung über die Entlassung und Vereidigung eines Zeugen[263];
– die Bescheidung von Anträgen über die Ausschließung der Öffentlichkeit;
– die Durchführung einer Ortsbesichtigung[264];
– die Schlussvorträge;
– die Verkündung der Urteilsformel.

**850** **Nicht wesentlich** und revisionsrechtlich mithin unbeachtlich sind demgegenüber insbesondere:

– der Aufruf des Zeugen oder eines Sachverständigen;
– die Belehrung nach § 57 StPO;
– die Festsetzung von Ordnungsmitteln nach § 51 StPO;
– die mündliche Eröffnung der Urteilsgründe.

---

259  BGH NStZ 2002, 275.
260  BGH NStZ 1998, 528.
261  BGH NStZ 1998, 476 f.
262  BGH NStZ 1996, 351.
263  BGH NStZ 1999, 44 f.; Die zwischenzeitlich angedeutete Tendenz des BGH, diesen Teil der Verhandlung unter Berücksichtigung der Gedanken des Zeugen- und Opferschutzes nicht mehr als wesentlich einzustufen (vgl. BGH NStZ 2000, 329; NJW 1998, 2541 f.) hat sich – leider – nicht fortgesetzt, vgl. BGH NStZ 2000, 440. Ob die Neufassung des § 59 StPO sich auch hier auswirkt, bleibt abzuwarten, siehe oben Rn. 389 (Fn.).
264  BGH NStZ 1998, 476 f.

## d) Verstoß gegen den Grundsatz der Öffentlichkeit, § 338 Nr. 6 StPO

Der Grundsatz der Öffentlichkeit, seine herausgehobene Bedeutung sowie die gesetz-   **851**
lich vorgesehenen Einschränkungen sind bereits dargestellt worden[265].

Sollen die Öffentlichkeit oder Teile davon **ausgeschlossen** werden, so hat das Gericht
nach § 174 Abs. 1 S. 2 GVG durch **Beschluss** zu entscheiden, wobei der Angeklagte
zuvor anzuhören ist, § 33 Abs. 1 StPO. Über die Frage der Ausschließung ist in nicht-
öffentlicher Sitzung zu verhandeln, sofern dies beantragt oder vom Gericht für angemessen gehalten wird.

Die Entscheidung muss jedoch wieder unter Einbeziehung der Öffentlichkeit verkündet werden (zu den Ausnahmen insoweit vgl. § 174 Abs. 1 S. 2 GVG). In den Fällen
der §§ 171b, 172 und 173 GVG ist zudem der Grund für den Ausschluss anzugeben,
vgl. § 174 Abs. 1 S. 3 GVG. Diese **Begründung** dient – neben einer Selbstkontrolle
des Gerichts und einer Unterrichtung der Öffentlichkeit – in erster Linie der revisionsrechtlichen Nachprüfung. Eine detaillierte Information der Zuschauer ist also
nicht erforderlich. Vielmehr genügt die Wiedergabe des maßgeblichen Gesetzestex-
tes oder der Hinweis auf die Gesetzesbestimmungen, soweit diese – wie z.B. § 172
Nr. 1a GVG oder § 172 Nr. 4 GVG – zweifelsfrei erkennen lassen, worauf sich das
Gericht stützt[266]. Enthält die betreffende Vorschrift mehrere Alternativen, so sollte die
zum Tragen kommende genau zitiert werden.

Nur in Einzelfällen kann die fehlende Begründung revisionsrechtlich unschädlich   **852**
sein. Dies gilt ausnahmsweise dann, wenn
– die Zuhörer im Gerichtssaal ohne weiteres erkennen konnten, bezüglich welcher
  Prozesshandlung und warum der Ausschluss erfolgte;
– aus dem gleichen Grunde auch das Revisionsgericht es auszuschließen vermag,
  dass aus rechtlichen Gründen eine andere Entscheidung des Tatrichters in Betracht
  gekommen wäre, die Richtigkeit der Entscheidung also nicht in Frage steht[267].

Ist die Öffentlichkeit für die Dauer der Vernehmung eines Zeugen ausgeschlossen, so
deckt der Beschluss auch eine nachfolgende Vernehmung ab, soweit diese mit der
vorangegangenen ein einheitliches Verfahrensgeschehen bildet[268].

Nach § 338 Nr. 6 StPO kann die Revision darauf gestützt werden, dass die Vorschrif-   **853**
ten über die Öffentlichkeit des Verfahrens verletzt wurden. Da der Öffentlichkeitsgrundsatz des § 169 GVG der Sicherung eines rechtsstaatlichen Verfahrens dient,
kann diese Rüge sogar dann erhoben werden, wenn der Angeklagte selbst die Ausschließung der Öffentlichkeit verlangt hat. Unanfechtbar ist jedoch der Ausschluss
der Öffentlichkeit zum Schutz der Privatsphäre nach § 171b GVG, wie sich aus
§ 171b Abs. 3 GVG i.V.m. § 336 S. 2 StPO ergibt.

Der Grundsatz des § 169 GVG ist nicht nur dann tangiert, wenn die Öffentlichkeit
insgesamt ausgeschlossen wird, sondern schon dann, wenn auch nur ein einziger

---

265  Siehe Rn. 24 ff.
266  Vgl. BGH NJW 1995, 3195 f.
267  Vgl. BGH NJW 1999, 3060 f.; NStZ 2000, 329.
268  BGH NStZ 2004, 220 f.

Zuhörer in einer nicht dem Gesetz entsprechenden Weise aus dem Sitzungssaal entfernt wird[269]. Als Grundlage für den Ausschluss **einzelner Zuhörer** ist neben den §§ 171a ff. GVG aber noch an weitere Vorschriften zu denken, nämlich:

– § 58 Abs. 1 StPO, wenn (ernsthaft) mit der Möglichkeit zu rechnen ist, dass die Person als Zeuge in Betracht kommt. Das gilt unabhängig davon, ob sie später tatsächlich als Zeuge gehört wurde[270].
– § 176 GVG, wenn die Entfernung des Zuhörers erforderlich ist, um etwa die Beeinflussung eines Zeugen in seinem Aussageverhalten zu unterbinden.

Da es sich hierbei um eine Maßnahme der Verhandlungsführung (§ 58 StPO) bzw. der sog. Sitzungspolizei (§ 176 GVG) handelt, ist für die Entscheidungen zunächst der Vorsitzende des Spruchkörpers zuständig.

**854** Weil die Zulassung der Öffentlichkeit eine Schutzfunktion für den Angeklagten hat, kann § 338 Nr. 6 StPO im Falle der unzulässigen **Erweiterung der Öffentlichkeit** – wenn also trotz Vorliegens eines Ausschlussgrundes öffentlich verhandelt wurde – keine Anwendung finden[271]. Vielmehr kann eine Revision nur darauf gestützt werden, dass die Öffentlichkeit unzulässigerweise **eingeschränkt** worden sei. Aus diesem Grunde stellt die – nach § 169 S. 2 GVG unzulässige – Fernsehaufnahme eines Teils der Hauptverhandlung nur einen relativen Revisionsgrund dar, der sich nicht zwingend auf das Urteil auswirkt[272].

Eine Erweiterung der Öffentlichkeit kann allenfalls im Jugendgerichtsverfahren nach § 337 StPO wegen Verletzung des § 48 Abs. 1 JGG gerügt werden.

**855** Mögliche Ansatzpunkte für eine erfolgreiche Rüge sind daher, dass
– es rein faktisch und ohne jede gesetzliche Grundlage (z.B. durch nicht veranlasste umfangreiche Einlasskontrollen) zu einer Behinderung kam[273];
– die Ausschließung nicht auf einem Gerichtsbeschluss, sondern nur auf einer Anordnung des Vorsitzenden beruhte;
– der Beschluss entgegen § 174 Abs. 1 S. 2 Hs. 1 GVG nicht öffentlich verkündet worden ist[274];
– er entgegen § 174 Abs. 1 S. 3 GVG nicht begründet wurde oder die Begründung unverständlich war;
– ein sachlicher Ausschließungsgrund nicht gegeben war.

---

269  Vgl. BGH NStZ 2004, 453 f. für den Ausschluss einzelner Zuhörer aufgrund ihrer ethnischen Herkunft.
270  BGH NStZ 2001, 163.
271  BGHSt 23, 82 (85) Grund: Durch eine neue Verhandlung unter Ausschluss der Öffentlichkeit könnte dieser Mangel – bereits geschehene Verletzung der jeweils geschützten Sphäre – ohnehin nicht revidiert werden. Allerdings kann das Unterlassen eines gebotenen Ausschlusses der Öffentlichkeit im Einzelfall im Wege der Aufklärungsrüge geltend gemacht werden. Dies stellt aber besondere Anforderungen an das Revisionsvorbringen, vgl. BGH NStZ 1998, 586.
272  BGH NStZ 1989, 375.
273  Vgl. BGH NJW 1995, 3196 f.
274  Vgl. BGH StV 1985, 223.

Demgegenüber kann die Unterlassung der nach § 33 Abs. 1 StPO vorgeschriebenen und auch nach § 174 Abs. 1 S. 1 GVG vorgesehenen[275] Anhörung der Verfahrensbeteiligten – so sie nicht stattgefunden hat – nur über § 337 StPO gerügt werden.

Anders als im Rahmen des § 338 Nr. 5 StPO kann i.d.R. auch nicht geltend gemacht **856** werden, im Rahmen einer unter Ausschluss der Öffentlichkeit vorgenommenen Zeugenvernehmung sei es zu weiteren Beweiserhebungen gekommen. Soweit diese – etwa die Verlesung einer Urkunde oder die Augenscheinseinnahme – in inhaltlichem Zusammenhang mit der Zeugenvernehmung standen, ist dies nicht zu beanstanden[276]. Die Öffentlichkeit muss auch nicht für die Entscheidung über die Vereidigung und Entlassung des Zeugen wieder hergestellt werden[277].

Schließlich ist **weitere Voraussetzung** für eine erfolgreiche Revision im Hinblick **857** auf § 338 Nr. 6 StPO, dass der Verfahrensverstoß auf einem **Verschulden des Gerichts** beruht[278]. Ein Verschulden ist dann anzunehmen, wenn das Gericht eine die Öffentlichkeit unzulässigerweise beschränkende Anordnung getroffen oder eine ihm bekannte Beschränkung nicht beseitigt hat[279]. Zu beachten ist in diesem Zusammenhang, dass dem Gericht gegenüber Hilfspersonen, insbesondere den Gerichtswachtmeistern, eine Aufsichtspflicht zukommt.

Besonderheiten gelten zudem bezüglich durchgeführter **Ortstermine**. Hier können sich insbesondere aus den räumlichen Verhältnissen faktische Begrenzungen ergeben. In einem solchen Fall ist es die Aufgabe des Vorsitzenden, nach seinem pflichtgemäßen Ermessen den notwendigen Ausgleich zwischen dem Öffentlichkeitsgrundsatz und den Erfordernissen einer geordneten Verhandlung zu gewährleisten. Die revisionsrechtliche Kontrolle ist mithin auf Rechtsfehler bei dieser Ermessensausübung begrenzt[280].

### e) Fehlende oder verspätete Urteilsbegründung, § 338 Nr. 7 StPO

Diese Vorschrift spielt in der Praxis so gut wie keine Rolle. Sind gar keine Gründe **858** vorhanden, so zwingt dies (abgesehen von Prozessurteilen, etwa nach § 329 Abs. 1 StPO) schon auf die sog. Sachrüge[281] hin zur Aufhebung des Urteils, da es keinen überprüfbaren Inhalt hat. Auch unvollständige oder in sonstiger Weise mangelhafte Entscheidungsgründe können über § 338 Nr. 7 StPO nicht gerügt werden[282]. Selbst fehlende Unterschriften der Berufsrichter sind nur auf eine entsprechende Verfahrensrüge hin revisionsrechtlich bedeutsam[283].

---

275  Siehe dort die Formulierung „zu verhandeln".
276  Vgl. BGH 1 StR 132/08; NStZ 2006, 117; NJW 2003, 597.
277  BGH NJW 2003, 2761.
278  Vgl. BGHSt 22, 297 für den Fall der Verwehrung des Zutritts durch einen Wachtmeister, ohne dass dies durch das Gericht bemerkt wurde; BGH NStZ 1995, 143 f. bei versehentlich verschlossener Tür zum Zuschauerraum; OLG Zweibrücken NJW 1995, 3333 zur falschen Angabe von Öffnungszeiten am Gerichtseingang.
279  BGHSt 22, 301 f.
280  BGH NJW 2006, 1220 f. zum Ortstermin in einem Treppenhaus; siehe auch oben Rn. 26, 30.
281  Siehe hierzu unten Rn. 902 ff.
282  BGH MDR 1971, 548.
283  BGH NJW 2001, 838 f.

Denkbarer Fall ist eine verspätete Abfassung unter Überschreitung der in § 275 Abs. 1 StPO genannten Fristen. Maßgebend ist insoweit regelmäßig der durch den Eingangsvermerk dokumentierte Eingang des von den Berufsrichtern unterzeichneten Urteils bei der Geschäftsstelle. Ausreichend ist es zur Fristwahrung aber, wenn der zuletzt unterschreibende Richter das Urteil vor Fristablauf in seinem Dienstzimmer auf den Weg zur Geschäftsstelle gebracht hat[284]. Eine Rüge nach § 338 Nr. 7 StPO stellt im Übrigen besondere Anforderungen an das Revisionsvorbringen[285].

### 3. Die relativen Revisionsgründe

**859**   Die sog. relativen Revisionsgründe sind in den §§ 337 und 338 Nr. 8 StPO geregelt. Obwohl sie nicht zwangsläufig zu einer Aufhebung des Urteils führen, spielen sie in der Praxis die Hauptrolle.

#### a) Die Voraussetzungen des § 337 StPO

„Zerlegt" man diese Vorschrift in ihre tatbestandlichen Voraussetzungen, so verlangt § 337 Abs. 1 StPO zweierlei, nämlich
- die **Verletzung eines Gesetzes** und
- das **Beruhen** des Urteils auf dieser Gesetzesverletzung (**Kausalität**).

Als ungeschriebene weitere Voraussetzung ist – im Ausnahmefall – zu prüfen, ob die Geltendmachung des gerügten Gesetzesverstoßes nicht infolge eigenen absichtsvollen Fehlverhaltens verwirkt ist[286].

#### aa) Der Begriff des Gesetzes i.S.d. § 337 StPO

**860**   Die Antwort auf die Frage, was unter dem Begriff „Gesetz" zu verstehen ist, findet sich in § 337 Abs. 2 StPO sowie in § 7 EGStPO, wonach Gesetz im Sinne dieser Vorschrift **„jede Rechtsnorm"** ist. Das Wesen der „Rechtsnorm" wiederum liegt in ihrer Allgemeinverbindlichkeit, weshalb z.B. innerbehördliche Dienstvorschriften oder Verwaltungsanordnungen als Gesetz i.S.d. § 337 Abs. 1 StPO ausscheiden.

**861**   Dieser allgemeine Begriff des „Gesetzes" wird von der Rechtsprechung allerdings eingeengt, und zwar durch die sog. **„Rechtskreistheorie"**[287], welche im Schrifttum immer wieder angegriffen wird[288].

---

284   BGH NStZ-RR 2007, 53 f.
285   Vgl. hierzu BGH NStZ-RR 2007, 53 f.; 88 sowie KK-*Kuckein*, § 338 Rn. 98 m.w.N.
286   Siehe etwa BGH NStZ 2005, 646 ff.
287   Vgl. grundlegend (zu § 55 StPO) BGHSt 11, 213 ff. sowie BGHSt 17, 245 (247). Für die Rechtsprechung kann angeführt werden, dass es eine Abstufung der Verfahrensvorschriften gibt. Einige berühren die Interessen des Angeklagten, andere nicht. Diese unterschiedlichen Wertigkeiten haben ja auch in § 273 StPO sowie der Unterscheidung zwischen den §§ 337 und 338 Nr. 1 bis 7 StPO Niederschlag gefunden. Im Übrigen fürchtet der BGH nicht zu Unrecht eine Ausuferung der Revision, sollten die Rügemöglichkeiten ausgeweitet werden.
288   Vgl. z.B. *Grüner* JuS 1994, 193 ff. und *Roxin*, § 53 Rn. 31. Ein gegen diese Theorie angeführter Grund ist insbesondere die Forderung nach einem durchgängig „justizförmigen" Verfahren. Im Übrigen liegen Rechtsprechung und Literatur gar nicht so weit auseinander. Denn auch Letztere

Sie besagt, dass der Rechtsmittelführer nur die Verletzung solcher Normen mit Erfolg rügen kann, die zumindest auch seinen eigenen „Rechtskreis" betreffen. Vorschriften, die nur dem Schutz des Staates (bzw. dem Funktionieren seiner Organe, z.B. §§ 54, 96 StPO) oder dritter Personen dienen (z.B. §§ 55, 81c StPO), können daher einer Revision des Angeklagten nicht zum Erfolg verhelfen. Ob es sich bei einer Norm um eine solche handelt, die den Rechtskreis des Angeklagten schützen soll, kann im Einzelfall umstritten und problematisch sein. Aus diesem Grunde muss hinsichtlich der Frage einer möglichen Revisibilität eines Verfahrensverstoßes stets die Frage nach dem jeweiligen **Schutzzweck der verletzten Norm** gestellt werden. Im Folgenden werden Sie solche Normen exemplarisch kennenlernen.

### bb) Die Kausalität i.S.d. § 337 StPO

Da das Urteil auf dem Verfahrensverstoß bzw. dem Rechtsfehler **„beruhen"** muss,    **862** kann die Revision nur dann Erfolg haben, wenn bei **richtiger** Anwendung des Gesetzes das Urteil anders ausgefallen wäre (daher auch der Begriff „relative" Revisionsgründe).

Dies ist jedoch nicht im Sinne der strengen naturwissenschaftlichen Kausalität zu beurteilen. Vielmehr genügt es, wenn im Falle eines ordnungsgemäßen Verfahrensablaufs die bloße Möglichkeit einer anderen Entscheidung bestanden hätte (sog. **„Möglichkeitstheorie"**)[289]. An einem ursächlichen Zusammenhang i.S.d. § 337 Abs. 1 StPO fehlt es demnach nur dann, wenn eine andere Entscheidung praktisch ausgeschlossen oder nur rein theoretisch ist[290]. Dies ist im Rahmen einer Gesamtbetrachtung aller im Einzelfall relevanten Umstände zu beurteilen[291]. Erfahrungsgemäß sind die Oberlandesgerichte – anders als der mehr ergebnisorientierte BGH – mit dem Ausschluss eines ursächlichen Zusammenhangs i.S.d. § 337 StPO eher zurückhaltend.

Im Gegensatz zu § 337 StPO wird in den Fällen der absoluten Revisionsgründe (§ 338 Nr. 1 bis 7 StPO) die Kausalität des Verfahrensverstoßes für die Entscheidung unwiderlegbar vermutet.

### cc) Begriff und Bedeutung von „Ordnungsvorschriften"

Eine weitere Einschränkung der Revisibilität findet dadurch statt, dass sog. verfah-    **863** rensrechtliche **„Soll- oder Ordnungsvorschriften"** nicht zum Kreis der zwingenden Rechtsnormen gezählt werden bzw. eine Kausalität zwischen Verfahrensverstoß und Urteil in diesem Bereich für i.d.R. ausgeschlossen erachtet wird[292].

---

      möchte nicht eine uneingeschränkte Revisibilität, sondern grenzt die Möglichkeiten des Rechtsmittelführers durch die „Schutzzwecklehre" bzw. die konsequentere Prüfung der Kausalität ein. Auch tröstet man sich mit dem Argument, dass angesichts der eingeschränkten Protokollpflicht (§ 273 StPO) ohnehin viele Verstöße gar nicht zu belegen sind.

287  BGH in ständiger Rechtsprechung, z.B. BGHSt 22, 278 (280).

290  Vgl. BGH NJW 1988, 1223 (1224).

291  BGH NStZ 1996, 400 f. für den Fall der Nichtvernehmung eines Zeugen.

292  Vgl. KK-*Kuckein*, § 337 Rn. 13.

Ein Verstoß gegen Ordnungsvorschriften stellt zwar im Grundsatz eine Gesetzesverletzung i.S.d. § 337 StPO dar, dies ist allerdings nicht durchgängig anzunehmen. Derartige Vorschriften sollen oftmals nur einen reibungslosen Ablauf des Verfahrens sicherstellen und können – nach Auffassung des BGH[293] – normalerweise keinen Einfluss auf den Ausgang des Verfahrens haben. Ihre Verletzung kann also nur dann mit der Revision gerügt werden, wenn sie **ausnahmsweise** über die formale Regelung des Verfahrens hinaus auch den Schutz des Angeklagten bezwecken. Ist dies der Fall, so kann die Revision auch auf die Verletzung einer Ordnungsvorschrift gestützt werden, soweit es sich um einen **bedeutenden Verstoß** handelt[294].

Es muss also bei jeder einzelnen Rechtsnorm, deren Verletzung bei der Überprüfung eines Sachverhaltes festgestellt wird, überlegt werden, ob es sich um eine Ordnungsvorschrift handelt, die nur den formalen Ablauf regelt und daher von ihrem Schutzzweck nicht auch den Rechtskreis des Angeklagten betrifft.

Dabei besteht das weitere Problem, dass die Ordnungsvorschriften nicht immer durch tatbestandliche Formulierungen (wie „soll") erkennbar sind. Vielmehr muss im Einzelfall die Zielrichtung einer Vorschrift herausgearbeitet werden.

### dd) Beispielsfall zur Zweckbestimmung verfahrensrechtlicher Normen

**864**  Die vorbeschriebene Abgrenzungsproblematik soll anhand des § 243 StPO verdeutlicht werden:

> Der Angeklagte ist vom Amtsgericht verurteilt worden, und zwar wegen Beleidigung zu einer Geldstrafe von 30 Tagessätzen zu je 30 €.
>
> Er erklärt:
>
> „Also, ich saß da vor dem Sitzungssaal und es passierte nichts. Schließlich – meine Sache musste schon seit einer halben Stunde dran sein – bin ich einfach reingegangen. Ohne mich nach meinem Namen etc. zu fragen, hat der Richter mich aufgefordert, ich solle mich hinsetzen. Das habe ich getan. Die in Betracht kommenden Zeugen waren auch schon da. Komischerweise blieben die alle im Saal, bis das Verfahren zu Ende war. Aber das Unangenehmste war, dass der Richter alle meine Vorstrafen vorgelesen hat, die bis in das Jahr 1972 zurückreichen und nicht vergleichbare Delikte betreffen, mit Beleidigung also nichts zu tun haben. Der Richter hat mich dann auch zu der angeblichen Beleidigung vernommen, bis ihm plötzlich einfiel, der Staatsanwalt solle sich auch mal nützlich machen und die Anklageschrift verlesen. Das hat er dann auch getan. Nach meiner Vernehmung hat der Richter gesagt, eigentlich hätte ich ja gar nichts zu sagen brauchen, aufgrund meines Geständnisses müsse er mich nun aber verurteilen.
>
> War das denn alles so richtig? Kann ich da was gegen machen?"

---

293  Vgl. BGHSt 11, 213 (214).

294  Vgl. BGHSt 23, 244 (245) für den Fall, dass die – für die Beurteilung bzw. Überprüfung der Glaubwürdigkeit relevanten – Personalien eines Zeugen entgegen § 68 Abs. 1 StPO (an sich Ordnungsvorschrift) nicht abgefragt und hierdurch vor dem Angeklagten und dessen Verteidiger geheim gehalten wurden.

Stets muss systematisch damit begonnen werden, aus dem Geschehen mögliche Verfahrensfehler herauszuarbeiten.

Die Begründetheit der Revision setzt, wie bereits gesagt, gem. § 337 Abs. 1 StPO die Verletzung eines Gesetzes voraus. Dieses Gesetz könnte hier in § 243 StPO zu sehen sein.

> In chronologischer Reihenfolge wurde im Beispielsfall gegen diese Vorschrift wie folgt verstoßen:
> – Die Sache wurde entgegen § 243 Abs. 1 S. 1 StPO nicht aufgerufen;
> – es fand entgegen § 243 Abs. 1 S. 2 StPO keine Präsenzfeststellung statt;
> – die Zeugen wurden nicht aus dem Sitzungssaal gewiesen (§ 243 Abs. 2 S. 1 StPO);
> – Feststellungen zur Person des Angeklagten (§ 243 Abs. 2 S. 2 StPO) fehlten;
> – die Verlesung des Anklagesatzes erfolgte zum falschen Zeitpunkt (§ 243 Abs. 3 S. 1 StPO);
> – die Belehrung des Angeklagten wurde unterlassen (§ 243 Abs. 4 S. 1 StPO);
> – die Verlesung der Vorstrafen war entgegen § 243 Abs. 4 S. 3 StPO zu umfangreich.

**Aufruf der Sache**: Obwohl nach dem Wortlaut des § 243 Abs. 1 S. 1 StPO der Aufruf der Sache zwingend ist (die Vorschrift enthält nicht die Formulierung „soll"), handelt es sich lediglich um eine Ordnungsvorschrift, da sie nur den äußeren Verfahrensablauf regelt. Rechte des Angeklagten können durch den unterlassenen Aufruf der Sache selbst nicht tangiert werden (wohl, wenn ohne ihn **verhandelt** wird, vgl. § 338 Nr. 5 StPO). Eine Verletzung dieser Vorschrift ist mithin nicht revisibel. **865**

**Fehlende Präsenzfeststellung**: Ob es sich bei § 243 Abs. 1 S. 2 StPO um eine bloße Ordnungsvorschrift handelt, ist streitig[295]. Für die Einordnung als bloße Ordnungsvorschrift spricht der Umstand, dass die Präsenzfeststellung lediglich die Überprüfung ermöglichen soll, ob mit der Hauptverhandlung begonnen werden kann. Die Rechtssphäre des Angeklagten wird hierdurch nicht nachhaltig berührt, da er im Verlauf der weiteren Beweisaufnahme selbst feststellen kann, wer anwesend ist und am Verfahren teilnimmt. Durch die Stellung von Beweisanträgen kann er seine Rechte wahren. Obwohl es sich nach wohl herrschender Meinung bei der Präsenzfeststellung um keine wesentliche (und damit revisible) Förmlichkeit handelt, dürfte die Protokollierung, wer im Einzelnen erschienen ist, gleichwohl zweckmäßig sein. **866**

**Nicht-Entfernen der Zeugen aus dem Sitzungssaal**: Auch diese Vorschrift (§ 243 Abs. 2 S. 1 StPO) ist dem Wortlaut nach zwingend. Sie wird jedoch lediglich als Ordnungsvorschrift eingestuft[296]. Dies erscheint überraschend, da der Zweck der Norm darin zu sehen ist, dass die Zeugen möglichst unbefangen und unbeeinflusst von den Äußerungen anderer Verfahrensbeteiligter und Beweismittel zur Sache bekunden sollen. Nur die getrennte Vernehmung von Zeugen kann ggf. auch Widersprüche aufdecken. **867**

---

295 Vgl. KK-*Schneider*, § 243 Rn. 10 m.w.N.
296 Vgl. *Meyer-Goßner*, § 243 Rn. 9, 36.

Die Einordnung als Ordnungsvorschrift wird aber von Zweckmäßigkeitserwägungen getragen. Denn es kann von Seiten des Gerichts nicht immer festgestellt werden, ob sich unter den Zuschauern ein Zeuge befindet. Würde dieser nicht mehr vernommen werden dürfen, weil er sich unbemerkt im Sitzungssaal aufgehalten hat, so würde dies in der Praxis zu einer nicht gerechtfertigten Einschränkung der Aufklärungsmöglichkeiten und damit zu unhaltbaren Ergebnissen führen können.

Dementsprechend stellt auch § 58 Abs. 1 StPO eine reine Ordnungsvorschrift dar, wonach die Zeugen einzeln und in Abwesenheit der später zu hörenden Zeugen zu vernehmen sind[297]. Eine Verletzung dieser Vorschrift kann allenfalls im Rahmen des § 244 Abs. 2 StPO (Aufklärungsrüge) mit der Begründung geltend gemacht werden, der Zeuge hätte bei Beachtung der Vorschrift anders ausgesagt.

**868**  **Fehlende Feststellungen zur Person**: § 243 Abs. 2 S. 2 StPO erfasst in erster Linie die Feststellung der **Identität** des Angeklagten – dabei ist er nur verpflichtet, die in § 111 Abs. 1 OWiG aufgeführten Angaben zu machen – und nicht die Erörterung des persönlichen Werdegangs. Bei § 243 Abs. 2 S. 2 StPO handelt es sich zwar nicht nur um eine bloße Ordnungsvorschrift, im Allgemeinen wird aber das Urteil auf einem Verstoß nicht beruhen[298].

Die fehlende Rügemöglichkeit gilt auch für die zur Vernehmung zur Sache (§ 243 Abs. 4 S. 2 StPO) gehörende und im Rahmen der Schuldfrage erhebliche eigentliche Befragung zur Person (Werdegang/individuelle Entwicklung/familiäre Situation pp.) sowie darüber hinaus in den Fällen, in denen der Angeklagte zum eigentlichen Tatgeschehen nur unzulänglich angehört wurde[299]. Dieser Einordnung dürfte die Erwägung zugrunde liegen, dass andernfalls das Revisionsgericht den Ablauf der Vernehmung im Detail – und nicht die Einhaltung der grundlegenden Formalien – nachvollziehen müsste. Damit würde aber der gesetzlich gewollte Rahmen der Revision gesprengt.

**869**  **Verlesung des Anklagesatzes zum falschen Zeitpunkt**: Hierin ist ein Verstoß gegen § 243 Abs. 3 S. 1 StPO zu sehen, wonach der Angeklagte erst nach Verlesung des Anklagesatzes und dem gem. § 243 Abs. 4 S. 1 StPO erforderlichen Hinweis auf sein Schweigerecht vernommen werden darf. Erst dann soll die Beweisaufnahme folgen.

Sinn dieser Chronologie ist es, dem Angeklagten nochmals die gegen ihn erhobenen Vorwürfe bewusst zu machen, bevor er sich äußert. Nur in genauer Kenntnis der Anklage kann er seine Verteidigung auf den Tatvorwurf einstellen. Die Zustellung der Anklageschrift liegt zu diesem Zeitpunkt i.d.R. aber bereits länger zurück.

Die vor der Vernehmung des Angeklagten stattfindende Verlesung der Anklage ist also auch Erfordernis eines fairen Verfahrens. Im Übrigen werden durch die Verlesung der Anklageschrift auch die Schöffen über den Gegenstand der Verhandlung unterrichtet.

---

297  St. Rspr., z.B. BGH NStZ 1981, 93.
298  Vgl. OLG Köln NStZ 1989, 44 sowie KK-*Schneider*, § 243 Rn. 60.
299  Vgl. *Meyer-Goßner*, § 243 Rn. 40.

Dementsprechend begründet ein Verstoß gegen § 243 Abs. 3 S. 1 StPO – insbesondere natürlich ein gänzliches Unterlassen der Verlesung – regelmäßig die Revision, da das Urteil auf einem derartigen Mangel beruhen kann[300].

Eine andere Beurteilung ist nur dann angezeigt, wenn es sich um einen ganz einfach gelagerten Sachverhalt handelt[301], wenn der Fehler den Gang der Hauptverhandlung oder den Inhalt des Urteils in keiner Weise berührt hat oder wenn die Prozessbeteiligten auf andere Art und Weise (z.B. durch die Verlesung eines Revisionsurteils nach Zurückverweisung der Sache) vom Gegenstand des Verfahrens hinreichend unterrichtet waren.

**Unterlassener Hinweis auf das Schweigerecht**: Dieser Verstoß gegen § 243 Abs. 4 **870** S. 1 StPO betrifft die Grundvoraussetzungen eines fairen Verfahrens und kann daher mit der Revision gerügt werden. Allerdings beruht das Urteil dann nicht auf der Gesetzesverletzung, wenn der Angeklagte seine Aussagefreiheit auch ohne die Belehrung kannte oder aber in jedem Fall ausgesagt hätte[302]. Für die Revision bedeutet dies, dass insoweit ein entsprechend erweitertes Rügevorbringen erforderlich ist[303].

Sind mehrere Personen angeklagt, so können sich naturgemäß die Mitangeklagten auf die zum Nachteil eines anderen Angeklagten erfolgte Verletzung einer Norm wie des § 243 Abs. 4 S. 1 StPO nicht berufen.

**Erörterung der Vorstrafen**: Hier liegt ein Verstoß gegen § 243 Abs. 4 S. 3 StPO **871** vor, wonach die Vorstrafen nur insoweit in das Verfahren eingeführt werden sollen, als sie für die Entscheidung von Bedeutung sind. Auch diese Vorschrift wird als bloße Ordnungsvorschrift angesehen, und zwar selbst dann, wenn die Verteidigung einen Beschluss des Gerichts nach § 238 Abs. 2 StPO über die Frage der Verlesung herbeigeführt hat[304]. Allerdings kann die unzulässige **Verwertung** einer im Bundeszentralregister gelöschten oder löschungsreifen Vorstrafe die Revision rechtfertigen.

**Zusammenfassend** kann also hinsichtlich § 243 StPO Folgendes festgestellt werden: **872**

Als Revisionsgründe kommen **nicht** in Betracht:

- Verstöße gegen Abs. 1 und Abs. 2 S. 1, da es sich nur um Ordnungsvorschriften handelt.
- Die Befragung des Angeklagten zur Person im Sinne der Identitätsfeststellung. § 243 Abs. 2 S. 2 StPO stellt zwar keine Ordnungsvorschrift dar, nach der Rechtsprechung wird aber ein Urteil auf der unterlassenen oder unvollständigen Befragung des Angeklagten in der Regel nicht beruhen[305].

---

300  BGH NStZ 2000, 214. Gleiches gilt beim Strafbefehlsverfahren für die Verlesung des Strafbefehls, der insoweit der Anklageschrift gleichsteht.
301  Als solchen akzeptiert der BGH selbst den Vorwurf des sexuellen Missbrauchs von Schutzbefohlenen in vier Fällen, aufgrund dessen der Angeklagte zu einer Freiheitsstrafe von vier Jahren und sechs Monaten verurteilt wurde, vgl. BGH NStZ 1995, 200 f. sowie die kritischen Anmerkungen von *Krekeler*, NStZ 1995, 299 f.
302  BGH NJW 1974, 1570 ff.
303  Vgl. zur Kritik hieran die Literaturhinweise bei KK-*Schneider*, § 243 Rn. 62.
304  Vgl. *Meyer-Goßner*, § 243 Rn. 41.
305  OLG Köln NStZ 1989, 44.

– Kein Revisionsgrund ist auch die unzulängliche Vernehmung des Angeklagten zur Sache (und damit auch zu seinem persönlichen Werdegang) was angesichts des § 46 StGB (Beurteilung der „Schuld") problematisch erscheint.

> Revisionsgründe sind in unserem Beispielsfall dagegen:
> – Unterlassene Verlesung des Anklagesatzes bzw. Verlesen zum falschen Zeitpunkt;
> – unterlassener Hinweis nach § 243 Abs. 4 S. 1 StPO.

### b) Die Voraussetzungen des § 338 Nr. 8 StPO

**873** Nach § 338 Nr. 8 StPO kann die Revision darauf gestützt werden, dass die Verteidigung in einem für die Entscheidung wesentlichen Punkt durch einen Beschluss des Gerichts unzulässig beschränkt worden sei. Diese Vorschrift beinhaltet als **Auffangtatbestand**[306] („letzter Rettungsanker") also folgende drei Voraussetzungen:

– **Unzulässige Beschränkung** der Verteidigung, z.B. durch gesetzwidrige Ablehnung eines Beweisantrages, Verweigerung von Akteneinsicht oder allgemein durch Verletzung besonderer Verfahrensvorschriften;

– in einem **für die Entscheidung wesentlichen Punkt**, was nichts anderes als **Kausalität** i.S.d. § 337 Abs. 1 StPO bedeutet[307];

– durch einen in der Hauptverhandlung ergangenen **Gerichtsbeschluss**. Dieses Erfordernis ist jedoch dann verzichtbar, wenn ein entsprechender Beschluss zwar nicht vorliegt, nach Lage des Verfahrens aber hätte ergehen müssen. Ansonsten hätte das Gericht es in der Hand, durch das diesbezügliche Unterlassen der Revision die Erfolgsaussicht zu nehmen.

**874** Neben § 337 StPO kommt § 338 Nr. 8 StPO nur selten zur Anwendung, denn angesichts der Auffangfunktion dieser Vorschrift verbietet sich ihre Prüfung, wenn bereits die einfache Verfahrensrüge des § 337 StPO greift.

Unzulässig i.S.d. § 338 Nr. 8 StPO ist eine Beschränkung der Verteidigung dann, wenn **besondere** Verfahrensvorschriften verletzt wurden[308]. Dies ist nur anzunehmen, wenn ermessensfehlerhaft oder willkürlich der Grundsatz der Gewährung einer wirksamen Verteidigung missachtet wurde[309]. Revisionsträchtig ist es demnach, wenn:

– gegen den Grundsatz des fairen Verfahrens verstoßen wurde[310], etwa durch die ermessensfehlerhafte Ablehnung der Beiordnung eines auswärtigen Verteidigers[311];

---

306 BGH NJW 1970, 1197; BGHSt 23, 244; vgl. allgemein zur Bedeutung des § 338 Nr. 8 StPO *Weiler*, NStZ 1999, 105 ff.

307 Auch hier kann die Revision also nur Erfolg haben, wenn das Urteil auf dem gerügten Verfahrensmangel konkret beruhen kann, BGH NJW 2005, 303; NStZ 2004, 632 f.; NStZ-RR 2004, 50. Anders als bei einer auf § 337 StPO gestützten Revision bedarf es bei der Rüge des § 338 Nr. 8 StPO insoweit **besonderer Darlegungen in der Revisionsbegründung**, vgl. BGH a.a.O. sowie NStZ 1998, 369.

308 KK-*Kuckein*, § 338 Rn. 99.

309 BGH NJW 1997, 3385 f.; NStZ 1992, 247.

310 Vgl. *Meyer-Goßner*, § 338 Rn. 59 m.w.N.

311 BGH NStZ 1998, 49 f.

- ein Beweisantrag ohne jede inhaltliche Prüfung zurückgewiesen wurde[312];
- das Gericht sich grundlos weigert, Anträge der Verteidigung entgegenzunehmen[313];
- dem Verteidiger kein angemessener Sitzplatz zugestanden wird und dies zu einer unzumutbaren Beeinträchtigung der Kontaktaufnahme mit seinem Mandanten während der Hauptverhandlung führt;
- vom Vorsitzenden einzelne Fragen nach § 241 StPO zu Unrecht nicht zugelassen werden[314];
- nicht im erforderlichen Umfang Akteneinsicht gewährt wird[315];
- das Gericht ermessensfehlerhaft oder willkürlich terminiert und so dem Verteidiger die Möglichkeit zur Teilnahme an der Hauptverhandlung nimmt[316];
- ein Antrag auf Unterbrechung oder Aussetzung der Hauptverhandlung (etwa zur ordnungsgemäßen Vorbereitung des erst kurzfristig beauftragten oder verspätet geladenen Verteidigers) zu Unrecht abgelehnt wird[317].

## c) Einwände gegen das Protokoll über die Hauptverhandlung

Der Rechtsmittelführer muss im Rahmen der Revision Verfahrensverstöße substanti- **875** iert darlegen (vgl. § 344 Abs. 2 S. 2 StPO). Damit stellt sich für ihn auch die Frage, wie er solche Verstöße **belegen** kann.

Insoweit stellt das Protokoll über die Hauptverhandlung (§§ 271 bis 274 StPO) die wesentliche Grundlage dar. Was alles in die Niederschrift aufzunehmen ist, wurde bereits behandelt[318]. Zur revisionsrechtlichen Bedeutung des Protokolls folgender Beispielsfall:

Der Angeklagte trägt vor:
- In der Hauptverhandlung sei der Anklagesatz nicht verlesen worden, obwohl aus nicht erfindlichen Gründen das Sitzungsprotokoll eine Verlesung ausweise.
- Aus dem Protokoll ergebe sich nicht, ob der Anklagesatz (wie in Wirklichkeit aber geschehen) verlesen worden sei. Das Protokoll enthält tatsächlich keine entsprechende Angabe. Im Übrigen sei das Protokoll fehlerhaft, da die Unterschrift des Urkundsbeamten der Geschäftsstelle fehle.

Sind diese Einwände revisionsrechtlich beachtlich?

Wie bereits festgestellt, muss der Anklagesatz in der Hauptverhandlung verlesen werden. Unterbleibt dies, so stellt das einen Verstoß gegen § 243 Abs. 3 S. 1 StPO

---

312  BGHSt 29, 149.
313  BGH JR 1980, 218.
314  BGHSt 21, 334 (359 f.).
315  BGH NJW 1996, 2171; BGHSt 30, 131 (137 f.), lesenswerte Entscheidung zur Vorlagepflicht von „Spurenakten" im Entführungsfall *Oetker*.
316  BGH NStZ 1998, 311 f.; OLG Hamm StV 1990, 56. Zum (großen) Umfang des Ermessens bei der Terminierung siehe oben Rn. 345.
317  Vgl. BGH NStZ 2004, 632 f.; NJW 2000, 1350.
318  Siehe oben Rn. 382 ff.

dar und begründet in der Regel die Revision, da das Urteil auf einem derartigen Mangel beruhen kann, § 337 Abs. 1 StPO. Ob eine entsprechende Rüge Erfolg verspricht, hängt ganz entscheidend von dem Inhalt des Hauptverhandlungsprotokolls ab, vgl. § 274 StPO.

**876**   Selbst wenn das Protokoll gefälscht ist und der entsprechende Nachweis gelingt, so hat dies allein noch keine unmittelbare Auswirkung auf die Erfolgsaussichten der Revision. Denn im Falle des Wegfalls der Beweiskraft wird nicht etwa der Vortrag des Rechtsmittelführers als wahr unterstellt. Konsequenz hieraus ist allein, dass nunmehr das Rechtsmittelgericht im Wege des Freibeweises die erhobene Rüge aufklären kann. Für unseren Beispielsfall gilt Folgendes:

–   Da das Sitzungsprotokoll eine Verlesung des Anklagesatzes ausweist, tritt die sog. positive Beweiskraft i.S.d. § 274 StPO ein. Eine Fälschung wird vom Angeklagten weder behauptet noch dargelegt. Die Revision ist mangels Begründetheit insoweit also ohne Aussicht auf Erfolg.

–   Mit der Behauptung, das Protokoll sei nicht vollständig, erhebt der Angeklagte die sog. „Protokollrüge". Davon spricht man, wenn geltend gemacht wird, das Protokoll sei inhaltlich unzutreffend. Eine derartige Rüge ist unbeachtlich, denn auf dem Fehler des Protokolls kann die einem Urteil zu Grunde liegende Entscheidung nicht beruhen[319]. Im Rahmen der Revision muss der Beschwerdeführer vielmehr einen Verfahrensverstoß genau und bestimmt behaupten. Rügt er lediglich isoliert den Inhalt des Protokolls, so kann dies im Rahmen der Revision nicht berücksichtigt werden, denn auf einem fehlerhaften Protokoll kann das Urteil nicht beruhen. Auch die – im Übrigen nachholbare – Unterschrift des Urkundsbeamten kann sich allenfalls auf die Beweiskraft des Protokolls auswirken.

### d) Der falsch behandelte Beweisantrag

**877**   Die Rüge der gesetzwidrigen Zurückweisung von Beweisanträgen macht ein Hauptkontingent des Revisionsvorbringens aus; viele dieser Anträge werden ja allein mit dem Ziel der Revision gestellt.

Stellen Sie sich vor, in unserem **Originalfall** hätte Herr Lellmann in der Hauptverhandlung formgerecht den Antrag gestellt, einen Zechkumpanen aus der Gaststätte als Entlastungszeugen zu der Tatsache zu vernehmen, dass es nicht zu den angeklagten Gewalttätigkeiten gekommen sei. Dieser Antrag sei vom Gericht mit der Begründung zurückgewiesen worden, der Zeuge sei – angesichts dessen eigener, derjenigen des Angeklagten vergleichbaren Trunkenheit – „ungeeignet".

Hätte eine Revision Aussicht auf Erfolg?

---

319  BGH NStZ-RR 2007, 52.

Wird ein ordnungsgemäß gestellter Beweisantrag zu Unrecht zurückgewiesen, so können im Rahmen der Revision Rügen unter **mehreren Gesichtspunkten** erhoben werden, nämlich

die **allgemeine Verfahrensrüge**, dh § 337 StPO i.V.m.

die Rüge der **unzulässigen Beschränkung der Verteidigung, § 338 Nr 8 StPO.**

§§ 244 Abs. 3-5, 245 Abs. 2 StPO

§ 244 Abs. 2 StPO (Aufklärungsrüge)

Wird die mangelhafte Beweiserhebung gerügt, so muss zunächst aus dem Sachverhalt extrahiert werden, welche Maßnahmen das Gericht unterlassen hat. Vorliegend ist dies die abgelehnte Vernehmung eines Zeugen. **878**

Sodann ist anhand der oben dargestellten[320] gesetzlichen Möglichkeiten (§ 244 Abs. 3 bis 5, § 245 Abs. 2 S. 2 und 3 StPO) zu beurteilen, ob die getroffene Entscheidung gesetzmäßig war. Ist dies der Fall, so muss in einem weiteren Schritt geprüft werden, ob trotz der Nichterhebung des beantragten Beweises dem Aufklärungsgrundsatz des § 244 Abs. 2 StPO Genüge getan wurde.

Weist das Gericht einen Beweisantrag mit inhaltlich unzutreffender Begründung zurück, so ist § 337 StPO als Revisionsgrund aus den oben genannten Gründen dem § 338 Nr. 8 StPO vorrangig.

Zurück zum abgewandelten **Originalfall:** Eine völlige Ungeeignetheit des vom Angeklagten benannten Zeugen, wie sie § 244 Abs. 3 Satz 2, Alt. 4 StPO verlangt, kann nicht festgestellt werden. Selbst wenn der Zeuge dem Alkohol zugesprochen hat, so steht nicht fest, in welchem Zustand er sich (vielleicht aufgrund einer Alkoholgewöhnung) konkret befunden hat und ob seine Wahrnehmungsfähigkeit oder sein Erinnerungsvermögen tatsächlich beeinträchtigt waren. Die Ablehnung, diesen Zeugen zu vernehmen, würde also einen Verstoß gegen § 244 Abs. 3 StPO darstellen und somit – von einer Kausalität dieses Verstoßes für die Entscheidung kann ausgegangen werden – eine Revision begründen, § 337 StPO. Im Übrigen wäre auch der Aufklärungsgrundsatz des § 244 Abs. 2 StPO verletzt, was einen selbstständigen Revisionsgrund darstellt. **879**

Wird ein Beweisantrag mit fehlerhafter Begründung abgelehnt, so beruht hierauf regelmäßig die Entscheidung selbst dann, wenn der Tatrichter dem Antrag unter Berufung auf einen anderen Ablehnungsgrund nicht hätte nachgehen müssen. Dem Revisionsgericht ist nämlich i.d.R. die Ersetzung des in Bezug genommenen Ablehnungsgrundes nicht gestattet[321]. Denn der Antragsteller musste (und konnte) sich in der Hauptverhandlung nur auf den ihm mitgeteilten Ablehnungsgrund einstellen. Etwas anders gilt nur dann, wenn eine Bewertung der im Einzelfall in Betracht kom-

---

320 Siehe oben Rn. 447 ff.
321 BGH NStZ 2003, 102.

menden Umstände zu dem Ergebnis führt, dass auch bei richtiger Bescheidung des Beweisantrages von dem Antragsteller keine anderen sachdienlichen Anträge mehr hätten gestellt werden können[322].

**880** Besonderheiten gelten allerdings für das – in der Praxis häufig angewandte – **Strafbefehlsverfahren** und das beschleunigte Verfahren, soweit diese vor dem Strafrichter stattgefunden haben. Hier ist das Gericht bei der Bescheidung von Beweisanträgen nicht an den Katalog der §§ 244 Abs. 3 bis 5, 245 Abs. 2 StPO gebunden (vgl. §§ 411 Abs. 2 S. 2, 420 Abs. 4 StPO). Wird gegen das Urteil des Strafrichters in diesen Fällen Sprungrevision eingelegt und beanstandet, das Gericht habe einen beantragten Beweis zu Unrecht nicht erhoben, so kann dies folglich nur mit der im Folgenden dargestellten Aufklärungsrüge geschehen[323].

### e) Verstöße gegen die Aufklärungspflicht

**881** Verstöße gegen die oben näher erläuterte Aufklärungspflicht verhelfen immer (Kausalität vorausgesetzt) der Revision zum Erfolg. Das Gericht hat also stets zu prüfen, ob die Ausschöpfung eines bestimmten Beweismittels
– zulässig,
– die zu beweisende Tatsache von Bedeutung,
– das Beweismittel geeignet und
– erreichbar ist.

Hat der Tatrichter es unterlassen, eine bestimmte Beweistatsache unter Benutzung eines bestimmten Beweismittels aufzuklären, obwohl sich ihm die unterbliebene Beweiserhebung aufdrängen musste, so liegt ein Revisionsgrund (§ 337 Abs. 1 i.V.m. § 244 Abs. 2 StPO) vor. Allerdings muss der Rechtsmittelführer im Rahmen dieser sog. „**Aufklärungsrüge**" mit der Revisionsbegründung auch darlegen, aus welchen tatsächlichen Gründen sich dem Gericht die vermisste Beweiserhebung aufdrängen musste und welches Beweisergebnis dann zu erwarten gewesen wäre[324].

**882** Wird der Beweis erhoben, so kann sich der Angeklagte gleichwohl beschwert fühlen, wenn er mit der Ausschöpfung des Beweismittels – z.B. dem Umfang der Befragung eines Zeugen durch das Gericht – inhaltlich nicht zufrieden ist.

**Beispielsfall:** Der Angeklagte ist wegen Ladendiebstahls verurteilt worden. Er rügt: „Die Zeugen Schmitz und Müller haben in der Hauptverhandlung ausgesagt, sie hätten mich bei Begehung des Diebstahls eindeutig erkannt. Bei der polizeilichen Vernehmung hatten sie aber noch angegeben, wegen der Vielzahl der im Geschäft anwesenden Kunden hätten sie den Täter nicht genau beobachten können, eine Personenbeschreibung sei ihnen daher nicht möglich. Diese – für mich ja günstige – polizeiliche Vernehmung ist den Zeugen vom Gericht nicht vorgehalten worden. Vielmehr hat sich die Verurteilung im Wesentlichen auf diese Zeugen gestützt."

---

322  Vgl. BGH NStZ 2000, 437 f.; NStZ 1997, 286.
323  Vgl. OLG Köln StraFo 2003, 380 f.; KK-*Graf*, § 420 Rn. 9 m.w.N.
324  Vgl. BGH 5 StR 364/03 sowie NStZ 2004, 690 f.

Vorliegend wird nicht die fehlende Heranziehung, sondern die sog. „**Nichtausschöp-fung**" des Beweismittels bzw. die „Aktenwidrigkeit" des Beweisergebnisses gerügt. Eine derartige Rüge ist jedoch im Bereich der Revision unbeachtlich, da mit der auf § 244 Abs. 2 StPO gestützten Aufklärungsrüge nicht geltend werden kann, der Beweisgehalt eines Beweismittels sei nicht ausgeschöpft worden, etwa weil bestimmte Fragen nicht gestellt oder Vorhalte nicht gemacht worden seien[325]. Der Grund hierfür liegt darin, dass sich das Revisionsgericht ansonsten mit den Einzelheiten der Beweisaufnahme auseinandersetzen müsste, die nicht zu den wesentlichen Förmlichkeiten gehören.

Hierdurch wird der Angeklagte auch nicht unzulässig belastet. Denn ihm steht es ja frei, seinerseits den Zeugen entsprechende Vorhalte zu machen.

> Im **Beispielsfall** stellt das gerügte Verhalten also keinen Verstoß gegen die Aufklärungs-pflicht dar.

### f) Die fehlerhafte Belehrung von Zeugen

Wie bereits erörtert, müssen Zeugen vor der Vernehmung über ihre Rechte belehrt **883** werden, vgl. §§ 57, 55 Abs. 2, 52 Abs. 3 StPO. Auch der Umfang der Belehrungs-pflichten und die Folgen von Verstößen hiergegen sind bereits erörtert worden[326].

Zur revisionsrechtlichen Seite des Problems zunächst folgender **Beispielsfall:**

> Sie sind Rechtsanwalt. Der Angeklagte erscheint bei Ihnen und erklärt Folgendes:
>
> „Ich bin wegen Körperverletzung verurteilt worden. Irgendwie kam der Richter mit den Zeugen nicht zurecht:
>
> – Meine Ehefrau hat er in keiner Weise belehrt, dass sie etwa nicht aussagen müsse. Sie hat mich daher belastet.
> – Mein Freund, der bei der Körperverletzung tatkräftig mitgewirkt hatte, aber von der Polizei nicht als Täter ermittelt werden konnte, hat im Rahmen seiner Vernehmung als Zeuge mich – und sich – belastet, und zwar nicht ahnend, dass er hierzu nicht ver-pflichtet war; denn auch er war nicht belehrt worden."
>
> Hätte eine angestrebte Revision Aussicht auf Erfolg?

### Fehlende Belehrung der Ehefrau:

Insoweit könnte ein Revisionsgrund in § 337 Abs. 1 i.V.m. **§ 57 S. 1 StPO** (unterlas-sene Ermahnung zur Wahrheit) vorliegen. Bei dieser Norm handelt es sich jedoch lediglich um eine sog. **Ordnungsvorschrift**, welche allein die Interessen des Zeugen wahren soll, sich nicht der Strafverfolgung wegen eines Aussagedelikts auszuset-

---

325 BGH NStZ 2006, 55 f.; NJW 2003, 2763; NStZ 2000, 156 f. Etwas anderes kann gelten, wenn sich aus den schriftlichen Urteilsgründen eindeutig ergibt, dass ein Zeuge zu einem relevanten Thema **gar nicht** befragt wurde.
326 Siehe oben Rn. 139 f.; 268 ff.; 499 ff.

zen[327]. Die Revision kann also auf eine Verletzung dieser Vorschrift nicht gestützt werden, und zwar auch nicht unter dem Aspekt der Aufklärungspflicht.

**884**  Die Revision könnte jedoch möglicherweise auf § 337 Abs. 1 i.V.m. **§ 52 Abs. 3 S. 1 StPO** gestützt werden. Danach ist der Zeuge vor jeder Vernehmung (oder Exploration durch einen Sachverständigen) durch den Vorsitzenden zu belehren. Das gilt selbst für einen erst 6 Jahre alten Zeugen, für den dann die Eltern entscheiden[328].

Wird diese Belehrung unterlassen, so darf die Aussage nicht verwertet werden. Geschieht dies dennoch und kann das Urteil auf der Verwertung dieser fehlerhaft zustande gekommenen Aussage beruhen, so können der Angeklagte – wie auch Mitangeklagte, zu deren Ungunsten die Aussage verwertet wurde – die Revision auf diesen Mangel stützen[329]. Denn § 52 StPO schützt zumindest auch den Rechtskreis des Angeklagten, da seine persönliche Beziehung zu dem Zeugen, der sich in einem Interessenkonflikt zwischen emotionaler Bindung und Wahrheitspflicht befindet, geschützt werden soll.

Das Verwertungsverbot entfällt nur dann, wenn im Wege einer Gesamtschau mit Sicherheit festgestellt werden kann, dass der nicht belehrte Zeuge sein Zeugnisverweigerungsrecht kannte und/oder auch bei ordnungsgemäßer Belehrung hiervon keinen Gebrauch gemacht hätte[330].

Der Mangel kann also auch nach der Vernehmung des Zeugen noch durch die Einholung seiner Erklärung **geheilt** werden, dass er auch nach einer ordnungsgemäßen Belehrung über sein Zeugnisverweigerungsrecht ausgesagt hätte.

**885**  Hinsichtlich der nach §§ 53, 53a StPO Zeugnisverweigerungsberechtigten gilt die bereits erwähnte Besonderheit, dass eine Belehrung durch das Gericht nicht erforderlich ist[331]. Allerdings kann eine gleichwohl durchgeführte, aber unrichtige Belehrung durch das Gericht oder die fehlerhafte Angabe, der Zeuge sei gem. § 53 Abs. 2 StPO von seiner Verschwiegenheitspflicht befreit worden, die Revision begründen[332].

> Da im **Beispielsfall** die Ehefrau des Angeklagten nicht ordnungsgemäß belehrt wurde und eine Heilung dieses Mangels nicht stattgefunden hat, durfte ihre Aussage nicht verwertet werden. Wenn das Gericht seine Entscheidung u.a. auch auf die Angaben der Ehefrau gestützt hat, wäre die Revision wegen eines Verstoßes gegen § 52 Abs. 3 S. 1 StPO begründet, § 337 Abs. 1 StPO.

**886**  **Fehlende Belehrung des Freundes (Mittäters):**

Einen weiteren Revisionsgrund könnte § 337 Abs. 1 StPO i.V.m. **§ 55 StPO** darstellen. Nach dieser Vorschrift ist jeder Zeuge über sein Auskunftsverweigerungsrecht zu belehren.

---

327  KK-*Senge*, § 57 Rn. 7 m.w.N.
328  Vgl. BGH NStZ 1991, 398.
329  Siehe BGH NStZ 2006, 647 f.; BGHSt 33, 148 (154).
330  BGH NStZ-RR 2004, 18, 212 f.; NJW 1995, 1501 (1502).
331  BGH NJW 1991, 2844 (2846).
332  BGH NJW 1996, 2436.

Zwar ist dies zwingend, es handelt sich jedoch auch bei § 55 StPO nur um eine reine **Ordnungsvorschrift**, die – im Normalfall der personellen Verschiedenheit von Zeuge und Angeklagtem – lediglich den Schutz des Zeugen bezweckt[333]. Etwas anderes kann aber dann gelten, wenn sich der Angeklagte in einem anderen Verfahren als Zeuge auf § 55 StPO berufen hat und ihm dies im anhängigen Verfahren nach dem Motto „der hat also was zu verbergen" angelastet wird[334].

Die Einordnung des § 55 StPO in den Kreis der Ordnungsvorschriften durch den BGH ist streitig. Überwiegende Teile der Literatur nehmen insoweit sogar ein Beweisverwertungsverbot an mit der Begründung, die Vorschrift diene auch dem Zweck, den Angeklagten vor der Belastung durch Aussagen zu schützen, deren Beweiswert durch die nicht auszuschließende Tendenz des Zeugen, sich selbst zu begünstigen (und damit ggf. den Angeklagten zu Unrecht zu belasten) zweifelhaft ist[335].

Hinsichtlich des § 55 StPO ist weiterhin anzumerken, dass die Aufklärungsrüge der §§ 337 Abs. 1, 244 Abs. 2 StPO begründet sein kann, wenn das Gericht aus einem Rechtsirrtum heraus (etwa hinsichtlich der Angehörigeneigenschaft oder des Begriffs der Verfolgungsgefahr) die auf § 55 StPO gestützte, aber unberechtigte Weigerung eines Zeugen hinnimmt und auf eine Vernehmung verzichtet[336].

Hinzu kommt, dass die Entscheidung des Vorsitzenden über das Bestehen und ggf. den Umfang eines Auskunftsverweigerungsrechts nur dann im Rahmen der Revision überprüft werden kann, wenn sie in der Hauptverhandlung nach § 238 Abs. 2 beanstandet wurde[337].

> Die unterlassene Belehrung des Zeugen bleibt im Beispielsfall also revisionsrechtlich ohne Folgen.

### g) Fehler bei der Vereidigung von Zeugen

Bis zur Neufassung der Eidesvorschriften durch das am 01.09.2004 in Kraft getretene **887** Justizmodernisierungsgesetz mussten in der Hauptverhandlung grundsätzlich alle Zeugen vereidigt werden.[338]. Mit der Neufassung des § 59 StPO hat der Gesetzgeber dem Umstand Rechnung getragen, dass im Rechtsalltag von einer Vereidigung regelmäßig abgesehen wurde, weil die Verfahrensbeteiligten darauf verzichteten (§ 61 Nr. 5 StPO a.F.). So steht die Vereidigung – in der Form der §§ 64 ff. StPO – nunmehr im Ermessen des Gerichts, wenn es sie wegen der ausschlaggebenden Bedeutung der Bekundungen oder zur Herbeiführung einer wahren Aussage für erforderlich hält. Damit haben die Eidesregeln viel von ihrer Revisibilität eingebüßt.

333  BGH NStZ 1985, 493; vgl. auch BGH NStZ 1998, 313.
334  BGH NStZ 1992, 448.
335  Vgl. die Nachweise bei *Meyer-Goßner*, § 55 Rn. 17 und insbesondere *Roxin*, § 24 Rn. 36 m.w.N.
336  BGH NStZ 2007, 278 f.; NJW 2003, 151.
337  BGH NJW 2007, 386.
338  Die Frage der Vereidigung im **Ermittlungsverfahren** richtet sich nach § 62 StPO.

Der Eid wurde zwar zur Ausnahme, der Gesetzgeber hält aber ersichtlich noch immer an der These fest, die Vereidigung sei taugliches Mittel zur Herbeiführung wahrheitsgemäßer Angaben. Eine derartige Wirksamkeit ist bislang indes noch nicht nachgewiesen worden. Berechtigterweise wird angesichts der gravierenden Folgen eines Meineides (§ 154 StGB) daher immer wieder die ersatzlose Abschaffung der Eidespflicht gefordert[339].

**888**  Im Hinblick auf die Revision ist zunächst bedeutsam, dass dem Tatgericht ein eigenes Ermessen eingeräumt ist, so dass sich die revisionsrechtliche Prüfung auf die Frage beschränkt, ob das Gericht **willkürlich** gehandelt hat. Zudem entscheidet zunächst der Vorsitzende im Rahmen seiner Prozessleitungsbefugnis allein darüber, ob ein Zeuge vereidigt wird. Eine auf die Verletzung des § 59 StPO gestützte Revision setzt daher immer voraus, dass die entsprechende Anordnung des Vorsitzenden – die keiner Begründung bedarf – nach § 238 Abs. 2 StPO beanstandet wurde[340]. Im Übrigen ist naturgemäß abzuwarten, wie sich die gesetzliche Neuregelung in der Rechtsprechung der Revisionsgerichte niederschlägt. Soweit die alte Rechtslage weiterbesteht, gilt Folgendes:

**889**  Gemäß § 59 Abs. 2 StPO ist der Eid nach der Vernehmung des Zeugen – wozu auch schon die „informatorische Befragung" gehört[341] – zu leisten (sog. „Nacheid"). Denn es soll die Möglichkeit der Berichtigung einer unzutreffenden Aussage bis zuletzt offengehalten werden.

Die Befugnis zur Abnahme von Eiden steht im gerichtlichen Verfahren allein dem Richter zu, wobei in Kollegialgerichten der Vorsitzende gem. § 238 Abs. 1 StPO allein entscheidet, ob ein Zeuge vereidigt wird oder unvereidigt entlassen werden kann bzw. muss. Ein Beschluss des gesamten Spruchkörpers kann nur durch Rüge nach § 238 Abs. 2 StPO herbeigeführt werden[342]. Ausnahmen von der Vereidigungspflicht sind in den §§ 60 und 61 StPO geregelt. Dabei enthält § 60 StPO zwingende Vereidigungsverbote.

**890**  Im Rahmen der Hauptverhandlung ergeben sich bei der Vereidigung im Wesentlichen folgende **mögliche Fehlerquellen**:

**Fehlende Entscheidung des Gerichts:**

Wurde ein Zeuge **ohne Entscheidung** über die Frage der Vereidigung unvereidigt entlassen, so stellt dies nicht zwingend die Verletzung eines Gesetzes i.S.d. § 337 StPO dar. Immerhin geht der Gesetzgeber selbst davon aus, dass Zeugen i.d.R. nicht vereidigt werden. Damit dürfte sich die Revisibilität auf solche Fälle beschränken, in

---

339  Vgl. die Nachweise bei *Haller*, S. 85 f.
340  BGH NStZ 2005, 340 f.
341  BGH StV 1988, 289.
342  BGHSt 1, 216; bestritten u.a. von *Peters*, S. 357, mit der Begründung, die Entscheidung über eine Vereidigung berühre unmittelbar die Beweiswürdigung und damit die eigentliche Sachbeurteilung, die allein dem gesamten Gericht zusteht. Nach der Neufassung des § 59 StPO im Jahre 2004 ist ungeklärt, ob der Kammerbeschluss mit einer Begründung zu versehen ist. Wohl verneinend BGH NStZ 2006, 463.

denen allein die Vereidigung eine ermessensfehlerfreie Entscheidung gewesen wäre (Ermessensreduktion auf „Null"). Geklärt ist diese Frage noch nicht. Allerdings kann die Entlassung des Zeugen im Einzelfall die stillschweigende Entscheidung über die (Nicht-)Vereidigung beinhalten[343].

**Vereidigung trotz des Verbotes aus § 60 StPO:**                                891

Nach § 60 StPO ist in bestimmten Fällen eine Vereidigung des Zeugen untersagt. Dies gilt namentlich dann,
– wenn der Zeuge das 16. Lebensjahr noch nicht vollendet hat bzw. aufgrund seiner Verstandesreife oder psychischen Situation die Bedeutung des Eides nicht erfasst;
– sowie bei Personen, welche der Tatbeteiligung bzw. der Begünstigung, Hehlerei oder Strafvereitelung bzgl. der verhandelten Tat zumindest verdächtig sind[344].

Wird ein solcher Zeuge verbotswidrig vereidigt, so ist hierin zunächst die Verletzung eines Gesetzes i.S.d. § 337 StPO zu sehen. Kausalität im Sinne dieser Vorschrift ist regelmäßig jedenfalls dann anzunehmen, wenn das Gericht die Aussage als beeidete verwertet, da der eidlichen Aussage entsprechend der (noch immer gegebenen) Wertung des Gesetzgebers – trotz vielfältiger Kritik hieran[345] – vom Tatrichter schon der Vereidigung wegen ein größerer Beweiswert zuerkannt worden sein kann[346]. Auch in diesem Fall spielt es für die Begründetheit der Revision keine Rolle, ob der Vorsitzende allein oder der gesamte Spruchkörper nach § 238 Abs. 2 StPO entschieden hat.

Wenn es den Fehler noch rechtzeitig bemerkt, kann das Gericht den an sich gegebe-      892
nen Revisionsgrund dadurch ausräumen, dass es die Aussage lediglich als uneidliche verwertet. Allerdings müssen die Verfahrensbeteiligten über diese andere Bewertung informiert werden. Unterbleibt ein entsprechender Hinweis, so kann auch dies eine Revision begründen[347].

Für die Frage, ob ein Zeuge nach § 60 Nr. 2 StPO unvereidigt zu bleiben hat (§ 60 Nr. 1 StPO spielt in der Praxis nur eine untergeordnete Rolle), ist der Zeitpunkt der Urteilsfindung maßgebend[348]. Notfalls ist also erneut in die Beweisaufnahme einzutreten und ein entsprechender Hinweis zu geben. Hiervon kann nur dann abgesehen werden, wenn aufgrund des Verfahrensverlaufs die Beteiligten auf eine durch den Eid erhöhte Glaubwürdigkeit des Zeugen nicht vertrauen durften[349]. Da kaum abzusehen ist, ob das Revisionsgericht einer solchen Einschätzung folgen wird, dürfte der Wiedereintritt in die Beweisaufnahme zwingend sein.

---

343  BGH NStZ 1988, 18.
344  Für die Anwendung des § 60 Nr. 2 StPO ist allein entscheidend, dass das Verhalten des Zeugen ein tatbestandsmäßiges, rechtswidriges und schuldhaftes und damit an sich strafbares Verhalten darstellt. Ob im Einzelfall eine Bestrafung des Zeugen erfolgen kann, ist dagegen unerheblich. Das Bestehen eines den Zeugen schützenden Verfahrenshindernisses hindert daher die Anwendung des § 60 Nr. 2 StPO nicht, vgl. BGH NJW 1998, 1727.
345  Vgl. z.B. *Dahs*, Festschrift für Kurt *Rebmann*, 1989, S. 161 ff.
346  BGH NStZ 2000, 267; NStZ 1996, 609 f.
347  BGH NJW 2000, 2519.
348  BGHSt 4, 130; BGH NStZ 1993, 341.
349  BGH NJW 1999, 154 (157); StV 1986, 89 f.

**893  Irrtümliche Annahme eines Verbotsgrundes:**

Als weitere Fehlerquelle sind die Fälle zu nennen, in denen das Gericht irrtümlich einen Verbotsgrund annimmt, indem z.B. infolge fehlerhafter Interpretation der Begriffe „Beteiligung" oder „Tatverdacht" (vgl. § 60 Nr. 2 StPO) von einer eigentlich gewollten Vereidigung abgesehen wird. Kommt das Gericht bei der Beratung zu dem Ergebnis, dass entgegen der vorherigen Annahme kein Tat- oder Teilnahmeverdacht besteht und die Voraussetzungen des § 59 Abs. 1 StPO vorliegen, so ist unter Wiedereröffnung der Beweisaufnahme die Vereidigung des Zeugen nachzuholen, sofern kein anderer Grund für eine Nichtvereidigung besteht[350].

Allerdings besteht in derartigen Fällen das formale Problem, einen solchen Verfahrensablauf zu belegen. Nach § 59 Abs. 1 S. 2 StPO wird der Grund für eine Vereidigung nicht im Hauptverhandlungsprotokoll vermerkt. Umgekehrt wird auch nur festgestellt, dass der Zeuge nach § 59 Abs. 1 StPO unvereidigt entlassen wurde. Damit fehlt es in jedem Fall an einer dokumentierten formalen Begründung für das Vorgehen des Gerichts. Sollte gleichwohl ein entsprechender Nachweis geführt werden können, so wäre die irrtümliche Annahme eines Verbotsgrundes des § 60 StPO als Verstoß gegen ein Gesetz i.S.d. § 337 StPO jedenfalls dann anzusehen, wenn über die Nichtvereidigung vom Gericht (also nicht allein durch den Vorsitzenden) entschieden wurde[351]. Die Ursächlichkeit i.S.d. § 337 StPO wäre anzunehmen, wenn das Urteil zumindest auch auf diesen Zeugen gestützt wird und die konkrete Möglichkeit besteht, dass unter Eid eine inhaltlich andere Aussage erfolgt wäre.

**894  Unterlassene Belehrung nach § 61 StPO:**

Wer nach § 52 StPO zur Verweigerung des Zeugnisses berechtigt ist, darf nach § 61 Hs. 1 StPO auch die Eidesleistung ablehnen. Hierüber ist er gem. § 61 Hs. 2 StPO gesondert zu belehren, was natürlich nur dann relevant werden kann, wenn eine Vereidigung überhaupt beabsichtigt ist. § 61 StPO ist also eine weitere prozessuale Schutzvorschrift zugunsten der in § 52 Abs. 1 StPO genannten Angehörigen. Im Falle der Vereidigung ohne vorherige Belehrung müssen daher dieselben Rechtsfolgen eintreten wie bei fehlendem Hinweis auf das Zeugnisverweigerungsrecht nach § 52 Abs. 3 S. 1 StPO, nämlich regelmäßig ein Erfolg der Revision[352].

Das Urteil beruht auf diesem Fehler, wenn sich eine andere Bewertung der Glaubwürdigkeit des Zeugen – im Falle der Eidesverweigerung – nicht ausschließen lässt. Daraus ergibt sich, dass es an der Kausalität fehlt, wenn
– die Aussage nicht (bzw. im Falle der Revision des Angeklagten nicht zu dessen Ungunsten) verwertet,
– wenn sie nur als uneidliche verwertet wurde,
– oder wenn festgestellt werden kann, dass der Zeuge auch im Falle seiner ordnungsgemäßen Belehrung den Eid geleistet hätte[353].

---

350  BGH NStZ 1995, 244.
351  RGSt 20, 163 für den Fall des § 60 Ziffer 1 StPO; BGHSt 20, 98 (100) für den Fall des § 60 Ziffer 2 StPO; BGH StV 1988, 125.
352  BGH NStZ 2001, 604; NStZ 1992, 224; NStZ 1989, 84.
353  BGH NStZ 2008, 171 f.

**Verstoß gegen die Eidesform bzw. das Verbot des Voreides:** **895**

Missachtet das Gericht die gesetzlich vorgeschriebene Eidesform i.S.d. §§ 64 ff. StPO oder nimmt es einen Voreid ab, so kann dies eine Revision rechtfertigen[354]. Besonders in komplexen Verfahren mit vielen Zeugen kann leicht gegen das Verbot des Voreides (§ 59 Abs. 2 StPO) verstoßen werden. Denn dieses ist auch dann verletzt, wenn ein bereits vereidigter Zeuge erneut aufgerufen und befragt wird, ohne dass der hinzugekommene Teil seiner Aussage gesondert beeidet oder nach § 67 StPO in den zuvor geleisteten Eid einbezogen wird[355]. Gerade dies wird bei den in der Praxis zuweilen turbulenten Verfahrensabläufen leicht vergessen. Auch das Gebot der Einzelvereidigung ist aus revisionsrechtlicher Sicht zu beachten[356].

## h) Fehler bei der Vereidigung sonstiger Beteiligter

Auch der **Dolmetscher** ist gemäß § 189 GVG – vor seiner Übertragungstätigkeit – zu **896** vereidigen, sofern er nicht erklärt, sich auf einen allgemein geleisteten Eid berufen zu wollen. Der Sinn dieser Vereidigung wird darin gesehen, dem Dolmetscher seine besondere Verantwortung in Erinnerung zu rufen.

Wird gegen die zwingende Vorschrift des § 189 GVG verstoßen, so liegt ein relativer Revisionsgrund i.S.d. § 337 StPO vor. An der erforderlichen Kausalität fehlt es nur in Ausnahmefällen, etwa wenn keinerlei Anzeichen dafür sprechen, dass dem (allgemein vereidigten) Dolmetscher im konkreten Fall trotz der unterlassenen Vereidigung seine besondere Verantwortung nicht bewusst war oder wenn die Ordnungsgemäßheit der Übertragung durch die Kontrolle von Mitdolmetschern bzw. einen sprachkundigen Mitangeklagten sichergestellt war und Beanstandungen nicht erhoben wurden[357].

Schließlich ist hinsichtlich der **Sachverständigen** die Eidesvorschrift des § 79 StPO zu beachten. Deren Vereidigung steht ausschließlich im Ermessen des Gerichts. Auch hier steht die Berufung auf einen allgemein geleisteten Eid der Vereidigung gleich, § 79 Abs. 3 StPO.

Die Ermessensausübung im Rahmen des § 79 Abs. 1 StPO ist der Überprüfung durch das Revisionsgericht entzogen[358].

## i) Verstöße gegen den Unmittelbarkeitsgrundsatz des § 250 StPO

Nach § 250 StPO dürfen der Personal- und der Augenscheinsbeweis grundsätzlich **897** nicht durch den Urkundsbeweis ersetzt werden[359]. Ein Verstoß gegen diesen Unmittelbarkeitsgrundsatz kann die Revision nach § 337 StPO rechtfertigen[360]. Dies soll anhand der beiden folgenden **Beispielsfälle** verdeutlicht werden:

---

354  Vgl. BGHSt 1, 22 (24).
355  BGHSt 4, 140 (141 f.).
356  KK-*Senge*, § 59 Rn. 2 m.w.N.
357  Vgl. BGH NStZ 2005, 705 f.; 1998, 204.
358  BGHSt 21, 227 f.
359  Siehe hierzu und zu den Ausnahmen oben Rn. 464 ff., 484 ff.
360  BGH StV 1988, 91.

Nehmen wir an, das Gericht hätte zur Arbeitserleichterung auf die Vernehmung von Zeugen verzichtet, statt dessen deren polizeiliche Aussagen verlesen und dann die Verurteilung hierauf gestützt.

Dies könnte eine Revision aufgrund einer Verletzung von § 250 S. 2 StPO rechtfertigen. Ein Verstoß gegen ein Gesetz i.S.d. § 337 StPO liegt vor. Kausalität ist entsprechend der Möglichkeitstheorie auch gegeben, da die Zeugen bei persönlicher Vernehmung als nicht glaubwürdig hätten erscheinen oder sich in Widersprüche hätten verstricken können. Da es sich bei § 250 StPO zudem um eine Vorschrift handelt, die den Angeklagten schützen soll und damit seinen Rechtskreis betrifft, wird eine Revision Erfolg haben.

Wie wäre es, wenn das Gericht nur auf die Vernehmung eines Zeugen verzichtet und statt dessen den polizeilichen Vernehmungsbeamten (aus dem Ermittlungsverfahren) gehört hätte?

Hier käme als möglicher Revisionsgrund § 337 i.V.m. § 250 S. 1 StPO in Betracht. Danach darf die Vernehmung eines Zeugen nicht durch den **Urkundsbeweis** ersetzt werden. Der Polizeibeamte als Vernehmungsperson („Zeuge vom Hörensagen") darf demgegenüber vernommen werden.

Ein Verstoß könnte jedoch gegen §§ 337, **244 Abs. 2 StPO** gegeben sein. Danach sind alle erreichbaren Beweismittel auszuschöpfen. Naturgemäß ist der unmittelbare Tatzeuge ein besseres Beweismittel als der Zeuge vom Hörensagen oder nur die Urkunde. Aus diesem Grunde dürfte die Revision, gestützt auf eine Verletzung der Aufklärungspflicht, zumindest dann Erfolg haben, wenn – wie hier – kein sachlicher Grund bestanden hat, auf die Einvernahme des Zeugen zu verzichten.

### j) Verstöße gegen die Hinweispflicht des § 265 StPO

**898**  Voraussetzungen und Umfang der Hinweispflicht sind bereits dargestellt worden[361]. Auf einen Verstoß gegen § 265 Abs. 1 bis 4 StPO kann die Revision gestützt werden. Hinsichtlich einer Verletzung des § 265 Abs. 4 StPO kann jedoch nur mit Erfolg gerügt werden, das Gericht habe dessen Voraussetzungen verkannt oder sein Ermessen fehlerhaft ausgeübt[362].

Allerdings ist – um die erforderliche **Kausalität** zu begründen – bei einem Verstoß gegen § 265 Abs. 1 und 2 StPO in der Revisionsbegründung anzugeben, dass auf einen Hinweis hin eine **andere Verteidigung erfolgt wäre** und dementsprechend das Urteil auch anders hätte ausfallen können, jedenfalls eine andere Entscheidung nicht mit Sicherheit auszuschließen sei[363].

---

361  Siehe oben Rn. 530 ff.
362  Vgl. BGH NJW 1998, 1802; BGHSt 8, 92 (96).
363  BGH NJW 1985, 2488.

## k) Verstöße gegen sonstige Rechte des Angeklagten

Wie ausgeführt kann die Revision auf die Verletzung jeder Vorschrift gestützt wer- **899** den, die zumindest auch den Schutz des Rechtsmittelführers bezweckt. Zu Abrundung daher ein letztes **Beispiel:**

> Stellen Sie sich vor, der Angeklagte rügte hinsichtlich des Ablaufs der Hauptverhandlung Folgendes:
> - er sei nicht nach der Vernehmung eines jeden Zeugen gefragt worden, ob er zu dessen Bekundungen etwas zu erklären habe;
> - er habe eine schriftlich fixierte Erklärung als „letztes Wort" verlesen wollen, was ihm mit der Begründung verweigert worden sei, das dauere zu lange.
>
> Kann eine Revision Erfolg versprechen?

Die Lösung ergibt sich aus folgenden Vorschriften:

**Zeugenvernehmung:** Hier könnte **§ 257 Abs. 1 StPO** verletzt sein. Danach soll der Angeklagte nach jedem Beweisschritt die Möglichkeit zur Stellungnahme haben. Allerdings handelt es sich auch bei dieser Vorschrift um eine **Ordnungsvorschrift**[364], so dass eine Gesetzesverletzung i.S.d. § 337 StPO jedenfalls dann ausscheidet, wenn dem Angeklagten **insgesamt** rechtliches Gehör gewährt wurde.

**Letztes Wort:** Das „letzte Wort" gebührt in jedem Fall dem **Angeklagten**, § 258 **900** **Abs. 2 Hs. 2 StPO.** In Verfahren gegen Jugendliche ist gem. § 67 Abs. 1 JGG i.V.m. § 258 Abs. 2 und 3 StPO auch dessen **gesetzlichem Vertreter** oder Erziehungsberechtigtem stets **von Amts wegen**[365] das letzte Wort zu erteilen. Diese Vorschriften sind zwingend i.S.d. § 337 Abs. 1 StPO.

Das „letzte Wort" geht über den Anspruch auf rechtliches Gehör i.S.d. Art. 103 Abs. 1 GG hinaus. Der Sinn der Vorschrift liegt darin, dass der Angeklagte sich nochmals abschließend zum gesamten Prozessstoff äußern können soll. Mit seiner Erklärung als letztem Eindruck soll das Gericht in die Beratung gehen. Entsprechend dieser herausragenden Bedeutung stellt auch die bloße Beschränkung des letzten Wortes einen Gesetzesverstoß i.S.d. § 337 StPO dar, wenn sie dessen Nichterteilung gleichkommt[366]. Ggf. muss dem Angeklagten auch mehrfach die Gelegenheit zum letzten Wort gegeben werden. Das ist namentlich dann der Fall, wenn nach dessen Erteilung nochmals in die Verhandlung eingetreten wurde[367] oder der Staatsanwalt bzw. der Vertreter der Nebenklage auf die Ausführungen des Angeklagten erwidert hat. Selbst ergänzende Ausführungen des eigenen Verteidigers (bzw. desjenigen eines Mitangeklagten) führen dazu, dass das letzte Wort erneut zu gewähren ist[368].

---

364  BGH MDR 1967, 175.
365  BGH 2 StR 164/08.
366  KK-*Schoreit*, § 258 Rn. 35; siehe auch BGH NStZ 2003, 382.
367  Zum Begriff des „Wiedereintritts" siehe BGH NStZ 2004, 507.
368  BGH NJW 2003, 1131 f.

Wird gegen vorstehende Anforderungen verstoßen, so beruht das Urteil in der Regel auch auf dem Verfahrensfehler. Die Kausalität kann nur in besonderen Ausnahmefällen ausgeschlossen werden[369].

Im Übrigen ist die Vorschrift des § 258 StPO (selten) dann relevant, wenn dem Verteidiger oder dem Staatsanwalt gar keine Gelegenheit für Schlussvorträge oder nur eine unangemessen kurze Vorbereitungszeit gegeben wurde[370]. Allerdings begründet ein Verzicht der Verfahrensbeteiligten auf die Rechte des § 258 StPO nicht die Revision.

Eine Revision wäre in dem Beispielsfall also nur wegen der Verweigerung des letzten Wortes erfolgversprechend.

### 4. Die Rüge der Verletzung materiellen Rechts

**901** Mit der sog. materiellen Rüge (auch „**Sachrüge**" genannt) kann die Verletzung materiell-rechtlicher Vorschriften geltend gemacht werden. Grundlage der Prüfung durch das Revisionsgericht ist insoweit allein die **Urteilsurkunde**[371]. Hier ist der entscheidungserhebliche Inhalt der Beweisaufnahme verbindlich festgestellt; sie enthält die maßgeblichen Ausführungen zur Beweiswürdigung und zur Strafzumessung. Damit sind sämtliche Rügen ausgeschlossen, die eine Rekonstruktion der Beweisaufnahme voraussetzen würden[372].

**Beispiel:** Unzulässig ist etwa die Rüge, im Urteil seien die Bekundungen des Tatopfers, auf welche sich die Verurteilung stützt, unzutreffend wiedergegeben.

Wird die Sachrüge ordnungsgemäß erhoben – und das dürfte bei jeder Revision schon vorsorglich geschehen –, so führt dies zu einer von Amts wegen durchzuführenden Prüfung insbesondere folgender (sich teilweise überschneidender) Bereiche:

**902 Darstellungsmängel:**

Das Revisionsgericht prüft zunächst, ob das Urteil überhaupt eine tragfähige Grundlage für die Prüfung der Rechtsanwendung bietet. Hinsichtlich der Anforderungen an die Ausformulierung des Urteils kann auf die entsprechenden Ausführungen verwiesen werden[373]. Das Urteil muss in sich geschlossen, klar und vollständig sein, insbesondere frei von Lücken, Widersprüchen, Verstößen gegen die Denkgesetze oder

---

369 Etwa wenn der Angeklagte in der Hauptverhandlung über Monate geschwiegen und auch bei erstmalig erteiltem letzten Wort keine Erklärung abgegeben hat, BGH NJW 2005, 304. Siehe auch BGH NStZ 2000, 553; NStZ 1999, 257, 473; BGHSt 22, 278 (281).
370 Zum erforderlichen Rügevorbringen in diesem Fall siehe BGH NStZ 2005, 650.
371 BGH NJW 2003, 2037.
372 Vgl. hierzu BGH NStZ 2004, 630 f.
373 Siehe oben R. 647 ff.

gegen Erfahrungssätze[374]. Genügt es diesen Anforderungen nicht, so kann es bereits wegen solcher Darstellungsmängel aufgehoben werden, und zwar unabhängig davon, ob sie den Bereich der Feststellungen, der Beweiswürdigung oder der Strafzumessung betreffen.

**Fehler bei der Beweiswürdigung:**       **903**

Muss der Schuldspruch den Feststellungen entsprechen, so müssen Letztere sich aus der Beweiswürdigung ergeben. Diese muss eine Darstellung der **wesentlichen** Gesichtspunkte enthalten, warum eine objektiv hohe Wahrscheinlichkeit für die Richtigkeit der getroffenen Feststellungen und damit des Schuldspruchs besteht. Das Gericht hat sich daher nicht mit allen denkbaren hypothetischen Geschehensverläufen, sondern nur mit den „realistischen" Alternativmöglichkeiten auseinanderzusetzen[375].

Die Bewertung der Beweismittel ist dabei grundsätzlich allein Sache des Tatrichters. Das Revisionsgericht hat seine Schlussfolgerungen, die nur möglich, aber nicht zwingend sein müssen, also grundsätzlich hinzunehmen, soweit sich die tatrichterliche Würdigung nicht in bloßen Vermutungen erschöpft, die nicht durch entsprechende Tatsachen belegt sind[376]. Das Revisionsgericht darf auch nicht die Beweiswürdigung durch eine eigene ersetzen[377]. Ebenso wenig ist es seine Aufgabe, die Urteilsfeststellungen auf eine sog. „Rüge der Aktenwidrigkeit" hin dahingehend zu überprüfen, ob sie mit dem Akteninhalt übereinstimmen. Denn dies würde letztlich auf eine dem Revisionsgericht entzogene Rekonstruktion der tatrichterlichen Beweisaufnahme hinauslaufen[378].

Gleichwohl sind auch im Rahmen der Beweiswürdigung vielfältige revisible Rechtsfehler möglich.

So können die Darlegungen lückenhaft sein, etwa weil sich das Tatgericht nur unvollständig mit nicht nur theoretisch denkbaren alternativen Geschehensabläufen auseinander gesetzt hat. Es kann die Grenzen der freien richterlichen Beweiswürdigung – ggf. unter Missachtung des Zweifelssatzes – überschritten oder umgekehrt die Anforderungen an die Überzeugungsbildung überspannt haben[379]. Es kann nicht in die Hauptverhandlung eingeführte Erkenntnisse zugrunde gelegt, oder Beweismittel – etwa unter Verstoß gegen die Gesetze der Logik – fehlerhaft gewürdigt haben. Insbesondere muss die Beweiswürdigung **erschöpfend** sein. Der Tatrichter muss sich mit allen festgestellten Umständen auseinandersetzen, die den Angeklagten be- oder entlasten, will er sich nicht dem Vorwurf des sog. „Erörterungsmangels" aussetzen[380].

---

374 Siehe z.B. BGH NJW 2008, 2792 ff.; NStZ 2003, 493 ff.; zum Begriff des „Verstoßes gegen Denkgesetze" siehe BGH NJW 2005, 1877.
375 BGH NStZ 2008, 116 f.
376 BGH in ständiger Rspr., vgl. BGH 2 StR 225/08; 5 StR 354/07; NJW 2007, 387.
377 BGH 1 StR 383/08; 2 StR 225/08; NStZ-RR 2006, 82 f.; NJW 2003, 2925.
378 BGH in ständiger Rspr., vgl. 2 StR 82/08; 4 StR 142/07; NStZ 2007, 115.
379 Siehe etwa BGH 1 StR 383/08; 5 StR 15/08; NStZ-RR 2007, 83.
380 BGH in ständiger Rspr., vgl. 4 StR 306/07.

Inhaltlich mit der auf eine fehlerhafte Beweiswürdigung gestützten Sachrüge verwandt, prozessual aber anders zu beurteilen ist die **Formalrüge** einer Verletzung des **§ 261 StPO**[381]. Mit dieser kann geltend gemacht werden, das Gericht habe seine Überzeugung nicht unter Ausschöpfung der in der Hauptverhandlung verwendeten Beweismittel bzw. aus dem Inbegriff der Hauptverhandlung gewonnen. So kann etwa gerügt werden, eine – tatsächlich verlesene – Urkunde oder Erklärung sei unvollständig oder unrichtig im Urteil gewürdigt worden[382]. Da andererseits für eine inhaltliche Rekonstruktion der Beweisaufnahme im Revisionsverfahren kein Raum ist, kann diese Rüge nur im Einzelfall einer Revision zum Erfolg verhelfen.

**904 Rechtsfehler bei der Subsumtion:**

Des Weiteren erstreckt sich die Revisionsprüfung auf die Subsumtion des festgestellten Tatgeschehens unter die angewandte Norm des StGB oder der Nebengesetze (z.B. des BtMG). Geprüft wird, ob die Feststellungen des Urteils den tenorierten Schuldspruch „tragen". Hieran fehlt es, wenn sich nicht das Vorliegen **sämtlicher** (objektiver und subjektiver) **Tatbestandsmerkmale** der angewendeten Strafvorschriften aus den Feststellungen des Urteils ergibt.

Grundlage der Prüfung ist allein die Urteilsurkunde. An die **tatsächlichen Feststellungen** (Alter und Werdegang des Angeklagten, Tatgeschehen etc.) ist das Revisionsgericht allerdings gebunden, sofern sie ordnungsgemäß zustande gekommen sind (also auf der tatrichterlichen Hauptverhandlung beruhen) und im Urteil hinreichend dargestellt wurden.

**905 Fehler bei der Strafzumessung:**

Die neben dem Schuldspruch für den Angeklagten oftmals interessantere Frage der Strafzumessung ist vom Grundsatz her ebenfalls „ureigenste" Sache des Tatrichters[383]. Sie kann mit der Revision nur angegriffen werden, wenn die hierzu im Urteil niedergelegten Gründe „rechtsfehlerhaft" sind oder die erkannte Strafe die Grenze des Schuldangemessenen „unvertretbar" unter- oder überschreitet[384]. Tatsächlich wird so manches Urteil wegen Unzulänglichkeiten bei der Strafzumessung zumindest hinsichtlich des Rechtsfolgenausspruchs aufgehoben[385], etwa wegen der
 – Zugrundelegung eines unzutreffenden Strafrahmens, z.B. infolge fehlerhafter Anwendung des § 21 StGB oder wegen Fehlern im Umgang mit den Voraussetzungen eines „minder schweren" bzw. „besonders schweren" Falles;
 – Doppelverwertung von Tatbestandsmerkmalen;
 – strafschärfenden Berücksichtigung fehlender Milderungsgründe;

---

381 Zum Regelungsgehalt dieser Vorschrift siehe oben Rn. 615 ff.
382 BGH NStZ 2007, 115 f.
383 BGH NStZ 2006, 141; NJW 2003, 2037.
384 Vgl. BGH NJW 2006, 926, NJW 2003, 453; NJW 1994, 2703 (2707). Letztere Entscheidung ist auch materiell-rechtlich von großer Bedeutung, da sie die Voraussetzungen der mittelbaren Täterschaft i.S.d. § 25 Abs. 1 Alt. 2 StGB anhand des Schießbefehls an der ehemaligen innerdeutschen Grenze ausführlich darstellt.
385 Siehe zur Vielfalt möglicher Fehler *Detter*, 2008, 554 ff.; NStZ 2007, 627 ff.; 2006, 147 ff.; 2005, 143 ff.

- Ausführung moralisierender Erwägungen (z.B. Annahme einer „Lebensführungsschuld")
- Strafzumessung außerhalb des Ermessensspielraums (z.B. bei Verhängung der Höchststrafe trotz beachtlicher Milderungsgründe).

Im Übrigen dürfen natürlich auch die Strafzumessungserwägungen nicht widersprüchlich oder lückenhaft sein.

## IV. Weiterer Gang des Revisionsverfahren

Ist die Revision in zulässiger Weise erhoben worden und das Gericht folglich in eine **906** inhaltliche Überprüfung eingetreten, so kann das Rechtsmittel auf (zu begründenden) Antrag der Staatsanwaltschaft durch Beschluss als unbegründet verworfen werden, wenn das Revisionsgericht es **einstimmig** für **offensichtlich** unbegründet hält, § 349 Abs. 2 StPO[386].

Diese Möglichkeit baut auf der Regelung in § 344 Abs. 1 StPO auf, wonach die Gründe für die Anfechtung des Urteils bereits mit der Revisionsbegründung geltend zu machen sind, so dass die Staatsanwaltschaft mit ihrer Gegenerklärung i.S.d. § 349 Abs. 3 StPO hierzu Stellung nehmen kann. Naturgemäß beschränkt sich diese Erklärung auf die vom Revisionsführer vorgebrachten Argumente und diejenigen Aspekte, welche die Staatsanwaltschaft von sich aus für erwähnenswert hält. In der Praxis ist es allerdings weit verbreitet, die **Sachrüge** zunächst nur allgemein zu erheben und erst nach der Gegenerklärung der Staatsanwaltschaft detailliert auszuführen. So soll die Stellung eines „begründeten Antrags" i.S.d. § 349 Abs. 2 StPO und damit eine Entscheidung im Beschlussverfahren verhindert werden. Erfolgreich ist diese Strategie allerdings nicht. Ist das Rechtsmittel nach wie vor offensichtlich unbegründet, so müssen i.d.R. weder die Staatsanwaltschaft noch das Revisionsgericht in ihren Darlegungen auf die nachgeschobenen Gründe näher eingehen[387].

Umgekehrt kann die zugunsten des Angeklagten eingelegte Revision einstimmig durch Beschluss für begründet erachtet und das angefochtene Urteil aufgehoben werden, § 349 Abs. 4 StPO. Dies bietet sich bei schwerwiegenden Fehlern bzw. beim Vorliegen absoluter Revisionsgründe an. Auch die Kombination einer Entscheidung aus § 349 Abs. 2 und 4 StPO ist möglich[388].

Kommen die vorgenannten Möglichkeiten nicht zur Anwendung, so ist – was verhält- **907** nismäßig selten geschieht – durch Urteil über die Begründetheit der Revision zu entscheiden, § 349 Abs. 5 StPO. Dies setzt wiederum eine Hauptverhandlung voraus, die angesichts der Zielsetzung des Revisionsverfahrens anders abläuft, als in der Tatsacheninstanz. So werden weder der Angeklagte, noch der Verteidiger förmlich gela-

---

386 „Offensichtlichkeit" bedeutet in diesem Zusammenhang, dass jeder Sachkundige ohne längere Prüfung die Aussichtslosigkeit erkennen kann, vgl. BVerfG NJW 2002, 815; BGH NStZ 2003, 103; NJW 2002, 3266. Siehe umfassend zu § 349 Abs. 2 StPO *Detter*, StV 2004, 345 ff.
387 BGH NStZ 2003, 103; Beschluss vom 26.05.2004, 1 StR 98/04.
388 BGH NJW 1997, 2061.

den. Ort und Zeit der Hauptverhandlung werden ihnen nur mitgeteilt, § 350 Abs. 1 StPO. Der Gang der Hauptverhandlung ist in § 351 StPO geregelt, dem zu entnehmen ist, dass Kernpunkt das **Rechtsgespräch** zwischen den Verfahrensbeteiligten ist. Eine Beweisaufnahme im eigentlichen Sinn findet nicht statt. Allenfalls werden hinsichtlich der Verfahrenshindernisse oder gerügten Verfahrensverstöße im Freibeweisverfahren – soweit dies nicht bereits vor der Hauptverhandlung geschehen ist – Feststellungen getroffen.

**908**    Wird die Revision für begründet erachtet, so ist gem. § 353 Abs. 1 StPO das erstinstanzliche Urteil – soweit es angegriffen und fehlerhaft ist – aufzuheben. Sind die tatsächlichen Feststellungen von dem Rechtsfehler nicht betroffen, so können sie folglich aufrechterhalten werden[389].

Unter den besonderen Voraussetzungen des **§ 354 Abs. 1 StPO** kann das Revisionsgericht sodann in der Sache selbst entscheiden. Das gilt – abgesehen von Sonderfällen einer analogen Anwendung dieser Norm[390] – namentlich dann, wenn
– ein Freispruch,
– eine Einstellung des Verfahrens,
– eine Berichtigung des Schuldspruchs,
– allein die Verurteilung zu einer absolut bestimmte Strafe (z.B. § 211 StGB),
– die gesetzliche Mindeststrafe,
– ein Absehen von Strafe (vgl. § 153b StPO)
in Betracht kommen.

Ein **Freispruch** durch das Revisionsgericht ist allerdings nur dann möglich, wenn
– die Feststellungen des Tatrichters vollständig und fehlerfrei getroffen worden sind,
– weitere Erkenntnisse im Rahmen einer neuerlichen Hauptverhandlung ausgeschlossen werden können und
– der festgestellte Sachverhalt ohne weiteres eine Freisprechung rechtfertigt[391].

In diesem Fall kann die Entscheidung auf tatsächliche Umstände, aber auch darauf gestützt werden, dass dem Urteil Rechtfertigungs- oder Entschuldigungsgründe zu entnehmen sind. Beurteilungsgrundlage ist allein die Urteilsurkunde.

**909**    Eine **Einstellung** des Verfahrens kommt insbesondere dann in Betracht, wenn sich in der Revisionsinstanz das Vorliegen eines Verfahrenshindernisses – etwa die Verfolgungsverjährung der abgeurteilten Tat – zeigt[392]. Auch hier muss aber eine abschließende Entscheidung möglich sein. Damit scheidet eine Verfahrenseinstellung dann aus, wenn eine fehlende Verfahrensvoraussetzung (etwa ein Strafantrag) noch nachgeholt werden kann. Sofern dem Urteil die entsprechenden Voraussetzungen zu entnehmen sind, ist aber auch die Einstellung nach den §§ 153, 154, 154a StPO möglich.

---

389  Will das Revisionsgericht auch die Feststellungen aufheben, so hat es dies **ausdrücklich zu tenorieren**. Fehlt ein entsprechender Ausspruch, so bleiben sie bestehen, BGH NJW 2007, 1540 f.
390  Etwa bei bereits entstandenen gravierenden Verfahrensverzögerungen in der Tatsacheninstanz, vgl. BGH NStZ 2005, 116 f.
391  Vgl. BGH NStZ-RR 2004, 270 f.; NJW 1999, 1562 ff.
392  Zu den Verfahrenshindernissen siehe oben Rn. 786 ff.

Eine Anwendung des § 153a StPO ist demgegenüber ausgeschlossen; diese ist nach Abs. 2 S. 1 zeitlich bis zum Ende der Hauptverhandlung in der Tatsacheninstanz begrenzt.

Ist die Sachrüge ordnungsgemäß erhoben, so ist die **Berichtigung des Schuldspruchs** nach allgemeiner Auffassung bereits aus Gründen der Prozessökonomie und des Opferschutzes unter entsprechender Anwendung des § 354 Abs. 1 StPO zulässig[393]. Auch hier müssen natürlich die Urteilsfeststellungen eine vollständige und tragfähige Grundlage bilden. Zudem setzt eine solche Entscheidung immer voraus, dass die Erteilung erforderlicher rechtlicher Hinweise nach § 265 StPO bereits in der Vorinstanz stattgefunden hat oder mangels anderweitiger Verteidigungsmöglichkeiten ausnahmsweise entbehrlich ist[394]. Schließlich muss der Rechtsmittelführer durch den unzutreffenden Schuldspruch beschwert sein. Legt allein der Angeklagte Revision ein, so bleibt ein ihm günstiger, wenngleich unzutreffender Schuldspruch i.d.R. bestehen.

Die **Festsetzung der konkret verwirkten Strafe** ist grundsätzlich allein Aufgabe **910** des Tatrichters und für das Revisionsgericht nur eingeschränkt zu überprüfen. Es darf daher das Ermessen des Tatrichters auch nicht durch sein eigenes ersetzen[395]. § 354 Abs. 1 StPO beschränkt folglich die Sachentscheidungskompetenz des Revisionsgerichts auf die genannten Fälle. Die Vorschrift wird aber auch auf weitere Fälle analog angewandt, bei denen die Verfahrenslage ein Ermessen über Art und Höhe der Rechtsfolge ausschließt[396]. So kommt in Einzelfällen auch die Anordnung einer Strafaussetzung zur Bewährung oder einer Unterbringung nach § 64 StGB in Betracht[397].

Insbesondere die Korrektur einer fehlerhaften **Gesamtstrafenbildung** bleibt aber (nach Aufhebung des Urteils insoweit) dem Tatrichter vorbehalten, soweit nicht im Einzelfall auch bei richtiger Anwendung der §§ 53, 54, 55 StGB eine Änderung der verhängten Gesamtstrafe ausgeschlossen erscheint[398].

Bezieht sich die maßgebliche Gesetzesverletzung allerdings **ausschließlich** auf die **konkrete Strafzumessung**, so kann das Revisionsgericht nach § 354 Abs. 1a StPO von einer Aufhebung absehen, wenn es aufgrund eigener Bewertung die verhängte (aber fehlerhaft begründete) Rechtsfolge für angemessen hält[399]. Auf **Antrag** der Staatsanwaltschaft kann es die Strafe auch angemessen herabsetzen (nicht aber erhöhen!).

Diese Notwendigkeit kann auch dann bestehen, wenn eine Gesamtstrafenbildung sich deshalb als fehlerhaft erweist, weil der Schuldspruch – etwa wegen Verjährung

---

393  Vgl. BGH NStZ 1995, 204.
394  BGH NJW 1987, 2384.
395  BVerfG NStZ 2004, 273.
396  Siehe BGH NStZ-RR 2002, 103 (Nrn. 48–50).
397  BGH StV 1996, 265 f.
398  Vgl. BVerfG NStZ 2004, 273; NJW 2004, 1790 f.; BGH NStZ 2005, 464; BGH 3 StR 115/04; BGH 5 StR 575/03.
399  Siehe zum Beurteilungsspielraum BGH NJW 2005, 1813 ff.

einer von mehreren Taten oder wegen einer Verfolgungsbeschränkung nach § 154a Abs. 2 StPO – der Korrektur bedarf. Auch in solchen Fällen war eine Entscheidungskompetenz des Revisionsgerichts für die Fälle anerkannt, in denen dem Angeklagten günstige Erkenntnisse im Rahmen einer neuen tatrichterlichen Hauptverhandlung nicht zu erwarten waren[400]. Dieser – prozessökonomischen und dem gesetzgeberischen Willen durchaus entsprechenden – Rechtspraxis hat das Bundesverfassungsgericht ein Ende bereitet. Danach gilt im Wege einer verfassungskonformen Auslegung des § 354 Abs. 1a StPO Folgendes[401]:

– bei einer Korrektur auch des Schuldspruchs ist dem Revisionsgericht eine eigene Strafzumessungsentscheidung versagt;
– will das Revisionsgericht von § 354 Abs. 1a StPO Gebrauch machen, so hat es den Angeklagten unter Darlegung der maßgeblichen Erwägungen zur „Angemessenheit" der Strafe auf seine Absicht hinzuweisen, soweit dies nicht im Einzelfall – etwa im Hinblick auf einen entsprechend begründeten Antrag der Staatsanwaltschaft – entbehrlich erscheint;
– Einwände zur Richtigkeit und Aktualität der Strafzumessungskriterien hat das Revisionsgericht im Sinne einer Plausibilitätsprüfung zu berücksichtigen;
– die eigene Entscheidung über die Angemessenheit der Strafe ist zu begründen.

Es liegt auf der Hand, dass dieses komplexe Prozedere die – auf eine reine Rechtsprüfung abzielende – Durchführung des Revisionsverfahrens auch zu Lasten des Beschleunigungsgrundsatzes erschwert.

**911** Kann das Revisionsgericht nicht selbst in der Sache entscheiden, so folgt der Aufhebung zwingend die **Zurückverweisung** der Sache nach **§ 354 Abs. 2 StPO** zur erneuten Verhandlung und Entscheidung an eine andere Abteilung (beim AG als erster Instanz), Kammer (beim LG) oder Senat (beim OLG) desselben Ausgangsgerichts. Denkbar, wenngleich sehr selten, ist aber auch eine Verweisung an den Spruchkörper eines anderen Gerichts. Da es in diesen Fällen an einer abschließenden Sachentscheidung fehlt, bleibt die ggf. vom Tatrichter getroffene Entscheidung über einen Adhäsionsantrag von der Aufhebung unberührt. Nach § 406a Abs. 3 StPO ist der **Adhäsionsausspruch** vom Rechtsmittelgericht nur aufzuheben, wenn der Angeklagte weder schuldig gesprochen, noch gegen ihn eine Maßregel der Besserung und Sicherung angeordnet wird. Hierüber hat bei einer Aufhebung und Zurückverweisung der neue Tatrichter zu entscheiden[402].

Eine Besonderheit gilt zudem für die Neufestsetzung einer als fehlerhaft beanstandeten **Gesamtstrafe**. Das Revisionsgericht kann hier – in einfach gelagerten Fällen[403] – anordnen, dass diese ohne erneute Hauptverhandlung im Wege der nachträglichen Entscheidung i.S.d. §§ 460, 462 StPO durch Beschluss des Ausgangsgerichts vorzunehmen ist (§ 354 Abs. 1b StPO). Dies gilt auch, wenn das Revisionsgericht das Ver-

---

400  Vgl. BGH NJW 2005, 912 ff.; NStZ 2005, 465.
401  BVerfG NJW 2007, 2977 ff.
402  Vgl. BGH NJW 2008, 1239.
403  Vgl. BGH NJW 2004, 3788 f.

fahren nach § 154 Abs. 2 StPO teilweise einstellt und erst dadurch eine neue Gesamtstrafenbildung erforderlich wird[404].

Wird das Urteil insgesamt aufgehoben, so ist der erneut mit der Sache befasste **912**
Instanzrichter hinsichtlich seiner Beurteilung grundsätzlich frei. Eine **Bindung** entsteht aber hinsichtlich der vom Revisionsgericht vorgegebenen rechtlichen Bewertung, die der Aufhebung zugrunde liegt, § 358 Abs. 1 StPO. Der Angeklagte ist generell – wenn lediglich zu seinen Gunsten die Revision eingelegt war – vor einer
Schlechterstellung in der neuen Verhandlung geschützt, § 358 Abs. 2 StPO.

Kommt es demgegenüber nur zu einer **Teilaufhebung**, so tritt hinsichtlich des nicht **913**
beanstandeten Teils der Entscheidung **Teilrechtskraft** ein. Eine solche Teilaufhebung ist entsprechend den für eine Rechtsmittelbeschränkung geltenden Grundsätzen[405] jedoch nur möglich, wenn der entsprechende Teil des Urteils selbstständig
geprüft und beurteilt werden kann, ohne auf die übrigen Teile der Entscheidung einzugehen[406].

> **Beispiel:** Das Landgericht hat den Angeklagten des Mordes schuldig gesprochen und ihn
> – statt zu lebenslanger Freiheitsstrafe – über die sog. „Rechtsfolgenlösung"[407] zu einer
> solchen von 14 Jahren verurteilt. In der Revision bestätigt der Bundesgerichtshof den
> Schuldspruch (Mord), hebt das Urteil im Strafausspruch auf und verweist die Sache an
> eine andere Kammer des Landgerichts zur erneuten Entscheidung.

In einem solchen Fall ist der neue Tatrichter an die Feststellungen gebunden, die ausschließlich die Schuldfrage betreffen oder die als sog. doppelrelevante Tatsachen
gleichermaßen für die Schuld- und Straffrage von Bedeutung sind (z.B. die Schuldfähigkeit oder bei § 211 StGB das Motiv des Täters). Das gilt selbst dann, wenn das
Erstgericht das Tatgeschehen in Wahrheit nicht vollständig aufgeklärt hat oder nach
der Regel „in dubio pro reo" zugunsten des Angeklagten von bestimmten Tatsachen
ausgegangen ist. Dies hat zur Konsequenz, dass in der erneuten Verhandlung solche
Beweiserhebungen unzulässig sind, die darauf abzielen, aufrechterhaltene und damit
bindende Feststellungen in Zweifel zu ziehen[408].

## V. Beispiel für eine Revisionsentscheidung

Die Diktion und den Aufbau einer Revisionsentscheidung können Sie mühelos den **914**
zahlreichen BGH-Entscheidungen entnehmen, wie sie ungezählt in der NStZ oder
der NJW veröffentlicht werden. Angesichts der Vielzahl sozusagen amtlicher Vorlagen wollen wir uns mit dem folgenden (kleinen) **Beispiel** begnügen:

---

404  BGH NJW 2005, 376 f.
405  Siehe oben Rn. 714 ff.
406  BGH NStZ 1997, 276.
407  Siehe hierzu *Fischer*, § 211, Rn. 46.
408  BGH NJW 1998, 3212.

Ss 13/06

# OBERLANDESGERICHT KÖLN

# BESCHLUSS

In der Strafsache

gegen     den Peter **S c h m i t z**,
geboren am 17.09.1957 in Düsseldorf
wohnhaft:   Bernkasteler Str. 13,
               50111 Bonn

w e g e n     Beleidigung

hat der 1. Strafsenat des Oberlandesgerichts Köln auf die Revision des Angeklagten gegen das Urteil des Amtsgerichts Königswinter vom 14.10.2005 nach
Anhörung der Generalstaatsanwaltschaft einstimmig gem. § 349 Abs. 4 StPO
am 07.02.2006

b e s c h l o s s e n :

Das angefochtene Urteil wird mit seinen Feststellungen aufgehoben.
Die Sache wird zur erneuten Verhandlung und Entscheidung - auch
über die Kosten des Revisionsverfahrens - an eine andere Abteilung
des Amtsgerichts Königswinter zurückverwiesen.

2

## G r ü n d e:

Das Amtsgericht hat den Angeklagten wegen Beleidigung zu einer Geldstrafe von 20 Tagessätzen zu je 90 € verurteilt.

Hiergegen richtet sich die Revision des Angeklagten, mit der er die Verletzung formellen und materiellen Rechts rügt. Mit der Verfahrensrüge macht er eine Verletzung des § 261 StPO geltend und führt aus, das Amtsgericht habe in dem angefochtenen Urteil die Dienstaufsichtsbeschwerde des Angeklagten vom 28.06.2004 ihrem Wortlaut nach verwertet und ihr einen beleidigenden Inhalt beigemessen, ohne dass diese zuvor ordnungsgemäß in die Hauptverhandlung eingeführt worden sei.

Die Revision hat mit der Verfahrensrüge (vorläufigen) Erfolg.

Die Rüge der Verletzung des § 261 StPO ist ordnungsgemäß erhoben worden. Dazu ist der Inhalt der Urkunde wiederzugeben und darzutun, dass die Urkunde ausweislich des Sitzungsprotokolls weder verlesen, noch sonstwie in zulässiger Form in die Hauptverhandlung eingeführt worden ist (vgl. Senatsentscheidung StV 1998, 364). Diesen Anforderungen genügt die erhobene Verfahrensrüge.

Ausweislich des Sitzungsprotokolls der Hauptverhandlung, dem gem. § 274 StPO im Hinblick auf die wesentlichen Förmlichkeiten der Verlesung einer Urkunde auch eine negative Beweiskraft zukommt, ist angesichts der fehlenden Beurkundung belegt, dass eine Verlesung der Dienstaufsichtsbeschwerde nicht erfolgt ist.

Zwar wurde diese dem Angeklagten vorgehalten, wie sich aus dem Sitzungsprotokoll ergibt. Das stellt aber im vorliegenden Fall keine ordnungsgemäße Einführung der Urkunde in die Hauptverhandlung dar, da das Amtsgericht den Wortlaut der dreiseitigen Dienstaufsichtsbeschwerde in seiner Entscheidung verwertet hat. Die Einführung eines Schriftstückes durch Vorhalt ist aber nur zulässig, wenn es auf den genauen Wortlaut kurzer, leicht fasslicher Schriftstücke nicht ankommt. Wird - wie vorliegend - ein längeres Schriftstück in der Ent-

3

scheidung als Beweismittel verwertet, so ist dies nur dann zulässig, wenn der Wortlaut in der Hauptverhandlung festgestellt worden ist (vgl. BGHSt 5, 278); dies wiederum kann nur durch die förmliche Verlesung des Schriftstücks nach § 249 StPO geschehen.

Die Verlesung kann nicht durch den Vorhalt an den Angeklagten ersetzt werden, da durch einen Vorhalt nicht das Schriftstück selbst, sondern nur die Erklärung des Angeklagten die verwertbare Erkenntnisquelle für das Gericht bildet. Insbesondere muss der Wortlaut der Schrift allen Verfahrensbeteiligten durch Verlesung ihrer bedeutenden Teile zur Kenntnis gebracht werden, wenn er deshalb von besonderer Bedeutung ist, weil der vorgeworfene strafrechtliche Tatbestand an seinen Inhalt anknüpft. Dies ist gerade bei dem Vorwurf der Beleidigung der Fall, wenn diese in der Schrift erfolgt sein soll (vgl. dazu auch BGHSt 11, 29 f.). Ohne diese Verlesung kann das Gericht die Urkunde auch nicht - wie im vorliegenden Fall geschehen - im Urteil wörtlich wiedergeben.

Das angefochtene Urteil ist daher schon wegen dieses Verstoßes aufzuheben. Da der Inhalt der Dienstaufsichtsbeschwerde auch an dem Recht auf freie Meinungsäußerung im Rahmen des § 193 StGB zu messen sein wird, war die Sache gem. § 354 Abs. 2 StPO zu neuer Verhandlung und Entscheidung an die Vorinstanz zurückzuverweisen.

(Dr. Hansen)          (Klein)          (Schuster)
Vors. Richter          Richter          Richter
am OLG                am OLG          am OLG

## F.  Sonstige Rechtsbehelfe

Die StPO und das OWiG kennen neben den vorgestellten Rechtsmitteln im „klassi-  **915**
schen Sinn" eine Reihe sonstiger Rechtsbehelfe (die keinen Suspensiv- oder Devolutiveffekt haben) nämlich:

– die Wiedereinsetzung in den vorigen Stand, §§ 44 ff. StPO;
– den Einspruch im Strafbefehlsverfahren, § 410 StPO;
– das Wiederaufnahmeverfahren (als Rechtsbehelf „eigener Art"), §§ 359 ff. StPO;
– die Rechtsbeschwerde in Bußgeldsachen, §§ 79, 80 OWiG;
– das Klageerzwingungsverfahren, §§ 172 ff. StPO.

Diese Rechtsinstitute sollen im Folgenden ebenso abgehandelt werden, wie die
gesetzlich nicht geregelte Gegenvorstellung.

## I.  Die Wiedereinsetzung in den vorigen Stand

Die Wiedereinsetzung in den vorigen Stand ermöglicht es, die formelle Rechtskraft  **916**
einer Entscheidung (mit Ausnahme der Sachentscheidung des Revisionsgerichts,
gegen die nur ein Wiederaufnahmeverfahren statthaft ist) insbesondere dann zu
beseitigen, wenn diese durch die Versäumung von Rechtsmittelfristen eingetreten ist.
Wird sie dem Betroffenen gewährt, so wird das Verfahrens in dem Stadium fortgesetzt, in welchem es sich vor dem Versäumnis befand.

Die Voraussetzungen der Wiedereinsetzung sind nach §§ 44, 45 StPO die Folgenden:

– Es muss eine **Frist** (z.B. nach §§ 341, 345 StPO) versäumt oder eine vorgeschriebene **Form**[409] nicht beachtet worden sein (z.B. Revisionsbegründungsschrift wurde
vom Angeklagten versehentlich selbst unterzeichnet). Ist die Teilnahme an einem
**Termin** versäumt worden, so ist Wiedereinsetzung nur in den gesetzlich vorgesehenen Fällen (§§ 235, 329 Abs. 3, 391 Abs. 4, 401 Abs. 3, 412 StPO) statthaft.

– Dem Betroffenen darf **kein Verschulden** anzulasten sein. Bei der Prüfung dieses  **917**
Punktes sind die Umstände des Einzelfalles, namentlich die individuellen Verhältnisse und Fähigkeiten des Säumigen zu berücksichtigen. Beruht die Fristversäumnis
darauf, dass eine gesetzlich vorgeschriebene Belehrung unterblieben ist, so gilt sie als
unverschuldet, § 44 S. 2 StPO. Auch Verzögerungen bei der Briefbeförderung können nicht als Verschulden zugerechnet werden; hier darf der Betroffene auf die für
den Normalfall festgelegten Postlaufzeiten vertrauen[410].

Ist eine Frist versäumt worden, die den sog. „ersten Zugang" zum Gericht betrifft
(etwa die Einspruchsfrist beim Strafbefehl), so dürfen auch im Übrigen an die zu ver-
langende Sorgfalt **keine überspannten Anforderungen** gestellt werden[411]. Anderen-
falls würde die Möglichkeit des gerichtlichen Gehörs aufgrund einer einzigen schuldhaften Handlung verwehrt.

---

409  Vgl. BGHSt 26, 335 (338).
410  BVerfG NJW 2001, 1566 f.
411  Vgl. BVerfGE 69, 381 (385 f.); BVerfG NJW 1995, 2544 f.

Anders als im Bereich der ZPO wird auch ein Verschulden des Verteidigers[412] angesichts der Rechtsgüter, um die es geht, dem Angeklagten in der Regel nicht zugerechnet[413]. Etwas anderes kann nur dann gelten, wenn dem Angeklagten die Unzuverlässigkeit seines Verteidigers bekannt war oder wenn er aufgrund bestimmter Tatsachen
mit einer Fristversäumnis rechnen musste, etwa weil er dem Verteidiger für möglicherweise notwendige Rücksprachen nicht zur Verfügung stand[414]. Diese Privilegierung gilt allerdings nur für den Angeklagten. Andere Verfahrensbeteiligte, wie etwa
der Privatkläger oder der Nebenkläger, müssen sich nach dem allgemeinen Grundsatz
des § 85 Abs. 2 ZPO ein Verschulden ihres Bevollmächtigten zurechnen lassen.

**918**   – Es muss ferner binnen einer Woche nach Wegfall des Hindernisses ein **Antrag** auf
Wiedereinsetzung in den vorigen Stand gestellt worden sein. Gegen die Versäumung
dieser Frist gibt es wiederum die Möglichkeit der Wiedereinsetzung. Mit dem Eintritt
der Rechtskraft der Sachentscheidung wird eine Wiedereinsetzung in den vorigen
Stand allerdings unzulässig[415].

– Die den Antrag begründenden Tatsachen sind **glaubhaft zu machen**, etwa durch
Vorlage von Urkunden oder eidesstattlichen Versicherungen, wobei jedoch diejenige
des Beschuldigten ausscheidet (Argument aus § 26 Abs. 2 S. 2 StPO).

– Schließlich ist innerhalb der Antragsfrist die **versäumte Prozesshandlung** in der
gesetzlich vorgeschriebenen Form[416] **nachzuholen**, vgl. § 45 Abs. 2 S. 2 StPO. Denn
der Betroffene soll aus der Tatsache der Säumnis nicht den Vorteil einer weiteren
Fristverlängerung ziehen.

Eine Besonderheit ist in § 45 Abs. 2 S. 3 StPO zu erblicken. Danach kann Wiederein-
setzung auch ohne Antrag **von Amts wegen** gewährt werden, wenn entsprechende
Anhaltspunkte vorliegen, z.B. das Gericht anhand des Poststempels erkennt, dass ein
Schriftstück rechtzeitig zur Post gebracht wurde, die Fristversäumnis also nicht dem
Betroffenen anzulasten ist.

**919**   Zuständig für die Entscheidung über die Wiedereinsetzung ist das Gericht, welches
bei rechtzeitiger Handlung in der Sache zu entscheiden gehabt hätte, § 46 Abs. 1
StPO, bei der Versäumung von Rechtsmittelfristen also das Rechtsmittelgericht.

Wird – durch nicht anfechtbaren Beschluss – Wiedereinsetzung gewährt, so geht das
Verfahren „normal" weiter. Gegen eine ablehnende Entscheidung steht dem Betroffenen die sofortige Beschwerde zu, § 46 Abs. 3 StPO. § 305 StPO steht der Zulässigkeit in diesem Fall nicht entgegen.

---

412  Z.B. versehentliches Unterlassen der Notierung einer Frist im Fristenkalender des Anwalts.
413  Vgl. BVerfG NJW 1991, 351 sowie BGH NJW 1991, 709 f.
414  Vgl. BGH NStZ 1997, 95; NStZ 1997, 560 f.
415  BGH NStZ 1999, 41 f.
416  Vgl. für die Revision BGH NJW 1997, 1516.

452

## II. Der Einspruch im Strafbefehlsverfahren

Das Strafbefehlsverfahren (§§ 407 ff. StPO), welches nur bei Vergehenstatbeständen **920** in Betracht kommt, ist im Überblick bereits dargestellt worden[417]. Erlässt das Amtsgericht den von der Staatsanwaltschaft beantragten Strafbefehl, so wird dieser mit entsprechender Rechtsmittelbelehrung dem Angeklagten zugestellt.

Er hat nun zwei Wochen Zeit, sich zu überlegen, ob er – möglicherweise auf die Höhe der Tagessätze beschränkt – Einspruch einlegen will, § 410 StPO. Das kann er bei dem Gericht, das den Strafbefehl erlassen hat (judex a quo) schriftlich oder zu Protokoll der Geschäftsstelle tun. Geschieht dies nicht, so entfaltet der Strafbefehl formelle Rechtskraft wie ein Urteil, § 410 Abs. 3 StPO.

Legt der Angeklagte rechtzeitig Einspruch ein, so wird i.d.R. Termin zur Hauptverhandlung anberaumt, § 411 Abs. 1 S. 2 StPO. Hier gilt allerdings das Verschlechterungsverbot nicht, vgl. § 411 Abs. 4 StPO. Zu den Einzelheiten und dem weiteren Ablauf lesen Sie bitte §§ 411, 412 StPO.

## III. Das Wiederaufnahmeverfahren

Die Vorschriften der §§ 359 ff. StPO lassen zur Beseitigung von fehlerhaften Sach- **921** entscheidungen in **engen Grenzen** die Durchbrechung der Rechtskraft eines Urteils zu. Sie dienen der materiellen Gerechtigkeit, die in Einzelfällen das Interesse des Staates an Rechtssicherheit zurücktreten lässt. Dabei sind die in § 359 StPO genannten Wiederaufnahmegründe abschließend[418].

### 1. Arten der Wiederaufnahme

Das Verfahren kann wie folgt wieder aufgenommen werden:

**zugunsten** des Angeklagten unter den Voraussetzungen des **§ 359 StPO**.

**zu Ungunsten** des Angeklagten unter den Voraussetzungen des **§ 362 StPO**.

Neben diesen Vorschriften ist auch eine Wiederaufnahme des Verfahrens nach **§ 79 Abs. 1 BVerfGG** zulässig, und zwar gegen rechtskräftige Strafurteile, die auf einer mit dem Grundgesetz für unvereinbar oder nichtig erklärten Norm bzw. der Auslegung einer solchen Norm beruhen[419]. Auch für die Wiederaufnahme aus diesem Anlass gelten aber die §§ 359 ff. StPO.

---

417 Siehe oben Rn. 697 ff.
418 Zu Reformbestrebungen vgl. *Stoffers*, ZRP 1998, 173 ff. In Ausnahmefällen kann das Wiederaufnahmeverfahren auch auf Entscheidungen durch Beschluss entsprechende Anwendung finden, BGH NJW 1999, 2290.
419 Zur Möglichkeit einer **analogen** Anwendung des § 79 Abs. 1 BVerfGG auf den Fall der Nichtberücksichtigung eines besonderen verfassungsrechtlichen Strafmilderungsgrundes vgl. BGH NStZ 1997, 142 ff.

## 2. Einschränkungen der Wiederaufnahme

**922**     Die Wiederaufnahmemöglichkeit unterliegt einer Reihe von Einschränkungen:

Nach **§ 363 Abs. 1 StPO** ist eine Wiederaufnahme zu dem Zweck, eine andere (aus Sicht des Angeklagten geringere) Strafbemessung aufgrund desselben Gesetzes zu erreichen, nicht zulässig. Ein Angeklagter kann also nicht geltend machen, er sei zwar zu Recht verurteilt worden, die Strafe sei aber zu hoch ausgefallen. Auch der Einwand, ein unbenannter Strafmilderungsgrund („minder schwerer Fall", z.B. § 250 Abs. 3 StGB) sei unberücksichtigt geblieben, ist ausgeschlossen[420].

Gleiches gilt, sofern das Ziel einer Wiederaufnahme die Herabsetzung der Strafe aus den Gründen des § 21 StGB (verminderte Schuldfähigkeit) ist, **§ 363 Abs. 2 StPO**. Dies gilt selbst dann, wenn die Anwendung des § 21 StGB im Ergebnis zur Verhängung einer zeitigen, statt einer lebenslangen Freiheitsstrafe führen würde[421]. Grund hierfür ist, dass die Voraussetzungen des § 21 StGB verhältnismäßig leicht zu behaupten und schwer zu widerlegen sind.

**923**     Nach § 359 Nrn. 1 bis 3 StPO sowie § 362 Nrn. 1 bis 3 StPO kann das Wiederaufnahmeersuchen damit begründet werden, dass ein anderer Verfahrensbeteiligter (z.B. Zeuge oder Sachverständiger) die Verurteilung durch eine Straftat (z.B. Meineid eines Zeugen) herbeigeführt hat. Insoweit bestimmt **§ 364 StPO**, dass mit dieser Begründung das Wiederaufnahmeverfahren nur betrieben werden kann, wenn – und dies ist **Zulässigkeitsvoraussetzung** – der Täter wegen dieser Straftat rechtskräftig verurteilt worden ist. Eine Ausnahme gilt nur in dem Fall, dass hinsichtlich dieser Person Verfolgungshindernisse wie z.B. Tod oder Verhandlungsunfähigkeit eingetreten sind.

Diese Einschränkung gilt nach § 364 S. 2 StPO jedoch nicht für den Wiederaufnahmegrund des § 359 Nr. 5 StPO, also für den Fall, dass „neue" Tatsachen oder Beweismittel beigebracht werden. Derartige neue Tatsachen können sich insbesondere gegen die Glaubwürdigkeit von Belastungszeugen richten.

Schließlich ist die Wiederaufnahme solcher Verfahren nicht zulässig, die gemäß § 153a Abs. 2 StPO oder § 153 Abs. 2 StPO endgültig eingestellt worden sind[422].

## 3. Der Gang des Wiederaufnahmeverfahrens

**924**     Nach **§ 365 StPO** ist Voraussetzung zunächst ein entsprechender **Antrag** auf Wiederaufnahme des Verfahrens. Dieser ist nach den allgemeinen Vorschriften über Rechtsmittel anzubringen, so dass die §§ 296 bis 303 StPO auch hier Geltung erfahren. Es sind also insbesondere die dort genannten Personen antragsberechtigt.

---

420  LR-*Gössel*, § 363 Rn. 8 f. Allerdings hindert § 363 Abs. 1 StPO nicht daran, den **Schuldspruch** insgesamt oder teilweise anzugreifen, BGH NJW 2003, 1261.
421  KK-*Schmidt*, § 363 Rn. 11 f.
422  Vgl. OLG Zweibrücken NJW 1996, 2246; OLG Frankfurt NJW 1996, 3353 f.

Nach § **366 StPO** ist der Antrag an eine gewisse **Form** gebunden. Es müssen der gesetzliche Grund der Wiederaufnahme sowie die Beweismittel angegeben werden. Zudem müssen der Angeklagte bzw. nach seinem Tod die in § 361 Abs. 2 StPO bezeichneten Personen den Antrag durch einen Verteidiger oder Rechtsanwalt stellen lassen (§ 366 Abs. 2 StPO). Er kann allerdings auch zu Protokoll der Geschäftsstelle erklärt werden, für dessen Aufnahme der Rechtspfleger nach § 24 Abs. 1 Nr. 2 RPflG funktionell zuständig ist.

Dabei muss der Antrag das **Ziel der Wiederaufnahme** erkennen lassen und insbesondere das angegriffene Urteil sowie den konkreten Umfang der gewollten Aufhebung bezeichnen. Beweismittel müssen so genau benannt werden, dass das Gericht sie ohne weiteres nutzen kann. Hinsichtlich neuer Zeugen genügt allerdings die Angabe von Tatsachen, die eine Identifizierung ermöglichen.

Nach §§ 367 StPO, 140a GVG ist der Antrag dem für das Wiederaufnahmeverfahren     **925** zuständigen Gericht zuzuleiten. Dieses wird von dem Präsidium des Oberlandesgerichts nach § 140a Abs. 2 GVG vor Beginn eines Geschäftsjahres für den jeweiligen Bezirk festgelegt.

Das für das Wiederaufnahmegesuch zuständige Gericht hat nach § 368 StPO zunächst über die **Zulässigkeit** des Wiederaufnahmeantrags zu befinden (Form, Wiederaufnahmegrund, geeignete Beweismittel). Zur Beurteilung der Zulässigkeit hat das Gericht also auch zu prüfen, ob die im Wiederaufnahmeantrag vorgebrachten neuen Tatsachen oder Beweismittel überhaupt geeignet wären, eine dem Antragsteller günstigere Rechtsfolge herbeizuführen[423]. Insoweit ist zwar eine gewisse Beweisantizipation möglich. Im Stadium der Zulässigkeitsprüfung dürfen aber keine Beweiswürdigungen vorgenommen oder Feststellungen getroffen werden, die im Strafprozess einer Hauptverhandlung vorbehalten sind. Die Feststellung der den Schuldspruch „wesentlich" tragenden Tatsachen (z.B. des Tatzeitpunkts) muss daher auch im Wiederaufnahmeverfahren im Rahmen einer Hauptverhandlung erfolgen[424].

Liegen die Zulässigkeitsvoraussetzungen vor, so werden die angetretenen Beweise erhoben.

Erst nachdem dies geschehen ist, wird über die **Begründetheit** des Antrags entschie-     **926** den. Er wird gem. § 370 StPO insbesondere dann als unbegründet verworfen, wenn die aufgestellten Behauptungen in der vorangegangenen Beweisaufnahme keine genügende Bestätigung gefunden haben.

Zu einer erneuten Hauptverhandlung kommt es nur dann, wenn das Gericht auch diese Begründetheit für gegeben erachtet, § 370 Abs. 2 StPO[425].

---

423  Vgl. BGH NStZ 2000, 218.
424  BVerfG NJW 1995, 2024.
425  Lesen Sie zum Wiederaufnahmeverfahren auch die Entscheidung des LG Gießen im „Fall Weimar", NJW 1994, 465 ff.

Nach § 371 Abs. 2 StPO kann ggf. eine Freisprechung nach erfolgter Wiederaufnahme auch ohne erneute Hauptverhandlung stattfinden. Ergibt sich die Unschuld schon zweifelsfrei durch die erhobenen Beweise, so wäre Letztere eine sinnlose Förmelei, weshalb ggf. ein Beschluss ausreichend ist.

## IV. Die Rechtsbeschwerde

**927** Eine Rechtsbeschwerde kann aus **zwei Rechtsgebieten** resultieren, nämlich aus:

↙ ↘

| **Bußgeldsachen** | **Strafvollzugssachen**, |
|---|---|
| nach dem OWiG oder anderen Gesetzen, welche Bußgeldtatbestände enthalten (z.B. StVG, StVO, StVZO, WaffG, VersammlG). | vgl. §§ 116 StVollzG, 121 Abs. 1 Ziff. 3 GVG. |

Mit diesem Rechtsinstitut können in beschränktem Umfang – vergleichbar mit der Revision – Fehler in der Anwendung der Gesetze gerügt werden. Für die Rechtsbeschwerde in Bußgeldsachen gelten keine verfahrensrechtlichen Besonderheiten, da die Vorschriften über die Revision entsprechend anzuwenden sind, vgl. §§ 79 Abs. 3 S. 1, 80 Abs. 3 S. 1 OWiG.

Ohne Weiteres zulässig ist die Rechtsbeschwerde nur in den Fällen des § 79 Abs. 1 OWiG. Ansonsten ist die Möglichkeit einer Anfechtung der gerichtlichen Entscheidung in Fällen von untergeordneter Bedeutung – gemessen an der Höhe der verhängten Geldbuße – deutlich eingeschränkt. Betroffen davon sind in erster Linie Bagatellordnungswidrigkeiten im Straßenverkehr. Ist in dem angefochtenen Urteil **ausschließlich** eine Geldbuße von nicht mehr als 250 € festgesetzt worden, so bedarf die Rechtsbeschwerde gemäß § 79 Abs. 1 S. 2 OWiG der **Zulassung**. Diese erfolgt nach § 80 Abs. 1 OWiG indes nur ausnahmsweise, nämlich wenn es entweder zur Fortbildung des Rechts bzw. zur Sicherung einer einheitlichen Rechtsprechung erforderlich ist (Nr. 1) oder wenn die Aufhebung des Urteils wegen Versagung des rechtlichen Gehörs geboten ist (Nr. 2). Sinn der Regelung ist mithin nicht in erster Linie die Herstellung der rechtlich richtigen Entscheidung im Einzelfall[426].

Beträgt die festgesetzte Geldbuße nicht mehr als 100 €, so ist die Möglichkeit der Rechtsbeschwerde durch § 80 Abs. 2 OWiG noch weiter, nämlich in der Weise eingeschränkt, dass nur noch die Notwendigkeit einer **Rechtsfortbildung** bezogen auf das **sachliche** Recht die Zulassung rechtfertigt.

Für die Rechtsbeschwerde nach § 116 Abs. 4 StVollzG sind demgegenüber die StPO-Vorschriften über die Beschwerde mit den Besonderheiten der §§ 118 bis 121 StVollzG maßgeblich.

---

426 Vgl. *Steindorf*, KK-OWiG, § 80 Rn. 1 m.w.N.

## V. Das Klageerzwingungsverfahren

Auch das Klageerzwingungsverfahren haben wir im Zusammenhang mit der Darstel-   **928**
lung der Rechte des **Verletzten** gegenüber der Staatsanwaltschaft – falls diese die
Erhebung der öffentlichen Klage ablehnt – bereits erwähnt[427].

Diesem Verfahren, welches bei Privatklagedelikten und bestimmten Einstellungsver-
fügungen unzulässig ist (lesen Sie § 172 Abs. 2 S. 3 StPO), muss eine **Vorschaltbeschwerde** an die Generalstaatsanwaltschaft oder die ermittelnde Staatsanwaltschaft
vorausgehen, die innerhalb einer Frist von zwei Wochen nach Bekanntgabe der Einstellungsverfügung einzulegen ist, § 172 Abs. 1 Satz 1 StPO.

Durch diesen Rechtsbehelf wird den Ermittlungsbehörden die Möglichkeit gegeben,
bei Vorliegen neuer Tatsachen und Beweismittel (Nr. 105 RiStBV) die Untersuchung
wieder aufzunehmen[428]. Parallel dazu ist die – nicht fristgebundene – **Dienstaufsichtsbeschwerde** statthaft.

Erst nach Zurückweisung der Beschwerde durch die Generalstaatsanwaltschaft kann   **929**
der Verletzte binnen eines Monats einen Antrag auf gerichtliche Entscheidung stellen, § 172 Abs. 2 S. 1 StPO[429]. Er muss sich hierbei zwingend von einem Rechtsanwalt vertreten lassen, § 172 Abs. 3 S. 2 StPO. Schwierig ist zudem die Einhaltung der
gem. § 172 Abs. 3 StPO an Form und Inhalt zu stellenden Anforderungen[430], welche
die Oberlandesgerichte vor einer Überlastung durch unsachgemäße und nicht hinreichend substantiierte Klageerzwingungsbegehren bewahren sollen.

Nach einhelliger Ansicht muss der Antrag auf gerichtliche Entscheidung eine aus
sich selbst heraus verständliche Schilderung des Sachverhaltes enthalten, der bei
Unterstellung des Tatverdachts die Erhebung der öffentlichen Klage in materieller
und formeller Hinsicht rechtfertigt. Die Sachdarstellung muss in groben Zügen den
Gang des Ermittlungsverfahrens, den Inhalt der angegriffenen Bescheide und – im
Sinne einer Würdigung der Beweislage – die Gründe für ihre Unrichtigkeit wiederge-
ben[431]. Das Gericht soll dadurch in die Lage versetzt werden, ohne Rückgriff auf die
Ermittlungsakten eine Schlüssigkeitsprüfung vorzunehmen[432].

Diese Anforderungen sind unter dem Blickwinkel der Rechtsweggarantie in Art. 19
GG im Prinzip nicht zu beanstanden. Obgleich sie im Einzelfall nicht überspannt

---

427 Siehe oben Rn. 151 ff.
428 Zu den Erfolgsaussichten siehe *Thode* DRiZ 2007, 57 ff.
429 Auch gegen den zurückweisenden Bescheid ist die Dienstaufsichtsbeschwerde zulässig. Er muss
    daher unabhängig von der Wahrung der Frist des § 172 Abs. 1 S. 1 StPO eine Sachentscheidung
    beinhalten.
430 Lesen Sie ggf. hierzu BVerfG NJW 2004, 1585; OLG Celle NStZ 1997, 406 sowie *Meyer-Goßner*,
    § 172 Rn. 26 ff.
431 Siehe OLG Koblenz NStZ 2007, 317; OLG Stuttgart NStZ-RR 2005, 113 m.w.N.; a.A. OLG Frank-
    furt NStZ-RR 2006, 311 f.
432 Geringere Anforderungen gelten wegen des fehlenden Anwaltszwangs, wenn der Antragsteller
    zunächst gem. § 172 Abs. 3 S. 2 StPO um **Prozesskostenhilfe** nachsucht. Auch hier ist aber zumin-
    dest die Angabe des Sachverhalts und der Beweismittel nötig, weil sonst die Erfolgsaussichten nicht
    geprüft werden können.

werden dürfen[433], gelingt es den allermeisten Antragstellern trotz anwaltlicher Vertretung nicht, diese Hürde zu überwinden. Das zuständige OLG verwirft in diesen Fällen den Antrag als unzulässig, was dem Antragsteller immerhin die nachteilige Kostenfolge des § 177 StPO erspart. Erachtet es den Antrag dagegen für zulässig, so prüft es den hinreichenden Tatverdacht aufgrund des gesamten Akteninhalts und des Vorbringens im Klageerzwingungsverfahren. Ergibt sich hierbei die hinreichende Wahrscheinlichkeit der späteren Verurteilung, so beschließt es die Erhebung der öffentlichen Klage durch die Staatsanwaltschaft, § 175 StPO. Andernfalls ist der Antrag zu verwerfen, § 174 Abs. 1 StPO.

Die vom Gesetzgeber vorgegebenen Alternativen der Anordnung der Klageerhebung einerseits und der Verwerfung andererseits werden allerdings nicht allen möglichen Fallgestaltungen gerecht. So scheidet etwa in den Fällen, in denen die Staatsanwaltschaft bereits aus rechtlichen oder tatsächlichen Gründen den **Anfangsverdacht** einer Straftat verneint hat oder in denen jedenfalls weitere Ermittlungen angezeigt wären, trotz grundsätzlicher Begründetheit des Antrags die Erhebung der öffentlichen Klage (noch) aus. In diesen Fällen kann der Staatsanwaltschaft als Minus zur Anordnung der Klageerhebung (§ 175 StPO) daher die Einleitung bzw. Fortsetzung eines Ermittlungsverfahrens aufgegeben werden[434]. Nach dessen Abschluss hat die Staatsanwaltschaft erneut nach § 170 StPO zu entscheiden.

**930** Das gesamte **Klageerzwingungsverfahren** gestaltet sich, wie in dem folgenden Überblick dargestellt:

---

433 Vgl. BVerfG NJW 2000, 1027.
434 OLG München NJW 2007, 3734 ff.; OLG Köln NStZ 2003, 682 ff. m.w.N.

Einlegung der Vorschaltbeschwerde bei

Staatsanwaltschaft (StA), die nach § 171 StPO den Verletzten beschieden hat, § 172 Abs. 1 S. 2 StPO.

**oder** Generalstaatsanwaltschaft (GStA), § 172 Abs. 1 S. 1 StPO. Diese benachrichtigt die StA.

Die Staatsanwaltschaft hat zwei Entscheidungsmöglichkeiten, nämlich:

Sie hilft der Beschwerde ab, wenn sich neue Tatsachen und Beweismittel ergeben (Nr 105 RiStBV).

Sie hilft der Beschwerde nicht ab; dann muss sie einen Bericht erstellen und mit den Akten an die GStA übersenden.

Sie fertigt eine entsprechende Verfügung und benachrichtigt den Beschwerdeführer (und ggfls. die GStA). Es folgen weitere Ermittlungen und ggfls. eine Anklage.

Die GStA prüft wegen der zugleich subsidiär eingelegten Dienstaufsichtsbeschwerde in materieller Hinsicht, d.h.: ob neue Tatsachen und Beweismittel vorliegen.

Sie weist die Beschwerde zurück, § 172 Abs. 2 StPO.

Sie hält die Beschwerde für begründet.

Diese Entscheidung wird dem Beschwerdeführer mit Rechtsmittelbelehrung bekannt gemacht. Er kann nun entscheiden, ob er den Antrag nach § 172 Abs. 2 S. 1 StPO an das OLG stellt.

Sie hebt die Einstellungsverfügung der StA auf und ordnet die Klageerhebung oder weitere Ermittlungen an; der Beschwerdeführer wird formlos benachrichtigt (Nr 105 Abs. 4 RiStBV).

Er stellt den Antrag.

Er stellt ihn nicht.

Verwerfung als unbegründet.

Verwerfung als unzulässig nach § 174 StPO.

Anordnung der Klageerhebung durch das OLG.

Ende der Ermittlungen.

Ende der Ermittlungen.

Anordnung von (weiteren) Ermittlungen. Das Verfahren wird aufgenommen bzw. fortgeführt und endet mit erneuter Entscheidung nach § 170 StPO.

## VI. Die Gegenvorstellung

**931** Dieser in der StPO nicht geregelte und formlose Rechtsbehelf kommt dann in Betracht, wenn eine gerichtliche Entscheidung – namentlich nach Ausschöpfung des Beschwerderechtszuges – nicht weiter angefochten werden kann. Die Gegenvorstellung richtet sich nicht an die übergeordnete Instanz; sie ist letztlich nichts anderes als die Aufforderung an das Gericht, die eigene Entscheidung zu überdenken und ggf. zu korrigieren.

Als Ausfluss des allgemeinen Petitionsrechts (Art. 17 GG) ist die Gegenvorstellung auch im Strafverfahren jedenfalls bislang anerkannt, sofern das angegangene Gericht überhaupt befugt ist, seine eigene Entscheidung abzuändern. Im Hinblick auf neuere Rechtsprechung des Bundesverfassungsgerichts und die gesetzliche Einführung der noch darzustellenden Anhörungsrüge wird die Zulässigkeit der Gegenvorstellung bzw. deren verbleibender Anwendungsbereich jedoch intensiv diskutiert[435]. Bis hierüber – im Zweifel durch das Bundesverfassungsgericht – abschließend befunden ist, sollten die Instanzgerichte schon aus Gründen des effektiven Rechtsschutzes an dem bisherigen Zustand festhalten.

Für die Frage der Zulässigkeit ist folglich zwischen den Fällen der einfachen (§§ 305, 306 Abs. 2 StPO) und der sofortigen Beschwerde zu unterscheiden, da bei Letzterer das Ausgangsgericht gem. § 311 Abs. 2 S. 1 StPO zu einer Abänderung i.d.R. nicht befugt ist. Auch hier kann allerdings gegen die Entscheidung des Beschwerdegerichts Gegenvorstellung erhoben werden.

**932** Da das Recht zur Gegenvorstellung mit dem Grundsatz der Unabänderlichkeit unanfechtbarer und damit rechtskräftiger Beschlüsse kollidiert, kommt eine inhaltliche Abänderung nur in besonderen **Ausnahmefällen** zur Abwendung eines „groben prozessualen Unrechts"[436] bzw. dann in Betracht, wenn die Entscheidung auf einer **Grundrechtsverletzung** beruht[437]. Einen der insoweit denkbaren Anwendungsfälle hat der Gesetzgeber mit dem **Anhörungsrüge**gesetz vom 09.12.2004[438] ausdrücklich geregelt. Nach dem neu gefassten **§ 33a StPO** kann (und muss) das **Beschluss**verfahren in den Zustand vor der Entscheidung zurückversetzt werden, wenn
– eine Verletzung des Anspruchs auf rechtliches Gehör vorliegt,
– diese entscheidungserheblich war und
– der Betroffene noch beschwert ist.

Eine ähnliche Regelung existiert in Gestalt des § 356a StPO für Entscheidungen im **Revisionsverfahren**, wenn in diesem der Anspruch auf rechtliches Gehör erstmals verletzt wurde. Gemäß § 356a S. 2 StPO ist der Rechtsbehelf binnen einer Woche anzubringen, nachdem der Betroffene Kenntnis von den tatsächlichen Umständen erlangt hat, aus denen sich die Verletzung des Anspruchs auf rechtliches Gehör erge-

---

435 Vgl. den Vorlagebeschluss des 5. Senats des BFH DStR 2007, 2162 f.; BVerwG 8 B 20/08 sowie *Zuck*, ZRP 2008, 44 ff.
436 So BVerfGE 63, 78; siehe auch BGH NStZ 2003, 272 ff.
437 Vgl. BVerfG NJW 2003, 281; OLG Zweibrücken wistra 2000, 400.
438 BGBl. I, 3220.

ben soll. Es gehört zu den Zulässigkeitsvoraussetzungen, dass die entsprechenden Umstände vorgetragen und glaubhaft gemacht werden[439]. Da sich § 356a StPO nur auf das Revisionsverfahren bezieht, sind die Urteile der **Tatsacheninstanz** nach dem Willen des Gesetzgebers von der Gehörsrüge ersichtlich ausgenommen[440].

Eine Änderung ist also trotz der Rechtskraft insbesondere dann möglich, wenn einem Beschluss die **933**

– entscheidungserhebliche Verletzung des Anspruchs auf rechtliches Gehör (siehe hierzu auch die §§ 33a, 311 Abs. 3 S. 2, 311a StPO) oder
– eine Entziehung des durch Art. 101 Abs. 1 S. 2 GG garantierten gesetzlichen Richters

zugrunde liegt[441].

Wird mit der Gegenvorstellung die Verletzung von Grundrechten gerügt, so bedarf es einer förmlichen Entscheidung, da hiervon die Zulässigkeit einer (gegenüber sonstigen Rechtsbehelfen nur subsidiären) Verfassungsbeschwerde abhängt[442]. Erachtet das Gericht die Gegenvorstellung für begründet und trifft es eine neue Entscheidung, so richtet sich deren Anfechtbarkeit wiederum nach den allgemeinen Regeln. Im anderen Fall wird der Antrag auf Nachholung des rechtlichen Gehörs – kostenpflichtig[443] – zurückgewiesen.

---

439 BGH NStZ 2005, 462 f.
440 Eine Ausnahme besteht allerdings – aus welchen Gründen auch immer – für Verurteilungen nach Jugendrecht, vgl. § 55 Abs. 4 JGG.
441 Vgl. auch BVerfG NStZ-RR 2002, 100; NJW-RR 2001, 860; BGH NStZ 2001, 334. Der Begriff der „Entziehung" setzt dabei ein „offensichtlich unhaltbares", willkürliches Verhalten voraus, vgl. BVerfG NJW 2003, 281.
442 BVerfG NJW 2003, 281.
443 OLG Köln NStZ 2006, 181 f.

Kapitel 8

# Maßnahmen zur Verfahrenssicherung und Aufklärung sowie Zwangsmittel

**934** Die §§ 161 Abs. 1, 163 Abs. 1 StPO enthalten nicht lediglich eine Umschreibung der Tätigkeit von Staatsanwaltschaft und Polizei, sondern sie ermächtigen die Strafverfolgungsbehörden im Rahmen ihrer gesetzlichen Aufgaben auch zu **Eingriffen** (sog. Ermittlungsgeneralklausel). Abgedeckt werden nach einhelliger Auffassung[1] die allgemeinen Ermittlungshandlungen, wenngleich auch diese – etwa bei kurzfristigen Observationen oder einfachen Fahndungen – mit (geringen) Grundrechtseingriffen verbunden sein können. Um die Aufklärung des Sachverhalts und die geordnete Durchführung des Strafverfahrens sicherzustellen, regelt die StPO darüber hinaus eine Reihe von Maßnahmen und Zwangsmitteln, die sehr viel intensiver in die persönliche Sphäre des Betroffenen eingreifen und daher – gleich ob sie offen oder heimlich durchgeführt werden – spezieller Ermächtigungsnormen bedürfen. Diese Maßnahmen richten sich in erster Linie gegen den Beschuldigten[2], sie können im Einzelfall – etwa bei der Beschlagnahme oder der Durchsuchung – aber auch Dritte betreffen. Naturgemäß gelangen die Zwangsmittel überwiegend im Stadium des Ermittlungsverfahrens zur Anwendung, sie sind aber nicht auf diesen Verfahrensabschnitt beschränkt, wie beispielsweise die Vorschriften über den Haft- bzw. den Unterbringungsbefehl zeigen. Die Maßnahmen sollen daher der besseren Übersichtlichkeit wegen in einem eigenen Kapitel dargestellt werden.

Folgende sind zu nennen:

– vorläufige Festnahme nach §§ 127 Abs. 1, 2, 127b Abs. 1 StPO, § 183 S. 2 GVG;
– Anordnung von Haft nach §§ 112, 112a, 127b Abs. 2, 230 Abs. 2, 236, 329 Abs. 4, 453c, 457 StPO (außerhalb der StPO: die Auslieferungshaft)
– vorläufige Unterbringung in einem psychiatrischen Krankenhaus oder einer Entziehungsanstalt im sog. objektiven Verfahren nach § 126a StPO;
– Unterbringung des Beschuldigten zur Beobachtung in einem psychiatrischen Krankenhaus (Anstaltsbeobachtung) nach § 81 StPO;
– körperliche Untersuchung des Beschuldigten oder eines Dritten sowie Auswertung und Sicherung der Daten, §§ 81a und c, e bis g StPO;
– erkennungsdienstliche Behandlung, also die Fertigung von Lichtbildern und Fingerabdrücken, § 81b StPO;

---

1 Vgl. HS-*Murmann* Kap. III., Rn. 8 m.w.N.
2 Wenn im Folgenden von dem „Beschuldigten" die Rede ist, so kann – je nach Verfahrensstand – damit auch der „Angeklagte" gemeint sein.

- Durchsuchung, §§ 102 ff. StPO;
- Sicherstellung und Beschlagnahme von Gegenständen
  - als Beweismittel im Strafverfahren, §§ 94 ff. StPO oder
  - im Vorgriff auf die spätere Anordnung des Verfalls bzw. der Einziehung, §§ 111b ff. StPO i.V.m. §§ 73 ff. StGB;
- vorläufige Entziehung der Fahrerlaubnis nach § 111a StPO;
- heimliche Maßnahmen der visuellen und akustischen Observation, §§ 100a – 100i StPO;
- Zwangsmittel in der Hauptverhandlung aufgrund sitzungspolizeilicher Verfügungen.

## A. Die vorläufige Festnahme

### I. Das Jedermann-Recht aus § 127 Abs. 1 Satz 1 StPO

Nach § 127 Abs. 1 Satz 1 StPO darf der auf frischer Tat betroffene oder flüchtige **935** Straftäter von jedermann vorläufig festgenommen werden, um seiner durch Anwesenheitssicherung und Identitätsfeststellung zum Zwecke einer eventuellen Strafverfolgung habhaft zu werden. Der Festnehmende handelt in diesen Fällen rechtmäßig, der von der Maßnahme Betroffene hat daher kein Notwehrrecht.

Voraussetzung ist insoweit zunächst, dass es sich um eine – zumindest versuchte – Straftat und nicht nur um eine Ordnungswidrigkeit handelt, die in Rede steht[3]. Im Übrigen ist ein Festnahmerecht – bei Vorliegen der sonstigen Voraussetzungen – schon dann gegeben, wenn **nach den äußeren Umständen** ein **dringender Tatverdacht** besteht[4]. Mehr kann nicht verlangt werden, da § 127 Abs. 1 StPO an die „sichtbare Tat" anknüpft[5]. Dies ist allerdings streitig; nach anderer Auffassung, die im Wesentlichen auf rechtspolitische Gründe (Eingriff in die Freiheitssphäre des Betroffenen; Wegfall des Notwehrrechts) abstellt, muss tatsächlich eine Straftat begangen worden sein[6].

Allerdings wird der Festnehmende in jedem Fall insoweit geschützt, als Rechtfertigungs- oder Entschuldigungsgründe auf Seiten des mutmaßlichen Täters das Festnahmerecht nicht beeinträchtigen, soweit sie nicht erkennbar sind[7].

Darüber hinaus muss der Täter **auf frischer Tat** betroffen oder **verfolgt** sein. Dieses **936** Erfordernis ist dann erfüllt, wenn er sich noch bei der Begehung am Tatort befindet oder aber gerade flüchtet. § 127 Abs. 1 StPO berechtigt zur Nacheile. Dabei gibt es hinsichtlich der Dauer einer Verfolgung keine zeitliche Grenze für das Festnahme-

---

3 LR-*Hilger*, § 127 Rn. 8 m.w.N.
4 BGH NJW 1981, 745; OLG Hamm NStZ 1999, 151; *Roxin*, § 31 Rn. 4; KK-*Schultheis*, § 127 Rn. 9 m.w.N.; vgl. grundlegend auch: *Kargl* NStZ 2000, 8 ff.
5 LR-*Hilger*, a.a.O. Rn. 10.
6 Vgl. die Nachweise bei KK-*Schultheis*, a.a.O. und *Kargl* a.a.O. S. 9.
7 *Meyer-Goßner*, § 127 Rn. 4.

recht. Selbst eine vorübergehende Unterbrechung der Verfolgung hindert eine nachfolgende Festsetzung des Verdächtigen nicht[8].

Die Festnahme darf aber nur zu dem Zweck erfolgen, den Täter einer Strafverfolgung zuzuführen. Wem diese innere Willensrichtung fehlt, der kann sich auf den Rechtfertigungsgrund des § 127 StPO nicht berufen.

Weitere Voraussetzung ist, dass der Täter einer **Flucht verdächtig** ist – bei einem sich entfernenden Verdächtigen liegt dies auf der Hand – oder seine **Identität nicht sofort festgestellt** werden kann. Ist der Name des Täters bekannt, so ist daher die Festnahme nach dieser Alternative der Vorschrift nicht zulässig.

**937**  Zusammenfassend bestehen also folgende Voraussetzungen:

- dringender Verdacht bzgl. einer Straftat;
- der Täter/Verdächtige ist auf frischer Tat betroffen bzw. wird verfolgt;
- er ist der Flucht verdächtig oder eine Identitätsfeststellung ist nicht sofort möglich;
- der Festnehmende handelt mit dem Willen, den Betroffenen der Strafverfolgung zuzuführen.

**938**  Besteht ein Festnahmerecht nach § 127 StPO, so kann zu dessen Durchsetzung auch körperliche Gewalt angewandt werden. Gedeckt sind insoweit Delikte wie Körperverletzung, Nötigung und Freiheitsberaubung. Allerdings darf es nicht zu einer ernsthaften Gesundheitsschädigung kommen. Verboten sind damit auch gezielte Schüsse auf einen flüchtenden Straftäter[9] oder sonstige das Leben gefährdende Vorgehensweisen[10]. Eine andere Beurteilung kann allein unter den Voraussetzungen des § 32 StGB geboten sein, wenn der Festzunehmende – rechtlich unzulässig – Gegenwehr leistet[11]. Auch die Durchsuchung von Personen oder Sachen ist im Rahmen des § 127 StPO nicht gerechtfertigt.

Im Anschluss an die Festnahme ist der Festnehmende verpflichtet, den Täter/Verdächtigen unverzüglich an die Polizei bzw. die Staatsanwaltschaft oder das Gericht zu übergeben.

## II. Die vorläufige Festnahme nach § 127 Abs. 2 StPO

**939**  Die **staatlichen Strafverfolgungsbehörden** wie Staatsanwaltschaft und Polizei[12] haben nach § 127 Abs. 2 StPO weitergehende Möglichkeiten. Danach haben sie bei

---

8  RGSt 58, 226 für den Fall, dass die verfolgenden Beamten „aus Ermüdung" eine kurze Rast eingelegt hatten.

9  BGH NJW 1981, 745 f.

10  Etwa das minutenlange Würgen eines Ladendiebs, vgl. BGH NJW 2000, 1349; lesenswert ist auch BGH NStZ-RR 2007, 303 f. zum Fall eines – freilich unter einer paranoiden Persönlichkeitsstörung leidenden – selbsternannten „Ordnungshüters".

11  BGH NJW 2000, 1349; die Entscheidung ist sehr lesenswert, denn es geht darin auch um die verschiedenen Konstellationen eines Irrtums des Festnehmenden über den Erlaubnistatbestand der Notwehr.

12  Nicht nur die Ermittlungspersonen der Staatsanwaltschaft sondern sämtliche Beamte des Polizeidienstes. Wer Ermittlungsperson ist, regelt § 152 Abs. 2 GVG i.V.m. den entsprechenden Rechtsvorschriften der Länder. Eine Übersicht hierzu finden Sie bei *Meyer-Goßner*, § 152 GVG Rn. 6.

„Gefahr im Verzuge" – über § 127 Abs. 1 Satz 1 StPO hinaus – auch dann ein Festnahmerecht, wenn die **Voraussetzungen eines Haftbefehls oder eines Unterbringungsbefehls** vorliegen. Von der Festnahme kann allerdings unter den Voraussetzungen des § 127a StPO abgesehen werden, wenn keine Freiheitsstrafe zu erwarten ist und der Beschuldigte die Besorgnis der Flucht durch Gestellung einer Sicherheit gemäß § 132 StPO beseitigt. Die Vorschrift stellt eine positiv-rechtliche Ausprägung des Grundsatzes der Verhältnismäßigkeit dar.

„Gefahr im Verzuge" besteht dann, wenn der Beamte aufgrund pflichtgemäßer Prü-  **940**
fung zu dem Ergebnis gelangt, die Festnahme sei wegen des mit der Erlangung eines richterlichen Haft- oder Unterbringungsbefehls verbundenen Zeitverlustes gefährdet[13]. Kommt er zu diesem Schluss, so kann die vorläufige Festnahme – und hierin besteht die Privilegierung – auch auf Verdunkelungs- oder Wiederholungsgefahr (§§ 112 Abs. 2 Nr. 3, 112a StPO) gestützt werden. Zur **Vorbereitung** der Festnahme (oder der Ergreifung des Täters aufgrund eines schon bestehenden Haftbefehls) lässt § 100i Abs. 1 Nr. 2 StPO bei Straftaten von erheblicher Bedeutung (vgl. Abs. 2 S. 2) unter den dort genannten weiteren Voraussetzungen die Ermittlung des Standortes eines aktiv geschalteten Mobiltelefons zu, um so den Aufenthaltsort des Gesuchten in Erfahrung zu bringen.

Da Kinder nicht strafmündig sind (vgl. § 19 StGB), dürfen sie nicht vorläufig festgenommen werden. Bei ihnen ist allenfalls eine Identitätsfeststellung nach § 163b StPO zulässig.

Ist eine vorläufige Festnahme aufgrund der Vorschrift des § 127 Abs. 2 StPO erfolgt  **941**
und wird der Betroffene nicht wieder auf freien Fuß gesetzt, so richtet sich das **weitere Verfahren** nach den §§ 128, 129 StPO. Lesen Sie dazu die Randnummern 961 f.!

Ist der Festgenommene freigelassen worden, so steht ihm grundsätzlich auch nach tatsächlicher Beendigung der ihn beeinträchtigenden Maßnahme ein Rechtsschutzinteresse zur Seite, die Rechtmäßigkeit der Festnahmehandlung gerichtlich überprüfen zu lassen. Dafür ist nach Ansicht des BGH aber nicht der Rechtsweg gemäß § 23 EGGVG zu den Oberlandesgerichten gegeben. Vielmehr hat der Betroffene analog § 98 Abs. 2 S. 2 StPO die Möglichkeit, eine Entscheidung des zuständigen Amtsrichters herbeizuführen[14].

### III. Die vorläufige Festnahme nach § 127b Abs. 1 StPO

Im Zusammenhang mit dem **beschleunigten Verfahren** gem. §§ 417 ff. StPO steht  **942**
§ 127b Abs. 1 StPO. Die Vorschrift, die neben den Regelungen in § 127 StPO einen eigenständigen Festnahmegrund – und in Abs. 2 einen damit korrespondierenden Haftgrund – enthält, soll die Effektivität dieses Verfahrens fördern, indem eine zügige

---

13 RGSt 38, 373 ff.; LR-*Hilger*, § 127 Rn. 35.
14  BGH NJW 1998, 3653.

Durchführung der Hauptverhandlung und die Anwesenheit des Beschuldigten darin sichergestellt wird[15]. Die Amtsgerichte sollen auf diese Weise in die Lage versetzt und ermuntert werden, von der Möglichkeit der Aburteilung im beschleunigten Verfahren in verstärktem Maße Gebrauch zu machen. „Zielgruppe" der Festnahmeregelung sind vor allen Dingen „reisende Täter" wie Rowdies in Fußballstadien, gewalttätige Mitglieder von Drückerkolonnen oder mobile Schläger- und Diebesbanden[16]. Die Vorschrift, die einen schwierigen gesetzgeberischen Weg zurücklegen musste, ist insbesondere im Hinblick auf den Haftgrund in Abs. 2 rechtspolitisch umstritten, wobei die Vorwürfe von „schierer Repression in der Verfolgung von Alltags- und Armutskriminalität"[17], über „nicht erforderlich"[18] bis hin zur Vermutung der Verfassungswidrigkeit[19] reichen. Die praktische Handhabung der Vorschrift hat die Bedenken indes offenbar nicht bestätigt[20].

**943**  **Zur Festnahme berechtigt** sind – wie im Falle des § 127 Abs. 2 StPO – die Staatsanwaltschaft und – sämtliche – Beamte des Polizeidienstes.

Voraussetzungen der **Festnahme** sind lediglich, dass
– jemand auf frischer Tat betroffen ist oder verfolgt wird,
– eine unverzügliche Entscheidung im beschleunigten Verfahren „wahrscheinlich" ist[21],
– auf Grund bestimmter Tatsachen zu befürchten ist, dass der Festgenommene der Hauptverhandlung fernbleiben wird und
– als ungeschriebener Grundsatz, dass die Maßnahme nicht unverhältnismäßig ist (die Möglichkeit des Absehens von der Festnahme nach § 127a StPO ist auch insoweit zu beachten).

Aus den genannten Voraussetzungen folgt die Problematik der Vorschrift, denn sie verlangt von dem Festnehmenden nicht nur die Beurteilung der Eingriffsvoraussetzungen hinsichtlich der rechtswidrigen Tat, sondern auch die Prognoseentscheidung, ob eine Aburteilung im beschleunigten Verfahren wahrscheinlich ist und Anhaltspunkte bestehen, dass der Beschuldigte sich diesem Verfahren entziehen würde. Das ist im Einzelfall schwierig. Dem Festnehmenden wird daher ein verhältnismäßig weiter Beurteilungsspielraum einzuräumen sein. Erst wenn dieser deutlich überschritten ist, kann die Maßnahme als rechtswidrig eingestuft werden[22].

---

15 Lesen Sie zur Begründung der Vorschrift im Gesetzgebungsverfahren *Hellmann* NJW 1997, 2146; *Hartenbach* ZRP 1997, 227.
16 *Stintzing/Hecker* NStZ 1997, 569 ff.
17 *Kempf* NJW 1997, 1733.
18 *Hartenbach* a.a.O. S. 228.
19 *Meyer-Goßner* ZRP 2000, 348; *Stintzing/Hecker* a.a.O., S. 572 f.
20 Vgl. HK-*Lemke*, § 127b Rn. 2.
21 Maßgeblich ist die Wochenfrist des § 127b Abs. 2 StPO, vgl. KK-*Schultheis*, § 127b Rn. 8.
22 KK-*Schultheis*, § 127b Rn. 9.

## IV. Die vorläufige Festnahme nach § 183 S. 2 GVG

§ 183 S. 1 GVG verpflichtet das Gericht, sämtliche während einer Sitzung begange-   **944**
nen Straftaten als solche festzustellen und zu protokollieren. Die Möglichkeit der
vorläufigen Festnahme aufgrund solcher Delikte – in erster Linie kommen Aussage-
delikte in Betracht – eröffnet § 183 S. 2 GVG, der insoweit eine Ergänzung des § 127
Abs. 2 StPO enthält. Nach dieser Vorschrift kann bei einer in der Hauptverhandlung
begangenen Straftat durch die Staatsanwaltschaft oder das Gericht die vorläufige
Festnahme verfügt werden. Wie bei § 127 StPO genügt auch hier die Begehung einer
Ordnungswidrigkeit nicht [23].

Die Anordnung der Festnahme kann nicht erzwungen werden („in geeigneten Fällen"). Das Gericht ist grundsätzlich nicht zum Erlass eines Haftbefehls befugt, es sei
denn, dass die Zuständigkeitsvoraussetzungen des § 125 Abs. 2 StPO vorliegen. Dies
dürfte aber schon deswegen in der Regel nicht der Fall sein, da das Gericht bereits
„mit der Sache" (also der zur Festnahme berechtigenden Tat) „befasst" sein müsste.
Zu denken wäre daher allenfalls an die Fälle der Nachtragsanklage.

## B. Die Haft

## I. Die Untersuchungshaft, §§ 112 ff. StPO

Die Anordnung von Untersuchungshaft kann auf die §§ 112, 112a StPO gestützt wer-   **945**
den. Sie dient **allein der Sicherung** einer ordnungsgemäßen Durchführung des Strafverfahrens bis zur Rechtskraft der abschließenden Entscheidung [24]. Die Freiheitsentziehung sowie in diesem Zusammenhang angeordnete weitere Maßnahmen dürfen
daher weder Sanktionscharakter haben [25] noch gezielt als Druckmittel im Rahmen der
Sachaufklärung eingesetzt werden (etwa zur Herbeiführung eines Geständnisses
nach dem Motto „U-Haft schafft Rechtskraft") [26]. Das Gebot der Beschleunigung
gewinnt bei der Untersuchungshaft vor dem Hintergrund des massiven Eingriffs in
das Freiheitsrecht des Betroffenen naturgemäß seine besondere Bedeutung. Das Verfahren ist daher – gleich in welchem Stadium es sich befindet – mit größtmöglicher
Anstrengung zu fördern [27].

Untersuchungshaft wird nur vom Richter angeordnet (§ 114 Abs. 1 StPO), und zwar
durch den sog. Haftbefehl. Die Polizei „verhaftet" daher niemanden, sie darf nur
„festnehmen".

---

23 *Meyer-Goßner*, § 183 GVG Rn. 3.
24 BVerfGE 32, 87 (93).
25 BVerfG NJW 1974, 26 f.
26 Auch die Ermittlungsbehörden haben § 136a StPO zu beachten. Danach sind Drohungen mit verfahrensrechtlich unzulässigen Maßnahmen stets verboten, vgl. BGH StV 2004, 636. Andererseits bestehen aber keine Bedenken, wenn der Vernehmende den Beschuldigten auf die rechtlich möglichen und
sachlich gebotenen verfahrensmäßigen Konsequenzen seines Einlassungsverhaltens hinweist, vgl.
*Meyer-Goßner*, § 136a Rn. 21 f. m.w.N.
27 Siehe hierzu oben Rn. 21 ff.

## 1. Voraussetzungen der Anordnung der Untersuchungshaft

**946**  Ein Haftbefehl kann ergehen, wenn:

**dringender Tatverdacht** zu bejahen ist

**und**

ein **Haftgrund** vorliegt (§ 112 Abs. 1 S. 1 StPO)

**und**

der Grundsatz der **Verhältnismäßigkeit** im Hinblick auf die Anordnung gewahrt ist (§§ 112 Abs. 1 S. 2, 113 StPO).

### a) Tatverdacht

Ein **dringender Tatverdacht** ist dann gegeben, wenn nach dem Stand der Ermittlungen eine **große Wahrscheinlichkeit** dafür besteht, dass der Beschuldigte als Täter oder Teilnehmer einer Straftat anzusehen ist. Insofern ist also mehr erforderlich, als der sog. „Anfangsverdacht" (der überhaupt erst die Aufnahme strafrechtlicher Ermittlungen erlaubt) bzw. als „hinreichender Verdacht" i.S.d. § 203 StPO.

**947**  Allerdings darf dies nicht streng schematisch gesehen werden, da sich naturgemäß der Verdachtsgrad im Verlauf des gesamten Strafverfahrens bis zu seinem rechtskräftigen Abschluss verändern, also verstärken oder abschwächen kann. Nicht selten stehen Haftbefehle gleich am Anfang der Ermittlungen, etwa wenn der mutmaßliche Täter aufgrund der – glaubhaften – Aussage eines Tatopfers (z.B. bei sexuellen Missbrauchsdelikten) in Haft genommen wird. In diesem Stadium des Verfahrens kann der Anfangsverdacht schon das Gewicht des dringenden Tatverdachts erlangen, ohne dass feststeht, ob sich am Ende der Ermittlungen ein hinreichender Tatverdacht ergeben wird. Bei deren Abschluss muss allerdings der Verdachtsgrad über die Wahrscheinlichkeitsprognose des § 203 StPO hinausgehen. Ausreichend ist es aber jedenfalls, wenn der Beschuldigte in „unmittelbarem Zusammenhang mit der Tat" festgenommen worden ist[28].

Reine Rechtsfragen (z.B. ob ein bestimmtes Verhalten unter einen Straftatbestand subsumiert werden kann) sind dagegen einer Wahrscheinlichkeitsprognose nicht zugänglich. Sie müssen vor Erlass eines Haftbefehls geklärt werden[29]. Nicht behebbare Verfahrenshindernisse, Rechtfertigungs- oder Schuldausschließungsgründe stehen der Annahme eines dringenden Tatverdachts stets entgegen.

**948**  Haftentscheidungen sind selbstverständlich auch nach Erhebung der öffentlichen Klage und während der Hauptverhandlung – dann gem. § 126 StPO durch das erkennende Gericht – möglich. Auch in diesem Stadium des Verfahrens ergeben sich nicht selten die Voraussetzungen für den Erlass eines Haftbefehls. Denken Sie etwa an den Fall, dass der Angeklagte, der bis zum Schluss der Hauptverhandlung mit einem Frei-

---

28  BVerfG NJW 1982, 29 f.
29  LR-*Hilger*, § 112 Rn. 18.

spruch gerechnet hat, entgegen seiner Erwartung zu einer mehrjährigen Haftstrafe verurteilt wird. Liegt ein verurteilendes Erkenntnis vor und hat das Gericht die Anordnung der Fortdauer der Untersuchungshaft auf die Gründe des Urteils gestützt, so reicht dies in aller Regel zur Annahme des dringenden Tatverdachts aus. Schließlich ist der Tatvorwurf in der vorangegangenen Beweisaufnahme gründlich geprüft worden.

Ergeben sich erst nach diesem Zeitpunkt zugunsten des Angeklagten neue Tatsachen oder Beweismittel, die aber nicht mehr in einer Tatsacheninstanz (Berufung) geprüft werden können, so zwingen diese nur dann zur Aufhebung des Haftbefehls, wenn nach den Maßstäben des Wiederaufnahmerechts eine neue Hauptverhandlung voraussichtlich zum Freispruch führen würde[30].

## b) Haftgründe

Die StPO kennt folgende Haftgründe:                                                                                      **949**

– Flucht oder Fluchtgefahr, § 112 Abs. 2 Nrn. 1 und 2 StPO;
– Verdunkelungsgefahr, § 112 Abs. 2 Nr. 3 StPO;
– Wiederholungsgefahr, § 112a Abs. 1 Nrn. 1 und 2 StPO;
– Tatverdacht bezüglich eines Kapitaldeliktes, § 112 Abs. 3 StPO.

Die Aufzählung der Haftgründe ist abschließend! Die Untersuchungshaft darf nur angeordnet werden, wenn nach sorgfältiger Prüfung zumindest einer der genannten Gründe angenommen werden kann. Daneben gibt es keine weiteren – sog. „apokryphen" – Haftgründe. Unzulässig ist insbesondere die Erwägung, die Freiheitsentziehung – formal auf einen der anerkannten Haftgründe gestützt – in Wirklichkeit zur „Förderung" der Geständnisbereitschaft des Beschuldigten anzuordnen. Eine solche Einstellung – gleich ob bei Gericht oder Ermittlungsbehörden – ist rechtsstaatswidrig.

## aa) Flucht oder Fluchtgefahr, § 112 Abs. 2 Nrn. 1 und 2 StPO

Eine **Flucht** liegt vor, wenn der Täter sich bereits „auf und davon" gemacht hat oder sich verborgen hält. Das ist beispielsweise dann der Fall, wenn der Beschuldigte nach der Tat seine Wohnung aufgibt, ohne eine neue zu beziehen. Ob er eventuell über seinen Verteidiger erreichbar ist, spielt insoweit keine Rolle.

Demgegenüber besteht **Fluchtgefahr**, wenn es nach den Umständen des Einzelfalles    **950** wahrscheinlicher ist, dass sich der Beschuldigte dem Verfahren entzieht, als dass er sich diesem stellen wird. Bei der Beurteilung dieser Frage spielen in der Praxis im Wesentlichen folgende Gesichtspunkte eine Rolle:

– die Höhe der zu erwartenden Strafe, ggf. auch in Verbindung mit dem drohenden Widerruf einer Strafaussetzung zur Bewährung;
– die Persönlichkeit des Beschuldigten (Vorstrafen/bisheriges Verhalten im Ermittlungsverfahren/persönliche Labilität/Beherrschen von Fremdsprachen);

---

30 BGH StV 2004, 142 f.

- soziale Bindungen (Familie/Kinder/Arbeitsplatz/fester Wohnsitz/Eigenheim/internationale Kontakte[31]);
- finanzielle Möglichkeiten.

Fluchtgefahr darf nur angenommen werden, wenn **konkrete Tatsachen** dies rechtfertigen. Pauschale Begründungen, z.B. „bei Rauschgifthändlern ist erfahrungsgemäß mit Fluchtgefahr zu rechnen", sind daher ebenso unzulässig wie die dahinter stehende generalpräventive Erwägung.

Die **Höhe der zu erwartenden Strafe allein** kann grundsätzlich die Fluchtgefahr nicht begründen, wohl aber in Verbindung mit anderen Umständen. Je höher die Straferwartung im konkreten Fall ist, desto mehr Gewicht muss ihr aber im Rahmen der Prognose zukommen. So ist es gerechtfertigt, bei einer zu erwartenden Freiheitsstrafe von 5 Jahren und mehr von einem hohen Fluchtanreiz auszugehen, dem allerdings im Einzelfall wiederum fluchthemmende Umstände entgegenstehen können.

### bb) Verdunkelungsgefahr, § 112 Abs. 2 Nr. 3 StPO

**951** Nach § 112 Abs. 2 Nr. 3 StPO kann Untersuchungshaft angeordnet werden, wenn zu erwarten steht, dass der Beschuldigte die Ermittlung der Wahrheit – bezogen auf die dem Haftbefehl zugrunde liegende Tat[32] – erschweren werde. Insoweit muss er nicht selbst tätig werden, es genügt, dass er Dritte hierzu veranlasst. Das Gesetz nennt verschiedene Modalitäten einer Verdunkelung, nämlich:

- Vernichtung, Veränderung, Beiseiteschaffen, Unterdrückung oder Fälschung von Beweismitteln (z.B. Urkunden);
- das Einwirken auf Mitbeschuldigte (z.B. im Sinne einer Absprache der Einlassung), Zeugen oder Sachverständige.

Erforderlich ist die „große Wahrscheinlichkeit" derartiger Verdunkelungshandlungen für den Fall, dass der Beschuldigte nicht in Haft genommen wird. Die nur objektiv vorhandene Möglichkeit, entsprechende Handlungen zu begehen, genügt für den Erlass eines Haftbefehls nicht. Auch hier müssen wieder **konkrete Tatsachen** zur Annahme einer entsprechenden Gefahr vorliegen. Keinesfalls genügt der Hinweis darauf, die Ermittlungen seien noch nicht abgeschlossen[33].

### cc) Wiederholungsgefahr, § 112a Abs. 1 Nr. 1 und Nr. 2 StPO

**952** Nach § 112a Abs. 1 StPO ist auch dann ein Haftgrund anzunehmen, wenn der Beschuldigte eine der dort benannten Anlasstaten begangen hat.

Hierbei handelt es sich nach Abs. 1 Nr. 1 zunächst um schwere Taten gegen die sexuelle Selbstbestimmung (§§ 174, 174a, 176–179 StGB) und – neu hinzugekommen – das sog. Stalking (§ 238 Abs. 2, 3 StGB). Bezüglich der Sexualstraftaten genügt

---

31 Zur Beurteilung der Fluchtgefahr bei einem sich in seinem Heimatstaat aufhaltenden Ausländer lesen Sie grundlegend: OLG Köln NStZ 2003, 219 ff.; auch: OLG Karlsruhe bei *Paeffgen* NStZ 2005, 76; OLG Hamm bei *Paeffgen* NStZ 2005, 76.
32 OLG München bei *Paeffgen* NStZ 2003, 78.
33 Vgl. OLG Frankfurt NStZ 1997, 22 ff.; LR-*Hilger*, § 112 Rn. 42.

jedenfalls bei erwachsenen Straftätern bereits die einmalige Begehung, um die Wiederholungsgefahr zu begründen Denn Zielrichtung des § 112a StPO ist nicht allein die Sicherung der Strafverfolgung, sondern auch der Schutz der Bevölkerung vor gefährlichen Tätern[34].

Daneben enthält § 112a Abs. 1 Nr. 2 StPO einen Katalog von Straftaten, die nach kriminologischer Erfahrung oftmals von Serientätern begangen werden. Erfasst werden hier u.a. Körperverletzungsdelikte (mit Ausnahme der einfachen oder fahrlässigen Körperverletzung), Diebstahl im besonders schweren Fall, Betrug, Raub sowie bestimmte Betäubungsmitteldelikte. Der Katalog der aufgeführten Straftaten ist abschließend[35].

Gemeinsam ist Nr. 1 und Nr. 2, dass zusätzlich bestimmte Tatsachen die Annahme begründen müssen, der Beschuldigte werde ohne die Anordnung von Haft vor einer rechtskräftigen Aburteilung weitere erhebliche Straftaten gleicher Art begehen oder die Straftat fortsetzen. Auch hierfür müssen konkrete Anhaltspunkte vorliegen; allgemeine Erwägungen reichen nicht aus. **953**

Hinsichtlich der in Nr. 2 genannten Anlassdelikte ist weitere Voraussetzung, dass der Täter bereits **wiederholt** eine entsprechend **schwerwiegende Straftat** begangen hat oder ohne die Haft eine solche Tat fortsetzen würde. Er muss mindestens zweimal durch rechtlich selbstständige Handlungen eines der genannten Delikte verwirklicht haben[36], wobei es nach der zutreffenden herrschenden Ansicht[37] nicht darauf ankommt, ob eine dieser Taten bereits Gegenstand einer Verurteilung in einem vorangegangenen Verfahren gewesen ist. Aus Gründen der Verhältnismäßigkeit muss jedoch **jedes einzelne Delikt** von seinem Unrechtsgehalt einen besonderen Schweregrad aufweisen[38].

In den Fällen der Nr. 2 darf die Haft indessen nur angeordnet werden, wenn für die dem Beschuldigten vorgeworfene Tat die Verhängung einer **Freiheitsstrafe von mehr als einem Jahr zu erwarten ist.** Die Strafaussetzung zur Bewährung unter den Voraussetzungen des § 56 Abs. 1 StGB kommt dann nämlich im späteren Hauptverfahren nicht in Betracht.

Systematisch ist anzumerken, dass § 112a StPO keine echte Untersuchungs-, sondern eine **Sicherungshaft** begründet. Die Vorschrift ist **subsidiär zu § 112 StPO**, es sei denn, dass von der Anordnung einer Untersuchungshaft nach § 112 StPO entsprechend § 116 StPO abgesehen werden könnte, vgl. § 112a Abs. 2 StPO. **954**

Angesichts ihres Sicherungscharakters stellt die Vorschrift im System der Haftvoraussetzungen einen „Fremdkörper"[39] dar. Sie ist mit Zurückhaltung anzuwenden, da sie die Unschuldsvermutung des Art. 6 Abs. 2 MRK außer Kraft setzt und im Übri-

---

34 BVerfG NJW 1966, 243 f.
35 KK-*Graf*, § 112a Rn. 6.
36 *Meyer-Goßner*, § 112a Rn. 8; KK-*Graf*, § 112a Rn. 12.
37 OLG Hamm StV 1997, 310; LR-*Hilger*, § 112a Rn. 30; **a.A.**: *Meyer-Goßner*, § 112a Rn. 8.
38 OLG Frankfurt StV 2000, 209; für die Tatbestände des § 243 StGB vgl. OLG Köln bei *Paeffgen* NStZ 1997, 76.
39 *Roxin*, § 30 Rn. 14.

gen an die „Schutzhaft" in der NS-Zeit erinnert. Andererseits ist jedoch aus kriminalpolitischen Erwägungen heraus eine entsprechende Regelung unerlässlich; sie wird auch durch Art. 5 Abs. 1 S. 2 lit. c Alt. 2 MRK ausdrücklich für zulässig erklärt[40].

Zur Absicherung der Rechte des Beschuldigten ist der Grundsatz der Verhältnismäßigkeit in § 112a Abs. 1 S. 1 a.E. nochmals ausdrücklich festgeschrieben („zur Abwendung der drohenden Gefahr erforderlich") und die auf diese Vorschrift gestützte Haft auf die Dauer von einem Jahr beschränkt, vgl. § 122a StPO.

### dd) Tatverdacht bezüglich eines Kapitaldelikts, § 112 Abs. 3 StPO

**955**  Nach dem Wortlaut dieser Vorschrift genügt für eine Inhaftierung bereits die Schwere der Taten, wie sie sich im Einzelnen aus der abschließenden[41] Aufzählung in § 112 Abs. 3 StPO ergeben. Da diese Rigorosität mit dem Verhältnismäßigkeitsgrundsatz kollidiert, ist die Vorschrift verfassungskonform dahingehend auszulegen, dass auch die zumindest geringe Gefahr der Flucht oder Verdunkelung bestehen muss[42]. Es findet also allein eine Befreiung von den strengen Anforderungen des § 112 Abs. 2 StPO statt. Im Übrigen kann auch bei Vorliegen einer in § 112 Abs. 3 StPO genannten Tat ein Haftbefehl ohne weiteres auf § 112 Abs. 2 StPO gestützt werden.

### c) Verhältnismäßigkeit der Haftanordnung

**956**  Die Verhältnismäßigkeit stellt ein gesetzlich normiertes Erfordernis der Untersuchungshaft dar, wie § 112 Abs. 1 S. 2 StPO zu entnehmen ist. Im Übrigen durchzieht dieser Grundsatz das gesamte Strafverfahren, zumal der Beschuldigte im Zeitpunkt der Anordnung von Untersuchungshaft noch als unschuldig gilt, Art. 6 Abs. 2 MRK.

Der Erlass eines Haftbefehls muss zum Schutz der öffentlichen Interessen unerlässlich sein. Als Ausfluss des allgemeinen Verhältnismäßigkeitsgrundsatzes ist demgemäß in Fällen geringerer Kriminalität, die auch nur eine entsprechend geringe Sanktion erwarten lassen (z.B. Schwarzfahren/Ladendiebstahl), die Möglichkeit eines Haftbefehls begrenzt. Auf Verdunkelungsgefahr darf er nicht gestützt werden (vgl. § 113 Abs. 1 StPO), auf Fluchtgefahr nur unter engen Voraussetzungen (§ 113 Abs. 2 StPO). Auch das jugendliche Alter eines Beschuldigten, die Dauer bereits vollzogener Haft oder der zögerliche Fortgang der Ermittlungen können Aspekte sein, welche die Verhältnismäßigkeit der Haftanordnung im Einzelfall entfallen lassen können[43].

**957**  Eine besondere Ausprägung des Verhältnismäßigkeitsgrundsatzes ist auch die Möglichkeit der **Haftverschonung** nach § 116 StPO.

Danach kann der Vollzug eines mit dem Haftgrund der Fluchtgefahr erlassenen Haftbefehls ausgesetzt werden, wenn weniger einschneidende Maßnahmen die Erwar-

---

40  Vgl. BVerfGE 35, 185 (191).
41  KK-*Graf*, § 112 Rn. 41.
42  BVerfGE 19, 342 (350); OLG Köln NStZ 1996, 403: Haftverschonung für den Fall, dass eine Flucht des Beschuldigten fernliegend ist.
43  Vgl. OLG Hamm NStZ-RR 2004, 152.

tung begründen, dass der Zweck der Untersuchungshaft auch durch sie erreicht werden kann. Insoweit kommen insbesondere in Betracht (§ 116 Abs. 1 StPO):

– Auflagen und Weisungen hinsichtlich des Aufenthaltes;
– Meldepflichten bei der Polizei;
– Abgabe des Reisepasses;
– Stellung einer Kaution u.ä.

Es handelt sich hierbei um Maßnahmen, welche die Fluchtgefahr ausräumen bzw. erheblich herabsetzen sollen. Selbstverständlich ist der Haftbefehl vom Richter zu verweigern oder nachträglich aufzuheben, wenn es schon an den übrigen Voraussetzungen, etwa am dringenden Tatverdacht, fehlt.

Auch Haftbefehle, die auf die Haftgründe der Verdunkelungs- oder Wiederholungsgefahr gestützt sind, können grundsätzlich außer Vollzug gesetzt werden, wenn dem Beschuldigten geeignete Anweisungen erteilt werden können, § 116 Abs. 2, 3 StPO.


### 2. Inhalt des Haftbefehls

Der notwendige Inhalt eines Haftbefehls ist in § 114 Abs. 2 StPO geregelt. Danach **958** muss er enthalten:

– genaue Bezeichnung des Beschuldigten;
– Ort, Datum und Zeit sowie die gesetzlichen Merkmale der vorgeworfenen Tat;
– Ausführungen zur Begründung des dringenden Tatverdachts;
– Haftgrund;
– Begründung der Verhältnismäßigkeit der Anordnung.

Diese Angaben sind teilweise erforderlich, um den Haftbefehl überhaupt vollstrecken zu können (Personalien), andererseits sollen sie den Beschuldigten über den Tatvorwurf informieren und dem Rechtsmittelgericht eine Überprüfung ermöglichen.

Ein **Haftbefehl** könnte etwa folgendermaßen aussehen: **959**

**Amtsgericht**                                    Bonn, den 03.03.2006

<u>75 Gs 317/06 AG Bonn</u>
88 Js 234/06 StA Bonn

# H a f t b e f e h l

In dem Ermittlungsverfahren

g e g e n        Heinz Willi **K a t e l b a c h**,
               geb. am 26.05.1966 in Heidelberg,
               zur Zeit ohne festen Wohnsitz,

w e g e n        schweren Raubes

wird gegen den Beschuldigten die Untersuchungshaft angeordnet.


## G r ü n d e:

Der Beschuldigte ist dringend verdächtig, am 02.03.2006 in Bonn unter Anwendung von Drohungen mit gegenwärtiger Gefahr für Leib und Leben eine fremde
bewegliche Sache einem anderen in der Absicht weggenommen zu haben, sich
dieselbe rechtswidrig zuzueignen, wobei er zur Ausführung der Tat eine
Schusswaffe bei sich führte.

Am Tattag betrat er gegen 12:30 Uhr das Kassengebäude der Araltankstelle in
der Heidelbergerstraße 25 und zog dort eine geladene und schussbereite Gaspistole aus der Tasche, die er dem Angestellten Michael Schulze vorhielt. Er
veranlasste den Zeugen auf diese Weise, die Kassenschublade zu öffnen, aus
welcher er anschließend einen Betrag von 1.700 € entnahm und damit das
Tankstellengelände verließ.

2

Diese Handlung ist mit Strafe bedroht nach §§ 249, 250 Abs. 2 Nr. 1 StGB.

Der Beschuldigte ist dieser Tat dringend verdächtig. Zwar hat er sich zur Sache nicht eingelassen, er ist aber in unmittelbarer Nähe des Tatortes mit einem der Höhe der Beute entsprechenden Geldbetrag angetroffen und festgenommen worden. Dabei führte er eine Gaspistole mit sich. Die von dem Zeugen Schulze abgegebene Beschreibung trifft auf die Person des Beschuldigten zu.

Es besteht gegen ihn der Haftgrund des § 112 Abs. 2 Nr. 2 StPO. Der Beschuldigte hat sich seit Wochen in seiner Wohnung nicht mehr aufgehalten. Nennenswerte soziale Bindungen bestehen nicht. Seine letzte Arbeitsstelle bei der Firma Getränkevertrieb Büchel in Bonn ist ihm wegen Unzuverlässigkeit gekündigt worden.

Der Beschuldigte muss zudem in diesem Verfahren mit einer empfindlichen Freiheitsstrafe rechnen. Gemäß § 250 Abs. 2 StGB liegt die Mindestfreiheitsstrafe in der Regel nicht unter fünf Jahren. Der Beschuldigte ist zudem einschlägig strafrechtlich vorbelastet. Er ist durch Urteil des Amtsgerichts Euskirchen vom 15.12.2005 - 34 Ls 55/05 - wegen Diebstahls in einem besonders schweren Fall zu einer Freiheitsstrafe von 10 Monaten verurteilt worden, deren Vollstreckung zur Bewährung ausgesetzt worden ist. Im Falle der Verurteilung wegen der ihm jetzt vorgeworfenen Straftat hat er auch mit dem Widerruf der Strafaussetzung zur Bewährung und mit der Verbüßung der durch das Amtsgericht Euskirchen verhängten Freiheitsstrafe zu rechnen. Es ist daher die Gefahr begründet, dass er versuchen würde, sich dem Strafverfahren durch Flucht zu entziehen.

Die Anordnung der Untersuchungshaft steht zu der Bedeutung der Sache und der zu erwartenden Strafe oder Maßregel der Sicherung und Besserung auch nicht außer Verhältnis. Weniger einschneidende Maßnahmen (§ 116 StPO) begründen nicht die Erwartung, dass der Zweck der Untersuchungshaft auch durch sie erreicht werden kann.

*(Kolwenbach)*

(Kolwenbach)
Richter am Amtsgericht

## 3. Das Verfahren beim Erlass und bei Vollstreckung des Haftbefehls

### a) Anordnungszuständigkeiten

**960** Die Untersuchungshaft kann in jedem Stadium des Verfahrens angeordnet werden. In der Regel entscheidet auf einen entsprechenden **Antrag der Staatsanwaltschaft** hin der Haftrichter beim Amtsgericht, § 125 Abs. 1 StPO. Bei Gefahr im Verzuge kann das Gericht auch ohne einen solchen Antrag den Haftbefehl erlassen.

Örtlich zuständig für den Erlass ist das Gericht, in dessen Bezirk ein Gerichtsstand begründet ist oder wo der Beschuldigte sich aufhält. Folglich können sich die örtlichen Zuständigkeiten wie folgt ergeben:

– Gerichtsstand des Tatorts, § 7 Abs. 1 StPO, bei Pressedelikten ist das jeder Ort des Erscheinens eines Druckwerkes, sofern dieser Ort zuverlässig festgestellt werden kann[44];
– Gerichtsstand des Wohnsitzes des Beschuldigten, § 8 Abs. 1 StPO;
– Gerichtsstand des gewöhnlichen Aufenthaltes bzw. letzten Wohnsitzes (z.B. in dem Fall, dass der Beschuldigte ohne festen Wohnsitz lebt), § 8 Abs. 2 StPO;
– Gerichtsstand des Ergreifungsortes, § 9 StPO[45];
– besondere Gerichtsstände der §§ 10 bis 11 StPO (für deutsche Schiffe, Auslandsbeamte pp.).

In Betracht kommt für den Erlass aber auch der Ermittlungsrichter beim OLG bzw. BGH nach § 169 StPO, wenn Delikte i.S.d. § 120 GVG in Rede stehen.

Ist bereits Anklage erhoben worden, so entscheidet gem. § 125 Abs. 2 StPO das nach dem jeweiligen Verfahrensstadium **mit der Sache befasste Gericht** über die Anordnung von Untersuchungshaft bzw. die weiteren Maßnahmen (z.B. i.S.d. § 116 StPO)[46], nicht jedoch das Revisionsgericht[47].

### b) Einzelheiten des Verfahrensganges

### aa) Verfahren nach vorangegangener vorläufiger Festnahme

**961** Wurde der Beschuldigte gem. § 127 StPO nur **vorläufig festgenommen**, so ist er unverzüglich, spätestens am Tage nach der Festnahme, dem Richter bei dem Amtsgericht vorzuführen, in dessen Bezirk er festgenommen worden ist (§ 128 Abs. 1 S. 1 StPO). Dieser hat über die Fortdauer der Freiheitsentziehung zu befinden. Er kann den Betroffenen entweder auf freien Fuß setzen, einen Haftbefehl erlassen oder die vorläufige Unterbringung anordnen. Für den Fall, dass gegen den Festgenommenen bereits Anklage erhoben worden ist, entscheidet gem. § 129 StPO das mit der Sache befasste (§ 125 Abs. 2 StPO) Gericht.

---

44 BGH NJW 1997, 2828 f.; zum Begriff des Pressedelikts siehe BGH NJW 1999, 509 f.
45 Zum Begriff des „Ergreifens" vgl. BGH NStZ 1999, 255 f.
46 Zur Mitwirkung der Schöffen an einer solchen Entscheidung s.o. Rn. 331 ff.
47 Das gilt auch für die Aufhebung des Haftbefehls, vgl. BGH NStZ 1997, 145.

Der Richter muss den Beschuldigten belehren und zur Sache vernehmen, soweit dieser aussagebereit ist (§§ 128 Abs. 1 S. 2, 115 Abs. 3 StPO). Nach der Vernehmung zur Sache ist über die Anordnung des Haftbefehls zu entscheiden. Wird er erlassen, so ist er dem Beschuldigten unverzüglich bekannt zu machen, § 114a Abs. 1 StPO. Die Bekanntmachung erfolgt hier also gleichzeitig mit der „Verhaftung". Mit der Ausfertigung des Haftbefehls (vgl. § 114a Abs. 2 StPO) ist dem Beschuldigten eine schriftliche **Rechtsbehelfsbelehrung** auszuhändigen.

---

**75 Gs 317/06**

### Rechtsbehelfsbelehrung zum Haftbefehl

1. Sie können gegen den Haftbefehl **Beschwerde** einlegen.

2. Solange Sie sich in Untersuchungshaft befinden, können Sie **anstelle der Beschwerde** jederzeit die gerichtliche Prüfung beantragen, ob der Haftbefehl aufzuheben oder sein Vollzug auszusetzen ist (**Haftprüfung**). Dies gilt **nicht**, wenn der Haftbefehl erlassen worden ist, weil der Widerruf der Aussetzung einer Freiheits- oder Jugendstrafe oder einer Unterbringung zu erwarten ist (§ 453 c StPO); in diesem Fall können Sie lediglich Beschwerde einlegen.

3. Die Beschwerde bzw. der Antrag auf Haftprüfung ist zu richten
   - **vor** Erhebung der öffentlichen Klage: an das Gericht, das den Haftbefehl erlassen hat,
   - **nach** Erhebung der öffentlichen Klage: an das Gericht, das mit der Sache befasst ist.

4. Das Gericht kann über Ihre Beschwerde ohne **mündliche Verhandlung** entscheiden.
   Über Ihren Antrag auf Haftprüfung muss dagegen eine mündliche Verhandlung stattfinden, wenn Sie dies ausdrücklich beantragen. Ist aber schon einmal mündlich verhandelt worden, haben Sie **nur dann** einen Anspruch auf eine erneute mündliche Verhandlung, wenn die Untersuchungshaft mindestens drei Monate und seit der letzten mündlichen Verhandlung mindestens zwei Monate gedauert hat. Ein Anspruch auf eine mündliche Verhandlung besteht ferner nicht, solange die Hauptverhandlung andauert oder wenn ein Urteil ergangen ist, das auf eine Freiheitsstrafe oder eine freiheitsentziehende Maßregel der Besserung und Sicherung erkennt.

5. Die Beschwerde bzw. der Antrag auf Haftprüfung sowie der Antrag auf mündliche Verhandlung können **zu Protokoll der Geschäftsstelle** des unter Nr. 3 bezeichneten Gerichts oder **schriftlich** erklärt werden. Sofern Sie sich nicht auf freiem Fuß befinden, können Sie diese Erklärungen auch zu Protokoll der Geschäftsstelle des Amtsgericht geben, in dessen Bezirk die Anstalt liegt, in der Sie auf behördliche Anordnung verwahrt sind.
   Die schriftliche Erklärung muss in deutscher Sprache erfolgen.

6. Sie können bei dem in Nr. 3 bezeichneten Gericht die Beiordnung eines **Pflichtverteidigers für die Dauer der Untersuchungshaft** beantragen, wenn Sie noch keinen Verteidiger haben und **wenn der Vollzug mindestens drei Monate gedauert hat** (§ 117 Abs. 4 StPO). Der Antrag kann schon kurze Zeit vor Ablauf der drei Monate gestellt werden. Sollten Sie in Ihrem Antrag keinen bestimmten Anwalt Ihres Vertrauens benennen, wird Ihnen ein vom Gericht gewählter Anwalt beigeordnet werden.
   Ihr Recht zur Beantragung einer Pflichtverteidigerbestellung aus den weiteren Gründen des § 140 StPO bleibt unberührt.

*StP 4 a - Rechtsbehelfsbelehrung zum Haftbefehl gem. 08.2003 - ADV -*

**962** In **zeitlicher Hinsicht** gilt Folgendes:

In den Fällen des § 129 StPO ist die Entscheidung spätestens bis zum Ablauf des Tages nach der Festnahme zu treffen. § 128 Abs. 1 StPO enthält dagegen keine Zeitbestimmung für die richterlichen Anordnungen. Nach einhelliger Meinung in Rechtsprechung und Literatur[48], muss mit der richterlichen Vernehmung des Betroffenen innerhalb des durch § 129 StPO vorgegebenen Zeitrahmens zumindest begonnen werden; teilweise wird vertreten, dass die Entscheidung bis zum Ablauf des Tages nach der Festnahme ergangen sein muss[49]. Das kann – etwa bei mehreren Beschuldigten und/oder bei umfangreichem Aktenmaterial – für den vernehmenden Richter im Einzelfall zu erheblichen Problemen führen; dies insbesondere dann, wenn ihm der Betroffene erst verhältnismäßig kurze Zeit vor Ablauf der Frist vorgeführt wird.

Voraussetzung für eine sachgerechte und ordnungsgemäße Befragung des Festgenommenen und damit auch für eine möglichst richtige Entscheidung über die Haftfrage ist die zumindest summarische Kenntnis des Haftrichters vom Tatvorwurf und den zur Verfügung stehenden Beweismitteln. Die Vorbereitung der Vernehmung erfordert daher schon im Interesse des Betroffenen eine angemessene Zeit[50].

**bb) Verfahren bei schon bestehendem Haftbefehl**

**963** Wird der Beschuldigte aufgrund eines **schon bestehenden Haftbefehls** ergriffen, so ist ihm gem. § 114a StPO dieser unverzüglich – also i.d.R. bei seiner Festnahme – bekannt zu machen. Er ist spätestens am Tag nach der Ergreifung dem zuständigen **Haftrichter** – also demjenigen, der den Haftbefehl erlassen hat, vgl. § 126 Abs. 1 StPO – vorzuführen (Art. 104 Abs. 2 S. 2 GG, § 115 Abs. 1 und Abs. 2 StPO). Der Festgenommene ist zu belehren und zur Sache zu vernehmen, § 115 Abs. 2 und 3 StPO. Anschließend ist über die Aufrechterhaltung des Haftbefehls zu entscheiden, vgl. § 115 Abs. 4 StPO.

Kann der zuständige Richter in der Frist des § 115 Abs. 1 StPO nicht erreicht werden, so muss der Beschuldigte nach § 115a StPO dem **Richter des nächsten Amtsgerichts** zugeführt werden. Spätestens jetzt ist dem Festgenommenen der Haftbefehl zu verkünden. Ergibt sich im Rahmen der Vernehmung, dass der Haftbefehl nicht mehr existiert oder der Festgenommene nicht die gesuchte Person ist, so ist der Ergriffene auf freien Fuß zu setzen, § 115a Abs. 2 S. 3 StPO.

**964** Werden nicht offensichtlich unbegründete Bedenken gegen den Haftbefehl geltend gemacht oder hat der Richter selbst Bedenken gegen die Aufrechterhaltung der Haft, so schreibt § 115a Abs. 2 S. 4 StPO eine Rücksprache des vernehmenden Richters mit dem zuständigen Richter vor. Mehr als die Mitteilung von **Bedenken gegen den**

---

48 BGHSt 38, 251 (295); vgl. im Übrigen die Nachweise bei KK-*Schultheis*, § 128 Rn. 7.
49 *Meyer-Goßner*, § 128 Rn. 13.
50 Wozu es führen kann, wenn die Vernehmung nicht innerhalb des nächsten Tages nach der Festnahme stattfindet (nämlich zum Vorwurf der Rechtsbeugung), lesen Sie in der – im Ergebnis richtigen – Entscheidung des OLG Frankfurt NJW 2000, 2037 f.

**Haftbefehl** räumt die Vorschrift dem Richter des nächsten Amtsgerichts allerdings nicht ein. Er ist insbesondere nicht befugt, bei Bedenken gegen die Berechtigung des Haftbefehls diesen aufzuheben. Dies wird in der Praxis gelegentlich als problematisch empfunden, da Fälle denkbar sind, in denen nach Erlass des Haftbefehls Umstände eingetreten sind, die zu einer Freilassung des Betroffenen führen müssen. Denkbar ist zumindest in evidenten Fällen, dass der „nächste" Richter den Haftbefehl unter den Voraussetzungen des § 116 StPO außer Vollzug setzt[51]. Erfolgt keine Freilassung, so muss der Beschuldigte auf sein Verlangen hin dem zuständigen Richter vorgeführt werden, § 115a Abs. 3 StPO.

### cc) Gemeinsame Bestimmungen

Stets sind nach einer Verhaftung unverzüglich **Angehörige** oder eine Person des Vertrauens zu **benachrichtigen**, § 114b Abs. 1 StPO. Diese Pflicht hat Verfassungsrang, vgl. Art. 104 Abs. 4 GG. Auch ist dem Verhafteten selbst Gelegenheit zu geben, einen Angehörigen oder eine Person seines Vertrauens zu informieren, soweit dies in Anbetracht der erforderlichen Ermittlungen möglich ist, § 114b Abs. 2 StPO. Bei einem ausländischen Beschuldigten ist zudem Art. 36 Abs. 1 lit. b WÜK zu beachten, wonach – sein Einverständnis vorausgesetzt – die jeweilige konsularische Vertretung über die Verhaftung zu informieren ist. Hierdurch soll verhindert werden, dass jemand aufgrund staatlichen Zugriffs spurlos verschwindet[52].

**965**

Wird der Haftbefehl vollzogen – also nicht nach § 116 StPO gegen Auflagen ausgesetzt –, so ist vom Richter ein **Aufnahmeersuchen** zu fertigen, aufgrund dessen der Beschuldigte in eine JVA überstellt wird. In unserem Haftbefehlsbeispiel könnte das Aufnahmeersuchen folgendermaßen aussehen:

---

51 Zumindest für den Fall der offensichtlichen Haftunfähigkeit bestehen dagegen keine Bedenken, vgl. LG Frankfurt/Main StV 1985, 464. Im Übrigen bestehen unterschiedliche Auffassungen: Die h.M. erlaubt dem Richter unter Hinweis auf die alleinige Kompetenz des nach § 115 StPO zuständigen Richters keine weitergehenden Befugnisse. Vgl. zum Meinungsstand: KK-*Graf*, § 115a Rn. 4 sowie *Schmitz* NStZ 1988, 165 ff.; zum Vorschlag einer Änderung der Vorschrift *Nibbeling* ZRP 1998, 342 (345).

52 Näheres zu Art. 36 WÜK finden Sie unter Rn. 131.

**Amtsgericht Bonn**

Ort und Tag
Bonn, 03.03.2006
Anschrift und Fernruf
Oxfordstr. 15
53111 Bonn
Zentrale: (0228) 702 - 0
Durchwahl:      2813

Geschäfts-Nr.:
75 Gs 317/06

Bitte bei allen Schreiben angeben!

An die
Justizvollzugsanstalt
Aachener Str. 47

**Ersuchen um Aufnahme zum
Vollzug der
Untersuchungshaft**

53359 Rheinbach

I. Zum Vollzug der  Untersuchungshaft

  ist aufzunehmen:

| Familien- und Vorname (auch Geburtsname) | Staatsangehörigkeit |
|---|---|
| Katelbach, Heinz Willi, | Deutsch |

| Beruf | Geburtstag und -ort |
|---|---|
| ohne | geboren am 26.05.1966  in Heidelberg |

Ständiger Wohnort und feste Wohnung

ohne festen Wohnsitz

Ort des letzten Aufenthalts in der Freiheit (nur bei Fehlen von ständigem Wohnort und fester Wohnung)

Blumentalstr. 262 b in 53179 Bonn

Er (Sie) wurde heute aufgrund des Haftbefehls des

AG Bonn

| vom | Geschäftsnummer |
|---|---|
| 03.03.2006 | 75 Gs 317/06 |

wegen
schweren Raubes

um

16.00  Uhr in Haft genommen

Haftgrund     ☒ Fluchtgefahr          ☐ Verdunkelungsgefahr

              ☐ Wiederholungsgefahr        ☐ § 112 Abs. 3 StPO

              ☐ unentschuldigtes Fernbleiben von der Hauptverhandlung

**Vorläufige Festnahme** (auch im Ausland) durch eine Amtsperson erfolgte am:
Datum, Uhrzeit
02.03.2006, 13.30 Uhr

**Übernahme** durch deutsche Beamte erfolgt am (nur bei Festnahme im Ausland):
Datum, Uhrzeit
   ,      Uhr

*StP 9 c - Ersuchen um Aufnahme zum Vollzug der Untersuchungshaft/Sicherungshaft/ Auslieferungshaft/Ungehorsamshaft (Nr. 15 Abs. 1 UVollzO) - gen. 01.97 - ADV -*

480

## II. Anordnungen für den Vollzug:

1. Für den Verhafteten soll die durch die Untersuchungshaftvollzugsordnung allgemein getroffene Regelung gelten, soweit nicht in diesem Aufnahmeersuchen oder später besondere Verfügungen getroffen werden.
2. Nicht beschwerende Anordnungen über den Verkehr mit der Außenwelt (Erteilung der Besuchserlaubnis und Anordnungen der Beförderung von Briefen nach Durchsicht) sowie über

➡ sonstige nicht beschwerende Maßnahmen bzw. Anordnungen

werden bis auf weiteres dem zuständigen Staatsanwalt bzw. Amtsanwalt in

überlassen.

3. Die Überwachung der Besuche wird dem vom Anstaltsleiter bestimmten Bediensteten übertragen.
4. Folgende

☐ Beteiligte an der Strafsache    ☐ Mitbeschuldigte,    ☐ bereits Verurteilte,    ☐ Zeugen,

von denen der Beschuldigte getrennt zu halten ist, befinden sich dort in Haft:

5. Gemeinsame Unterbringung ist    ☒ zulässig.    ☐ nicht zulässig.
6. Die Teilnahme an gemeinsamen    ☒ genehmigt.    ☐ nicht genehmigt.
   Veranstaltungen wird
7. Ausschluß von religiösen    ☐ angeordnet.    ☒ nicht angeordnet.
   Veranstaltungen wird
8. Es besteht    ☐ besondere Fluchtgefahr.    ☐ besondere Verdunklungsgefahr.

   Gefahr für ☐ Selbsttötung    ☐ Selbstverletzung    ☐ Gewalttätigkeit    ☐ Entzugser-
                                                                                      scheinungen

   Gründe für die Annahme der Gefahr für Selbsttötung oder Selbstverletzung:

   Es wird angeordnet:

9. Arbeit in Gemeinschaft ist    ☐ gestattet.    ☐ nicht gestattet.
10. Der befristeten Überlassung des Verhafteten in den Gewahrsam der Polizei zum Zwecke der Vernehmung oder Gegenüberstel-
    lung im vorliegenden Verfahren    ☒ zugestimmt.    ☐ nicht zugestimmt.
    wird
11. Sonstige besondere Anordnungen

## III. Besondere Bemerkungen:

1. Von der Verhaftung ist/wird benachrichtigt:

   Erwin Katelbach, Winterscheider Str. 16, 53110 Bonn

2. Bei Ausländern:

   (Nr. 10 ErgRiVaSt)    ☐ Über die Möglichkeit der Unterrichtung auf Verlangen bzw. über die Verpflichtung der Unterrichtung der Auslandsvertretung von der Verhaftung wurde die /der Beschuldigte belehrt (Nr. 135 Abs. 1 Satz 3 Abs. 2 RiVaSt)
   ☐ Die zuständige Auslandsvertretung, nämlich d.
   wurde unterrichtet.
   (Bezeichnung der konsularischen Vertretung, Angabe des Ortes der Vertretung)
   ☐ Die zuständige Auslandsvertretung wurde nicht unterrichtet.

3. Seelische oder geistige Besonderheiten    Gleichgeschlechtliche Neigungen:

   Krankheiten (insbesondere ansteckende):

4. Bisher bekannte Vorstrafen:

   AG Euskirchen, vom 15.12.2005 (34 Ls 55/02)

   Überhaft auf Grund Haftbefehls des    vom    Geschäftsnummer

   Weitere anhängige Strafverfahren

5. Hinweise auf organisierte Kriminalität (ggf. auf einem besonderen Blatt näher erläutern):

6. Sonstige Hinweise (z.B. eine Verteidigerbestellung, wenn diese nachgewiesen ist):

Anlage: 1 Abschrift des Haftbefehls

*Kolwenbach,* Richter am Amtsgericht
Unterschrift

StP 9 c - Ersuchen um Aufnahme zum Vollzug der Untersuchungshaft/Sicherungshaft/
Auslieferungshaft/Ungehorsamshaft (Nr. 15 Abs. 1 UVollzO) -
gen. 01.97 - ADV -

481

## 4. Anfechtungsmöglichkeiten

**966** Naturgemäß hat der Beschuldigte ein Interesse, gegen die Anordnung von Untersuchungshaft vorzugehen. Insoweit kommen **zwei Rechtsbehelfe** in Betracht, nämlich:

↙ ↘

**Haftprüfung**   **Haftbeschwerde.**

### a) Die Haftprüfung, § 117 StPO

Eine Haftprüfung i.S.d. § 117 StPO kann auf zweierlei Wegen veranlasst werden:

↙ ↘

durch Antrag des Beschuldigten   von Amts wegen.

### aa) Die Haftprüfung auf Antrag

**967** Der Beschuldigte kann jederzeit während der Haft einen Antrag auf Haftprüfung stellen. Von dem Richter, der den Haftbefehl erlassen hat, ist dann zu überprüfen, ob der Haftbefehl aufzuheben ist oder außer Vollzug gesetzt werden kann. Insoweit sind ggf. auch Einzelermittlungen durchzuführen, vgl. § 117 Abs. 3 StPO. Die eigentliche Haftprüfungsverhandlung wird binnen zwei Wochen ab Antragstellung mündlich durchgeführt, § 118 Abs. 5 StPO. Am Ende dieser Verhandlung ist die Entscheidung zu verkünden.

Nach durchgeführter mündlicher Haftprüfung besteht ein erneuter Anspruch erst dann, wenn mindestens drei Monate Untersuchungshaft und seit der letzten Haftprüfung zwei Monate vergangen sind, § 118 Abs. 3 StPO[53].

Während einer Hauptverhandlung bzw. nach einem Urteil, das auf Freiheitsentziehung oder freiheitsentziehende Maßregeln (§§ 63, 64 StGB) lautet, besteht jedoch kein Anspruch auf mündliche Anhörung, § 118 Abs. 4 StPO.

### bb) Die Haftprüfung von Amts wegen

**968** Neben der Haftprüfung auf Antrag des Beschuldigten gibt es eine von Amts wegen durchzuführende **obligatorische** Haftprüfung, § 117 Abs. 5 StPO. Diese erfolgt auch ohne entsprechenden Antrag, wenn die Untersuchungshaft bereits drei Monate gedauert hat, ohne dass ein Antrag auf Haftprüfung gestellt oder Haftbeschwerde eingelegt worden war. Eine Ausnahme gilt allerdings für den Fall, dass der Beschuldigte durch einen Verteidiger vertreten wird.

### b) Die Haftbeschwerde

**969** **Alternativ** zur Haftprüfung ist wegen der allgemeinen Vorschrift des § 304 StPO die Beschwerde gegen den Haftbefehl zulässig, deren Ziel auch eine Aussetzung

---

53 Die Frist wird durch die Verkündung eines abgeänderten Haftbefehls im Haftprüfungstermin erneut in Gang gesetzt. Siehe hierzu OLG Köln NStZ 2007, 608.

des Vollzugs gem. § 116 StPO sein kann[54]. Die Haftprüfung ist allerdings vorrangig, solange der Antrag gestellt und noch nicht beschieden ist, § 117 Abs. 2 StPO. Der Grund für diese Subsidiarität der Haftbeschwerde liegt darin, dass die Haftprüfung ein eigenständiges Prüfungsverfahren darstellt und gegen die in diesem Verfahren ergangene Entscheidung die Beschwerde statthaft bleibt (§ 117 Abs. 2 S. 2 StPO).

Wird der Beschwerde nicht abgeholfen, so entscheidet das Beschwerdegericht – d.h. die jeweils zuständige Kammer des Landgerichts oder aber ein Strafsenat des Oberlandesgerichts, wenn ein Haftbefehl des Landgerichts angefochten wird –, ob die Voraussetzungen eines Haftbefehls vom Vordergericht zutreffend angenommen worden sind. Findet das Beschwerdeverfahren parallel zu einer laufenden Hauptverhandlung statt, so stehen dem erkennenden Gericht angesichts der u.U. bereits fortgeschrittenen oder sogar schon abgeschlossenen Beweisaufnahme für die Haftentscheidung überlegene Erkenntnisse zur Verfügung. Dieser Umstand kann im Rechtsmittelverfahren nicht ignoriert werden. Eingriffe des Beschwerdegerichts in die Beurteilung des dringenden Tatverdachts kommen daher dann nur in Betracht, wenn die Haftentscheidung des Tatgerichts aus tatsächlichen oder rechtlichen Gründen offensichtlich fehlerhaft ist[55].

Hat eine Beschwerdekammer des Landgerichts über das Rechtsmittel entschieden, kann dagegen weitere Beschwerde zum Oberlandesgericht eingelegt werden, § 310 Abs. 1 StPO. Auflagen eines Verschonungsbeschlusses nach § 116 StPO können hingegen nicht mit der weiteren Beschwerde angegriffen werden.

## 5. Erledigung und Aufhebung des Haftbefehls, § 120 StPO

Ist eine rechtskräftige Entscheidung ergangen, so wird der Haftbefehl **gegenstandslos**. Die Untersuchungshaft geht bei einem rechtskräftigen Erkenntnis, das auf Freiheitsstrafe lautet, automatisch in Strafhaft über. Ein Sonderproblem stellt sich, wenn die Anordnung einer Maßregel nach §§ 63, 64 StGB gegen einen in der Untersuchungshaft befindlichen Angeklagten rechtskräftig wird. Es besteht dann in der Regel die Notwendigkeit, den Verurteilten möglichst nahtlos in ein psychiatrisches Krankenhaus oder eine Entziehungsanstalt zu überstellen, um die Therapie zu beginnen oder fortzuführen. Ist neben der Maßregel auch eine Freiheitsstrafe verhängt worden, entspricht der Vorwegvollzug der Maßregel im Übrigen (mit Ausnahme von § 67 Abs. 2 S. 2 StGB) dem gesetzlichen Leitbild in § 67 Abs. 1 StGB. Die Praxis hilft sich in diesen Fällen mit der im Gesetz nicht ausdrücklich geregelten, aber gewohnheitsmäßig seit langem anerkannten sog. **„Organisationshaft"**. In der Sache handelt es sich um eine Freiheitsentziehung, die so lange andauert, bis die in der Praxis bisweilen schwierige Überstellung des Betroffenen in eine Einrichtung der §§ 63, 64 StGB von der Staatsanwaltschaft als Vollstreckungsbehörde „organisiert" ist. Die

**970**

---

54 Vgl. *Meyer-Goßner*, § 117 Rn. 10.
55 BGH StV 2004, 143 f.; vgl. auch: BVerfG 2 BvR 2652/07.

Organisationshaft ist verfassungsrechtlich im Ansatz unbedenklich, zumal sie für den Betroffenen infolge der Anrechnung in aller Regel nicht zu einer effektiven Verlängerung der Freiheitsentziehung führt. Eine feste Frist (etwa von drei Monaten) für die Dauer der Organisationshaft ist nach Auffassung der 3. Kammer des Zweiten Senats des BVerfG allerdings nicht statthaft. Vielmehr ist in jedem Einzelfall der Maßregelvollzug unverzüglich einzuleiten und zusammen mit den Trägern der Einrichtungen des Maßregelvollzugs umzusetzen[56].

Ein einmal gegenstandslos gewordener Haftbefehl bleibt nach Auffassung des BVerfG dauerhaft unwirksam. Wird daher dem Angeklagten, der die Rechtsmittelfrist gegen das Urteil versäumt hat, später auf seinen Antrag Wiedereinsetzung in den vorigen Stand gewährt, lebt der Haftbefehl nicht automatisch wieder auf[57]. Es bedarf dann ggf. einer erneuten Haftanordnung[58].

Im Übrigen ist nach **§ 120 Abs. 1 StPO** ist der Haftbefehl aufzuheben, sobald die Voraussetzungen für die Anordnung der Untersuchungshaft nicht mehr vorliegen. Dies ist etwa dann der Fall, wenn der Angeklagte freigesprochen oder die Eröffnung des Hauptverfahrens abgelehnt worden ist. Ferner ist der Haftbefehl von Amts wegen aufzuheben oder gemäß § 116 StPO außer Vollzug zu setzen, wenn die Staatsanwaltschaft dies vor Erhebung der öffentlichen Klage beantragt (§ 120 Abs. 3 S. 1 StPO)[59]. In diesem Fall kann die Staatsanwaltschaft bereits vor Aufhebung des Haftbefehls gegenüber der JVA die Freilassung des Beschuldigten anordnen.

### 6. Das Vorlageverfahren, §§ 121, 122 StPO

**971**  Ist die Untersuchungshaft wegen derselben Tat **6 Monate ununterbrochen**[60] vollzogen worden, so sind die Voraussetzungen für den weiteren Vollzug gem. **§§ 121, 122 StPO** durch das Oberlandesgericht zu überprüfen. Der Tatbegriff des § 121 StPO ist hier (ausnahmsweise) nicht identisch mit dem des § 264 StPO, sondern im Sinne einer „Verfahrensidentität" zu verstehen, damit der Gefahr eines Missbrauchs

---

56  BVerfG NJW 2006, 427 ff. Die Auffassung der 3. Kammer des Zweiten Senats dürfte in der Realität des Vollzugs nicht umzusetzen sein. Voraussetzung für die Einleitung der Maßregelvollstreckung ist das Vorliegen des schriftlichen Urteils. Jedermann, der im Vollzug tätig ist, weiß im Übrigen, mit welchen großen Schwierigkeiten es in der Praxis verbunden ist, zeitnah einen geeigneten Platz im Maßregelvollzug bereit zu stellen.

57  BVerfG NJW 2005, 3131 f.

58  Ob die Auffassung des BVerfG tatsächlich dem Gedanken der Wiedereinsetzung gerecht wird, darf bezweifelt werden. Es leuchtet nicht ein, dass ein Angeklagter, der – wenn auch unverschuldet – das Urteil hat rechtskräftig werden lassen, besser gestellt wird, als wenn er fristgemäß gehandelt hätte. Lesen Sie zur berechtigten Kritik an der Entscheidung des BVerfG: *Mosbacher* NJW 2005, 3110 ff.

59  Auch gegen eventuelle Bedenken des Ermittlungsrichters, denn die Staatsanwaltschaft ist die Herrin des Ermittlungsverfahrens; BGH – Ermittlungsrichter – NJW 2000, 967; a.A. bzgl. § 116 StPO: KK-*Schultheis*, § 120 Rn. 23; *Meyer-Goßner*, § 120 Rn. 13; LR-*Hilger*, § 120 Rn. 40.

60  War der Vollzug des Haftbefehls gem. **§ 116 StPO** ausgesetzt oder die Untersuchungshaft zum Zwecke der Verbüßung von Strafhaft unterbrochen, so zählen diese Zeiten bei der Fristberechnung nicht mit. Ist der Beschuldigte dagegen – in Unterbrechung der Untersuchungshaft – vorübergehend nach **§ 81 StPO** untergebracht, so ist diese Zeit bei der Fristberechnung zu berücksichtigen, vgl. KG NStZ 1997, 148 f.

durch „Reservehaltung" von bereits bekannten Tatvorwürfen vorgebeugt werden kann. Es kommt also darauf an, wie lange die Haft in **demselben Verfahren** bereits andauert[61].

Grundsätzlich gibt es (sieht man von § 122a StPO ab) **keine absolute Grenze** für die Dauer der Untersuchungshaft. Selbst nach Art. 5 Abs. 3 S. 2 MRK hat der Beschuldigte im Falle der Verhaftung nur Anspruch auf Aburteilung „innerhalb einer angemessenen Frist oder auf Haftentlassung während des Verfahrens". Allerdings gebieten das verfassungsrechtlich verankerte Freiheitsrecht (Art. 2 Abs. 2 S. 2 GG) und der – auch nach Erlass eines erstinstanzlichen Urteils unvermindert geltende[62] – Grundsatz der Verhältnismäßigkeit in Haftsachen die besondere Beachtung des Beschleunigungsgebots[63]. Unnötige Verfahrensverzögerungen sind durch organisatorische Maßnahmen zu verhindern[64]. Der Vollzug der Untersuchungshaft von mehr als einem Jahr bis zum Beginn der Hauptverhandlung oder bis zum Erlass eines erstinstanzlichen Urteils kann also nur ausnahmsweise gerechtfertigt sein[65]. Verzögerungen hat der Beschuldigte jedoch insoweit hinzunehmen, als sie unvermeidbar oder durch die Wahrung verfassungsrechtlich geschützter Belange Dritter bedingt sind[66].

In der Praxis spielt § 121 Abs. 1 StPO eine große Rolle. Denn nur bei Vorliegen „besonderer" Schwierigkeiten oder eines „besonderen" Umfangs der auf die im Haftbefehl genannte(n) Tat(en) bezogenen[67] Ermittlungen bzw. bei einem anderen wichtigen Grund, der ein Urteil noch nicht zugelassen hat, darf die Untersuchungshaft über 6 Monate hinaus fortdauern. Dabei gilt die Frist **unabhängig von der Schwere des Tatvorwurfes**. Auch spielt es keine Rolle, in welchem Stadium des Verfahrens vermeidbare Verzögerungen festgestellt werden, ob die Anklage bereits erhoben worden ist oder nicht.

**972**

Ein wichtiger Grund ist nach der Rechtsprechung des Bundesverfassungsgerichts grundsätzlich zu verneinen, wenn Verfahrensverzögerungen auf Fehler der Ermittlungsbehörden oder der Gerichte zurückzuführen sind[68]. Ist die Anklage bereits erhoben, so rechtfertigt allein die Überlastung des Gerichts noch nicht die Überschreitung

---

61 Lesen Sie zu den Besonderheiten bei neuen Taten und zu den weiteren Einzelheiten HK-*Lemke*, § 121 Rn. 9; OLG Köln NStZ-RR 2001, 123 m.w.N; OLG Naumburg NJW 2005, 585.

62 BVerfG NStZ 2006, 47 ff.; 2005, 456 ff.

63 Siehe oben Rn. 21 ff.

64 Als eine solche kommt z.B. die Anlage von Zweitakten durch die Staatsanwaltschaft zur Fortsetzung der Ermittlungstätigkeit in Betracht, wenn sich die Originalakten aufgrund der Einlegung eines Rechtsmittels bei Gericht befinden oder verschiedene Ermittlungshandlungen gleichzeitig durchzuführen sind.

65 Siehe BVerfG StV 2008, 198 ff.

66 Vgl. OLG Bamberg NJW 1995, 1689 zu Verzögerungen infolge des behutsamen Vorgehens bei der Vernehmung missbrauchter Kinder.

67 Beziehen sich die Schwierigkeiten auf Ermittlungen, welche nicht im Haftbefehl aufgeführte Taten betreffen, so muss diesbezüglich jedenfalls dringender Tatverdacht vorliegen, OLG Karlsruhe NJW 2004, 3725 f. m.w.N.

68 Etwa bei Anklageerhebung vor einem unzuständigen Gericht oder bei einem Kompetenzkonflikt zwischen Gerichten, vgl. BVerfG NJW 2000, 1401 f.; auch die Aufhebung eines Urteils im Revisionsrechtszug wegen eines **Verfahrensfehlers** soll eine dem Beschuldigten nicht zuzurechnende Verzögerung darstellen, vgl. BVerfG NJW 2006, 672; OLG Koblenz NStZ-RR 2007, 315 ff.

der Sechs-Monats-Frist[69]. Sie stellt nur dann einen wichtigen Grund für die Fortdauer der Untersuchungshaft dar, wenn sie kurzfristig ist und weder voraussehbar noch vermeidbar war. Das Gericht (bzw. die Justizverwaltung) muss alle zumutbaren organisatorischen Maßnahmen ergreifen, um im Rahmen der bestehenden personellen und sachlichen Ausstattung die Durchführung der Hauptverhandlung so schnell wie möglich zu gewährleisten. Dabei hat das Gericht auch darauf Wert zu legen, dass die Hauptverhandlung möglichst komprimiert („Verhandlungsdichte") durchgeführt wird. Bei bereits über Jahre andauernder Untersuchungshaft kann die Hauptverhandlung an lediglich einem Tag pro Woche gegen den Grundsatz der Beschleunigung verstoßen[70]. Der Urlaub oder die Tagungsteilnahme von Mitgliedern des Gerichts sind z.B. keine wichtigen Gründe[71]. Gleiches gilt für personelle Engpässe, die dadurch entstehen, dass ein dem Gericht angehörender Richter in den Ruhestand tritt und seine Stelle nicht sofort wieder besetzt wird[72]. Ist ein in der Hauptverhandlung benötigter Zeuge ausgewiesen worden, so stellt auch dies keine Rechtfertigung für die Fortdauer der Untersuchungshaft dar[73].

**973**  Sind die Staatsanwaltschaft oder das Gericht zu dem Ergebnis gelangt, die Untersuchungshaft müsse fortdauern, so sind gemäß § 122 Abs. 1 StPO die Akten über die Generalstaatsanwaltschaft dem zuständigen Oberlandesgericht vorzulegen, welches dann die Voraussetzungen des Haftbefehls prüft und über den weiteren Vollzug der Untersuchungshaft entscheidet. Vorab hat aber das vorlegende Gericht (§ 125 Abs. 1 oder 2 StPO) in jedem Fall zu prüfen, ob aus seiner Sicht der Haftbefehl noch aufrecht zu erhalten ist oder ob eine Außervollzugsetzung nach § 116 StPO in Betracht kommt[74]. Für letztere Entscheidung bleibt das Gericht auch nach Anhängigkeit der Sache beim Oberlandesgericht zuständig[75]. Wird im Verfahren gem. §§ 121, 122 StPO durch zu begründenden Beschluss[76] die Fortdauer der Untersuchungshaft angeordnet, so muss die Prüfung spätestens nach Ablauf von **drei Monaten** wiederholt werden, § 122 Abs. 4 S. 2 StPO. Hebt das Oberlandesgericht den Haftbefehl dagegen aus den Gründen des § 121 Abs. 1 StPO auf, so kommt der Erlass eines neuen Haftbefehls wegen derselben Straftat nicht in Betracht. Insoweit entfaltet der aufhebende Beschluss eine Sperrwirkung, deren Umfang jedoch im Einzelnen umstritten ist[77].

---

69 BVerfG NJW 2006, 668 ff.
70 Lesen Sie BVerfG NJW 2006, 677 ff., darin schöpft das Gericht reichlich aus dem Füllhorn seiner eigenen Rechtsprechungsnachweise; vgl. auch BVerfG 2 BvR 2652/07.
71 OLG Düsseldorf NJW 1996, 2587.
72 OLG Koblenz NStZ 1997, 252 ff.
73 KG NJW 1997, 878 f.; weitere Beispiele aus der Rechtsprechung für das Vorliegen bzw. Nichtvorliegen eines wichtigen Grundes finden Sie bei *Meyer-Goßner* § 121 Rn. 18 ff. und 22 ff.
74 Vgl. LR-*Hilger*, § 122 Rn. 13.
75 OLG Köln JMBl. NW 1986, 22 f.; **str.**, vgl. die Nachweise bei KK-*Schultheis*, § 122 Rn. 2.
76 Vgl. zu den **inhaltlichen Anforderungen** an eine solche Entscheidung BVerfG 2 BvR 806/08; NStZ-RR 2008, 18 f.; 2007, 311 ff. Um den verfassungsrechtlichen Vorgaben zu genügen, muss die Entscheidung die erforderliche „Begründungstiefe" erreichen. Insbesondere bei länger andauernder U-Haft ist die konkret gebotene Abwägung zwischen dem Freiheitsrecht des Beschuldigten und dem staatlichen Strafanspruch darzulegen. Auch sind die Gründe für die Verfahrensdauer mitzuteilen.
77 Vgl. OLG Zweibrücken NJW 1996, 3222 mit umfangreichen Nachweisen.

## II. Die Hauptverhandlungshaft, § 127b Abs. 2 StPO

In den Fällen der Festnahme nach § 127b Abs. 1 StPO[78] zur Durchführung des **974** beschleunigten Verfahrens darf die sog. Hauptverhandlungshaft durch den funktionell zuständigen Richter (§ 127b Abs. 3 StPO) dann angeordnet werden, wenn **neben den Voraussetzungen des § 127 Abs. 1 StPO** gegen den Betroffenen dringender Tatverdacht besteht, die Durchführung der Hauptverhandlung innerhalb einer Woche zu erwarten ist und die Anordnung der Haft nicht unverhältnismäßig ist.

Der dringende Tatverdacht entspricht begrifflich demjenigen in § 112 Abs. 1 StPO. Die gesamte Hauptverhandlung muss innerhalb der Wochenfrist des § 127b Abs. 2 StPO durchzuführen sein. Kann dies von dem nach § 127b Abs. 3 StPO zuständigen Richter nicht mit einiger Sicherheit vorausgesehen werden, so hat die Anordnung der Haft zu unterbleiben[79]. In jedem Fall ist die Dauer der Haft auf höchstens eine Woche seit dem Zeitpunkt der Festnahme zu befristen, § 127b Abs. 2 S. 2 StPO.

Ein Hauptverhandlungshaftbefehl könnte folgendermaßen aussehen:

---

78 Siehe hierzu oben Rn. 942 ff.
79 Die Voraussetzungen der Hauptverhandlungshaft dürften jedenfalls dann nicht mehr zu bejahen sein, wenn der Beschuldigte nach seiner Festnahme auf frischer Tat durch die Polizei zunächst wieder auf freien Fuß gesetzt worden ist und seitdem zwei Wochen verstrichen sind, vgl. AG Erfurt NStZ 2000, 46 f.

**Amtsgericht**                                        Bonn, den 03.03.2006

65 Ds 55/06 AG Bonn
88 Js 234/06 StA Bonn

# Hauptverhandlungs-Haftbefehl
# im beschleunigten Verfahren

In der Strafsache

gegen          Tanja **M ü l l e r**,
               geboren am 18. April 1981 in Köln
               - ohne festen Wohnsitz -

wegen          Diebstahls

wird gegen die Beschuldigte die Hauptverhandlungshaft angeordnet.

Die Dauer der Hauptverhandlungshaft wird befristet bis zum 10.03.2006, 24:00
Uhr (§ 127 b i. V. m. § 43 Abs. 1, 1. Halbsatz StPO).

## G r ü n d e:

Der Beschuldigten wird zur Last gelegt, am 03.03.2006 in Bonn fremde bewegliche Sachen einem anderen in der Absicht weggenommen zu haben, dieselben
sich rechtswidrig zuzueignen.

Sie entwendete am Tattag in den Geschäftsräumen der Firma Brömmel in Bonn
einen Hosenanzug im Verkaufswert von 105 €, indem sie diesen in eine mitgeführte Tasche steckte und damit das Geschäft verließ.

2

Diese Handlung ist mit Strafe bedroht nach § 242 Abs. 1 StGB.

Sie ist dieser Tat dringend verdächtig aufgrund der Aussage des Zeugen Meier, der sie bei der Tatausführung als Ladendetektiv beobachtet hat. Sie ist unmittelbar vor dem Geschäft von den hinzu gerufenen Polizeibeamten, den Zeugen Pampke und Schmitz gestellt worden.

Es besteht gegen sie der Haftgrund des § 127 b Abs. 2 StPO.

Die Beschuldigte wurde von der Polizei auf frischer Tat betroffen bzw. verfolgt und am 03.03.2006 festgenommen. Eine unverzügliche Entscheidung im beschleunigten Verfahren, dessen Durchführung von der Staatsanwaltschaft Bonn bereits beantragt wurde, ist aufgrund der einfachen Sach- und klaren Beweislage binnen einer Woche nach der Festnahme zu erwarten.

Termin zur Hauptverhandlung ist bestimmt auf Mittwoch, den 09.03.2006, 13:30 Uhr.

Bliebe die Beschuldigte auf freiem Fuß, so wäre zu befürchten, dass sie der Hauptverhandlung fernbleiben würde, weil sie lediglich postalisch über den Verein für Nichtsesshafte in Bonn zu erreichen und nach den polizeilichen Feststellungen ohne festen Wohnsitz ist.

Die Anordnung der Untersuchungshaft steht zu der Bedeutung der Sache und der zu erwartenden Strafe oder Maßregel der Sicherung und Besserung auch nicht außer Verhältnis. Weniger einschneidende Maßnahmen (§ 116 StPO) begründen nicht die Erwartung, dass der Zweck der Hauptverhandlungshaft auch durch sie erreicht werden kann.

(Kolwenbach)

Richter am Amtsgericht

## III. Der Vorführhaftbefehl, § 230 Abs. 2 StPO

**975** Neben den erörterten Maßnahmen nach §§ 112, 112a, 127b StPO kennt die Strafprozessordnung noch weitere Haftbefehle. Insoweit ist zunächst die Haft zur Sicherung der ordnungsgemäßen Durchführung einer Hauptverhandlung zu nennen, §§ 230 Abs. 2, 236, 329 Abs. 4 S. 1 StPO.

In der Regel ist die Anwesenheit des Angeklagten in der Hauptverhandlung zu deren Durchführung erforderlich. Das Gericht kann daher den **unentschuldigt ausgebliebenen Angeklagten** gem. § 230 Abs. 2 StPO durch die Polizei vorführen lassen oder aber entsprechenden Haftbefehl erlassen.

Hier ist – anders als im Falle der §§ 112, 112a StPO – kein dringender Tatverdacht erforderlich und auch kein Haftgrund, denn die Vorschrift dient allein der Sicherstellung der Hauptverhandlung. Wohl muss der Grundsatz der Verhältnismäßigkeit beachtet werden[80]. Es ist daher immer zu prüfen, ob die zwangsweise Vorführung des Angeklagten zum nächsten Termin ohne zwischenzeitliche Freiheitsentziehung ausreichend ist. Auch muss die nächste Hauptverhandlung möglichst kurzfristig nach einer eventuellen Festnahme des Angeklagten erfolgen[81].

**976** Auch den Haftbefehl nach § 230 Abs. 2 StPO vollstreckt die Staatsanwaltschaft, § 36 Abs. 2 StPO. Ggfls. wird der Angeklagte auch zur Festnahme ausgeschrieben. Nach der Festnahme läuft das oben geschilderte Verfahren wie bei einem anderen Haftbefehl, so dass auch § 116 StPO Anwendung finden kann.

Ist die Hauptverhandlung beendet, so ist der auf §§ 230, 236, 329 Abs. 4 S. 1 StPO gestützte Haftbefehl gegenstandslos[82].

Dem Angeklagten steht gegen den Vorführungsbefehl und den Haftbefehl nach § 230 Abs. 2 StPO das Recht der Beschwerde gemäß §§ 304, 305 S. 2 StPO sowie die weitere Beschwerde gemäß § 310 Abs. 1 StPO zu. Ist der Haftbefehl durch die zwischenzeitliche Verurteilung oder durch Aufhebung gegenstandslos geworden, ist ein Rechtsmittel aber wegen sog. prozessualer Überholung unzulässig. Der Anspruch des Angeklagten auf einen effektiven Grundrechtsschutz gebietet es nicht, ihm die Möglichkeit zu eröffnen, die Rechtmäßigkeit des Haftbefehls nach seiner Erledigung überprüfen zu lassen[83].

---

80 Im Strafbefehlsverfahren ist die Vorschrift des § 411 Abs. 2 StPO zu beachten. Danach kann sich der Angeklagte, der gegen den Strafbefehl Einspruch eingelegt hat, in der Hauptverhandlung durch einen mit – gesonderter – schriftlicher Vollmacht versehenen Verteidiger vertreten lassen. In diesem Fall kann die Anordnung eines Haftbefehls gegen den nicht erschienenen Angeklagten unverhältnismäßig sein, vgl. OLG Düsseldorf JMBl. NW 1998, 281 f.
81 OLG Hamburg MDR 1987, 78; hier wird ein Zwischenzeitraum von 6 Wochen (zu Recht) für unverhältnismäßig erklärt.
82 KK-*Gmel*, § 230 Rn. 15.
83 OLG Frankfurt NStZ-RR 2007, 349 f.; OLG Hamm NJW 1999, 229 f.; a.A. OLG Celle NStZ-RR 2003, 177 ff.; OLG Düsseldorf NStZ-RR 2001, 382 ff.

## IV. Der Sicherungshaftbefehl, § 453c Abs. 1 StPO

Dieser Haftbefehl dient der Sicherung der **Strafvollstreckung**, wenn hinreichende 977 Gründe für die Annahme vorhanden sind, dass eine erfolgte Strafaussetzung zur Bewährung widerrufen werden wird. Allerdings darf der Sicherungshaftbefehl nur erlassen werden, wenn der Verurteilte flüchtig ist, Fluchtgefahr besteht oder anzunehmen ist, dass er neue **erhebliche** Straftaten begehen wird. Insoweit gelten die oben gemachten Ausführungen entsprechend.

## V. Der Vollstreckungshaftbefehl, § 457 Abs. 2 StPO

Nach der Rechtskraft eines Urteils, das auf Freiheitsstrafe lautet, wird der auf freiem 978 Fuß befindliche Verurteilte zum Haftantritt mit Zustellungsurkunde geladen. Erscheint er nicht, so kann die **Vollstreckungsbehörde**, also die Staatsanwaltschaft (zuständig ist dort gem. § 31 Abs. 2 S. 1 RPflG der Rechtspfleger), Vorführungsbefehl oder Haftbefehl erlassen.

Die Besonderheit besteht hier also darin, dass die Vollstreckungsbehörde selbst – und nicht das Gericht – einen Haftbefehl erlässt. Gleiches gilt für den Fall, dass ein Inhaftierter aus der Justizvollzugsanstalt entwichen ist.

## VI. Der Auslieferungshaftbefehl

### 1. Allgemeines

Anders als die Untersuchungshaft, welche die Durchführung der Strafverfolgung im 979 Inland sichern soll, ist die Auslieferungshaft ein Instrument der **Internationalen Rechtshilfe in Strafsachen**[84]. Auf das Begehren eines („ersuchenden") Staates kann eine Person (einschlägiger terminus: Verfolgter) von einem anderen („ersuchten") Staat ausgeliefert werden (§ 2 IRG). Soll der Verfolgte von einem dritten Staat über den ersuchten Staat in den ersuchenden Staat überstellt werden, spricht man dagegen von „Durchlieferung".

Das Auslieferungsverfahren dient
– der Durchführung der Strafverfolgung im ersuchenden Staat wegen einer rechtswidrigen Tat des Verfolgten
– und/oder der Vollstreckung einer dort rechtskräftig gegen diesen verhängten Strafe oder Maßregel.

Zum Zwecke der Sicherung der Auslieferung kann der Verfolgte im **ersuchten Staat** in Haft genommen werden, wenn die Gefahr besteht, dass er sich dem Auslieferungsverfahren bzw. der Auslieferung selbst entziehen werde oder wenn Verdunkelungsgefahr anzunehmen ist. Grundlage dieser Freiheitsentziehung ist der Auslieferungshaftbefehl (§ 15 IRG).

---

84 Lesen Sie dazu die Einleitung bei *Schomburg* sowie die ausführliche Rechtsprechungsübersicht von *Schmidt*, NStZ-RR 2005, 161 ff.

Weitere Gegenstände der Internationalen Rechtshilfe sind die Vollstreckung ausländischer Erkenntnisse im Inland (§§ 48 ff. IRG) sowie die sog. sonstige Rechtshilfe, etwa die Ersuchen um kommissarische Vernehmung, um Beschlagnahme oder Herausgabe von Gegenständen (§§ 59 ff. IRG). Beide Komplexe haben im Vergleich zum Aus- und Durchlieferungsverkehr eine eher geringe praktische Bedeutung.

Die wichtigste nationale Rechtsgrundlage des Auslieferungs- bzw. Durchlieferungsverkehrs ist das Gesetz über die Internationale Rechtshilfe (IRG), welches u.a. das gerichtliche Verfahren und die Zulässigkeitsvoraussetzungen der Auslieferung regelt (§ 1 Abs. 1 IRG); subsidiär gelten u.a. die Vorschriften des GVG und der StPO (§ 77 IRG). In verfassungsrechtlicher Sicht ist Art. 16 GG zu nennen, der in Abs. 2 Satz 1 die Auslieferung eines deutschen Staatsangehörigen im Grundsatz verbietet.

Neben der nationalen Gesetzgebung existiert ein Netzwerk bilateraler und multilateraler völkerrechtlicher Abkommen und Verträge, welche die Vorschriften des IRG ergänzen und diesen im Kollisionsfall vorgehen (§ 1 Abs. 3 IRG). Die Regelwerke können wegen ihrer Vielzahl an dieser Stelle nicht aufgezählt werden. Für den wichtigen Bereich des europäischen Auslieferungsverkehrs ist der **Rahmenbeschluss über den Europäischen Haftbefehl (RbEuHB)**[85] vom 13.06.2002 zu nennen. Mit dem dort geregelten, jeweils vom ersuchenden Staat zu erlassenden Haftbefehl (daher nicht zu verwechseln mit der bereits erwähnten Anordnung der Auslieferungshaft im ersuchten Staat) existiert in allen Mitgliedstaaten der Europäischen Union ein einheitliches und verbindliches Instrument der Auslieferung.

Der RbEuHB ist zunächst durch das am 23.08.2004 in Kraft getretene **Gesetz über den Europäischen Haftbefehl (EuHbG)**[86] unter entsprechender Änderung der Vorschriften des IRG (§§ 78 ff.) vom Bundestag in nationales Recht umgesetzt worden. Dieses Gesetz wurde jedoch vom Bundesverfassungsgericht[87] für verfassungswidrig und nichtig erklärt. Seit dem 02.08.2006 gilt daher das neue EuHbG vom 20.07.2006[88]. Es regelt im 8. Teil die Behandlung der Auslieferungsersuchen der Mitgliedsstaaten. Danach kann die Entscheidung über die Bewilligung der Auslieferung (§ 74 IRG) vorab durch das OLG auf Ermessensfehler hin überprüft werden (§ 79 Abs. 2 IRG). Dazu hat die für die Bewilligung zuständige Stelle (vgl. § 74 IRG) zuvor mitzuteilen, ob sie beabsichtigt, sog. Bewilligungshindernisse im Sinne von § 83b IRG geltend zu machen. Die Auslieferung deutscher Staatsangehöriger setzt voraus, dass die Tat einen maßgeblichen Bezug zum ersuchenden Mitgliedsstaat aufweist (§ 80 Abs. 1 Nr. 2 IRG)[89]. Außerdem muss auf entsprechenden Wunsch des Verfolgten ggf. die Rücküberstellung zur Strafvollstreckung in den ersuchenden Staat gesichert sein (§ 80 Abs. 1 Nr. 1 IRG).

---

85 Abl. EG Nr. L 190 S. 1 vom 18.07.2002.
86 BGBl. 2004 I S. 1748 ff.; dazu *Seitz* NStZ 2004, 546.
87 NJW 2005, 2289 ff.
88 BGBl. I 1721 ff.; lesen Sie zur neuen Gesetzeslage auch *Böhm*, NStZ 2006, 2592 ff.
89 Das kann im Einzelfall zu Problemen bei der Bestimmung des Tatorts führen; vgl. *Böhm*, a.a.O.; S. 2595.

Nur subsidiär gelten weiterhin
- das Europäische Auslieferungsübereinkommen (EuAlÜbk) vom 13.12.1957 nebst Zusatzprotokollen, welches die Regelungen des IRG im Verhältnis der Vertragsstaaten ebenfalls modifiziert
- sowie das Schengener Durchführungsübereinkommen (SDÜ) vom 19.06.1990, welches in seinem justiziellen Teil ebenfalls Vorschriften über die Rechtshilfe (Art. 48 ff.) sowie die Auslieferung (Art. 59 ff.) enthält und auf dessen Grundlage (Art. 92 ff.) das sog Schengener Informationssystem (SIS) errichtet worden ist. Letzteres ermöglicht u.a. die vereinfachte Ausschreibung von Personen zum Zwecke der Auslieferung.

## 2. Auslieferungsvoraussetzungen/Auslieferungshindernisse

In formeller Hinsicht setzt das Auslieferungsverfahren ein ordnungsgemäßes Ersuchen (§ 2 IRG) voraus, dem die Auslieferungsunterlagen nach § 10 IRG, ein Europäischer Haftbefehl (§ 83a Abs. 1 IRG) oder eine diesem im Wege der Fiktion (§ 83a Abs. 2 IRG) gleichgestellte Ausschreibung zur Festnahme zwecks Strafverfolgung nach dem SIS beigefügt sein müssen. Deren Inhalt muss den Anforderungen an die Darstellung des Sachverhalts und der anzuwendenden gesetzlichen Strafvorschriften genügen[90]. Außerdem ist der das gesamte Auslieferungsrecht beherrschende Grundsatz der Spezialität (Art. 14 EuAlÜbk, § 11 IRG) zu beachten. Die Verfolgung darf im ersuchenden Staat nur auf die Tat gerichtet sein, derentwegen die Auslieferung erfolgt ist, es sei denn der Verfolgte verzichtet auf die Einhaltung dieses Grundsatzes (§ 41 Abs. 2 IRG).     **980**

In materieller Hinsicht muss gewährleistet sein, dass die Tat, wegen der eine Auslieferung begehrt wird, sowohl im ersuchenden als auch im ersuchten Staats strafbar ist (§ 3 Abs. 1 IRG, Art. 2 Abs. 1 EuAlÜbK). Eine Prüfung des Tatverdachts erfolgt allerdings im ersuchten Staat in der Regel nur dann, wenn „besondere Umstände" dies gebieten (§ 10 Abs. 2 IRG). Der Überstellung des Verfolgten dürfen schließlich keine sog. Auslieferungshindernisse entgegenstehen. Dazu zählen Art. 16 Abs. 1 Satz 1 GG – ausgenommen der Rechtshilfeverkehr innerhalb der Mitgliedstaaten der Europäischen Gemeinschaft –, politische Taten (§ 6 Abs. 1 IRG), die Gefahr der Verfolgung im ersuchenden Staat aus politischen, religiösen oder anderen Gründen (§§ 6 Abs. 2, 82 IRG), die Todesstrafe (§ 8 IRG). Ergänzende Regelungen für den europäischen Auslieferungsverkehr enthält § 83 IRG. Die Auslieferung darf schließlich dann nicht erfolgen, wenn sie wesentlichen Grundsätzen der deutschen Rechtsordnung widersprechen würde (§ 73 IRG)[91].

## 3. Gang des Auslieferungsverfahrens/Zuständigkeiten

Das Verfahren ist zweistufig gegliedert. Zunächst findet auf Antrag des ersuchenden Staates eine gerichtliche Zulässigkeitsprüfung auf der Grundlage des IRG sowie der     **981**

---

90 Lesen Sie dazu: *Schmidt* NStZ-RR 2005, 161, 163.
91 Zu den Einzelheiten: Schomburg-*Lagodny*, § 73 Rn. 54 ff.; vgl. auch BVerfG NJW 2005, 3483 ff.

ergänzenden Rechtsvorschriften statt. Wird die Auslieferung für unzulässig erklärt, darf sie nicht stattfinden. Der in Haft befindliche Verfolgte ist ggf. auf freien Fuß zu setzen. Eine für zulässig befundene Auslieferung muss andererseits nicht deren Vollziehung zur Folge haben. Denn auf das gerichtliche Verfahren folgt die Prüfung der Bewilligung der Auslieferung, welche Art. 32 GG, § 74 IRG als Bestandteil der auswärtigen Beziehungen des Bundes der Bundesregierung zuweist. Freilich kann diese Entscheidung gem. § 74 Abs. 2 IRG den Länderverwaltungen, namentlich den Staatsanwaltschaften bei den Oberlandesgerichten, übertragen werden[92].

Die gerichtliche Zulässigkeitsprüfung der Auslieferung ist den Oberlandesgerichten übertragen (§ 13 IRG), welche auch über die – vor Eingang der Auslieferungsunterlagen zunächst vorläufige (§ 16 IRG) – Anordnung der Auslieferungshaft (§ 15 IRG) entscheiden. Die inhaltlichen Anforderungen des **Auslieferungshaftbefehls** ergeben sich aus § 17 IRG. Das weitere Verfahren nach Ergreifung des Verfolgten regeln §§ 19 ff. IRG. Es bestehen insoweit Parallelen zu §§ 114 ff. StPO. Das eigentliche Prüfungsverfahren bezüglich der Zulässigkeit der Auslieferung regeln §§ 30–32 IRG. Es endet mit der förmlichen Feststellung der Zulässigkeit bzw. Unzulässigkeit der Auslieferung durch Beschluss (§ 32 IRG). Hinzuweisen ist auf die häufig praktizierte Möglichkeit der vereinfachten Auslieferung im Einverständnis des Verfolgten (§ 41 IRG).

## C.  Die vorläufige Unterbringung, § 126a StPO

**982**   Auf Antrag der Staatsanwaltschaft kann der auch für den „normalen" Haftbefehl zuständige Richter die vorläufige Unterbringung in einem psychiatrischen Krankenhaus oder einer Entziehungsanstalt unter den Voraussetzungen des § 126a StPO anordnen.

Hierzu müssen dringende Gründe für die Annahme vorliegen, dass der Beschuldigte eine rechtswidrige Tat im Zustand der Schuldunfähigkeit oder der erheblich verminderten Schuldfähigkeit i.S.d. §§ 20, 21 StGB begangen hat **und** dass seine Unterbringung in einem psychiatrischen Krankenhaus (§ 63 StGB) oder einer Entziehungsanstalt (§ 64 StGB) im späteren Urteil angeordnet werden wird.

Die vorläufige Unterbringung ist praktisch eine **Vorwegnahme der Maßregel** und ermöglicht bereits in einem frühen Stadium des Verfahrens eine ärztliche Behandlung des Betroffenen, so dass möglicherweise z.Zt. der Hauptverhandlung eine Aussetzung des Maßregelvollzugs nach § 67b StGB erörtert werden kann.

Da die Zielrichtung nicht in einer Sicherung der Strafverfolgung, sondern im **Schutz der Allgemeinheit** besteht, müssen die Voraussetzungen des § 112 StPO nicht erfüllt sein[93]. Auch bei der Festnahme aufgrund eines Unterbringungsbefehls muss der

---

92  Vgl. *Seitz* NStZ 2004, 546, 547.
93  Eine Konkurrenz zwischen § 126a und § 112 StPO kommt ohnehin nur bei Vorliegen verminderter Schuldfähigkeit (§ 21 StGB) in Betracht, da gegen Schuldunfähige ein Haftbefehl nicht erlassen werden darf. Vgl. zum Verhältnis Haftbefehl/einstweilige Unterbringung auch LR-*Hilger*, § 126a Rn. 4 f.

Beschuldigte aber dem zuständigen Richter vorgeführt werden, §§ 126a Abs. 2, 115 Abs. 1 StPO, so dass sich die Verfahrensweisen weitgehend ähneln. Auch hat der Betroffene die Möglichkeiten der Überprüfung in entsprechender Anwendung der Vorschriften über den Haftbefehl, §§ 126a Abs. 2, 117–118a StPO. Jedoch ist eine Außervollzugsetzung des Unterbringungsbefehls im Hinblick auf die prognostizierte Gefährlichkeit des Beschuldigten nicht vorgesehen.

Gemäß § 126a Abs. 2 S. 2 StPO hat das Oberlandesgericht über die Fortdauer der Unterbringung zu befinden, wenn diese über sechs Monate angedauert hat. Die Anordnung ist dabei allerdings nicht an die besonderen Voraussetzungen des § 121 Abs. 1 StPO gebunden, dass die besondere Schwierigkeit oder der besondere Umfang der Ermittlungen oder ein anderer wichtiger Grund das Urteil noch nicht zulassen und die Fortdauer der Untersuchungshaft rechtfertigen"[94]. Freilich ist wie bei allen freiheitsentziehenden Maßnahmen der Grundsatz der Beschleunigung in besonderer Weise zu beachten[95].

## D. Die Unterbringung zur Beobachtung des Beschuldigten, § 81 StPO

Nach § 81 Abs. 1 StPO darf zur **Vorbereitung eines Gutachtens** über den psychi- **983** schen Zustand des Beschuldigten die Unterbringung in einem psychiatrischen Krankenhaus **(Anstaltsbeobachtung)** angeordnet werden. Diese Möglichkeit besteht bereits im Ermittlungs- oder Sicherungsverfahren. Sie stellt im Verhältnis zur vorläufigen Unterbringung nach § 126a StPO die mildere Maßnahme dar und setzt keine Gefährlichkeitsprognose i.S.d. § 63 StGB voraus. Sie soll auch nicht die spätere Unterbringung vorwegnehmen, sondern dient beispielsweise der Abklärung der Schuld- oder Verhandlungsfähigkeit des Beschuldigten.

Erforderlich sind insoweit jedoch:

- dringender Tatverdacht;
- die Anhörung eines Sachverständigen, dem der Beschuldigte hierzu auch zwangsweise vorgeführt werden kann, da sich der Gutachter einen persönlichen Eindruck verschaffen soll;
- Verhältnismäßigkeit der Maßnahme, § 81 Abs. 2 S. 2 StPO;
- Mitwirkung eines Verteidigers, § 140 Abs. 1 Nr. 6 StPO.

Die **Anordnungskompetenz** liegt nach § 81 Abs. 2 S. 1 StPO allein beim Gericht, **984** das seine Entscheidung gemäß § 34 StPO zu begründen hat[96].

Die Dauer einer derartigen Maßnahme ist auch bei weitergehendem Einverständnis des Beschuldigten auf insgesamt sechs Wochen beschränkt, § 81 Abs. 5 StPO. Eine Verlängerung kann allenfalls über die einstweilige Unterbringung nach § 126a StPO erfolgen, wenn die Voraussetzungen dieser Vorschrift vorliegen.

---

94 OLG Düsseldorf NJW 2008, 867; OLG Hamm NJW 2007, 3220 f.
95 OLG Koblenz NStZ-RR 2007, 207, 208.
96 LG Zweibrücken NJW 1997, 70.

## E. Körperliche Untersuchungen

**985**   Die Sicherung von Beweismitteln kann es u.U. erforderlich machen, den **Beschuldigten oder Dritte** körperlich zu untersuchen, um so Spuren (z.B. eines stattgefundenen Kampfes oder von Verletzungen) festzuhalten. Willigen die Betroffenen in die entsprechende Untersuchung nicht ein, so muss hinsichtlich der Zulässigkeit einer zwangsweisen Durchsetzung unterschieden werden, gegen welche Person sich die Maßnahme richtet.

### I. Maßnahmen gegen den Beschuldigten, § 81a StPO

**986**   Nach dieser Vorschrift darf bei fehlender Einwilligung des Beschuldigten im Rahmen der Verhältnismäßigkeit dessen körperliche Untersuchung zur Feststellung von Tatsachen angeordnet werden, die für das Verfahren von Bedeutung sind.

Für zulässig erklärt werden hiermit insbesondere **körperliche Eingriffe** – die stets ärztlich durchzuführen sind – wie:

– die Entnahme einer **Blutprobe** (so geschehen in unserem **Originalfall**);
– die **Untersuchung auf Verletzungen** hin;
– ärztliche **Maßnahmen zur Feststellung der Verhandlungsfähigkeit**;
– die Verabreichung von Mitteln, um im Körper versteckte Gegenstände (beispielsweise Rauschgiftbehältnisse) beschleunigt auszuscheiden[97].

Allerdings soll mit der Anwendung von Zwang nur die passive Duldung erreicht werden, die aktive Mithilfe des Beschuldigten darf nicht erzwungen werden. Darüber hinaus darf durch die Untersuchung kein Nachteil für die Gesundheit des Beschuldigten entstehen, § 81a Abs. 1 StPO a.E. Er ist auf keinen Fall ein „Versuchskaninchen" für die Erprobung neuartiger medizinischer Eingriffe. Wie bei allen strafprozessualen Zwangsmaßnahmen ist selbstverständlich der Grundsatz der Verhältnismäßigkeit zu beachten[98].

**987**   Die **Anordnung** einer Maßnahme nach § 81a StPO obliegt grundsätzlich dem Richter und nur bei Gefährdung des Untersuchungserfolges durch Verzögerung auch der Staatsanwaltschaft und ihren Hilfsbeamten[99]. Aufgrund einer besonderen richterlichen Entscheidung ist auch die vorübergehende stationäre Unterbringung zur Vorbereitung eines entsprechenden Gutachtens zulässig[100]. Die Vollziehung obliegt in jedem

---

97   Ablehnend OLG Frankfurt NJW 1997, 1647 ff. Dem kann indes weder im Ergebnis, noch in der Begründung gefolgt werden. Lesen Sie dazu *Rogall* NStZ 1998, 66 f. Auch nach Auffassung des Bundesverfassungsgerichts bestehen gegen solche Maßnahmen jedenfalls im Grundsatz keine verfassungsrechtlichen Bedenken, BVerfG NStZ 2000, 96; vgl. auch OLG Karlsruhe NStZ 2005, 399 f.

98   So verstößt die Anordnung eines bis zu drei Tage andauernden stationären Aufenthaltes eines 81 Jahre alten Beschuldigten zum Zwecke der Feststellung seiner Erektions- bzw. Ejakulationsfähigkeit (u.a. mittels einer sog. „Nachtschlafuntersuchung") gegen das Übermaßverbot, BVerfG NJW 2004, 3697 f.

99   Der Verstoß gegen den Richtervorbehalt führt daher im Bereich der Verkehrsdelikte (etwa Trunkenheitsfahrt) i.d.R. **nicht** zu einem Verwertungsverbot, vgl. OLG Hamburg, NJW 2008, 2597 ff; BVerfG NJW 2008, 3053 f.

100   *Meyer-Goßner*, § 81a Rn. 24 m.w.N.

Fall nach § 36 Abs. 2 StPO der Staatsanwaltschaft. Bei Untersuchungen, die das Schamgefühl verletzen können, ist die Vorschrift des § 81d StPO zu beachten.

Soweit Blutproben oder sonstige Körperzellen (auch Flüssigkeiten) entnommen worden sind, unterliegen sie dem ausschließlichen Verwendungszweck in einem Strafverfahren; sie müssen, sobald sie hierfür nicht mehr benötigt werden, **unverzüglich vernichtet werden**, § 81a Abs. 3 StPO.

## II. Maßnahmen gegen Dritte, § 81c StPO

Andere Personen als der Beschuldigte dürfen **gegen ihren Willen** nur unter engeren Voraussetzungen als in § 81a StPO körperlich untersucht werden. Ist der jeweils Betroffene – ob Beschuldigter oder Dritter – dagegen mit der Untersuchung/Maßnahme einverstanden, so ist diese ohne weiteres zulässig. In der Vergangenheit hat sich die Polizei bereits einige Male der Methode der Massenentnahme von Speichelproben zum Zwecke der Erstellung von DNA-Analysen bei einer Vielzahl von nicht Verdächtigen bedient. Weigert sich eine Person aus diesem Kreis, der Entnahme zuzustimmen, so kann ein Verdacht vorliegen, welcher für § 152 Abs. 2 StPO als hinreichend konkret anzusehen ist. In diesem Fall kann diesem Betroffenen gegenüber auch die zwangsweise Entnahme nach § 81a Abs. 1 StPO angeordnet werden[101]. **988**

Untersuchungen dritter Personen, die immer durch einen Arzt erfolgen müssen, sind **989** – im Rahmen der Verhältnismäßigkeit, § 81c Abs. 4 StPO – zum einen dann zulässig, wenn sie **als Zeugen in Betracht kommen** und zum anderen, wenn **die Untersuchung zur Erforschung der Wahrheit erforderlich ist**, um an ihrem Körper Spuren oder Folgen einer Straftat aufzufinden, § 81c Abs. 1 StPO.

Eine **Blutprobe oder eine Untersuchung zur Frage der Abstammung** darf dagegen auch unter erweiterten Voraussetzungen erfolgen, 81c Abs. 2 StPO.

Zu beachten ist hier insbesondere das Recht, die Untersuchung zu verweigern, wenn der Zeuge zur Verweigerung des Zeugnisses berechtigt ist, § 81c Abs. 3 StPO. Hierüber ist er zu belehren. In der Regel muss diese Belehrung von demjenigen durchgeführt werden, der die entsprechende Maßnahme angeordnet hat[102].

Unmittelbarer Zwang darf gegen Dritte nur auf ausdrückliche Anordnung des Richters ausgeübt werden, § 81c Abs. 6 S. 2 StPO.

Die **Anordnungskompetenz** hat nach § 81c Abs. 5 StPO grundsätzlich der Richter, **990** bei Gefährdung des Untersuchungserfolges durch Verzögerung auch die Staatsanwaltschaft und ihre Ermittlungspersonen[103]. Im Übrigen gilt die Regelung hinsichtlich des **Verwendungszwecks der Untersuchungen** in § 81a Abs. 3 StPO für die Maßnahmen gegenüber Dritten entsprechend, § 81c Abs. 5 S. 2 StPO.

---

101 Vgl. BVerfG NJW 1996, 3071 ff.; zur Frage der Verwertbarkeit siehe BVerfG NJW 1996, 345 f. Lesen Sie zur Frage der Rechtmäßigkeit der Anordnung von DNA-Massentests: *Graalmann-Scheerer* NStZ 2004, 297 ff.
102 Vgl. im Einzelnen *Meyer-Goßner*, § 81c Rn. 24 m.w.N.
103 Ausgenommen ist der Fall des § 81c Abs. 3 S. 3 StPO.

## III. Die DNA-Analyse und die Speicherung von Daten, § 81e-g StPO

### 1. Allgemeines

**991**   Durch die **DNA-** (engl.: **D**esoxyribo **N**ucleic **A**cid) oder **Genomanalyse**, den sog. „genetischen Fingerabdruck", kann anhand von Spurenabgleichung (z.B. aus Sperma, Blut oder Speichel) ein Tatbezug hergestellt oder ausgeschlossen werden. Nachdem sie in der Rechtsprechung bereits seit längerem als zuverlässige und zulässige Untersuchungsmethode anerkannt war[104], ist die DNA-Analyse durch den Gesetzgeber in **§ 81e ff.** StPO als gegenüber anderen Aufklärungsmaßnahmen gleichberechtigter Eingriff auch positiv-rechtlich normiert worden[105]. Die Vorschriften der §§ 81e und 81f StPO regeln dabei die Untersuchung von entnommenem DNA-Material zu Aufklärungszwecken in einem laufenden Verfahren, während § 81g StPO die Speicherung von Daten zur eventuellen Verwendung in künftigen Strafverfahren betrifft. Mit dem am 01.11.2005 in Kraft getretenen Gesetz zur Novellierung der forensischen DNA-Analyse hat der Gesetzgeber deren Anwendungsbereich insbesondere durch Lockerung des Richtervorbehalts in den §§ 81f Abs. 1, 81g Abs. 3 StPO und die Herabsetzung der Anforderungen an die Anlasstat bei der Speicherung von Daten behutsam erweitert. Mit der Einführung des neuen § 81h StPO besteht nunmehr auch eine gesetzliche Regelung von Reihengentests auf freiwilliger Basis[106].

### 2. Anordnungsvoraussetzungen der DNA-Analyse, §§ 81e, 81f StPO

**992**   Voraussetzung für Feststellungen nach § 81e StPO ist, dass neben dem zu untersuchenden Material – in der Regel Tatspuren – Vergleichsmaterial auf der Grundlage der §§ 81a und 81c StPO erlangt worden ist. Für die Anordnung einer entsprechenden Untersuchung sind der Richter – bei Gefahr im Verzug auch die Staatsanwaltschaft oder deren Ermittlungspersonen – zuständig, wenn sich die Maßnahme gegen einen konkreten Beschuldigten richtet und dieser mit der Untersuchung nicht einverstanden ist, § 81f Abs. 1 S. 1 StPO. Örtlich zuständig ist derjenige Richter, in dessen Bezirk die Körperzellenentnahme stattfindet[107]. Der förmlichen Anordnung bedarf es nicht bei anonymen Tatspuren und wenn der Betroffene nach entsprechender Belehrung schriftlich einwilligt, § 81f Abs. 1 S. 2 StPO.

Nach § 81e Abs. 1 S. 3 StPO unterliegen die Untersuchungen dem eingeschränkten Zweck der Feststellung der Abstammung oder der Tatsache, ob aufgefundenes Spurenmaterial von dem Beschuldigten bzw. dem Verletzten stammt. Dafür muss die Maßnahme erforderlich sein. Aus der Vorschrift folgt ein gesetzliches Beweiserhebungsverbot, das indes nicht zwangsläufig auch die Verwertung regelwidrig gewon-

---

104   Vgl. BVerfG NJW 1996, 45 ff.
105   Lesen Sie grundlegend zur DNA-Methodik im Strafverfahren: *Rath u.a.* NJW 1999, 2697 ff.; *Senge* NJW 1997, 2409 ff.; *Schneider/Rittner* ZRP 1998, 64 ff.
106   Lesen Sie zur Vertiefung: Senge NJW 2005, 3028 ff.
107   OLG Düsseldorf NJW 2002, 1814.

nener Erkenntnisse ausschließt. Es ist in solchen Situationen – wie bei Verstößen gegen andere Beweiserhebungsverbote auch – vielmehr auf die Umstände des Einzelfalles abzustellen[108].

### 3. Die Speicherung von Daten (sog. Gen-Datenbanken)

Durch das DNA-Identitätsfeststellungsgesetz (DNA-IFG) ist zusätzlich die Möglichkeit eröffnet worden, einem **Tatverdächtigen** (§ 81g Abs. 1 StPO), einem **bereits rechtskräftig Verurteilten** oder einer wegen nicht erwiesener Schuldfähigkeit oder ihres Alters nicht zur Verantwortung gezogenen Person ( § 81g Abs. 4 StPO) Körperzellen zu entnehmen, diese molekulargenetisch zur Erstellung eines „genetischen Fingerabdrucks" zu untersuchen und die Ergebnisse **mit Rücksicht auf mögliche künftige Strafverfahren** zu speichern. Die Erbanlagen des Betroffenen bleiben bei dieser Untersuchung unberücksichtigt. Es handelt es sich bei der Entnahme von DNA-Material nach § 81g Abs. 1, 4 StPO um eine vorsorgende und künftige Strafverfolgung unterstützende erkennungsdienstliche Maßnahme[109].

**993**

#### a) Inhaltliche Anforderungen

Um dem Spannungsfeld zwischen dem verfassungsrechtlich geschützten Recht des Betroffenen auf informationelle Selbstbestimmung einerseits und dem Interesse des Staates an der Aufklärung von Straftaten andererseits gerecht zu werden, kann die Entnahme von Körperzellen nicht als präventive Routinemaßnahme behandelt werden. Die gegen den Willen des Beschuldigten (vgl. § 81g Abs. 3 StPO) erfolgende, auf § 81g Abs. 1 bzw. 4 StPO gestützte – nachvollziehbar zu begründende – Anordnung erfordert daher eine **einzelfallbezogene Beurteilung** der begangenen Straftat und der Täterpersönlichkeit.

**994**

Die materiellen Voraussetzungen sind kumulativ
– das Vorliegen bzw. der (einfache) Verdacht einer Sexualstraftat oder einer sonstigen Tat „von erheblicher Bedeutung", § 81g Abs. 1 S. 1 StPO. Der Gesetzgeber hat zwar die in der Vorschrift früher vorhandenen Regelbeispiele gestrichen, jedoch muss es sich nach wie vor um solche Tatbestände handeln, die dem **mittleren Kriminalitätsbereich** zuzuordnen sind, den Rechtsfrieden empfindlich stören und dazu geeignet sind, das Gefühl der Rechtssicherheit der Bevölkerung erheblich zu stören[110]. Nach der Neuregelung genügen nunmehr aber auch sons-

---

108 Siehe hierzu oben Rn. 550 ff.
109 Der damit regelmäßig verbundene Eingriff in das Grundrecht auf informationelle Selbstbestimmung ist im Hinblick auf den mit der Regelung verfolgten Zweck der Aufklärung künftiger Straftaten von erheblicher Bedeutung und daher von dem Betroffenen grundsätzlich hinzunehmen, BVerfG NJW 2001, 879 f.
110 Ob in diesem Sinne eine mit zwei Freizeitarresten geahndete gefährliche Körperverletzung durch einen Jugendlichen als Anlasstat ausreicht, ist jedenfalls nach BVerfG NJW 2008, 281 f. zweifelhaft.

tige, **wiederholt begangene** Taten, die insgesamt genommen im Unrechtsgehalt von erheblicher Bedeutung sind, § 81g Abs. 1 S. 2 StPO.

– die **Prognose**, dass gegen den Betroffenen in Zukunft **erneut Strafverfahren** wegen Taten mit diesem Erheblichkeitscharakter zu führen sein werden.

**995** Die Anforderungen, die im Rahmen des § 81g StPO an die Negativprognose zu stellen sind, bemessen sich in erster Linie an der Güterabwägung, die zwischen der Art und Intensität des Grundrechtseingriffs (Entnahme von Körperzellen i.d.R. durch Mundhöhlenabstrich) und der Wahrscheinlichkeit, dass der Beschuldigte/ Verurteilte erneut entsprechende Straftaten begehen wird, vorzunehmen ist. Der Gesetzeswortlaut eröffnet dabei im Interesse einer effektiven Verfolgung künftiger Straftaten einen vergleichsweise weiten Anwendungsspielraum. So ist es etwa nicht erforderlich, die **konkrete** Gefahr weiterer Straftaten des Betroffenen festzustellen. Auch ist die Prognoseentscheidung nicht an den Kriterien der §§ 63, 64, 66 StGB zu messen[111] oder gar an die Annahme der Wiederholungsgefahr im Sinne des § 112a StPO geknüpft. Andererseits genügt es freilich nicht, wenn der Betroffene bei künftigen Straftaten nur allgemein in den Kreis von Verdächtigen einbezogen werden könnte[112].

Maßstab ist entsprechend der identischen Regelung in § 8 Abs. 6 BKAG das Vorhandensein schlüssiger und verwertbarer Tatsachen für die Annahme künftiger Straftaten. Für deren Aufklärung muss das DNA-Identifizierungsmuster einen Ansatz bieten können[113]. Gemessen daran kann die Annahme der Gefahr neuerlicher Straftaten im Einzelfall auch dann gerechtfertigt sein, wenn zuvor eine Strafaussetzung zur Bewährung erfolgt war[114]Sie ist andererseits bei einem bislang nicht vorbelasteten Beschuldigten nicht mehr gerechtfertigt, wenn die Tatvorwürfe bereits über ein Jahrzehnt zurückliegen und sich den Akten keine Anhaltspunkte für ein erneutes Auffällig werden entnehmen lassen[115]. Bei einem jugendlichen Ersttäter muss schließlich in die Prognose die Erwägung einfließen, dass es sich bei der Anlasstat um eine jugendtypische, möglicherweise einmalige Verfehlung gehandelt haben kann[116].

### b) Anordnungskompetenz

**996** Hinsichtlich der Anordnungskompetenz differenziert § 81g Abs. 3 StPO zwischen der Entnahme der Körperzellen und deren molekulargenetischer Untersuchung. Für beides ist der Richter zuständig; lediglich im ersten Fall darf die Anordnung auch durch die Staatsanwaltschaft oder ihre Hilfsbeamten erfolgen (§ 81g Abs. 3 S. 1 StPO). Nach § 162 Abs. 1 StPO entscheidet der Ermittlungsrichter desjenigen Amtsgerichts, in dessen Bezirk die Staatsanwaltschaft die Entnahme beantragt und zwar

---

111  OLG Köln NStZ-RR 2002, 306 f.; OLG Karlsruhe NStZ-RR 2002, 45.
112  BVerfG NJW 2008, 281 f.
113  BVerfG NJW 2001, 880.
114  *Meyer-Goßner*, § 81g Rn. 8 m.w.N.
115  OLG Köln NStZ-RR 2002, 307.
116  BVerfG NJW 2008, 281, 283.

auch dann, wenn die Untersuchung des Materials im Bereich eines anderen Amtsgerichts erfolgen soll[117]. Nach Erhebung der öffentlichen Klage ist das mit der Sache befasste Gericht zuständig.

## F. Die erkennungsdienstliche Behandlung, § 81b StPO

Insbesondere die Identifizierung des Täters kann eine erkennungsdienstliche **997** Behandlung (Aufnahme von Lichtbildern, Abnahme von Fingerabdrücken pp.) erforderlich machen. Derartige Maßnahmen sind nach § 81b StPO zulässig, soweit sie für Zwecke des **Strafverfahrens** bzw. des **Erkennungsdienstes** notwendig sind[118].

Im letzteren Fall handelt es sich inhaltlich um materielles Polizeirecht, da durch die Vorschrift rein präventive Maßnahmen ermöglicht werden. Entsprechend ist auch die Anordnungskompetenz geregelt. Während für strafprozessuale Maßnahmen die Ermittlungsbehörden (Staatsanwaltschaft und Polizei) zuständig sind, liegt die Zuständigkeit für Präventivmaßnahmen allein bei den Beamten des Polizeidienstes, für die außerdem die Ermächtigungsgrundlagen der Polizeigesetze der Länder gelten[119].

**Nach der Anklageerhebung** entscheidet das Gericht über Maßnahmen i.S.d. § 81b **998** StPO. Die konkrete Durchführung obliegt in jedem Fall der Kriminalpolizei. Diese kann unmittelbaren Zwang auch ohne vorherige Androhung anwenden. Ermächtigungsgrundlage insoweit ist ebenfalls § 81b StPO.

Voraussetzung für erkennungsdienstliche Maßnahmen ist im Bereich des Strafverfahrens immer, dass sie sich gegen den „**Beschuldigten**" (und nicht etwa den nur „Verdächtigen") richten. Gegen einen (nur) Verdächtigen sind allerdings Identifizierungsmaßnahmen nach § 163b Abs. 1 S. 2 und 3 StPO möglich.

Gedeckt werden durch § 81b StPO nur solche Maßnahmen, die nicht als körperliche Untersuchung i.S.d. § 81a StPO anzusehen sind. Natürlich stellt die Vorschrift keinen Selbstzweck dar. Im Bereich des Strafverfahrens sind die Grenzen für erkennungsdienstliche Maßnahmen durch die Sachaufklärungspflicht des § 244 Abs. 2 StPO und den Grundsatz der Verhältnismäßigkeit gesetzt.

## G. Die Durchsuchung, §§ 102 ff. StPO

Zur Auffindung von Beweismaterial oder zur Ergreifung kann eine Durchsuchung von **999** Räumen des Beschuldigten oder auch dritter Personen erforderlich sein. Die Zulässigkeit solcher Maßnahmen ist in den §§ 102 ff. StPO geregelt. Dabei ist zu differenzieren:

---

117 In den Fällen der richterlich angeordneten Entnahme von Körperzellen und der Abspeicherung von Daten (§§ 2 DNA-IFG, 81g StPO) ist für die Beanstandung von Art und Weise des Vollzugs der Maßnahme in entsprechender Anwendung des § 98 Abs. 2 S. 2 StPO zu verfahren, vgl. OLG Karlsruhe NJW 2002, 3117 f.

118 Vgl. zur Unterscheidung zwischen polizeilichen Präventivmaßnahmen und Ermittlungstätigkeit KK-*Senge*, § 81b Rn. 1.

119 Vgl. für Nordrhein-Westfalen § 10 PolG NW.

## I. Durchsuchung beim Verdächtigen

Bei demjenigen, der als Täter oder Teilnehmer einer Straftat bzw. wegen Begünstigung, Strafvereitelung oder Hehlerei verdächtig ist, kann eine Durchsuchung nach § 102 StPO sowohl bezüglich seiner Person wie auch seiner Sachen durchgeführt werden, wenn zu vermuten ist, dass diese Maßnahme zur **Auffindung von Beweismitteln** (§ 94 StPO) oder Gegenständen führen wird, die der Einziehung oder dem Verfall unterliegen (vgl. § 111b Abs. 4 StPO). Werden solche Gegenstände aufgefunden, so schließt sich in der Regel deren Sicherstellung bzw. Beschlagnahme an. Die Zwangsmittel der Durchsuchung und der Beschlagnahme stehen daher in einem engen Zusammenhang.

**1000** Die Anordnung der Durchsuchung setzt voraus, dass **tatsächliche Anhaltspunkte** für das Vorliegen einer Straftat gegeben sind und die Möglichkeit besteht, Beweismittel aufzufinden (sog. **Ermittlungsdurchsuchung**). Eine bloße Ausforschung aufgrund vager Vermutungen ist – insbesondere innerhalb der grundrechtlich geschützten Privatsphäre[120] – unzulässig.

Durchsucht werden können beispielsweise:

– Wohnungen, Garagen, Geschäftsräume, PKW[121];
– Personen (ohne körperliche Untersuchung gem. § 81a StPO);
– Sachen, wie Kleidungsstücke, Gepäckstücke pp.

Neben dem Auffinden von Beweismitteln kann Ziel einer solchen Maßnahme auch die Ergreifung eines Täters sein, wenn zu vermuten ist, dass er sich in dem Durchsuchungsobjekt aufhält (sog. **Ergreifungsdurchsuchung**). Dabei ist nicht Voraussetzung, dass ein Haftbefehl gegen den Beschuldigten bereits existiert, jedoch muss das Ziel der Maßnahme zumindest die prozessual berechtigte Festnahme sein.

## II. Durchsuchung bei Dritten

**1001** Auch andere Personen als die in § 102 StPO genannten (selbst juristische Personen oder Behörden[122]), müssen ggf. eine Durchsuchung dulden. Dies gilt allerdings nur dann, wenn sie erforderlich ist

– zur **Ergreifung des Beschuldigten** oder
– zur **Verfolgung von Spuren einer Straftat** oder
– zur Beschlagnahme **bestimmter** Gegenstände, seien sie als Beweismittel im Sinne von § 94 StPO geeignet oder als mögliche Objekte der späteren Einziehung, § 111b Abs. 4 StPO.

---

120 BVerfG NJW 2003, 1513 f.
121 Vgl. im Einzelnen zu den Durchsuchungsgegenständen KK-*Nack*, § 102 Rn. 7 ff.
122 KK-*Nack*, § 103 Rn. 1; nach Ansicht des OLG Jena (NJW 2001, 1290 f.) muss in Fällen der Durchsuchung von Behörden- oder Diensträumen in der Regel zuvor ein mit Gründen versehenes Herausgabeverlangen an die Behörde gerichtet werden, welches den gesuchten Gegenstand möglichst genau bezeichnet. Erst wenn innerhalb angemessener Frist eine auf der Grundlage von § 96 S. 1 StPO ergehende Sperrerklärung der Behörde nicht abgegeben oder dem Herausgabeverlangen nicht entsprochen wurde, soll die Durchsuchung zulässig sein.

Es müssen im Gegensatz zu § 102 StPO aber **bestimmte Tatsachen** vorliegen, aus denen geschlossen werden kann, dass die gesuchte Person, Spur oder Sache sich in den zu durchsuchenden Räumen befindet (z.B. Blutspuren bis vor die Türe o.ä.). Zu erleichterten Möglichkeiten vgl. § 103 Abs. 1 S. 2 sowie Abs. 2 StPO.

### III. Einzelheiten

### 1. Einschränkungen der Möglichkeit einer Durchsuchung

Zunächst ist eine Durchsuchung immer dann unzulässig, wenn sie nur der Sicherstellung beschlagnahmefreier Gegenstände i.S.d. § 97 StPO dienen soll.  **1002**

Darüber hinaus erfolgt durch § 104 StPO auch eine zeitliche Einschränkung dahingehend, dass eine nächtliche Haussuchung grundsätzlich nicht erlaubt ist. Dabei hat der Gesetzgeber es sich nicht nehmen lassen, in § 104 Abs. 3 StPO zu definieren, was als „Nachtzeit" anzusehen ist. Ausnahmen gelten naturgemäß für die Verfolgung auf frischer Tat bzw. bei Gefahr im Verzuge oder bei einem entwichenen Gefangenen. Eine absolute zeitliche Grenze für Zwangsmaßnahmen ist im Übrigen der rechtskräftige Abschluss des Strafverfahrens. Durchsuchungen oder Beschlagnahmen sind weder zum Zwecke der Strafvollstreckung noch aus Gründen der Bewährungsüberwachung des rechtskräftig Verurteilten zulässig[123].

In jedem Fall ist – schon wegen des oftmals betroffenen Grundrechts auf Unverletzlichkeit der Wohnung – der **Verhältnismäßigkeitsgrundsatz** zu beachten. Danach muss die Durchsuchung in einem angemessenen Verhältnis zur Schwere der Straftat und der Erheblichkeit des Tatverdachts stehen[124], wovon sich der Richter aufgrund eigenverantwortlicher Prüfung zu überzeugen hat. Dies gilt insbesondere bei einer Durchsuchung nach § 103 StPO, da hier ein – möglicherweise unbeteiligter – Dritter einer einschneidenden Maßnahme unterworfen wird. Gegebenenfalls kann als im Verhältnis zur Wohnungsdurchsuchung milderes Mittel auch die Aufforderung in Betracht kommen, gesuchte Unterlagen zu den Akten zu reichen[125].

Unzulässig ist die sog. „verdeckte **Online-Durchsuchung**". Dabei handelt es sich um die Ausspähung und Auswertung von Dateien, die auf der Festplatte oder im Arbeitsspeicher von Rechnern des Beschuldigten abgelegt sind. Im Zielrechner wird hierzu heimlich ein Programm installiert, welches das Kopieren und Übertragen der Daten ermöglicht. Nach der – uneingeschränkt zu begrüßenden – Auffassung des

---

123  KG StV 2000, 10 f.
124  Vgl. BVerfG NJW 2008, 1937 f. sowie EGMR NJW 2008, 2565 ff. zur Durchsuchung bei einem **Journalisten**. Die Durchsuchung einer **Arztpraxis** (§ 53 StPO!) wegen des angeblichen Abrechnungsbetruges mit einem Schaden von 75 € ist mithin unverhältnismäßig, BVerfG NStZ-RR 2008, 176 f. Hinsichtlich einer **Anwaltskanzlei** sind die Stellung des Anwalts als Organ der Rechtspflege und (vielleicht wichtiger) die Belange der Mandanten zu berücksichtigen, BVerfG NJW 2008, 2422 ff. Auch im **Ordnungswidrigkeitenverfahren** ist wegen der allgemeinen Verweisungsnorm des § 46 Abs. 3 OWiG eine Durchsuchung grundsätzlich zulässig. In einem solchen Fall sind aber besondere Anforderungen an die Wahrung des Verhältnismäßigkeitsgrundsatzes zu stellen, vgl. BVerfG NJW 2008, 103 f.
125  BVerfG NJW 2005, 1640 ff.

BGH gibt es hierfür keine hinreichende Ermächtigungsgrundlage, weil es sich bei der Durchsuchung nach dem klaren Wortlaut und der Systematik des Gesetzes um eine offen durchgeführte Maßnahme handelt. Dies belegen die §§ 105 Abs. 2, 106 Abs. 1 S. 1 StPO[126]. Klarzustellen ist freilich, dass der Inhalt von Speichermedien damit keinen besonderen strafprozessualen Schutz genießt. Zulässig bleibt die Anordnung einer „regulären" Durchsuchung, bei deren Vollzug auch Speichermedien sichergestellt bzw. beschlagnahmt und anschließend ausgewertet werden können.

### 2. Das Anordnungsverfahren

**1003**  Die Anordnung einer Durchsuchung ist dem **Richter** vorbehalten, § 105 Abs. 1 StPO. Die Anordnungskompetenz liegt nur bei **Gefahr im Verzug** bei der Staatsanwaltschaft oder deren Ermittlungspersonen, also nur dann, wenn ein sofortiges Tätigwerden zur Verhinderung eines Beweismittelverlustes erforderlich ist. Die Verfolgungsbehörden müssen sich folglich stets zunächst bemühen, eine Entscheidung des Ermittlungsrichters herbeizuführen. Erst wenn eine richterliche Befassung nicht möglich ist – etwa mangels Erreichbarkeit oder weil eine zeitnahe (auch mündlich mögliche) Entscheidung abgelehnt wird – geht die Anordnungskompetenz auf die Staatsanwaltschaft über[127]. Maßgeblich für die Gefahrenprognose ist der Zeitpunkt, in dem Staatsanwaltschaft oder Polizei die Anordnung der Maßnahme aus kriminalistischer Sicht für erforderlich halten. Der Richtervorbehalt entfällt also dann nicht, wenn die mögliche Einschaltung des Gerichts bewusst verzögert wird[128].

Soweit es sich bei dem zu durchsuchenden Objekt um eine **Wohnung** handelt, die dem besonderen grundrechtlichen Schutz des Art. 13 GG unterliegt, ist diesem gesetzlich vorgesehenen Regel-Ausnahmeverhältnis hinsichtlich der Anordnungskompetenz in besonderer Weise Rechnung zu tragen. Die Veranlassung einer Durchsuchung durch die Strafverfolgungsbehörden darf wegen des mit der Maßnahme verbundenen erheblichen Grundrechtseingriffs nicht zur routinemäßigen Angelegenheit werden. Die Gefahr eines drohenden Beweismittelverlustes ist daher im jeweiligen Einzelfall mit aktenkundigen und dokumentierten konkreten Tatsachen zu belegen, die nicht durch allgemeine „kriminalistische Erfahrungen" oder hypothetischen Erwägungen ersetzt werden dürfen[129].

**1004**  In § 105 Abs. 2 StPO ist darüber hinaus geregelt, wer im Einzelnen bei der Durchsuchung hinzuzuziehen ist. Vorgefundenes **Schriftmaterial** sowie elektronische **Spei-**

---

126  Vgl. BGH NJW 2007, 930 ff. Nach Auffassung des BGH findet sich auch jenseits der Vorschriften zur Durchsuchung keine Ermächtigungsgrundlage.

127  Lesen Sie hierzu BGH NStZ 2006, 114 f.; 2004, 449 f. sowie OLG Koblenz NStZ 2002, 660. Die Gefahr des Beweismittelverlustes darf nicht auf Nachlässigkeiten der Ermittlungsbehörden beruhen, vgl. BVerfG NStZ 2003, 319.

128  BGH NStZ 2007, 601 ff. Hier war der Beschuldigte um 17.30 Uhr festgenommen und von der Staatsanwaltschaft am selben Tag um 20.00 Uhr eine Durchsuchungsanordnung betreffend seine Wohnung getroffen worden. Der BGH nimmt in diesem Fall wegen der willkürlichen Umgehung des Richtervorbehalts sogar ein Verwertungsverbot bezüglich der bei der Durchsuchung gefundenen Beweismittel an.

129  BVerfG NJW 2005, 1637 ff.; 2003, 2304.

**chermedien** (auch auf einem externen Server) dürfen nach § 110 Abs. 1, 3 StPO von der Staatsanwaltschaft gesichtet werden. Solange dies geschieht, ist die Durchsuchung noch nicht abgeschlossen. Widerspricht der Inhaber einer Beschlagnahme, so darf die Polizei gem. § 110 Abs. 2 StPO lediglich eine sog. Grobsichtung vornehmen (z.B. anhand der Beschriftung von Aktenordnern o.ä.). Sie hat die entsprechenden Gegenstände dann in einem verschlossenen Umschlag der Staatsanwaltschaft abzuliefern.

Daneben gebietet der Anspruch des Betroffenen auf ein rechtsstaatliches Verfahren, dass durch den die Durchsuchung anordnenden Richter eine angemessene Beschränkung der Zwangsmaßnahme stattfindet, um deren Umfang nicht allein den Durchsuchungsbeamten zu überlassen. Aus diesem Grunde muss der Durchsuchungsbeschluss grundsätzlich den Tatvorwurf hinreichend umschreiben und angeben, welche konkreten Handlungen dem Beschuldigten zur Last gelegt werden[130]. Soweit dies nach dem Ergebnis der Ermittlungen bereits möglich ist und Zwecke der Strafverfolgung nicht entgegenstehen, sollen auch Art und Inhalt der mutmaßlich aufzufindenden Beweismittel beschrieben werden. Die nur schlagwortartige Bezeichnung der in Rede stehenden Straftat und die Anführung des Wortlauts des § 102 StPO im Durchsuchungsbeschluss genügen nicht. In einem solchen Fall kann der Betroffene in seinen geschützten Rechten aus Art. 13 GG verletzt sein[131]. Entspricht die Konkretisierung des Tatvorwurfs nicht den verfassungsrechtlichen Mindestanforderungen, so tritt auch nicht die Wirkung des § 78c Abs. 1 Nr. 4 StGB, also eine Unterbrechung der Verfolgungsverjährung, ein[132]. Auf der anderen Seite ist festzuhalten, dass die Anforderungen an den Inhalt des Durchsuchungsbeschlusses sich jeweils nach den konkreten Umständen richten. Kann der Richtervorbehalt des § 105 Abs. 1 StPO wegen Gefahr im Verzug auf andere Weise nicht gewahrt werden, so genügt im Einzelfall auch eine mündlich erteilte Zustimmung des Richters den formellen Anforderungen[133].

Der Richter darf eine Durchsuchung nur anordnen, wenn er sich aufgrund **eigenverantwortlicher Prüfung der Ermittlungen** überzeugt hat, dass ein die Durchsuchung rechtfertigender Anfangsverdacht gegeben und die Maßnahme verhältnismäßig ist[134]. Seine Anordnung hat die Grundlage der konkreten Maßnahme zu schaffen und muss Rahmen, Grenzen und Ziel der Durchsuchung definieren[135]. In zeitlicher Hinsicht hat der Richtervorbehalt die Wirkung, dass die Zwangsmaßnahme in einer angemessenen Zeitspanne nach deren Anordnung durchgeführt werden muss. Liegt zwischen Durchsuchung und deren Anordnung ein Zeitraum von mehr als sechs Monaten, so verliert der Durchsuchungsbeschluss „seine rechtfertigende Kraft"[136].   **1005**

In der Praxis könnte ein **Durchsuchungsbeschluss** wie folgt aussehen:   **1006**

---

130  Lesen Sie grundlegend: BVerfG NJW 2004, 1517 ff. sowie NJW 2005, 275 f. Die Mitteilung der Verdachtsgründe ist aus verfassungsrechtlicher Sicht allerdings nicht zwingend notwendig; diese kann ggf. im Beschwerdeverfahren nachgeholt werden, BVerfG NStZ 2004, 160.
131  BVerfG NStZ 2004, 160.
132  BGH NStZ 2004, 275 f.
133  BGH NJW 2005, 1060 f.
134  BVerfG NJW 2008, 1937 f., 2422 ff.; NStZ-RR 2004, 143 f.
135  BVerfG NJW 1997, 2165.
136  BVerfG NJW 1997, 2165.

<u>75 Gs 318/06 AG Bonn</u>
73 Js 198/06 StA Bonn

# AMTSGERICHT BONN

# BESCHLUSS

In dem Ermittlungsverfahren

g e g e n    Heinz Willi Katelbach, geb. am 26.05.1966
in Heidelberg,
wohnhaft: Blumentalstraße 262 b,
53179 Bonn,

w e g e n    Diebstahls u.a.

wird auf Antrag der Staatsanwaltschaft Bonn gemäß §§ 102, 105 StPO die

# D u r c h s u c h u n g

der Wohnung und der sonstigen Räume des Beschuldigten und der ihm gehörenden Sachen, insbesondere seines Kraftfahrzeuges, angeordnet.

# <u>G r ü n d e :</u>

Nach den bisherigen Ermittlungen ist davon auszugehen, dass die Durchsuchung zur Auffindung von Beweismitteln führen wird. Der Beschuldigte ist verdächtig, am 28.02.2006 in das Einfamilienhaus in der Gartenstraße 17 in Bonn-Beuel eingebrochen zu sein. Bei seiner polizeilichen Festnahme am 02.03.2006

2

in anderer Sache wurde bei ihm eine Herrenarmbanduhr der Marke „Rolex" sichergestellt, die aus der Beute dieser Straftat stammt. Bei dem Diebstahl wurden weitere Gegenstände entwendet. Hierbei handelt es sich um

- einen DVD-Recorder der Marke Hitachi,
- eine Spiegelreflexkamera der Marke Canon F 1,
- ein goldenes Damenarmband mit Rubinen,
- einen Nerzmantel, Konfektionsgröße 42.

Es ist zu vermuten, dass der Beschuldigte in seiner Wohnung Gegenstände aus dieser Straftat verborgen hält.

Das vorgefundene Beweismaterial ist in Verwahrung zu nehmen oder in anderer Weise sicherzustellen. In den Fällen des § 98 Abs. 2 StPO ist binnen drei Tagen eine richterliche Bestätigung der Beschlagnahme herbeizuführen.

Bonn, den 03.03.2006
Amtsgericht Bonn

(Kolwenbach)
Richter am Amtsgericht

### 3. Zufallsfunde

1007  Zufallsfunde sind solche, die bei einer Durchsuchung vorgefunden werden und auf eine **andere Straftat** als diejenige hindeuten, die Anlass der Durchsuchung war (also in keiner Beziehung zu der eigentlichen Untersuchung stehen, § 108 Abs. 1 StPO). Sie werden sichergestellt, wenn sie für eine andere strafrechtliche Untersuchung von Bedeutung sind. Die Staatsanwaltschaft ist entsprechend zu unterrichten. Natürlich darf eine Untersuchung nicht als Vorwand dazu missbraucht werden, systematisch nach „Zufalls"-Funden zu suchen.

### 4. Rechtsbehelfe gegen Durchsuchungsmaßnahmen

1008  Bei den Rechtsbehelfen gegen Durchsuchungsmaßnahmen muss unterschieden werden:

– hinsichtlich deren Anordnung: in richterliche und nicht richterliche Maßnahmen;
– hinsichtlich des zeitlichen Ablaufs: in noch andauernde und bereits vollzogene, d.h. sog. prozessual überholte Maßnahmen;
– hinsichtlich des Rechtschutzziels: ob die Rechtmäßigkeit der Anordnung oder die Art und Weise ihrer Durchführung beanstandet werden soll.

Eine **richterlich angeordnete** Durchsuchung kann mit der einfachen Beschwerde (§ 304 StPO) bezüglich der **Rechtmäßigkeit ihrer Anordnung** angefochten werden, solange die Maßnahme noch andauert. Das ist der Fall, wenn über den Verbleib vorläufig sichergestellter Gegenstände (z.B. Schriftgut oder Datenträger) noch nicht entschieden wurde, die „Sichtungsphase" also noch nicht beendet ist[137]. Die Maßnahme ist beendet, wenn nichts sichergestellt worden ist, alle Gegenstände zurückgegeben wurden oder umgekehrt sichergestelltes Material aufgrund einer gesondert getroffenen Beschlagnahmeanordnung im Besitz der Ermittlungsbehörde verbleibt.

1009  Häufig würde wegen der relativ kurzen Zeitspanne, in der sich der zwangsweise Eingriff vollzieht, von dem Betroffenen indes kein effektiver Rechtsschutz zu erlangen sein, würde man die Zulässigkeit der rechtlichen Überprüfung auf diesen Zeitraum begrenzen. Auch nach Abschluss der Maßnahme ist die Beschwerde daher grundsätzlich noch zulässig, wenn dem Betroffenen ein **besonderes Feststellungsinteresse** zur Seite steht. Dies ist nach der Rechtsprechung des Bundesverfassungsgerichts beim Vorliegen „tiefgreifender" Grundrechtseingriffe zu bejahen, etwa bei der Durchsuchung der Wohnung oder auch der Geschäftsräume[138]. In diesen Fällen darf das Rechtsmittel nicht mit der formalen Begründung der prozessualen Überholung zurückgewiesen werden[139]. Das Beschwerdegericht hat sich vielmehr mit den zum Zeitpunkt der Anordnung der beanstandeten Maßnahme vorgetragenen oder sonst aktenkundigen Tatsachen zu befassen und diese – in den Beschlussgründen erkennbar – jedenfalls in

---

137  BGH NJW 1995, 3397.
138  BVerfG NJW 2004, 1517 ff.; NJW 2004, 1519 ff.; NJW 1998, 2131 f. für die Durchsuchung von Redaktionsräumen; vgl. auch BGH NJW 2000, 85.
139  BVerfG NJW 2002, 1333 und NJW 2001, 1121. Siehe allgemein zur prozessualen Überholung oben Rn. 638, 650.

seinen wesentlichen Zügen zu würdigen. Das gebietet der Anspruch des Betroffenen auf Gewährung rechtlichen Gehörs aus Art. 103 Abs. 1 GG[140].

Wendet sich der Betroffene nicht gegen die Anordnung der Durchsuchung als solche, sondern gegen die **Art und Weise ihrer Durchführung** – rügt er beispielsweise die Verletzung seines Grundrechts aus Art. 10 GG, weil Postsendungen im Rahmen der Durchsuchung als Zufallsfunde sichergestellt worden sind – so soll nach Ansicht des BVerfG für diese Überprüfung der Rechtsweg gemäß § 23 EGGVG zu den Oberlandesgerichten gegeben sein[141]. Der BGH vertritt dagegen die Ansicht, dass der Betroffene in entsprechender Anwendung des § 98 Abs. 2 StPO die richterliche Entscheidung herbeiführen kann, wenn – was in der Praxis häufig vorkommt – Art und Weise der Ausführung nicht ausdrücklicher oder evidenter Bestandteil des anordnenden Beschlusses war[142]. **1010**

Haben die **Staatsanwaltschaft oder eine ihrer Ermittlungspersonen** die Durchsuchung kraft ihrer Eilkompetenz angeordnet, so besteht ebenfalls die Möglichkeit, hiergegen entsprechend § 98 Abs. 2 S. 2 StPO die Entscheidung des Richters herbeizuführen, solange die Maßnahme noch andauert[143]. Um eine möglichst **effektive gerichtliche Überprüfung** zu gewährleisten, müssen die Voraussetzungen für ein Absehen von der richterlichen Anordnung durch aktenkundige Tatsachen belegt und die Entscheidung in geeigneter Weise begründet sein[144]. **1011**

Auch bezüglich bereits vollzogener Maßnahmen ist bei Vorliegen eines besonderen Rechtsschutzinteresses die Möglichkeit einer Überprüfung der Anordnung in Rechtsprechung und Schrifttum unbestritten[145]. Im Falle schwer wiegender Grundrechtseingriffe (etwa bei Wohnungsdurchsuchungen) gelten die oben dargestellten Grundsätze[146]. Daher kann der Betroffene – wie im Fall der noch andauernden Durchsuchung – gemäß § 98 Abs. 2 S. 2 StPO die Entscheidung des Richters herbeiführen[147], der sich auch mit der Frage zu befassen hat, ob für die Ermittlungsbehörde überhaupt eine Anordnungskompetenz („Gefahr im Verzug") bestanden hat[148]. Dabei hat der BGH allerdings ausdrücklich die Frage offengelassen, ob gegen die bestätigende Entscheidung des Richters gemäß § 98 Abs. 2 S. 2 StPO wiederum die Beschwerde eröffnet ist. Diese Möglichkeit dürfte indes im Interesse eines effektiven Rechtsschutzes anzuerkennen sein[149].

---

140 BVerfG NJW 2004, 1519, 1520.
141 BVerfG NJW 1997, 2163; die Frage des Rechtsweges für diese Fälle offen gelassen hat der BGH NJW 1999, 730 (732).
142 BGH NJW 1999, 3499 f. für den Fall, dass der Betroffene während der Durchsuchung am Verlassen der (zu durchsuchenden) Kanzleiräume gehindert worden war. Der Rechtsweg nach § 98 Abs. 2 S. 2 StPO soll auch für Durchsuchungsanordnungen des Ermittlungsrichters beim BGH gelten, BGH NJW 2000, 86.
143 BGH NJW 1990, 57.
144 BVerfG NJW 2001, 1121, 1124.
145 Vgl. die Nachweise bei KK-*Nack*, § 105 Rn. 17 f., § 98 Rn. 24 ff.
146 BVerfG NJW 2002, 1333 f.
147 BVerfG NStZ 2003, 319; NJW 2004, 1519, 1520; BGH NJW 1999, 730 ff.
148 BVerfG NJW 2002, 1333; 2002, 2456.
149 Vgl. BVerfG a.a.O.

## H. Die Beschlagnahme, §§ 94 ff. StPO

### I. Voraussetzungen der Beschlagnahme

**1012** Gegenstände, die als **Beweismittel** in Frage kommen oder die der **Einziehung** unterliegen[150] (etwa Führerscheine), sind nach § 94 StPO zunächst sicherzustellen, und zwar in der Regel durch die Polizei, welche den ersten Zugriff (beispielsweise eine Durchsuchungsmaßnahme) ausführt. Die Sicherstellung begründet zunächst ein rein faktisches Gewahrsamsverhältnis.

Als Beweismittel kommen insbesondere in Betracht:

– bewegliche Sachen (Tatwaffe, Kleidung, Schriftstücke, Datenträger, Mobiltelefone o.Ä.);
– unbewegliche Sachen (Tatort, z.B. eine Wohnung).

Zum **Beweismittel** wird ein Gegenstand dadurch, dass er **unmittelbar oder mittelbar Rückschlüsse auf die Tatbegehung oder die Tatumstände** erlaubt. Die Sicherstellung erfolgt bei beweglichen Sachen durch Ingewahrsamnahme, bei unbeweglichen i.d.R. durch Versiegelung.

Wird der Sicherstellung durch den Gewahrsamsinhaber widersprochen, so muss gem. § 94 Abs. 2 StPO die **förmliche Beschlagnahme** erfolgen. Eine solche ist auch dann notwendig, wenn die Sache zunächst freiwillig herausgegeben worden ist und später widersprochen wird bzw. wenn der Betroffene von der Sicherstellung keine Kenntnis hatte und nunmehr eine richterliche Entscheidung beantragt, § 98 Abs. 2 S. 2 StPO.

**1013** Weitere Voraussetzung für eine Beschlagnahme ist das Vorliegen eines – im Einzelfall sorgfältig zu prüfenden[151] – **Anfangsverdachts** einer Straftat; es müssen daher zumindest die Erfordernisse des § 152 Abs. 2 StPO („zureichende tatsächliche Anhaltspunkte") gegeben sein. Darüber hinaus ist auch hier der **Grundsatz der Verhältnismäßigkeit** zu beachten, insbesondere bei großem Umfang von Akten, die der Beschuldigte z.B. zur Weiterführung eines Geschäftsbetriebs benötigt[152]. Bei Urkunden, bei denen es nicht auf deren Echtheit, sondern auf den Inhalt ankommt, ist daher immer die Möglichkeit der Anfertigung von Ablichtungen zu prüfen[153]. Der Umfang der Beschlagnahme muss stets in einem angemessenen Verhältnis zur Schwere der Tat und der Stärke des Tatverdachts stehen[154].

Beschlagnahmte Gegenstände sind nur solange im amtlichen Gewahrsam zu belassen, wie es der Sicherungszweck erfordert. Anschließend sind sie dem Gewahrsamsinhaber zurückzugeben. Die Beschlagnahme endet jedenfalls mit dem Eintritt der Rechtskraft des Urteils[155].

---

150  Lesen Sie dazu Rn. 1019 sowie §§ 111b, 111c StPO.
151  Die Anordnung darf für den Richter nicht zum „Routinefall" werden, vgl. BVerfG NJW-RR 2004, 143 f.
152  Vgl. BGH StV 1988, 90 f. für den Fall der Sicherstellung von 220 Disketten, welche die gesamte Buchführung eines Betriebes beinhalteten.
153  KK-*Nack*, § 94 Rn. 13.
154  Vgl. BVerfG NJW 1995, 2839 ff.
155  OLG Düsseldorf NStZ 1997, 301.

**Beschlagnahmefrei** sind nach § 97 Abs. 1 StPO bestimmte Gegenstände, mit deren   **1014**
Verwertung das Zeugnisverweigerungsrecht umgangen werden könnte. Erfasst sind
z.B. schriftliche Mitteilungen zwischen dem Beschuldigten und bestimmten zeugnisverweigerungsberechtigten Personen, insbesondere seinem Strafverteidiger, sowie
bestimmte Aufzeichnungen dieser Personen[156] und andere Gegenstände (etwa Unter-
suchungsbefunde). Eine Ausnahme gilt allerdings nach § 97 Abs. 2 S. 3 StPO für den
Fall, dass der zur Zeugnisverweigerung Berechtigte – z.B. der Ehegatte – an der
Straftat beteiligt war[157]. Zu den geschützten Schriftstücken im Sinne des Abs. 1 der
Vorschrift zählen auch Unterlagen, die der Beschuldigte erkennbar zu seiner Verteidigung in einem laufenden Strafverfahren angefertigt hat, ohne dass diese notwendigerweise an eine bestimmte Person gerichtet zu sein brauchen[158]. Solche Unterlagen
dürfen auch nicht gegen den Willen des Beschuldigten zu seinem Nachteil verwertet
werden.

Lesen Sie zu den Einzelheiten die Vorschrift des § 97 StPO.

Der Beschlagnahme nach den §§ 94 ff. StPO unterliegen dagegen bei dem Beschul-   **1015**
digten aufgefundene Mobiltelefone, die darin befindlichen SIM-Karten sowie die
Festplatten von Computern. Umstritten war, ob darauf gespeicherte Daten, die aus
einem bereits abgeschlossenen Kommunikationsvorgang resultieren (Verbindungs-
daten, SMS, E-Mails), allein aufgrund der Beschlagnahmeanordnung ausgewertet
werden dürfen oder ob sie dem Schutzbereich des Fernmeldegeheimnisses nach
Art. 10 GG unterfallen und deshalb die strengen Voraussetzungen der §§ 100g und
100h StPO erfüllt sein müssen[159]. Der 2. Senat des Bundesverfassungsgerichts hat
jedoch durch Urteil vom 02.03.2006 entschieden, dass eine über die Voraussetzungen
der §§ 94, 102 StPO hinausgehende Beschränkung des Zugriffs auf solche Daten die
wirksame Strafverfolgung unangemessen erschweren würde[160]. Dem erheblichen
Eingriff in das Grundrecht auf informationelle Selbstbestimmung und (bei Durchsuchungen) der Unverletzlichkeit der Wohnung muss daher allein durch besondere
Beachtung des Grundsatzes der Verhältnismäßigkeit Rechnung getragen werden.

Beschlagnahmt werden können auch Gegenstände, die der **Einziehung oder dem
Verfall** unterliegen, vgl. § 111b und c StPO. Im letzteren Fall kommt auch die Anordnung eines dinglichen Arrestes i.S.d. § 111d StPO in Betracht. Eine solche Maßnahme dient nicht der Aufklärung einer Straftat, sondern der Gewährleistung späterer
(endgültiger) Anordnungen nach den §§ 73, 74 StGB. Allerdings sind Überschneidungen mit den §§ 94 ff. StPO nicht selten. Für die Wirksamkeit der Beschlagnahme
solcher Gegenstände ist die Anordnung nach einer der genannten Vorschriften ausreichend.

---

156  Auch wenn diese Person ehemaliger Mitbeschuldigter in demselben Verfahren war, vgl. BGH NJW
    1998, 840.
157  So ist ein Presseorgan, welches ein Bekennerschreiben einer terroristischen Vereinigung zum Zwe-
    cke der Veröffentlichung im Besitz hat, nicht über die Vorschrift des § 97 StPO geschützt, BGH
    NJW 1996, 532 f.
158  BGH NStZ 1998, 309 ff.
159  Letzteres forderte die 3. Kammer des 2. Senats des BVerfG, vgl. NStZ 2005, 337 ff.
160  NStZ 2006, 641.

## II. Anordnungskompetenz

**1016**  Für die Anordnung der Beschlagnahme ist der Richter zuständig, bei Gefahr im Verzug aber auch die Staatsanwaltschaft oder deren Ermittlungspersonen, § 98 Abs. 1 StPO. Wird der Sicherstellung bzw. Beschlagnahme **durch Staatsanwaltschaft oder Polizei** vom Betroffenen widersprochen, so muss innerhalb von drei Tagen der Richter über die Rechtmäßigkeit entscheiden, §§ 98 Abs. 2 S. 1, 100 Abs. 2 StPO[161]. Bei Pressesachen und Postbeschlagnahme dürfen – anders als sonst – die Staatsanwaltschaft bzw. ihre Hilfsbeamten selbst bei Gefahr im Verzuge die Beschlagnahme nicht anordnen. Hier bleibt sie in jedem Falle dem Richter vorbehalten, § 98 Abs. 1 S. 2 StPO. Zur gerichtlichen Zuständigkeitsbestimmung lesen Sie bitte § 98 Abs. 2 S. 3 und 4 StPO.

**1017**  Ein **Beschlagnahmebeschluss** könnte in der Praxis folgendermaßen abgefasst werden:

---

161  Für **Führerscheine** gilt § 111a Abs. 3 StPO, wonach die vorläufige Entziehung der Fahrerlaubnis zugleich als Anordnung bzw. Bestätigung der Beschlagnahme gilt; lesen Sie dazu Rn. 1019 ff.

*Die Beschlagnahme, §§ 94 ff. StPO* **H.**

<u>75 Gs 317/06 AG Bonn</u>
73 Js 198/06 StA Bonn

# AMTSGERICHT BONN

# BESCHLUSS

In dem Ermittlungsverfahren

g e g e n     Heinz Willi Katelbach,
geb. am 26.05.1966 in Heidelberg,
wohnhaft: Blumentalstraße 262 b,
53179 Bonn,

w e g e n     schweren Raubes pp.

wird gemäß §§ 94 ff. StPO die Beschlagnahme folgender Gegenstände angeordnet:

1.  ein Gasrevolver der Marke UVEX, Kaliber 9 mm,

    Fertigungsnummer 975643, nebst Magazin und

    vier Gaspatronen;

2.  eine goldene Herrenarmbanduhr der Marke „Rolex"

    Fabrikationsnummer R420365X.

### G r ü n d e:

Der Beschuldigte ist dringend verdächtig, einen Raub in der Araltankstelle in
der Heidelberger Straße 27 in Bonn ausgeführt zu haben. Er wurde im unmittelbaren Anschluss an die Tat festgenommen, wobei die im Beschlusstenor ge-

2

nannten Gegenstände bei ihm sichergestellt werden konnten. Hinsichtlich der Herrenarmbanduhr Rolex haben die Ermittlungen zwischenzeitlich ergeben, dass diese Bestandteil der Beute aus einem Wohnungseinbruch vom 29.02. 2006 in der Gartenstraße in Bonn-Beuel ist, bei dem weitere Gegenstände entwendet worden sind.

Der Beschuldigte hat bei seiner richterlichen Vernehmung der Sicherstellung der genannten Gegenstände mit der Begründung widersprochen, die Gaspistole sei nicht sein Eigentum und die Uhr habe er auf dem Flohmarkt in der Rheinaue erworben.

Unter den Voraussetzungen der §§ 94, 98 StPO war die Beschlagnahme der Gegenstände anzuordnen, da sie als Beweismittel für die Untersuchung von Bedeutung sein können. Hinsichtlich der Gaspistole ist die Beschlagnahme auch aus dem Gesichtspunkt der §§ 111 b Abs. 1, 111 c Abs. 1 StPO gerechtfertigt, da dringende Gründe für die Annahme vorhanden sind, dass die Voraussetzungen für ihre Einziehung (§ 74 StGB) vorliegen.

Bonn, den 03.03.2006
Amtsgericht Bonn

(Kolwenbach)
 Richter am Amtsgericht

514

## III. Rechtsbehelfe gegen Beschlagnahmemaßnahmen

Ist die Beschlagnahme durch die Staatsanwaltschaft oder ihre Ermittlungspersonen   **1018**
im Rahmen der Eilkompetenz durchgeführt worden, so kann der Betroffene gemäß
§ 98 Abs. 2 S. 2 StPO jederzeit die **richterliche Überprüfung** beantragen. Gegen
**richterlich angeordnete** Beschlagnahmen bzw. Bestätigungsbeschlüsse nach § 98
Abs. 2 S. 2 StPO ist gemäß § 304 StPO die Beschwerde zulässig.

Die Problematik des Rechtsschutzes bei **vollzogenen Maßnahmen**, seien sie aufgrund richterlicher Anordnung oder durch die Ermittlungsbehörden erfolgt, stellt
sich ähnlich wie bei der Überprüfung von Durchsuchungsanordnungen und -maßnah-
men. Insoweit gelten die vom BVerfG aufgestellten Grundsätze entsprechend[162].
Folglich kann eine **nicht richterlich** angeordnete und erfolgte Beschlagnahme hinsichtlich der Rechtmäßigkeit bzw. der Art und Weise ihrer Durchführung bei Vorliegen eines Rechtsschutzinteresses auch im Nachhinein überprüft werden. Der
Rechtsweg ist über § 98 Abs. 2 S. 2 StPO eröffnet[163]. Gegen erledigte **richterliche**
Beschlagnahmeanordnungen ist die Beschwerde gemäß § 304 StPO statthaft.

## I. Die Vorläufige Entziehung der Fahrerlaubnis, § 111a StPO

### I. Allgemeines

Als eine Maßregel der Besserung und Sicherung sieht das materielle Recht in § 69   **1019**
StGB die Entziehung der Fahrerlaubnis vor, wenn der Angeklagte wegen einer
rechtswidrigen Tat, die er bei oder im Zusammenhang mit dem Führen eines Kraftfahrzeuges oder unter Verletzung der Pflichten eines Kraftfahrzeugführers begangen
hat, verurteilt wird und sich aus der Tat ergibt, dass er zum Führen von Kraftfahrzeugen ungeeignet ist. Bei den in § 69 Abs. 2 StGB aufgezählten **straßenverkehrsbezo-
genen Delikten** wird die **Ungeeignetheit vermutet**. Obgleich diese Maßregel nach
der klaren Systematik des Gesetzes keine Nebenstrafe darstellt[164], wird die Entziehung der Fahrerlaubnis von der Vielzahl der davon betroffenen Personen als die
eigentliche Sanktion empfunden. Der Verlust der Erlaubnis zur Teilnahme am Straßenverkehr ist in unserer sehr auf das Autofahren fixierten Gesellschaft nicht nur häufig mit beruflichen Konsequenzen verbunden, sie ist für Viele auch gleichbedeutend
mit einem sozialen Statusverlust. Dementsprechend wichtig ist die Rolle dieser Maßregel in der täglichen gerichtlichen Praxis – zumeist – der Amtsgerichte.

### II. Voraussetzungen für die Anordnung einer Maßnahme nach § 111a StPO

Da zwischen Straftat und Verurteilung naturgemäß eine gewisse Zeitspanne liegt, die   **1020**
Ungeeignetheit zum Führen von Kraftfahrzeugen sich aber bereits in der Begehung

---

162  BVerfG NJW 1997, 2163 ff.
163  Im Hinblick auf den Rechtsweg gelten die Ausführungen des BGH NJW 1999, 730 ff.
164  BGH StV 2003, 69 f. Lesen Sie zum Verhältnis zwischen Entziehung der Fahrerlaubnis und dem
     Fahrverbot (§ 44 StGB), welches eine echte Nebenstrafe darstellt: *Fischer*, § 44 Rn. 2 f.

des Delikts manifestiert hat, erlaubt § 111a StPO quasi als **vorweggenommener Vollzug der Maßregel** die vorläufige Entziehung der Fahrerlaubnis, wenn **dringende Gründe** für die Annahme vorhanden sind, dass diese – durch das spätere Urteil – endgültig entzogen werden wird. Aus der Regelung wird deutlich, dass sie in erster Linie einem präventiven Zweck folgt und nur mittelbar der Sicherung und Durchführung des Strafverfahrens dient.

Die Anordnung nach § 111a StPO setzt – wie der Haftbefehl, vgl. § 112 Abs. 1 S. 1 StPO – den fast an Gewissheit grenzenden Tatverdacht im Hinblick auf ein unter § 69 Abs. 1 StGB fallendes Delikt voraus.

**1021**  Ferner muss eine zuverlässige Prognose hinsichtlich der **Ungeeignetheit zum Führen von Kraftfahrzeugen** gestellt werden können. Bei Erfüllung der in § 69 Abs. 2 StGB genannten Straftatbestände, nämlich
– der Gefährdung des Straßenverkehrs (§ 315c StGB);
– der Trunkenheit im Verkehr (§ 316 StGB), was i.d.R. mit entsprechendem Konsum von Alkohol oder anderen Drogen, etwa Haschisch, einhergeht[165];
– des unerlaubten Entfernens vom Unfallort (§ 142 StGB), wenn der Täter weiß oder wissen kann, dass bei dem Unfall ein Mensch getötet oder nicht unerheblich verletzt wurde (also ärztlicher Hilfe bedarf) oder an **fremden** Sachen bedeutender Schaden (jedenfalls höher als 1300,– €) entstanden ist[166];
– des Vollrausches (§ 323a StGB) unter Begehung eines der oben genannten Delikte

wird die Ungeeignetheit zum Führen von Kraftfahrzeugen vermutet und bedarf in der Regel keiner gesonderten Feststellung.

Bei nicht verkehrsspezifischen Anlasstaten (Fahrt zu einem Tatort; Transport von Betäubungsmitteln etc.) ist dagegen eine Gesamtwürdigung des Geschehens erforderlich. Nach der Grundsatzentscheidung des Großen Senats für Strafsachen des BGH vom 27.04.2005 setzt die Entziehung der Fahrerlaubnis in diesen Fällen voraus, dass das Verhalten des Täters tragfähige Rückschlüsse auf seine Bereitschaft zulässt, die Sicherheit des Straßenverkehrs seinen eigenen Interessen unterzuordnen[167].

Schließlich darf die Maßnahme – wie jeder strafprozessuale Eingriff – im Einzelfall nicht dem Grundsatz der **Verhältnismäßigkeit** widersprechen. Dieser wird bei Vorliegen massiver Verkehrsstraftaten angesichts der besonderen Gefahren, die durch die Teilnahme ungeeigneter Kraftfahrer am Straßenverkehr drohen, in der Regel nicht verletzt sein. Der drohende Verlust der Arbeitsstelle infolge der vorläufigen Entziehung der Fahrerlaubnis muss in der Regel vom Betroffenen hingenommen werden[168].

---

165  Zur **Berechnung des Blutalkoholgehalts** zur Tatzeit siehe oben Rn. 582 ff. Hinsichtlich des Konsums von Haschisch ist anerkannt, dass im akuten Rausch und während der Dauer einer mehrstündigen Abklingphase die Fahrtüchtigkeit aufgehoben ist, vgl. die Nachweise bei BVerfG VerkMitt 2002, Nr. 71. Für andere Drogen dürfte dies entsprechend gelten.
166  Vgl. zu der betragsmäßig uneinheitlichen Rechtsprechung die Nachweise bei *Fischer*, § 69 Rn. 29.
167  BGH NJW 2005, 1957 ff.
168  Vgl. BVerfG NJW 2001, 357.

## III. Anordnungskompetenzen und Zuständigkeit

Funktionell zuständig für die vorläufige Entziehung der Fahrerlaubnis ist allein der Richter. Die Staatsanwaltschaft und deren Ermittlungspersonen sind allerdings unter den Voraussetzungen der §§ 94 Abs. 3, 98 Abs. 1 StPO befugt, einen **in Deutschland ausgestellten Führerschein** als Einziehungsgegenstand (§ 69 Abs. 3 S. 2 StGB) sicherzustellen bzw. zu beschlagnahmen. Das gilt auch für Führerscheine, die von Behörden eines **Mitgliedstaates der Europäischen Union** oder eines EWR-Staates (Island, Liechtenstein, Norwegen) ausgestellt worden sind, wenn der Inhaber seinen ordentlichen Wohnsitz im Inland hat (§ 111a Abs. 3 S. 2 StPO). Solche Führerscheine unterliegen nämlich gem. § 69b Abs. 2 S. 1 StGB ebenfalls der Einziehung[169].

**1022**

Da die Eingriffsmöglichkeit der Ermittlungsbehörden nicht weitergehender sein kann als die richterliche Entziehung der Fahrerlaubnis, müssen hierfür die Voraussetzungen des § 111a Abs. 1 StPO ebenfalls erfüllt sein. Letztere Vorschrift stellt somit die übergeordnete Regelung dar. Sie ersetzt die Beschlagnahme bzw. Sicherstellung des Führerscheins nach § 94 StPO, falls diese bislang noch nicht erfolgt war. Nach vorangegangener Beschlagnahme wirkt die Anordnung i.S.d. § 111a StPO daher als Bestätigung der Beschlagnahme (vgl. § 111a Abs. 3 StPO). Ist eine richterliche Entscheidung unter den Voraussetzungen des § 98 Abs. 2 StPO erforderlich, so tritt die vorläufige Entziehung der Fahrerlaubnis automatisch an deren Stelle (§ 111a Abs. 4 StPO).

Für **ausländische Führerscheine, die nicht als EU-Führerscheine unter § 69b Abs. 2 S. 1 StGB fallen,** gelten allerdings einige Besonderheiten: Eine im Ausland erworbene Fahrerlaubnis kann zwar ebenfalls entzogen werden, der Führerschein unterliegt aber nicht der Einziehung (vgl. § 69 Abs. 3 S. 2 StGB). Dies hat Konsequenzen für die vorläufige Entziehung nach § 111a StPO. Gemäß Abs. 6 dieser Vorschrift ist der ausländische Führerschein – ggf. nach Beschlagnahme zu diesem Zweck – mit dem Vermerk zu versehen, dass dem Inhaber die Fahrerlaubnis vorläufig entzogen wurde. Anschließend ist ihm das Papier unverzüglich wieder auszuhändigen. Der Eintrag hat zur Folge, dass der Betroffene im Inland führerscheinpflichtige Fahrzeuge nicht mehr führen darf (vgl. § 69b Abs. 1 StGB).

**1023**

Die **sachliche und örtliche Zuständigkeit** für Anordnungen gemäß § 111a StPO richtet sich während der Dauer des Ermittlungsverfahrens allein nach § 162 Abs. 1 S. 1 StPO[170]. Nach Erhebung der öffentlichen Klage ist das nach dem jeweiligen Verfahrensstand mit der Sache befasste Gericht zuständig, nicht jedoch das Revisionsgericht[171].

**1024**

Liegen die Voraussetzungen für die vorläufige Entziehung der Fahrerlaubnis nicht mehr vor, so ist die Maßnahme aufzuheben und der Führerschein an den Beschuldigten herauszugeben (§ 111a Abs. 2 und 5 StPO).

---

169 Sie werden nach endgültiger Entziehung der Fahrerlaubnis an die ausstellende Behörde zurückgesandt, damit diese darüber entscheiden kann, ob sie ihrerseits die Fahrerlaubnis entzieht.

170 Anderer Ansicht: *Meyer-Goßner*, § 111a Rn. 7 m.w.N.: danach soll auch jedes nach § 7 ff. StPO zuständige Amtsgericht entscheiden können.

171 OLG Hamm VRS 21, 283 f.

Ein Beispiel für einen Beschluss nach § 111a StPO, der im Hinblick auf § 34 StPO mit Gründen zu versehen ist, finden Sie oben unter Rn. 81.

**1025** Natürlich sollten die „professionellen" Verfahrensbeteiligten wissen, wie es nach einer **endgültigen** Entziehung der Fahrerlaubnis durch Urteil weitergeht. Nach Ablauf der gem. § 69a StGB anzuordnenden Sperrfrist für die Erteilung einer neuen Fahrerlaubnis entscheidet über den Antrag auf Neuerteilung allein die **Verwaltungsbehörde**. An welche Voraussetzungen sie die Wiedererteilung knüpft, liegt daher in deren pflichtgemäßem Ermessen. Die Klärung von Eignungszweifeln bei einer Alkoholproblematik ist in § 13 FeV dahingehend geregelt, dass der alkoholauffällige Täter ab einer BAK von 1,6‰ regelmäßig auf der Grundlage einer medizinisch psychologischen Untersuchung (sog. MPU) ein entsprechendes Gutachten beizubringen hat[172].

Die Anforderungen an die Erteilung bzw. Wiedererteilung der Fahrerlaubnis sind in den EU-Mitgliedsstaaten aber nicht einheitlich geregelt und ein EU-Führerschein berechtigt nach Maßgabe des § 28 FeV grundsätzlich zum Führen eines Kraftfahrzeuges auch im Inland. Mit dem Zweck, die MPU zu umgehen, hat sich in einigen Ländern der EU daher ein regelrechter „Führerscheintourismus" entwickelt[173].

## J.  „Der Staat hört (und sieht) mit" – die heimlichen Maßnahmen gem. §§ 100a–101 StPO

### I. Allgemeines/Überblick

**1026** Im Bereich der Schwerkriminalität bzw. des organisierten Verbrechens mit Delikten wie etwa Drogen-, Waffen- oder Menschenhandel mit den begleitenden Deliktstypen wie Geldwäschegeschäften etc. ist es aus ermittlungstaktischen Gründen oft unumgänglich, den Fernmeldeverkehr eines Beschuldigten oder Dritter zu überwachen und/oder andere technische Maßnahmen der Observation zu ergreifen. Diese Art der Kriminalität zeichnet sich durch hohe Professionalität, gut eingespielte Strukturen, eine besondere Skrupellosigkeit, die konsequente Nutzung technischen Fortschritts sowie einen vergleichsweise hohen volkswirtschaftlichen Schaden aus. Deshalb besteht im Prinzip Einigkeit darüber, dass sowohl den für den präventiven Bereich zuständigen Organen[174] als auch den Strafverfolgungsbehörden effektive Mittel für eine Verhinderung bzw. Aufklärung solcher Straftaten zur Verfügung stehen müssen. Der Gesetzgeber gibt den Ermittlungsbehörden mit den §§ 100a–100i StPO ein Instrumentarium an die Hand, welches ihnen ermöglicht, mit den genannten kriminellen Strukturen jedenfalls annähernd „auf Augenhöhe" zu agieren.

**1027** Je weiter der Spielraum der Ermittlungsbehörden durch erlaubte Eingriffe in Grundrechte gezogen wird, desto mehr muss allerdings aus rechtsstaatlichen Gesichtspunk-

---

172  Vgl. im Übrigen § 13 FeV sowie die Kommentierung zu dieser Vorschrift bei *Hentschel*.
173  Lesen Sie bei Interesse hierzu Hentschel-*Dauber* § 28 FeV Rn. 11 ff.
174  Vgl. BVerfG NJW 2008, 822, 828 f.

ten Wert auf klare Ermächtigungsnormen und Anordnungskompetenzen gelegt werden. Diesem Gedanken trägt auch Art. 8 MRK Rechnung, wonach in das Recht auf Achtung des Privat- und Familienlebens nur aufgrund gesetzlicher Regelungen und ferner auch nur eingegriffen werden darf, sofern dies „in einer demokratischen Gesellschaft" zum Schutz gewichtiger Rechtsgüter erforderlich ist[175].

Wie umstritten die Ausgestaltung von Eingriffsbefugnissen im Einzelnen aus rechtspolitischen Gründen sein kann, zeigt der lange Weg, den das Gesetz zur Bekämpfung der Organisierten Kriminalität vom 04.05.1998[176] genommen hat. Darin hat der Bundestag den sog. „großen Lauschangriff"[177], d.h. die Möglichkeit der **repressiven akustischen Überwachung von Wohnraum**, geschaffen[178]. Der dadurch eröffnete Eingriff in das Grundrecht der Unverletzlichkeit der Wohnung ist durch die Einfügung des Art. 13 Abs. 3[179] zwar verfassungsrechtlich abgedeckt. Das Bundesverfassungsgericht hat gleichwohl durch Urteil vom 03.03.2004[180] die Regelungen in §§ 100c ff. StPO in Teilen für verfassungswidrig erklärt. Insbesondere hat es beanstandet, die gesetzliche Ausgestaltung der Eingriffsbefugnisse genüge nicht, um den Schutz des „Kernbereichs" privater Lebensgestaltung innerhalb des von Art. 13 GG erfassten Wohnraums zu gewährleisten. Soweit die Überwachung nicht diesen absolut geschützten Kernbereich betreffe und damit aus verfassungsrechtlicher Sicht grundsätzlich zulässig sei, sei der Straftatenkatalog auf besonders schwere Delikte zu reduzieren[181]. Der Gesetzgeber hat mit dem zum 01.07.2005 in Kraft getretenen Gesetz zur Umsetzung des Urteils des BVerfG[182] die einfachgesetzliche Ausgestaltung der akustischen Wohnraumüberwachung entsprechend den Vorgaben grundrechtskonform[183] vorgenommen.

Das „Gesetz zur Neuregelung der Telekommunikationsüberwachung und anderer Ermittlungsmaßnahmen sowie zur Umsetzung der Richtlinie 2006/24/EG" hat zudem mit Wirkung zum 01.01.2008 eine weitere Reform gebracht, deren Schwerpunkt auf verdeckten Maßnahmen liegt. Seine Regelungen dienen einerseits der (begrüßenswerten) Vereinheitlichung von allgemeinen Verfahrens- und Verwendungsvorschriften, andererseits (und in geringerem Maße) einer Umsetzung der „Kernbereichsrechtsprechung" des Bundesverfassungsgerichts. Für **alle** gerichtlichen Handlungen im Stadium des Ermittlungsverfahrens sieht beispielsweise § 162 Abs. 1 StPO nunmehr in aller Regel die örtliche und sachliche Zuständigkeit des

---

175  Vgl. hierzu auch EGMR JZ 2000, 993 f.
176  BGBl. I, 845 ff.
177  Diese Bezeichnung ist nicht korrekt und rechtspolitisch tendenziell, denn Ermittlungsbehörden starten – jedenfalls bei einem gesetzeskonformen Vorgehen – keine „Angriffe", sondern sind im Rahmen ihres Aufgabenbereiches mit der Aufklärung von Straftaten befasst.
178  Der mühsame gesetzgeberische Weg wird beispielsweise aufgezeigt von *Meyer/Hetzer* NJW 1998, 1017 ff. Weitere Äußerungen im Schrifttum zur gesetzlichen Neuregelung des § 100c StPO: *Momsen* ZRP 1998, 459 ff.; *Dittrich* NStZ 1998, 336 f.; *Zuck* NJW 1998, 1919 ff.
179  BGBl. I 1998, 610.
180  BVerfG NJW 2004, 999 ff.
181  BVerfG a.a.O., S. 1012 f.
182  BGBl. I 1841 ff.
183  BVerfG NJW 2007, 2753 ff.

Amtsgerichts vor, in dessen Bezirk die den Antrag stellende Staatsanwaltschaft ihren Sitz hat. § 101 Abs. 3 bis 6 StPO enthalten für sämtliche Eingriffe i.S.d. §§ 100a ff. StPO einheitliche und weitreichende Kennzeichnungs-, Löschungs- sowie Benachrichtigungspflichten. Diese dienen zum einen dem Schutz des Betroffenen während der Maßnahme, sie sollen darüber hinaus aber auch die ausdrücklich vorgesehene nachträgliche gerichtliche Überprüfung (§ 101 Abs. 7 S. 2 StPO) zu einem hinreichend effektiven Instrument machen. Inhaltlich wird der Versuch unternommen, den „Kernbereich" des Persönlichkeitsrechts der Betroffenen – wenngleich in eingeschränktem Umfang (§ 100a Abs. 4 StPO) – auch im Bereich der Telekommunikationsüberwachung zu schützen. Auf der anderen Seite hat der Gesetzgeber mit den Neuregelungen die in die private Sphäre des Einzelnen in hohem Maße eingreifende und daher (zu Recht) besonders umstrittene Vorratsdatenspeicherung von Telekommunikationsverkehrsdaten bis zur Dauer von sechs Monaten (§§ 96, 113a TKG) eingeführt[184].

**1028    Im Einzelnen sieht die StPO derzeit folgende verdeckte Maßnahmen vor:**

– Überwachung und Aufzeichnung der Telekommunikation, §§ 100a, 100b StPO;
– Abhören und Aufzeichnen des nicht öffentlich gesprochenen Wortes
  – innerhalb des geschützten Bereichs der Wohnung, §§ 100c – 100e StPO
  – außerhalb der Wohnung, § 100f StPO;
– Abfrage von Telekommunikationsverkehrsdaten, welche auf der Grundlage der §§ 96 Abs. 1, 113a TKG gespeichert worden sind, §§ 100g StPO, 113b S. 1 Nr. 1 TKG;
– Herstellung von Bildaufnahmen zu Observationszwecken, § 100h Abs. 1 S. 1 Nr. 1 StPO;
– Einsatz sonstiger besonderer, für Observationszwecke bestimmter technischer Mittel, § 100h Abs. 1 S. 1 Nr. 2 StPO;
– Ermittlung der Geräte- und Kartennummer sowie des Standortes eines Mobilfunkendgerätes mittels eines sog. „IMSI-Catchers", § 100i StPO.

Ob in der nächsten Auflage dieses Buches vorstehende Übersicht um die politisch äußerst umstrittene „Online-Durchsuchung" erweitert sein wird, bleibt abzuwarten[185].

**1029**    Bei der Anordnung, Ausgestaltung und Durchführung sämtlicher Maßnahmen muss ein besonderes Augenmerk auf die Beachtung des **Grundsatzes der Verhältnismäßigkeit** gelegt werden. Eine „Rundumüberwachung", ist aus verfassungsrechtlichen Gründen abzulehnen[186]. Die Gefahr einer unzulässigen Totalobservation besteht insbesondere dann, wenn mehrere dem Betroffenen verborgene Maßnahmen kumulativ eingesetzt werden und dadurch „additiv" in Grundrechte eingegriffen wird. In diesen

---

184 Das BVerfG hat indes durch einstweilige Anordnung (NStZ 2008, 290 ff.) die durch § 113b S. 1 Nr. 1 TKG ermöglichte Nutzung der bevorrateten Daten zu Strafverfolgungszwecken ausgesetzt, soweit nicht der Verdacht schwerer Straftaten i.s.v. § 100a Abs. 2 StPO begründet ist. Einen (kritischen) Überblick über die Neuregelungen geben *Puschke/Singelnstein* NJW 2008, 113 ff. Siehe zur Vorratsdatenspeicherung auch unten Rn. 1037.
185 Siehe hierzu oben Rn. 1002.
186 BVerfG NJW 2005, 1338, 1340, 1341.

Fällen obliegen den Ermittlungsbehörden gesteigerte Informations- und Dokumentationspflichten, um eine verantwortliche Prüfung und ggf. Feststellung übermäßiger Belastung zu gewährleisten[187]. Der Schwere des Eingriffs in die Privatsphäre durch eine **längerfristige** Observation (gleich ob durch die in §§ 100a ff. StPO vorgesehenen Maßnahmen oder in anderer Weise) hat der Gesetzgeber zusätzlich durch die Einführung des § 163f StPO Rechnung getragen, wonach eine durchgehend länger als 24 Stunden oder für mehr als zwei Tagen geplante Überwachung grundsätzlich der Anordnung durch den Richter bedarf[188]. Im Rahmen der auf §§ 100a ff. StPO gestützten Maßnahmen hat die Vorschrift wegen der dort ohnehin ausgeprägten richterlichen Entscheidungskompetenzen (vgl. §§ 100b Abs. 1, 100d Abs. 1, 100f Abs. 4, 100g Abs. 2, 100i Abs. 3 S. 1 StPO) aber kaum praktische Bedeutung.

## II. Überwachung der Telekommunikation

Die Überwachung des Telefonverkehrs (im Ermittlerjargon kurz „TÜ" genannt) ist ein „Klassiker" unter den heimlichen Maßnahmen. Insbesondere bei der Aufklärung von Betäubungsmitteldelikten ist die Aufzeichnung von Gesprächen aus den Dealer- und Kurierkreisen, in welche die Ermittlungsbehörden etwa durch den Einsatz von V-Leuten und verdeckten Ermittlern nur schwer Zugang finden, eines der wichtigsten Beweismittel. Es ist immer wieder erstaunlich, mit welcher Leichtfertigkeit auch ansonsten professionell vorgehende Täter im Zusammenhang mit der Tatausführung ein Handy benutzen und dabei für die Ermittler wichtige Informationen preisgeben. Dabei fällt vor allem die Naivität auf, mit der sie meinen, kriminelle Inhalte durch Verwenden dümmlicher Synonyme erfolgreich verschleiern zu können. Durch die TÜ werden häufig nicht nur einzelne BTM-Geschäfte, sondern auch Bandenstrukturen, Transportwege, Treffpunkte etc. offenbar. Die gewonnenen Erkenntnisse können zudem durch weitere, darauf basierende Ermittlungen verfestigt werden. **1030**

§ 100a StPO erlaubt sowohl die Überwachung, als auch die Aufzeichnung der Telekommunikation von Personen[189] zum Zwecke der **Erforschung des Sachverhalts** oder der **Ermittlung des Aufenthaltsortes des Beschuldigten**. Die mit der Durchführung einer solchen (rechtmäßig angeordneten) Maßnahme notwendigerweise verbundene Beschränkung des Fernmeldegeheimnisses ist gemäß Art. 10 Abs. 2 GG statthaft und begegnet im Grundsatz keinen verfassungsrechtlichen Bedenken. Das ist seit Langem anerkannt[190]. **1031**

Was unter „Telekommunikation" im Einzelnen zu verstehen ist, richtet sich nach der Legaldefinition in § 3 TKG; sie umfasst danach alle Formen der Nachrichtenüber-

---

187 BVerfG a.a.O., 1341.
188 Auf die tatsächliche Dauer der anschließenden Maßnahme kommt es nicht an. Einer richterlichen Genehmigung bedarf es auch dann, wenn sich die Notwendigkeit einer längerfristigen Überwachung erst während einer kürzer angelegten Maßnahme herausstellt. Vgl. hierzu OLG Hamburg NStZ-RR 2008, 144 f.
189 Hinsichtlich des Personenkreises gibt es vom Ansatz her keine Ausnahmen. So dürfen auch die Telefonate von Mitarbeitern der Medien überwacht werden, vgl. BVerfG NJW 2003, 1787.
190 BVerfG NJW 2007, 2749 f.; NJW 1971, 275.

mittlung mittels technischer Einrichtungen und damit natürlich auch Gespräche per Mobiltelefon[191].

**1032** Die im Wege einer rechtmäßigen Überwachung gewonnenen Erkenntnisse dürfen im Strafverfahren gegen den Beschuldigten, aber auch gegen andere Personen – jedenfalls wenn auch insoweit eine Katalogtat im Sinne des § 100a Abs. 2 StPO vorliegt – verwertet werden[192]. Soweit Gespräche mitgeschnitten worden sind, erfolgt ihre Einführung in den Prozess

– durch Abspielen der Aufzeichnung, also durch Einnahme des Augenscheins. Bei Gesprächen in fremder Sprache erfolgt dann die Übersetzung durch einen Dolmetscher (hier in der Funktion des Sachverständigen), sofern nicht schriftliche Übersetzungen verlesen werden,
– im Wege des Urkundsbeweises, indem die von den Gesprächen – ggf. durch einen Übersetzer – gefertigten Protokolle verlesen werden
– oder (als schwächstes Beweismittel) durch die Aussage eines mit der Auswertung der Protokolle befassten Polizeibeamten[193].

**1033** Für die Zulässigkeit einer Maßnahme nach § 100a StPO müssen mehrere Voraussetzungen erfüllt sein:

### 1. Inhaltliche Voraussetzungen

Es muss sich bei dem Anlassdelikt um ein solches aus dem neugefassten **Katalog** des § 100a Abs. 2 StPO handeln. Die Aufzählung der dort genannten Tatbestände, die ganz überwiegend Höchststrafendrohungen von über fünf Jahren enthalten, ist **abschließend**. Die Tat muss darüber hinaus auch **im Einzelfall** schwer wiegen. Eine rein abstrakte Betrachtungsweise ist folglich unzulässig. Die von der Straftat im konkreten Fall ausgehende Rechtsgutverletzung muss vielmehr erheblich sein, was indes auch bei Annahme eines minder schweren Falles – und damit eines reduzierten Strafrahmens – eine entsprechende Anordnung nicht ausschließt[194].

**Bestimmte Tatsachen** müssen den konkreten Verdacht begründen, dass jemand – nicht notwendigerweise der zu Überwachende – Täter oder Teilnehmer (unter bestimmten Voraussetzungen auch im Vorbereitungs- und Versuchsstadium) einer der schwerwiegenden Taten aus diesem Katalog ist. Der Begriff „bestimmte Tatsachen" im Sinne des § 100a Abs. 1 Nr. 1 StPO ist indes nicht gleichbedeutend mit der Annahme des hinreichenden (§ 203 StPO) oder gar des dringenden Tatverdachts gemäß § 112 StPO. Das ergibt sich bereits aus dem Wortlaut der Vorschrift, die insoweit geringere Anforderungen stellt. Angesichts der Schwere der zur Debatte stehenden Delikte müssen schlüssige Tatsachen genügen, die ein routinemäßiges und nicht

---

191 Erfasst wird von der Vorschrift folglich auch der Zugriff auf den Datenbestand einer Mailbox (vgl. BGH NJW 2003, 2034 ff.).
192 Siehe hierzu auch oben Rn. 562.
193 Vgl. zu den verschiedenen prozessualen Möglichkeiten der Einführung von Erkenntnissen aus der Telefonüberwachung BGH NStZ 2002, 493f.
194 BVerfG NJW 2004, 999, 1012.

fallbezogenes – also letztlich willkürliches – Vorgehen der Strafverfolgungsbehörden ausschließen[195]. Soll die Maßnahme der Aufklärung des Sachverhalts dienen, so ist dies einhellige Meinung in Rechtsprechung und Literatur. Im Falle der Überwachung allein zur Ermittlung des Aufenthaltsortes des Beschuldigten werden teils höhere Maßstäbe gefordert[196].

Ferner muss die Erforschung des Sachverhalts oder die Ermittlung des Aufenthaltsortes des Beschuldigten auf andere Weise aussichtslos oder wesentlich erschwert sein (§ 100a Abs. 1 Nr. 3 StPO, sog. **Subsidiaritätsgrundsatz**). Das ist insbesondere dann der Fall, wenn andere ermittlungstaktische Schritte einen erheblich höheren Arbeitsaufwand erfordern würden[197]. Ob auch ein nur höherer Kostenaufwand in die Abwägung einbezogen werden darf, ist streitig[198].

Gegenstand der Anordnung sind in erster Linie die Telekommunikationsanschlüsse **des Beschuldigten**. Gegen **andere Personen** sind Maßnahmen gemäß § 100a Abs. 3 StPO zulässig, wenn aufgrund konkreter Tatsachen anzunehmen ist, dass
– sie für den Beschuldigten bestimmte oder von ihm herrührende Mitteilungen entgegennehmen bzw. weitergeben (sog. „Nachrichtenmittler"[199]) oder dass
– der Beschuldigte ihren Telekommunikationsanschluss benutzt.

§ 100a StPO bietet damit im Grundsatz eine hinreichende Ermächtigungsgrundlage auch für die Überwachung des Telefonanschlusses eines **Rechtsanwalts** und die Verwertung der daraus gewonnenen Erkenntnisse. Das gilt uneingeschränkt dann, wenn der Anwalt im Verfahren selbst Beschuldigter ist. Im Übrigen ist zu beachten, dass der Verteidiger durch Maßnahmen i.S.d. §§ 100a, 100g StPO jedenfalls mittelbar auch in seinem eigenen Recht auf freie Berufsausübung (Art. 12 GG) verletzt sein kann[200]. Das Abhören von Gesprächen zwischen dem Beschuldigten und seinem Strafverteidiger **innerhalb eines bestehenden Mandatsverhältnisses** ist nach unbestrittener Auffassung schon wegen des Anspruchs auf ungehinderten Verkehr mit dem Verteidiger aus § 148 StPO stets unzulässig[201].

Liegen tatsächliche Anhaltspunkte für die Annahme vor, dass durch die Überwachung **allein** Erkenntnisse aus dem **Kernbereich privater Lebensgestaltung** erlangt würden, ist die Maßnahme ebenfalls unzulässig (§ 100a Abs. 4 S. 1 StPO). Sie darf dann nicht angeordnet werden. Unter dem „Kernbereich privater Lebensgestaltung"

---

195 Vgl. zum Stand des diesbezüglichen Meinungsstreits auch *Meyer-Goßner*, § 100a Rn. 9 sowie BVerfG NJW 2007, 2752, 2753.
196 Vgl. KK-*Nack*, § 100a Rn. 35, der die Frage des Tatverdachts unter dem Aspekt der Verhältnismäßigkeit behandelt.
197 KK-*Nack*, § 100a, Rn. 35; HK-*Lemke*, § 100a Rn. 11.
198 Vgl. die Nachweise bei: *Meyer-Goßner*, § 100a Rn. 7.
199 Dabei spielt es für die Rechtmäßigkeit der Anordnung keine Rolle, ob die Person, deren Anschluss abgehört werden soll, von dem aufzuklärenden Tatgeschehen weiß oder ob sie gutgläubig ist. Nach zutreffender Ansicht ist es mit Blick auf das Aufklärungsinteresse nicht einmal erforderlich, dass der Betroffene „im Lager" des Beschuldigten steht. Auch das Opfer einer Schutzgelderpressung kommt daher als Anschlussinhaber in Betracht. Vgl. zum Meinungsstand insoweit BVerfG NJW 2007, 2752 f.; KK-*Nack* § 100a Rn. 37 m.w.N.
200 Lesen Sie dazu BVerfG NJW 2007, 2750 f.
201 Vgl. BVerfG NJW 2007, 2749.

versteht das BVerfG die Möglichkeit, innere Vorgänge wie Empfindungen und Gefühle sowie Überlegungen, Ansichten und Erlebnisse höchstpersönlicher Art zum Ausdruck zu bringen, und zwar ohne Angst, dass staatliche Stellen dies überwachen. Vom Schutz umfasst sind folglich Gefühlsäußerungen, Äußerungen des unbewussten Erlebens sowie Ausdrucksformen der Sexualität. Die Möglichkeit entsprechender Entfaltung setzt voraus, dass der Einzelne über einen dafür geeigneten Freiraum verfügt. Gleiches gilt für die vertrauliche Kommunikation jedenfalls dort, wo die Rechtsordnung um der höchstpersönlichen Lebensgestaltung willen einen besonderen Schutz einräumt und die Bürger auf diesen Schutz vertrauen[202].

Der Gesetzgeber hat davon abgesehen, diesen absolut geschützten Bereich im Gesetz positiv zu umschreiben. Er hat sich vielmehr auf die sog. **negative Kernbereichsprognose** beschränkt, was verfassungsrechtlich nicht zu beanstanden ist[203]. Die Vorschrift des § 100a Abs. 4 S. 1 StPO bleibt indes hinter § 100c Abs. 4 S. 1, Abs. 5 StPO zurück, wonach die akustische Wohnraumüberwachung nur angeordnet und fortgeführt werden darf, wenn und soweit keine Äußerungen aus der privaten Lebenssphäre zu erwarten sind. Telefongespräche betreffen aber in den seltensten Fällen ausschließlich diesen geschützten Bereich. Eine Prognose zum Zeitpunkt der Anordnung der Maßnahme erscheint insoweit nicht möglich. Dies lässt besorgen, dass der vom Gesetzgeber bezweckte Schutz bei der praktischen Anwendung der Vorschrift leerlaufen könnte. Ein angeordneter und begonnener Aufzeichnungsvorgang dürfte jedenfalls fortzuführen und der Betroffene ggf. durch die (großzügige) Anwendung des Verwertungsverbotes aus § 100a Abs. 4 S. 2 StPO zu schützen sein.

### 2. Anordnungskompetenzen und Dauer der Maßnahme

**1034** Gemäß § 100b Abs. 1 StPO muss die Überwachung **durch das Gericht** angeordnet werden. Im Ermittlungsverfahren ist dies in aller Regel der Ermittlungsrichter des Amtsgerichts am Sitz der Staatsanwaltschaft, § 162 StPO, in den Fällen des § 169 StPO der Ermittlungsrichter des Oberlandesgerichtes bzw. des Bundesgerichtshofes. Ist die Anklage bereits erhoben, so entscheidet das mit der Sache befasste Gericht. Bei Gefahr im Verzug kann für die Dauer von längstens drei Werktagen eine Anordnung jedoch auch durch die Staatsanwaltschaft getroffen werden. Die **Ausführung** der Maßnahme obliegt gem. § 100b Abs. 3 StPO dem Telekommunikationsunternehmen, welches den maßgeblichen Anschluss betreibt. Dieses trifft auch eine weitergehende Mitwirkungs- und Informationspflicht, etwa hinsichtlich der Ermittlung des Ortes, von dem aus telefoniert wurde[204].

Hinsichtlich der Annahme des Tatverdachts und der Bewertung anderer Ermittlungsansätze im Sinne der Subsidiaritätsklausel hat der Entscheidungsträger einen eigenen

---

202 BVerfG NJW 2005, 999, 1002.
203 BVerfG NJW 2007, 2753, 2755.
204 So hat das Unternehmen auch mitzuteilen, in welcher „Funkstelle" bzw. „Zelle" sich ein Mobiltelefon zu bestimmten Zeiten befunden hat, und zwar unabhängig davon, ob telefoniert wurde oder nicht, vgl. LG Ravensburg NStZ-RR 1999, 84 f.

**Beurteilungsspielraum.** Der Tatrichter und die Revisionsinstanz dürfen die Entscheidung aus dem Ermittlungsverfahren also nur dahingehend überprüfen, ob ihr eine Katalogtat zugrunde lag, ob sie ansonsten willkürlich war bzw. ob eine „grobe Fehlbeurteilung" stattgefunden hat.

Ein **Verwertungsverbot** besteht außer in den Fällen des § 100a Abs. 4 S. 2 StPO nur **1035** dann, wenn die Anlasstat nicht zum Katalog des § 100a StPO gehörte oder der Richter/Staatsanwalt bei der Anordnung das ihm eingeräumte Ermessen „unvertretbar" ausgeübt hat[205]. Der nach § 34 StPO zu begründende Anordnungsbeschluss muss daher zumindest eine knappe Darlegung der den Tatverdacht begründenden Tatsachen und der Beweislage enthalten, um eine spätere Überprüfung der Rechtmäßigkeit zu ermöglichen. Entspricht der Beschluss diesen Anforderungen und hat keiner der Verfahrensbeteiligten Einwände erhoben, so darf sich der Tatrichter bei Prüfung der Verwertbarkeit der durch die Maßnahme gewonnenen Erkenntnisse auf die Frage beschränken, ob die ermittlungsrichterliche Entscheidung eine § 100a StPO genügende Verdachts- und Beweislage plausibel darlegt.

Fehlt es an einer hinreichenden Begründung, so hat dieser Mangel allerdings nicht automatisch ein Verwertungsverbot zur Folge. In diesem Fall muss der Tatrichter den Ermittlungstand zum Zeitpunkt der Anordnung einer Überwachung eigenständig rekonstruieren und auf dieser Grundlage die Vertretbarkeit der Entscheidung untersuchen[206]. Sog. „Zufallserkenntnisse", d.h. Informationen, die aus einer rechtmäßig durchgeführten Maßnahme gem. § 100a StPO gewonnen werden, dürfen zur Grundlage weiterer Ermittlungen in einem anderen gegen den Beschuldigten geführten Strafverfahren auch dann gemacht werden, wenn dieses keine Katalogtat zum Gegenstand hat[207].

Grundsätzlich ist auch eine richterlich angeordnete Maßnahme gem. § 100b Abs. 1 **1036** S. 4 StPO **auf drei Monate befristet**. Diese Frist beginnt mit dem Erlass der Anordnung und nicht erst mit dem Vollzug der Maßnahme. Eine Fristüberschreitung hat jedoch nicht zwingend ein Verwertungsverbot bezüglich der außerhalb des Anordnungszeitraumes gewonnenen Erkenntnisse zur Folge[208].

Nach Ablauf der Frist erlischt die Ermächtigung zur Durchführung der Maßnahme automatisch. Es besteht jedoch die Möglichkeit einer Verlängerung – wiederum durch richterlichen Beschluss –, von der in der Praxis häufig Gebrauch gemacht wird. Nach Abschluss der Überwachung muss der Abgehörte unter Hinweis auf die Möglichkeit des nachträglichen Rechtsschutzes benachrichtigt werden, § 101 Abs. 4, 7 S. 2 StPO. Dies gilt allerdings nur dann, wenn der Untersuchungszweck, die öffentliche Sicherheit oder Leib oder Leben einer Person – z.B. eines verdeckten Ermittlers – hierdurch nicht gefährdet werden (§ 101 Abs. 5 StPO).

---

205  BGH NJW 2003, 368 ff.; siehe auch BGH NJW 2003, 1880 ff.
206  BGH NJW 2003, 368 ff.
207  BVerfG NJW 2005, 2766.
208  BGH NStZ 1999, 203 f.

### 3. Vorratsdatenspeicherung

**1037**  Die Ermittlungsbehörden können unter den Voraussetzungen des § 100g Abs. 1 StPO sechs Monate rückwirkend auf Daten zurückgreifen, die im Wege der Vorratsdatenspeicherung gemäß § 113a TKG von **jedem** Kommunikationsvorgang gewonnen worden sind. Das gilt derzeit allerdings nur dann, wenn der Verdacht schwerster Straftaten besteht[209]. Zu speichern sind vom Anbieter der Dienste u.a. die Rufnummer oder andere Kennungen des anrufenden und des angerufenen Anschlusses, Beginn und Ende der Verbindung nach Datum und Uhrzeit, im Fall von Internet-Telefondiensten auch die entsprechenden Internetprotokolladressen (§ 113a Abs. 2 TKG). Vergleichbare Daten sind bei der Inanspruchnahme von E-Mail- und Internetzugangsdiensten zu speichern (§ 113a Abs. 3, 4 StPO). Der im Vergleich zur alten Fassung des § 100g Abs. 3 StPO weitere Wortlaut des § 100g Abs. 1 S. 3 StPO lässt bei Straftaten von im Einzelfall erheblicher Bedeutung (§ 100g Abs. 1 S. 1 Nr. 1 StPO) zudem die Erhebung der Standortdaten von Mobiltelefonen im Stand-by-Betrieb und damit die Erstellung von nachträglichen Bewegungsprofilen auch dann zu, wenn keine aktive Telekommunikation stattfindet. Bei solch umfassenden Überwachungsmöglichkeiten kann man sich mit Fug und Recht fragen, ob das Gebot der Verhältnismäßigkeit noch gewahrt ist[210].

### 4. „IMSI-Catcher"

**1038**  § 100i Abs. 1 Nr. 1 StPO erlaubt beim Verdacht erheblicher Straftaten – nicht notwendig Katalogtaten i.S.v. § 100a Abs. 2 StPO – unabhängig von beabsichtigten oder bereits laufenden Maßnahmen nach § 100a StPO die Ermittlung der Geräte- (sog. **I**MEI = **I**nternational **M**obile **E**quipment **I**dentity) und Kartennummer (sog. **I**MSI = **I**nternational **M**obile **S**ubscriber **I**dentity) sowie des Standorts eines Mobiltelefons, soweit dies für die Erforschung des Sachverhalts oder die Ermittlung des Aufenthaltsorts des Beschuldigten erforderlich ist. Dies geschieht mittels des sog. „IMSI-Catchers". Dabei handelt es sich um ein Gerät, welches eine Basisstation für Mobiltelefone simuliert und in das sich die im Umkreis befindlichen Geräte einloggen müssen. Dabei werden die Gerätedaten übertragen. Auch diese Maßnahme darf sich grundsätzlich nur gegen den Beschuldigten richten (§§ 100i Abs. 3, 100a Abs. 3 StPO). Der Anwendungsbereich dieser Vorschrift ist indes erheblich erweitert worden; § 100i StPO a.F. erlaubte die o.g. Feststellungen nur zur Vorbereitung von TÜ-Maßnahmen oder der Festnahme des Täters.

### III. Der Einsatz sonstiger Mittel, §§ 100c–100h StPO

**1039**  §§ 100c, 100f und 100h StPO erweitern und ergänzen die durch die Überwachung des Telekommunikationsverkehrs eröffneten Möglichkeiten, indem sie unter bestimm-

---

209  So einschränkend BVerfG NStZ 2008, 290 ff.
210  Vgl. *Puschke/Singelnstein*, NJW 2008, 118f.; zur Erfassung von Daten im Stand-by-Betrieb auch BGH StV 2001, 214; *Demko* NStZ 2004, 57 ff.

ten Voraussetzungen zusätzlich visuelle Überwachungen sowie Aufzeichnungen, den Einsatz sonstiger technischer Mittel und schließlich das Abhören und die Aufzeichnung des nicht öffentlich gesprochenen Wortes erlauben. Auch die gesetzliche Neuregelung der Eingriffsbefugnisse erscheint – vorsichtig formuliert – nicht besonders übersichtlich. Der Gesetzgeber beginnt in den §§ 100c, 100d StPO mit der Wohnraumüberwachung, also dem intensivsten Grundrechtseingriff, um sich anschließend in § 100f StPO dem Abhören und Aufzeichnen des nicht öffentlich gesprochenen Wortes außerhalb der Wohnung zu widmen. Es folgt in § 100g StPO die Regelung des Zugriffs auf die Vorratsdatenspeicherung, die systematisch (ebenso wie § 100i StPO) eigentlich zu § 100a StPO gehört, bevor in § 100h StPO schließlich die Ermächtigung zur Herstellung von Bildaufnahmen und zur Verwendung bestimmter technischer Observationsmittel normiert wird. Die Reihenfolge unserer Darstellung folgt entgegen diesem Durcheinander der Intensität des Eingriffs.

### 1. Eingriffsvoraussetzungen für den Einsatz technischer Mittel nach § 100h StPO

§ 100h Abs. 1 StPO erlaubt die Herstellung von Bildaufnahmen (d.h. Fotos, Video- **1040** und Filmaufnahmen[211]) und die Verwendung sonstiger besonderer, für Observationszwecke bestimmter technischer Mittel (Sichtgräte, Sender etc.)[212]. Für die Anordnung gilt wie bei allen verdeckten Maßnahmen nach §§ 100a ff. StPO das **Subsidiaritätsprinzip** (vgl. §§ 100a Abs. 1 Nr. 3, 100c Abs. 1 Nr. 4, 100f Abs. 1, 100h Abs. 1 S. 1 StPO). Die Erforschung des Sachverhaltes oder die Ermittlung des Aufenthaltsortes des Beschuldigten muss auf andere Weise weniger erfolgversprechend oder zumindest erschwert sein. Andererseits gibt es angesichts des verhältnismäßig geringen Eingriffs in die Persönlichkeitssphäre keinen Katalog von bestimmten Anlassdelikten. Einschränkend ist beim Einsatz der Mittel gemäß § 100h Abs. 1 Nr. 2 StPO allerdings zu beachten, dass Gegenstand der Untersuchung eine Straftat **„von erheblicher Bedeutung"** sein muss. Dies ist ungenau gefasst. Man versteht in der Praxis hierunter jedenfalls Deliktstatbestände im Bereich der mittleren Kriminalität[213].

Grundsätzlich dürfen sich alle Maßnahmen **nur gegen den Beschuldigten** richten, **1041** § 100h Abs. 2 Satz 1 StPO. Lichtbilder und Bildaufzeichnungen dürfen indes, sofern das Subsidiaritätsprinzip gewahrt ist, also die Erkenntnisse auf anderem Wege nicht gewonnen werden können, auch **von dritten Personen** angefertigt werden. Der Einsatz der in § 100h Abs. 1 Nr. 2 StPO genannten Mittel ist wegen des damit verbundenen gravierenden Eingriffs gegenüber Dritten allerdings nur bei der Annahme

---

211 Zur längerfristigen Videoüberwachung lesen Sie BGH NStZ 1998, 629 ff.
212 Lesen Sie dazu, was im Einzelnen hierunter fallen kann *Meyer-Goßner*, § 100 f. Rn. 2. Zulässig ist grundsätzlich auch der Einsatz eines „Global Positioning Systems" (GPO). Das ist ein satellitengestütztes Ortungssystem, mit dem das Observationsobjekt ausfindig gemacht und verfolgt werden kann; lesen Sie hierzu BGH NJW 2001, 1659 ff. und BVerfG NJW 2005, 1338 ff.
213 *Meyer-Goßner*, § 100h Rn. 3; höhere Anforderungen stellt KK-*Nack*, § 100h Rn. 6, 110a Rn. 21, der eine „besonders gefährliche Kriminalität" verlangt.

gerechtfertigt, dass eine Verbindung zum Täter besteht **und** die Maßnahme zur Aufklärung des Sachverhalts oder zur Ermittlung des Aufenthaltsortes des Beschuldigten führen wird, § 100h Abs. 2 Nr. 2 StPO. Dass unbeteiligte Personen durch die Maßnahme mit betroffen sein können, ist in solchen Fällen unvermeidbar und hinzunehmen (§ 100h Abs. 3 StPO).

1042    In Ermangelung einer ausdrücklichen richterlichen Anordnungszuständigkeit dürfen Maßnahmen nach § 100h Abs. 1 StPO durch die Staatsanwaltschaft oder ihre Ermittlungsbeamten angeordnet werden. Allerdings ist § 163f Abs. 3 StPO zu beachten, wonach für längerfristige Observationen im Sinne von § 163 Abs. 1 StPO nunmehr der grundsätzliche Richtervorbehalt gilt. Zudem gelten uneingeschränkt die in § 101 StPO vorgesehenen Schutzrechte des Betroffenen.

## 2. Besonderheiten beim Abhören des nicht öffentlich gesprochenen Wortes

1043    Da § 100a StPO bereits die Überwachung der Telekommunikation gestattet, ist es von dort kein großer Schritt zur Überwachung von sonstigen persönlichen Gesprächen des Beschuldigten, deren Inhalt nicht für Dritte bestimmt ist. Der qualitative Unterschied zu den reinen Observationsmaßnahmen nach § 100h StPO ist das **gezielte Abhören** (Belauschen) der betroffenen Person mit einem gewissen technischen Aufwand (Wanzen etc.) und das **Konservieren** der gewonnenen Erkenntnisse. Wegen des mit der Durchführung einer solchen Maßnahme notwendigerweise verbundenen – massiven – Eingriffs in die Grundrechtssphäre des Betroffenen bestehen höhere Anforderungen an ihre Anordnung und Durchführung.

### a) Abhörmaßnahmen außerhalb der Wohnung, § 100f StPO

Zulässig ist die Anordnung einer solchen Maßnahme nur bei dem auf tatsächlichen Anhaltspunkten beruhenden Verdacht einer **Katalogtat im Sinne von § 100a Abs. 2 StPO**, die zudem, wie bei den Telekommunikationsmaßnahmen, auch im Einzelfall schwer wiegen muss. Anordnungen dürfen sich grundsätzlich nur gegen den Beschuldigten richten; gegen Dritte sind sie nur zulässig, wenn die Voraussetzungen des § 100f Abs. 2 StPO bejaht werden können. Allerdings hat der Gesetzgeber, anders als etwa bei der Überwachung der Telekommunikation, eine Regelung zum Schutz des Kernbereichs der Persönlichkeitsentfaltung hier nicht vorgesehen. Das überrascht ein wenig, denn der Eingriff in die Grundrechtssphäre des Betroffenen dürfte bei der Aufzeichnung des nichtöffentlich gesprochenen Wortes nicht geringer einzuschätzen sein als bei der Aufzeichnung des Telekommunikationsverkehrs[214].

1044    § 100f StPO erlaubt ein Abhören und Aufzeichnen allerdings nicht innerhalb des durch Art. 13 GG geschützten Bereichs der **Wohnung**. Dabei versteht man den Begriff „Wohnung" in Anlehnung an die Rechtsprechung des BVerfG[215] in einem

---

214  Kritisch zur Neuregelung berechtigterweise daher *Puschke/Singelnstein*, NJW 2008, 115.
215  BVerfG JW 1971, 2229.

**weiten Sinne** als „räumliche Privatsphäre", in der sich der Mensch aufhält und sich zur „individuellen Lebensgestaltung zurückzieht"[216]. Dazu gehören beispielsweise auch der in erkennbarer Weise (Hecke, Jägerzaun) abgegrenzte Vorgarten eines Hauses, die der Öffentlichkeit nicht zugänglichen Arbeits-, Betriebs- und Geschäftsräume[217] (insbesondere Anwaltskanzleien[218]), nicht dagegen der Besuchsraum einer Untersuchungshaftvollzugsanstalt[219] oder ein allgemein zugängliches Vereinsbüro[220]. Auch ein Fahrzeug stellt keine geschützte Räumlichkeit dar, denn es dient allein der Fortbewegung. Ein PKW darf zum Zwecke des Einbaus von Abhörmitteln auch geöffnet werden. Nicht von § 100f StPO gedeckt ist aber das Verbringen des Fahrzeugs in eine Werkstatt, um dort die Maßnahme vorzubereiten[221].

Für die Anordnungskompetenzen, den Inhalt der Anordnung und die **Befristung** der Maßnahme gelten gem. § 100f Abs. 4 StPO die §§ 100b Abs. 1, 4 S. 1, 100d Abs. 2 StPO entsprechend.

**b) Abhörmaßnahmen innerhalb der Wohnung, §§ 100c–e StPO**

Bei Vorliegen der Eingriffsvoraussetzungen des § 100c StPO ist das akustische **1045** Observieren und Aufzeichnen von Gesprächen auch innerhalb des durch Art. 13 GG geschützten Bereiches der Wohnung zulässig[222]. Der Gesetzgeber hat aber angesichts der Schwere des damit verbundenen Grundrechtseingriffes sowohl die Eingriffsvoraussetzungen als auch die Anordnungskompetenzen noch einmal deutlich restriktiver geregelt als beim Abhören „im Freien". Für die Zulässigkeit gilt nicht der Straftatenkatalog des § 100a Abs. 2 StPO entsprechend, sondern der mit Blick auf die Schwere der Delikte und die kriminellen Organisationsstrukturen noch einmal „verschlankte" **eigenständige Katalog** in Nr. 2 der Vorschrift. Die materiellen Anordnungsvoraussetzungen werden weiter eingeschränkt durch die sog. „negative Kernbereichsprognose" gem. § 100c Abs. 4 StPO. Es müssen tatsächliche Anhaltspunkte dafür vorliegen, dass die Überwachung solche Äußerungen nicht erfasst, die dem Kernbereich privater Lebensgestaltung zuzurechnen sind. Damit die Anordnung im Einzelfall nicht bereits an dieser Hürde scheitert, ist das Gesetz allerdings nicht so zu verstehen, dass ein solcher Eingriff in die Persönlichkeitsrechte auszuschließen ist[223]. Die akustische Wohnraumüberwachung ist vielmehr nur dann unzulässig, wenn angesichts der konkreten Umstände eine gewisse Wahrscheinlichkeit für eine Verletzung des absolut geschützten Bereichs der privaten Sphäre des Betroffenen besteht. Das Gesetz nimmt außerdem Gespräche in den in § 100c Abs. 4 Nr. 2 StPO genannten

---

216 BGH – Ermittlungsrichter – NJW 1998, 157.
217 BVerfG NJW 1977, 1489, 1490.
218 BVerfG NJW 2006, 2974.
219 BGH NJW 1998, 3284 ff.: jedenfalls dann nicht, wenn der Besuch erkennbar durch einen Beamten überwacht wird, der Verdacht einer schweren Straftat besteht und im Übrigen der Grundsatz der Verhältnismäßigkeit gewahrt ist; offen gelassen in BVerfG NJW 2006, 2974.
220 BGH NStZ 1997, 195 f. für das Büro eines „Deutsch-Kurdischen Freundschaftsvereins".
221 BGH – Ermittlungsrichter – NJW 1998, 157; für eine weitergehende Ermächtigung in gewissen Fällen ist *Janker* NJW 1998, 269 f.
222 Bundesweit kam es im Jahr 2007 zu insgesamt 10 solcher Wohnraumüberwachungen.
223 Vgl. *Löffelmann* NJW 2005, 2033 f.

Räumlichkeiten (Betriebs- und Geschäftsräume) sowie bestimmte Gesprächsinhalte (§ 100c Abs. 4 S. 3 StPO) in der Regel vom Schutzbereich des Satzes 1 aus. Zum geschützten Kernbereich der Persönlichkeit soll aber etwa das belastende Selbstgespräch eines Beschuldigten im Krankenzimmer eines Krankenhauses zählen[224].

Ergeben sich während der Überwachung Anhaltspunkte dafür, dass in den Kernbereich eingegriffen wird, so muss nach § 100c Abs. 5 S. 1 StPO die Maßnahme unterbrochen werden; sie kann bei Wegfall des Hindernisses fortgeführt werden. Diese Regelung ist praktisch kaum umsetzbar. Der überwachende Beamte dürfte kaum in der Lage sein, spontan eine zutreffende rechtliche Bewertung vorzunehmen. Um zu entscheiden, ob er die Maßnahme wieder aufnehmen darf, muss er zudem das Gespräch weiter verfolgen. Dem Wortlaut des Gesetzes nach wären automatische Aufzeichnungen schließlich kaum zulässig. Immerhin existiert bezüglich vorschriftswidrig gewonnener Erkenntnisse nunmehr in § 100c Abs. 5 S. 3 StPO ein ausdrückliches gesetzliches Verwertungsverbot.

**1046**   Das Abhören und Aufzeichnen ist – wenn überhaupt – i.d.R. nur innerhalb der **Wohnung des Beschuldigten** erlaubt, § 100c Abs. 3 S. 1 StPO. Bei **dritten Personen** ist die Maßnahme nur unter den erschwerten Voraussetzungen des § 100c Abs. 3 S. 2 StPO zulässig, nämlich nur dann, wenn anzunehmen ist, dass der Beschuldigte sich in den betreffenden Räumlichkeiten aufhält, Maßnahmen allein in dessen Wohnung für die Erforschung des Sachverhaltes oder die Ermittlung seines Aufenthaltsortes nicht ausreichend sind und die Aufklärung auf anderem Wege unverhältnismäßig erschwert oder aussichtslos wäre.

**1047**   Die **Anordnungskompetenz** ist gem. § 100d Abs. 1 StPO ausschließlich der gemäß § 74a Abs. 4 GVG zuständigen Strafkammer des Landgerichts übertragen, in dessen Bezirk die verfolgende Staatsanwaltschaft ihren Sitz hat. Das ist die (für den ganzen OLG-Bezirk zuständige und nicht mit Hauptverfahren befasste) sog. **Staatsschutzkammer**, die von der Staatsanwaltschaft über den weiteren Verfahrensgang zu informieren und ggf. auch frühzeitig in die Prüfung einzubinden ist, ob ein Verwertungsverbot nach § 100c Abs. 5 StPO vorliegt, § 100c Abs. 7 StPO. Bei Gefahr im Verzug kann der Vorsitzende dieser Kammer allein über die Anordnung entscheiden, jedoch bedarf diese der Bestätigung durch die Kammer innerhalb von drei Tagen, soll sie nicht automatisch ihre Wirksamkeit verlieren.

**Inhaltlich** muss die Anordnung den Anforderungen des § 100d Abs. 2, 3 StPO genügen. Die Maßnahme ist auf einen Monat **befristet**; jedoch ist bei Fortbestehen der Anordnungsvoraussetzungen eine mehrfache Verlängerung um jeweils nicht mehr als einen Monat zulässig, § 100d Abs. 1 S. 4 StPO. Nach Ablauf von sechs Monaten entscheidet das Oberlandesgericht, § 100c Abs. 1 S. 5 StPO.

**1048**   Bereits in der Gesetzgebungsphase vor 1998 war die Frage der Einbeziehung des zur Wahrung des Berufsgeheimnisses **besonders geschützten Personenkreises des § 53 StPO** heftig umstritten. Gerade im Bereich der durch das Zeugnisverweigerungsrecht

---

224  BVerfG NJW 2005, 3295 f.

Betroffenen ist das Abhören von Gesprächen häufig am ergiebigsten. Der Gesetzgeber hat sich in § 100c Abs. 6 StPO für eine sehr weitgehende Wahrung des Berufsgeheimnisses entschieden, wonach (ohne sachgerechte und vertretbare Differenzierungen) Anordnungen gegen sämtliche zeugnisverweigerungsberechtigten Angehörigen der in § 53 StPO genannten Berufsgruppen unzulässig sind, es sei denn, diese Personen wären einer Teilnahme an der Straftat, einer Begünstigung, Strafvereitelung oder Hehlerei verdächtig, §§ 100c Abs. 6 S. 3, 160a Abs. 4 StPO. Vorschriftswidrig gewonnene Erkenntnisse unterfallen ebenfalls dem Verwertungsverbot des § 100c Abs. 5 S. 3 StPO.

Bestehen Zeugnisverweigerungsrechte „nur" aufgrund der Vorschriften der §§ 52, **1049** **53a StPO**, so ist der Einsatz technischer Mittel zum Abhören innerhalb der Wohnung grundsätzlich statthaft, die **Verwertbarkeit** der gewonnenen Erkenntnisse hängt aber von einer Güterabwägung ab. Die Berücksichtigung des den Vorschriften zugrundeliegenden Vertrauensverhältnisses kann im Einzelfall höher einzustufen sein, als das Interesse der Ermittlungsbehörden an der Aufklärung des Sachverhaltes und der Ermittlung des Aufenthaltsortes des Täters, § 100c Abs. 6 Satz 2 StPO.

Eine weitere Einschränkung der Verwertbarkeit der gewonnen Erkenntnisse enthält § 100d Abs. 5 S. 1 StPO. Danach dürfen **personenbezogene Informationen** grundsätzlich nur in dem Strafverfahren verwendet werden, in dem sie ermittelt worden sind. Werden sie dafür oder zu Zwecken der Überprüfung nicht mehr benötigt, so sind sie zu vernichten. In anderen Verfahren können die Erkenntnisse nur dann verwertet werden, wenn dort die Aufklärung einer Katalogtat des § 100c Abs. 2 StPO in Rede steht. Im Übrigen können personenbezogene Erkenntnisse zur konkreten Gefahrenabwehr nur unter den Voraussetzungen des § 100d Abs. 6 Nr. 2 StPO herangezogen werden.

## K. Zwangsmittel in der Hauptverhandlung

Nicht immer stellen sich alle erforderlichen Personen einem Strafverfahren freiwillig. Hinsichtlich des Angeklagten erscheint dies vielfach verständlich. Da andererseits das Gericht von Amts wegen zur Ermittlung der Wahrheit verpflichtet ist, müssen ihm bestimmte Zwangsmittel an die Hand gegeben werden, das Erscheinen von Angeklagten, Zeugen oder Sachverständigen zu erzwingen und unbefugte Eingriffe in das Verfahren durch den genannten Personenkreis oder Dritte zu unterbinden. **1050**

## I. Zwangsmittel gegen den Angeklagten

Da die Hauptverhandlung in der Regel ohne den Angeklagten nicht stattfindet (vgl. § 230 Abs. 1 StPO), kann das Gericht im Falle seines unentschuldigten Ausbleibens – als im Vergleich zum Haftbefehl milderes Mittel – einen Vorführbefehl erlassen (§ 230 Abs. 2 StPO). Dieser wird unmittelbar der Polizei übermittelt (ggf. telefonisch), die dann versucht, des Angeklagten habhaft zu werden. **1051**

Bei Verfahren vor dem Amtsgericht bietet sich auch die Möglichkeit des § 408a StPO, also im Falle des Nichterscheinens einen Strafbefehl zu erlassen. Legt der Angeklagte hiergegen Einspruch ein (§ 410 StPO), so kann dieser verworfen werden, wenn der Angeklagte erneut nicht erscheint, vgl. §§ 412, 329 Abs. 1 S. 1 StPO.

Will der Angeklagte sich während der Hauptverhandlung entfernen, so kann er durch geeignete Mittel festgehalten werden, § 231 Abs. 1 S. 2 StPO. Gelingt es ihm gleichwohl, so kann ohne ihn weiter verhandelt werden, wenn er bereits über die Anklage vernommen worden war und nach dem Ermessen des Gerichts seine weitere Anwesenheit nicht erforderlich ist, § 231 Abs. 2 StPO. Gleiches gilt, wenn der Angeklagte wegen Ungebühr nach § 177 GVG aus der Sitzung entfernt wurde, § 231b StPO.

## II. Zwangsmaßnahmen gegen Zeugen

**1052**  Der Zeuge muss – nach ordnungsgemäßer Ladung – erscheinen, wahrheitsgemäß aussagen und seine Angaben ggf. beeiden. Ausnahmen gelten nur dann, wenn er zur Verweigerung des Zeugnisses berechtigt ist, §§ 52 ff. StPO. Verweigert ein Zeuge zu Unrecht das Zeugnis, so können – Schuldfähigkeit vorausgesetzt (womit z.B. Kinder ausscheiden) – Zwangsmaßnahmen ergriffen werden, § 70 StPO.

Erscheint ein Zeuge erst gar nicht, so muss ggf. vertagt werden, sofern die gem. § 51 Abs. 1 S. 3 StPO mögliche zwangsweise Vorführung misslingt. Dem nicht erschienenen Zeugen können die Kosten der Säumnis (also die Kosten des nächsten Termins) sowie ein Ordnungsgeld von 5 bis 1000 € (Art. 6 Abs. 1 EGStGB) auferlegt werden. Ersatzweise ist Ordnungshaft für den Fall der fehlenden Beitreibbarkeit des Ordnungsgeldes festzusetzen[225].

Will der Zeuge nicht aussagen, so kann zur Erzwingung des Zeugnisses auch Haft angeordnet werden, jedoch nicht länger als das Verfahren dauert und insgesamt nicht für einen größeren Zeitraum als sechs Monate (§ 70 Abs. 2 StPO). Diese Maßnahmen dürfen nur vom Richter verhängt werden. Sie werden durch die Staatsanwaltschaft vollstreckt und können nach Ausschöpfung der genannten Möglichkeiten nicht wiederholt werden. Die Beugehaft wird vom Gericht selbst vollstreckt.

## III. Zwangsmaßnahmen gegen Sachverständige

**1053**  Nach § 77 StPO können Zwangsmaßnahmen auch gegen Sachverständige ergriffen werden, falls diese nicht erscheinen oder die Erstattung des Gutachtens verweigern. Auch dem Sachverständigen können die hierdurch verursachten Kosten (also die Kosten für einen neuen Sachverständigen) auferlegt werden. Zugleich kann gegen ihn – auch wiederholt – ein Ordnungsgeld festgesetzt werden.

---

225  In der Regel für je 50 € ein Tag Ordnungshaft.

## IV. Ordnungsmittel gegen (fast) jedermann

Während der Sitzung hat der Vorsitzende die **sitzungspolizeilichen Befugnisse**   **1054** gemäß § 176 GVG. Diese dienen dem Zweck, die Aufrechterhaltung der Ordnung **in** und ggf. auch **vor dem Sitzungssaal** zu gewährleisten[226]. Die sitzungspolizeiliche Befugnis deckt auch präventive Maßnahmen, wie etwa die Durchsuchung von Personen vor der Hauptverhandlung, ab. Das begegnet im Grundsatz keinen verfassungsrechtlichen Bedenken. Soweit sich eine solche Anordnung aber gegen den in der Sache tätigen Verteidiger richtet, bedarf sie eines besonderen rechtfertigenden Grundes[227].

Teil der Sitzungsordnung sind auch die Würde des Prozesses und die Aufrechterhaltung der äußeren Formen. Aus gegebenem Anlass (schuldhafte Ungebühr, z.B. demonstratives Entkleiden[228]) können der Vorsitzende bzw. das Gericht daher nach vorheriger Anhörung, soweit diese zumutbar ist, durch Beschluss die Entfernung eines Störers aus dem Sitzungssaal, ein Ordnungsgeld bis zu 1000 € oder Ordnungshaft bis zu einer Woche (§ 178 Abs. 1 GVG) festsetzen und unmittelbar vollstrecken, § 179 GVG.

Straftaten in der Sitzung sind zu protokollieren, ggf. ist die vorläufige Festnahme des Täters anzuordnen, § 183 S. 2 GVG.

Ordnungsmittel bestehen nicht gegen den Vertreter der Staatsanwaltschaft. Er unter-   **1055** liegt zwar der Sitzungspolizei des Vorsitzenden (§ 176 GVG), nicht aber der Ordnungsgewalt des Gerichts, §§ 177, 178 GVG. Die Verhängung eines Ordnungsmittels gegen einen missliebigen Sitzungsvertreter der Staatsanwaltschaft kommt daher nicht in Betracht. Gleiches gilt für den Urkundsbeamten sowie einen Rechtsanwalt, der den Neben- oder Privatkläger vertritt.

Die Frage, ob gegen einen **Verteidiger**, der nach Auffassung des Gerichts die Hauptverhandlung stört, Zwangsmittel auf der Grundlage der §§ 177, 178 GVG (analog) zulässig sind, ist in Rechtsprechung und Literatur umstritten[229]. Dagegen spricht, dass der Verteidiger als gleichgeordnetes Organ der Rechtspflege fungiert und in den genannten Ordnungsvorschriften nicht aufgeführt ist. Als „ultima ratio" gegenüber extrem ungebührlichem Verhalten muss allerdings ein Ausschluss des Verteidigers nach entsprechender Abmahnung auch nach der gegenwärtigen Rechtslage möglich sein[230].

---

226 Beispielsweise das Konfiszieren von Bildmaterial, BGH NJW 1998, 1420, LG Ravensburg NStZ-RR 2007, 348f. (Beschlagnahme einer DVD).
227 BVerfG NJW 2006, 1500 f. für den Fall, dass Anhaltspunkte dafür vorliegen, der Verteidiger werde möglicherweise gefährliche Gegenstände in den Sitzungssaal einschmuggeln. Zur generellen Zugangsbeschränkung bezüglich Personen unter 16 Jahren siehe BGH NStZ 2006, 652.
228 Lesen Sie die Beispielsfälle aus der Rechtsprechung für ungebührliches Verhalten bei KK-*Diemer*, § 178 GVG Rn. 3; OLG Köln NJW 2008, 2865 ff.; zum Tragen eines Kopftuchs im Sitzungssaal BVerfG NJW 2007, 56 f.; zur Kleiderordnung für Anwälte vor Gericht (in Bayern): OLG München NJW 2006, 3079 („T-Shirt-Verteidiger"). Umfassend zu Ordnungsmitteln: *Milger* NStZ 2006, 121 ff.
229 Vgl. OLG Hamm wistra 2003 m.w.N.
230 Lesen Sie dazu oben Rn. 260.

# Paragraphenverzeichnis

Die Zahlen verweisen auf die Randnummern des Buches.

**StVollzG**

| | |
|---|---|
| § 116 | 314; 927 |
| § 116 Abs. 4 | 927 |
| § 118 | 927 |
| § 119 | 927 |
| § 120 | 927 |
| § 121 | 927 |

**TKG**

| | |
|---|---|
| § 96 | 1027 |
| § 113a | 1027 |
| § 113b | 1028 |

**UN-Antifolterübereinkommen**

| | |
|---|---|
| Art. 15 | 549 |

**WÜK**

| | |
|---|---|
| Art. 36 | 131; 965 |

**ZPO**

| | |
|---|---|
| § 37 Abs. 1 | 7 |
| § 85 Abs. 2 | 917 |
| § 103 | 314; 634 |
| § 104 | 634 |
| § 128 | 31; 602 |
| § 166 | 684; 775 |
| § 173 | 686 |
| § 174 | 686 |
| § 175 | 686; 776 |
| § 177 | 775 |
| § 178 | 776 f. |
| § 180 | 776 f. |
| § 181 | 776 f. |
| § 182 | 686 |
| § 183 | 347; 358; 421 |
| § 189 | 778 |
| § 287 | 430 |
| § 331 Abs. 3 | 31; 602 |

# Sachverzeichnis

Die Zahlen verweisen auf die Randnummern des Buches.